정리하는 뇌

정리하는 뇌

디지털 시대, 정보와 선택 과부하로 뒤엉킨 머릿속과 일상을 정리하는 기술

대니얼 J. 레비틴 지음 ∣ **김성훈** 옮김

THE ORGANIZED MIND

와이즈베리
WISEBERRY

차례

제 1 부

01 정보는 넘쳐나고 결정할 것은 너무 많다
인지 과부하의 속사정

02 제일 먼저 이해해야 할 것
주의와 기억은 어떻게 작동하는가

제2부

제3부

서문

정보, 그리고 성실한 정리

인간은 진화를 통해 거듭나게 된 뇌를 더욱 개선할 방법을 찾아내기 위해 오랜 시간에 걸쳐 신경 강화를 추구해왔다. 우리는 뇌를 더 효율적이고 더 믿고 의지할 만한 동맹으로 훈련시켜 원하는 목적을 달성하는 데 도움이 되게 하려 한다. 법대, 경영대, 의대, 음악학교, 체육선수 양성학원 등 모든 교육기관은 뇌의 잠재력을 활용해 더 높은 수준의 업적을 달성하고, 점점 더 경쟁이 치열해지는 세상에서 우위를 차지하기 위한 노력의 일환이다. 또한 인간은 순전히 창의력만으로 뇌를 잡동사니 정보들로부터 해방시켜 자신이 일일이 기억하기 힘든 상세한 부분을 대신 기억해주는 시스템을 고안해 냈다. 이 같은 여러 가지 혁신은 뇌의 기능을 향상시키거나, 그 기능 중 일부를 외부로 넘기기 위해 설계되었다.

신경 강화에 있어 가장 큰 발전 중 하나는 5,000여 년 전에 일어났다. 뇌의 기억과 색인 용량을 증가시켜 판도를 일시에 바꿔놓을 수 있는 방법을 발견한 것이다. 이른바 문자의 발명이다. 문자의 발명은 오랫동안 위대한 돌파구로 칭송받아왔지만, 인간이 처음 문자로 쓴 내용이 무엇인가에 대해서는 알려진 바가 많지 않다. 간단한 요리법, 영수증, 재고물품 목록 정도로 추측될 뿐이다. 우리 선조들이 떠돌이 생활을 청산하고 정착하면서 큰 도시와 상업 중심지를 세우기 시작한 것은 기원전 3000년 경이다. 도시에서 교역이 늘어남에 따라 상인 개인의 기억력으로 모든 것을 처리하기에는 부담이 컸다. 그에 따라 상업 거래 기록의 일환으로 일찌감치 문자가 중요한 요소로 자리 잡았다. 시, 역사, 전쟁의 전략·전술, 복잡한 건축 사업의 설명 등에 문자가 도입된 것은 그보다 훨씬 나중의 일이다.

문자가 발명되기 전, 선조들은 중요한 정보를 부호화하고 보존하기 위해 기억력, 그림, 음악 등에 의존했다. 물론 기억력은 정확하지 않았다. 저장 용량의 한계 때문이라기보다는 검색 능력의 한계 때문이었다. 일부 신경과학자는 거의 모든 의식적 경험은 뇌 속 어딘가에 저장되어 있다고 믿는다.[1] 다만 그것을 찾아내 다시 끄집어내기가 어려울 뿐이다. 기억을 다시 끄집어내더라도 그 정보가 불완전하거나, 왜곡되거나, 잘못된 경우가 많다. 있음 직하지도 않은 상황에 대한 아주 제한적인 기억일지라도 그 '이야기'가 머릿속에 생생하게 떠오르면 통계적 정보마저 압도해버린다. 수많은 관찰에 기반을 둔 통계적 정보야말로 의학 치료, 투자, 타인의 신뢰도 판단 등과 관련해서 좋은 결정을 내리게 도와줄 훨씬 정확한 정보인데도 말이다. 이렇게 이야기를 선호하는 경향은 우리 뇌의 작동방식에서 비롯되는 수많은 부작용 중 하나에 불과하다.

우리의 사고방식과 의사결정 방식을 이해하기 위해서는 인간이 수렵-채집인으로 살며 수만 년에 걸쳐 진화해왔다는 것을 이해해야 한다. 우리의 유전자는 현대 문명의 요구 사항을 아직 완전히 따라잡지 못했지만, 다행히도 인간의 지식은 그것을 따라잡았다. 현재 우리는 진화의 한계를 극복하는 법을 훨씬 잘 이해하고 있다. 이것이 바로 인간이 문명의 시작부터 정보 및 정리에 잘 대처할 수 있었던 배경이다. 이는 또한 사회에서 가장 성공적인 구성원들이 자신의 생활을 정리함으로써 따분하고 일상적인 일에 들어가는 시간은 줄이고, 영감이 넘치고 위안을 주고 보람찬 일에 투자하는 시간은 늘림으로써 창의력과 효율을 극대화할 수 있는 배경이기도 하다.

인지심리학자들은 지난 20년간 기억력은 믿을 것이 못 된다는 증거를 산더미처럼 내놓았다. 설상가상으로 우리는 사실과 다른 수많은 기억을 지나치게 과신한다. 우리는 잘못된 내용을 기억할 뿐만 아니라, 자기가 잘못 기억하고 있다는 것도 모르면서 부정확한 기억을 사실이라고 고집을 부린다.

대략 5,000년 전 문자를 고안해낸 인류는 뇌의 기억 시스템 중 일부인 해마hippocampus의 용량을 늘리기 위해 지속적으로 노력해왔다. 이들은 자기의 기억 중 일부를 점토판, 동굴 벽, 그리고 나중에는 파피루스와 양피지 등에 보존함으로써 자연적인 한계를 효과적으로 극복했다. 시간이 더 흐른 후 인류는 달력, 문서보관함, 컴퓨터, 스마트폰 등 문자로 적은 정보들을 정리하고 저장하는 데 도움이 되는 메커니즘을 개발해냈다. 컴퓨터나 스마트폰의 동작 속도가 느려지면 우리는 용량이 더 큰 메모리카드를 구입한다. 메모리memory라는 말은 기억을 의미하는 비유인 동시에 물리적 실체이기도 하다. 신경 세포인 뉴런이 해야 할 일 중 상당 부분을 외부장치로 떠넘기는 것이다. 이 외부장치는 우리 뇌의 확장, 즉 신경 개선장치neural enhancer나 다름없다.

외부의 기억 메커니즘은 보통 두 가지 형태로 존재한다. 하나는 뇌 자체의 정리 시스템을 따르는 것이고, 또 하나는 정리 시스템을 새로 발명해서 그 한계를 극복하는 것이다. 이 두 가지 시스템을 이해하고 구분한다면, 그것을 사용하는 방식을 향상시켜 정보 과부하 대처 능력을 개선할 수 있다.

일단 문자를 통해 기억이 '외부화'되자 뇌와 주의 시스템attentional system이 자유로워져 인간은 다른 일에 집중할 수 있게 되었다. 그런데 문자가 발명된 뒤 곧이어 저장, 색인, 접근 문제가 뒤따랐다. 문자로 쓴 것들을 어디에 저장해야 그것과 거기에 담긴 정보를 잊어버리지 않을까? 문자로 적은 메시지가 석기시대에 사용된 일종의 '해야 할 일' 목록이라면 그것을 적은 사람은 잊지 않고 그 목록을 확인해야 하며, 또 자기가 그것을 어디에 적어두었는지 기억해야 한다.

석기시대에 기록된 어느 글 속에 먹을 수 있는 식물에 대한 정보가 담겨 있다고 가정해보자. 어쩌면 이 글은 자기가 좋아하는 삼촌이 독이 든 열매를 먹고 죽어가는 끔찍한 모습을 보고 적은 것인지도 모른다. 그래서 그 식물이 어떻게 생겼고, 그와 비슷하게 생긴 몸에 좋은 식물과 구분하는 방법이 무엇인지에 대한 정보를 보존하고 싶은 마음에 그것을 글로 적은 것이다. 여기서 색인과 관련된 문제가 발생한다. 이 보고 내용의 저장 방법이 필요에 따라 몇 가지 방식으로 나뉠 수 있기 때문이다. 이 정보는 식물과 관련된 글과 함께 저장될 수도 있고, 가족의 역사에 대한 글이나 요리에 대한 글 혹은 적을 독살하는 방법에 대한 글과 함께 저장될 수도 있다.

여기서 우리는 인간의 뇌와 그 설계가 지닌 매력적인 속성 두 가지를 만난다. 바로 '풍부함'과 '연상 접근associative access'이다. '풍부함'은 우리가 생각하거나 경험한 수많은 것이 모두 뇌의 어느 곳인가에 저장되어 있다는 이론이다. '연상 접근'은 의미론적 연상이나 지각적 연상을 통해 여러 가지 방식으로 생각에 접근할 수 있음을 의미한다. 기억은 관련된 단어, 범주, 냄새, 옛날 노래나 사진, 심지어 무작위로 발생해 기억을 의식으로 이끌어내는 신경 흥분에 의해서도 촉발될 수 있다.

어디에 저장되었는지와 상관없이 아무 기억에나 접근할 수 있는 능력을 컴퓨터과학자들은 '임의 접근random access'이라고 부른다. DVD나 하드디스크 드라이브는 이런 식으로 작동한다. 이런 장치에 저장된 영화를 볼 때는 지정만 하면 어느 장면으로든 뛰어넘어갈 수 있다. 하지만 비디오테이프로 영화를 볼 때는 특정 지점으로 이동하려면 앞선 모든 지점을 거쳐야 한다. 이것을 '순차 접근sequential access'이라고 한다. 우리는 다양한 신호를 바탕으로 자신의 기억에 임의로 접근할 수 있는 능력이 있는데, 이 능력이 특히나 막강하다. 컴퓨터과학자들은 이것을 '관계기억relational memory'이라고 부른다. 관계형 데이터베이스relational data base라는 말을 들어봤을지 모르겠다. 인간의 기억도 사실상 관계형 데이터베이스다.

관계기억을 가지고 있다는 것은 내가 당신에게 소방차를 떠올리게 하고 싶을 때 그 기억을 여러 가지 방식으로 유도할 수 있다는 의미다. 소방차 사이렌 소리를 들려줄 수도 있고, 말로 설명해줄 수도 있다(예를 들어, 특정한 응급 상황에서 출동하고 옆쪽에 사다리가 달려 있는 빨간색 큰 트럭). 연상 게임도 유용한 방법이다. 1분 안에 빨간 물체의 이름을 최대한 많이 대보라고 하거나(이때 사람들은 대부분 '소방차'를 말한다), 응급용 차량을 최대한 많이 대보라고 한다. 소방차를 나타내는 특성은 이것 말고도 더 많다. 빨간색, 응급용 차량, 사이렌 소리, 크기와 모양 등을 비롯해 유니폼을 입은 사람들이 차량 안쪽과 바깥쪽 모두에 타고 있다거나 사다리가 달려 있다는 것도 여기에 포함된다.

마지막 문장을 읽고 당신이 사다리가 달려 있는 다른 차량으로 전화회사 정비 트럭, 지붕 설치 차량 등등을 생각하기 시작했다면 당신은 중요한 것을 발견한 것이다. 우리는 매우 다양한 방식으로 물체를 범주화한다. 때로는 그 방식이 무한해 보인다. 그리고 이런 신호들은 모두 당신의 뇌에서 소방차를 표상하는 신경마디neural node로 이어지는 자기만의 경로를 가지고 있다.

소방차의 개념은 다음 페이지 그림의 가운데 있는 동그라미로 표상된다. 이 신경마디는 뇌 속의 한 뉴런 무리에 해당한다. 이 뉴런 무리는 소방차의 다른 특색이나 속성을 표상하는 다른 뉴런 무리와 연결돼 있다. 그림에서 소방차와 가장 긴밀하게 연관되고 기억에서 더 빨리 검색되는 다른 개념들은 소방차의 신경마디에 더 가까이 나타나 있다(이 두 신경마디가 뇌에서 물리적으로 더 가까이 위치하는 것은 아니지만, 신경 연결이 강력하기 때문에 쉽게 검색된다). 다시 말해, '소방차는 빨간색'이라는 사실을 담고 있는 신경마디가 '소방차가 때로는 뒤쪽에 별도의 핸들이 달려 있기도 하다'는 사실을 담고 있는 신경마디보다 소방차라는 개념을 담은 신경마디와 더 가까이 있다.

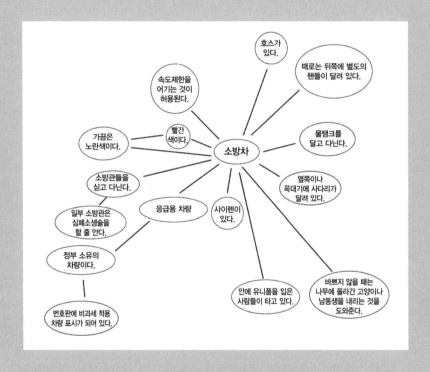

이런 속성들은 해당 사물의 속성을 표상하는 뇌의 신경 네트워크와 연결되어 있지만, 아울러 다른 사물과도 연상을 통해 연결된다. 우리는 소방차 말고도 토마토, 사과, 피, 장미 등등 빨간 물체를 여러 가지 생각할 수 있다.

누군가 빨간색 물체를 대보라고 했을 때 순식간에 답이 튀어나오는 것을 보며 어떻게 이런 일이 가능할까 궁금해본 적은 없는가? 그 이유는 하나의 신경마디로 표상되는 빨간색에 대한 생각에 집중하면 네트워크의 가지를 따라 그것과 관련된 뇌 속의 다른 모든 신경마디로 전기화학적 활성이 내보내지기 때문이다. 다음 그림에 소방차에서 시작되는 전형적인 신경 네트워크와 그곳에 존재하는 추가 정보들을 표시해놓았다.

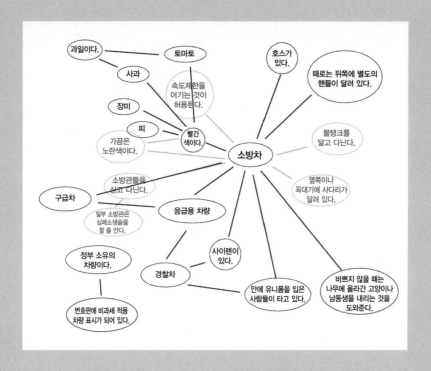

한 가지 기억을 떠올리다 보면 다른 기억들이 함께 활성화되는데, 이것은 장점이자 단점이 될 수 있다. 한 가지 특정한 기억을 검색할 때 활성이 홍수처럼 넘쳐나면 서로 다른 신경마디들 사이에서 경쟁이 야기된다. 그러다 보면 의식의 표면으로 떠오르려고 경쟁하는 신경마디들 사이에서 교통체증이 일어나 결국 아무것도 얻지 못하게 된다.

고대 그리스인들은 기억 궁전memory palaces, 장소법method of loci 등의 두뇌 훈련법을 통해 기억력을 증진시키려고 했다. 같은 시기에 고대 그리스인들과 이집트인들은 외부화된 지식의 거대한 저장소인 도서관을 발명함으로써 정보 외부화의 전문가가 되었다(지식 활동의 폭발적 증가가 이렇게 특정한 시기에 동시에 일어난 이유는 알 수 없다. 아마도 사람들이 겪는 일상적 경험의 복잡성이 어떤 특정 수준에 도달했기 때문일 것이다). 하지만 자신의 삶, 환경, 심지어 생각까지도 정리하려는 인간의 욕구는 여전히 강력하게 남아 있다. 이런 욕구는 그냥 학습된 것이 아니다. 이것은 생물학적인 지상 과제다. 동물들은 본능적으로 자신의 환경을 정리하고 조직하려고 한다. 대부분의 포유류는 자기가 먹고 자는 곳에서 멀리 떨어진 곳에 배설하도록 생물학적으로 프로그램되어 있다. 개는 자기 장난감을 모아서 바구니 안에 담아둔다. 개미는 자기네 집단의 구성원이 죽으면 시체를 매장지로 옮긴다.

정리하는 뇌를 이해하는 한 가지 핵심은 그것을 그 자체로 인정하는 것이다. 우리 뇌는 사물을 당신이 원하는 방식으로 정리하지 않는다. 그것은 이미 작동방식이 설정돼 있다. 뇌는 상당한 유연성을 지녔지만, 오늘날과는 서로 다른 종류, 서로 다른 양의 정보에 대처하기 위해 수만 년에 걸쳐 진화되어온 시스템을 바탕으로 한다. 더 구체적으로 말하면, 뇌는 재택근무 사무실이나 욕실 약장을 정리하는 방식으로 조직되어 있지 않다. 우리는 자기가 원하는 곳 아무 데나 물건을 놓아둘 수 없다. 진화된 뇌의 구조는 무계획적이고 일관성이 없으며 다중 시스템을 포함하고 있다. 그리고 각각의 시스템은 자기만의 마음을 따로 가지고 있다. 진화는 디자인하지도 않고, 시스템을 구축하지도 않는다. 그저 역사적으로 생존하는 데 유리한 시스템에 정착할 뿐이다(더 나은 방법이 생기면 다시 그것을 받아들인다). 모든 시스템이 조화롭게 함께 작동하도록 시스템을 제작하는 웅장한 설계자 따위는 존재하지 않는다. 뇌는 치밀하게 설계된 신축 건물이라기보다는 층마다 되는 대로 조금씩 뜯어고치며 버텨온 낡고 오래된 집과 비슷하다.

당신에게 낡은 집 한 채가 있다. 그 안의 모든 것이 조금씩 구식이 되었지만 당신은 이 집에 만족하며 살고 있었다. 그러다 어느 해 여름, 너무 더워서 침실에 에어컨을 설치했다. 몇 년이 지나 경제적 여유가 생겨 중앙식 에어컨 시스템을 설치했다. 하지만 침실에 설치한 에어컨은 없애지 않았다. 그럴 이유가 없지 않은가? 나중에 쓸모 있을지도 모르는 데다 벽에 고정식으로 설치해 뜯어내기도 어렵다. 다시 몇 년 후, 배관에 심각한 문제가 발생했다. 벽 속의 파이프가 터진 것이다. 배관공을 불렀더니 벽을 부수고 파이프를 새로 설치해야 한단다. 그런데 파이프를 설치하기에 딱 좋은 장소는 중앙식 에어컨 시스템이 차지하고 있다. 어쩔 수 없이 다락방을 통해 멀리 돌아가도록 파이프를 설치해야 했다. 그럭저럭 잘 작동하고 있나 싶었는데, 다락방에 단열 처리를 안 한 탓에 어느 추운 겨울날 파이프가 얼어버렸다. 파이프가 벽을 통과하도록 설치했다면 이런 일은 없었을 테지만, 중앙식 에어컨 때문에 그것이 불가능했다. 만약 이 모든 것을 처음부터 계획했다면 분명 지금과는 다른 방식으로 집을 설계했을 테지만, 그렇게 할 수 없었다. 필요할 때마다 한 가지씩 설계를 추가했기 때문이다.

진화도 우리 뇌를 이런 방식으로 만들어냈다. 물론 진화는 그 어떤 의지도, 계획도 갖고 있지 않다. 진화는 우리에게 사물을 어디에 놓을지 결정할 때 필요한 기억을 줘야겠다고 마음 먹어본 적이 없다. 우리의 장소기억 시스템은 변경과 자연선택을 통해 유전 과정을 거쳐 점진적으로 발전했으며, 정확하고 자세한 정보에 대한 기억 시스템과는 별개로 진화했다. 이 두 시스템은 추가적인 진화 과정을 통해 함께 일하게 될지도 모르지만, 반드시 그렇게 되리라고 확언할 수는 없다. 이 두 시스템이 서로 충돌할 수도 있다.

뇌가 정보를 어떻게 정리해서 우리가 가진 것들이 서로 부딪히지 않고 잘 활용될 수 있게 해주는지 알면 도움이 될 것이다. 뇌는 서로 다른 시스템이 뒤죽박죽 얽혀 있으며, 각각의 시스템들은 특정한 적응상의 문제를 해결하기 위해 만들어졌다. 이들은 협력할 때도 있지만, 갈등을 일으킬 때도 있고, 아예 서로 대화조차 하지 않을 때도 있다. 이 과정을 통제하고 향상시킬 수 있는 두 가지 핵심적인 방법은 정보를 기억에 입력하는 방식, 즉 부호화 방식과 정보를 꺼내오는 방식, 즉 검색 방식에 특별히 관심을 기울이는 것이다. 이 부분에 대해서는 2장과 3장에서 설명하겠다.

주의 시스템attentional system과 기억 시스템memory system을 돌보아야 할 필요성은 그 어느 때보다 커졌다. 우리 뇌는 그 어느 때보다 바빠졌다. 우리는 정보인 척 머리를 들이미는 온갖 사실과 거짓, 헛소리, 소문 등에 맹공격을 받고 있다. 무엇이 알아야 할 내용이고 무엇이 무시해도 될 내용인지 가려내려고만 해도 진이 빠진다. 게다가 우리가 해야 할 일도 엄청나게 늘어났다. 그 결과, 일정을 조정할 시간을 확보하는 것조차 어려워졌다. 30년 전만 해도 비행기 예약, 철도 예약은 여행사에서 다 알아서 해주었다. 물건을 사러 가면 점원이 물건을 함께 찾아주었다. 이제 이런 일들은 대부분 자기가 직접 해야 한다. 정보의 시대에 접어들면서 해당 분야 전문가들이 해주었던 막대한 양의 일을 우리가 직접 떠맡아야 하는 신세가 되고 말았다. 열 사람이 하던 일을 혼자서 처리하면서 자기 생활도 꾸려야 하고, 자녀와 부모도 돌봐야 하고, 친구도 만나야 하고, 경력도 관리해야 하고, 취미생활도 해야 하고, 좋아하는 TV 쇼도 봐야 한다. 그러다 보니 하나의 기억을 다른 기억과 혼동해서 장소는 제대로 찾아갔는데 엉뚱한 날짜에 찾아간다든가, 안경이나 리모컨을 어디에 두었는가 하는 간단한 일을 잊어버리기도 한다.

매일 수백만 명의 사람이 열쇠, 운전면허증, 지갑, 중요한 전화번호가 적힌 메모지 등을 잃어버린다. 그런 물건만 잃어버리는 것이 아니다. 이메일이나 웹사이트 비밀번호 혹은 현금인출카드의 PIN 번호처럼 중요한 정보들을 잊어버리는 일도 허다하다. 이런 일은 보통 기억력 전반적에 생기는 문제가 아니라 한두 가지 일에 대해 일시적으로 생기는 문제다. 정신없이 잃어버린 열쇠를 찾아다니는 몇 분 동안에도 우리는 여전히 자기 이름이나 주소, TV의 위치, 저녁으로 먹은 메뉴 같은 것들을 다 기억한다. 다만 그저 딱한 가지 기억만 약을 올리듯 떠오르지 않는 것이다. 어떤 것은 다른 것들보다 훨씬 더 잘 잃어버리는 경향이 있다는 증거가 있다. 우리는 차 열쇠는 잘 잃어버리지만 차는 잃어버리지 않는다. 책상 위의 스테이플러나 부엌의 숟가락보다는 지갑이나 휴대전화를 더 자주 잃어버린다. 바지보다는 코트, 스웨터, 신발을 어디에 두었는지 잊어버릴 때가 더 많다. 뇌의 주의 시스템과 기억 시스템이 어떻게 상호작용하는지 이해하면 이렇듯 깜박하는 것을 최소화하는 데 큰 도움을 얻을 수 있다.

우리가 잘 잃어버리는 물건과 그렇지 않은 물건의 종류를 아는 것만으로도 우리 뇌의 작동방식에 대해, 그리고 일이 틀어지는 이유에 대해 많은 것을 알 수 있다. 이 책은 이 두 가지 아이디어에 관한 것이다. 부디 이 책이 그런 상실과 오류를 예방하는 데 유용한 지침서가 되기를 바란다. 무언가 잃어버릴 가능성을 최소화하고, 잃어버린 경우에도 빨리 찾게 해주는 방법이 있다. 게다가 이것은 누구나 할 수 있다. 어떤 지침과 계획을 따를 때는 그 지침을 철저히 이해할수록 그만큼 더 잘 따를 수 있다는 것을 명심하자(인지심리학자들이 한결같이 하는 말이다). 그런 견지에서 이 책에서는 우리 머릿속의 정리 방식을 몇 가지 서로 다른 측면에서 논의할 것이다. 인간이 시도한 정리 시스템organizational system의 역사를 검토해서 어떤 시스템이 성공했고, 어떤 시스템이 실패했는지, 그리고 그 이유는 무엇인지 확인해볼 것이다. 애초에 우리가 왜 무언가를 잃어버리는지 그 이유를 알아보고, 똑똑하고 정리 잘하는 사람들은 대체 어떻게 하기에 잃어버리는 일이 드문지 설명하겠다. 우리가 어린 시절에 어떻게 학습했는지에 대해서도 살펴볼 것인데, 이와 관련해 좋은 소식이 하나 있다. 어린 시절 사고방식의 어떤 측면들은 다시 고찰해보면 성인이 된 우리에게도 도움이 된다. 이 이야기의 핵심은 우리의 시간을 잘 조직하고 정리해서 더 효율적으로 일하자는 것도 있지만, 재미있게 놀고 의미 있는 인간관계를 즐기고 창의력을 발휘할 수 있는 시간을 더 만들어보자는 의미도 있다.

기업 조직에 대해서도 얘기할 것이다. 기업 조직은 흔히 '이유를 위해 존재하는 조직Organization for a reason'이라고 불린다. 기업은 확장된 두뇌와 비슷하다. 개개의 노동자들은 그 안에서 뉴런처럼 기능한다. 기업은 공동의 목적을 위해 하나로 뭉친 개인들의 집합으로, 각각의 노동자는 특화된 기능을 수행한다. 기업은 나날이 주어지는 과제를 개인보다 더 잘 수행한다. 바로 분산처리가 가능하기 때문이다. 대기업의 경우, 청구서를 제때 지불하는 일을 담당하는 부서가 있고, 열쇠를 관리하는 부서도 있다. 또한 기업에는 노동자 개인이 순간적으로 방심하거나 정리를 제대로 못 하는 등의 실수를 하더라도 모든 것이 멈춰 서지 않게 해주는 시스템이나 잉여 인력이 마련돼 있다. 물론 기업이라고 해서 모든 게 완벽하게 조직적으로 이루어져 있는 것은 아니다. 우리가 자동차 열쇠를 잃어버리게 만드는 것과 똑같은 인지적 장애물 때문에 기업도 이윤, 고객, 시장에서의 경쟁력 등을 잃어버릴 수 있다. 나는 부업으로 경영 컨설턴트를 하고 있는데, 수많은 기업들이 엄청난 비효율성과 통찰력의 결여로 인해 다양한 문제를 겪는 것을 봐왔다. 번창하는 기업과 위기에 빠진 기업들을 내부에서 지켜보면서 나는 많은 것을 배울 수 있었다.

머릿속이 정리되면 크게 애쓰지 않아도 좋은 의사결정을 할 수 있다. 대학생 시절, 내게는 아주 뛰어난 스승이 두 분 있었다. 아모스 트버스키Amos Tversky와 리 로스Lee Ross가 그들이다. 이들은 사회적 판단과 의사결정과학 분야의 선구자다. 이들은 우리가 사회관계에서 타인에게 어떻게 접근하며 그들과 어떻게 상호작용하는지에 대해, 그리고 그런 과정에서 우리가 끌어들이는 다양한 편향과 잘못된 정보에 대해, 그리고 그것들을 어떻게 극복할 것인지에 대해 새로운 시각을 제시했다. 트버스키는 동료 대니얼 카너먼Daniel Kahneman과 함께 인간의 뇌가 증거를 평가하고 정보를 처리하는 방식에서 비롯되는 다수의 체계적 오류들을 밝혀냈다(카너먼은 이 공동연구를 인정받아 트버스키가 사망하고 몇 년 후 노벨상을 받았다). 나는 20년 동안 대학에서 학생들에게 이런 내용을 가르쳐왔는데, 학생들은 내가 이런 오류를 설명해서 우리 모두가 의사결정을 쉽게 향상시킬 수 있는 방법을 고안할 수 있도록 도와주었다. 의료 분야에서는 의사결정이 특히나 중요하다. 잘못된 결정이 아주 심각한 결과로 이어질 수도 있기 때문이다. 대부분의 의사가 수련 과정에서 의사결정할 때 고려해야 할 이런 간단한 규칙들을 접해보지 못하며, 통계적 추론 방법에 대한 이해가 부족하다는 것은 잘 알려져 있다. 그 결과, 의사들은 우리에게 혼란스러운 조언을 하는 경우가 많다. 이런 조언을 따르다 보면 병을 고치기는 커녕 오히려 악화시킬 가능성이 큰 약물이나 수술을 처방받게 될 수도 있다.

우리 모두는 전례 없을 정도로 막대한 양의 정보와 자잘한 물건들을 기억하고 챙겨야 하는 상황에 처해 있다. 지금은 아이팟과 USB 메모리스틱의 시대다. 스마트폰으로 동영상을 촬영하고, 2억 개의 웹사이트를 둘러보며 크랜베리 스콘의 열량 칼로리도 척척 알아낸다. 하지만 우리는 대부분 여전히 컴퓨터 시대 이전의 시스템을 이용해 사물을 관리하느라 애쓰고 있다. 분명 개선의 여지가 있다는 말이다.

컴퓨터 용어는 대부분 1950년대 뉴욕 광고쟁이들의 이야기를 다룬 TV 드라마 〈매드맨Mad Men〉 시절, 사람들이 자료를 정리정돈하던 방식에서 따왔다. 그 시절에는 탁상desktop(데스크톱)에 서류철folder(폴더)이 놓여 있고, 그 서류철 안에 서류들file(파일)이 들어 있었다. '계산기'라는 의미의 '컴퓨터computer'란 용어는 이제 한물간 표현이 되었다. 컴퓨터를 계산하는 데 사용하는 사람은 이제 거의 없다. 이제 컴퓨터는 부엌에 하나쯤 있는 정리되지 않은 커다란 서랍처럼 됐다. 나는 이런 서랍을 잡동사니 서랍이라고 부른다. 얼마 전 친구네 집에 갔다가 그 집의 잡동사니 서랍에서 찾아낸 것의 목록을 적어보겠다.

- 배터리
- 고무 밴드
- 시시케밥 꼬챙이
- 끈
- 노끈
- 사진 몇 장
- 37센트 정도의 동전
- 빈 DVD 케이스 하나
- 케이스가 없는 DVD 하나(불행히도 케이스와 DVD가 서로 달랐다)
- 연기 감지기 위에 씌우는 오렌지색 플라스틱 덮개(부엌에 페인트칠 할 때 사용하는 제품으로, 페인트에서 휘발되는 성분에 연기 감지기가 작동하는 것을 막는다)

- 성냥
- 다양한 크기의 목재용 나사 세 개(그중 하나는 홈이 다 닳아 있었다)
- 플라스틱 포크
- 음식물 찌꺼기 처리기에 딸려온 특수 렌치
- 작년에 다녀온 데이브 매튜스 밴드 콘서트 티켓 쪼가리 두 장
- 적어도 10년은 서랍에 들어 있었던 것 같은 열쇠 두 개(이 집 사람 그 누구
  도 이것이 어디 열쇠인지 몰랐다)
- 잉크가 나오지 않는 볼펜 두 개
- 용도를 알 수 없으나 버리기는 석연찮은 물건 여섯 가지

우리가 현재 사용하고 있는 컴퓨터도 이 서랍과 다를 바 없다. 아니, 이 서랍보다 1,000배 정도는 더 정리가 안 돼 있다. 정체를 알 수 없는 파일들이 수두룩하다. 이메일을 읽다가 이유를 알 수 없이 우연히 저장된 파일도 있고, 한 문서가 여러 가지 버전으로 저장돼 있는 경우도 많다. 계산하기 위해 만들어진 기계인 컴퓨터는 기원을 알 수 없고 그 기능조차 종잡기 힘든 잡동사니 전자파일들로 가득한 볼썽사나운 부엌 서랍 같은 존재가 되고 말았다. 조교가 자기 컴퓨터를 볼 수 있게 해주어서 살펴보았더니 다음과 같은 내용이 들어 있었다. 다른 사람들의 컴퓨터와 크게 다르지 않을 것이다.

- 사진
- 동영상
- 음악
- 파티 모자를 쓴 고양이 사진이나 (사람의 입술을 포토샵으로 붙여놓은) 웃는
  돼지 사진이 들어 있는 화면보호기

- 세금 서류
- 여행 준비 파일
- 이메일
- 은행계좌 기록부
- 게임
- 일정관리 노트
- 나중에 읽으려고 모아둔 기사들
- 휴가 신청서, 분기 보고서, 병가 처리서, 퇴직연금 급여공제 신청서 등 고용과 관련된 다양한 양식들
- 이 책의 복사본(원본을 잃어버릴 경우를 대비해서)
- 동네 식당, 대학 승인 호텔, 사무실 위치, 부서원 전화번호, 비상연락망, 다양한 재난사건 발생 시의 안전수칙, 쓸모없어진 장비의 폐기를 위한 프로토콜 등등 수십 가지 목록
- 소프트웨어 업데이트
- 더 이상 작동하지 않는 오래된 버전의 소프트웨어
- 루마니아어, 체코어, 일본어, 고대 및 현대 히브리어 등을 타자해야 할 경우에 대비해 받아놓은 외국어 키보드 자판 배열과 폰트 파일 수십 가지
- 중요한 파일의 위치나 어떤 일을 하는 방법(예컨대 새로운 메모를 만들고, 메모를 지우고, 메모 박스의 색을 바꾸는 방법 등) 등을 상기시키기 위해 작성해놓은 작은 전자 메모

이런 지경이면 더 많이 헷갈리지 않는 것이 오히려 신기할 정도다.

물론 어떤 사람은 정리를 잘한다. 정리 방식의 차이는 수천, 수만 가지에 이르지만, 수학적 모델을 적용하면 대개 다섯 가지로 정리할 수 있다.[2]

- 외향성extroversion

- 친화성agreeableness

- 신경증neuroticism

- 새로운 경험에 대한 개방성openness

- 성실성conscientiousness

'성실성'은 말 그대로 성실과 깊이 관계돼 있다. 성실성은 근면성, 자제력, 끈기, 정리정돈 욕구 등으로 이루어진다. 또한 도덕성, 장수[3], 학업 성취[4], 직업적 성공과 관련된 수많은 기준[5] 등 여러 가지 중요한 인간적 성과를 예측할 수 있는 최고의 지표다.[6] 성실성은 수술이나 장기이식 후 더 나은 회복 결과와도 관련 있다.[7] 어린 시절의 성실성은 수십 년 후 긍정적 결과로 이어진다.[8] 사회가 점점 서구화되고 복잡해짐에 따라 성실성은 더더욱 중요해지고 있다.[9]

요즘 세상에서는 쉬지 않고 열심히 달려야 그나마 제자리라도 지킬 수 있다. 기억memory과 주의attention를 연구하는 인지신경과학은 뇌, 뇌의 진화, 뇌의 한계 등에 대한 이해를 증진시킴으로써 우리가 이런 세상에 더 잘 적응할 수 있도록 도와준다. 평균적인 미국인들은 수면 시간이 부족하고, 지나친 스트레스에 시달리고, 자기가 하고 싶은 일을 할 시간을 충분히 내지 못하며 살고 있다. 나는 우리가 이보다 더 잘할 수 있을 거라고 믿는다. 우리 중 일부는 실제로 더 잘해내고 있다. 나는 그런 사람들과 대화를 나눌 기회가 있었다. 〈포천〉 선정 500대 기업 최고경영자와 크게 성공한 사람들을 보조해주는 개인비서들은 상사가 자신의 능력을 최대로 발휘할 수 있게 도우면서도 자기만의 즐거움과 여유를 위한 시간을 찾아낸다. 이들 비서나 그 상사들은 정보 과부하 때문에 수렁에 빠지는 법이 없다. 조직화와 정리정돈에 필요한 기술의 혜택을 누릴 줄 알기 때문이다. 그런 기술 중 일부는 새로운 것이고, 일부는 아주 오래된 것이다. 그중에는 믿기 어려울 정도로 미묘하고 섬세한 것도 있다. 그럼에도 불구하고 이 기술들은 모두 대단히 큰 차이를 만들어낸다.

　모든 사람에게 효과 있는 단 한 가지 시스템은 존재하지 않는다. 우리는 한 사람, 한 사람 모두 특별한 존재이기 때문이다. 다음 장에는 자기만의 방식으로 적용할 수 있는 일반적인 원칙들이 설명되어 있다. 이 원칙을 적용하면 질서가 잡히고, 정리되지 않은 마음을 극복하느라 허비했던 시간들을 되찾을 수 있을 것이다.

제 1 부

정보는 넘쳐나고 결정할 것은 너무 많다

인지 과부하의 속사정

내가 만나본 최고의 학생들 가운데 한 명인 이오아나는 공산정권 치하의 루마니아에서 태어났다. 차우셰스쿠가 국민들을 잔혹하게 탄압하던 시절이었다. 차우셰스쿠 정권은 이오아나가 열한 살이었을 때 무너졌지만, 그녀는 식료품을 사기 위해 사람들이 길게 줄을 서 있던 모습, 독재정권이 무너진 이후에도 무엇 하나 넉넉한 것 없이 오랫동안 계속된 경제적 궁핍을 모두 기억하고 있었다. 이오아나는 똑똑하고, 호기심이 많고, 아직 젊은 나이에도 불구하고 진짜 학자 같은 분위기를 풍겼다. 그녀는 새로운 과학적 아이디어나 문제와 마주치면 다양한 각도에서 살펴보았고, 자기가 손에 넣을 수 있는 자료는 가능한 한 모두 찾아서 읽어보았다.

내가 그녀를 처음 만난 것은 그녀가 미국에 온 지 얼마 되지 않아 대학에서 첫 학기를 보내고 있을 때였다. 그녀는 내가 강의하는 '생각과 추론의 생리학' 입문 수업을 들었다. 이 강의는 수강생만 700명에 이르렀는데, 그녀는 수업 시간에 제기되는 질문에 깊이 있는 답변을 내놓고, 온갖 질문을 퍼붓고, 쉬지 않고 새로운 실험을 제안하는 등 일찍이 두각을 나타냈다.

하루는 대학 서점에서 이오아나와 우연히 마주쳤다. 그녀는 선반에 기대어 축 늘어진 채 펜과 연필을 멍하니 바라보고 있었다. 나는 그녀에게 왜 그런지 물어보았다. 이오아나가 말했다.

"미국에서 사는 것이 정말 끔찍할 수도 있겠다 싶어서요."

"설마 소련연방 시절의 루마니아보다 끔찍할까."

"어쩜 이렇게 다 복잡하지요? 학생용 아파트를 구하러 갔었어요. 그런데 결정해야 할 것이 한두 가지가 아니더라고요. 단기임대로 할 거냐, 장기임대로 할 거냐? 가구가 비치된 방으로 할 거냐, 비치되지 않은 방으로 할 거냐? 꼭대기 층으로 할 거냐, 1층으로 할 거냐? 카펫 깔린 바닥으로 할 거냐, 목재 바닥으로 할 거냐……?"

"그래서 결정했어?"

"네, 결국 결정했죠. 그런데 뭐가 제일 좋은지 알 수 있어야 말이죠. 그리고 지금은……."

그녀의 목소리가 잦아들었다.

"아파트에 무슨 문제라도 있어?"

"아니요, 아파트는 좋아요. 문제는 서점이에요. 오늘 서점에 네 번째 왔거든요. 보세요! 선반 한 줄이 모두 펜으로 채워져 있어요. 루마니아에서는 펜이 딱 세 종류밖에 없었어요. 그나마 그것도 부족했지요. 그런데 미국에서는 펠트 펜, 중성 펜, 잉크 펜, 볼펜 등등 펜 종류만 50가지가 넘어요. 생물학 강의시간에 필요한 펜은 대체 어느 것일까요? 시문학은요? 내게 필요한 것이 어떤 펜일까요? 벌써 한 시간째 여기 서서 라벨만 읽고 있어요."

우리는 매일 수십 가지나 되는 결정을 내린다. 그중 대부분은 별 의미가 없거나 중요하지 않은 것들이다. 어느 쪽 양말을 먼저 신을까? 버스와 지하철 중 무엇을 타고 출근할까? 뭘 먹을까? 어디 가서 쇼핑을 할까? 여행을 가면 이런 혼란은 더욱 커진다. 꼭 외국에 나갈 필요 없이 다른 주에만 가도 그렇다. 문을 연 가게도 다르고, 진열된 제품도 다르다. 우리는 대부분 '만족하기'라는 생활전략에 따라 살고 있다. 이 용어는 노벨상 수상자 허버트 사이먼^{Herbert Simon}이 만든 것이다. 사이먼은 조직론과 정보처리 분야의 창시자 중 한 사람이다. 사이먼은 최고의 선택이 아닌 만족스러운 선택을 내리는 것을 기술할 단어를 원했다. 결정적으로 중요한 문제가 아닌 한 우리는 이 정도면 됐다 싶은 만족스러운 선택을 내린다. 우리는 우리가 이용하는 세탁소가 최고의 세탁소인지 알지 못한다. 그저 그 정도면 만족스럽다고 생각할 뿐이다. 무난하게 생활을 꾸려 나가는 데는 이런 선택 방식이 도움이 된다. 집 주변의 모든 세탁소를 일일이 다 이용해보고 판단을 내릴 시간이 없기 때문이다. 딘앤델루카^{Dean & DeLuca}의 고급 테이크아웃 음식이 정말 최고일까? 중요하지 않다. 그 정도면 충분히 좋기 때문이다. '만족하기'는 인간이 생산적으로 활동할 수 있게 만들어주는 토대 중 하나다. 중요하지 않은 결정에 시간을 낭비하고 싶지 않을 때, 더 정확히 표현하면 개선해봤자 우리의 행복이나 만족을 별로 높여주지도 못할 것을 찾아내느라 시간을 낭비하고 싶지 않을 때 이런 선택 방식을 사용한다.

우리는 집 안을 청소할 때도 '만족하기' 전략을 사용한다. 매일 바닥에 쪼그리고 앉아 타일 사이에 낀 때를 칫솔로 청소하고, 하루도 빠짐없이 창문과 벽을 북북 문질러 닦는다면 우리 집은 티끌 하나 없이 깨끗할 것이다. 하지만 일주일에 한 번이라도 이렇게 꼼꼼하게 청소하는 사람은 드물다(그랬다가는 강박신경증 환자라는 딱지가 붙기 십상이다). 우리는 대부분 이 정도면 됐다 싶을 때까지만 청소한다. 들어가는 노력과 거기서 나오는 혜택 사이에서 일종의 평형상태를 찾는 것이다. 이런 비용-혜택 분석이 바로 '만족하기'의 핵심이다.

사회심리학의 최근 연구에 따르면, 더 많이 가진 사람이 더 행복한 것은 아니다. 진짜 행복한 사람은 자기가 가진 것에 만족할 줄 아는 사람이다. 행복한 사람은 자신이 인식하지 못하더라도 늘 '만족하기'를 실천하고 있다. 워런 버핏Warren Buffett은 만족하기를 극단적으로 수용한 사람이다. 그는 세계에서 둘째가라면 서러울 부자인데도 오마하의 검소한 집에서 50년째 살고 있다.[2] 한번은 라디오 인터뷰에서 말하기를, 일주일 정도 뉴욕을 방문할 때는 아침식사로 우유 한 통과 오레오 쿠키 한 상자를 사서 먹는다고 했다. 하지만 투자 전략에 있어서만큼은 만족하기 전략을 구사하지 않는다. '만족하기'는 자신이 중요하게 여기지 않는 일에 시간을 낭비하지 않기 위한 전략이다. 자기에게 중요한 일에 대해서는 옛날 방식 그대로, 더 잘 해내기 위해 노력하는 것이 여전히 올바른 전략이다. 당신이라면 당신을 수술할 외과의사나 당신이 탈 비행기를 정비하는 정비공, 혹은 1억 달러를 투자한 영화의 감독이 그저 이만하면 됐다 싶을 정도로만 해주기를 바라겠는가, 아니면 최선을 다 해주기를 바라겠는가?

이오아나가 허탈에 빠진 것은 문화적 충격의 탓도 없지 않다. 익숙한 것에서 멀어져 온통 익숙하지 않은 것에 둘러싸여 있으니 말이다. 이것은 그녀만의 이야기가 아니다. 지난 세대는 소비자로서 마주해야 할 선택이 폭발적으로 증가하는 상황을 지켜봤다. 1976년에는 슈퍼마켓에 보통 9,000여 종의 상품이 갖춰져 있었다.[3] 오늘날 이 수치는 4만여 종으로 늘어났다. 그런데 사람들은 자신이 필요로 하는 물건의 80~85%를 겨우 150종의 슈퍼마켓 물품으로 해결하고 있다. 슈퍼마켓에 진열된 나머지 39,850종의 물품은 무시해도 된다는 의미다.[4] 그나마 이것은 슈퍼마켓에 국한된 수치다. 오늘날 미국에서는 100만 종 이상의 제품이 쏟아져 나오는 것으로 추정된다(재고보관단위 SKU, stock keeping units를 바탕으로 추정한 값이다. 우리가 사는 물건에 찍혀 있는 작은 바코드가 바로 재고관리코드다)[5].

이렇게 무언가를 무시하고 결정하는 일에는 모두 대가가 따른다. 신경과학자들은 결정할 것이 과도하게 많아지면 생산력이 저하되고 추진력을 상실할 수 있음을 밝혀냈다. 어떤 결정이 더 중요한지 순서를 매겨보라고 하면 대부분의 사람이 별 어려움 없이 그 일을 해내는데, 우리 뇌가 자동으로 이런 일을 해낼 수 있는 것은 아니다. 이오아나는 어떤 펜을 살까 결정하는 것보다 수업을 따라잡는 것이 더 중요하다는 것을 잘 알고 있지만, 일상생활에서 사소하게 결정해야 할 일들에 너무 많이 마주치다 보니 피로가 쌓여서 정작 중요한 결정을 내려야 할 때 쓸 에너지가 남지 않았던 것이다. 최근 연구에서 사람들에게 볼펜과 펠트펜 중 어느 것으로 쓸 것인가 같은 별다른 의미가 없는 결정들을 연이어 내리게 했더니, 그 이후의 결정에서는 충동조절능력이 떨어지고, 판단력도 저하되는 것으로 나타났다.[6] 우리의 뇌는 하루에 특정 개수만큼의 판단만 내릴 수 있게 구성되어 있어서 그 한계에 도달하면 중요도에 상관없이 더 이상 판단을 내릴 수 없는 것으로 보인다. 신경과학의 최근 발견 가운데 가장 유용한 것 중 하나는 다음과 같다. "우리 뇌에서 판단을 담당하는 신경 네트워크는 어느 판단이 더 우선적인지 따지지 않는다."

오늘날 우리는 인류 역사상 그 어느 때보다 많은 정보를 생산해내고 있다. 보잉사의 전직 과학자이자 〈뉴욕타임스〉 과학 저술가인 데니스 오버바이Dennis Overbye는 이렇게 말했다. "이런 정보의 흐름 속에서 생활에 대한 정보(어디서 쇼핑을 하고, 무엇을 사며, 심지어 지금 어디에 있는지 등등), 경제, 아직

32

이름도 짓지 못한 셀 수 없이 많은 유기체의 게놈, 아직 숫자도 세지 못한 별들로 가득한 은하계들, 싱가포르의 교통체증, 화성의 날씨 등에 대한 정보들이 점점 더 많이 만들어지고 있다. 이런 정보는 점점 더 큰 컴퓨터를 통해 점점 더 빠른 속도로 사람들의 손에 굴러 떨어지고 있다. 그리고 지금 사람들은 저마다 손에 아폴로 우주선 우주비행관제센터보다 더 막강한 처리능력을 가진 장치들을 들고 있다."[7] 정보과학자들이 이 모든 것을 수량화해본 결과, 2011년 미국인이 매일 받아들이는 정보량은 1986년에 비해 다섯 배나 많아졌으며, 그 양은 신문 175부에 해당했다.[8] 일하는 시간을 빼고 여가시간만 따져도 우리는 각자 매일 34기가바이트, 즉 10만 단어에 해당하는 정보를 처리하고 있다.[9] 전 세계 2만 1,274개의 TV 방송사에서는 매일 8만 5,000시간 분량의 프로그램을 제작하고,[10] 우리는 매일 평균 다섯 시간가량 TV를 시청한다. 이는 20기가바이트의 오디오-비디오 이미지에 해당하는 양이다. 유튜브는 계산에 넣지 않았다. 유튜브에는 매 시간 6,000시간 분량의 동영상이 업로드되고 있다[11]. 그럼 컴퓨터게임은? 컴퓨터게임은 DVD, TV, 책, 잡지, 인터넷 등 다른 모든 미디어를 모두 합친 것보다 많은 바이트를 소비하고 있다.[12]

자기가 사용하는 미디어나 전자파일들만 정돈된 상태로 유지하려고 해도 입이 딱 벌어질 정도다. 우리는 저마다 책 50만 권 분량에 해당하는 정보를 컴퓨터에 저장하고 있다. 휴대전화나 마그네틱 신용카드 뒤쪽에 저장된 정보는 따지지도 않은 것이다. 우리는 인간에 의해 만들어진 정보가 300엑사바이트(300,000,000,000,000,000,000조각)나 되는 세상을 만들어냈다. 이 정보의 조각들을 3×5인치 사이즈 카드에 적어서 모두 나란히 펼쳐놓는다면, 한 사람이 할당받게 되는 분량만으로도 매사추세츠 주와 코네티컷 주를 합친 땅덩어리(남한 면적의 40% 정도 – 옮긴이)를 뒤덮을 수 있다.

우리 뇌는 받아들인 정보를 처리하는 능력이 있다. 하지만 여기에는 대가가 따른다. 중요한 정보와 사소한 정보를 가려내는 데 곤란을 겪다 보면 우리는 지치기 마련이다. 뉴런은 대사를 하는 살아 있는 세포다. 이들은 살아남기 위해 산소와 포도당을 필요로 한다. 이들이 열심히 일하고 나면 우리는 피로감을 느낀다. 페이스북, 트위터, 친구가 보낸 문자메시지를 읽으며 정보를 업데이트할 때마다 이 모든 행동은 저축한 돈을 주식이나 채권에 넣을지, 지갑을 어디에 두었는지, 방금 다툰 친구와 어떻게 화해할지 등등 중요한 문제들을 상대로 뇌에서 자원을 확보하기 위해 경쟁을 벌인다.

의식이 있는 정신 상태에서의 정보처리 능력은 초당 120비트 정도로 추정된다.[13] 대역폭은 어느 한 순간에 우리가 의식적으로 주의를 기울일 수 있는 정보 소통량의 한계속도를 말한다. 무의식 속에서는 엄청나게 많은 일이 일어나고 있고, 이것은 우리의 느낌과 삶의 진행 방향에 큰 영향을 미치지만 무언가가 경험의 일부로 새겨지기 위해서는 우리가 그것에 대해 의식적으로 주의를 기울여야 한다.

타인과 상호작용하는 데 있어서 대역폭, 즉 정보처리 속도의 제약은 어떤 의미를 지닐까? 누군가가 우리에게 말하는 내용을 이해하려면 우리는 초당 60비트 정도의 정보를 처리해야 한다. 우리의 처리속도 한계가 초당 120비트임을 고려하면, 이는 우리가 동시에 두 사람이 말하는 것을 간신히 이해할 수 있다는 의미다. 대부분의 경우, 우리는 세 사람이 동시에 하는 말을 이해할 수 없다. 우리는 지구상에 존재하는 수십억 명의 사람에게 둘러싸여 있지만, 한순간에 동시에 이해할 수 있는 사람의 숫자는 기껏해야 둘이다! 이렇게 보면 이 세상이 오해로 가득한 것은 당연한 일이다.[14]

주의력의 한계를 감안하면, 생활의 기본적 측면만 관리하려 해도 어쩔 줄 몰라 하는 사람이 많은 이유가 분명하게 드러난다. 우리의 뇌가 인간이 수렵-채집인이었던 시절의 삶에 대처하기 위해 진화되었다는 것도 그 이유 중 하나다. 그 시절에는 평생 마주치는 사람의 숫자가 기껏해야 1,000명을 넘기 힘들었다. 요즘에는 맨해튼을 30분만 걸어도 그 정도는 충분히 마주친다.

어떤 동물이든 주의력은 가장 중요한 정신적 자원이다. 주의력은 우리가 자신을 둘러싼 환경 중 어떤 측면에 대처할 것인지 결정하게 한다. 그리고 대부분의 경우, 어떤 정보가 의식을 거칠지 선택하는 일은 무의식에서 자동적으로 일어나는 다양한 처리 과정을 통해 이루어진다. 이를 위해 수백만 개의 뉴런이 쉬지 않고 환경을 감시하면서 우리가 집중해야 할 가장 중요한 일들을 골라내고 있다. 이 뉴런들이 모두 모여 주의 필터attentional filter를 구성한다. 이들은 주로 우리의 의식을 벗어난 무대 뒤에서 일한다. 그래서 일상생활에서 발생하는 잡다한 지각의 파편들이 대부분 의식되지 않는 것이다. 고속도로를 몇 시간 정도 운전할 때 옆을 스쳐지나간 풍경이 기억나지 않는 것도 이 때문이다. 당신의 주의 시스템attentional system은 당신을 보호해서 그 풍경이 인식되지 않도록 한다. 그런 풍경은 별로 중요하지 않다고 여기기 때문이다. 이 무의식적 필터는 정보를 의식으로 넘길지 말지 판단하는 어떤 원칙을 따른다.

주의 필터는 진화의 가장 위대한 업적 중 하나다. 인간이 아닌 다른 동물의 경우, 이 필터 덕분에 별로 중요하지 않은 것에 주의를 쏟느라 산만해지지 않을 수 있다. 다람쥐는 도토리와 포식자에게만 관심이 있을 뿐, 다른 것에는 별 관심이 없다. 인간보다 100만 배 정도 민감한 후각을 갖고 있는 개는 세상에 대한 정보를 수집할 때 청각보다는 후각을 더 많이 활용한다. 개의 주의 필터는 그에 맞게 진화되었다. 무언가 흥미로운 것의 냄새를 맡고 있는 개를 불러본 사람이라면 소리로 개의 관심을 끌기가 쉽지 않다는 것을 알 것이다. 개의 뇌 속에서는 냄새가 소리보다 훨씬 힘이 세다. 과학자들은 인간의 주의 필터에서 힘이 센 요소가 무엇이며, 그 요소들의 순서가 어떻게 되는지를 전부는 아니지만 상당 부분 알아냈다. 인간의 유인원 선조가 처음 나무에서 내려와 새로운 먹이를 찾아 나섰을 때 이들에게는 새로운 영양 공급원을 다양하게 확보할 수 있는 가능성이 열렸지만, 이는 곧 다양한 포식자에게 자신이 노출된다는 의미이기도 했다. 우리 선조들은 방심하지 않고 위험을 알리는 소리와 시각적 단서를 감시한 덕분에 살아남을 수 있었다. 주의 필터를 통과하는 정보의 양을 늘리도록 허용했다는 의미다.

　대부분의 생물학적 판단 기준으로 볼 때, 인류는 지구 역사상 가장 성공적인 종이다. 인류는 지구상에 존재하는 거의 모든 기후에 적응해 살아남았고(적어도 지금까지는), 개체 수 팽창 속도는 알려진 그 어떤 동물도 능가한다. 1만 년 전에 인류와 그들이 키우던 애완동물과 가축의 생물량biomass은 지구에 사는 모든 육상 척추동물의 생물량 중 0.1%를 차지하는 데 불과했다.[15] 하지만 지금은 98%다. 인류가 이렇게 성공할 수 있었던 것은 대부분 인지 능력, 즉 정보를 유연하게 다룰 수 있는 뇌의 능력 덕분이다. 우리 뇌가 진화하던 당시의 세상은 유입되는 정보가 지금보다 훨씬 적은 단순한 세상이었다. 하지만 오늘날 우리의 주의 필터는 밀려드는 정보에 쉽사리 압도된다. 성공해서 형편이 되는 사람들은 다른 사람을 고용해 주의 필터를 좁히는 문제를 해결한다. 기업 회장, 정치 지도자, 유명 영화배우, 그리고 시간과 주의력을 좀 더 가치 있는 곳에 써야 하는 사람들은 주변에 비서나 보좌진을 둔다. 이런 사람들은 사실상 뇌를 확장해주는 역할을 한다. 전전두엽피질prefrontal cortex의 주의 필터 기능을 그대로 따라하면서 더욱 개선하는 역할을 하기 때문이다.

　이렇듯 '대단히 성공한 사람들highly successful person(앞으로는 간단하게 HSP

라고 하겠다)'은 일상의 자질구레한 문제들은 비서나 보좌진에게 맡기고 자신의 모든 주의력을 자기 앞에 놓인 일에 쏟아붓는다. 이들은 완전히 현재 속에 살고 있는 듯 보인다. 비서나 보좌진이 서신을 챙겨주고, 약속을 잡아주고, 더 중요한 사람이 올 경우 진행 중인 면담을 알아서 끊어준다. 그리고 하루를 가장 효율적으로 계획할 수 있게 도와준다(심지어 낮잠 시간도 정해준다!). 청구서를 제때 처리해주고, 필요하면 자동차도 척척 대령하고, 프로젝트 마감기한을 틈틈이 상기시켜준다. 그리고 중요한 지인의 생일이나 기념일이 되면 알아서 적당한 선물을 보낸다. 이렇게 해서 얻는 궁극의 보상은 무엇인가? 바로 선禪과 같은 집중력이다.

과학연구자로 일하면서 장관, 내각 관료, 유명 음악가, 〈포천〉 선정 500대 기업의 회장 같은 사람들을 만나볼 기회가 있었다. 이들의 능력과 업적은 무척이나 다양하지만 놀라울 정도로 일관된 공통점이 있었다. 이들은 누구를 만나 대화하든 서두르는 기색 없이 여유가 넘쳤고, 눈을 마주하며 상대방에게 온전히 집중했다. 이들은 그 순간에 다른 곳에 가야 한다거나 더 중요한 사람과 얘기하고 있어야 하는 것은 아닌가 하는 걱정으로 마음을 졸일 필요가 없었다. 외부의 주의 필터로 작동하는 직원들이 이미 그 시간을 가장 잘 활용하는 방법을 대신 판단해놓았기 때문이다. 그리고 다음 약속 장소에 제 시간에 도착할 수 있도록 만반의 준비가 되어 있기에 자잘한 걱정거리를 모두 내려놓을 수 있었다.

사정이 그렇지 못한 다른 사람들은 회의가 진행되는 동안에도 과거와 미래에 대한 온갖 잡생각에 휘말리는 경우가 많다. 이런 잡생각 때문에 지금 이 자리에 집중할 수 없다. 내가 가스레인지 불은 끄고 나왔나? 점심은 뭐 먹지? 다음 약속에 늦지 않으려면 여기서 언제쯤 일어나야 하나?

인생의 자질구레한 일들을 남들에게 맡겨버리고 지금 당장 눈앞에서 벌어지고 있는 일에만 집중하도록 주의 필터를 좁힐 수 있다면 어떨까? 나는 지미 카터가 대통령 선거운동을 할 때 그를 만난 적이 있다. 그는 세상의 모든 시간을 다 가지고 있는 사람처럼 여유롭게 나와 얘기를 나눴다. 그런데 대화 도중에 갑자기 보좌관이 오더니 그를 데리고 다음에 만나야 할 사람에게 갔다. 대화를 언제 마쳐야 할지 결정해야 할 부담도 없고, 그 어떤 세속적인 걱정거리로부터도 자유로웠기 때문에 카터는 징징대는 내면의 목소리를 내려놓고 그 시간, 그 장소에 온전히 집중할 수 있었다. 큰 경기가 열리는 날이면 초대가수로 불려 나가고 한 부대의 스태프를 몰고 다니는 한 음악인 친구는 이런 상태를 "행복하게 길을 잃은 상태happily lost"라고 표현했다. 그는 달력을 볼 때 하루 이상 넘겨볼 필요가 없었다. 그 덕에 하루하루가 경이로움과 가능성으로 채워졌다. 자신의 마음과 삶을 주의력과 기억의 새로운 신경과학에 따라 정리한다면 누구나 HSP처럼 자유로움을 누리며 살아갈 수 있을 것이다. 그렇다면 이 과학을 어떻게 일상생활에 적용할 수 있을까? 먼저 우리의 주의 시스템 구조를 이해해야 한다. 우리의 마음을 잘 정리하기 위해서는 우리 뇌가 어떻게 정리하고 조직하는지 알 필요가 있다.

주의 필터의 가장 중요한 원칙 두 가지는 바로 '변화'와 '중요도'다. 뇌는 정교한 변화탐지기다. 운전을 하다가 갑자기 도로가 울퉁불퉁한 것이 느껴지면 뇌는 이 변화를 즉각적으로 알아채고서 주의 시스템에 이 변화에 집중하라는 신호를 보낸다. 어떻게 이런 일이 일어날까? 신경회로는 지금 도로가 매끄럽다는 것을 의식하고 있다. 바퀴가 도로 위를 굴러가는 소리도 그렇고, 엉덩이나 등, 발바닥 등 차와 접촉한 신체부위의 감촉도 그렇고, 눈으로 보기에도 도로는 매끄럽게 계속 이어져 있다. 이렇게 몇 분 동안 똑같은 소리와 감촉, 그리고 시야가 펼쳐지다 보면 뇌는 긴장이 풀리면서 주의 필터에 감시를 맡긴다. 그러면 당신은 다른 일을 할 수 있는 자유가 생긴다. 옆 사람과 대화를 하거나, 라디오를 듣거나, 아니면 둘 다 동시에 할 수도 있다. 하지만 타이어에서 바람이 빠지거나 도로에 튀어나온 부분이 있는 등 조금만 변화가 생겨도 주의 시스템은 그 새로운 정보를 바로 의식으로 올려 보내 당신으로 하여금 변화에 집중해서 적절한 행동을 취하도록 해준다. 눈으로 도로를 살펴보니 아스팔트에 배수로가 파여 있는 것이 보인다. 이것으로 차가 덜컹거린 이유가 설명된다. 만족스러운 설명을 찾고 나면 뇌는 다시 긴장을 풀고 감각을 통한 의사결정 권한을 다시 낮은 수준의 의식에 되돌려 준다. 눈으로 보기에 도로가 매끈해서 덜컹거린 이유를 달리 찾을 수 없는 경우에는 차를 잠시 세우고 타이어를 살펴보기도 한다.

뇌의 변화 감지기는 당신이 알게 모르게 항상 작동하고 있다. 가까운 친구나 친척과 전화를 하는데 목소리가 조금이라도 다르게 느껴지면 당신은 감기라도 걸린 게 아니냐고 물어보게 된다. 뇌가 변화를 감지하면 이 정보를 의식으로 보내지만, 변화가 없을 때는 명쾌한 메시지를 보내지 않는다. 친구가 전화를 했는데 목소리가 평소와 다름없으면 당신은 '아, 평소와 목소리가 똑같군' 하는 생각을 바로 떠올리진 않는다. 이것 역시 주의 필터가 제 할 일을 하고 있기 때문이다. 주의 필터가 하는 일은 변화를 감지하는 것이지 불변성을 감지하는 것이 아니다.

두 번째 원칙인 '중요도'도 정보를 통과시켜 의식에 올려 보낸다. 여기서 중요하다는 것은 객관적으로 중요한 것이 아니라 자기 자신에게 개인적으로 중요한 것을 의미한다. 운전하는 도중에 자기가 좋아하는 음악 그룹이 등장하는 옥외광고가 보이면 그것은 당신의 눈을 사로잡는다(사실 마음을 사로잡는다고 하는 것이 옳다). 하지만 다른 옥외광고들은 그냥 무시하고 지나치게 된다. 파티처럼 사람이 붐비는 장소에 있을 때도 당신이 중요하다고 여기는 특정 단어가 튀어나와 갑자기 그쪽으로 주의를 돌리게 되는 경우가 있다. 심지어 그 소리가 방 건너편에서 들리는 경우도 있다. 만약 누군가가 "불이야", "섹스", 혹은 당신의 이름을 말하면 당신은 자기도 모르게 귀를 기울이게 된다. 거기에 관심을 사로잡히기 전까지만 해도 그 사람들이 무슨 얘기를 하는지 전혀 의식하지 못했는데 말이다. 이렇듯 주의 필터는 꽤나 정교하다. 주의 필터로 인해 서로 다른 대화를 동시에 여러 개 감시할 수 있을 뿐만 아니라, 그 안에 담긴 의미를 파악한 후 당신이 알고 싶어 할 내용만 걸러서 정보를 의식에 올려보낼 수 있다.

주의 필터 때문에 우리는 바로 눈앞에 놓인 것의 복잡함과 미묘한 차이, 그리고 종종 그 아름다움마저도 인식하지 못한 채 세상의 상당 부분을 자동 조종장치처럼 무감각하게 경험한다. 우리가 주의를 기울이는 데 실패하는 경우는 상당 부분 우리가 이 두 가지 원칙을 자기에게 유리하게 활용하지 못해서 생겨난다.

다시 한 번 강조하지만 주의력은 그 용량에 한계가 있는 자원이다. 우리가 동시에 주의를 기울일 수 있는 대상은 그 개수가 분명하게 제한되어 있다. 우리는 매일의 활동 속에서 이를 확인할 수 있다. 운전할 때는 대부분의 경우 라디오를 듣거나 차 안의 다른 사람과 대화하는 것이 가능하다. 하지만 운전하면서 길을 찾아야 한다면 우리는 본능적으로 라디오 볼륨을 줄이거나, 친구에게 잠시 말을 걸지 말라고 부탁하게 된다. 동시에 너무 많은 일을 하려고 할 때마다 이 한계는 어김없이 드러난다. 당신은 식료품 가게에 가서 물건을 사고 지금 막 집으로 돌아왔다. 양손에는 식료품을 가득 담은 봉투가 하나씩 들려 있다. 균형을 잃지 않게 조심하며 현관문을 열고 들어오는데 휴대전화벨이 울린다. 이제 손에 들고 있던 식료품 봉투를 내려놓고 전화를 받아야 한다. 또한 열린 문으로 개나 고양이가 나가지 않게 조심해야 한다. 드디어 통화가 끝났다. 그런데 열쇠를 어디 두었는지 모르겠다. 왜냐고? 열쇠의 위치를 추적하는 일은 당신의 주의 시스템이 다룰 수 있는 한계를 넘어섰기 때문이다.

인간의 뇌는 우리가 주의를 기울이지 않는 것들을 우리에게 숨기도록 진화해왔다. 다른 말로 하면 우리에게는 '인지적 맹점cognitive blind spot'이 생기는 경우가 많다. 우리는 자기가 무엇을 놓쳤는지도 알지 못한다. 뇌가 그 순간에 우선시하지 않는 것은 완전히 무시하기 때문이다. 심지어 바로 눈앞에 있는 것을 무시하는 경우도 있다. 인지심리학자들은 이를 '부주의맹inattentional blindness' 등 다양한 이름으로 부른다.[16] 이것을 가장 충격적으로 보여주는 예로 농구게임 동영상이 있다. 이 동영상을 아직 보지 못했다면 뒷부분을 읽기 전에 당장 이 책을 덮고 지금 바로 그 동영상을 보기 바란다(동영상의 주소는 다음과 같다. http://www.youtube.com/watch?v=vJG698U2Mvo). 이 동영상에서 주어진 과제는 검은색 티셔츠와 흰색 티셔츠를 입은 사람들의 농구게임을 보고 흰색 티셔츠를 입은 사람들이 농구공을 몇 번이나 패스하는지 세는 것이다(스포일러 주의. 당신이 아직 이 동영상을 보지 않았다면, 다음 문단을 읽는 순간 이 동영상이 의도한 착시 효과는 사라질 것이다).

이 동영상은 크리스토퍼 차브리스Christopher Chabris와 대니얼 사이먼스Daniel Simons가 주의에 대한 심리학적 연구를 위해 만든 것이다. 주의 시스템의 처리 용량에는 한계가 있기 때문에 눈으로 농구공과 패스를 쫓고, 패스의 횟수를 기억하는 일만 해도 일반적인 사람의 주의력 자원은 거의 다 소진되고 만다. 남아 있는 약간의 주의력 자원은 검은색 티셔츠를 입은 참가자들과 그들이 패스하는 공을 무시하는 일로 소진된다. 동영상 속의 어느 한 시점에 고릴라로 변장한 사람이 한가운데로 나와서 가슴을 두드리고는 다시 걸어 나간다.[17] 이 동영상을 본 사람들은 대다수가 고릴라를 보지 못했다. 이유는 간단하다. 주의 시스템에 과부하가 걸렸기 때문이다. 만약 내가 농구공 패스 횟수를 세라고 하지 않았다면 당신은 고릴라를 보았을 것이다.

차 열쇠, 지갑, 돈, 영수증 등을 잃어버리는 경우 중 상당수는 주의 시스템에 과부하가 걸려 모든 것을 일일이 다 챙기지 못했을 때 일어난다. 평균적인 미국 사람들은 수렵-채집인 시절의 원시인보다 소유한 물건의 개수가 수천 배는 더 많다. 생물학적 관점에서 볼 때 우리는 뇌가 감당할 수 있도록 설계된 것보다 훨씬 많은 것을 챙겨야 하는 상황에 처해 있다. 철학자 칸트나 시인 워즈워스 같은 최고의 지성들조차 정보의 과잉, 너무 많은 감각 입력과 정신적 과부하로 인한 정신적 피로에 대해 불평했다.[18] 그렇다고 낙담할 필요는 없다! 모든 것을 정리하고 범주화해서 잘 챙길 수 있게 도와주는 효과적인 외부 시스템이 그 어느 때보다 잘 발달되어 있으니 말이다. 옛날에는 보조 인력을 구하는 것 말고는 달리 선택의 여지가 없었지만, 자동화 시대인 지금은 다른 선택 방안이 많이 나와 있다. 이 책의 1부는 이런 외부 시스템을 활용할 수 있게 뒷받침해주는 생물학에 대해 알아본다. 2부와 3부에서는 모든 것이 통신으로 이어져 정신을 산만하게 만드는 것이 점점 많아지는 이 세상에서 어떻게 하면 우리가 이런 시스템을 활용해서 더 효율적이고 더 생산적이고 더 행복하게, 그리고 스트레스를 덜 받으면서 생활을 꾸려 나갈 수 있을지 알아볼 것이다.

생산성과 효율성은 범주화를 통해 체계적으로 정리할 수 있게 도와주는 시스템에 따라 결정된다. 범주화하려는 욕구가 발달한 것은 뇌의 회로가 형성되기 시작한 선사시대부터다. 이 욕구는 음식, 동물, 도구, 부족 구성원 등 일관된 범주를 따라 사물을 의미 있고 통일성 있게 범주화하도록 특화된 신경계를 통해 발달했다. 기본적으로 범주화는 정신적 노력을 줄여주고, 정보의 흐름을 능률적으로 만들어준다.[19] 정보가 너무 많다고 불평한 세대가 우리가 처음은 아닌 것이다.

정보 과부하, 과거와 현재

인간이 지구상에 존재한 지 20만 년 정도 지났다. 인류 역사의 99%는 사실 아이를 낳고 살아남는 것 말고는 달리 할 일이 없는 시기였다.[20] 전 세계적으로 기후 조건이 가혹했던 것이 큰 이유다. 그랬던 기후가 대략 1만 년 전쯤 안정되었다. 그리고 얼마 지나지 않아 인류는 농사짓는 법과 물을 끌어들여 사용하는 법을 발명했다. 인간은 결국 안정적으로 작물을 기르고 보살피기 위해 유목생활을 포기했다. 하지만 농사지을 땅이 다 똑같은 것은 아니었다. 일조량, 토질, 그 외의 조건들이 무척 다양했기에 어떤 농부는 특히 양파를 잘 기르고, 어떤 농부는 특히 사과를 잘 길렀다. 이것은 결국 전문화로 이어졌다. 가족이 먹을 작물을 모두 기르는 대신 농부는 자기가 제일 자신 있는 한 가지 작물을 길러서 그중 일부를 자기가 기르지 않는 다른 작물과 바꿨다. 농부들이 각각 한 가지 작물만 기르자 그 생산량이 자신에게 필요한 양보다 많아져 시장과 교역이 생겨났다. 그리고 그 규모가 점점 커지면서 도시가 형성되기에 이른다.

기원전 5000년 우르크의 수메르는 세계 최초의 대도시 중 하나였다. 이곳에선 활발한 교역을 통해 전례 없는 대규모의 상업적 거래가 이루어졌다.[21] 수메르의 상인들은 그날 하루의 재고목록과 수령액을 기록할 회계 시스템이 필요했다. 이것이 바로 문자가 만들어진 계기다. 인문학 전공자들의 낭만적인 생각은 잠시 뒤로 미뤄두자. 유감스럽게도 최초의 글은 예술, 문학, 사랑, 혹은 영적 목적이나 예배가 아니라 장사를 위해 나타났다.[22] 문학은 판매 영수증에서 기원했다고 말할 수 있다.[23] 교역, 도시, 글쓰기 등이 확대되면서 사람들은 건축술과 통치 체제, 그리고 우리가 통틀어 문명이라 여기는 것들을 구성하는 세련된 존재 양식들을 만들어냈다.[24]

5,000년 전 글쓰기가 처음 등장했을 때 사람들이 모두 열렬하게 이를 반

긴 것은 아니다. 수많은 사람이 이것은 너무 앞서 나간 기술이고 정신을 타락시킬 악마의 발명품이니 없애야 한다고 생각했다. 지금과 마찬가지로 당시에도 활자화된 언어는 성적으로 문란한 내용을 담기 일쑤였다. 활자화되어 있으니 이런 글들을 어느 곳에서 누가 볼지 통제하기도 어려웠고, 원작자가 미처 알지도 통제하지도 못하는 상태에서 사람들 사이에 쉽게 퍼졌다. 글쓰기에 반대하는 사람들은 원작자의 설명을 직접 들을 기회가 없기 때문에 저자의 주장이 정확한 것인지 확인할 수도 없고, 질문을 던질 수도 없다며 불평했다. 플라톤도 이런 걱정에 목소리를 보탠 사람 중 하나다. 이집트의 왕 타무스Thamus는 문자에 의존하면 "인간의 도덕적 품성이 약해지고 잘 잊어버리게 될 것"[25]이라며 글을 매도했다. 사실과 이야기를 외부에 기록한다는 것은 사람들이 더 이상 많은 정보를 스스로 기억할 필요가 없어지고, 결국 다른 사람이 써놓은 글의 형태로 전달되는 이야기와 사실에 의존하게 될 것이라는 의미였다. 타무스는 문자가 이집트인들을 거짓 지식으로 물들일 것이라 주장했다.[26] 그리스의 시인 칼리마코스Callimachus는 책은 "위대한 악마"라고 했다.[27] 로마의 철학자 세네카Senecar는 많은 책은 정신을 산만하게 만든다며, 동료들이 너무 많은 책을 모으느라 돈과 시간을 낭비한다고 질책했다. 세네카는 그 대신 좋은 책 몇 권에 집중해서 여러 번 읽을 것을 권했다.[28]

인쇄기가 도입된 것은 1400년대 중반이다. 고되고 실수도 많은 필사 작업을 인쇄기가 대신하면서 문자를 좀 더 신속하게 확산시킬 수 있게 되었다. 하지만 이번에도 역시나 많은 사람들이 지적인 삶은 이제 막을 내리게 될 것이라며 우려를 표시했다. 1525년 에라스무스Erasmus는 벌떼처럼 쏟아지는 새 책들에 대해 장황한 비난을 늘어놓았다. 그는 이것이 학습에 심각한 장애가 될 거라고 생각했다. 그는 인쇄기는 돈을 벌 목적으로 만들어진 것으로, 이 세상을 "멍청하고, 무지하고, 악의와 중상모략으로 가득하고, 사회질서를 파괴하는 불경하고 미친" 내용으로 가득한 책들로 채우려 들 것이라고 비난했다.[29] 라이프니츠 Liebniz 는 책들이 쏟아져 나오는 양이 끔찍할 정도로 계속 늘어나면 결국 야만의 시대로 되돌아가는 결과를 낳을 것이라고 불평했다.[30] 데카르트가 그동안 쌓여온 책들은 모두 무시하고 자신의 관찰에 의지하라고 충고한 것은 유명하다. 오늘날 많은 사람이 할 말을 미리 내다보기라도 한 듯 데카르트는 이렇게 불평했다. "설사 책에 모든 지식이 담겨 있다 한들 그것이 수많은 쓸모없는 것들과 뒤섞여 있고, 또 저렇게나 엄청난 양으로 아무렇게나 쌓여 있다면 평생을 읽어도 다 읽지 못할 것이다. 저 잡동사니 속에서 유용한 것을 고르는 데 드는 노력이면 차라리 자기가 직접 알아내는 것이 더 쉬울 것이다."[31]

책이 급격히 확산되는 것에 대한 불평은 1600년대 말까지 계속 이어졌다. 지식인들은 사람들이 책 때문에 서로 대화하지 않게 될 것이고, 쓸모없는 어리석은 생각들로 마음을 오염시키며 책에 파묻혀 살게 될 것이라 경고했다. 그리고 우리도 잘 알고 있다시피 이런 경고는 현재도 계속 이어지고 있다. TV가 발명되면서 그랬고, 컴퓨터, 아이팟, 아이패드, 이메일, 트위터, 페이스북이 발명되면서 그랬다.[32] 이런 것이 등장할 때마다 중독을 야기한다는 둥, 불필요하게 주의를 분산시킨다는 둥, 실제로 사람을 만나 실시간으로 생각을 교환하는 능력을 떨어지게 만든다는 둥의 말로 매도했다. 심지어 전화교환원이 연결해주던 방식을 대체하는 다이얼 전화기가 처음 나왔을 때도 반대의 목소리가 거셌다. 사람들은 자신이 그 많은 전화번호를 일일이 다 기억할 수 있을지 걱정했다. 노래 가사처럼 "늘 그랬다 Same as it ever was".

산업혁명과 과학의 발전으로 새로운 발견은 엄청난 속도로 늘어났다. 예를 들어, 1550년대에 전 세계적으로 알려진 식물은 모두 500종이었다.

1623년에는 이 숫자가 6,000종으로 증가했다. 오늘날 우리가 알고 있는 식물은 풀만 9,000종, 야자나무만 2,700종이고, 전체적으로는 50만 종이나 된다.[33] 이 숫자는 계속해서 늘어나고 있다.[34] 과학 정보의 증가는 가히 충격적이다. 300년 전만 해도 '과학' 분야에서 학사학위를 받은 사람은 당시 전문가들만큼의 지식을 갖추고 있었다. 하지만 오늘날에는 생물학 박사학위를 받았더라도 오징어의 신경계에 대해 알려진 내용조차 제대로 알지 못한다! 구글 스콜라Google Scholar(구글의 논문 검색서비스 – 옮긴이)를 검색해보면 오징어의 신경계에 대한 검색결과가 3만 건이나 뜬다. 그리고 이 숫자는 기하급수적으로 증가하고 있다. 아마 여러분이 이 글을 읽을 즈음이면 그 숫자가 적어도 3,000건 정도 늘어나 있을 것이다.[35] 우리가 지난 20년간 발견한 과학 정보의 양은 언어가 처음 나타난 이후부터 지난 20년 전에 이르기까지 발견된 정보의 양보다 많다. 2012년 1월에만 5엑사바이트(5×10^{18})의 새로운 데이터가 생산됐다.[36] 이는 미국 의회도서관에 들어 있는 단어 전체의 숫자보다 5만 배나 많은 양이다.[37]

정보의 폭발적 증가는 우리 모두에게 하루하루 짐을 지우고 있다. 정말 알아야 할 것이 무엇이고, 알 필요가 없는 것은 무엇인지 파악하기 위해 허우적대야 하기 때문이다. 우리는 메모를 하고, '해야 할 일' 목록을 만들고, 잊지 않고 해야 할 일들은 이메일이나 문자메시지로 남겨보기도 하지만, 우리는 여전히 정보에 압도된 듯한 기분을 피할 길 없다. 그렇게 된 가장 큰 이유는 진화적으로 이미 구식이 되어버린 주의 시스템 때문이라 할 수 있다. 앞에서 주의 필터의 중요한 원칙 두 가지를 언급했다. 바로 변화와 중요도다. 주의 필터에만 특별히 해당되는 것은 아니지만, 주의의 세 번째 원칙이 있다. 이것은 그 어느 때보다도 중요해지고 있다. 바로 주의 전환의 어려움과 관련된 것이다. 이 원칙을 말로 풀어보면 다음과 같다. '주의를 전환하는

데는 큰 비용이 따른다.'

우리의 뇌는 한 번에 한 가지 일에만 집중하도록 진화했다. 덕분에 우리 선조들은 동물을 사냥하고, 도구를 발명하고, 포식자나 외부의 적들로부터 부족을 보호할 수 있었다. 주의 필터는 우리 머릿속에서 이어지는 일련의 생각을 중간에 끊을 가치가 있을 정도로 중요한 정보만 통과시킴으로써 우리가 과제에 집중할 수 있게 돕는 방향으로 진화했다. 그런데 21세기에 접어들면서 재미있는 일이 일어났다. 이런 일을 돕기 위해 만들어진 기술과 정보가 과잉되면서 역으로 우리의 뇌 사용 방식에 변화가 일어난 것이다. 주의 시스템에 동시에 여러 가지 일에 집중할 것을 요구하는 일이 점점 많아지고 있다. 하지만 주의 시스템은 이런 식으로 일하도록 진화되지 않았으며, 집중하려는 주의 시스템에 멀티태스킹은 방해가 될 뿐이다. 우리는 운전을 하고, 라디오를 듣고, 주차할 자리를 찾고, 도로공사 표지판을 피하고, 오늘 점심엔 뭘 먹을까 고민하면서 전화통화를 한다. 우리는 이 모든 것을 동시에 생각하고 대처한다고 여기지만, 실제로는 그렇지 않다. 우리의 뇌는 주의를 옮기며 한 번에 하나씩 일을 처리한다. 그리고 이런 전환이 일어날 때마다 신경생물학적 전환에 따르는 비용이 들어간다. 신경계는 이런 식으로는 잘 기능하지 못한다. 일단 어떤 일을 시작하면 우리의 뇌는 그 일에 전념할 때 최고의 기능을 발휘한다.

주의력은 전전두엽피질(이마 바로 뒤에 있다)에서 네트워크를 이루는 뉴런에 의해 만들어진다. 이 뉴런들은 도파민에 민감하게 반응한다. 도파민은 현관문을 여는 열쇠처럼 뉴런들을 풀어주고, 이 뉴런들은 네트워크 안의 다른 뉴런들을 자극하는 작은 전기신호를 발사한다. 그러면 애초에 도파민 분비를 촉발하는 것은 무엇일까? 보통 두 가지 중 하나다.

첫째, 어떤 것은 자동적으로 당신의 주의를 끈다. 이런 것은 보통 진화적 기원을 가지고 있으며 생존에 핵심적인 것들이다. 주의 필터를 포함한 경계 시스템vigilance system은 심지어 자고 있는 동안에도 쉬지 않고 작동하면서 중요한 사건이 일어나지 않는지 감시한다.[38] 이 사건은 큰 소리나 밝은 불빛일 수도 있고(놀람반사), 무언가 빨리 움직이는 것일 수도 있고(포식자의 움직임일지도 모른다), 목이 마를 때 발견한 음료수일 수도 있고, 매력적인 이성일 수도 있다.

둘째, 환경 속에서 무언가를 찾거나 감시할 때 의지력을 발동해서 그와 관련된 것에만 집중하게 만들 수 있다. 실험실 연구를 통해 이런 의도적인 필터 작용이 실제로 뇌 속 뉴런들의 민감도를 바꿀 수 있다는 것이 밝혀졌다. 축제에 갔다가 딸을 잃어버려서 찾아다닐 경우, 당신의 시각계는 다른 것은 모두 걸러내고 오직 딸과 키, 머리 색깔, 체형이 비슷한 사람들만 눈에 들어오도록 재구성된다. 그와 유사하게 청각계 역시 딸의 목소리 음역대와 비슷한 주파수만 귀에 들어오도록 조율된다. 이를테면 '월리를 찾아라Where's Waldo?' 필터 네트워크라고 할 수 있다.

《월리를 찾아라》라는 퍼즐 도서를 보면, 빨간색과 하얀색 가로줄무늬 티셔츠를 입은 월리라는 소년이 다채로운 색으로 그려진 수많은 인파와 사물 사이에 있다. 어린아이용 책에선 월리가 빨간 옷을 입고 있기도 하다. 어린아이의 주의 필터는 그림을 재빨리 훑어보며 빨간 물체를 찾아낸다. 바로 월리다. 대상 연령대가 높아질수록 월리 찾기는 더 어려워진다. 빨간색이나 하얀색 단색 티셔츠를 입은 사람, 색이 다른 가로줄무늬 티셔츠를 입은 사람, 빨간색과 하얀색 줄무늬 티셔츠이기는 한데 가로줄무늬가 아닌 세로줄무늬 티셔츠를 입은 사람들이 등장해 정신을 산만하게 만든다.

《월리를 찾아라》는 영장류 시각계의 신경구조를 이용한 책이다. 후두엽 occipital lobe 안에 있는 시각피질visual cortex이라는 뇌 영역에는 특정 색에만 반응하는 뉴런 집단들이 있다. 어떤 집단은 빨간색 물체에만 반응해서 전기신호를 보내고, 어떤 집단은 초록색에만 반응하는 식이다. 그리고 다음으로 세로줄무늬가 아닌 가로줄무늬에만 반응하는 뉴런 집단이 있다. 그 안에서도 넓은 줄무늬에 최대 반응을 보이는 것과 좁은 줄무늬에 최대 반응을 보이는 것으로 다시 나뉜다.

이렇듯 서로 다른 뉴런 집단에 직접 명령을 내릴 수 있다면 정말 좋을 것이다. 필요한 순간, 필요한 뉴런만 골라서 명령을 수행하게 하고, 나머지 뉴런은 편안하게 앉아서 지켜보라고 명령할 수 있다면 말이다. 사실 가능한 얘기다. 우리가 눈 빠지게 월리를 찾거나, 잃어버린 스카프 혹은 지갑을 찾거나, 앞서 언급한 농구 동영상을 볼 때 실제로 이런 일이 일어난다. 우리가 찾는 물체에 대한 심상mental image을 마음에 제시하면 시각피질의 뉴런들은 그 물체와 비슷한 것을 머릿속에서 상상하기 쉽게 도와준다. 만약 물체가 빨간색이면 빨간색에 민감한 뉴런들이 상상하는 데 동원된다. 이 뉴런들은 거기에 맞추어 자동으로 자신을 조율하고, 다른 뉴런들(우리가 관심 없는 색에 민감한 뉴런)은 억제해서 탐색을 용이하게 만든다. 《월리를 찾아라》는 아이들이 시각적 주의 필터를 설정하고 활용하도록 훈련시켜 환경 속에서 더욱 미세한 단서들을 찾아낼 수 있게 해준다. 우리 선조들도 숲에서 동물을 추적하는 방법을 가르칠 때 아이들을 이런 식으로 훈련시켰을 것이다. 처음에는 눈에 잘 띄고 구별하기 쉬운 동물로 시작해, 위장을 잘해서 주변 환경과 구별하기 까다로운 동물을 가려내는 법까지 단계적으로 훈련했을 것이다. 이 시스템은 청각 필터에도 그대로 적용된다. 우리가 소리 속에서 특정 음이나 음색을 기대하면 청각 뉴런은 그런 특성에 맞춰 선별적으로 조율된다. 우리가 의도적으로 감각 뉴런들을 재조정할 때, 우리 뇌는 감각처리 과정보다 더 발전된 고위의 뇌 영역에서 기원하는 하향식 처리 과정을 가동한다.

전문가들이 자신의 영역에서 뛰어난 능력을 발휘하게 해주는 것이 바로 이런 하향식 시스템이다. 이 덕분에 수중음파탐지기 운영자가 경계태세를 유지할 수 있고, 또 적절한 훈련만 받으면 핑ping(수중음파탐지기에서 발사한 음파가 물체에 부딪힌 후에 반향되어 나오는 소리 – 옮긴이) 소리만 듣고도 적의 잠수함을 화물선이나 고래와 구분해낼 수 있다. 60개의 악기가 연주되는 순간, 지휘자가 하나의 악기 소리만 귀 기울여 들을 수 있는 것도 그 덕분이다. 지금 이 순간에도 당신 주변에는 환풍기 소리, 건물 밖에서 차 지나가는 소리, 누군가가 대화하는 소리를 비롯해 책 주변에 있는 눈에 들어오는 다른 물건에 이르기까지 정신을 산만하게 만드는 것들이 가득할 테지만, 그럼에도 불구하고 당신이 이 책에 주의를 기울일 수 있는 것은 다 하향식 시스템 덕분이다.

이토록 효과적인 주의 필터를 가지고 있는데, 왜 정신을 산만하게 만드는 것들을 지금보다 더 잘 걸러낼 수 없는 것일까? 왜 이제 와서 정보 과부하가 이렇게 심각한 문제가 된 것일까? 우선 우리는 그 어느 때보다 많은 일을 하고 있다. 우리는 사회가 컴퓨터화되면 반복적이고 단조로운 힘든 일은 모두 컴퓨터가 처리하고, 인간은 좀 더 고귀한 목적을 위해 일하고 좀 더 많은 여가시간을 가질 수 있을 것이라 믿었다. 하지만 그런 일은 일어나지 않았다. 여유시간이 늘어나기는커녕 오히려 줄어들었다. 크고 작은 회사들이 자기들이 하던 일을 소비자에게 떠넘겨버렸다. 부가가치 서비스의 일환으로 회사들이 해주던 일들을 이제는 우리가 직접 해야 한다. 항공 여행의 경우, 이제는 예약부터 체크인까지 모두 우리가 직접 마무리해야 한다. 슈퍼마켓에 가면 자기가 산 식료품들을 직접 봉지에 담아야 한다. 이제 어떤 회사들은 요금 청구서를 아예 보내지 않는다. 우리가 직접 웹사이트에 로그인해서 자기 계정에 들어가 청구서를 확인한 다음 전자지불시스템을 이용해 요금을 지불해야 한다. 사실상 우리가 회사를 대신해서 일을 해주고 있는 셈이다. 이를 '그림자 노동shadow work'이라고 한다.[39] 그림자 노동이란 기존 경제와 나란하게 움직이는 일종의 그림자 경제shadow economy를 상징한다. 그림자 경제 안에서는 회사의 서비스 중 상당 부분이 고객에게 전가된다. 우리는 타인의 일을 대신해주면서 돈도 받지 못하고 있는 것이다. 이런 이유로 우리는 21세기가 찾아오면 누리게 되리라 생각했던 여유시간을 상당히 많이 빼앗기고 있다.

우리는 부모 세대보다 일을 더 많이 하고 있을 뿐만 아니라, 정보기술 분야에서도 더 많은 변화에 대처하고 있다. 이런 상황은 성인이 된 후에 더 심각해진다. 미국인들은 평균 2년마다 휴대전화를 교체한다.[40] 이는 결국 소프트웨어, 버튼 작동법, 메뉴 등을 새로 익혀야 한다는 의미다. 우리는 3년마다 컴퓨터 운영체제를 바꾼다. 그럼 아이콘, 작동방식 등을 새로 배워야 하고, 옛날의 메뉴 항목이 어디에 있는지 다시 확인해야 한다.[41]

데니스 오버바이의 말처럼 싱가포르의 교통체증, 화성의 날씨에 이르기까지 너무나 많은 정보가 우리에게 쏟아져 들어오고 있다. 경제가 글로벌화된다는 것은 우리가 우리 할아버지 세대는 모르고 살았던 막대한 양의 정보에 노출된다는 의미다. 우리는 지구 반 바퀴가량 떨어져 있는 나라에서 일어난 혁명이나 경제 문제 등의 소식을 사건이 일어나는 즉시 듣는다. 우리는 한 번도 가보지 않은 장소의 이미지들을 보고, 한 번도 들어보지 못했던 언어를 듣는다. 그러면 우리의 뇌는 굶주리기라도 한 듯 이 모든 것을 빨아들인다. 애초부터 그렇게 설계되어 있기 때문이다. 하지만 여기에는 주의력이라는 자원이 들어가고 그 자원은 한정돼 있다. 이 모든 것은 한정된 자원을 차지하려고 우리가 살아가기 위해 알아야 할 내용들과 경쟁을 벌인다.

새롭게 등장하는 증거들에 따르면, 새로운 아이디어를 받아들이고 학습하는 것은 지식의 확장에 따르는 전통적 이점 말고도 수명을 연장하고, 치매를 늦추는 효과도 있다고 한다. 따라서 받아들이는 정보를 줄이려 하기보다는 그런 정보를 체계적으로 정리하는 시스템을 갖출 필요가 있다.

우리 삶에서 정보는 언제나 핵심 자원이었다. 정보가 있었기에 우리는 사회와 의료, 그리고 의사결정을 개선하고, 개인과 사회의 성장을 누리고, 더 훌륭한 선출직 공무원을 뽑을 수 있었다.[42] 정보는 또한 취득하고 다루는 데 상당한 비용이 드는 자원이다. 그런데 지식을 손에 넣기가 점점 쉬워지고, 인터넷을 통해 지식이 분산됨에 따라 정보의 정확성과 신뢰성이 애매해졌다. 상반된 관점을 접하기가 그 어느 때보다도 쉬워졌다. 사실이나 진실 따위는 전혀 아랑곳하지 않는 사람들이 이런 정보를 퍼뜨리는 경우도 많다. 누구를 믿어야 할지, 무엇이 진실인지, 정보의 어느 부분이 바뀌었고, 또 어느 부분이 확인된 것인지 알 수 없다. 우리는 이런 부분들까지 모두 조사해볼 수 있는 전문성도 갖추지 못했고, 그럴 시간도 없다. 그래서 우리는 전문가, 신문, 라디오, TV, 책 등에 의지하며, 때로는 매형이나 잔디를 기막히게 가꾸는 이웃, 비슷한 경험을 했던 기억에 의지할 때도 있다. 그런데 우리가 신뢰하는 이런 정보의 출처 중에는 신뢰할 만한 경우도 있고, 그렇지 못한 경우도 있다.

아모스 트버스키Amos Tversky는 '볼보 이야기'에 이런 상황을 잘 담아냈다. 한 동료가 새 차를 사려고 엄청나게 많은 조사를 했다. 〈컨슈머 리포트 Consumer Reports〉는 독립적인 실험을 통해 볼보 자동차가 동급 차량들 중에서 가장 잘 만들어지고 신뢰할 만하다고 평가했다. 수만 명의 고객을 대상으로 실시한 소비자만족도조사에 따르면, 볼보 자동차 소유주들은 구입 후 몇 년이 지난 뒤 조사했을 때 만족도가 가장 높았다. 이렇게 조사 대상자가 많다는 것은 특별히 더 좋거나 나쁜 평가는 가려지고 평균적인 결과가 도출된다는 뜻이다. 이렇게 대규모로 이루어진 설문조사는 통계학적으로나 과학적으로 타당성이 있기 때문에 무언가 결정을 내릴 때 그만큼 더 중요하게 참고해야 한다(특별히 더 따질 부분이 없다면 당신의 경험은 다른 사람들의 평균적인 경험과 비슷하리라 추측하는 것이 가장 합리적이다).

트버스키는 어느 날 파티에서 우연히 그 동료를 만나 자동차 사는 일은 어떻게 돼가느냐고 물었다. 동료는 볼보 대신 그보다 평가가 낮은 다른 차를 사기로 마음먹었다고 했다. 자료들은 거의 모두 볼보가 제일 좋다고 하는데 대체 왜 그런 결정을 내렸느냐고 트버스키가 물었다. 가격이 마음에 들지 않았나? 마음에 드는 색이 없어서? 스타일이 별로라? 아니었다. 동료는 그런 것은 문제가 되지 않았다고 했다. 알고 보니 그의 처남이 볼보 자동차를 한 대 가지고 있는데, 자주 고장나서 허구한 날 정비소에 들어가 있다고 했다.

논리적 관점에서 보면 이 동료는 불합리한 행동을 했다. 볼보 자동차에 대한 처남의 안 좋은 경험은 그저 하나의 자료값에 불과할 뿐, 다른 수만 건의 좋은 경험과 비교하면 아무것도 아니다. 그저 통계적 예외에 불과하다. 하지만 인간은 사회적 동물인 탓에 자신이 직접 겪었다는 이야기들을 듣거나, 딱 한 번의 경험이라 해도 그 설명이 너무나 생생하면 거기에 쉽게 휩쓸리고 만다. 이것은 통계적으로 볼 때 분명 잘못됐고, 그런 편향을 극복하는 법을 익혀야 하는데도 우리는 그러지 못한다. 광고업자들은 이런 점을 잘 알고 있다. TV 광고 중 체험 광고가 많은 것은 바로 이 때문이다. "새로 나온 이 요구르트를 먹고 2주 만에 체중이 10킬로그램이나 줄었어요. 게다가 맛도 좋아요!", "만성두통으로 고생하고 있었습니다. 개한테 짜증을 내고 가족들에게도 심술궂은 말만 했죠. 그러다 이 약을 먹고 예전의 내 모습으로 돌아갈 수 있었습니다." 우리의 뇌는 무미건조하고 지겨운 통계적 설명보다는 사람들이 직접 얘기하는 생생한 경험담에 더 집중한다.

우리는 인지적 편향cognitive biases 때문에 추론 과정에서 많은 오류를 만들어낸다. 아래와 같은 종류의 착각에는 다들 익숙할 것이다.

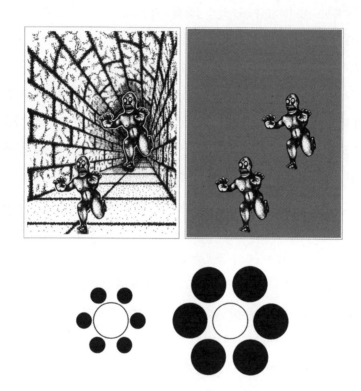

위 그림은 유명한 '폰조 착시Ponzo illusion'를 로저 셰퍼드Roger Shepard가 변형해 만든 것이다. 위쪽 괴물이 아래쪽 괴물보다 더 커 보이지만, 자를 갖다 대보면 똑같은 크기임을 알 수 있다. 그 아래 나온 '에빙하우스 착시Ebbinghaus Illusion' 그림에서는 왼쪽의 흰색 동그라미가 오른쪽의 흰색 동그라미보다 커 보이지만 사실은 같은 크기다. 이런 것을 보고 우리는 눈이 우리에게 장난을 친다고 말하는데, 사실 우리를 속이고 있는 것은 눈이 아니라

뇌다. 시각계는 세상에 대한 이해의 조각들을 하나로 종합할 때 지름길에 해당하는 휴리스틱heuristics(시간이나 정보가 불충분해 합리적인 판단을 할 수 없는 상황에서 사용하는 어림짐작의 기술 - 옮긴이)을 이용하는데, 가끔 이것이 우리를 잘못된 길로 안내한다.

우리가 결정을 내릴 때도 착시와 유사한 인지적 착각이 일어난다. 의사결정을 할 때 뇌도 지름길을 이용하기 때문이다. 이런 현상은 오늘날 새로운 표준으로 자리 잡게 된 '빅데이터Big Data'와 마주할 때 더욱 잘 일어난다. 이런 것을 극복하는 법을 배우지 못하면 무엇에 주의를 기울이고, 어떻게 정보를 처리해야 할지 몰라 크게 휘둘리기 쉽다.

선사시대의 정신적 범주화

인지심리학은 인간(동물, 그리고 일부 사례에서는 컴퓨터도)이 정보를 어떻게 처리하는지를 과학적으로 연구하는 학문이다. 인지심리학자들은 전통적으로 기억, 주의, 범주화, 언어 습득 및 사용, 의사결정, 그리고 여기에 다른 한두 가지 주제를 덧붙여 서로 다른 연구 영역들을 구분해왔다. 많은 사람이 주의와 기억은 밀접한 관계가 있을 것이라 생각한다. 애초에 주의를 기울이지 않았던 것은 기억되지도 않기 때문이다. 반면 범주화, 주의, 기억의 상관관계에 대해서는 상대적으로 관심이 덜했다.

범주화라는 행동은 바깥의 물질세계를 체계적으로 정리하는 데 도움을 줄 뿐만 아니라, 내면의 정신세계, 다시 말해 우리가 주의를 기울이고 기억할 수 있는 대상들을 체계적으로 조작하는 데도 도움을 준다.

범주화가 얼마나 본질적인 것인지 살펴보기 위해 우리가 사물을 범주화하지 못한다면 삶이 어떻게 달라질지 생각해보자. 범주가 존재하지 않는다면 검정콩들이 담긴 접시를 봐도 각각의 콩이 다른 콩들과는 전혀 상관없고 서로를 대체할 수도 없는 것으로 여겨지며, 같은 종류라는 생각도 들지 않을 것이다. 그리고 어느 한 콩이 다른 콩과 마찬가지로 먹어도 되는 것인지 확신이 들지 않을 것이다. 이번에는 잔디를 깎는다고 가정해보자. 범주가 존재하지 않으면 잔디가 잔디밭이라는 하나의 전체로 인식되는 것이 아니라, 이파리들이 모두 별개의 것으로 구별되어 감당하기 힘들 것이다. 하나의 콩과 또 다른 콩, 잔디 이파리 하나와 또 다른 이파리 하나 사이에는 지각적 유사성이 존재한다. 지각 시스템은 우리가 겉모습을 바탕으로 범주를 만들 수 있게 도와주는데, 우리는 지각적 유사성뿐만 아니라 개념적 유사성을 바탕으로도 범주화한다. 부엌에서 전화벨이 울리는데 메모할 것이 필요하면, 우리는 글을 쓸 수 있는 것이면 아무것이나 제일 먼저 눈에 띄는 것을 집어 든다. 볼펜, 연필, 크레용 등은 서로 다른 물건으로, 범주도 서로 다르다는 것을 알지만, 그 순간만큼은 기능적으로 대등하기 때문에 '종이에 글을 쓸 수 있는 물건'이라는 하나의 범주로 묶인다. 립스틱밖에 보이지 않으면 그것도 이 범주에 포함된다. 이런 것들을 하나의 그룹으로 묶는 것은 지각 시스템이 아니라 인지 시스템이다. 잡동사니 서랍은 범주 구성의 비밀을 상당히 많이 드러낸다. 그리고 우리가 어느 범주에도 끼워 맞출 수 없는 무언가를 맞닥뜨렸을 때 그것들을 모아둘 탈출구 기능을 하기 때문에 아주 중요하고 유용하다.

우리의 초기 선조들은 개인 소유물이 많지 않았다. 기껏해야 옷을 만들 동물 가죽, 물을 담을 그릇, 과일을 따올 때 쓸 자루 정도였다. 이들에게는 자연계 전체가 집이나 마찬가지였다. 시시각각 변하는 자연계를 파악하는 일이 이들에게는 필수적인 일이었는데, 이는 정신적으로 대단히 벅찬 과제였다. 우리 선조들은 자연계를 어떻게 이해했을까? 이들에게 가장 본질적인 구별 방식은 어떤 것이었을까?

선사시대는 말 그대로 역사적 기록이 남아 있지 않은 시기이기 때문에 이 질문의 답을 찾기 위해서는 간접적인 증거에 의존할 수밖에 없다. 현재까지도 산업문명과 단절되어 살아가는 원시 수렵-채집인들이 그런 증거 중 하나다. 연구자들은 이들의 생활방식을 관찰하고, 이들과 면담하면서 가족의 역사나 구전되는 전통 등을 통해 이들이 선조들의 생활방식에 대해 무엇을 알고 있는지 알아내려 했다. 언어 또한 이와 관련 깊은 증거다. '어휘 가설lexical hypothesis'에서는 인간이 대화를 나눌 필요가 있었던 가장 중요한 대상들이 언어 그 자체에 새겨져 있을 것이라고 가정한다.

언어의 가장 중요한 기능 중 하나는 구분을 도와준다는 것이다. 우리가 무언가 먹을 수 있는 것을 말로 표현한다면, 자동적으로 그것을 먹을 수 있는 다른 모든 것과 구분하는 것이다. 무언가를 두고 과일이라고 부르면 필연적으로 그것을 채소, 육류, 낙농제품 등과 구분한다는 의미다. 어린아이도 이 같은 단어의 제한적 속성을 직관적으로 이해한다. 아이가 물을 한 잔 달라고 하면 그것은 식수를 뜻하는 것이지 목욕탕 물을 가리키는 게 아니다.

초기 인류는 기본적 구분을 중심으로 마음과 생각을 조직했다. 이런 구분 방식은 여전히 유용하게 사용되고 있다. 가장 초기에 이루어진 구분 중 하나는 '지금now'과 '지금이 아닌 때not-now'의 구분이다. 이 일은 지금 이 순간에 일어나고 있고, 나머지 일들은 과거에 일어나 지금 내 기억 속에 있다. 인간 말고는 과거, 현재, 미래를 이렇게 의식적으로 구분하는 종이 없다. 과거의 일을 두고 후회하는 종도 없고, 미래를 위해 꼼꼼하게 계획을 세우는 종도 없다. 물론 다른 종도 둥지를 짓고, 남쪽으로 날아가고, 동면을 하고, 짝짓기를 하는 등 시간에 반응하는 행동을 보인다. 하지만 이것은 프로그램된 본능적 행동일 뿐, 의식적인 판단, 명상, 계획 등의 결과로 나온 행동은 아니다.

'지금'과 '지금이 아닌'의 차이에 대한 이해와 동시에 이루어진 구분이 바로 대상의 영속성에 대한 이해다. 어떤 대상은 지금 당장 내 시야에 들어오지 않을 수도 있지만, 그렇다고 그것이 더 이상 존재하지 않는다는 의미는 아니다. 생후 4~9개월 사이의 유아 역시 대상의 영속성에 대한 판단 능력을 보인다.[43] 이런 인지적 작용이 선천적이라는 증거다. 정보가 감각수용기를 통해 입력되면 우리 뇌는 '여기, 그리고 지금here-and-now' 있는 대상을 표상한다. 예를 들어, 사슴을 보면 우리는 눈을 통해(그리고 그 이후 이어지는 일련의 선천적인 인지 모듈을 통해) 그 사슴이 지금 바로 눈앞에 서 있음을 안다. 사슴이 사라지고 나면 우리는 그 이미지를 기억하고, 그 모습을 상상 속에 새겨놓거나 그림을 그리거나 조각을 해서 그것을 외부적으로 표상할 수도 있다.

'여기, 그리고 지금'과 '여기와 지금 아님not-here-and-now'을 구분하는 인간의 이런 능력은 5만 년 전에 그려진 동굴벽화에서도 찾아볼 수 있다. 이것은 지금 여기에 '있는' 것과 여기에 '있었던 것' 사이의 차이를 명백하게 표상하는 능력이 있었음을 보여주는 최초의 증거 중 하나다. 달리 표현하면, 동굴에 살던 선사시대의 피카소들은 그림을 그리는 행위를 통해 시간, 장소, 대상을 구분했다. 이는 '정신적 표상mental representation'이라고 부르는, 대단히 발전된 인지적 작용이다. 그리고 이 그림은 분명하게 표현된 시간 감각을 입증해보인다. 저기 바깥에 사슴이 있었다(물론 지금 이 동굴 벽에는 없다). 지금은 거기에 사슴이 없지만, 아까는 거기에 있었다. 지금과 아까는 다르다. 여기(동굴 벽)는 그저 거기(동굴 앞 초원)를 표상할 뿐이다. 마음을 정리하고 조직화하는 과정 중 선사시대에 이루어진 이 단계는 대단히 중요하다.

이런 구분을 하는 과정에서 우리는 암암리에 범주를 구성하는데, 이것은 종종 간과되는 부분이다. 범주를 구성하는 성향은 동물계에 뿌리 깊게 자리 잡고 있다. 둥지를 짓는 새는 잔가지, 솜털, 이파리, 천 조각, 진흙 등 둥지 만들기에 좋은 재료와 못, 철사 조각, 멜론 껍질, 유리 조각 등 둥지 만들기에 나쁜 재료에 대한 잠재적 범주를 가지고 있다. 인간의 범주 구성은 가능한 한 최소의 노력으로 최대한 많은 정보를 담아내려는 인지 원칙에 의해 이루어진다. 범주화 시스템은 개념 형성을 쉽게 하고, 그런 체계에 대해 소통하는 능력의 중요성을 키워준다.[44]

범주화는 사회생활에도 스며들어 있다. 오늘날 지구에서 사용되는 언어는 6,000여 종에 이르는데, 언어의 종류를 막론하고 모든 문화에서는 언어를 통해 누가 누구와 '가족' 관계로 연결되는지를 표현한다.[45] 친척 관계를 가리키는 용어는 인간들 사이에서 나타나는 엄청나게 많은 관계를 관리하기 쉽고, 규모도 작고, 활용도도 높은 범주로 확 줄여준다. 친척 관계 구조는 우리로 하여금 최소한의 인지적 노력으로 최대한 많은 관련 정보를 부호화할 수 있게 만들어준다.

모든 언어는 엄마, 아빠, 딸, 아들, 자매, 형제, 할머니, 할아버지, 손녀, 손자 등으로 구성된 똑같은 (생물학적) 핵심 관계 집합을 부호화한다. 영어에서는 어머니의 남자 형제나 아버지의 남자 형제나 모두 '엉클^uncle^(삼촌·외삼촌)'이라고 부른다. 어머니의 여자 형제의 남편과 아버지의 여자 형제의 남편도 똑같이 '엉클(이모부·고모부)'이라고 부른다. 이처럼 영어의 '엉클'이라는 관계는 아버지 쪽 사람들의 결혼이나(부계 문화) 어머니 쪽 사람들의 결혼(모계 문화)에만 적용되지만, 두 세대나 그 이상의 세대까지 넓게 적용되는 언어도 많다. 이런 언어는 영어와 사정이 다르다.[46] 또 하나 흔하게 나타나는 것은 모든 언어에는 그 문화 속에서 어느 정도 자기와 거리가 멀다고 여겨지는 친척을 총괄해서 부르는 범주의 단어가 있다는 점이다. 영어의 '커즌^cousin^'이 이에 해당한다. 이론적으로 친척 관계를 호칭하는 시스템은 수십억 가지나 가능하지만, 연구에 따르면 전 세계의 서로 다른 지역에 존재하는 다양한 친척 관계 호칭 시스템은 복잡성을 최소화하고 소통의 편리성을 극대화하는 형태로 구성돼 있다.

친척 관계 범주는 생물학적으로 적응에 유리한 것이 무엇인지, 즉, 건강한 아이를 낳을 확률을 높이는 방법이 무엇인지 말해준다. 이를테면 누구와 결혼하면 되고, 누구와 결혼하면 안 되는지 같은 것이다. 친척 관계 범주는 또한 한 집단의 문화를 들여다볼 수 있는 창문 역할을 한다. 이를 통해 책임감에 대한 그들의 태도를 알 수 있다. 서로 돌봐주는 약속이 어떻게 형성돼 있는지, 결혼한 젊은 부부가 어디에 살아야 하는지 등 사회적 규범도 알 수 있다. 인류학자들이 이런 목적을 위해 사용하는 목록을 예로 들어보자.

- 부거제Patrilocal: 부부가 남편의 친족과 함께, 혹은 그 근처에 산다.
- 모거제Matrilocal: 부부가 아내의 친족과 함께, 혹은 그 근처에 산다.
- 양거제Ambilocal: 결혼한 부부가 남편 혹은 아내의 친족과 함께, 혹은 그 근처에 살 것인지 선택할 수 있다.
- 신거제Neolocal: 부부가 새로운 장소에서 새로운 가정을 꾸린다.
- 생거제Natolocal: 남편과 아내 모두 자기의 친족과 함께 살지 않는다.
- 외숙거제Avunculate: 부부가 남편의 어머니 쪽 형제(혹은 문화에 따라 삼촌 등의 친척)의 집이나 그 근처에 산다.

현재 북미 지역의 가장 주된 친척 관계 행동모델은 신거제와 양거제다. 젊은 부부는 보통 자기가 거주할 집을 따로 구하고, 자기가 살고 싶은 곳을 선택한다. 하지만 남편이나 아내의 가족과 함께 살거나, 가까운 곳에 사는 부부도 많다. 양거제를 선택한 후자의 경우, 중요한 정서적(경우에 따라서는 경제적) 지지를 얻게 되고, 육아에도 도움이 되고, 젊은 부부가 새출발하는 데 도움이 될 친구와 친척 네트워크도 갖춰져 있다. 한 연구에 따르면, 어느 한쪽 부모나 양쪽 부모의 친척과 가까이 사는 부부(특히 수입이 적은 부부)는 결혼생활과 아이 양육을 더 잘했다.

아들과 딸, 어머니와 아버지라는 핵심 관계 너머의 친척 관계는 그저 인간의 발명품에 지나지 않은, 완전히 임의적인 것으로 보일지도 모른다. 이런 친척 관계가 몇몇 동물종에게 나타나는지 알아보고, 그런 관계를 유전적인 측면에서 정량화해보면 그 중요성을 알 수 있다. 유전적 관점에서 당신이 할 일은 당신의 유전자를 최대한 많이 퍼뜨리는 것이다. 당신은 부모님이나 자식들과 50%의 유전자를 공유한다. 형제들과도 50%의 유전자를 공유한다(일란성 쌍둥이가 아닌 한). 만약 누이에게 아이가 있다면 조카는 당신과 25%의 유전자를 공유한다. 당신에게 자식이 없다면 당신이 자신의 유전자를 퍼뜨리는 최고의 전략은 조카들의 양육을 돕는 것이다.

사촌의 경우, 당신과 12.5%의 유전자를 공유한다. 만약 당신이 아이도 없고 조카도 없다면 사촌들을 보살피는 것이 자신의 유전자를 일부라도 후대에 전하는 방법이다. 리처드 도킨스 Richard Dawkins 등 학자들은 동성애가 자연의 순리를 거스르는 '혐오스러운 짓'이라는 종교적 근본주의자들과 사회적 보수주의자들의 주장에 반박하는 설득력 있는 주장을 펼쳤다. 가족 구성원들의 자녀를 양육하고 돌보는 데 도움을 주는 게이 남성이나 레즈비언 여성은 가족의 유전자를 퍼뜨리는 데 시간적으로, 재정적으로 상당히 크게 기여한다는 것이다. 역사적으로 봐도 이것은 의심의 여지없는 분명한 사실이다. 다음 페이지에 나온 도표의 결론은 사촌들이 함께 아이를 낳으면 후대에 전달되는 당신의 유전자가 늘어난다는 것이다. 사실 가족 내부의 화합을 증진하고, 가문의 부를 유지하고, 공동체 안에서 문화적·종교적 관점의 통일성을 유지하기 위해 사촌 간의 결혼을 장려하는 문화도 많다.

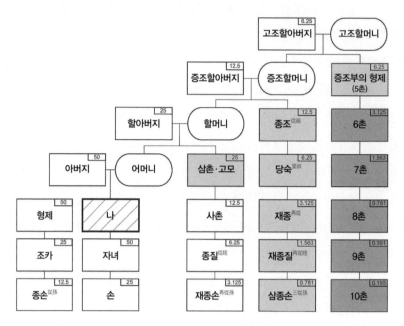

* 표의 숫자는 나와 공유하는 유전자를 퍼센트로 나타낸 것이다.

　　자신의 조카를 돌보는 것은 인간만의 행동이 아니다. 뒤쥐mole rat는 자기의 조카 뒤쥐는 돌보지만 친척 관계가 아닌 어린 뒤쥐는 돌보지 않는다. 메추라기는 사촌끼리의 짝짓기를 선호한다.[47] 이것은 후대에 전달되는 자기 유전 물질의 양을 늘리기 위한 방법이다(사촌끼리 짝짓기해서 나온 새끼는 어미와 50%가 아니라 56.25%의 유전자를 공유한다. 즉, 친척 관계가 없는 개체들끼리 나은 새끼들보다 사촌끼리 나은 새끼가 '가족' 유전자를 전달하는 데 6.25%포인트 유리하다). 친척 관계 범주 같은 분류는 복잡한 지식을 정리하고 부호화하고 소통하는 것을 수월하게 만들어준다. 분류는 동물의 행동에 뿌리를 두고 있기 때문에 인지보다 먼저 일어난다. 인간이 한 일은 이런 구분을 언어화해서 명확한 소통이 가능한 정보로 만든 것이다.

초기 인류는 동물계와 식물계를 어떻게 나누어 범주화했을까? 이와 관련된 자료는 어휘 가설에 바탕을 둔다. 즉, 한 문화의 가장 중요한 구분은 그 문화에서 사용하는 언어에 부호화되어 있다는 주장이다. 인지적 복잡성과 범주화 복잡성이 증가하면서 용어의 복잡성도 함께 증가했고, 이렇게 만들어진 용어들은 중요한 구분을 부호화하는 데 사용되었다. 사회생물학자, 인류학자, 언어학자 들은 연구를 통해 문화와 시대 전체에 걸쳐 동물과 식물의 명명 패턴을 찾아냈다.[48] 서로 다른 수천 종류의 언어를 연구해본 결과, 한 언어에 살아 있는 것들을 구분하는 명사(이름 붙이는 단어)가 딱 두 개만 있다면 인간과 인간이 아닌 것으로 구분됐다. 언어와 문화가 발달함에 따라 여기에 다른 용어들이 추가되었다. 그다음에 추가된 구분은 나는 것, 헤엄치는 것, 기는 것, 대략적으로 새, 물고기, 뱀에 해당하는 용어들이었다. 한 언어에서 생명체에 대한 단어가 네 개만 있는 경우 '인간', '인간이 아닌 것', 그리고 여기에 더해서 '새', '물고기', '뱀' 중 두 개의 단어가 추가로 사용됐다. 이 중 어느 명사가 추가될 것인지는 모두들 짐작하겠지만, 사람들이 사는 환경, 그리고 사람들이 가장 자주 접하는 것이 무엇이냐에 따라 달라졌다. 언어에 동물에 관한 용어가 넷이 있는 경우에는 세 개의 명사 중 빠진 것이 추가됐다. 동물에 관한 용어가 다섯 개 있는 언어에서는 포유류를 의미하는 일반 명사가 추가되거나, 영어에서 벌레worm(지렁이나 구더기 등 다리 없이 꿈틀거리며 기어 다니는 벌레를 의미한다. 우리말에서는 벌레가 곤충을 포함하는 의미로 사용되어 뒤에 나오는 'wug'의 의미를 담고 있지만 여기서는 'worm'으로 그 의미를 제한한다 – 옮긴이)와 곤충bug(엄밀히 따지면 다리가 8개인 거미류, 지네 등 다족류는 곤충이 아니라 절지동물에 속하지만, 여기서는 이것들까지 모두 포함하는 의미로 사용한다 – 옮긴이)으로 나눠 부르는 두 가지를 하나의 범주로 묶은 명사, 즉 '크기가 작고 기어 다니는 생명체'를 지칭하는 명사가 추가되었다. 문자 사용이전의 언어 중에는 벌레와 곤충을 하나의 범주로 합쳐 부르는 경우가 너무 많았기에 민족생물학자ethnobiologist들은 두 개의 영단어를 합성해 '워그wugs'라는 새로운 이름을 만들었다.

용어 없음 ➡ 인간
인간이 아닌 것 ➡ { 새
물고기
뱀 } ➡ { 워그
포유류 }

대부분의 언어에는 징그러운 곤충을 지칭하는 일상적인 단어가 들어 있다. 영어도 예외가 아니다. 영어에서 'bug'란 단어는 개미, 딱정벌레, 나는 곤충flies, 거미, 진딧물, 애벌레, 메뚜기, 진드기, 그리고 이외에 생물학적·분류학적으로 서로 굉장히 다른 수많은 생명체가 모두 포함되는 범주를 지칭한다. 과학적 지식이 크게 발전한 오늘날까지도 이런 용어가 그대로 사용되고 있다는 것은 기능적 범주 사용이 선천적이고도 유용한 것임을 말해준다. 'bug'라는 단어는 인지적 경제성을 촉진한다. 이런 생물체들은 음식에 들어가지 못하게 막고, 우리 피부 위를 기어 다니지 못하게 막아야 한다는 것 말고는 더 자세히 생각해볼 필요가 없는 경우가 대부분이기 때문에 우리는 이들을 하나의 범주로 뭉뚱그려 인지적 경제성을 추구한다. 이들을 하나로 묶는 기준은 생물학적 특성이 아니라 이 생명체들이 우리 삶에 영향을 미치는 기능이다. 이 경우, 기능이라기보다는 이들이 우리 몸에 접근하지 못하게 막아야 한다는 목적 때문에 하나의 범주로 묶었다고 표현하는 것이 옳다.

부족을 기반으로 한 문자 이전의 사회에서 사용되는 범주도 이와 마찬가지로, 현대의 과학적 범주와는 모순되는 것이 많다. '새'라는 단어에 박쥐가 들어가고, '물고기'란 단어에 고래, 돌고래, 거북이가 들어가는 언어가 많고,

'뱀'이라는 단어에 지렁이, 도마뱀, 장어가 들어가는 경우도 있다.

이 일곱 가지 기본명사 다음에는 사회마다 체계성이 떨어지는 방식으로 자기네 언어에 그 밖에 다른 용어들을 덧붙였다. 그 과정에서 일부 사회에서는 사회적, 종교적, 실용적으로 큰 의미가 있는 특정 생물종에 특이한 용어를 덧붙이기도 했다. 일반명사인 새만 있고 개별적인 새에게는 이름이 없는데, 유독 독수리에게만 따로 명사를 붙인 언어가 있다. 혹은 포유류 중에서 유독 곰에게만 이름을 붙인 언어도 있다.

식물에 이름을 붙일 때도 마찬가지로 용어가 보편적 순서에 따라 등장하는 것을 볼 수 있다. 비교적 덜 발달된 언어에서는 한 단어로 식물을 지칭하는 용어가 없다. 용어가 존재하지 않는다고 해서 그들이 차이를 지각하지 못한다는 의미는 아니다. 시금치와 스컹크위드skunkweed(독한 마리화나의 일종 – 옮긴이)의 차이를 모른다는 의미도 아니다. 다만 모든 식물을 통틀어 지칭하는 용어가 없을 뿐이다. 예를 들면, 영어에는 식용 버섯을 지칭하는 기본적인 용어가 없다. 3주간 병원에 입원할 예정일 때 그 사실을 알려야 할 모든 사람을 지칭하는 용어도 없다. 이런 용어가 없다고 해서 그 개념을 이해하지 못한다는 의미는 아니다. 다만 그런 범주가 우리 언어에 반영되지 않았음을 의미할 뿐이다. 이는 아마도 이런 개념이 꼭 이름을 붙여야 할 정도로 중요한 것이 아니었기 때문일 것이다.

한 언어에서 동물이 아닌 생명체를 가리키는 용어가 딱 하나만 있을 경우, 그 용어는 영어에서처럼 모든 것을 총칭하는 '식물plant'이라는 단어가 아니라 키가 크게 자라는 목질로 이루어진 존재, 즉 우리가 '나무tree'라 부르는 것을 지칭하는 단어였다. 식물에 대한 두 번째 용어가 도입될 경우, 그 용어는 풀grass과 허브herb('grass'는 못 먹는 풀, 'herb'는 나물, 약초 등 먹을 수 있는 풀을 가리킨다. 원문이 영어를 기준으로 풀어 나가고 있기 때문에 번역된 우리말의 범주로 생각하면 혼란이 올 수 있으니 영단어의 개념을 중심으로 생각하기 바란다–옮긴이)를 총칭하는 일반명사(연구자들은 이것을 그러브$^{grerb, grass+herb}$라고 부른다)나, 풀과 그 비슷한 것들을 총칭하는 일반명사였다. 식물에 대한 세 번째 용어를 추가할 때 그러브에 해당하는 용어가 있는 경우 셋째, 넷째, 다섯째 용어는 각각 덤불^{bush}, 풀^{grass}, 덩굴^{vine}이었다(반드시 이 순서를 따르는 것은 아니다. 그 순서는 환경에 따라 달라진다). 이미 풀^{grass}에 해당하는 용어가 있는 경우, 셋째, 넷째, 다섯째 용어는 각각 덤불, 허브, 덩굴이었다.

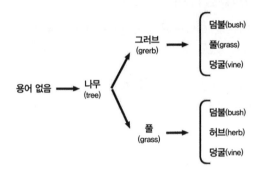

풀^{grass}이라는 범주는 무척 흥미롭다. 영어권에서 이 범주에 속하는 식물은 대부분 이름이 붙지 않는다. 영어권 사람들은 채소나 나무의 이름은 수십 가지나 댈 수 있지만 9,000종이나 되는 식물종은 모두 뭉뚱그려서 그냥 '풀^{grass}'이라고 부른다. '곤충^{bug}'이라는 용어와 비슷한 사례다. 영어권에서는 대부분 이 범주에 속하는 동물에게 이름을 붙이지 않았다.

다른 개념의 경우에도 언어에 등장하는 순서가 존재한다. 그중 가장 잘 알려진 것은 캘리포니아대 버클리캠퍼스의 인류학자 브렌트 벌린$^{Brent Berlin}$과 폴 케이$^{Paul Kay}$가 발견한 색상 용어의 보편적인 등장 순서다. 전 세계적으로 산업화 이전의 언어 중 상당수는 색을 지칭하는 용어가 두 가지밖에 없었다. 이 두 용어는 세상을 밝은색과 어두운색으로 나눈다. 아래의 그림에서 볼 수 있듯이, 나는 이들의 연구문헌을 따라 그것에 각각 '흰색'과 '검은색'으로 이름 붙였으나, 그렇다고 이 언어를 사용하는 사람들이 말 그대로 흰색과 검은색으로 모든 색상에 이름을 붙였다는 의미는 아니다. 그보다는 자신이 보는 색 중 절반은 '밝은색'이라는 하나의 용어로 묶고, 나머지 절반은 '어두운색'이라는 하나의 용어로 묶었다는 의미다.

이제 드디어 가장 흥미로운 부분에 도달했다. 한 언어가 발전해서 색상 어휘에 세 번째 용어를 덧붙이게 될 경우, 그것은 예외 없이 빨간색이었다. 이를 설명하기 위해 다양한 이론이 제기되었지만, 그중에서 빨간색이 피의 색깔이기 때문에 중요하다는 이론이 가장 힘을 얻고 있다. 네 번째 용어가 추가될 경우에는 '노란색' 아니면 '초록색'이었다. 그리고 다섯 번째 용어는 '초록색'이나 '노란색'이었고, 여섯 번째는 '파란색'이었다.

$$\begin{bmatrix}흰색 \\ 검은색\end{bmatrix} \rightarrow [빨간색] \Big\langle \begin{matrix}[노란색] \rightarrow [초록색] \\ [초록색] \rightarrow [노란색]\end{matrix} \Big\rangle [파란색] \rightarrow [갈색] \rightarrow \begin{bmatrix}분홍색 \\ 보라색 \\ 주황색 \\ 회색\end{bmatrix}$$

이런 범주들은 그저 인류학적으로 흥미롭다거나 학술적이기만 한 것이 아니다. 이들은 인지과학의 기본적인 연구 즉, 정보가 어떻게 정리되고 조직되는지 이해하려는 연구에서 대단히 결정적인 부분이다. 그리고 이러한 이해 욕구는 인류의 내면에 새겨진 본능적인 특성이다. 지식은 우리에게 유용하다. 인류의 초기 선조는 나무가 우거진 숲을 떠나 탁 트인 사바나 지역으로 새로운 먹이 공급원을 찾아 나서면서 포식자, 그리고 쥐나 뱀 같은 성가신 존재들에게 더욱 취약해졌다. 지식 습득에 흥미 있는 선조, 즉 새로운 것을 학습하기 좋아하는 뇌를 가진 선조는 생존에 유리했다. 따라서 학습에 대한 열정은 자연선택을 통해 유전자에 새겨졌다. 인류학자 클리퍼드 기어츠Clifford Geertz의 말대로 부족끼리 근근이 살아가던 문자 사용 이전의 인류가 "자신의 계획을 실천에 옮기거나 배를 채우는 데 소용없는 것이라도 종류를 가리지 않고 모두 흥미를 느꼈으리라는 점에는 의심의 여지가 별로 없다. (중략) 그들은 타고난 구조 때문에 마음 깊숙한 곳에서 솟아나는 감당하기 힘든 인지적 열정으로 모든 식물을 분류하고, 뱀들을 모조리 구분하고, 박쥐들을 분류한 것이 아니다. (중략) 침엽수, 뱀, 나뭇잎 먹는 박쥐 등이 살고 있는 환경에서는 자기가 아는 내용들이 엄밀한 의미에서 물질적으로 쓸모가 있든 없든 침엽수, 뱀, 나뭇잎 먹는 박쥐 등에 대해 많이 알고 있으면 유용하기 때문이다."[49]

이와 반대되는 관점은 인류학자 클로드 레비-스트로스Claude Lévi-Strauss로부터 나왔다. 그는 인간의 뇌는 질서를 추구하는 강력한 인지적 성향이 있으며, 따라서 이 같은 행위는 자연계를 분류하려는 타고난 욕구를 충족시켜준다고 생각했다. 무질서보다는 질서를 선호하는 이런 성향은 수백만 년에 걸친 진화의 역사에서 그 기원을 찾을 수 있다.

캘리포니아대 버클리캠퍼스의 인지심리학자 엘리노어 로시Eleanor Rosch는 인간의 범주화 성향은 역사적 사건이나 임의적 요소의 산물이 아니라 범주화에 대한 심리적, 선천적 원칙의 결과라고 주장했다. 레비-스트로스와 로시의 관점에는 인지적 열정과 실용적 지식을 별개의 것으로 보는 기어츠의 이분법에 동의할 수 없다는 입장이 담겨 있다. 나는 기어츠가 언급한 열정이 지식이 주는 실용적 이점의 일부라고 본다. 이 둘은 동전의 양면이다. 생물계에 대해 많이 알고 있으면 실용적으로 도움이 된다. 인간의 뇌는 이런 정보들을 습득하고, 또 그것을 습득하기 원하도록 회로가 만들어져 있다.

우리가 식물계에 붙여놓은 이름들이 엄밀하게 보면 대부분 불필요한 것이라는 사실만 봐도 이름을 붙이고 범주화하려는 인간의 선천적 열정이 선명하게 드러난다. 지구상에 존재하는 식용 가능한 식물은 3만여 종인데, 그중 귀리, 옥수수, 쌀, 밀, 감자, 유카(타피오카, 카사바라고도 한다),[50] 수수, 기장, 콩, 보리, 호밀 등 겨우 11종이 인류가 먹는 식물의 93%를 차지한다. 그런데도 우리는 만족하지 않고 보다 많은 식물을 범주화하기 위해 끊임없이 노력하고 있다. 이렇듯 우리 뇌는 무언가 새로운 것을 알아내고, 그것을 질서 잡힌 구조 안으로 체계적으로 분류해넣을 때 기분 좋게 도파민이 뿜어져 나오도록 진화되었다.

성공하는 사람들의 탁월한 범주화 능력

인간은 지식을 즐기도록 만들어진 존재다. 특히 감각을 통해 들어오는 지식을 좋아한다. 우리는 이런 감각적 지식에 구조를 부여하고, 그것을 다른 각도에서 바라보며 다양한 신경 체계neural framework에 맞춰보려고 애쓰도록 만들어졌다. 이것이 학습의 본질이다.

우리는 세상에 구조를 부여하도록 만들어졌다. 이 같은 구조화 경향이 선천적이라는 또 다른 증거가 있다. 대단히 이질적인 문화들 사이에서도 동식물을 생물학적으로 분류하여 이름을 붙이는 관습은 놀라울 정도로 일관된 경향을 보인다. 모든 언어와 문화에서 나타나는 명명 원칙들은 각각 독립적으로 만들어진 경우에도 상당한 유사성을 보이는데, 이는 분류를 추구하는 성향이 선천적임을 강력하게 암시한다. 예컨대, 모든 언어에는 동식물의 1차 이름과 2차 이름이 들어 있다. 영어의 경우, 전나무fir tree라는 일반적인 이름이 있고 더글러스 전나무Douglas fir라는 특정 이름이 있다. 사과apple라는 일반적인 이름이 있고, 그 아래로 그라니 스미스Granny Smith, 골든 딜리셔스golden delicious, 피핀pippins 등 특정 이름이 있다. 세상을 바라볼 때 우리는 부분에서는 조금씩 차이가 있지만, 큰 시각에서 바라볼 때 닮은 구석이 많은 집단을 아우르는 분류가 존재함을 지각한다. 이런 관점은 인공물에도 그대로 확장된다. 의자chair가 있고, 그 아래로 안락의자easy chair가 있다. 칼knife이 있고, 그 아래로 사냥용 칼hunting knife이 있다. 그런데 여기 한 가지 흥미로운 사실이 있다. 거의 모든 언어에는 언어상으로는 이런 구조를 흉내 내면서도 실제로는 같은 종류의 것을 지칭하지 않는 용어들이 있다. 예를 들어, 영어 단어 중 실버피시silverfish는 물고기가 아니라 '좀'이라는 곤충이다. 프레리도그prairie dog는 개가 아니라 설치류다.

지식에 대한 우리의 갈증은 실패의 근원이 될 수도 있고, 성공의 근원이 될 수도 있다. 이것은 우리의 정신을 산만하게 만들 수도 있고, 평생 학습과 이해를 추구하는 일에 몰두하게 만들 수도 있다. 어떤 학습은 우리 삶을 개선해주지만, 어떤 학습은 그저 우리의 정신을 산만하게 만들 뿐이다. 타블로이드신문의 선정적 기사는 후자에 속한다(당신이 타블로이드신문사 기자가 아니라면 말이다). 성공하는 사람들은 유용한 지식과 쓸모없는 지식을 범주화하는 데 전문가다. 이들은 어떻게 그렇게 할 수 있을까?

'대단히 성공한 사람들', 즉 HSP가 거르지 않고 매일매일 하는 한 가지 일이 있다. 바로 능동적 분류active sorting다. 응급실 간호사들은 이것을 '부상자 분류triage'라고도 부른다. '트리아지Triage'는 프랑스어 '트리에trier'에서 온 말로, '구분하다, 거르다, 분류하다'라는 의미를 갖고 있다. 인식하지 못하고 있을지도 모르지만, 당신 역시 이미 이와 비슷한 일을 하고 있다.

나는 성공한 사업가인 에드먼드 W. 리틀필드Edmund W. Littlefield 유타건설 CEO 밑에서 몇 년간 개인비서로 일했다. 유타건설은 후버 댐을 건설했으며, 미시시피 주 서쪽에 있는 철도 터널의 절반과 다리를 비롯해 전 세계적으로 수많은 건설 프로젝트를 진행했다. 그는 GE, 크라이슬러, 웰스 파고, 델몬트 등의 사외이사로도 일했다. 그는 지능과 사업 감각이 뛰어났지만, 무엇보다도 진정한 겸손이 무엇인지 아는 사람이었다. 그는 자상한 멘토였다. 늘 모든 사람과 한목소리를 내는 것은 아니었지만, 반대편의 관점을 존중하고, 추측보다는 사실을 바탕으로 논의를 이끌어가려고 애썼다. 내가 비서로 일하며 그에게 처음 배운 것은 우편물을 네 더미로 분류하는 것이었다.

1. 당장 처리해야 할 일. 사무실이나 동업자로부터 날아온 서신, 청구서, 법률 서류 등이 포함된다. 이것은 다시 오늘 당장 처리해야 할 것과 며칠에 걸쳐 처리할 것으로 세분됐다.
2. 중요하지만 나중에 처리해도 되는 일. 우리는 이것을 '유보 더미'라고 불렀다. 검토가 필요한 투자보고서, 그가 읽고 싶어 하는 기사, 자동차 정기 점검 서비스 알림 편지, 아직 날짜가 남아 있는 파티 및 행사 초대장 등이 여기에 포함된다.
3. 중요하지 않고 나중에 처리해도 되지만 그래도 가지고 있어야 할 것. 제품 목록, 연하장, 잡지 등이 포함된다.
4. 버릴 것.

리틀필드는 주기적으로 이 모든 범주에 들어 있는 항목들을 일일이 검토하고 재분류했다. 다른 사람들의 분류 방식은 이보다 더 세밀하거나, 더 굵직굵직할 수도 있다. 한 HSP는 두 가지 범주로 구성된 시스템을 갖고 있었다. '보관할 것'과 '버릴 것'. 또 다른 HSP는 우편물 분류에 사용하는 시스템을 전자파일(이메일이나 pdf 파일 등)이든 종이파일이든 가리지 않고 자기 책상에 올라오는 모든 것에 적용했다. 리틀필드가 사용하는 범주에 취미나 주택관리 등 특별히 신경 쓰는 일들을 위한 하위 범주를 추가할 수도 있다.

이런 범주의 자료들 중 일부는 결국 책상에 남아 있을 것이고, 일부는 서류 캐비닛의 서류철이나 컴퓨터에 보관될 것이다. 능동적 분류는 정신이 산만해지지 않도록 자신을 보호하는 강력한 방법으로, 효율성을 높여준다. 실용적인 효율성은 물론 지적 효율성도 함께 향상된다. 우선순위를 정한 다음에 일을 시작하면, 자기가 하는 일이 지금 이 순간에 당연히 하고 있어야 할 가장 중요한 과제임을 알기 때문에 깜짝 놀랄 정도로 강력한 능력을 발휘하게 된다. 다른 일들은 나중에 해도 된다는 것, 이것이야말로 지금의 일에 집중하게 해주는 핵심이다.

능동적 분류가 이런 것을 용이하게 만들어주는 데는 아주 심오하고도 단순한 이유가 있다. 우리가 일을 깜빡하거나 물건을 잃어버리지 않게 해주는 가장 중요한 원칙은 '정리'의 부담을 뇌가 아닌 외부 세계로 넘기는 것이다. 정리 과정의 일부 또는 전부를 뇌에서 물질세계로 떠넘길 수 있다면 그만큼 실수를 할 가능성이 줄어든다. 이것은 뇌의 용량에 한계가 있어서가 아니다. 뇌가 기억을 저장하고 검색하는 속성 때문이다. 기억 과정은 비슷한 항목들이 있으면 쉽게 산만해지고 혼란에 빠진다. 능동적 분류는 물질세계를 이용해 머릿속을 정리하는 수많은 방법 중 하나에 불과하다. 당신이 필요로 하는 정보는 저기 물질세계의 더미 속에 들어 있지, 여기 당신의 머릿속에 있지 않다. 성공하는 사람들은 이런 일을 해낼 수십 가지 방법을 고안해낸다. 집에서, 차에서, 사무실에서, 그리고 자신의 일상생활 속에서 기억을 떠올리게 도와주는 물리적 장치들을 고안함으로써 기억이라는 부담을 머리에서 환경으로 떠넘기는 것이다. 넓은 의미로 보면 이것은 인지심리학자들이 연구자 깁슨J. J. Gibson의 이름을 따서 부르는 '깁슨 행동유도성Gibsonian affordances'

과 관련 있다.

깁슨 행동유도성은 디자인의 특성을 보면 특정 사물의 사용법을 알 수 있는 것을 말한다. 인지심리학자인 돈 노먼Don Norman 덕분에 유명해진 사례가 있다. 바로 문이다. 문을 열 때 안으로 여는지, 바깥으로 여는지, 혹은 밀어서 여는지, 당겨서 여는지 당신은 어떻게 아는가? 자주 사용하는 문의 경우, 그것이 어느 방향으로 열리는지 물으면 대부분의 사람이 기억하지 못한다. 문의 어떤 특성들이 우리를 대신해서 이런 정보를 부호화하기 때문이다. 이런 정보가 우리에게 그 사용법을 보여주기 때문에 굳이 그런 것을 기억할 필요가 없는 것이다.

문손잡이로 손을 뻗다 보면 문을 자기 쪽으로 당길 때 문설주가 문을 막아설지 여부를 알 수 있다. 아마도 그것을 의식하고 있지는 않겠지만, 당신의 뇌는 이것을 인식하고 당신의 행동을 자동적으로 안내한다. 당신이 접하는 문마다 일일이 열고 닫히는 패턴을 기억하기보다는 이렇게 하는 것이 인지적인 면에서 훨씬 효율적이다. 기업이나 사무실 건물, 다른 공공시설은 사용자가 훨씬 더 많기 때문에 이런 부분이 더욱 확실하게 눈에 들어오게 만들어놓는다. 밀어서 열도록 만들어진 문은 아예 손잡이가 나와 있지 않거나 문을 가로지르는 밀대가 달려 있다. 당겨서 여는 문에는 손잡이가 달려 있다. 안내 표시가 되어 있더라도 때로는 낯선 장소의 문이기 때문에, 혹은 면접을 보러 가는 길이라든가, 정신을 빼앗긴 다른 약속 때문에 문 앞에서 밀어야 할지 당겨야 할지 몰라 멈칫거릴 수도 있다. 하지만 대부분의 경우 당신은 행동유도성 덕분에 어떤 문이든 작동방식을 알아채고, 별 생각 없이 문을 통과한다.

전화기, 가위, 주전자 등등 행동유도성을 보여주는 예는 수없이 많다. 현관에 열쇠걸이를 달아놓는 것이 유용한 이유도 이 때문이다. 차 열쇠, 안경,

심지어 지갑 등 당신이 자주 잃어버리는 물건을 잃어버리지 않게 챙기려면 뇌의 의식이 부담을 덜 수 있도록 행동유도성을 창조해내야 한다. 정보 과부하의 시대에는 환경을 통제하고, 뇌의 작동방식에 대한 지식을 활용하는 것이 중요하다. 정리된 마음은 차 열쇠, 휴대전화, 수백 가지에 이르는 자질구레한 세부 항목의 세계를 쉽게 탐색할 수 있도록 행동유도성과 범주를 만들어낸다. 이것은 우리가 21세기 아이디어 세계를 헤쳐 나가는 데도 도움이 된다.

제일 먼저 이해해야 할 것

주의와 기억은 어떻게 작동하는가

우리는 착각의 세계에 살고 있다. 우리는 주변에서 일어나는 모든 일을 자신이 완벽하게 의식하며 살고 있다고 생각한다. 우리는 수천 가지 작고 상세한 이미지로 구성된, 끊김 없이 완벽한 세계를 완벽히 파악하고 있다고 생각한다. 시각에 맹점이 있음을 아는 사람도 더러 있지만, 실생활에서 우리는 그 맹점이 어디 있는지도 모른 채 하루하루 살아간다. 이는 후두엽피질이 정보가 빠진 부분을 감쪽같이 채워넣어 정보가 빠졌다는 사실을 숨기기 때문이다. 부주의맹에 대한 실험(앞 장의 고릴라 동영상 실험 같은)은 우리가 세상을 완벽하게 파악하고 있다고 확신하며 살지만 실제로 지각하는 세상은 너무나 작은 일부임을 잘 보여준다.

우리가 환경 속 사물에 주의를 기울이는 것은 우리의 의도 때문이기도 하고, 바깥 세계의 위험을 감시하는 경고 시스템 때문이기도 하고, 우리 뇌 자체의 변덕 때문이기도 하다. 우리의 뇌는 의식의 개입이 없어도 자동적으로 범주를 만들고, 사물을 분류하도록 설정되어 있다. 우리가 설정하려는 시스템이 우리 뇌가 자동적으로 사물을 범주화하는 방식과 충돌을 일으키면 우리는 결국 물건을 잃어버리고, 약속을 깜박하고, 해야 할 일을 잊어버리게 된다.

비행기나 기차에 앉아 특별히 무언가를 읽거나 바라보지 않으면서 그저 창밖을 무심히 바라보고 있었던 경험이 있는가? 어쩌면 그런 시간이 아주 즐거웠을지도 모르겠다. 어쩌면 지난번에 바닷가나 호숫가에 앉아 있었을 때도 비슷한 느낌을 느꼈는지 모르겠다. 그냥 몽상에 빠진 채, 거기서 찾아오는 느긋한 느낌을 만끽하면서 말이다. 이런 상태에서는 한 생각에서 또 다른 생각으로 생각이 매끈하게 이동해가는 것처럼 보인다. 이런 상태에서는 생각, 시각적 이미지, 소리, 과거, 현재, 미래가 하나로 합쳐진다. 생각은 내면을 향한다. 생각이 서로 느슨하게 연결되어 의식의 흐름처럼 흘러가는 모습이 꼭 밤에 꾸는 꿈과 비슷하다 해서 이를 백일몽이라고 한다.

이 독특하고도 특별한 뇌 상태의 특징은 이질적인 아이디어와 생각들이 서로 연결되면서 흐르고, 감각과 개념 사이를 가로막는 장벽이 상대적으로 약해진다는 것이다. 이 상태는 뛰어난 창의성 발휘로 이어질 수도 있고, 불가능해 보이던 문제의 해결로 이어질 수도 있다. 이처럼 좀 더 유동적이고 비선형적인 사고 모드를 뒷받침해주는 특별한 뇌 네트워크의 존재를 발견한 것은 지난 20년을 통틀어 가장 중요한 신경과학적 발견 중 하나다. 이 네트워크는 의식을 끌어당기는 힘이 있다. 당신이 이렇다 할 일을 하고 있지 않으면 이 네트워크는 뇌를 몽상 모드mind-wandering mode로 바꿔놓는다. 지금 하고 있는 일이 지겨워지면 이 네트워크는 당신의 의식을 낚아챈다. 벌써 몇 장째 눈에 들어오지도 않는 책을 넘기고 있거나,[1] 길게 이어진 고속도로를 운전하면서 자기가 어디쯤 왔는지 신경 쓰지 않고 있다가 문득 나가야 할 출구를 지나친 것을 알아차렸다면 이미 이 네트워크가 당신의 의식을 장악해버린 것이다. 조금 전까지만 해도 손에 열쇠를 쥐고 있었는데 지금은 그것이 어디 있는지 모르겠다면 이때도 역시 그 네트워크가 의식을 장악한 것이다. 이런 일이 일어나는 동안 당신의 뇌는 대체 무엇을 하고 있었을까?

자신의 미래를 상상하거나 계획하는 일, 자신을 어떤 상황(특히 사회적 상황)에 투영해보는 일, 공감을 느끼는 일, 과거의 기억을 떠올리는 일 등도 백일몽 네트워크 daydreaming network, 혹은 몽상 네트워크 mind-wandering network 가 관여하는 일들이다.[2] 하던 일을 멈추고 미래의 행동이 가져올 결과를 상상하거나, 미래에 특정한 누군가를 만나고 있는 자신을 상상할 때 당신의 눈동자는 정면을 응시할 때보다 위나 아래로 돌아가 있고, 당신의 머리는 생각에 사로잡혀 있었을 것이다. 이것이 바로 '백일몽 모드 daydreaming mode'다.[3]

몽상 모드의 발견은 언론의 주목을 받지 못했지만, 신경과학자들은 이로 인해 주의에 대해 생각하는 방식 자체가 달라졌다.[4] 백일몽과 몽상이 뇌의 자연스러운 상태임을 알게 된 것이다. 이것은 우리가 백일몽을 꾸거나 마음의 방랑을 한 이후 상쾌한 기분을 느끼는 이유, 휴가와 낮잠이 원기 회복에 도움이 되는 이유를 설명해준다. 이 시스템은 의식을 장악하려는 경향이 너무나 막강해서 이 현상을 발견한 마커스 라이클 Marcus Raichle 은 이것을 디폴트 모드 default mode(내정상태 모드)라고 불렀다.[5] 다시 말해, 이 모드는 뇌가 휴식하는 상태다. 당신의 뇌가 목적을 띤 과제를 수행하느라 바쁘지 않을 때, 당신이 바닷가 모래사장에 앉아 여유를 즐길 때 당신의 마음은 이 주제에서 저 주제로 물 흐르듯 자유로이 떠돌아다니며 몽상에 잠긴다. 이는 단지 생각의 흐름 속에서 어느 한 가지 생각에 집중하지 못해서가 아니라 그 어느 생각도 반응을 요구하지 않기 때문에 생기는 현상이다.

몽상 모드는 당신이 보고서를 작성하거나, 낯선 도시에서 길을 찾는 일에 완전히 집중할 때의 상태와는 크게 다르다. 이 과제집중 모드 stay-on-task mode 는 주의의 또 다른 지배적 모드다. 이것은 우리가 하는 수많은 높은 수준의 일을 책임진다. 연구자들은 이것을 '중앙관리자the central executive'라고 이름 붙였다. 이 두 가지 뇌 상태는 일종의 음양을 이룬다.[6] 어느 한쪽이 활성화되면 다른 한쪽은 활성화되지 않는다. 부담이 큰 과제를 처리하는 동안에는 중앙관리자가 나선다. 몽상 네트워크가 억제될수록 눈앞에 놓인 과제를 수행하는 정확도는 높아진다.[7]

몽상 모드는 어째서 무언가에 주의를 기울이는 데 노력이 필요한지도 설명해준다. 주의를 기울인다는 말을 영어로는 '페이 어텐션pay attention'이라고 하는데, 이는 아주 오래된 비유적 표현이다. 말을 그대로 옮기면 '주의 attention를 지불하다pay'라는 뜻이다. 이 표현은 주의에는 대가가 따른다는 의미를 내포한다. 주의는 이것 아니면 저것인 제로섬게임이다. 우리는 의식적으로 결단을 내렸거나, 혹은 주의 필터가 중요하다고 판단해서 주의 초점의 전면으로 밀어 올렸을 때 어느 한 가지 일에 주의를 기울이게 된다.[8] 그리고 어느 하나에 주의를 기울이면 필연적으로 다른 무언가로부터 주의를 거두어들이게 된다.

내 동료 비노드 메넌Vinod Menon은 몽상 모드가 네트워크임을 발견했다.[9] 이것은 뇌의 어느 특정 영역에 국한돼 있지 않다. 몽상 모드는 뇌 속에 분산되어 있으나 서로 연결된 뉴런 집단들을 하나로 묶어 전기회로나 전기 네트워크에 대응하는 것을 형성한다. 뇌의 작동방식을 네트워크라는 측면에서 생각하게 된 것은 최근의 신경과학에서 이루어진 심오한 발전 중 하나다.

심리학과 신경과학 분야에서의 혁명은 25년 전쯤 시작되어 지금까지 계속되고 있다. 심리학에서는 단어목록 학습이나 정신을 산만하게 한 상태에서의 과제수행능력평가 등 수십 년 전부터 사용해온 낡은 방법을 주로 이용하면서 객관적이고 관찰 가능한 것들을 통해 인간의 행동을 이해하려고 했다. 한편 신경과학에서는 주로 세포들 사이의 커뮤니케이션과 뇌의 생물학적 구조에 대해 연구했다. 심리학자들은 생각을 일으키는 생물학적 재료, 즉 하드웨어를 연구하는 데 어려움을 겪고 있었던 반면, 개개 뉴런의 수준에 발이 묶여 있던 신경과학은 실제 행동을 연구하는 데 어려움을 겪고 있었다. 혁명은 비침습적 신경촬영 기술의 발명에서 시작됐다. 이것은 X-레이와 비슷한 도구로, 뇌의 외형과 구조만 보여주는 것이 아니라 인간이 생각하고 행동하는 동안 뇌의 영역들이 어떻게 활성화되는지 실시간으로 보여준다. 생각에 빠진 뇌의 사진을 보여주는 것이다. 양전자단층촬영positron emission tomography, 기능적자기공명영상functional magnetic resonance imaging, 뇌자도magnetoencephalography 기술은 PET, fMRI, MEG 같은 약자로 대중에게도 널리 알려져 있다.

연구가 급증하면서 처음에는 뇌 기능이 일어나는 위치를 밝히는 일에 주로 초점이 맞춰졌다. 일종의 신경지도 작성이었다. 머릿속으로 테니스 서브를 넣는 연습을 할 때 뇌의 어느 부분이 활성화되는가? 음악을 듣거나, 수학 계산을 할 때는? 좀 더 최근에는 이런 영역들이 어떻게 함께 일하는지 이해하는 데로 관심이 옮겨갔다. 신경과학자들은 정신 작용이 늘 특정 뇌 영역에서만 일어나는 게 아닐지도 모른다며, 서로 연관된 뉴런 집단의 회로와 네트워크에 의해 수행되는 것이라고 결론 내렸다. 누군가가 "냉장고를 작동하게 만들어주는 전기는 어디에 저장돼 있습니까?"라고 묻는다면 당신은 어디를 가리키겠는가? 콘센트? 가전제품의 코드를 콘센트에 꽂지 않는 한 사실상 콘센트에는 전류의 흐름이 없다. 코드를 콘센트에 꽂으면 전기의 위치는 의미 없어진다. 전기는 모든 가전제품의 회로에, 어찌 보면 집 안 전체에 존재하게 된다. 사실 전기가 존재하는 어느 한 장소는 존재하지 않는다. 전기는 분산된 네트워크다.

인지신경과학자들도 정신적 기능이 넓게 퍼져 있다는 것을 점차 인정하고 있다. 언어 능력은 뇌의 한 특정 영역에 존재하지 않는다. 오히려 집 안에 존재하는 전선처럼 분산된 네트워크를 형성하면서 뇌 이곳저곳의 영역들에 의지하고, 또 그 영역들을 끌어들인다. 초기 연구자들이 언어 기능이 어느 한 부위에 국한돼 있을 것이라고 생각했던 것은 뇌의 특정 영역이 파괴되면 어김없이 언어 기능의 상실이 일어났기 때문이다. 다시 한 번 집에 있는 전기회로를 생각해보자. 고칠 것이 있어서 사람을 불렀는데 그 사람이 실수로 전선을 잘라버린다면 집 안 전체의 전기가 나갈 것이다. 그렇다고 해서 전기가 전선이 잘린 바로 그 부위에 있었다는 의미는 아니다. 이것은 그저 전기를 전송하는 데 필요한 선이 파괴됐다는 의미에 불과하다. 사실 전선을 자르면 집 안 전체의 전기가 나갈 곳은 전원인 차단기를 비롯해서 거의 무한할 정도로 많다. 하지만 당신이 먹통이 된 믹서와 함께 서 있는 부엌에서 보면 어디를 자르든 그 효과는 똑같다. 전기를 고치러 나선 뒤에야 무언가 차이가 보이기 시작한다. 이제는 신경과학자들도 뇌를 이런 식으로 바라본다. 뇌는 복잡하게 겹쳐 있는 네트워크의 집합이다.

몽상 모드는 중앙관리자 모드와 정반대로 작용한다. 어느 한 모드가 작동 중이면, 다른 모드는 작동하지 않는다. 중앙관리자 네트워크가 하는 일은 한 가지 과제를 수행할 때 정신이 산만해지지 않게 막는 것이다. 중앙관리자 모드는 다른 것이 우리의 의식으로 들어오지 못하게 제한해서 우리가 방해받지 않고 지금 하는 일에 집중할 수 있게 한다. 하지만 우리가 몽상 모드에 있든 중앙관리자 모드에 있든 간에 주의 필터는 무의식 속에서 조용히 한 발 비켜서서 거의 항상 작동하고 있다.

우리 선조에게 과제에 집중한다는 것은 대형 포유류를 사냥한다든가, 포식자를 피해 도망간다든가, 포식자와 싸우는 것을 의미했다. 이런 활동을 하다가 잠깐이라도 부주의해지면 엄청난 재앙을 겪을 수도 있었다. 오늘날에는 보고서를 작성하거나, 사람이나 컴퓨터와 상호작용하거나, 차를 운전하거나, 길을 찾거나, 머릿속으로 문제를 풀거나, 그림이나 음악 같은 예술 활동을 할 때 중앙관리자 모드를 가동한다. 이런 활동을 하는 동안에는 잠깐 부주의해지더라도 삶과 죽음이 갈리는 일이 거의 없다. 하지만 우리가 무언가를 달성하려 노력할 때는 이런 부주의가 그 성과를 방해할 수 있다.

몽상 모드에서 우리의 생각은 대부분 내면으로 고개를 돌려 자신의 목표, 욕망, 느낌, 계획, 그리고 다른 사람들과의 관계 등으로 향한다. 우리가 다른 사람에게 공감할 때도 몽상 모드가 활성화된다. 중앙관리자 모드에서는 생각이 내부와 외부로 동시에 향한다. 과제에 집중하는 능력에는 분명한 진화적 이점이 존재한다. 하지만 비가역적인 과도한 집중 상태로 들어가서 포식자나 적이 덤불 뒤에 도사리고 있는 것도 눈치채지 못한다면 사정은 달라진다. 여기가 바로 주의 네트워크attentional network가 무대에 등장하는 시점이다. 주의 필터는 혹시나 중요할지도 모를 것을 찾아 환경을 끊임없이 감시한다.

몽상 모드, 중앙관리자 모드, 주의 필터와 아울러 주의 시스템에는 네 번째 요소가 존재한다. 이 요소는 몽상 모드와 중앙관리자 모드 사이를 스위치를 켜고 끄듯 전환할 수 있게 해준다. 이 스위치는 한 가지 과제에서 다른 과제로 옮겨갈 수 있게 해준다. 예컨대, 파티에서 친구와 대화를 나누다가 부엌의 가스레인지 불에 대한 다른 대화로 관심이 갑자기 옮겨가게 하는 것, 이마에 달라붙은 모기에게 주의를 돌렸다가 점심식사 후의 몽상으로 되돌아갈 수 있게 해주는 것도 이 신경 스위치다. 2010년에 발표한 논문에서 비노드 메넌과 나는 뇌의 영역 중 섬엽insula이 이런 스위치 전환을 통제한다는 것을 밝혀냈다.[10] 섬엽은 크기가 2.5cm 정도 되는 대단히 중요한 두뇌 구조물로, 측두엽과 전두엽이 만나는 표면 아래 위치한다. 외부의 두 물체 사이에서 주의를 전환하는 데는 측두-두정 접합temporal-parietal junction이 관여한다.[11]

섬엽은 전대상회피질anterior cingulate cortex이라 불리는 중요한 뇌 영역과 양방향으로 연결되어 있다. 코의 뒷면이라고 생각되는 곳의 바로 위쪽 머리 꼭대기에 손가락을 대보자. 여기서 5cm 정도 뒤로 갔다가 다시 5cm 정도 아래로 내려간 곳에 전대상회피질이 있다.

중앙관리자 시스템과 몽상 시스템의 관계는 시소와 비슷하다.[12] 주의 스위치인 섬엽은 마치 어른이 시소의 한쪽 끝을 아래로 눌러서 반대쪽이 공중에 떠 있게 하는 것과 비슷한 역할을 한다. 섬엽-전대상회 네트워크의 기능은 사람마다 그 정도가 각기 다르기 때문에 어떤 사람에게서는 잘 기름이 쳐진 스위치처럼 작동하고, 어떤 사람에게서는 녹슨 낡은 철문처럼 작동한다. 어쨌든 스위치가 작동하기는 한다. 그런데 스위치를 너무 많이, 혹은 너무 자주 작동하면 우리는 피곤과 약간의 어지러움을 느낀다. 시소를 너무 빨리 탔을 때처럼 말이다.

전대상회가 앞쪽(다음 페이지 그림에서는 왼쪽)의 안와피질과 전전두엽피질에서 머리 꼭대기의 보조운동 영역supplementary motor area까지 뻗어 있음에 주목하자. 이런 영역들과 가까이 근접해 있다는 것은 무척 흥미로운 사실이다. 안와피질 영역과 전전두엽피질 영역은 계획, 일정 조정, 충동조절 등을 책임지고, 보조운동 영역은 운동의 개시를 책임지기 때문이다. 다른 말로 하면, 당신에게 보고서의 마감시간을 상기시켜주는 뇌 영역, 그리고 키보드를 가로지르며 타자를 치도록 손가락을 움직여주는 뇌 영역이 우리가 과제에 집중할 수 있게 해주고, 의자에 엉덩이를 붙이고 앉아 보고서를 마무리하게

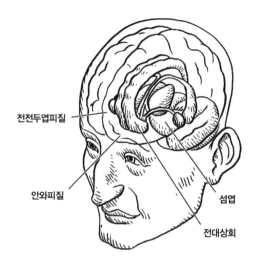

전전두엽피질

안와피질

섬엽

전대상회

도와주는 뇌 영역과 생물학적으로 연결되어 있다는 소리다.

　네 개의 회로로 구성된 인간의 주의 시스템은 수만 년에 걸쳐 진화했는데, 상황에 따라 활성화 정도가 조절되는 개별적인 뇌 네트워크들로 이루어져 있다. 그리고 이 주의 시스템은 이제 정보 정리 능력의 핵심을 차지하고 있다. 이것은 일상생활에서도 확인할 수 있다. 사무실 책상 앞에 앉아 주위를 돌아보라. 환풍기가 웅웅거리는 소리, 형광등이 지직거리는 소리, 창밖의 도로를 오가는 차량의 움직임 등등 당신 주변에는 눈과 귀를 산만하게 만드는 온갖 장면과 불협화음이 가득하다. 그러나 일단 일에 집중하면 이런 것들은 머릿속에 들어오지 않는다. 그런데 일에 집중했다가도 15~20분 정도 지나면 어느새 당신의 마음은 옆길로 새기 시작한다. 집에서 나오면서 문을 잠갔나? 오늘 점심 약속을 한 번 더 확인해야 하는 거 아냐? 지금 진행 중인 프로젝트를 제때 마무리할 수 있을까? 사람들의 머릿속에선 거의 항상 이런 내면의 대화가 이루어지고 있다. 그런데 머릿속에서 이런 질문을 던지는 것은 대체 누굴까? 이 질문에 대답하는 존재가 누구인지는 더 궁금하다. 물론 당신 머릿속에 난쟁이가 한 무리 살고 있지는 않다. 당신의 두뇌는 어느 정도 별개로 작동하는 특수목적 처리장치가 모여 있는 집합체와 같다. 내면의 대화를 만들어내는 것은 전전두엽피질에 들어 있는 계획 중추들이고, 질문에 대답하는 것은 정보를 보유하고 있는 뇌의 다른 부분들이다.

뇌 속의 개별 네트워크들은 서로 완전히 다른 생각을 품고, 서로 완전히 다른 안건을 수용한다. 머릿속의 한 부분은 당장의 배고픔을 해결하는 데 관심을 보이는데, 다른 부분은 다이어트를 계획하고 고수하는 데 관심을 보일 수도 있다. 주의 네트워크는 이 모든 활동을 감시하면서 어떤 활동에는 자원을 할당하고, 어떤 활동에는 자원을 할당하지 않을지 결정한다.

너무 억지스럽게 들릴지도 모르겠다. 하지만 뇌가 세포들을 관리하기 위해 당신이 의식하지 못하는 사이에 항상 이런 일을 하고 있다는 것을 깨달으면 머릿속에 그림이 좀 더 잘 그려질 것이다. 예를 들어보자. 당신이 달리기 시작하면 뇌의 한 부분이 이런 질문을 던진다. '이 활동을 지탱할 수 있을 정도로 다리 근육에 산소가 충분히 공급되고 있는가?' 그와 함께 뇌의 다른 부분은 호흡 수준을 올려서 혈액의 산소포화도를 높이라는 명령을 보낸다. 그리고 활동을 감시하는 세 번째 부위는 지시대로 호흡 증가가 수행되고 있는지 감시하면서 그렇지 않을 경우 그 상태를 보고한다. 대부분의 경우 이런 소통은 무의식 수준에서 일어난다. 즉, 우리는 내면에서 이루어지는 이 대화, 혹은 신호-반응 메커니즘을 의식하지 못한다. 하지만 신경과학자들은 의식이 이것 아니면 저것인 양자택일의 상태가 아니라는 것을 점차 인정하고 있다. 의식은 오히려 서로 다른 상태가 연이어지는 연속체다. 우리는 흔히 무언가가 무의식에서 일어나고 있다고 말한다. 마치 무의식이 눅눅하고 어두운 두개골 속 지하실 깊숙한 어딘가에 놓인, 지리적으로 분리된 뇌 영역인 것처럼 말이다. 신경학적으로는 이렇게 표현하는 것이 더 정확하다. 수많은 뉴런 네트워크가 흥분 상태인데, 이는 정신없이 바쁜 사무실에서 동시에 울리는 전화 네트워크와 비슷하다. 현재 벌어지는 다른 신경 활동에 비해 한 신경 네트워크의 활성화가 더 활발하게 이뤄지면 그것은 우리의 주의집중 과정으로 침투해 들어온다. 즉, 우리의 의식, 중앙관리자에 포착되어 그것을 의식하게 된다는 뜻이다.

많은 사람이 의식에 대해 전통적인 관점을 유지하고 있다. 이것은 잘못된 얘기지만 매력이 있다. 그럴듯하게 느껴지기 때문이다. 우리는 마치 자기 머릿속에 자신과 닮은 난쟁이가 살면서 세상에서 어떤 일이 일어나고 있는지 말해주고, 월요일에는 잊지 말고 쓰레기를 내다 버려야 한다고 떠올려준다고 생각한다. 이것을 더 정교하게 다듬은 형태도 있다. 우리 머릿속에 난쟁이가 살고 있고, 그 난쟁이는 안락한 의자에 앉아 여러 개의 TV 화면을 바라보고 있다. 그 화면에는 우리가 보고 듣는 바깥세상의 촉감, 냄새, 맛, 형태 등 우리 의식 속에 담긴 내용이 투사된다. 배가 고픈지, 더운지, 피곤한지 등등 우리 내부의 정신적·신체적 상태도 보고된다. 우리는 머릿속에 자신의 삶을 서술해주는 내면의 내레이터가 존재해서 바깥세상에서 일어나는 일을 우리에게 보여주고, 그 모든 의미를 말해주고, 그 정보를 우리 내면의 정서적·신체적 상태에 대해 몸에서 보고한 내용과 통합하는 것처럼 생각한다.

그러나 이 설명에는 한 가지 문제점이 있다. 무한 후퇴로 빠져든다는 것이다. 머릿속 극장에 난쟁이가 앉아 있다고? 그럼 그 난쟁이도 TV를 보고 들을 수 있는 작은 눈과 귀가 달려 있을까? 그리고 작은 뇌도 하나 가지고 있고? 그렇다면 그 난쟁이의 뇌 속에는 그보다 훨씬 작은 난쟁이가 살고 있다는 말인가? 그리고 그 난쟁이의 머릿속에는 또다시 더 작은 난쟁이가 살고 있고? 이 과정은 끝없이 반복된다(대니얼 데닛Daniel Dennett은 《의식의 수수께

끼를 풀다Consciousness Explained)에서 이런 설명이 논리적으로나 신경학적으로나 타당하지 않다는 것을 보여주었다).[13]

현실은 그 나름의 신기한 방식으로 작동하고 있다. 당신의 뇌 속에선 수많은 특수목적 모듈이 경험을 이해하기 위해 분류 및 정리 작업을 하고 있다. 이 모듈은 대부분 무대 뒤에서 작동한다. 그러다가 신경 활동이 어떤 정도에 도달하면 당신은 그것을 알아차린다. 우리는 그것을 의식이라 부른다. 의식은 그 자체로 어떤 사물이 아니며, 그 위치를 뇌의 어떤 영역에 국한시킬 수도 없다. 의식은 중앙관리자의 의식으로 유입되는 아이디어와 지각에 붙인 이름에 불과하다. 중앙관리자는 용량이 제한된 시스템이어서 보통 한 번에 최대 네다섯 가지에만 주의를 기울일 수 있다.[14]

요약하자면, 인간의 주의 시스템에는 네 가지 요소가 들어 있다.[15] 몽상 모드, 중앙관리자 모드, 주의 필터, 그리고 주의 스위치다. 주의 스위치는 몽상 모드, 과제집중 모드, 경계 모드 사이에서 신경 자원과 대사 자원을 할당하는 역할을 한다. 주의 시스템이 너무나 효과적이어서 우리는 자기가 무엇을 필터로 걸러내고 있는지도 거의 알아채지 못한다. 많은 경우, 주의 스위치는 의식의 무대 뒤에서 작동하면서 우리를 몽상 모드와 중앙관리자 모드 사이로 데리고 다닌다. 주의 필터는 말없이 늘 작동한다. 우리는 이미 다른 모드로 들어가기 전에는 무엇이 작동했는지도 깨닫지 못한다. 물론 예외는 있다. 우리는 의지를 발휘해서 모드를 전환할 수 있다. 무언가를 읽고 있다가 눈을 떼고 고개를 들어 거기에 적혀 있는 말을 곰곰이 생각하는 경우가 여기에 해당한다. 하지만 이런 경우에도 그 전환은 미묘하게 이루어진다. "이제 모드를 바꿔야지." 이렇게 말하며 전환하는 것이 아니다. 당신은(혹은 당신의 섬엽이) 그냥 그렇게 할 뿐이다.

주의 기울이기의 신경화학적 원리

지난 20년간 신경과학은 주의 기울이기가 실제로 어떻게 일어나는지에 대해 엄청나게 많은 것을 밝혀냈다. 몽상 네트워크는 대상회cingulate(전전두엽피질에서 5cm 정도 뒤쪽에 있다)의 뉴런들뿐만 아니라 전전두엽피질(이미와 눈 바로 뒤에 있다)의 뉴런들을 끌어들여 해마와 연결한다.[16] 해마는 기억 응고화memory consolidation의 중추다. 몽상 네트워크는 청반locus coeruleus에 있는 노르아드레날린 뉴런noradrenaline neuron의 활성화를 통해 이 일을 수행한다. 청반은 두개골 깊숙이 뇌간brain stem 근처에 자리 잡은 작은 허브hub로, 전전두엽피질과 연결된 고밀도의 신경섬유를 진화시켰다.[17] 이름은 비슷하지만 노르아드레날린과 아드레날린은 같은 화학물질이 아니다. 노르아드레날린과 화학적으로 가장 유사한 것은 도파민으로, 노르아드레날린은 뇌에 의해 도파민으로부터 합성된다. 몽상 모드에 머물기 위해서는 흥분성 신경전달물질인 글루타메이트와 억제성 신경전달물질인 GABA의 균형이 정확하게 유지되어야 한다.[18] 도파민과 세로토닌이 뇌 네트워크의 구성 요소라는 것은 잘 알려져 있지만, 그 상호작용이 무척 복잡해서 아직 완전히 이해되지 못한 상태다. 특정 유전자(COMT라 불리는 유전자)의 변이가 도파민과 세로토닌의 균형을 변화시키고, 이 변화는 기분장애 및 항우울제 반응성과 관련되어 있다는 감질 나는 새로운 증거가 나오기도 했다.[19] 세로토닌 수송체 유전자인 SLC6A4는 영성spirituality뿐만 아니라 예술적 행위와도 상관관계가 있는 것으로 밝혀졌는데, 이 두 가지 모두 몽상 모드 쪽을 선호하는 것으로 보인다.[20] 따라서 유전, 신경전달물질, 예술적·영적 사고방식 사이의 상관관계가 존재하는 것으로 보인다(도파민이 글루타메이트, GABA, 그리고 다른 화학물질들보다 더 중요한 것은 아니다. 그저 연구하기가 쉬워서 도파민에 대해 더 많이 알려져 있을 뿐이다. 앞으로 20년 후면 도파민과 다른 화학물질에 대해 훨씬 미묘한 부분까지 더욱 잘 이해할 수 있게 될 것이다).

중앙관리자 네트워크는 뇌 중앙부 깊숙한 곳에 위치한 기저핵[basal ganglia]에 덧붙여 전전두엽피질과 대상회의 서로 다른 부분에 있는 뉴런들을 끌어들인다.[21] 즉, 중앙관리자 네트워크는 기존의 일반적인 설명에서 묘사되는 바와 달리, 오로지 전전두엽피질에만 자리 잡고 있지는 않다. 이 네트워크의 화학작용 중에는 전두엽의 도파민 수준 조절도 있다. 지속적인 주의 역시 노르아드레날린과 아세틸콜린에 의존한다.[22] 특히나 산만한 환경에선 더욱 그렇다. 이것이 초점을 맞추는 데 필요한 집중력을 뒷받침하는 화학물질이다. 그리고 당신이 눈앞의 과제에 주의를 집중하고 있는 동안에는 오른쪽 전전두엽피질에 있는 아세틸콜린이 주의 필터의 업무를 질적으로 향상시키는 데 도움을 준다.[23] 뇌 속의 아세틸콜린 밀도는 초 단위 이하로 급속하게 변한다.[24] 그리고 아세틸콜린의 분비는 당신이 찾고 있는 무언가를 감지하는 것과 연관되어 있다. 아세틸콜린은 당신이 잠든 동안에도 그 기능을 한다.[25] 아세틸콜린의 수치는 REM 수면 중 정점에 도달하는데, 외부에서 입력되는 정보가 꿈을 방해하지 않도록 도와준다.

지난 1~2년 동안에 아세틸콜린과 노르아드레날린이 이종수용체[heteroreceptor]에 의해 뇌의 회로망으로 통합되고 있다는 사실을 알게 되었다.[26] 이종수용체란 뉴런에 들어 있는 화학수용체 중에서 한 가지 유형 이상의 촉발인자를 받아들이는 수용체를 말한다(좀 더 일반적인 자가수용체[autoreceptor]는 자물쇠와 열쇠처럼 기능해서 시냅스로 한 가지 특정 신경전달물질만 분비하게 한다). 이 메커니즘을 통해 아세틸콜린과 노르아드레날린은 서로의 분비에 영향을 미칠 수 있다.

주의 필터는 전두엽과 감각피질(청각피질과 시각피질) 안의 네트워크로 이루어진다. 우리가 무언가를 찾을 때 주의 필터는 우리가 찾는 물건의 특성에 맞추어 뉴런들을 다시 조율할 수 있다. 이를테면 월리의 빨간색과 하얀색 줄무늬 옷이나 자동차 열쇠의 크기와 모양 같은 특성 등에 맞추는 것이다. 덕분에 상관없는 것들이 신속하게 걸러져 수색이 빨라진다. 하지만 신경의 잡음 때문에 이것이 언제나 완벽하게 작동하지는 않는다. 우리는 가끔 자기가 찾는 물건을 눈앞에서 보고도 못 본 채 지나친다. 주의 필터(혹은 '월리를 찾아라 네트워크')는 무명질substantia innominata이라 불리는 뇌 영역에 위치한 니코틴성 수용체 뉴런nicotinic receptor neuron에 의해 부분적으로 조절된다. 니코틴성 수용체라는 이름이 붙은 이유는 이 수용체가 피는 담배든, 씹는 담배든 그 안에 들어 있는 니코틴에 반응하기 때문이다. 그리고 이 수용체는 뇌 전체에 흩어져 있다. 담배가 건강에 미치는 해로움은 잘 알려져 있지만, 누군가가 잘못된 길로 빠져들 때 니코틴이 신호탐지 속도를 향상시킨다는 사실은 아는 사람은 드물다.[27] 니코틴은 경계 상태를 만들어 세부적인 것을 놓치지 않고 꼼꼼히 살펴보게 하고, 하향식 예측에 덜 의존하게 해준다. 주의 필터는 섬엽과도 긴밀하게 소통하기 때문에 필요하면 그 안의 스위치를 활성화해 몽상 모드에서 과제집중 모드로 들어가게 만든다. 거기에 덧붙여 주의 필터는 대상회와도 강력하게 연결되어 있기 때문에 운동신경에 빨리 접근해서 적절한 행동반응을 나타내게 한다.[28] 그래서 우리는 위험한 물체가 다가오면 재빨리 몸을 피할 수 있는 것이다.

앞에서 주의 필터에는 경고 시스템이 포함돼 있어서 목숨을 위협하는 중요한 신호는 몽상 모드나 과제집중 모드를 뚫고 들어온다고 했다.[29] 운전하면서 이런저런 생각을 하는데 커다란 트럭이 갑자기 당신의 차선으로 끼어들 때 재빨리 작동해 당신에게 아드레날린을 한방 먹여주는 것이 바로 이 시스템이다. 경고 시스템은 전두엽과 두정엽의 노르아드레날린의 지배를 받는다. 고혈압, 주의력결핍 과잉행동장애ADHD, 불안장애 등에 처방되는 구안파신과 클로니딘 같은 약물은 노르아드레날린 분비를 차단하기 때문에 경고신호에 대한 경계심도 함께 늦춘다.[30] 만약 당신이 잠수함의 수중음파 탐지기를 작동시키는 사람이거나, 산불을 감시하는 산림경비원이라면 경고 시스템이 최대 능력을 발휘하기를 바랄 것이다. 반면에 만약 있지도 않은 잡음이 들리게 만드는 장애로 고통받고 있다면 경고 시스템을 약화시키고 싶을 것이다. 구안파신은 바로 이런 경우에 도움을 준다.

비노드 메넌과 내가 섬엽에서 찾아낸 주의 스위치는 주의의 초점을 다른데로 돌리는 데 도움이 되며, 노르아드레날린과 코르티솔(스트레스 호르몬)의 지배를 받는다.[31] 이곳과 주변 조직에서 도파민 수치가 올라가면 몽상 네트워크의 기능이 강화되는 것으로 보인다.[32] 청반과 노르아드레날린 시스템 역시 이런 행동 상태를 조절한다. 노르아드레날린 시스템은 진화적으로 상당히 오래된 것으로, 심지어 갑각류에게서도 발견된다.[33] 일부 연구자는 이 시스템이 갑각류의 경우에도 비슷한 역할을 할 것이라 보고 있다.

기억은 어디에서 오는가

신경과학자들이 주의 시스템에 대해 말하는 것을 들어보면, 이 시스템이 실무율all-or-none 방식으로 뇌 전체에 영향을 미치는 모드라고 생각할 수도 있다. 그러니까 시소를 타듯 중앙관리자 모드에 있거나 아니면 몽상 모드에 빠져 있거나 둘 중 하나, 깨어 있거나 잠들어 있거나 둘 중 하나, 이런 식으로 말이다. 그래도 어쨌거나 우리는 자기가 언제 깨어 있는지 알지 않나? 잠이 들면 우리는 완전히 작동이 멈추었다가 잠에서 깬 다음에야 자신이 잠이 들었음을 깨닫게 된다. 그러나 사실은 그렇지 않다. 실제로는 이렇게 진행되지 않는다.

이런 오해와 대조적으로 신경과학자들은 최근에 뇌의 부분들이 깨닫지 못하는 사이에 잠깐, 혹은 그보다 오랜 시간 잠에 빠져들 수 있음을 발견했다. 어느 순간이든 뇌 속의 회로 일부는 작동을 멈추고 잠에 빠져들어 에너지를 회복하고 있을 수 있다. 무언가 하라고 그 회로를 호출하지 않는 한 우리는 그 사실을 알아차리지 못한다. 주의 시스템의 네 부분에도 이것이 똑같이 적용된다. 이 네 부분 중 어느 것이든, 혹은 전부가 부분적으로 기능할 수 있다. 우리가 물건을 엉뚱한 곳에 놓아두거나 잃어버리는 것은 상당 부분 이 때문이다. 우리가 물건을 어디에 두었는지 신경 써야 할 뇌 영역이 잠들어버렸거나 다른 것에 정신이 팔려 있었던 것이다. 우리가 찾고 있던 무언가를 놓치거나 눈앞에 빤히 바라보고 있으면서도 알아차리지 못한 경우, 이런 일이 일어난 것이다. 백일몽에 빠져 있을 때도 이런 일이 일어난다. 다시 정신을 차리려면 무언가 일이 일어나야 한다.

　물건을 내려놓는 순간, 거기에 주의를 기울이지 않으면 물건을 자주 잃어버리게 된다. 이것을 고치려면 마음챙김 명상mindfullness과 주의집중력 연습이 필요하다. 순간을 살 수 있도록, 그리고 물건을 치우거나 내려놓을 때마다 주의를 기울일 수 있도록 선禪 같은 집중력을 훈련하는 것이다. 약간의 집중은 뇌(특히 해마)가 물건을 어디에 두었는지 기억하도록 훈련하는 데 큰 도움이 된다. 그 순간을 부호화하는 것을 도와달라고 중앙관리자를 불러내는 것이기 때문이다. 열쇠고리, 휴대전화, 선글라스를 보관하는 특별한 고리나 서랍 같은 시스템을 갖추면 이런 노력을 외부화할 수 있어 모든 것을 머릿속에 담고 있을 필요가 없어진다. 기억의 외부화는 고대 그리스로 거슬러 올라가는 아주 오래된 아이디어로, 그 효과가 현대 신경과학자들에 의해서도 거듭 확인되었다. 잠깐만 생각해봐도 우리가 이미 이 방법을 광범위하게 사용하고 있음을 깨닫고 놀라게 될 것이다. 하버드대학 심리학자 댄 웨그너

Dan Wegner는 이렇게 지적했다. "우리의 벽은 책으로, 문서보관함은 서류들로, 공책은 메모들로, 집 안은 공예품과 기념품들로 채워진다."[34] 기념품을 뜻하는 영어 '수버니어souvenir'가 '기억하다'라는 의미의 프랑스어에서 유래했다는 것은 결코 우연이 아니다. 우리의 컴퓨터에는 데이터 기록이 채워지고, 달력에는 약속과 생일 날짜가 채워진다.

현재 일부 기억이론가들은 우리가 삶 속에서 의식적으로 경험하는 많은 것이 뇌 속에서 부호화되고 있다는 관점을 제시해 주목받고 있다. 우리가 보고 듣고 냄새 맡고 생각한 것들, 대화한 것들, 자전거를 탔던 경험, 먹었던 식사들까지 모두 뇌 속 어딘가에 잠재되어 있다. 단, 우리가 거기에 주의를 기울였다는 전제가 필요하다. 그것들이 모두 잠재돼 있다면 대체 왜 잊어버린단 말인가? TV 드라마 〈멘탈리스트The Mentalist〉의 주인공 패트릭 제인은 이것을 다소 유창한 말로 설명했다. "기억은 믿을 게 못 돼. 훈련받지 않은 두뇌는 파일 시스템이 아주 거지 같거든. 이 시스템은 우리한테 일어나는 일들을 모두 시커멓고 커다란 벽장에 닥치는 대로 쑤셔 넣어두지. 뭐 좀 찾을 게 있어서 그 안을 뒤져보면 굵직굵직한 뻔한 것들만 눈에 들어오지. 어머니의 기일이나, '코파카바나' 같이 네가 찾으려고도 하지 않았던 것들 말이야. 그러나 네가 필요로 하는 것을 못 찾았다 해도 겁먹을 필요는 없어. 여전히 거기 있는 것은 분명하니까 말이야."[35]

어떻게 이것이 가능할까? 우리가 어떤 사건을 경험하는 동안에는 그 사건의 속성에 따라 독특한 뉴런 네트워크가 활성화된다. 노을을 보면 그림자와 빛, 분홍색, 주황색, 노란색을 표상하는 시각중추가 활성화된다. 똑같은 노을도 30분 전과 30분 후가 다르게 보이는데, 이를 표상하기 위해 불러내는 뉴런들은 거기에 부응해 달라진다. 테니스 경기를 본다면 선수를 알아보기 위해 안면 인식 뉴런이 활성화되고, 선수들의 몸, 공, 라켓 등의 움직임을 쫓기 위해 동작 감지 뉴런이 활성화되고, 고위 인지중추는 공이 선 밖으로 나갔는지 점수는 몇 점인지 계속 파악한다. 우리의 생각, 지각, 경험은 각각 자기만의 독특한 신경 상관물을 가지고 있다. 그렇지 않으면 우리는 모든 사건을 다 똑같은 것으로 지각할 것이다. 우리가 사건들을 서로 구분할 수 있는 것은 활성화되는 뉴런의 차이 덕분이다.

무언가를 기억하는 행위는 처음 그것을 경험할 때 관여했던 뉴런들을 다시 작동시키는 과정이라고 할 수 있다. 그 일이 일어나는 동안 뉴런들은 세상을 표상한다. 우리가 그것을 다시 떠올릴 때 이 뉴런들은 그 일을 우리 앞에 다시 나타낸다. 일단 우리가 이 뉴런들을 원래의 사건이 일어날 당시와 비슷한 방식으로 활성화시키면 우리는 이 사건을 저해상도 재생화면처럼 기억으로 경험하게 된다. 우리가 이 뉴런 하나하나를 처음 사건이 일어났을 때와 완전히 똑같은 방식으로 활성화시킬 수만 있다면 기억이 놀라울 정도로 생생하고 현실감이 있을 것이다. 하지만 기억은 불완전하다. 어떤 뉴런들을 끌어들여서 정확히 어떻게 흥분시켜야 한다는 지시 내용이 약화되고 질도 저하되기 때문에 결국 그 표상이 흐릿해져서 실제 경험을 부정확하게 복제해내는 경우도 많다. 기억은 허구다. 사실인 것처럼 행세하지만 기억은 왜곡에 대단히 취약하다. 기억은 그냥 '재생'이 아니라 '고쳐쓰기'인 셈이다.

여기에 어려움을 더하는 사실이 있다. 우리의 경험 중 상당수가 비슷한 점을 공유하고 있어서 그 경험을 기억 속에서 재생할 때 여러 항목이 서로 경쟁하는 바람에 뇌가 속을 수도 있다는 것이다. 그래서 우리의 기억은 대부분 질이 떨어진다. 이는 뇌의 정보 저장 용량이 제한되어 있어서라기보다는 기억 검색의 속성 때문이다. 검색은 다른 비슷한 항목들 때문에 쉽게 산만해지고 혼란에 빠진다. 또 다른 문제도 있다. 기억이 변경될 수 있다는 점이다.[36] 검색될 때 기억들은 불안정하고 취약한 상태이기 때문에 적절하게 다시 응고될 필요가 있다. 한 친구와 공유하는 기억이 있는데, 그 친구가 "아니지, 그 차는 파란색이 아니라 초록색이었어"라고 말하면 이 정보가 기억에 이식된다. 이렇듯 불안정한 상태의 기억은 재응고reconsolidation 과정에서 수면 부족, 정신 산만, 외상, 뇌의 신경화학적 변화 등으로 인해 방해를 받으면 증발해버릴 수도 있다.

인간의 기억에서 가장 문제가 되는 부분은 자기가 언제 부정확한 기억을 떠올리는지 알기 어렵다는 점이다. 부정확하고 왜곡된 기억을 떠올리면서도 그 기억이 분명 맞는 것 같다는 느낌을 강하게 받는 경우가 많다. 이런 그릇된 자신감은 상당히 흔하게 나타나며 근절하기도 어렵다. 정리 시스템의 장점은 바깥세상의 물리적 기록 장치를 통해 기억을 외부화해 자신감만 넘치지 정확도는 떨어지는 부정확한 기억에 의존하는 경향을 줄여준다는 것이다.

어떤 경험은 왜 정확히 기억나고, 어떤 경험은 왜 그렇지 않은 걸까? 기억이 잘 되는 경험의 가장 중요한 특징은 첫째 특이하고 독특할 것, 둘째 강력한 감정적 요소가 들어 있을 것, 이 두 가지다.

평범하지 않은 사건이나 경험에 대한 기억은 뇌가 기억 저장고에서 그것에 접근하려 할 때 경쟁하는 다른 항목들이 따라붙지 않기 때문에 머릿속에 더 잘 떠오른다. 2주 전 목요일에 아침식사로 무엇을 먹었는지 잘 기억나지 않는 이유는 그 목요일이나 그 아침식사에 별다른 특별한 점이 없었기 때문이다. 그 결과, 아침식사에 대한 다른 모든 기억과 합쳐져서 아침식사에 대한 일종의 포괄적 인상을 형성해버린다. 기억이 비슷한 사건들을 합쳐버리는 이유는 단지 그렇게 하는 것이 좀 더 효율적이기 때문만은 아니다. 이것은 우리 학습 방식의 근본적인 부분이다. 뇌는 여러 경험을 하나로 묶는 추상적인 규칙을 추출해낸다. 일상적으로 일어나는 일에 대해서는 특히나 그렇다. 매일 아침 시리얼, 오렌지주스 한 잔과 커피 한 잔을 마신다면 뇌가 특정한 날의 아침식사에서 세세한 기억을 추출해내기란 쉽지 않다. 역설적이게도 일상화된 행동에 대해서는 그 행동의 포괄적인 내용들은 기억할 수 있지만(이를테면 먹는 음식. 늘 똑같은 것만 먹으니까), 아주 특별하거나 감정적인 사건이 아닌 한 어느 한 사건에서 구체적인 부분들을 떠올리기는 무척 힘들다(청소차가 지나가던 소리나 창밖의 새 소리 등). 단, 아침에 먹으려고 남겨둔 피자가 있었다거나 옷에 토마토소스를 엎지르는 등 일상을 깨뜨리는 독특한 일을 경험했다면 그 일을 기억할 가능성이 높아진다.

핵심 원칙은 이렇다. 기억을 검색할 때 우리의 뇌는 서로 경쟁하는 여러 가지 기억을 체로 치듯 꼼꼼히 살펴 우리가 떠올리려고 하는 특정한 한 가지 기억만 골라낸다. 그런데 비슷한 사건들이 있는 경우, 여러 가지 혹은 기억 전체를 검색해야 하기 때문에 의식적으로 깨닫지 못하는 사이에 일종의 합성물 또는 포괄적 혼합물이 만들어진다. 우리가 안경이나 차 열쇠를 어디에 두었는지 잘 기억하지 못하는 것은 바로 이 때문이다. 너무나 오랫동안 너무나 많은 장소에 그런 물건들을 두었기 때문에 그 모든 기억이 하나로 뭉뚱그려져서 뇌가 적절한 기억을 찾아내는 데 애를 먹는 것이다.

반면, 비슷한 사건이 없는 독특한 사건은 다른 사건들과 쉽게 구분되기 때문에 기억하기가 쉽다. 기억의 용이성은 사건의 독특한 정도에 정비례한다. 아침으로 피자를 먹는 것은 비교적 드문 일이다. 상사와 함께 아침식사를 한다면 그것은 더욱 드문 일이다. 21번째 생일 아침에 실오라기 하나 걸치지 않은 아름다운 여자 친구가 준비해준 아침식사를 침대에서 대접받았다면 그것은 훨씬 더 드문 일일 것이다. 일반적으로 사람들이 쉽게 기억하는 특별한 사건으로는 형제자매의 탄생, 결혼, 사랑하는 이의 죽음 같은 것들이 있다. 아마추어 조류관찰자인 나는 내가 처음으로 도가머리 딱따구리를 본 곳이 어디이며, 발견 전후에 내가 무엇을 했는지 자세하게 기억하고 있다. 이처럼 우리는 처음으로 말을 탔던 때, 처음으로 폭풍우에 휩싸였던 때를 기억한다.

진화적으로 봐도 독특하고 특이한 사건들을 잘 기억하는 것은 의미가 있다. 그런 사건들로 인해 주변 세상이 변하거나, 세상에 대한 우리의 이해가 변할 수 있기 때문이다. 변화하는 환경에서 성공 가능성을 최대로 끌어올리기 위해서는 이런 것들을 기억해둘 필요가 있다.

기억의 두 번째 원칙은 감정과 관련되어 있다. 무언가가 우리를 믿기 어려울 정도로 두렵거나, 행복하거나, 슬프거나, 화가 나게 만든다면(이는 인간의 가장 기본적인 네 가지 감정이다) 우리는 그것을 기억할 가능성이 높다. 뇌가 그 경험에 '중요'라고 적어놓은 신경화학적 꼬리표를 붙이기 때문이다. 마치 뇌가 노란색 형광펜을 가지고 있어서 머릿속 일기장에서 그날의 경험 중 중요한 부분을 골라 줄을 그어놓는 것 같다. 이것은 진화적으로도 의미가 있다. 감정적으로 중요한 사건이라면 생존을 위해서라도 기억해둘 필요가 있기 때문이다. 이를테면 포식자의 으르렁거리는 소리, 새로 찾아낸 샘물의 위치, 상한 음식 냄새, 약속을 어긴 친구 등에 대한 기억 등이 그런 예다.

미국인들이 케네디 대통령 암살 사건, 우주왕복선 챌린저호 폭파 사건, 9·11 테러 사건, 오바마 대통령의 대통령 선거와 취임 같은 중요한 국가적 사건을 잘 기억하는 것도 감정적 사건에 달라붙는 화학적 꼬리표 때문이다. 대부분의 미국인에게 이런 것은 감정적인 사건으로, 즉시 뇌 화학물질이 꼬리표로 붙여져 접근과 검색이 용이한 특별한 신경 상태에 놓였다. 이런 신경화학적 꼬리표는 국가적 기억뿐만 아니라 개인적 기억에도 마찬가지로 작용한다. 당신이 마지막으로 빨래한 게 언제인지는 잘 기억나지 않아도 첫

키스 상대가 누구인지 그 장소가 어디인지 잘 기억나는 것 역시 바로 이 때문이다. 세세한 부분은 개략적으로만 기억날지도 모르지만, 아마 그 기억과 관련된 감정은 기억날 것이다.

감정적 꼬리표는 기억 검색을 더 빠르고 쉽게 해주지만, 정확성을 보장해주지는 못한다. 미국인이라면 대부분 2001년 9월 11일 뉴욕의 세계무역센터 쌍둥이 빌딩이 공격받았다는 사실을 처음 알았을 때 자신이 어디에 있었는지 기억할 것이다. 그때 자기가 있던 장소와 대략적인 시간은 물론, 심지어 자기가 누구와 대화를 했는지도 기억날지 모른다. 그리고 비행기가 첫 번째 빌딩(노스타워)과 충돌하고, 약 20분 후에 두 번째 비행기가 두 번째 빌딩(사우스타워)에 충돌한 끔찍한 영상도 기억할 것이다. 실제로 최근의 설문조사에 따르면, 80%의 미국인이 이런 기억을 공유하고 있었다. 그런데 이 기억은 완전히 엉터리다. 9월 11일 TV에서 사우스타워 충돌 영상은 실시간으로 중계했지만, 노스타워 충돌 영상은 입수되지 않아 9월 12일이 되어서야 TV 방송에 등장했다. 수백만 명의 미국인이 사우스타워 충돌 영상을 노스타워 충돌 영상보다 24시간 앞서 봤다. 하지만 우리는 설명을 통해 노스타워가 사우스타워보다 20분 앞서 공격당했다는 사실을 알고 있다. 이것이 미국인들의 기억 순서를 뒤바꿔놓았다. 경험한 순서가 아니라 사건이 실제로 일어난 순서대로 기억이 재배열된 것이다. 하지만 잘못된 기억이 너무나 설득력 있게 느껴져 심지어 조지 부시 대통령조차 9월 11일에 노스타워 충돌을 보았노라고 잘못 기억했다.[37]

기억의 오류가 얼마나 흔한지 알아보기 위해 다음과 같은 실험을 해보자. 먼저 펜과 종이를 한 장 준비한다. 아래 단어 목록을 1초에 한 단어의 속도로 크게 읽어보자.

휴식	수면
피곤	소리
깨다	편안함
꿈	베개
코골이	눈뜨다
침대	밤
먹다	

이제 목록을 덮고 기억나는 것을 최대한 많이 적어보자. 종이가 없어도 괜찮다. 그냥 책의 여백에 적어도 된다(만약 전자책으로 읽고 있다면 주석 기능을 이용하자).

'휴식'을 적었는가? '밤'은? '땅돼지'는? '잠'은? 당신의 기억력이 다른 사람들과 비슷한 수준이라면 몇 개의 단어는 기억할 것이다. 85% 정도의 사람이 '휴식'을 적었다. '휴식'은 처음 나온 단어로, 이것은 기억의 첫머리 효과primacy effect와 잘 부합한다. 우리는 목록의 제일 처음에 나온 항목을 가장 잘 기억하는 성향이 있다. 70%의 사람이 '밤'이라는 단어를 기억했다. 이것은 마지막으로 본 단어로, 막바지 효과recency effect를 보여준다. 우리는 목록에서 가장 최근에 본 항목을 기억하는 경향이 있지만, 첫 번째로 본 항목만큼 잘 기억하지는 못한다.[38] 항목의 목록과 관련해서 과학자들은 계열 위치 곡선serial position curve을 제시했다. 이 그래프는 한 항목이 기억될 가능성을 그 항목이 목록에서 차지하는 위치의 함수로 나타낸 것이다.

당신은 아마 '땅돼지'는 적지 않았을 것이다. 목록에 없기 때문이다. 연구자들은 보통 실험 참가자가 주의를 기울이고 있는지 확인하기 위해 이렇게 뻔한 질문을 검사지에 집어넣는다. 60% 정도의 사람이 검사지에 '잠'을 적었다. 이제 목록을 살펴보자. '잠'은 목록에 없다! 당신은 잘못된 기억을 가지고 있는 것이다. 당신이 대부분의 사람과 비슷하다면 분명 '잠'이라는 단어를 보았다고 확신하기 때문에 적었을 것이다. 어떻게 이런 일이 일어나는 걸까?

이것은 바로 연상 네트워크associational network 때문이다. 연상 네트워크란 당신이 빨간색을 생각하면 그것으로 인해 활성화 확산 과정을 통해 다른 기억(혹은 개념마디)이 활성화된다는 아이디어다. 여기서도 같은 원리가 작동한다. 잠이라는 생각과 관련된 여러 단어를 제시함으로써 '잠'이라는 단어가 뇌에서 활성화된 것이다. 사실 이것은 거짓 기억, 실제로 일어나지 않은 일에 대한 기억이다. 이것이 암시하는 바는 엄청나다. 수완이 좋은 변호사는 이 원리나 이것 비슷한 원리를 이용해 목격자, 배심원, 심지어 판사의 머릿속에 어떤 아이디어나 기억을 이식함으로써 재판을 자신의 고객에게 유리하게 돌아가게 만든다.

문장에서 한 단어만 바꿔도 목격자로 하여금 영상에서 유리가 깨지는 것을 보았다고 잘못 기억하게 만들 수 있다. 심리학자 엘리자베스 로프터스Elizabeth Loftus는 한 실험에서 참가자들에게 경미한 자동차 사고 동영상을 보여주었다. 나중에 참가자 가운데 절반에게는 "서로 접촉할hit 당시 두 차가 얼마나 빠른 속도로 달리고 있었습니까?"라고 물었고, 나머지 절반에게는 "서로 충돌할smash('박살나다'라는 아주 강한 어감이 담겨 있다 – 옮긴이) 당시 두 차가 얼마나 빠른 속도로 달리고 있었습니까?"라고 물었다. 접촉과 충돌 한 단어만 바꾸었을 뿐인데, 참가자들이 추정한 자동차의 속도는 극적으로 달라졌다. 그러고 나서 일주일 후 참가자들을 다시 불러 이렇게 물었다. "동영상에 유리가 깨진 장면이 있었나요?"(실제 영상에서는 유리가 깨지지 않았다) 일주일 전에 '충돌'이라는 단어가 담긴 질문을 받았던 참가자들은 '접촉'이라는 단어가 담긴 질문을 받았던 참가자들에 비해 그렇다고 대답하는 경우

가 두 배 이상 많았다.[39]

설상가상으로 기억을 떠올리는 행위는 그 자체로 그 기억을 불안정한 상태로 만들어 새로운 왜곡이 가해질 수 있게 한다.[40] 기억을 되돌려 회복할 때는 틀린 정보가 마치 항상 거기에 존재했던 것처럼 그 안에 이식된다. 당신이 우울할 때 행복한 기억을 떠올리면, 기억을 검색할 당시의 기분이 그 기억에 덧입혀져 당신이 그것을 저장소에 다시 저장할 때 그 사건이 조금 슬프게 기록된다. 파인버그 의과대학의 정신과의사 브루스 페리Bruce Perry는 이에 대해 이렇게 설명했다. "우리가 뇌에 저장된 기억을 검색해서 불러들일 때는 컴퓨터의 워드 파일을 열 때처럼 자동적으로 '편집' 모드로 연다는 사실을 이제는 우리도 알고 있다. 현재의 기분과 환경이 회상의 감정적 분위기, 사건에 대한 해석, 심지어 실제로 일어난 사건이 무엇인지에 대한 믿음에까지 영향을 미칠 수 있지만 자신은 의식하지 못할 수도 있다. 하지만 '저장하기'를 통해 그 기억을 저장소에 되돌려놓을 때, 당신은 무의식중에 그 기억을 수정할 수 있다. (중략) 이것은 당신이 다음에 그 '파일'을 다시 불러오기 할 때 당신이 회상하게 될 내용과 회상 방식을 편향시킬 수 있다."[41] 이렇게 시간이 흐르면서 작은 변화들이 쌓이다 보면 결국에는 일어나지 않았던 사건에 대한 기억이 만들어질 수도 있다.

기억이 왜곡과 겹쳐쓰기에 취약하다는 사실(이는 분명 문제의 소지가 있는 부분이다)을 제외하면, 뇌는 과거의 사건들을 대단히 독창적인 방식으로 정돈한다. 접근 지점을 여러 개 만들어놓고, 기억에 신호를 보내는 방식도 여럿 마련해놓는다. 좀 더 대담한 이론가들의 말이 옳다면, 당신이 경험한 모든 것은 당신의 머릿속 어딘가에 머물며 누군가 접근해 오기를 기다리고 있다. 그렇다면 우리가 너무나 많은 기억에 압도당하지 않는 이유는 대체 무엇일까? 당신이 해시브라운을 생각할 때 왜 뇌는 당신이 해시브라운을 먹었던 모든 순간을 자동적으로 떠올리지 않는 것일까? 그것은 뇌가 비슷한 기억들을 범주 꾸러미로 분류하여 정리하기 때문이다.

범주 나누기가 중요한 이유

엘리노어 로시는 범주화하는 행위가 인지적 경제성을 위한 행위임을 증명했다. 우리는 비슷한 사물을 하나의 종류로 취급함으로써 목적과 상관없는 세세한 일에 소중한 신경처리 활동이 낭비되지 않게 한다. 모래사장을 바라볼 때 우리는 보통 모래 알갱이를 하나하나 인식하지 않고 모래사장이라는 하나의 전체로 바라본다. 그렇다고 우리가 모래 알갱이 간의 차이를 구분할 능력이 없다는 말은 아니다. 다만 실용적인 목적을 위해 우리 뇌가 비슷한 사물을 자동적으로 하나로 묶는다는 의미다.

세상에 존재하는 물체들을 지칭하는 데 사용하는 용어들로 우리 머릿속이 넘쳐나지 않는 것도 인지적 경제성 덕분이다. 대부분의 경우, 우리가 가장 자주 사용하는 자연스럽고 일반적인 용어가 존재한다.[42] 우리는 길모퉁이에서 나는 부르릉 소리를 들으며 자동차 소리라고 하지 1970년산 폰티악 GTO 모델 차량이라고 하지 않는다. 우리는 새가 우편함에 둥지를 틀었다고 하지 붉은옆구리검은멧새가 둥지를 틀었다고 하지 않는다. 로시는 이것을 기초 수준 범주basic-level category라고 불렀다. 기초 수준은 아이가 처음 배우는 용어들이고, 우리가 새로운 언어를 배울 때 일반적으로 처음 배우게 되는 용어들이다. 물론 예외도 있다. 가구점에 가면 당신은 판매원에게 의자가 어디 있느냐고 물어볼 수 있다. 하지만 '의자 전문점'에 가서 이렇게 질문하면 이상하게 들릴 것이다. 상황적 맥락에 따라 기초 수준보다 더 하위 수준으로 파고들어서 사무실용 의자는 어디 있느냐, 식탁용 의자는 어디 있느냐고 물어봐야 한다.

우리는 전문가가 되거나 전문지식을 배우면 일상적인 대화에서도 하위 수준의 용어를 많이 사용하는 경향이 있다. '의자 전문점' 판매원은 창고에 전화를 걸어 거기 혹시 등받이의자가 있느냐고 묻지는 않을 것이다. 그는 등받이에 노란색 술 장식이 달린 마호가니 퀸앤 복제의자가 있느냐고 물어 볼 것이다. 조류관찰자라면 다른 조류관찰자에게 자기네 집 우편함에 붉은 옆구리검은멧새가 둥지를 틀었다고 문자를 보낼 것이다. 범주의 형성과 그 범주가 뇌에 자리 잡는 구조는 우리의 지식 수준에 따라 달라진다.

인지적 경제성은 우리로 하여금 별로 중요하지 않은 세부적인 것들에 압도당하지 않도록 사물을 범주화하게 만든다. 그중에는 분명 당신이 세부적인 정보를 원하는 사물도 있을 것이다. 만약 당신이 검정콩을 뒤적이며 익지 않은 딱딱한 것만 골라내려고 한다면 그것들은 기능적으로 동등한 것이 아니기 때문에 당신은 그 콩들을 개별적인 존재로 바라본다. 이렇게 서로 다른 초점 모드 사이를 왔다 갔다 할 수 있는 능력, 전체에 초점을 맞추는 렌즈와 개체에 초점을 맞추는 렌즈를 번갈아 쓸 수 있는 능력은 포유류 주의 시스템의 특성이며, 중앙관리자의 계층적 속성이다. 연구자들은 중앙관리자를 단일한 존재로 취급하는 경향이 있지만, 사실 이것은 우리가 활동하는 동안 줌인과 줌아웃 하면서 그 순간에 가장 중요한 부분에 초점을 맞출 수 있게 해주는 렌즈의 집합체라 이해하는 것이 제일 좋다. 화가는 화폭에 닿는 붓놀림 하나, 점 하나까지 모두 꼼꼼하게 봐야 하지만 계속 초점을 바꿔 가며 미세한 부분을 주시했다가 그림 전체를 바라보았다가 할 수 있어야 한다. 작곡가는 개별 음계와 리듬으로 작업하지만 모든 것이 조화를 이루는지 확인하기 위해 작품 전체를 파악하는 능력이 필요하다. 회사를 설립하는 사업가, 착륙을 계획하는 비행기조종사 등 이것 말고도 사례는 많다. 이 모든 사례에서 과제를 수행하는 사람은 어떤 이미지나 이상을 머릿속에 담아둔 상태에서 그것을 실제 세계에서도 그대로 발현시켜 현상의 외양이 머릿속 이미지와 일치되게 만들려고 시도한다.

　외양과 정신적 이미지 사이의 구분에 대한 뿌리는 아리스토텔레스와 플라톤으로 거슬러 올라간다. 이것이 고대 그리스 철학의 주춧돌이었다.[43] 아리스토텔레스와 플라톤은 둘 다 무언가가 겉으로 드러나는 방식과 그것이 진정 존재하는 방식 간의 차이에 대해 얘기했다. 내 스승이자 멘토인 인지 심리학자 로저 셰퍼드(1장에서 괴물 착시를 그린 사람)는 자신의 이론에서 이 논의를 한 발 더 진전시켜 적응행동adaptive behavior은 유기체가 세 가지의 외양-실체 구분appearance-reality distinction을 할 능력이 있느냐에 달려 있다고 했다.

　첫째, 어떤 물체는 제시되는 방식에 따라 외양은 달라 보이지만 본질적으로는 동일하다. 즉, 같은 물체를 각도를 달리해서 바라보면 망막에 맺히는 이미지가 천차만별이지만, 궁극적으로는 모두 동일한 물체다. 이것 역시 범주화다. 뇌는 한 물체의 서로 다른 이미지를 일관되고 통일된 표상으로 통합해 하나의 범주로 묶는다.

　우리는 다른 사람들과 만날 때도 늘 이렇게 한다. 사람의 얼굴은 옆면, 정면, 측면 등 다양하게 나타난다. 그리고 얼굴이 전하는 감정에 따라 망막에 아주 다른 이미지가 투사된다. 러시아의 심리학자 A. R. 루리아A. R. Luria는 뇌의 병변 때문에 이 개별적인 관점을 종합할 수 없어 사람의 얼굴을 알아보지 못한 유명한 환자에 대해 보고했다.

　둘째, 외양으로는 비슷해 보이는 사물도 본질적으로는 다르다. 풀밭에서 풀을 뜯어먹는 말들의 모습을 바라보면 각각의 말은 서로 대단히 비슷해 보이고, 망막 이미지로는 사실상 동일하지만, 진화적 적응행동을 위해서는 각

각의 말이 별개임을 이해할 필요가 있다. 이 원칙은 범주화와 관련 없다. 사실 여기에는 범주화를 풀어헤치는 행위가 요구된다. 이런 물체들이 기능적으로나 사실적으로 동등하더라도 그 각각이 개별적인 존재임을 이해할 필요가 있게 만드는 상황들이 존재한다(예컨대, 말 한 마리가 빠른 속도로 당신을 향해 달려온다면 말 떼가 달려올 때보다는 덜 위험하다).

셋째, 외양은 서로 다르더라도 똑같은 범주의 자연종일 수 있다. 다음 그림의 곤충 중 한 마리가 당신의 다리를 기어오르거나 음식에 빠져 있다면 이들의 진화 역사, 짝짓기 습관, DNA가 다르더라도 당신에게는 별로 중요하지 않을 것이다. 당신에게 중요한 것은 그저 이 곤충이 '내 다리를 기어오르거나 음식에 빠져 있지 않았으면 하는 것'이라는 범주에 포함된다는 사실이다.

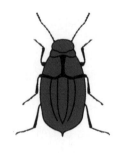

셰퍼드에 따르면, 적응행동은 사물들이 실질적으로 동등할 때 그것들을 모두 동일한 것으로 취급하는 인지적 경제성에 달려 있다. 한 사물을 범주화한다는 것은 그것을 그 범주 안의 다른 사물과 동등한 것으로 생각하고 범주에 속하지 않는 사물과는 일부 두드러진 특성에서 차이가 있다고 생각한다는 뜻이다.

우리가 감각으로부터, 세상으로부터 받아들이는 정보는 보통 구조와 질서를 가지고 있다. 결코 임의적이지 않다. 살아 있는 것, 즉 동물과 식물은 보통 상관관계가 있는 구조를 나타낸다. 우리는 날개, 털, 부리, 깃털, 지느러미, 아가미, 입술 등 동물의 속성을 지각할 수 있다. 이런 것들은 무작위로 나타나지 않는다. 날개는 일반적으로 털이 아닌 깃털로 덮여 있다. 이것은 세상이 제공해준 경험적 사실이다. 다시 말해, 조합은 일률적으로, 혹은 무작위적으로 일어나지 않으며 어떤 조합은 다른 것보다 개연성이 더 크다. 범주들은 보통 이렇게 동시에 일어나는 것을 반영하는 경우가 많다. '새'라는 범주는 그 동물에 날개와 깃털이 있을 것임을 암시한다(뉴질랜드에 서식하는 날개 없는 새 키위나 지금은 멸종된 일부 깃털 없는 새 등 반례도 있기는 하지만).

우리는 범주의 구성원이 되는 데 필요한 속성이 무엇인지, 그 구성원이 범주에 얼마나 잘 들어맞는지 아주 어렸을 때부터 직관적으로 알고 있다. 우리는 범주 안의 특이한 구성원을 지칭할 때 얼버무리는 말을 사용한다. 만약 "펭귄은 새입니까?"라는 질문을 받으면 그렇다고 대답하는 것이 정답이지만 "엄밀히 따지면 펭귄은 새가 맞지요" 같은 얼버무리는 말로 반응하는 사람도 있다. 더 자세히 말하고 싶으면 이렇게 말하기도 한다. "펭귄은 날지 않아요. 헤엄을 치죠." 하지만 이렇게 말하는 경우는 없다. "엄밀히 따지면 참새는 새가 맞습니다." 참새는 그냥 엄밀하게 따지면 새가 아니라 아주 전형적인 새다. 여기에는 몇 가지 요소가 작용한다. 참새는 어디서든 흔히 볼 수 있고, 사람들과 친숙하다. 날고, 노래하고, 날개와 깃털을 가지고 있고, 알을 낳고, 둥지를 틀고, 벌레를 잡아먹는 등 새라는 범주의 다른 구성원들과 공통된 속성이 가장 많다.

한 범주의 훌륭한 구성원이 되는 데 필요한 속성이 무엇인지에 대한 이런 즉각적인 판단 감각은 일상적인 대화에도 반영된다. 범주의 내부 구조를 반영하는 구성원을 잘 골랐을 경우, 우리는 범주의 이름을 그 범주 구성원의 이름으로 치환하는 능력이 있다. 다음 문장을 살펴보자.

아침이면 스무 마리 정도의 새가 창문 바깥의 전깃줄에 앉아 짹짹거린다.

여기서 새라는 단어를 빼고 거기에 울새, 참새, 찌르레기 등을 넣어도 문장의 정확성에는 아무런 문제가 생기지 않는다. 하지만 여기에 펭귄, 타조, 칠면조 등을 넣으면 이상하게 들린다. 다음의 문장을 보라.

남학생이 도시락에서 과일 한 조각을 꺼내서 샌드위치를 먹기 전에 몇 입 먹었다.

과일fruit이란 단어를 사과, 바나나, 오렌지 등으로 대체해도 문장의 정확성은 떨어지지 않는다. 하지만 오이, 돼지호박 등으로 대체하면 문장이 아무래도 좀 어색하다(111쪽 마지막 문단 설명을 참고하라 옮긴이). 여기서 핵심은 우리가 기존에 존재하는 범주들을 이용하거나 새로운 범주를 만들어낼 때, 그 범주에 명확하게 소속되거나 그 범주에서 중심이 되는 전형적 물체와 잘 맞아떨어지지 않는 사례가 존재하는 경우가 많다는 것이다. 다양한 것을 인식하고 그것을 범주로 정리하는 능력은 인간의 정리된 마음에도 절대적으로 필요한 생물학적 실체다.

우리 뇌에서 범주는 어떻게 형성되는 것일까? 일반적으로 세 가지 방식으로 구분된다. 첫째, 우리는 전체적 외양, 혹은 세부적 외양을 기반으로 범주를 만든다. 모든 연필을 한 바구니 안에 담는 것은 전체적 외양에 따른 분류다. 세부적 외양에 따르면 심이 무른 연필과 딱딱한 연필, 색연필과 검정 연필로 구분할 수 있다. 외양 기반의 범주화를 비롯해 인간의 뇌가 사용하는 모든 범주화 과정에서 나타나는 한 가지 특징은 확장 가능하고, 유연하며, 다양한 수준의 해상도 혹은 선명도에 영향을 받는다는 것이다. 연필을 파고들면 문구점에서 그렇듯 제조사, 연필심의 무르기 등에 따라 가능한 한 자세히 구분하고 싶은 마음이 들 수 있다. 연필에 잇자국이 있는지 여부, 혹은 길이로 구분하기로 결심할 수도 있다. 반대로 연필을 넓게 바라보면 모든 연필, 볼펜, 형광펜, 크레용 등을 필기구라는 하나의 넓은 범주에 쓸어 담을 수도 있다. 당신이 한 가지 범주를 확인해서 거기에 이름을 붙이자마자 뇌는 그 범주에 대한 묘사를 만들어내고, 그 범주에 해당하는 사물과 해당하지 않는 사물을 구분한다. 만약 내가 "포유류는 새끼를 낳아서 젖을 먹이는 동물이다"라고 말하면 타조(해당 없음), 고래(해당), 연어(해당 없음), 오랑우탄(해당) 등을 재빨리 범주화하기가 쉽다. 만약 내가 당신에게 알을 낳는 포유류(오리너구리와 바늘두더지 포함)가 다섯 종 존재한다고 말하면, 당신은 이 예외에 대한 새로운 정보를 신속하게 수용한다. 이는 완벽하게 정상적인 것으로 보인다.

둘째, 사물의 겉모습에서 유사한 점을 찾을 수 없을 때 우리는 기능적 동등성functional equivalence을 기반으로 범주화한다. 급할 때는 크레용을 사용해 메모할 수도 있다. 이 경우 크레용은 연필이나 볼펜과 기능적으로 동등한 것이 된다. 철사 옷걸이를 풀어서 막힌 싱크대를 뚫을 때 사용할 수도 있고,

캠핑을 갔다가 오리털 잠바를 말아서 베개로 사용할 수도 있다. 기능적 동등성의 고전적 사례는 음식이다. 고속도로에서 운전하다가 주유하려고 휴게소에 들렀는데 배가 무척 고픈 상황이라면 당신은 다양한 음식들을 배고픔을 해소해줄 기능적 동등물로 받아들인다. 과일, 요구르트, 견과류, 초코바, 머핀 등 겉보기에는 전혀 닮은 구석이 없는 것이라 해도 말이다.

셋째, 우리는 특정 상황을 기반으로 개념적 범주를 만들어낸다. 이런 범주는 그때그때 즉석에서 만들어진다. 다음 항목의 공통점은 무엇일까? 지갑, 어린 시절 사진, 현금, 보석, 반려견. 이것들은 그 어떠한 물리적 공통점도 없고, 기능적 유사성도 없다. 이들을 하나로 묶는 공통점은 "집에 불이 났을 때 집 밖으로 가지고 나가야 할 것들"이다. 집에 불이 난 경험이 없는 사람들은 대부분 이런 것들이 개념적으로 하나로 묶일 수 있다는 생각을 한 번도 해보지 않았을 것이다. 아니면 이런 상황적 범주를 미리 계획해놓았을 수도 있다. 비상시에 대비한 응급 용품(식수, 캔 음식, 캔 따개, 손전등, 성냥, 담요 등)을 위해 마련된 선반이 그 예다.

이 세 가지 범주화 방법은 각각 우리가 집과 직장의 공간을 어떻게 조직화할지, 선반과 서랍 공간을 어떻게 배분할지, 어떻게 해야 물건들을 쉽고 빠르게 찾아낼 수 있도록 분류할지에 대한 정보를 준다. 우리가 새로운 범주를 배우거나 만들 때마다 미상핵caudate nucleus과 함께 전전두엽피질-시상고리prefrontal cortex-thalamic loop를 불러내는 회로에 신경 활성이 일어난다.[44] 여기에는 지각 공간perceptual space에 대한 저해상도 지도(해마에 연결됨)가 들어 있다. 이것은 범주화 공간categorization space을 지각 자극과 연관시킨다. 당신이 규칙에 따라 항목들을 정확하게 범주화하면 도파민이 분비되어 시냅스를 강화한다. 만약 당신이 분류 규칙을 바꾸면, 예컨대 옷을 색깔이 아니라 계절별로 정리하기로 마음먹으면 대상회피질(중앙관리자의 일부)이 활성화된다. 물론 우리는 엇갈려 분류하기도 한다. 사물을 한 가지 이상의 범주에 집어넣는 것이다. 상황에 따라 요구르트를 유제품으로 생각할 수도 있고, 아침식사 항목으로 생각할 수도 있다. 전자는 분류학적 분류법에 바탕을 둔 것이고, 후자는 기능적 범주에 바탕을 둔 것이다.[45]

범주는 대체 얼마나 중요할까? 범주를 나누는 것이 정말 그렇게 심오한 일일까? 만약 이런 정신적 범주가 신경 조직에도 발현된다면? 실제로 그렇다.

5만 년보다 더 오래전에 인류의 선조들은 주변 세상을 범주화하고 먹을 수 있는 것과 먹을 수 없는 것, 포식자와 사냥감, 살아 있는 것과 죽은 것, 생명체와 비생명체 등 자신의 삶과 관련 있는 것들을 구분하고 나누었다. 이들의 생물학적 범주는 외양과 특성에 근거해 사물을 집단으로 묶은 것이다. 거기에 덧붙여 이들은 물리적 유사점은 없지만 기능적 특성을 공유하는 것들을 위해 개념적인 즉석 범주를 이용했다. 예를 들어, "음식에 들어가지 않았으면 하는 것"과 같은 범주가 있다. 여기에는 벌레, 먼지 덩어리, 나무껍질, 막내 동생의 냄새나는 발 같은 이질적인 것들이 포함된다.

최근에 우리는 범주의 형성과 유지가 뇌 속에서 일어나는 생물학적 과정에 그 뿌리를 두고 있음을 알게 되었다. 뉴런은 살아 있는 세포다. 그리고 이들은 셀 수 없이 많은 방식으로 서로 연결되어 있다. 이 연결이 학습으로 이어지는 것이 아니라, 이 연결이 곧 학습이다.[46] 우리 각자가 가질 수 있는 가능한 뇌 상태의 숫자는 너무나 엄청나서 우주에 들어 있는 것으로 알려진 모든 입자의 숫자를 넘을 정도다. 이것이 함축하는 바는 상상할 수 없을 정도로 놀랍다. 이론적으로 보면 당신의 뇌는 우주에 있는 것으로 알려진 모든 입자를 각자 독특하게 표상하고도 그 입자들을 유한한 범주로 정리할 수 있을 정도의 여유 용량이 남아 있어야 한다. 당신의 뇌는 진정 정보 시대를 위한 도구라 할 수 있다.

신경촬영 기술은 범주화의 생물학적 기질을 밝혀냈다. 촬영장치 안에 있는 실험 참가자들에게 서로 다른 범주의 종류를 만들거나 생각하도록 요청한다. 이 범주에는 식물과 동물 같은 자연물을 비롯해 도구나 악기 등 인공물이 포함된다. 촬영기술 덕분에 우리는 특정 신경 활동이 일어나는 위치를 1세제곱밀리미터보다 작은 크기로 정확히 집어낼 수 있다. 이 연구는 우리가 형성하는 범주가 뇌에서 특정한 위치를 차지하는, 실체를 가진 생물학적 존재임을 밝혀주었다.[47] 즉, 우리가 기존에 만들어놓은 범주를 떠올리고, 현장에서 그런 범주를 곧바로 만들어내면 뇌의 특정 영역이 활성화되고, 이 현상을 반복해서 재현할 수 있다는 뜻이다. 이것은 물리적 유사성(예컨대 '먹을 수 있는 이파리')에 기반을 둔 범주이든, 개념적인 범주(예컨대 '망치로 사용할 수 있는 물건')이든 상관없이 모두 적용된다. 뇌 병변이 있는 사람들의 사례 연구를 통해서도 범주의 생물학적 기반에 대한 증거가 나왔다. 뇌졸중, 종양, 그리고 뇌에 장기적 외상이 있으면 가끔 뇌의 특정 영역이 손상을 입거나 기능하지 않기도 한다. 어떤 환자는 뇌 손상이 특정한 부위에서 일어나 과일 같은 한 범주를 이용하고 이해하는 능력을 잃어버린 반면, 채소처럼 그와 관련된 범주를 이용하고 이해하는 능력은 그대로 유지되기도 한다. 이런 식으로 특정한 하나의 범주만 상실될 수 있다는 사실은 수백만 년에 걸친 진화에서 그 생물학적 기반이 무엇인지, 그리고 오늘날 우리의 삶에서 범주화가 얼마나 중요한 것인지 정확히 설명해준다.

그 자리에서 바로 범주를 만들고 이용할 수 있는 능력은 인지적 경제성의 한 형태다. 이것은 우리가 비슷한 사물들을 하나로 통합하도록 돕기 때문에 에너지를 고갈시킬 수 있는 수백 가지 사소한 결정으로부터 우리를 해방시켜준다. 이를테면 이런 결정들이다. '내가 사고 싶은 것이 이 연필일까, 저 연필일까?', '이것이 내가 산 그 양말 한 짝이 맞나?' 등등.

뇌 속의 기능적 범주들은 경계가 분명할 수도 있고, 불분명할 수도 있다. 삼각형은 정의가 분명한 범주의 사례다. 이 범주의 구성원이 되려면 물체는 세 변으로 이루어지고, 내각의 합이 정확히 180도인 2차원의 닫힌 도형이어야 한다. 정의가 분명한 범주의 또 다른 예로는 형사소송 결과가 있다. 배심원단의 의견이 엇갈려 판단을 내리지 못하는 경우나 심리 무효 같은 예외는 있지만, 피고는 유죄 아니면 무죄를 선고받는다. 70% 유죄 같은 개념은 없다(선고를 내릴 때 판사는 서로 다른 수준의 형벌을 수용하거나 책임 정도를 부과할 수 있지만, 유죄의 정도를 분석하지는 않는다. 반면, 민사법에서는 유죄의 정도가 존재할 수 있다).

경계가 불분명한 사례로는 '우정'이라는 범주를 들 수 있다. 자신 있게 친구라 말할 수 있는 사례가 있고, 또 처음 보는 사람처럼 분명 친구가 아니라고 확실히 말할 수 있는 사례도 있다. 하지만 대부분의 사람에게 '친구'란 경계가 불분명한 범주다. 이것은 어느 정도 맥락에 달려 있다. 우리는 생일 파티와 바비큐 파티를 할 때 초대하는 사람이 각기 다르다. 우리는 직장 사람들하고는 외식하면서 술을 한잔하기도 하지만, 그 사람들을 집으로 초대하지는 않는다. 다른 많은 범주와 마찬가지로 여기서도 누구를 포함시킬지 여부는 맥락에 달려 있다. 이처럼 '친구'라는 범주의 경계는 불분명하고 투과성이 있다. 어떤 사람은 목적에 따라 친구일 수도 있고, 아닐 수도 있다.

명확한 경계는 대부분 수학이나 법률 분야에서 발견되는 형식적 범주에 적용된다. 불분명한 경계는 자연적 범주나 인간이 만든 범주 모두에서 일어날 수 있다. 오이와 돼지호박은 엄밀히 따지면 과일이지만 우리는 그것이 '채소'라는 불분명한 경계를 통과할 수 있게 허용한다. 맥락 때문이다. 우리는 이것들을 시금치, 상추, 당근 같은 진짜 채소와 함께, 혹은 그것들을 대신해서 먹는 경향이 있다. 범주가 맥락과 상황에 따라 달라지는 측면은 온도에 대해 얘기할 때도 드러난다. 섭씨 40도는 침실 온도로는 너무 덥다. 하지만 뜨거운 물로 목욕하고 싶을 때는 완벽한 온도다. 섭씨 40도가 커피의 온도였다면 너무 미지근하게 느껴질 것이다.

경계가 불분명한 범주의 고전적 사례는 바로 '게임'이다. 20세기의 철학자 루드비히 비트겐슈타인Ludwig Wittgenstein은 많은 시간을 투자해서 이 범주를 명확하게 정의할 수 있는 속성 목록은 존재하지 않는다고 결론 내렸다. 게임이란 우리가 여가를 즐기기 위해 하는 행동인가? 이렇게 정의를 내리면 프로선수들의 축구 게임이나 올림픽 게임 등은 제외되어버린다. 그럼 다른 사람들과 함께하는 것인가? 이렇게 하면 혼자서 하는 카드게임은 제외된다. 그럼 재미를 위해 이루어지며, 특정한 규칙에 묶여 있고, 가끔은 팬들의 관람을 위해 경쟁적으로 이루어지는 활동이라고 정의를 내린다면? 이경우 아이들이 하는 게임인 '링 어라운 더 로지Ring Around the Roseis(강강술래처럼 원을 그리며 노래하고 춤추다가 신호에 따라 웅크리는 놀이 - 옮긴이)'가 배제되고 만다. 이것은 경쟁하는 것도 아니고, 어떤 규칙도 없지만 분명 게임이다. 비트겐슈타인은 무언가가 다른 게임과 가족 유사성을 가지고 있다면 그것은 게임이라고 결론지었다.[48] 가상의 가족인 라슨 가족이 연례 친척 모임에 갔다. 당신이 라슨 가문 사람들에 대해 충분히 잘 알고 있다면 어떤 가족적 특징에 따라 라슨 가문 사람들을 다른 가문 출신의 배우자들과 쉽게 가려낼 수 있을지도 모른다. 보조개, 매부리코, 늘어진 큰 귀, 빨강머리, 180cm가 넘는 키 등 라슨 가문 사람임을 말해주는 특징이 있을 테니 말이다. 하지만 이 모든 특징을 한 몸에 담고 있는 라슨 가문 사람은 한 명도 없을 수 있다. 이런 것들은 라슨 가문의 전형적 특징일 뿐, 정의적 세부 특징은 아니기 때문이다. 이 범주는 경계가 불분명하기 때문에 라슨 가문 사람의 원형prototype을 닮은 사람은 누구든 그 안에 들어갈 수 있다.

인지과학자 윌리엄 라보프 William Labov 는 경계가 불분명한 범주와 가족 사이의 유사성에 대한 개념을 다음과 같은 그림으로 설명했다.

왼쪽 위에 있는 물체는 분명 컵이다. 맨 윗줄에서 오른쪽으로 움직여보면 컵이 점점 더 넓어지다가 4번에 가서는 컵보다는 그릇과 더 비슷해진다. 그럼 3번은? 이것은 맥락에 따라 컵의 범주에 들어갈 수도, 그릇의 범주에 들어갈 수도 있다. 아래로 가면서 컵이 점점 더 길어지면 컵이라기보다는 점점 더 물주전자나 꽃병을 닮아간다. 잔 아래 손잡이를 추가하는 등(17번) 다른 변화를 가하면 컵보다는 와인잔과 더 비슷해 보인다. 하지만 그 모양만 바꾼 경우는(18번, 19번) 좀 특이해 보이지만 그래도 여전히 컵으로 보인다. 이 그림은 범주의 경계가 유연하고, 융통성이 있으며, 맥락에 의존한다는 근본 개념을 보여준다. 만약 내가 17번에 와인을 담아 당신에게 대접하는데, 그 재질이 도자기나 세라믹이 아닌 유리라면 당신은 그것을 컵이라기보다는 와인잔으로 받아들일 것이다. 하지만 1번의 경우는 재질이 유리라 해도, 그리고 거기에 커피, 주스, 와인, 수프 등 무엇이 채워졌다고 해도 그것과 가장 닮은 물체는 여전히 컵이다.

경계가 불분명한 범주는 뇌 속에서 구체적인 예를 통해 설명되며, 경계가 분명한 범주만큼이나 실질적이다. 우리 뇌는 두 종류의 범주 모두를 만들고, 사용하고, 이해할 수 있게 만들어져 있다. 심지어 두 살짜리 아기에게도 이런 능력이 있다. 우리의 삶과 공간의 정리정돈에 대해 생각해보면, 사물을 범주별로 나누어 따로 보관하는 것은 인지적 경제성을 추구하는 행동이다. 이것은 대단히 창조적인 행동이기도 해서, 군용 창고나 완벽하게 정리된 양말 서랍 같은 엄격한 분류에서부터 세상과 그 안에 담긴 모든 사물을 바라보는 즐거운 방식이 반영된 기발한 범주에 이르기까지 다양한 정리 시스템으로 이어진다.

뇌가 지는 부담을 주변 환경에 떠넘겨라

뇌는 자기만의 특이한 방식으로 정보를 정리한다. 그리고 이 방식은 우리에게 아주 큰 도움이 되어왔다. 하지만 결정 과부하는 말할 것도 없고 정보 과부하까지 겹친 이 시대에 우리는 우리의 머리 바깥에서 우리를 도와줄 시스템이 필요하다. 범주를 이용하면 뇌가 짊어져야 하는 수많은 어려운 문제를 주변 환경에 떠넘길 수 있다. 제빵용품 서랍을 가지고 있다면 밀방망이, 쿠키 틀, 체 등등을 어디에 두었는지 일일이 기억할 필요 없이 그냥 제빵용 도구를 위한 범주 하나만 기억하면 된다.

달력, 스마트폰, 주소록 등도 뇌 확장 장치에 해당한다. 이런 것들을 이용하면 수많은 세부사항을 종이나 컴퓨터 칩에 외부화할 수 있다. 역사적으로 보면 궁극의 뇌 확장 장치는 책이다. 책은 수세기에 걸쳐 모은 지식들을 저장해두었다가 우리가 필요할 때면 언제든 접근할 수 있게 해주는 도구다. 책은 아직도 이런 역할을 하고 있다.

자기 전공 분야에서 최고의 자리에 오른 사람들, 특히나 창의력과 효율성이 뛰어난 것으로 알려진 사람들은 뇌 바깥의 주의 시스템과 기억 시스템을 최대한 활용한다. 그중에는 과감하게 저차원적인 기술을 활용해 모든 것을 철두철미하게 관리하는 사람들이 놀라울 정도로 많다. 첨단기술 분야에 종사하는 사람도 예외는 아니다. 첨단기술을 이용하면 열쇠에 마이크로칩을 삽입해서 스마트폰 애플리케이션으로 위치를 추적할 수도 있고, 여행을 떠나기 전에 전자 점검표를 만들어 필요한 물품을 빠뜨리지 않았나 확인할 수도 있다. 하지만 바쁘고 효율적으로 사는 수많은 사람들의 말에 따르면, 쇼핑 목록부터 약속 시간, 차기 대형 프로젝트에 대한 아이디어에 이르기까지 여러 가지 중요한 것들을 챙길 때 가상의 물건이 아닌 낡은 방식의 실제 물건을 사용할 경우 거기에는 무언가 다른 본능적인 부분이 있다고 한다.

이 책을 쓰면서 크게 놀란 점이 있다. 이런 사람들 중에는 펜과 메모지나 카드를 늘 가지고 다니면서 손으로 직접 적어 메모를 하고, 이 방법이 요즘에 흔하게 볼 수 있는 전자기기를 이용하는 것보다 훨씬 효율적이고 만족스럽다고 주장하는 경우가 많았다.[49] 셰릴 샌드버그Sheryl Sandberg는 자신의 책 《린 인Lean In》에서 자기는 해야 할 일 목록을 챙기기 위해 늘 노트와 펜을 가지고 다닌다고 밝혔다. 그녀가 최고운영책임자로 있는 페이스북에서 고백하기를 마치 석판과 끌을 가지고 다니는 기분이 든다고 했다.[50] 그녀 말고도 많은 사람이 이런 고대의 기법을 계속 고집하고 있다. 여기에는 분명 무언가 이유가 있을 것이다.

가는 곳마다 3×5인치 사이즈 카드 뭉치를 가지고 다닌다고 생각해보라. 자기가 하는 일에 대해 무언가 아이디어가 떠오르면 당신은 카드 한 장을 꺼내 그 내용을 적어놓는다. 나중에 해야 할 일이 생각나면, 그것도 적어놓는다. 버스에 앉아 있는데 전화를 해야 할 사람과 전자제품 가게에서 사야 할 것이 생각난다. 이것으로 카드가 몇 장 더 들어간다. 무언가를 하다가 도중에 어떤 생각이 끼어들면 그때마다 그것을 적어둔다. 효율성 전문가이자 《끝도 없는 일 깔끔하게 해치우기Getting Things Done》의 저자 데이비드 앨런 David Allen은 이런 종류의 메모를 '마음 청소하기clearing the mind'라고 불렀다.

몽상 모드와 중앙관리자 모드는 정반대로 작동하는 상호배타적인 상태임을 기억하자. 이 둘은 각각 반대쪽 어깨에 서서 당신을 유혹하려고 애쓰는 작은 천사와 악마다. 당신이 프로젝트에 집중하면 몽상의 악마가 당신 삶에 있었던 온갖 것을 떠올리게 해 당신의 정신을 산만하게 만든다. 과제 부정적 네트워크task-negative network는 워낙 강력하기 때문에 당신이 어떻게든 그 생각을 처리하지 않으면 그 생각들은 계속해서 당신의 머릿속을 휘저을 것이다. 글로 적음으로써 그런 생각들을 머릿속에서 몰아낼 수 있다. 자기가 원하는 일에 집중하지 못하게 방해하는 잡음을 머릿속에서 깨끗이 청소해내는 것이다. 앨런은 이렇게 적었다. "당신이 아무런 대처도 하지 않으면 당신의 마음은 온갖 것들을 당신의 머릿속에 상기시킬 것이다. 하지만 그런 관심사에 대해 그저 생각만 하는 것은 그것을 진척시키는 것과 동등한 것으로 취급되지 않는다."[51]

앨런은 자기 마음속에 들어 있는 모든 것을 큰 목록으로 작성하고 나면 긴장이 풀리면서 일에 더 집중할 수 있다는 것을 알게 되었다. 이런 관찰은 신경학적인 기반을 가지고 있다. 무언가 중요한 일, 특히 반드시 해야 할 일을 마음에 두고 있으면 그것을 잊어버릴까 봐 겁이 나서 뇌는 반복해서 그 내용을 되뇌기 시작한다. 이런 일이 일어나는 장소를 인지심리학자들은 '되뇌기 고리rehearsal loop'라고 부른다. 이것은 당신의 안구 바로 뒤쪽에 있는 전두엽피질과 뇌 중앙에 자리 잡은 해마를 하나로 묶는 뇌 영역들이 이루는 네트워크다. 되뇌기 고리는 펜이나 종이도 없고, 스마트폰이나 기타 뇌 확장 장치가 아예 존재하지 않던 시절로부터 진화되어 나온 것이다. 수만 년의 세월 동안 우리가 가진 것은 이것밖에 없었고, 그 기간 동안 되뇌기 고리는 무언가를 대단히 효과적으로 기억할 수 있게 되었다. 그런데 문제는 이것이 너무 잘 작동하는 바람에 우리가 주의를 기울일 때까지 그 내용을 계속해서 되뇐다는 점이다. 이 내용을 글로 옮겨 적으면 되뇌기 고리에 이제 그만 내려놓아도 된다는 암묵적, 명시적 허가를 내어줄 수 있다. 그럼 그 신경회로가 긴장을 풀면서 우리는 다른 무언가에 집중할 수 있게 된다. 앨런은 이렇게 말했다. "해야 할 일을 머릿속에만 저장하고 있으면 나의 일부는 그 일에 주의를 기울여야 한다는 생각을 멈추지 못하기 때문에 태생적으로 스트레스를 유발하는 비생산적인 상황이 만들어지고 만다."[52]

글로 기록하면 무언가 잊어버리지 않을까 걱정하고 그것을 잊지 않으려고 애쓰는 데 들어가는 정신적 에너지를 아낄 수 있다. 이와 관련된 신경과학에 따르면, 몽상 네트워크는 중앙관리자 네트워크와 경쟁하고 있고, 그 싸움에서는 보통 기본 모드인 몽상 모드 네트워크가 승리한다. 마치 당신의 뇌가 가끔은 자기만의 마음을 따로 갖고 있는 것처럼 말이다. 원한다면 이것을 선禪적인 관점에서 바라볼 수도 있다. 이 모습을 본 선사禪師는 끝내지 못한 일들이 마음속에서 끝없는 잔소리로 당신을 현재로부터 끌어내리고 있다고 말할 것이다. 마음이 미래에 묶여 있기 때문에 당신은 매순간 온전히 충실하거나 현재를 즐기지 못하게 된다. 앨런은 자기 고객들 중 상당수가 직장에서 일하는 동안에는 집에 가서 해야 할 일들 때문에 걱정하고, 집에 가서는 직장에서 해야 할 일들 때문에 걱정하며 산다고 지적했다. 여기서 문제는 마음이 직장과 집, 그 어디에도 온전히 있지 못하고 붕 떠 있다는 점이다.

앨런은 이렇게 말했다. "뇌는 당신이 전념하는 모든 활동에 일관된 기준을 가지고 참여할 필요가 있다. 당신은 지금 자신이 하고 있는 일은 그래야 할 필요가 있어서 하는 일이고, 지금 하고 있지 않은 일은 하고 있지 않아도 괜찮은 일이라 하지 않고 있다는 확신을 가져야 한다. 찜찜한 생각이 남아 있으면 마음이 맑아질 수 없다. 당신이 어떤 식으로든 마무리하지 못했다고 여기는 것이 있으면 마음 바깥의 신뢰할 만한 시스템에 담아내야 한다."[53] 그 신뢰할 만한 시스템이 바로 글로 적는 것이다.

3×5인치 카드 시스템이 제대로 작동하려면, 아이디어나 과제를 카드 한 장당 하나씩 적는 것을 원칙으로 해야 한다. 이렇게 하면 아이디어나 과제를 쉽게 찾을 수 있고, 처리한 다음에는 쉽게 버릴 수 있다. 카드 한 장에 정보를 하나씩 기록하면 신속한 분류와 재분류가 가능하고, 임의 접근도 가능하다. 이 경우 어떤 아이디어라도 단독으로 접근할 수 있고, 함께 적힌 다른 아이디어를 다른 곳에 옮겨 적을 필요 없이 그것 하나만 뭉치에서 빼낼 수도 있고, 카드 뭉치 속의 다른 비슷한 아이디어들과 함께 모아놓을 수도 있다. 시간이 지나면 어떤 것들이 비슷한 개념인가에 대한 기준이나 서로 다른 아이디어를 하나로 묶어주는 기준이 변할 수도 있는데, 이런 시스템은 순차 접근뿐만 아니라 임의 접근도 가능하기 때문에 변화에 유연하게 대처할 수 있다.

로버트 피어시그Robert Pirsig는 1974년 출간된 유명한 소설 《선禪과 모터사이클 관리술Zen and the Art of Motorcycle Maintenance》을 통해 사람들에게 영감을 불어넣고 자신의 생각을 정리하게 만들었다. 이보다 좀 덜 유명하지만, 그 이후에 발표해 퓰리처상 후보작으로 지명된 책인《라일라: 윤리 문제의 탐구 Lila: An Inquiry into Morals》에서 피어시그는 형이상학에 대한 사고방식을 정립하려고 노력했다. 작가의 분신이자 이야기의 주인공인 파이드로스 Phaedrus는 철학 개념을 정리하는 데 카드 시스템을 이용한다. 그의 말에 따르면, 크기 때문에 풀사이즈 종이보다는 카드가 더 좋다고 한다. 임의 접근이 용이하기 때문이다. 카드는 주머니나 지갑에 넣고 다니기 딱 좋은 크기다. 크기가 모두 똑같아서 가지고 다니거나 정리하기도 쉽다(라이프니츠 Leibniz는 자기 생각을 적어놓은 종잇조각들의 크기와 모양이 제각각이어서 자꾸 잃어버린다고 불평했다). "접근과 순서 배열을 임의적으로 할 수 있는 작은 덩어리로 정보를 정리할 수 있다면, 순차적인 형태로 정리해야 할 때보다 그 정보의 가치는 훨씬 더 커진다. (중략) 카드는 그의 머리를 비워주고, 순차적 구성을 최소화함으로써 아직 검토하지 못한 참신한 아이디어들이 잊히거나 배제되지 않게 해주었다."[54] 물론 우리 머리가 진정 비워질 수는 없지만, 이 아이디어는 대단히 강력한 효과를 지닌다.

일단 카드 뭉치를 갖추고 나면 반드시 정기적으로 그것을 분류해야 한다. 카드 숫자가 많지 않을 때는 그냥 처리해야 할 순서대로 정리해놓으면 된다. 숫자가 많아지면 카드를 범주별로 배정한다. 에드먼드 리틀필드가 내게 편지 분류를 시켰을 때 사용한 시스템의 변형된 버전은 다음과 같다.

- 오늘 할 일
- 이번 주에 할 일
- 미뤄도 되는 일
- 잡동사니 서랍

여기서 중요한 것은 범주의 이름이 아니라, 외부 범주화의 과정이다. 아마 당신의 범주는 이런 식이 되지 않을까 싶다.

- 쇼핑 목록
- 심부름
- 집에서 할 일
- 직장에서 할 일
- 사회생활
- 펫에게 하라고 부탁할 일
- 엄마의 건강관리와 관련된 일
- 걸어야 할 전화

데이비드 앨런은 다음과 같은 기억술 기호를 이용해서 해야 할 일 목록을 네 가지 실행 가능한 범주로 분류할 것을 권했다.

실행하라
위임하라
미루어라
그만두어라

앨런은 2분 법칙을 제안했다. 목록에 있는 일 중 한 가지를 2분 안에 처리할 수 있다면 지금 당장 실행에 옮긴다(그는 하루에 30분 정도 이런 자잘한 과제를 처리할 시간을 매일 조금씩 확보해놓으라고 권했다. 이런 일들이 방치되고 쌓이기 시작하면 곧 과부하 단계로 넘어갈 수 있기 때문이다). 만약 다른 누군가가 할 수 있는 과제라면 그 사람에게 위임하라. 그리고 2분 이상 시간이 걸리는 일은 모두 미뤄둔다. 그냥 그날 늦게 처리하기로 하고 미룰 수도 있지만, 2분짜리 과제를 모두 마무리할 때까지 충분히 오랜 기간 미루도록 한다. 더 이상 시간을 투자할 가치가 없는 일들도 있다. 우선순위가 바뀌기 때문이다. 카드를 매일 검토하면서 그런 것들은 그만두기로 결정하라.

언뜻 보면 이것은 오히려 성가시기만 하고 실속 없는 일로 보일 수도 있다. 이 정도쯤이야 다 머릿속에 담아둘 수 있다. 그렇지 않나? 물론이다. 당연히 이 정도는 기억할 수 있다. 하지만 여기서 중요한 것은 뇌의 해부학적 문제 때문에 이런 것들을 일일이 다 기억하는 것은 뇌 전체의 효율성을 떨어뜨린다는 것이다. 그리고 이 일이 그렇게 부담스러운 것도 아니다. 이것은 성찰하는 시간이자 건강한 몽상을 위한 시간이다. 서로 다른 범주의 카드들을 구분하기 위해 새로운 범주의 첫 번째 카드로 색인카드를 집어넣을 수도 있다. 만약 당신이 사용하는 3×5인치 카드가 흰색이라면 색인카드는 파랑색으로 만들어 찾기 쉽게 한다. 어떤 사람은 색인카드 시스템을 너무 좋아해서 범주별로 각각 다른 색깔의 카드를 이용하기도 한다. 하지만 이렇게 하면 카드를 한 범주에서 다른 범주로 이동하기가 어려워진다. 3×5인치 카드의 핵심은 유연성을 극대화하는 것이기 때문에 어느 카드든 뭉치의 아무곳에나 놓아둘 수 있어야 한다. 당신이 설정한 우선순위가 바뀌면 그냥 카드의 순서를 바꿔서 당신이 원하는 순서와 범주에 놓아두면 된다. 정보의 작은 조각들은 각각 자기만의 색인카드를 가지고 있다. 파이드로스는 아이디어, 인용문, 출처, 그리고 다른 연구 결과들을 그가 쪽지라 부른 색인카드에 적음으로써 책 한 권을 써냈다. 처음에는 보고서에 어떤 내용이 어디에 있는지 알아내야 하는 벅찬 과제로 시작했으나, 결국에는 쪽지를 순서대로 배열하는 간단한 문제로 바뀐 것이다.

"우주에 대한 이 형이상학은 어디서 시작되는 거지?"라고 묻는 대신(이는 사실상 대답이 불가능한 질문이다) 그가 해야 할 것은 쪽지 두 개를 집어 들고 이렇게 묻는 것뿐이었다. "어느 것이 먼저지?" 이것은 쉬운 일이고, 그는 언제나 해답을 찾을 수 있었다. 그는 세 번째 쪽지를 집어 든 다음 그것을 첫 번째 쪽지와 비교하며 다시 묻는다. "어느 것이 먼저지?" 만약 세 번째 쪽지가 첫 번째 쪽지 다음에 오면 그것을 다시 두 번째 쪽지와 비교해본다. 그럼 세 쪽지의 정리가 끝난 것이다. 그는 쪽지마다 이 과정을 계속해서 반복했다.[55]

색인카드 시스템을 이용하는 사람들은 이로 인해 큰 자유를 얻을 수 있었다고 말한다. 음성 녹음기를 사용하면 다시 틀어서 들어봐야 한다. 재생 속도를 높여서 듣더라도 메시지를 귀로 듣는 것은 메모를 눈으로 읽는 것보다는 시간이 더 들기 마련이다. 그다지 효율적이지 않을 뿐더러 음성 파일은 분류하기도 쉽지 않다. 색인카드를 사용하면 당신은 마음속 내용물을 얼마든지 분류하고 재분류할 수 있다.[56]

피어시그는 파이드로스의 정리 실험을 기술하며 이렇게 말을 이었다.

그는 때를 달리하며 서로 다른 온갖 종류의 것을 시도해보았다. 하위 주제와 하위-하위 주제를 나타내기 위해 색이 있는 플라스틱 식별표를 사용하기도 하고, 별 점수를 매겨 상대적인 중요도를 나타내기도 하고, 쪽지에 줄을 그어 사안의 감정적 측면과 이성적 측면을 나타내기도 했다. 하지만 이 모든 것은 혼란을 줄이기보다는 오히려 증가시켰다. 그는 그 정보를 다른 곳에 포함시키는 것이 더 알아보기 쉽다는 것을 알게 되었다.

파이드로스가 허용한 한 범주는 '동화되지 않음unassimilated'이었다.

여기에는 그가 다른 일을 하고 있는데 중간에 끼어든 새로운 아이디어를 담았다. 이런 아이디어들은 그가 다른 쪽지들을 정리하고 있거나, 보트를 타고 있거나, 보트를 수리하거나, 아니면 그가 방해받고 싶어 하지 않는 다른 일을 하고 있을 때 얼떨결에 찾아들었다. 이런 생각이 찾아들면 일반적으로 당신의 마음은 이렇게 말한다. '저리 가! 난 바쁘다고.' 이런 태도는 (아이디어의) 질에 치명적이다.

피어시그는 최고의 아이디어 중에는 당신이 그것과 아무런 상관없는 일을 하고 있을 때 찾아오는 것도 있다는 사실을 알아차렸다. 이런 경우 당신은 이미 무언가를 하느라 바쁘기 때문에 그 아이디어를 어떻게 이용할까 궁리할 시간이 없다. 시간을 할애한다면 이 새로운 아이디어와 그로 인해 생길 영향들을 모든 각도에서 조명하느라 앞서 하고 있던 과제에서 멀어져버리기 쉽다. 파이드로스의 경우에는 '동화되지 않음'이라는 범주가 그 문제를 해결하는 데 도움이 되었다. 다시 말해, 어디에 두어야 할지 모르겠다 싶은 것들을 모아두는 잡동사니 서랍이었던 것이다.

그는 그냥 쪽지에 그 내용을 적어두고는 시간이 나서 읽어보고 싶은 마음이 들 때까지 미뤄두었다.

물론 가는 곳마다 카드를 모두 가지고 다닐 필요는 없다. 시행이 유보된 카드나 미래에 초점이 맞춰진 카드는 책상 위 보관함에 놓아둔다. 이 시스템의 효율을 극대화하기 위해 전문가들은 매일 아침 카드를 점검하면서 필요할 때마다 순서를 재배열하고, 꼼꼼히 살펴보다가 새로운 아이디어가 떠오르면 새로운 카드를 추가한다. 우선순위는 바뀌기 마련이다. 임의 접근이 가능한 카드의 속성 때문에 당신에게 도움이 된다면 이 카드들을 어디에 갖다놓아도 상관없다.

해야 할 일 목록에 들어 있는 몇 가지 항목에 대해선 곧 결정을 내려야 하는데, 정작 우리는 결정을 내리기에는 정보가 충분하지 않다고 느낄 때가 많다. 당신의 해야 할 일 목록 중 한 항목이 '로즈 이모가 머물 노인의 집 시설에 대한 결정 내리기'라고 생각해보자. 당신은 이미 몇 군데 들러 정보를 수집했지만 아직 결정을 내리지 못했다. 아침에 카드를 검토하며 당신은 아직 결정 내릴 준비가 되지 않았음을 깨닫는다. 이제 2분 정도 시간을 투자해서 결정 내리는 데 필요한 것이 무엇인지 생각해보자. 대니얼 카너먼과 아모스 트버스키는 결정 내리는 데 있어서 문제가 되는 것은 "우리가 불확실한 상황에서 결정 내리는 경우가 많다는 것"이라고 말했다. 당신은 로즈 이모를 노인 복지 시설에 들여보냈을 때 어떤 결과가 나올지 확신이 서지 않아 결정 내리기가 어렵다. 혹시나 잘못된 결정을 내려 후회하게 될까 봐 두렵기도 하다. 정보를 더 확보하면 불확실성을 제거할 수 있을 것 같다. 거기에 필요한 정보가 무엇이며 어떻게 구해야 할지 궁리해본다. 그러고 나서 카드 시스템이 계속 효과를 발휘할 수 있도록 그 내용들을 색인카드에 옮겨본다. 정보를 구하기 위해 좀 더 많은 시설에 들러서 얘기를 해보거나, 다른 가족과 상의해볼 수도 있다. 아니면 정보가 정리되기를 기다릴 시간이 필요한 것인지도 모른다. 그런 경우라면, 결정 카드에 '오늘부터 사흘 안으로' 등 마감시간을 정해서 적어놓는다. 그리고 그때까지 결정을 내리려고 노력해본다. 여기서 핵심은 매일 카드를 점검하는 동안 반드시 그 색인카드에 대해 무언가를 해야 한다는 것이다. 보류 카드 무더기에 놓아둘 수도 있고, 이 프로젝트를 진척시키는 데 도움이 될 새로운 과제를 만들어낼 수도 있다.

색인카드 시스템은 무한히 많이 존재하는 뇌 확장 장치 중 하나에 불과하다. 모두가 이것을 따라야 하는 것도 아니다. 가수 폴 사이먼Paul Simon은 어디에 갈 때나 노트를 한 권 들고 다니면서 나중에 노래를 만들 때 써야겠다 싶은 문구가 생각나면 적어놓았다. 위성통신 발명가인 존 피어스John R. Pierce는 연구노트를 가지고 다니면서 연구 아이디어나 자신이 만난 사람들의 이름을 비롯해서 모든 것을 기록하는 일기장으로 활용했다.[57] 조지 패튼George S. Patton 장군, 마크 트웨인Mark Twain, 토머스 제퍼슨Thomas Jefferson, 조지 루카스George Lucas 등 여러 혁신가가 수첩을 가지고 다니면서 관찰 내용, 상기용 메모, 온갖 자질구레한 내용을 기록했다.[58] 이것은 임의 접근 방식이 아닌 순차적 접근 방식의 정보 저장 형태다. 이 방법은 모든 것이 연대순으로 기록되기 때문에 검색하려면 페이지를 여러 번 넘겨야 하는 수고가 따르지만 당사자들은 편리하게 사용했다.

기술적으로 하찮고 별 볼 일 없어 보일지 몰라도 3×5인치 카드 시스템은 대단히 막강하다. 주의, 기억, 범주화의 신경과학을 바탕으로 만들어졌기 때문이다. 과제 부정적 모드, 혹은 몽상 모드는 수많은 유용한 정보를 만들어내는 일을 담당한다. 하지만 때를 가리지 못하고 눈치 없이 아무 때나 찾아오는 경우가 많다. 우리는 그 정보를 색인카드에 옮김으로써 기억을 외부화한다. 그런 다음에는 이 외부 기억들을 분류할 작은 상자들을 만들어냄으로써 모든 것을 범주화하려는 뇌의 본능적이고 진화적인 오랜 욕망을 이용한다. 이렇게 상자들을 만들어놓으면 중앙관리자 네트워크가 원할 때는 언제고 그 안을 들여다볼 수 있다. 기억을 범주화하고 외부화함으로써 우리는 방황하는 몽상의 음陰과 집중적인 과제 수행의 양陽 사이에서 균형을 잡을 수 있게 되었다.

제2부

집 안의 정리

정리정돈의 시작은 집에서부터

자기 집이나 직장이 완벽하게 정리정돈되어 있다고 느끼는 사람은 거의 없다. 우리는 차 열쇠, 중요한 편지 같은 것을 자주 잃어버린다. 쇼핑을 가서는 사야 할 것을 깜박하고 올 때도 많다. 분명 기억할 줄 알았던 약속을 기억하지 못하고 지나가기도 한다. 집 안이 깔끔하게 정리되어 있을 때도 서랍과 벽장을 열어보면 잡동사니들로 난장판이다. 내 경우, 5년 전 이사 올 때 짐을 담아온 상자 중에 아직도 풀지 않은 것이 있다. 사무실에는 대체 이것으로 무엇을 해야 할지 알 수 없는 서류 더미가 쌓여간다. 다락방, 차고, 지하실, 부엌 잡동사니 서랍 등의 상태를 보면 부디 다른 누군가가 그 안을 들여다볼 일이 없기를 바랄 수밖에 없다. 행여 언젠가 그 안에서 무언가를 정말로 찾아야 할 날이 오지 않을까 두렵기까지 하다.

이런 것들은 분명 우리 선조들만 겪었던 문제가 아니다. 1,000년 전 우리 선조들이 어떻게 살았을까 생각해보면 기술적 차이에 쉽게 초점이 맞춰진다. 차도, 전기도, 중앙난방도, 실내 화장실도 없었다. 그들이 우리가 지금 알고 있는 그런 집에 살았고, 포장음식이 없었던 것을 제외하면 먹는 것은 대충 비슷했을 것이라 생각하고 싶은 유혹이 느껴진다. 아마 밀을 더 갈아서 먹고, 닭 같은 것의 껍질을 더 잘 벗겨서 먹었을 것이다. 하지만 인류학적 기록과 역사적 기록은 그와 아주 다른 이야기를 들려준다.

먹거리와 관련해서 보면 우리 선조들은 손에 넣을 수 있는 것은 모두 먹었다. 쥐, 다람쥐, 공작, 메뚜기 등 오늘날에는 대부분 맛이 없어 먹지 않는 온갖 것이 그저 손에 넣을 수 있다는 이유만으로 표준 식사로 자리 잡았다. 바다가재처럼 오늘날 최고급 요리로 대접받는 일부 음식은 1800년대에는 너무 흔해서 죄수나 고아들에게 먹이거나 갈아서 비료로 썼다. 하인들은 바다가재를 일주일에 두 번 이상 먹이지 않는다는 서면 확인을 요구하기도 했다.[1]

몇백 년 전까지만 해도 유럽의 가정에는 지금 우리가 당연시 여기는 것들, 심지어 부엌처럼 아주 기본적인 것조차 존재하지 않았다. 1600년대까지 전형적인 유럽의 가정은 단칸방살이를 했으며, 가족들은 온기를 유지하기 위해 1년의 대부분을 불가 주변에서 북적거리며 모여 살았다.[2] 요즘 사람들의 평균적인 소유물 숫자는 과거 그 어느 때와 비교해보면 1,000배는 우습게 넘는다. 소유물 정리정돈 문제는 분명 현대에 와서 발생했다. 조사 대상인 미국 가정에서 거실과 두 개의 침실만 조사해봤는데도 눈에 보이는 물체가 2,260가지를 넘겼다.[3] 부엌이나 차고에 있는 물품, 서랍, 벽장, 상자 안에 담아놓은 물품은 뺀 숫자다. 이런 것들까지 모두 포함시키면 그 숫자가 세 배 정도는 늘어날 것이다. 수많은 가정이 집이 감당할 수 있는 것보다 더 많은 물품을 쌓아놓고 산다. 그 결과, 차고는 낡은 가구나 사용하지 않는 스포츠 도구 등에 자리를 모두 내어주고, 재택근무 사무실은 아직 차고로 옮기지 않은 물건들이 담긴 상자로 난장판이다.[4] 미국인 네 명 중 세 명은 차고에 짐이 너무 많아서 차를 주차할 공간이 없다고 한다.[5] 이런 잡동사니들과 마주치면 여성들은 스트레스 호르몬인 코르티솔 수치가 급격히 치솟는다 (반면 남자들은 별로 치솟지 않는다).[6] 코르티솔 수치 상승은 만성적인 인지기능 장애, 피로, 면역력 저하 등으로 이어진다.[7]

더군다나 소유물을 정리정돈하는 것을 이제는 아예 자기 손을 떠난 일처럼 느끼는 사람이 많아지면서 스트레스가 가중되고 있다. 탁자 옆에는 온갖 잡동사니가 쌓여 있다. 아직 풀지 않은 저 상자들 속에 무엇이 들어 있는지 기억도 안 난다. 자기 집이 공구 체인점 에이스 하드웨어Ace Hardware처럼 잘 정리되어 있다고 느끼는 사람은 거의 없다. 에이스 하드웨어는 대체 어떻게 그렇게 정리가 잘 되어 있을까?

내부 설계가 잘된 공구점 선반의 잘 정리된 상품들은 앞 장에서 설명한 원칙들이 잘 드러나는 예다. 개념적으로 유사한 품목, 기능적으로 연관된 물품들이 함께 진열되어 있고, 그 와중에도 범주들이 인지적으로 유연하게 유지되고 있다. 존 벤휘젠John Venhuizen은 미국에 4,300개가 넘는 매장을 가지고 있는 소매점 에이스 하드웨어의 회장 겸 CEO다. 그는 이렇게 말한다. "소매업과 마케팅을 진지하게 고민하는 사람이라면 누구나 인간의 뇌에 대해 더 많이 알고 싶어 하기 마련이다. 뇌가 잡동사니투성이가 되어버리는 데는 그 용량의 한계도 부분적인 이유로 작용한다. 딱 그 용량만큼만 흡수하고 해독할 수 있기 때문이다. 박스형 대형매장은 아주 훌륭한 소매점이고, 그로부터 많은 것을 배울 수 있지만, 우리가 추구하는 모델은 규모가 더 작고, 물건을 찾기도 쉬운 소매점이다. 그래야 우리 고객들의 뇌도 편안해질 것이다. 이것은 끝없이 추구해야 할 과제다." 달리 말해, 에이스 하드웨어는 인지적 경제성을 창조하기 위해 유연한 범주를 사용한다.

에이스 하드웨어는 아예 범주 관리 전담팀을 고용해서 고객들이 생각하고 쇼핑하는 방식을 그대로 반영해 선반에 제품을 전시하려고 노력한다. 일반적으로 에이스 하드웨어 소매점에서는 2만~3만 종의 품목을 판매하는데, 체인점 전체로 보면 재고물품의 종류가 8만 3,000종에 이른다(1장에서 미국의 재고물품단위가 100만 종 정도로 추산된다고 했다. 이는 에이스 하드웨어 체인점이 미국에서 구입 가능한 모든 생산품 중 10% 정도의 상품을 갖추고 있다는 의미다).

에이스 하드웨어는 품목을 계층으로 범주화하여 정원 관리, 배관, 전기, 페인트 등의 영역으로 분류한다. 그리고 그런 범주 아래 비료, 관개, 도구(이상 '정원 관리' 범주 아래), 설비, 전선, 전구(이상 '전기' 범주 아래) 등의 하위 범주가 있다. 이 계층구조는 계속해서 아래로 내려간다. '수공구 및 전동공구' 아래로는 다음과 같은 하위 범주들이 그 안에 둥지를 틀고 있다.

- 전동공구
- 소비자용 전동공구, 전문가용 전동공구, 습식·건식 진공청소기
- 유선 드릴
- 크래프츠맨Craftsman
- 블랙&데커Black & Decker
- 마키타Makita
- 기타

하지만 재고관리에 효과적인 방식이 꼭 상품을 선반에 진열하고 전시하는 용도에도 효과적이라고 할 수는 없다. 벤휘젠은 이렇게 말했다. "우리는

망치가 못과 같이 팔린다는 것을 오래전부터 알고 있었다. 고객들은 못을 사러 왔다가 선반에 놓인 망치를 보게 되고, 망치가 하나 필요하다는 사실을 떠올리기 때문이다. 예전에는 융통성 없게 망치를 꼭 다른 수공구들과 함께 진열했다. 하지만 지금은 못 옆에도 망치를 몇 개 전시해놓는다."

울타리의 나무판 하나가 헐거워져서 못이 하나 필요해졌다고 가정해보자. 공구점에 가보면 통로 하나 전체가 '철물'(상위 범주) 코너로 마련되어 있을 것이다. 못, 나사, 볼트, 나사받이(기초 수준 범주) 등이 통로 한 면을 차지하고 있고, 그 한 면은 다시 계층구조를 따라 콘크리트 못, 석고용 못, 목재용 못, 압정 등 세부 항목으로 나뉘어 있을 것이다(하위 범주). 당신이 빨랫줄을 사려고 한다. 빨랫줄은 독특한 특성을 가진 일종의 밧줄이다. 옷감을 물들이지 않는 재료로 만들어져야 하고, 계속해서 야외에 놔두어도 괜찮아야 하고, 악천후도 견딜 수 있어야 한다. 그리고 끊어지거나 늘어나지 않고 세탁물의 무게를 감당할 수 있을 정도의 인장 강도가 있어야 한다. 당신은 공구점 안에 밧줄, 끈, 노끈, 줄, 케이블 등 비슷한 물건들이 못이 진열되어 있던 것처럼 함께 진열된 통로가 하나 마련되어 있을 것이라 상상할 것이다. 그리고 사실 그렇다. 그런데 상인들은 빨랫줄을 세제, 다림판, 다리미, 빨래집게 근처에도 진열함으로써 우리 뇌의 연상기억 네트워크에 영향을 준다. 즉, 빨랫줄 재고 중 일부를 '세탁할 때 필요한 물건'이라는 범주와 함께 진열하는 것이다. 이 범주는 뇌의 정보 정리 방식을 그대로 반영하는 기능적 범주다. 이것은 당신이 물건을 쉽게 찾게 만들어줄 뿐만 아니라 그것이 필요하다는 사실도 쉽게 기억하게 해준다.

옷가게에서는 물품을 어떻게 정리정돈할까? 여기서도 에이스 하드웨어처럼 계층적 시스템을 사용한다. 비옷에 한 구획, 잠옷에 한 구획 할당하는 등 기능적 범주를 사용하기도 한다. 옷가게에서 범주화할 때 문제가 되는 부분은 옷에는 적어도 네 가지 중요한 차원이 존재한다는 점이다. 즉, 구매자의 성별, 옷의 종류(바지, 셔츠, 양말, 모자 등), 색상, 사이즈다. 옷가게에서는 보통 한 코너에는 바지, 한 코너에는 셔츠 등등을 진열한다. 그리고 다음에는 계층을 한 단계 내려서 와이셔츠의 경우 스포츠 셔츠 및 티셔츠와 구분해 진열한다. 바지 코너에서는 물품을 크기별로 배열하는 경향이 있다. 바지 코너를 담당하는 종업원은 손님들이 어지럽히고 간 옷들을 다시 정리할 때 다양한 색깔의 바지를 사이즈별로 정리해놓는다.[8] 이제 문제가 좀 더 복잡해진다. 남성용 바지는 두 가지 사이즈가 있기 때문이다. 바로 허리 사이즈와 안쪽 솔기 길이다. 대부분의 옷가게에서는 허리 사이즈가 범주화 기준으로 이용된다. 즉, 특정 허리 사이즈의 바지가 모두 함께 모여 있다.

갭Gap 매장으로 들어가 바지 코너를 살펴보면 허리 사이즈가 34인치인 모든 청바지는 선반 위에 분명하게 표시되어 있을 것이다. 그 바지들을 둘러보면 안쪽 솔기 길이가 점점 더 커지는 순서로 정렬되어 있을 것이다. 그럼 색상은? 그것은 가게마다 다르다. 때로는 검은색 청바지가 모두 선반 위에 나란히 모여 있고, 청바지도 따로 나란히 모여 있다. 때로는 사이즈 범주 안에서 모든 청바지가 검은색 청바지 위쪽에 쌓여 있기도 하고, 함께 섞여 있을 때도 있다. 색상에 따른 구분의 좋은 점 한 가지는 알아보기 쉽다는 것이다. 당신의 주의 필터 덕분에 색상 차이는 금방 눈에 들어온다(월리를 찾아라 네트워크). 사이즈와 달리 옷의 색깔을 확인하기 위해서는 작은 라벨을 일일이 들여다볼 필요가 없다. 선반이 계층구조를 이루고 있으며 또한 나뉘어 있음에 주목하자. 남성용 의류와 여성용 의류는 각각 따로 자리 잡고 있다. 이것은 합리적인 구분이다. 대부분의 경우 우리가 구입하려는 옷은 남성용 아니면 여성용으로, 그 둘 사이를 왔다 갔다 하는 경우가 드물기 때문이다.

물론 모든 가게가 고객들이 물건을 찾기 쉽게 물품을 진열하고 있지는 않다. 백화점은 보통 랄프 로렌은 여기, 캘빈클라인은 저기, 케네스콜은 한 줄 건너편 등등 디자이너의 이름을 따라 정돈되는 경우가 많다. 한 디자이너 매장 안에선 옷들을 제일 먼저 유형에 따라 한데 묶고(바지냐 셔츠냐), 그다음엔 색상 혹은 사이즈별로 한데 묶으며 재분류해서 계층구조를 적용한다. 백화점의 화장품 매장들은 판매회사에 따라 나뉘는 경향이 있다. 랑콤, 로레알, 크리니크, 에스티 로더, 디올 등은 각각 자기 매장을 따로 갖고 있다. 이런 방식으로는 핸드백 색과 어울리는 특정 색조의 붉은색 립스틱을 찾는 고객이 쉽게 원하는 제품을 찾을 수 없다. 마음에 드는 붉은색 립스틱을 찾아 백화점의 이곳저곳을 왔다 갔다 하려면 끔찍하게 불편하다. 그런데도 백화점에서 이런 식으로 매장을 운영하는 이유는 매장 공간을 서로 다른 화장품 회사에 대여해주고 있기 때문이다. 백화점의 랑콤 매장은 가게 속의 미니 가게이며, 그곳의 판매원들은 랑콤을 위해 일한다. 랑콤에서 매장에 설치물과 재고물품을 제공하기 때문에 백화점에서는 상품 진열선반 정리나 신상품 배열 문제에 대해 걱정할 필요가 없다.[9] 백화점은 그냥 매장의 거래 이익 중 일부를 가져가기만 하면 된다.

일반 가정은 보통 에이스 하드웨어, 갭, 랑콤 매장처럼 잘 정리돼 있지는 않다. 사람들이 물건들을 정리하고 그 대가로 임금을 받는 시장의 힘에 의해 굴러가는 세상도 있지만, 이곳은 결국 당신의 집이니까 말이다. 한 가지 해결책은 집에서도 난장판을 다스려줄 시스템을 가동하는 것이다. 즉, 물건들의 위치를 파악하고, 그것들을 분류하고, 잃어버리지 않고 찾을 수 있는 위치에 보관하는 기반시설을 갖추는 것이다. 정리 시스템에서 중요한 과제는 최소의 인지적 노력으로 최대의 정보를 제공하는 것이다.[10]

하지만 우리 집과 작업공간을 정리하는 시스템을 가동하는 것은 정말이지 쉽지 않은 과제다. 우리는 그 일을 하는 데 너무 많은 시간과 에너지가 들어가지 않을까 걱정하고, 마치 새해의 다이어트 결심이 작심삼일로 끝나는 것처럼 그런 시스템을 오래 이어가지 못할까 봐 걱정한다. 그래도 한 가지 좋은 소식을 전하자면, 주변으로부터 서서히 스며들어오는 혼란을 막아줄 정리 시스템을 우리 모두가 이미 어느 정도 가동하고 있다는 점이다. 포크나 나이프를 잃어버리는 일은 드물다. 부엌에 그런 물건들을 담아두는 식기 서랍이 마련되어 있기 때문이다. 칫솔을 잃어버리는 경우도 드물다. 특정 공간에서 주로 사용하고 특정 장소에 보관하기 때문이다. 하지만 병따개를 부엌에서 거실로 가지고 나왔다가는 어디에 두었는지 깜박하기 쉽다.

물건을 분실하는 일은 상당 부분 이런 구조적 문제 때문에 일어난다. 칫솔처럼 특정 위치에 국한되지 않고 이리저리 옮겨놓는 다양한 물건들이 바로 자주 잃어버리는 것들이다. 돋보기안경을 예로 들어보자. 우리는 이 방에서 저 방으로 갈 때마다 돋보기안경을 가지고 다닌다. 이런 물건은 특별하게 지정된 장소가 없기 때문에 어디에 두었는지 잊어버리기 쉽다. 이런 일이 일어나는 신경학적 기반에 대해서는 잘 연구되어 있다. 우리는 물건의 공간적 위치를 기억할 목적으로 해마라고 하는 특화된 뇌 구조를 진화시켰다. 이 뇌 구조물은 다양한 위험 요소의 위치뿐만 아니라 음식과 식수를 어디에서 찾을 수 있는지 파악하는 데 있어서도 진화의 역사를 통틀어 무척 중요한 역할을 수행해왔다. 해마는 장소를 기억하는 데 있어서 너무나도 중요한 중추이기 때문에 쥐나 생쥐에게서도 발견된다. 다람쥐가 서로 다른 수백 곳에 묻어둔 견과를 몇 달이 지난 후에도 꺼내먹을 수 있게 도와주는 것이 바로 해마다.[11]

런던 택시운전사 집단을 대상으로 해마를 연구한 유명한 신경과학 연구가 있다. 런던의 모든 택시운전사는 런던을 관통하는 길에 대해 얼마나 잘 알고 있는지 시험을 봐야 한다. 이 시험은 상당히 까다로워서 준비하는 데만 3~4년 정도 걸린다.[12] 런던에서 택시를 모는 일은 까다롭기로 유명하다. 런던은 대부분의 미국 도시처럼 도로가 격자 형태로 설계되어 있지 않기 때문이다. 서로 연결되지 않는 길도 많고, 길이 끊겼다가 좀 떨어진 장소에서 같은 이름으로 다시 시작되기도 하고, 일방통행이거나 제한된 경로를 통해서만 접근할 수 있는 곳도 많다. 런던에서 뛰어난 택시운전사가 되려면 공간 기억이 월등해야만 한다. 몇몇 실험을 통해 신경과학자들은 런던 택시 운전사들의 해마가 연령과 교육 수준이 비슷한 다른 사람들에 비해 더 크다는 것을 발견했다.[13] 엄청난 양의 장소 정보를 파악해야 할 필요성 때문에 크기가 커진 것이다. 좀 더 최근에는 해마에 특정 장소에 대한 기억을 부호화하는 것을 전문으로 하는 세포(치상과립세포 dentate granule cell)가 있다는 사실을 알게 되었다.[14]

장소 기억은 과일나무, 샘물, 산, 호수 등 움직이지 않는 사물의 위치를 파악하기 위해 수십만 년에 걸쳐 진화했다. 장소 기억은 방대할 뿐만 아니라 생존하는 데 있어 중요한 고정된 사물의 위치를 정확하게 파악하는데 도움이 된다. 반면 이 장소에서 저 장소로 옮겨 다니는 사물의 위치를 파악하는 일에는 그리 신통치 못하다. 칫솔의 위치는 기억하는데 안경의 위치는 잘 기억하지 못하는 이유는 바로 이 때문이다. 차 열쇠는 잃어버리는데 차는 잃어버리지 않는 이유도 이 때문이다(집 안에는 차 열쇠를 둘 수 있는 장소가 무한정 많은 반면, 차를 둘 수 있는 장소는 상대적으로 얼마 되지 않는다). 고대 그리스 사람들은 장소 기억에 대해 이미 알고 있었다. 이들이 고안한 유명한 기억술인 장소법 method of loci 은 우리가 기억하기 원하는 개념을 가져다가 자기 집 안의 방들처럼 잘 알고 있는 장소에 대한 생생한 기억에 덧붙이는 능력을 이용한다.[15]

1장에 나온 깁슨 행동유도성을 떠올려보자. 깁슨 행동유도성이란 우리의

환경이 정신적 보조도구 혹은 인지 개선장치로 사용되는 방식을 말한다. 여기저기 떠돌아다니는 속성을 가진 일상의 물건들을 길들여 그 위치를 파악하고, 보기도 좋고, 기분도 좋게 제자리에 보관하려면 정신적으로 부담이 생기는데, 간단한 행동유도성만 이용해도 그런 부담을 쉽게 덜어낼 수 있다. 이런 것들은 인지적 보철물cognitive prosthetics이라 할 수 있다.[16] 열쇠는 평소에 사용하는 문 근처에 바구니나 열쇠고리를 마련하면 보통 문제가 해결된다(영화 〈닥터 지바고〉와 미국 드라마 〈빅뱅이론Big Bang Theory〉에서도 이런 장면이 등장한다).[17] 이 시스템의 효율성은 여기에 얼마나 강박적으로 매달리느냐에 달려 있다. 당신이 집에 있는 동안에는 열쇠가 늘 그곳에 걸려 있어야만 한다. 당신이 문을 열고 들어오자마자 열쇠를 거기에 걸어야 한다. 예외가 있어서는 안 된다. 전화벨이 울려도 열쇠를 먼저 걸어놓아야 한다. 양손에 물건을 들고 있다면 그 물건들을 내려놓고 열쇠를 먼저 걸어야 한다! 물건을 잃어버리지 않는 큰 원칙 중 하나는 '지정된 장소의 원칙rule of the designated place'이다.

스마트폰을 위해 상자나 선반을 마련하면 스마트폰을 항상 일정한 곳에 놓아두도록 자신을 독려할 수 있다. 다른 전자기기나 신문도 마찬가지다. 샤퍼이미지, 브룩스톤, 스카이몰, 컨테이너스토어 등의 회사는 이런 신경학적 현실을 바탕으로 사업모델을 만들어 놀라울 정도로 다양한 재질과 스타일, 가격의 제품들을 선보였다. 이런 제품들은 정리하기 힘든 물건들을 각자 있어야 할 위치에 보관할 수 있게 해주는 행동유도장치로 기능한다. 인지심리학 이론에서는 이런 물품에 쓸 수 있는 만큼 돈을 쓰라고 말한다. 많은 돈을 들여 물건을 보관할 상자를 구입하고 나면 편지 등을 이리저리 어질러놓기가 힘들어진다.

간단한 행동유도장치라면 꼭 새로 무언가를 구입하지 않아도 비슷한 기능을 이끌어낼 수 있다. 책, CD, DVD 같은 것이 잘 정리되어 있고, 책장이나 음반 서랍장에서 지금 막 꺼낸 것을 어디에 다시 꽂아두어야 하는지 기억하고 싶다면 방금 꺼낸 것 바로 왼쪽에 있는 것을 2cm 정도만 앞으로 빼어두자. 물건을 다시 되돌려놓도록 해주는 간단하고 훌륭한 행동유도장치가 될 수 있다. 행동유도장치는 기억력이 나쁜 사람들이나 나이 든 사람들만을 위한 것이 아니다. 뛰어난 기억력을 가진 젊은이들도 일상의 물품을 관리하는 데 어려움을 겪는다. 망누스 칼센Magnus Carlsen은 23세 때 세계 최고 체스선수 자리에 올랐다. 그는 체스판을 보지 않고 기억만으로 동시에 열 개의 체스게임을 돌려볼 수 있었다. 하지만 그 역시 "나는 온갖 잡다한 것들을 흘리고 다닌다. 신용카드, 휴대전화, 열쇠 같은 것들을 늘 잃어버린다"라고 말한 바 있다.[18]

하버드대학의 심리학자이자 행동주의의 아버지인 B. F. 스키너B. F. Skinner는 행동유도성에 대해 다음과 같이 설명했다. 저녁 일기예보에서 내일 비가 내린다고 얘기하면 정문 옆에 우산을 놓아둬 아침에 나갈 때 잊어버리지 않도록 하라.[19] 보내야 할 편지가 있으면 차 열쇠나 집 열쇠 근처에 놓아둬 집에서 나갈 때 잊지 않고 가져갈 수 있게 하라. 이 모든 것의 밑바탕에 깔려 있는 원칙은 정보를 기억해야 할 부담을 뇌에서 환경으로 돌리라는 것이다. 환경 그 자체를 이용해서 해야 할 일이 떠오르게 만들라는 얘기다. 영화사 미라맥스의 전 부회장이고, 지금은 독립영화 제작자로 활동하는 제프리 킴벌 Jeffrey Kimball 은 이렇게 말했다. "내가 집을 나설 때 무언가를 잊어버릴지도 모른다는 생각이 들면 나는 그것을 정문에 벗어둔 내 신발 안이나 그 옆에 놓아둔다. 그리고 '4의 시스템'을 이용한다. 나는 집을 나설 때마다 열쇠, 지갑, 휴대전화, 안경, 이렇게 네 가지 물건을 챙겼는지 꼭 확인한다."

집에 오는 길에 우유 사는 것을 깜빡할까 봐 걱정된다면 자동차 운전석 옆이나 배낭에 빈 우유팩을 놓아두자(메모를 이용하는 것도 한 방법이지만 우유팩이 좀 더 특이하기 때문에 당신의 주의를 끌어들이는 데 더 효과적이다). 기억을 상기시켜주는 용도로 물건을 놓아두는 것과는 정반대로 그것이 필요하지 않을 때 치워두는 방법도 있다. 뇌는 정교한 변화 감지기다. 문 옆에 놓아둔 우산이나 자동차 운전석 옆에 놓아둔 우유팩을 알아차리는 것도 그 때문이다. 그에 따른 필연적 결과로 뇌는 변하지 않는 것에는 길들여져버린다. 친구가 당신 집 부엌에 왔다가 냉장고에서 이상한 소음이 나는 것을 알아차리는 이유도 이 때문이다. 당신은 이미 그 소리에 익숙해져서 별다르게 느끼지 못한다. 비가 오는 날이든, 햇빛이 쨍쨍한 날이든 항상 문 옆에 우산이 놓여 있다면 더 이상 기억 촉발 요인으로 기능하지 못할 것이다.[20] 익숙해져 알아차리지 못하기 때문이다. 샌프란시스코 공항의 주차장 표시판에는 자동차를 어디에 주차했는지 기억하기 위해 주차 지점을 휴대전화로 촬영해두라는 권고 문구가 쓰여 있다.

정리정돈을 잘하는 사람들은 가위를 쓸 때마다 부엌과 재택근무 사무실

사이를 바삐 오간다는 사실을 인지하고 나면 가위를 하나 더 사서 두 장소 모두에 놓아둔다. 이것은 잡동사니를 늘리는 것처럼 보일지도 모르지만, 물건을 잃어버리지 않도록 막아주는 역할을 한다. 당신은 아마 돋보기안경을 침실, 재택근무 사무실, 부엌 같은 곳에서 사용할 것이다. 돋보기안경을 세 개 구입하고 각각의 공간에 특별히 지정된 장소를 마련해 안경을 항상 그곳에 보관한다면 돋보기안경을 잃어버리는 문제를 간단히 해결할 수 있다. 어떤 사람은 돋보기안경을 지도를 보는 용도로 자동차 서랍에 하나, 그리고 식당에서 메뉴판을 보는 용도로 지갑이나 주머니에 하나 마련해두기도 한다. 물론 처방을 받아서 맞추는 돋보기안경은 가격이 꽤 나가기 때문에 세 개를 사려면 만만치 않은 돈이 들어간다. 그 대안으로 돋보기안경에 목줄을 달아서 항상 가지고 다니는 방법도 있다. 여기에도 신경학적 원칙이 그대로 적용된다. 안경 매는 줄을 푼 뒤에는 반드시 지정해놓은 한 장소에 보관한다. 그런 장소가 여러 곳으로 분산되면 이 시스템은 붕괴되고 만다.

같은 제품을 여러 개 마련하기, 엄격하게 지정한 특별한 장소 만들어내기 등 어느 전략을 쓰든 수많은 일상의 항목에 잘 들어맞을 것이다. 열쇠, 컴퓨터, 아이패드, 우편물, 휴대전화 등 똑같은 제품을 구입하기 어려운 물건에는 이 시스템을 적용할 수 없다. 이런 물건의 경우, 가장 좋은 전략은 해마와 싸우지 않고 오히려 그 힘을 이용하는 것이다. 이런 물건들의 집 역할을 해줄 특정한 장소를 집 안에 지정하자. 그리고 그 원칙을 철저하게 지키자.

많은 사람이 이렇게 생각할 것이다. "나는 그렇게 세부적인 것을 중요시하는 사람이 아니야. 난 창조적인 사람이라고." 창조적인 마음을 가지고 있다고 해서 그것이 이런 종류의 정리정돈과 상반되는 것은 아니다. 캐나다의 싱어송라이터인 조니 미첼Joni Mitchell의 집은 정리 시스템의 귀감이라 할 만하다. 그녀는 어디에 두었는지 깜박하기 쉬운 물건들을 정리하려고 주문제작한 특수 용도의 서랍 수십 개를 부엌에 설치했다. 스카치테이프용 서랍, 마스킹 테이프용 서랍, 그리고 우편물과 포장 제품용 서랍, 끈과 밧줄용 서랍, 배터리용 서랍 등이 있고, 깊이를 특별히 깊게 제작한 서랍에는 여분의 전구를 담아놓는다. 제빵용 도구와 장비는 볶음요리에 사용하는 도구와 따로 보관한다. 식품 저장실도 비슷하게 정리돼 있다. 크래커, 시리얼, 수프 재료, 통조림 제품이 각각 다른 선반에 보관되어 있다. 그녀는 이렇게 말한다. "나는 물건을 찾느라 에너지를 낭비하고 싶지 않아요. 그래서 좋을 게 뭐 있겠어요? 물건을 찾느라 짜증내고 시간낭비하는 것을 피하면 좀 더 효율적이고 생산적이 될 수 있는 데다 기분도 좋아져요."[21] 사실 창조적인 사람이 창조에 필요한 시간 여유를 낼 수 있는 것은 그런 시스템을 이용해 마음의 짐과 군더더기를 덜어낼 수 있기 때문이다.

성공한 록 음악가와 힙합 음악가들 중 상당수는 홈스튜디오가 있는데, 제멋대로이고 술독에 빠져 사는 반항아라는 악명에도 불구하고 이들의 스튜디오는 아주 꼼꼼하게 정리되어 있다. 버펄로 스프링필드Buffalo Springfield의 멤버 스티븐 스틸스Stephen Stills의 홈스튜디오에는 기타줄, 피크, 6각 렌치, 잭, 플러그, 장비의 예비 부품(장비 유형에 따라 정리한다), 절연테이프 등을 위한 서랍들이 지정되어 있다. 전기코드와 전선을 보관하는 선반에는 다양한 유형의 전기코드와 악기코드가 특정 순서로 나열되어 있어서 그는 눈을 감고도 필요한 것을 꺼낼 수 있다.[22] 마이클 잭슨은 자신의 소유물을 하나하나 꼼꼼하게 목록으로 작성했다. 그의 수많은 고용인 중에는 '수석 기록보관인chief archivist'이라는 직함이 붙은 사람도 있었다.[23] 비틀스의 존 레논은 곡 작업이 진행 중인 노래의 작업 테이프를 박스에 담아 세심하게 라벨을 붙여 정리했다.[24]

서랍을 열었을 때 모든 물건이 종류별로 정리되어 있는 모습이나 잘 정리된 벽장을 볼 때면 말로 표현하기 힘든 어떤 안도감이 느껴진다. 이리저리 뒤질 필요 없이 물건을 찾을 수 있으면 정신적 에너지를 아껴 좀 더 중요하고 창조적인 과제에 사용할 수 있다. 당장 필요한 물건을 찾을 수 있을까 없을까 고민하는 스트레스에서 벗어나면 사실 생리학적으로도 편안함을 느끼게 된다. 무언가를 찾지 못하면 마음은 혼란의 안개 속으로 빠져들고 만다. 이는 무언가에 집중하는 것도, 여유를 즐기는 것도 아닌 해로운 경계 모드다. 범주가 더 섬세하게 구성되고, 환경이 더 잘 정리되어 있을수록 당신의 마음도 그렇게 된다.

잡동사니 서랍에서 서류 캐비닛, 서류 캐비닛에서 잡동사니 서랍으로

선천적으로 우리 뇌가 범주를 만들어내는 데 뛰어나다는 사실은 우리의 삶을 정리하는 데 있어 강력한 수단으로 작용한다. 우리는 가정과 직장의 환경을 뇌의 확장 장치가 되도록 구축할 수 있다. 그렇게 하는 과정에서 우리는 중앙관리자의 용량 한계를 받아들여야 한다. 작업기억working memory과 주의력은 대략 5~9가지 정도의 서로 상관없는 항목에서 한계에 부딪힌다는 것이 오랫동안 정설로 자리 잡고 있었다. 하지만 좀 더 최근에 이루어진 몇몇 실험에서 그 숫자가 현실적으로는 4에 가깝다는 것이 밝혀졌다.[25]

가정에서 사용할 유용한 범주를 만들어내기 위한 핵심은 해당 범주 안에 들어가는 유형의 숫자를 하나에서 많아야 네 종류의 사물로 제한하는 것이다(작업기억의 한계를 존중하는 의미에서). 이것은 그리 어렵지 않다. 부엌 서랍에 칵테일 냅킨, 케밥 꼬치, 성냥, 양초, 컵받침 등이 들어 있다면 '파티용품'이라는 범주로 개념화할 수 있다. 이런 식으로 개념화하면 집 안의 모든 물건들을 좀 더 높은 수준에서 하나로 묶을 수 있다. 누군가가 당신이 집에서 파티를 열 때만 쓰고 싶은 특별한 비누를 선물해주었다면, 그것을 어느 서랍에 보관해야 할지 알 수 있을 것이다.

우리 뇌는 그런 범주를 만들어내도록 구성돼 있고, 이런 범주들은 인지적으로 유연해서 계층적 배열이 가능하다. 즉, 어떤 것들이 한 종류를 구성하는지 결정하는 서로 다른 해상도 수준이 존재하며, 이것은 맥락에 따라 달라진다. 침실 벽장에는 아마도 옷들이 들어 있을 것이며, 이 옷들은 다시 속옷, 티셔츠, 양말, 바지 등 특화된 범주로 나뉠 것이다. 이것을 훨씬 더 세분해서 청바지는 한 곳에 모아두고, 화려한 바지는 또 따로 모아둘 수도 있다. 집 안을 정리할 때 옷과 관련된 것들은 모두 벽장에 넣어두었다가 나중에 더 세밀하게 분류할 수도 있다. 도구와 관련된 것들은 모두 차고에 넣어두었다가 나중에 시간이 날 때 못을 망치와 나누고, 나사돌리개를 나사와 나눌 수도 있다. 여기서 중요한 점은 우리가 자신만의 범주를 만들어낼 수 있다는 것, 그리고 신경학적으로 볼 때, 어느 특정 범주 안의 모든 구성요소들을 하나로 엮을 수 있는 실을 찾는다면 최대의 효율을 이끌어낼 수 있다는 것이다.

효율성 전문가 데이비드 앨런은 사람들이 정리정돈하고 싶다고 말하는 의미는 보통 자신의 물리적, 정신적 환경에 대한 통제력이 필요하다는 뜻이라고 했다.[26] 인지심리학에서는 그런 통제력을 얻으려면 자주 쓰는 물건들은 눈에 띄게 만들고, 자주 쓰지 않는 물건들은 숨기라고 한다.[27] 이 원칙은 원래 TV 리모컨 같은 물건의 설계를 위해 만들어졌다. 사람들이 색상 밸런스를 조정하는 버튼이 채널을 바꾸는 버튼 바로 옆에 달려 있는 것을 좋아하지 않을 것은 분명하다. 채널을 바꾸려다가 실수로 그 버튼을 누를 수도 있으니 말이다. 리모컨 디자인을 제대로 하려면 잘 사용하지 않는 버튼은 플립 패널 아래 숨겨놓거나, 적어도 자주 사용하는 버튼과는 떨어진 곳에 달아두는 것이 좋다.

생활공간을 정리할 때의 목표는 기억 기능 중 일부를 뇌에서 환경으로 넘기는 것, 즉 자신의 환경을 시각적으로 정리해두는 것이다. 물건을 넣어둘 지정된 장소를 만들어놓음으로써 당신이 물건을 찾을 때는 물론, 휴식을 취하거나 일을 할 때도 정신이 산만해해지지 않고 물건의 위치를 쉽게 파악할 수 있도록 해야 한다.[28]

옷을 넣어둘 벽장의 공간이 제한되어 있고, 일부 옷(턱시도, 야회복, 스키복 등)은 가끔씩만 입는다고 가정해보자. 이런 옷은 여분의 벽장으로 옮기면 소중한 공간을 낭비하는 일 없이 일상에서 즐겨 입는 옷들을 더 효율적으로 정리할 수 있을 것이다. 1년에 겨우 두어 번 쓸까 말까 하는 물품이 1년 내내 사용하는 물품들과 같이 섞여 있어서는 안 된다. 우표, 편지봉투, 편지지는 함께 사용하는 것들이니 같은 책상 서랍에 함께 보관하자.

칵테일 바에서 선반에 술병을 진열하는 것 역시 이런 원칙을 따른다. 자주 사용하는 술병은 바의 바닥에 달려 있는 '스피드 선반speed rack'에 자리 잡고 있어서 바텐더가 손만 뻗으면 잡을 수 있다. 이렇게 하면 인기 있는 칵테일을 만들 때 술병을 찾으려고 크게 움직이거나 정신적 에너지를 낭비할 일이 없다. 비교적 덜 사용하는 술병은 옆으로 뚝 떨어진 곳이나 뒤쪽 선반에 보관한다. 비슷한 주류가 담긴 병들은 나란히 놓아둔다.[29]

잘 정리된 시스템에서는 범주의 크기와 범주의 특성 사이에 균형이 존재한다. 쉽게 말하면, 겨우 한 주먹 분량의 못을 보관하겠다고 서랍 하나를 통째로 거기에 할당하는 것은 바보 짓이라는 의미다. 이런 경우에는 '집 수리용품' 같은 개념적 범주를 만들어 여러 가지 물품을 한데 모으는 것이 더 효율적이고 실용적이다. 못의 숫자가 한계치를 넘어서서 자신이 원하는 정확한 못을 찾는 데 너무 많은 시간이 든다면 공구점에서 하듯 작은 상자들을 마련해서 크기별로 분류해놓는 게 합리적이다. 여기서도 역시 시간이 중요한 고려 사항이다. 과연 이 물건을 앞으로 몇 년간 얼마나 자주 사용하게 될 것인지 생각해봐야 한다.

파이드로스처럼 당신도 '기타 모든 물품'이라는 범주, 즉 잡동사니 서랍을 만들 수 있는 유연성을 유지해야 한다. 아주 정교한 정리 시스템을 갖추어서 부엌, 사무실, 작업장의 모든 서랍, 선반, 보관함에 일일이 다 라벨을 붙여놓았다고 해도 기존의 어느 분류와도 맞아떨어지지 않는 물건들이 생기기 마련이다. 아니면 물건의 개수가 너무 적어서 서랍이나 선반 하나를 통째로 할당하기에는 아까운 생각이 들 수도 있다.

가정에서 정보 시스템을 구축하는 데는 두 가지 신경학적 기반의 단계가 있다. 첫째, 당신이 만들어내는 범주는 당신이 소유물을 이용하고 그것과 상호작용하는 방식을 반영할 필요가 있다. 즉, 범주가 당신에게 의미 있어야 한다. 이때 당신의 생애 주기를 고려해야 한다(할아버지에게 물려받은, 직접 손으로 묶어 만든 플라이낚싯바늘들은 바늘상자에 그대로 두었다가 몇십 년 후에 플라이낚시를 본격적으로 즐기기 시작할 때가 되어야 좀 더 세분해서 정리하고 싶어질 것이다). 둘째, 물품을 하나로 묶는 중심 주제가 있는 것이 아니면 서로 유사하지 않은 물품을 한 서랍이나 서류철에 너무 많이 담는 것은 피해야 한다. 분류 범주를 정하지 못하겠다면 '기타', '잡동사니', '분류 불가' 등의 서랍을 만들어 사용해도 좋다. 잡동사니 서랍이 4~5개가 되면 그 안의 내용물들을 '기타 가사도구', '기타 정원관리도구', '기타 육아용품' 등으로 다시 분류하고 묶을 때가 된 것이다.

이렇듯 개인 맞춤된 실용적 단계뿐만 아니라, 다음에 나오는 일반적인 세 가지 정리 원칙을 따라보자.

정리 원칙 1: 라벨을 붙이지 않은 물품보다는 라벨을 잘못 붙인 물품이나 보관 장소가 더 나쁘다.

짐은 사무실을 정리하면서 한 서랍에는 '우표와 편지봉투'라고 라벨을 붙이고, 다른 한 서랍에는 '배터리'라고 라벨을 붙였다. 그리고 두 달 후, 그는 서랍의 내용물을 서로 바꾸었다. 몸을 아래로 굽힌 상태에서 AAA 배터리와 AA 배터리를 구분하기가 어려웠기 때문이다. 하지만 귀찮아서 서랍의 라벨은 바꾸지 않았다. 어차피 어디가 어딘지 알고 있으니 별 문제 없을 것이라고 생각한 것이다. 이것이 착오였다! 두 서랍의 라벨을 잘못된 채 그냥 두면 모든 물품이 제자리에 놓인 환경을 만드는 일이 어긋나는 것은 시간문제다. 다른 사람이 물건을 찾는 것도 어려워진다. 차라리 라벨을 붙이지 않은 상태가 더 낫다. 그럼 짐에게 배터리를 어디에 두었느냐고 묻거나, 짐이 자리에 없다면 직접 꼼꼼히 찾아보기라도 할 것이기 때문이다. 라벨이 잘못 붙어 있는 경우에는 어느 라벨을 믿고, 어느 라벨을 믿지 말아야 할지 알 수 없게 된다.

정리 원칙 2: 이미 기준이 존재한다면 그것을 활용하라.

멜라니는 부엌 싱크대 밑에 재활용 쓰레기통과 음식물 쓰레기통을 놓아둔다. 하나는 파랑색이고 다른 하나는 회색이다. 집 밖에는 시 위생과에서 준 쓰레기통이 있는데, 파랑색은 재활용 쓰레기통이고 회색은 음식물 쓰레기통이다. 그럼 멜라니도 이 색상 부호 시스템을 고수해야 한다. 그것이 이미 하나의 기준으로 존재하기 때문이다. 굳이 서로 다른 색상 부호를 사용해서 불필요하게 정반대되는 두 가지 시스템을 기억할 이유가 없다.

정리 원칙 3: 사용할 수 없는 것은 갖고 있지 마라.

필요하지 않거나 망가져서 고칠 수 없는 물건이라면 과감히 처분하자. 에이버리가 펜 서랍에서 볼펜을 하나 꺼냈는데 써지지 않았다. 볼펜심 끝에 물을 묻혀보고, 라이터로 덥혀보기도 하고, 흔들어보고, 종이에 대고 빙빙 돌리며 써보기도 했지만 결국 소용없었다. 그는 그 볼펜을 다시 서랍에 집어넣고는 다른 볼펜을 꺼내들었다. 왜 그랬을까?(사실 우리도 이런 행동을 자주 한다) 잉크가 나오게 하려고 애쓰면 어떤 때는 효과를 보고, 어떤 때는 그렇지 못하다. 그럼 우리는 이렇게 생각하며 볼펜을 다시 서랍에 집어넣는다. '어쩌면 다음에 쓸 때는 잉크가 나올지도 몰라.' 하지만 어떤 것은 글씨가 써지고, 어떤 것은 글씨가 써지지 않는 펜들이 뒤섞여 있는 잡동사니 서랍은 뇌의 에너지를 잡아먹는 역할밖에 하지 않는다. 써지지 않는 펜은 버리는 것이 낫다. 아무래도 버리진 못하겠다 싶으면 특별히 다른 상자나 서랍을 하나 지정해서 언젠가 고쳐 써야겠다 싶은 것들을 모아두자.

가정에서의 디지털 정보 정리

수십 년에 걸친 연구를 통해 인간의 학습은 맥락, 그리고 그 학습이 일어나는 장소에 영향을 받는다는 것이 밝혀졌다. 나중에 시험을 보게 될 교실에서 시험공부를 한 학생은 다른 곳에서 공부한 학생보다 성적이 좋았다.[30] 오랫동안 집을 떠나 있다가 어린 시절에 살던 집으로 돌아가면 잊고 있던 기억들이 홍수처럼 밀려온다. 우리의 소유물 각각에 대해 장소를 지정해놓는 것이 중요한 이유는 바로 이 때문이다. 한 물건을 특정한 공간과 연관시키면 해마가 우리를 대신해서 기억해준다. 가정의 정보가 점점 더 디지털화되면 어떤 일이 일어날까? 집에서 일을 하거나 사무실에서 할 일을 집으로 가져와 하는 사람이 많아진 시대에 이것은 몇 가지 중요한 의미를 지닌다.

해마가 기억 저장 방식을 이용하는 한 가지 방법은 종류가 다른 일에 대해서는 서로 다른 작업공간을 만드는 것이다. 우리는 은행 잔액을 확인하고, 상사가 보낸 이메일에 답장을 쓰고, 온라인으로 물품을 구입하고, 사랑하는 사람의 사진을 저장하고, 좋아하는 음악을 듣고, 뉴스를 볼 때 모두 똑같은 컴퓨터 스크린을 이용한다. 우리가 모든 것을 다 기억하지 못하는 것은 당연한 일이다. 뇌는 원래 그렇게 많은 정보를 한 장소에 보관하도록 설계되지 않았기 때문이다.[31] 이런 충고는 아마 선택받은 소수를 위한 사치스러운 것일 테지만, 컴퓨터 가격이 내려가면 가능해질 것이다. 사정이 허락하면 한 가지 영역의 일에는 하나의 장치를 배정하는 것이 도움이 된다. 컴퓨터로 동영상을 시청하고 음악을 듣는 대신 전용으로 만들어진 미디어 장치(아이팟, 아이패드 등)를 이용한다. 은행 잔액을 확인하고 세금을 처리하는 등 개인적 업무에 사용하는 컴퓨터를 마련한다. 여행 계획을 세우고 온라인으로 물품을 구입하거나 사진을 저장하는 등 개인적 활동이나 여가 활동을 위한 컴퓨터를 따로 둔다. 세 번째로 작업용 컴퓨터를 둔다. 이때 컴퓨터 바탕화면의 패턴을 모두 다르게 해서 시각적 신호가 당신이 각 컴퓨터의 용도를 떠올리고 그에 적절한 장소 기억 맥락을 조성할 수 있게 한다.

신경학자 겸 작가 올리버 색스Oliver Sacks는 여기서 한 발 더 나아갔다. 완전히 별개인 두 가지 프로젝트를 작업하고 있다면, 각각의 작업에 대해 집 안의 책상이나 탁자, 혹은 구획을 따로 하나씩 배정한 것이다. 그럼 다른 공간에 들어서는 것만으로도 뇌의 리셋 버튼이 눌러지면서 더욱 생산적이고 창조적인 사고가 가능해진다.

컴퓨터를 두세 대씩 마련하는 게 어렵다면 외장형 하드드라이브를 이용한다. 하려는 일에 따라서 '여가용' 외장 드라이브나 '작업용' 외장 드라이브, 혹은 '개인재무관리용' 외장 드라이브를 꽂아 사용한다. 일부 컴퓨터에서는 다른 사용자 모드를 설정하면 바탕화면의 패턴이나 그 안의 파일, 그리고 전체적인 외양을 변화시킬 수 있기 때문에 해마가 장소를 바탕으로 내리는 구분을 용이하게 만들어준다.

이제 아직 디지털화되지 않은 상당한 양의 정보에 대해 생각해볼 시간이 되었다. 바로 서류라고 부르는 것들이다. 집에서 하는 서류 관련 업무를 어떻게 정리할 것인가를 두고 현재 두 가지 학파가 경쟁하고 있다. 이 범주에는 각종 기기와 다양한 전자제품의 사용설명서, 구입한 상품과 서비스에 대한 제품보증서, 지불 청구서, 지불필 수표, 보험증서, 영수증, 그리고 다른 일상의 비즈니스 서류 등이 포함된다.

마이크로소프트의 기술자 말콤 슬래니^{Malcolm Slaney}(야후, IBM, 애플에서도 일했다)는 모든 것을 PDF 파일로 스캔해서 컴퓨터에 보관하는 첫 번째 학파 쪽을 지지한다. 가정용 스캐너는 비교적 저렴하고, 성능이 뛰어난 스마트폰용 스캐닝 애플리케이션도 나와 있다. 슬래니는 무언가 보관하고 싶은 서류가 있으면 스캔해서 나중에 검색하는 데 도움이 될 파일명과 폴더명으로 저장해두라고 말한다. 광학문자인식^{OCR} 모드를 이용해서 서류를 그냥 사진으로만 저장하는 것이 아니라 텍스트 문자로도 읽을 수 있게 하라. 이렇게 하면 컴퓨터의 검색 기능을 이용해 당신이 찾는 특정 키워드를 찾아낼 수 있다. 디지털파일 시스템의 장점은 사실상 공간이 따로 필요하지 않고, 환경친화적이며, 컴퓨터 검색이 가능하다는 점이다. 그 서류를 회계사나 동료 등다른 누군가와 공유할 필요가 생기면 (이미 디지털 포맷으로 만들어놓았기 때문에) 이메일에 첨부파일로 붙여서 보내면 끝이다.

두 번째 학파를 옹호하는 사람은 그냥 린다라고 부르겠다. 린다는 오랫동안 〈포천〉 선정 100대 기업 회장들의 비서로 일해왔다. 그녀는 자기 상사의 사생활 보호를 위해 가명으로 처리해달라고 부탁했다(이 얼마나 훌륭한 비서인가!). 린다는 모든 것을 종이로 복사해서 보관하는 쪽을 선호한다. 종이문서의 가장 큰 장점은 거의 영구적으로 보관 가능하다는 것이다. 요즘에는 기술 변화 속도가 너무나 빨라서 디지털파일을 읽을 수 있는 기간이 10년을 넘기기가 쉽지 않다. 반면 종이는 수백 년도 끄떡없이 보존된다. 낡은 컴퓨터가 고장 나는 바람에 당혹감을 느끼는 컴퓨터 사용자가 적지 않다. 낡은 운영체제로 작동하는 컴퓨터는 새로 구입할 수 없는 경우가 많다. 그렇다고 새로운 운영체제가 깔린 컴퓨터를 사려니 기존의 낡은 파일들을 읽을 수 없다! 재무기록, 소득세 신고서, 사진, 음악, 이 모든 것이 사라져버린다. 낡은 파일을 새로운 포맷으로 변환해주는 서비스도 있지만 비용이 들고, 변환이 완벽하지 않다는 것이 문제다. 세상에 공짜는 없다.

종이의 다른 장점은 조작이 쉽지 않고, 바이러스에 감염되지 않으며, 전원이 나간 상태에서도 읽을 수 있다는 점 등이 있다. 물론 종이는 불에 탈 수 있지만, 그것은 컴퓨터도 마찬가지다.

슬래니와 린다는 각자 옹호하는 방식이 있지만 자기가 선호하지 않는 방식으로 보관하는 파일도 상당히 많다. 애초에 자기한테 넘어올 때부터 그런 형태였기 때문인 경우도 있다. 온라인에서 물품을 구입하면 영수증이 이메일에 디지털파일의 형태로 첨부되어 전송된다. 반면 작은 회사에서 보내는 청구서는 아직도 종이에 인쇄되어 우편으로 도착하는 경우가 많다. 디지털파일과 종이문서, 두 종류의 정보를 분류해서 각각의 유용성을 극대화할 수 있는 방법이 있다. 여기서 가장 중요한 요소는 검색의 용이성이다.

종이문서의 경우, 오래전부터 사용되어온 서류 캐비닛이 여전히 최고의 시스템이다. 최신식 서류 캐비닛은 프랭크 조나스^{Frank D. Jonas}가 발명하고 옥스퍼드 파일링 서플라이 컴퍼니Oxford Filing Supply Company(후에 옥스퍼드 펜다플렉스 코퍼레이션Oxford Pendaflex Corporation이 됨)가 1941년에 특허를 낸 걸이식 파일폴더 시스템hanging file folder system이다.[32] 옥스퍼드와 비서양성학과에서는 파일폴더를 만드는 원칙을 고안하고, 정보를 쉽게 저장하고 검색할 수 있는 방법을 만들어내는 일에 집중했다. 파일 수가 30개 이하 정도로 많지 않으면 라벨을 붙여 주제명에 따라 알파벳순으로 배열하면 충분하다. 파일 수가 그보다 많으면 '가사', '재정', '육아' 등등 상위 범주 내에서 폴더를 알파벳순으로 배열한다. 그리고 물리적 환경을 이용해서 이런 범주들을 구분한다. 예를 들면, 파일 캐비닛의 서로 다른 서랍에 서로 다른 상위 범주가 들어가게 할 수도 있고, 한 서랍 안에서 색이 다른 파일폴더나 파일폴더 탭을 이용해 범주를 시각적으로 신속하게 구분하게 만들 수도 있다. 어떤 사람들은, 특히 주의력결핍장애가 있는 사람들은 파일 전체가 한눈에 보이지 않으면 공황에 빠진다. 이런 경우 개방형 파일카트나 파일 선반을 사용하면 파일들을 서랍 속에 숨겨놓을 필요가 없어진다.

전통적인 파일 시스템 사용자들이 알아둬야 할 실용적인 원칙은 파일폴더에 달랑 문서 한 장만 담아두지 말라는 것이다. 이것은 너무나 비효율적이다. 이 시스템을 이용하는 목적은 서류를 범주별로 묶어서 하나의 파일에 5~20개 정도의 개별 서류가 들어가게 하려는 것이다. 그보다 적어지면 파일폴더 라벨 숫자가 늘어나 신속하게 훑어보기 어려워진다. 그보다 많아지면 한 파일폴더 안에 들어 있는 내용물들을 손으로 일일이 넘겨가며 확인하느라 시간을 허비하게 된다. 가사용 물건이나 작업용 물건의 범주를 만들 때도 같은 논리가 적용된다.

가정용 파일 시스템을 마련하는 것은 그저 폴더에 라벨만 떡 하니 붙여놓으면 끝나는 일이 아니다. 먼저 계획을 세워야 한다. 조금 시간을 투자해서 당신이 철하려는 문서들의 종류가 몇 가지나 되는지 생각해본다. 몇 달에 걸쳐 무언가를 하는 데 쓰려고 마음먹은 서류 뭉치를 책상에 올려놓은 다음에 그것을 모두 포괄하는 높은 수준의 범주들을 만들며 분류를 시작한다. 파일폴더의 총합계가 20개 이하라면 그냥 주제별로 폴더를 하나씩 마련해서 알파벳순으로 정리하면 된다. 그 이상이면 문서가 필요할 때 폴더를 찾느라 시간을 낭비하게 될 것이다. 재정, 가사, 개인용무, 의료, 기타 등의 범주를 마련할 수도 있다.[33] 특정 거래처와 주고받는 서류들은 따로 폴더를 마련해둔다. 저축계좌, 당좌예금계좌, 퇴직연금계좌를 가지고 있다면 '은행'이라는 라벨을 붙인 폴더 하나만 만들 것이 아니라, 각각의 계정별로 폴더를 만들라는 의미다. 같은 논리가 온갖 종류의 물건에 그대로 적용된다.

파일을 철하고 분류하는 데 걸리는 시간이 검색으로 보답받는 시간보다 많아져서는 안 된다. 건강기록부처럼 자주 보는 문서의 경우, 쉽게 찾을 수 있도록 파일폴더와 범주를 만든다.[34] 가족 구성원별로 따로 폴더를 만들거나 내과 치료, 치과 치료, 안과 치료 등등으로 나누어 폴더를 만든다. 달랑 문서 한 장만 들어 있는 파일폴더가 넘쳐나면 한 가지 큰 주제를 정해 그 아래 묶도록 한다. 비자, 출생증명서, 의료보험증서 등 정기적으로 찾는 중요한 문서들은 전용 파일을 하나 만든다.

파일폴더에 적용되는 모든 원칙은 컴퓨터의 가상 파일과 폴더에도 똑같이 적용된다. 물론 컴퓨터는 정리하지 않은 상태로 파일을 보관해도 검색 기능을 이용하면 보통은 (파일명을 기억할 수만 있다면) 거의 즉각적으로 결과물을 찾아낼 수 있다. 하지만 이것은 당신의 기억력에 부담을 준다. 자기가 사용한 모든 파일명을 기억해두었다가 떠올려야 하기 때문이다. 파일과 폴더를 계층적으로 정리해놓으면 그 안을 훑어보며 자기가 잊어버렸던 파일들을 다시 발견할 수 있다는 큰 장점이 있다. 이것은 기억을 뇌에서 컴퓨터로 외부화시켜준다.

중요한 문서들을 전자 복사한다는 아이디어를 받아들인다면 엄청나게 유연한 관계형 데이터베이스와 하이퍼링크를 만들어낼 수 있다. 예컨대, 당신이 엑셀에서 개인적인 회계 업무를 보고, 모든 영수증과 청구서를 스캔해서 PDF 파일로 저장한다고 가정해보자. 엑셀을 이용하면 셀 안에 들어 있는 어떤 항목이라도 컴퓨터상의 문서와 링크를 걸 수 있다. 오비스^{Orvis} 낚시 조끼의 품질보증서와 영수증을 찾고 있다고? 엑셀에서 '오비스'를 검색해 셀을 클릭하면 영수증을 바로 오비스 고객서비스센터에 이메일로 보낼 준비를 마칠 수 있다. 이런 식으로 링크를 걸 수 있는 것이 금융 관련 서류만은 아니다. 연구논문을 인용하는 워드^{Word} 파일에서는 하드디스크, 회사 서버, 혹은 클라우드 서버에 저장되어 있는 논문과 라이브 링크$^{live links}$를 걸어놓을 수 있다.

구글의 전직 최고정보책임자 겸 엔지니어링 담당 부사장인 더글러스 메릴$^{Douglas Merrill}$은 이렇게 말했다. "정리는 모든 사람이 똑같이 할 수 없고, 똑같아서도 안 됩니다." 하지만 해야 할 일 목록, 메모지나 색인카드, 혹은 '모든 것을 특정 장소에 넣어두고 그 장소가 어딘지를 기억하기' 등 누구나 사용할 수 있는 근본적인 부분은 존재한다.[35]

그런데 여기서 잠깐! 우리 중에는 집을 재택근무 사무실로 사용하고 청구서 지불도 집에서 하는 사람이 많지만 아무래도 이런 것들은 집하고 어울리는 얘기가 아니다. 집은 서류를 정리하는 곳이 아니지 않은가? 집에 있을 때 당신은 어떤 점이 좋은가? 차분해지는 느낌과 자기의 시간을 자기가 통제할 수 있다는 안심? 당신은 집에서 무엇을 하는가? 아마 미국인이라면 대부분 멀티태스킹을 할 것이다. 업무에서 만들어진 유행어가 단지 직장에서만 통용되던 시절은 지났다. 스마트폰과 태블릿 덕분에 생긴 자업자득이다.

이제 휴대전화는 스위스 군용 칼처럼 바뀌었다. 사전, 계산기, 웹브라우저, 이메일 클라이언트, 스케줄표, 보이스레코더, 일기예보, GPS, 문자메시지, 트위터, 페이스북 등 온갖 애플리케이션이 깔려 있다. 이런 것들을 통해 30년 전 IBM 본사에 있던 최첨단 컴퓨터보다도 더욱 강력하고 더욱 많은 일을 할 수 있다. 그리고 우리는 이런 것을 좀처럼 손에서 내려놓지 않는다. 우리는 건널목을 건너면서 문자메시지를 보내고, 줄을 서 있는 동안 이메일을 확인하고, 친구와 함께 점심식사를 하다가 페이스북으로 다른 친구들은 무엇을 하고 있나 슬쩍 확인한다. 집에서 가장 아늑한 곳인 부엌 조리대에서도 도시에서 양봉하는 방법에 대한 정보를 알려주는 팟캐스트를 들으며 스마트폰으로 쇼핑목록을 작성한다.

하지만 옥에도 티가 있다. 우리는 자기가 멀티태스킹을 하고 있다고 생각하지만, 이것은 강력하고도 사악한 착각이다. MIT의 신경과학자이자 분할주의divided attention의 세계적 권위자인 얼 밀러Earl Miller는 우리 뇌가 멀티태스킹에는 별로 적합하지 않게 만들어져 있다고 말했다.[36] 사람들은 자기가 멀티태스킹을 하고 있다고 생각하지만, 실제로는 한 과제에서 다른 과제로 아주 신속하게 전환하고 있을 뿐이라는 것이다. 우리는 저글링 전문가처럼 여러 개의 공을 동시에 공중에 띄워놓고 있는 것이 아니다. 오히려 실력이 형편없는 아마추어 접시돌리기 선수와 비슷해서 지금 당장 자기 앞에 없는 접시는 무시하고 정신없이 이 접시에서 저 접시로 옮겨 다니면서도 그 접시가 언제 떨어져 박살날지 모른다는 걱정에 휩싸여 있는 꼴이다.[37] 역설적이게도 멀티태스킹은 우리를 명백히 비효율적으로 만든다.

멀티태스킹은 투쟁-도피 호르몬인 아드레날린은 물론 스트레스 호르몬인 코르티솔의 생산도 증가시킨다. 또한 뇌를 과도하게 자극해 생각을 뒤죽박죽으로 만든다. 멀티태스킹은 도파민 중독 피드백 고리를 만들어내고, 보상작용을 통해 뇌가 초점을 잃고 끊임없이 외부자극을 찾아 나서게 만든다. 설상가상으로 전전두엽피질은 새로움 편향이 있다. 무언가 새로운 것이 등장하면 쉽게 주의를 뺏긴다는 의미다. 갓난아기나 강아지, 고양이의 눈길을 사로잡을 때 반짝이는 물체를 사용하는 것도 여기에 해당한다. 서로 경쟁하는 여러 활동 속에서 초점을 유지하려고 애쓰는 사람들의 역설은 여기서 분명하게 드러난다. 과제에 집중하기 위해 우리가 의지해야만 하는 바로 그 뇌 영역은 쉽게 산만해진다. 우리는 전화를 받고, 인터넷에서 무언가를 검색하고, 이메일을 확인하고, 문자를 보낸다. 그리고 이런 활동들은 모두 새로움을 추구하고, 보상을 추구하는 뇌의 중추들을 조정해 내인성 아편물질이 쏟아져 나오게 한다(그러니 기분이 좋아지는 것도 당연하다!). 이 모든 것이 과제에 집중하는 데 방해가 된다. 이것은 뇌가 먹는 궁극의 '텅 빈 칼로리 사탕 empty-caloried brain candy'이다. 집중적으로 지속적인 노력을 들여 큰 보상을 수확하는 대신 우리는 서로 경쟁하는 설탕 발린 수많은 자잘한 과제에서 오는 텅 빈 보상만 수확하고 있다.

예전에 사람들은 바쁠 때 전화가 울리면 아예 받지 않거나 벨소리를 꺼놓았다. 모든 전화기가 유선이었을 때는 상대방이 언제라도 전화를 받을 수 있을 거라는 기대 따위는 하지 않았다. 산책을 나갔을지 모르고, 다른 곳에 있어서 벨소리를 못 들을 수도 있었다. 따라서 상대방이 전화를 받지 않더라도(내키지 않아 전화를 받지 않더라도) 다 그러려니 생각했다. 이제는 화장실을 갖고 있는 사람보다 휴대전화를 갖고 있는 사람이 더 많다.[38] 상황이 이렇다 보니 자기가 전화를 하면 상대방이 당연히 전화를 받아야 한다는 암묵적인 기대가 생겨났다. 상대방이 어떻든 상관없이 말이다. 이렇다 보니 회의에 들어간 사람들은 이렇게 자동응답을 설정해놓는 게 관례가 되었다. "죄송하지만 지금은 회의 중이라 전화를 받을 수 없습니다." 10~20년 전만 해도 회의 시간에는 책상 위의 전화가 울려도 그냥 내버려두었다. 상대방의 통화 응답에 대한 기대는 이렇게 달라졌다.

멀티태스킹의 기회가 생기는 것만으로도 인지 수행 능력에 좋지 않은 영향을 미친다. 런던 그레셤칼리지의 글렌 윌슨Glenn Wilson은 이것을 정보 중독증infomania이라고 불렀다. 그는 연구를 통해 밝혀내기를, 하나의 과제에 집중하려고 노력하는데 이메일 하나가 읽지 않은 상태로 메일함에 들어 있는 것을 알고 있는 상황에서는 유효 IQ가 10점 낮아진다고 했다.[39] 마리화나가 창의력을 증진시키고 통증과 스트레스를 감소시키는 등 여러 가지 이점이 있다고 주장하는 사람도 있지만, 그 주성분인 카나비놀이 뇌의 카나비놀 전용 수용기를 활성화해서 동시에 여러 가지 일에 집중하는 능력과 기억력을 심각하게 저해하는 것 또한 사실이다. 윌슨은 멀티태스킹 때문에 생기는 인지적 상실이 마리화나 흡연에 따른 인지적 상실보다 훨씬 더 크다는 것을 밝혀냈다.

스탠퍼드대학의 신경과학자 러스 폴드락Russ Poldrack은 멀티태스킹을 하는 동안 새로운 정보를 알게 되면 정보가 뇌의 엉뚱한 부분으로 간다는 것을 밝혀냈다. 예를 들어, 학생들에게 공부를 하면서 동시에 TV를 보게 하면 학교 공부에서 얻은 정보가 선조체striatum로 간다. 이곳은 사실과 개념이 아니라 새로운 과정과 기술을 저장하도록 특화된 뇌 영역이다. TV 때문에 정신이 산만해지지 않았으면 정보가 해마로 갔을 것이다.[40] 해마에서는 정보가 다양한 방식으로 정리되고 범주화되기 때문에 나중에 검색하기가 더 쉽다. MIT의 얼 밀러는 이렇게 덧붙였다. "사람은 멀티태스킹을 아주 능숙하게 할 수 없다. 멀티태스킹을 잘한다고 말하는 사람은 사실 자신을 속이고 있는 것이다."[41] 그리고 뇌가 이렇게 속이는 일에 아주 능숙하다는 것이 밝혀졌다.[42]

게다가 과제 사이를 전환하는 것은 그 자체로도 대사 비용^{metabolic cost}이 들어간다.[43] 하나의 과제에서 다른 과제로 주의를 전환할 때 전전두엽피질과 선조체는 산소를 함유한 포도당을 태운다. 과제에 집중할 때 필요한 연료 역시 포도당이다. 멀티태스킹을 할 때처럼 신속하게 지속적으로 주의 전환을 하다 보면 뇌는 연료가 금방 바닥나버리기 때문에 우리는 금세 탈진하고 정신이 혼란스러워진다. 말 그대로 뇌의 영양분을 소진해버리는 것이다.[44] 이것은 인지 수행 능력과 신체 수행 능력 모두에 문제를 일으킨다. 특히나 반복적인 과제 전환은 불안을 야기한다.[45] 불안은 뇌 속에 스트레스 호르몬인 코르티솔의 수치를 높이고, 이것은 결국 공격성과 충동적 행동으로 이어진다.[46] 반면 과제에 집중하는 것은 전대상회와 선조체에 의해 통제된다. 일단 중앙관리자 모드로 들어가면 그 상태에 머무는 데는 멀티태스킹을 하는 것보다 에너지가 덜 들며, 실제로 뇌가 필요로 하는 포도당의 양도 감소한다.[47]

설상가상으로 멀티태스킹 중에는 의사결정을 요구하는 것이 많다. 이 문자메시지에 대답할까, 아니면 무시할까? 이 이메일은 어떻게 파일로 정리하지? 지금 하는 일을 계속할까 아니면 좀 쉴까? 의사결정은 신경 자원을 대단히 많이 잡아먹는다. 작은 결정을 하는 데도 큰 결정을 할 때만큼이나 많은 에너지가 소비된다. 이때 우리가 제일 먼저 잃는 것 중 하나는 충동조절 능력이다. 이렇듯 충동조절 능력이 급속하게 고갈 상태로 빠져들기 때문에 사소한 결정을 많이 내리고 나면 정작 중요한 것에 대해 안 좋은 결정을 내릴 수도 있다. 사정이 이런데 멀티태스킹을 시도해 쓸데없이 정보처리의 부담을 더할 이유가 무엇인가?

〈포천〉 선정 500대 리더, 최고의 과학자, 작가, 학생, 중소기업가 들과 정보 과부하에 대해서 얘기해보면 어김없이 이메일이 문제로 떠오른다. 그렇다고 이들이 이메일 그 자체에 철학적으로 반대하는 것은 아니다. 쏟아져 들어오는 이메일의 양이 워낙 막대하기 때문에 반대하는 것이다. 내 연구 동료인 제프리 모길^{Jeffrey Mogil}이 열 살짜리 아들에게 아빠가 밥벌이로 무슨 일을 하느냐고 물어봤더니 이렇게 대답했다. "아빠는 이메일에 답장 보내는 일을 해요." 제프리는 잠시 생각에 잠기더니 그렇게 틀린 말도 아니라고 인정했다. 정부, 예술 및 산업 분야에서 일하는 많은 사람들이 쏟아져 들어오는 엄청난 양의 메일을 처리하느라 하루 시간의 상당 부분을 보내게 된다고 토로한다. 우리는 이메일에 빠르게 답변해야 할 것만 같은 기분을 느끼지만, 그것을 제대로 하면서 다른 일까지 모두 처리하는 것은 불가능하다.

이메일이 등장하기 전에는 누군가에게 편지를 쓰고 싶으면 거기에 어느 정도 시간과 노력을 투자해야 했다. 편지라는 매체는 별로 생각해보지 않고 급히 휘갈겨 써내려갈 만한 것이 아니다. 생각을 정리하고 문장을 다듬어가며 내용을 적은 다음 봉투를 찾아서 주소를 적고, 우표를 붙인 다음 편지를 들고 우체통까지 걸어가야 한다. 누군가에게 글을 써서 보낸다는 행위는 이렇듯 여러 단계를 거쳐야 하고 긴 시간이 드는 일이었기에 정말로 중요한 내용이 아니고는 굳이 수고스럽게 편지를 쓰려고 하지 않았다. 하지만 이메일은 모든 것이 즉각적이기 때문에 우리는 대부분 별 생각 없이 머리에 떠오르는 자질구레한 내용들을 타이핑한 다음 '보내기' 버튼을 누른다. 게다가 이메일은 비용도 들지 않는다. 물론 컴퓨터를 구입하는 데 돈이 들어가고, 인터넷 회선을 이용하는 데도 비용이 따르지만, 이메일을 하나 더 보낸다고 추가적으로 돈이 드는 것은 아니다. 이메일 보내기가 너무 쉬운 까닭에 우리의 글쓰기 태도에 변화가 나타났다. 타인에게 무언가를 부탁할 때 공손한 태도가 줄어든 것이다. 이와 관련, 다음과 같은 말을 들은 적이 있다. "내가 받는 이메일 중 상당 부분은 내가 잘 알지도 못하는 사람이 뭐 좀 해달라고 보낸 것들이다. 부탁하는 일을 보면 내가 잘 아는 영역도 아니고, 그리 친하지 않은 사이에 부탁할 만한 일도 아니다. 편지나 전화로, 혹은 얼굴을 직접 보면서 부탁하라면 절대로 못 할 거면서 어쩐 일인지 이메일로는 쉽게 부탁을 한다.”

종이편지와 이메일은 받는 사람에게도 차이를 만들어냈다. 옛날에는 편지가 하루에 한 번만 도착했기 때문에 사실상 하루 중 특정한 시간에 우편물을 우편함에서 꺼내와 분류할 수 있었다. 가장 중요한 점은 편지가 도착하는 데 며칠이나 걸렸기 때문에 즉시 답장을 받으리라는 기대를 아무도 하지 않았다는 것이다. 만약 다른 일을 하고 있다면 우편물을 집 바깥 우편함이나 책상 위에 그냥 두었다가 나중에 시간이 될 때 읽어보아도 문제가 없었다. 우편배달부가 편지들을 우편함에 놓고 가기 무섭게 달려가 편지를 가져왔다면 그것이 더 이상하게 느껴졌을 것이다. 이메일은 시도 때도 없이 날아든다. 게다가 아기 판다의 동영상을 보고 싶으면 이 링크를 클릭하라는 등, 문의사항에 답변해달라는 등, 친구와의 점심식사를 위해 계획을 짜라는 등 대부분 어떤 행동을 요구한다. 이런 모든 활동은 우리에게 무언가 일을 하고 있다는 느낌을 준다. 그리고 일부 사례에서는 실제로 그렇다. 하지만 우선적으로 해야 할 일이 있는데 이메일로 이것이 자꾸만 중단된다면 효율성과 심도 있는 집중력을 희생당하게 된다.

최근까지만 해도 우리가 사용하는 여러 가지 서로 다른 소통방식은 그 자체로 각각 그 내용이 갖고 있는 관련성, 중요성, 의도에 대한 신호를 주었다. 만약 배우자가 시나 노래로 당신과 소통하길 시도한다면 꼭 그 내용을 읽어보지 않아도 그 내용의 본질과 정서적 가치를 추측해볼 수 있을 것이다. 배우자가 법원공무원을 통해 소환장을 보내 소통을 시도했다면 굳이 읽어보지 않아도 그 내용을 짐작할 수 있을 것이다. 그와 유사하게 전화통화는 보통 전보나 편지와는 다른 업무 처리에 이용되었다. 이렇듯 매체 자체가 거기에 담긴 메시지에 대한 단서였다. 그런데 이메일의 등장으로 이 모든 것이 변했다. 그리고 이것이야말로 간과되고 있는 이메일의 단점 중 하나다. 이메일이 모든 분야에 이용되고 있다는 것 때문에 생긴 단점이다. 옛날에는 우편으로 받은 편지를 개인적인 편지와 청구서 대략 이렇게 두 무더기로 분류했다. 만약 당신이 바쁘게 돌아가는 회사의 경영자라면 이와 유사하게 전화 자동응답기 메시지를 들으며 회신이 필요한 것들을 분류했을 것이다. 하지만 이메일은 우리 삶의 거의 모든 메시지에 사용되고 있다. 우리가 강박적으로 이메일을 확인하는 이유 중 하나는 다음에 올 메시지가 여가나 유흥을 위한 것인지, 기한이 지난 청구서인지, 해야 할 일을 알려주는 것인지, 문의 서신인지 알아낼 방법이 없기 때문이다. 지금 처리해야 할 일인지, 나중에 해도 되는 일인지, 인생을 바꿔놓을 만한 중요한 일인지, 아무 상관없는 일인지 도무지 알 수가 없다. 이런 불확실성은 신속한 지각적 범주화 시스템rapid perceptual categorization system을 붕괴시키고, 스트레스를 야기하고, 결정 과부하 상태로 이끈다.

물론 지금은 이메일이 소통수단으로서는 진부한 매체로 변해가고 있다. 30세 미만의 사람들은 대부분 이메일을 나이 든 사람이나 사용하는 낡은 소통방식이라 생각한다. 젊은 사람들은 이제 이메일 대신에 문자메시지를 이용하고, 어떤 사람은 여전히 페이스북에 포스팅을 한다. 30세 이상의 사람들이 이메일을 사용하는 방식과 비슷하게 이들은 문자메시지와 페이스북에 문서, 사진, 동영상, 링크 등을 첨부해서 보낸다. 20세 미만의 사람들은 페이스북을 나이 든 세대들의 매체라고 여긴다. 이들에게는 문자메시지가 주요 소통방식으로 자리 잡았다. 문자메시지는 전화통화로는 얻을 수 없는 프라이버시와 이메일로는 얻을 수 없는 즉각성을 제공해준다. 전화로 응급

상담을 받는 위기상담서비스Crisis hotlines는 위기에 처한 청소년들의 상담을 문자메시지로도 받기 시작했는데, 이것은 크게 두 가지 장점이 있다.[48] 한 번에 한 명 이상의 사람과 상담을 진행할 수 있고, 필요하면 대화를 중단하지 않고 전문가에게 대화 내용을 전달할 수 있다.

하지만 문자메시지는 이메일이 가진 대부분의 문제점에 덧붙여 또 다른 문제점을 안고 있다. 한 번에 보낼 수 있는 문자 수가 제한되어 있기 때문에 깊은 생각을 담은 논의나 구체적인 내용을 전달할 의욕이 꺾인다는 점이다. 문자메시지는 엄청나게 신속하기 때문에 심각한 중독 문제를 야기한다. 이메일은 인터넷을 거치고, 스위치와 라우터, 서버 등을 거쳐야 해서 전달되는 데 시간이 좀 걸리고, 열어보는 단계가 필요한 데 비해 문자메시지는 마법과도 같이 휴대전화 화면에 나타나 당신의 즉각적인 관심을 요구한다. 답장하지 않으면 보낸 사람을 모욕하는 것처럼 여기는 사회적 기대도 문제지만, 문자메시지 사용이 중독에 이를 수밖에 없는 또 다른 이유가 있다. 문자메시지를 받으면 그것이 당신의 새로움 중추를 활성화시킨다. 그래서 여기에 답장을 보내면 과제를 완수했다는 보람이 느껴진다(15초 전까지만 해도 이런 과제가 생길지 알지도 못했는데 말이다). 이럴 때마다 도파민이 뿜어져 나오고 당신의 변연계limbic system는 이렇게 외친다! "조금 더! 조금만 더!"

한 유명한 실험에서 맥길대학의 피터 밀너Peter Milner와 제임스 올즈James Olds는 쥐의 뇌 속 측위 신경핵nucleus accumbens이라는 변연계의 작은 구조물에 소형 전극을 삽입했다. 이 두뇌 구조물은 도파민 생산을 조절하며 도박사가 도박에서 이겼을 때, 약물중독자가 코카인을 흡입했을 때, 혹은 사람들이 섹스에서 절정을 느낄 때와 같은 상황에서 '불이 들어왔다.' 올즈와 밀너는 이곳을 쾌락 중추라고 불렀다. 이들은 우리 안에 레버를 설치해두어 쥐가 그것을 누르면 측위 신경핵에 미세한 전기신호가 전달되도록 했다. 과연 쥐가 그것을 좋아했을까? 맙소사! 너무 좋아한 나머지 쥐들은 먹고 자는 것도 모두 잊어버렸다. 배고플 때를 훨씬 넘긴 상황일지라도 쥐들은 그 작은 레버를 누를 기회만 생기면 맛난 음식도 무시했다. 섹스할 기회도 무시해버렸다. 쥐들은 계속해서 레버만 누르고 또 누르다가 결국에는 기아와 탈진으로 죽어버렸다.[49] 이 얘기를 듣고 떠오르는 것이 없는가? 중국 광저우에서 한 30세 남성이 3일간 계속 비디오게임을 하다가 사망했다. 한국 대구의 또 다른 남성은 50시간 동안 거의 연속적으로 비디오게임을 하다가 심장마비를 일으키고 나서야 게임을 멈추었다.[50]

이메일을 보낼 때마다 우리는 무언가 성취한 느낌이 들고 우리의 뇌는 무언가 성취했다고 말해주는 보상 호르몬을 조금씩 얻는다. 트위터 피드와 페이스북 업데이트를 확인할 때마다 우리는 무언가 새로운 것과 만나고, 사회적으로 유대감이 강화된 느낌을 받고(인간미 없는 기이한 사이버 방식으로), 또다시 보상 호르몬을 조금 얻는다. 하지만 기억하자. 이런 쾌락의 느낌을 만들어내는 것은 전전두엽피질에 있는 계획하고, 일정을 짜고, 고차원적인 사고를 하는 중추가 아니라 바보같이 새로운 것만 추구하며 변연계를 움직이는 뇌 영역이다. 이메일, 페이스북, 트위터를 거듭 확인하는 것은 분명 신경 중독이다.

이것을 해결하는 비법은 바로 우리 자신, 혹은 우리의 뇌를 속여 우리가 과제에 집중할 필요가 있을 때 집중하게 만드는 것이다. 우선 하루 중 이메일을 확인할 시간을 정해둔다. 전문가들은 하루에 두세 번 정도를 권장한다. 메일이 들어올 때마다 일일이 확인하지 않고 한꺼번에 확인하는 것이다. 이메일을 도착할 때마다, 혹은 5분마다 확인하도록 이메일 프로그램을 설정해놓는 사람이 많다. 그런데 5분마다 이메일을 확인한다면 깨어 있는 동안 200번이나 이메일을 확인해야 한다는 계산이 나온다. 이렇게 하면 중요한 일을 하는 데 방해를 받을 수밖에 없다. 친구나 동료들이 당신에게 즉각적인 답장을 기대하지 않도록 훈련시킬 수도 있다. 하루 일과가 끝날 때쯤 간단하게 만나거나, 점심식사를 하며 대화하거나, 간단한 질의응답 시간을 갖는 등 이메일이 아닌 다른 소통 방법을 이용하는 것도 방법이다.

수십 년 동안, 효율적인 사람들은 방해받지 않고 일에 집중할 수 있는 시간인 '생산성 시간'을 설정해서 그 시간 동안에는 문을 닫고 전화기도 꺼두었다. 이메일을 확인하지 않는 것은 그런 전통을 따르는 것이다. 이것은 뇌를 신경화학적으로나 신경전기적으로 진정시켜주는 역할을 한다. 만약 당신이 하는 일의 유형 때문에 이것이 불가능하다면, 이메일 프로그램과 스마트폰에 이메일 필터 기능을 설정해서 이메일을 즉시 받아보고 싶은 대상을 지정해두고 나머지 대상들로부터 온 이메일은 메일함에 그대로 쌓아두었다가 시간이 날 때 확인하자. 이메일과 도저히 떨어질 수 없다 싶은 사람은 또 다른 효과적인 방법이 있다. 은밀하고 특별한 이메일 계정을 만들어서 그 이메일 주소는 당신과 바로 연락이 닿을 필요가 있는 소수의 사람들에게만 알려주고, 다른 이메일 계정은 지정된 시간에만 확인하는 것이다.

하버드대학의 법학교수 로센스 레시그Lawrence Lessig 등은 이메일 파산e-mail bankruptcy이라는 개념을 제안했다. 어느 지점에 가면 당신은 더 이상 받은 이메일을 모두 읽을 수도, 답장할 수도 없는 지경에 이르렀다는 것을 깨닫게 된다. 이런 일이 일어나면 당신은 메일함에 들어 있는 모든 이메일을 삭제하거나 따로 보관해놓고, 메일을 주고받는 모든 사람에게 대량 이메일을 발송해 당신이 더 이상은 이메일을 따라잡을 수 없으니 자기에게 보낸 이메일이 중요한 것이었다면 다시 발송해달라고 설명한다. 어떤 사람들은 들어오는 이메일 메시지에 모두 자동응답메일을 발송하도록 설정해놓는다. 자동응답메일은 대개 다음과 같은 내용이다. "다음 주 안으로 당신의 이메일을 확인하겠습니다. 즉각적인 조처가 필요한 내용이라면 전화 주시기 바랍니다. 만약 답신이 필요한 내용인데 일주일 내 제게서 연락이 없으면 메일 제목에 '2차 시도'라는 머리말을 붙여서 다시 보내주시면 감사하겠습니다."

한편, 그림자 노동이 늘어나고 개인들이 업무 관리를 스스로 해야 하는 경우가 늘어나면서 온갖 사이트에 계정을 만들어야 하는 지경에 이르렀다. 이 모든 로그인 정보와 비밀번호를 기억하는 일도 결코 쉽지 않다. 웹사이트와 서비스 제공자마다 아이디와 비밀번호 조합 방식에 대한 제약이 전차만별이기 때문이다. 어떤 계정에서는 로그인할 때 이메일 주소를 쓸 것을 고집하고, 어떤 계정에서는 그래서는 안 된다고 고집을 부린다. 어떤 사이트에서는 비밀번호에 $&*# 등 특수문자가 들어가야 한다고 하고, 어떤 사이트에서는 그런 특수문자를 아예 허용하지 않는다. 어떤 곳에서는 한 문자를 두 번 이상 반복하지 못하게 만들어놓고, 어떤 곳에서는 지난 6개월 이내 사용했던 비밀번호를 다시 사용하지 못하게 막아놓는다. 로그인 아이디와 비밀번호를 표준화할 수는 있지만, 모든 계정에 똑같은 아이디와 비밀번호를 사용하는 것은 결코 좋은 생각이 아니다. 한 계정에 문제가 생기면 다른 모든 계정에도 문제가 생기기 때문이다.

비밀번호를 기억하는 데 도움이 되는 몇 가지 프로그램이 있다. 이런 프로그램 중 상당수는 그 정보를 클라우드 서버에 저장하는데, 이는 잠재적인 보안 문제를 야기한다. 해커가 뚫고 들어가 수백만 개의 비밀번호를 훔치는 것은 시간문제이기 때문이다. 이 글을 쓰는 최근 몇 달만 해도 해커들은 300만 명의 어도비 고객, 200만 명의 보다폰 고객, 그리고 1억 6000만 명의 비자 신용카드 및 직불카드 사용자의 비밀번호를 훔쳤다.[51] 다른 프로그램들은 정보를 사용자 자신의 컴퓨터에 저장하도록 한다. 이것은 외부의 공격에 덜 취약하지만(100% 안전한 것은 아니다), 만약 컴퓨터를 도난당한다면 한방에 모든 게 털릴 수도 있다. 가장 정교한 프로그램은 짐작조차 하지 못할 정도로 난해한 비밀번호를 생성한 다음 그것을 암호화된 파일 안에 저장해서 누군가가 당신의 컴퓨터를 손에 넣더라도 비밀번호를 해킹하지 못하게 만든다. 당신은 그냥 그 비밀번호 파일을 풀어줄 하나의 비밀번호만 기억하면 된다. 이상적으로 말하면, 그 비밀번호는 대문자와 소문자, 숫자, 그리고 특수문자가 뒤죽박죽으로 조합된 것이어야 한다. 예를 들면 'Qk8$#@iP(%mA' 같은 것이다. 종이나 쪽지에 비밀번호를 적어놓는 것도 좋지 않다. 도둑이 들었을 때 제일 먼저 뒤져볼 수 있기 때문이다.

한 가지 옵션은 비밀번호를 암호화된 비밀번호 관리 프로그램으로 당신의 컴퓨터에 저장해둔 다음, 이 프로그램이 당신이 방문하는 웹사이트를 알아보고 자동적으로 로그인하게 만드는 것이다. 그 밖에 다른 프로그램은 당신이 비밀번호를 잊어버렸을 때 그것을 검색해서 찾을 수 있게 해주는 것들이다. 비용이 덜 드는 한 가지 대안은 그냥 모든 비밀번호를 엑셀이나 워드 프로그램에 저장한 다음 그 파일 자체에 비밀번호를 걸어두는 것이다(단, 당신이 절대로 잊어버리지 않을 비밀번호를 선택해야 하고, 다른 비밀번호와 같은 것을 사용해서는 안 된다).

강아지 이름이나 생일을 비밀번호로 쓸 생각은 꿈에도 하지 마라. 사전에 등재된 단어도 마찬가지다. 이런 것은 해킹하기가 너무 쉽다. 보안과 사용상의 안전 두 가지를 최적화할 수 있는 시스템은 당신이 암기할 수 있는 공식에 따라 비밀번호를 생성하는 것이다. 그리고 이 기본 공식에 변화를 주어야 하는 웹사이트만 종이나 암호화된 파일에 비밀번호를 적어놓는다. 비밀번호를 생성하는 한 가지 좋은 방법은 당신이 좋아하는 문장을 하나 생각한 다음 문장을 구성하는 단어의 첫 글자를 이용하는 것이다(우리의 경우, 영어

팝송 가사 등을 사용하는 것이 좋겠다. 한글 단어의 첫 글자는 모두 자음이라 왼쪽 자판의 글자만 들어가기 때문이다 - 옮긴이).[52] 웹사이트에 따라 비밀번호를 따로 만들 수도 있다. 예를 들어, 당신이 생각한 문장이 다음과 같다고 해보자.

"My favorite TV show is Breaking Bad."

이 문장에서 각 단어의 첫 글자를 따서 비밀번호를 만들면 다음과 같다.

　MfTVsiBB

더욱 안전하게 하기 위해 이 글자들 중 하나를 특수문자로 바꾸고 중간에 숫자를 하나 넣어보자.

　MfTV$6iBB

이제 안전한 비밀번호를 얻었다. 모든 계정에 똑같은 비밀번호를 사용하고 싶지 않다면 첫머리나 끝에 접속하는 웹사이트의 이름을 추가해서 맞춤형 비밀번호를 만든다. 만약 이 비밀번호를 씨티은행 당좌예금 Citibank checking account에 사용한다면 'C c a'라는 세 글자를 비밀번호 머리에 추가해서 다음과 같은 비밀번호를 만들 수 있다.

　CcaMfTV$6iBB

특수문자를 허용하지 않는 웹사이트라면 그냥 그것만 빼면 된다. 에트나Aetna 건강보험 계정의 비밀번호는 다음과 같다.

A M f T V i B B

일부 웹사이트는 매달 비밀번호를 바꿀 것을 요구한다. 그럼 비밀번호 끝에다가 해당 월만 추가한다. 시어스 신용카드의 경우라고 가정해보자. 10월October과 11월November의 비밀번호는 다음과 같다.

S M f T V $ 6 i B B Oct
S M f T V $ 6 i B B Nov

그런 다음, 종이에 표준 공식을 사용하는 사이트와 공식을 변형한 사이트들을 적어놓기만 하면 된다. 공식 그 자체를 적지 않기 때문에 이 목록이 행여 다른 사람의 손에 들어가더라도 염려 없다. 당신의 목록은 대략 다음과 비슷할 것이다.

에트나 건강보험	표준 공식, 특수문자나 숫자 없음
씨티은행 당좌예금 계좌	표준공식
씨티은행 비자카드	표준공식, 숫자 없음
리버티뮤추얼 주택보험	표준공식, 특수문자 없음
지역 수도 요금	표준공식
전기 요금	표준공식의 첫 번째 여섯 숫자
시어스 신용카드	표준공식 + 월month

이 모든 게 귀찮을 수도 있다. IBM은 2016년이 되면 더 이상 비밀번호가 필요하지 않을 것이라고 예측했다. 홍채인식(현재 미국, 캐나다 등의 국가 국경

통제국에서 사용하고 있다), 지문, 음성인식 등 생체인식 시스템을 이용하게 될 것이기 때문이다.[53] 하지만 프라이버시에 대한 염려 때문에 생체인식 정보를 공유하기 꺼리는 소비자가 많을 것이다. 그래서 비밀번호가 적어도 당분간은 계속 존재하지 않을까 싶다. 여하튼 내가 하고 싶은 말은 비밀번호처럼 의도적으로 정리되지 않은 상태를 만드는 것이라도 머릿속에서는 쉽게 정리 가능하다는 점이다.

내가 원하는 대로 정리된 집

잃어버렸을 때 다른 것들보다 훨씬 큰 불편과 스트레스를 주는 물건이 있다. 볼펜 하나를 잃어버리거나 바지 주머니에 넣어둔 1달러짜리 지폐 한 장을 깜빡하고 세탁소로 보냈다고 해서 큰일이 일어나는 것은 아니다. 하지만 응급상황에서 차 열쇠를 찾을 수 없다거나, 지갑이나 휴대전화를 잃어버렸다가는 정말로 심신의 기력이 다할 수 있다.

우리는 여행을 할 때 특히 물건을 잘 잃어버린다. 부분적으로는 우리가 규칙적인 일상과 친숙한 환경에서 벗어난 탓에 집에서 누리던 행동유도성과 멀어지기 때문이다. 새로운 물리적 환경에 적응하려고 애쓰다 보면 해마의 장소기억 시스템에 추가 부담이 생긴다. 더군다나 정보 시대에 물건을 잃어버리면 이도 저도 할 수 없는 곤란한 역설이 야기된다. 신용카드를 잃어버렸다고 가정해보자. 카드 분실 신고를 하려면 카드번호를 알아야 하는데 기억나는가? 이것은 결코 만만한 일이 아니다. 카드번호는 신용카드 겉면에 쓰여 있기 때문이다. 그리고 대부분의 신용카드 콜센터는 카드번호를 입력할 것을 요구한다(우리나라의 경우 주민번호로도 가능하다 – 옮긴이). 그런데 카드를 손에 들고 있지 않는 한 그 숫자를 기억할 수 있는 사람은 거의 없다. 지갑을 잃어버리면 은행에서 현금을 찾기 힘들다. 보통 지갑에 신분증을 넣어두기 때문이다. 어떤 사람들은 이런 점 때문에 다른 이들보다 더 많이 걱정한다. 만약 당신이 물건을 자주 잃어버리는 편이라면 안전장치, 혹은 백업을 해둠으로써 이런 스트레스를 말끔히 날려버릴 수 있을 것이다.

대니얼 카너먼은 선제적인 접근 방식을 취할 것을 권한다.[54] 자기가 물건을 어떻게 잃어버리는지 생각해보고 그것을 차단해줄 보호벽을 마련하는 것이다. 그리고 나서 안전장치를 설치한다. 여기에는 다음과 같은 것들이 포함될 수 있다.

- 책상 맨 위 서랍에 여분의 자동차 열쇠 보관하기
- 휴대전화 카메라로 여권, 운전면허증, 의료보험카드, 그리고 신용카드 양면을 촬영해두기
- 자신의 모든 의료기록이 담긴 USB 메모리스틱을 가지고 다니기[55]
- 여행할 때는 신분증 한 종류와 적어도 하나의 현금카드나 신용카드를 지갑 및 다른 카드와 분리해서 주머니나 다른 곳에 따로 가지고 다니기
- 여행할 때는 여행 영수증을 넣을 봉투를 하나 마련해 그 영수증들이 다른 영수증들과 섞이지 않고 모두 한 곳에 모여 있게 하기

무언가를 잃어버리면 그땐 어떻게 해야 할까? 스티브 윈Steve Wynn은 〈포천〉 선정 500대 기업이자 자신의 이름을 딴 회사인 윈 리조트의 CEO다. 수상 경력이 있는 호화로운 호텔인 라스베이거스의 벨라지오 호텔, 윈 호텔, 앙코르 호텔, 마카오의 윈 호텔과 팰리스 호텔 등의 설립자인 그는 2만 명이 넘는 직원을 두고 호텔을 운영하고 있다. 그는 잃어버린 것을 찾기 위한 체계적인 접근 방법에 대해 자세히 설명했다. "물론 나도 다른 사람들처럼 열

쇠나 지갑, 여권 같은 것을 잃어버립니다. 그런 일이 일어났을 때 나는 하나의 진실로 되돌아가려고 노력하죠. '내가 여권을 마지막으로 보았다고 확신할 수 있는 곳이 어디일까? 그렇지. 위층에서 전화를 받고 있을 때는 가지고 있었다. 이후 이런저런 일들을 했다. 내가 위층에서 전화를 받았으니, 전화기가 거기 있을까? 아니다. 전화기를 아래층으로 가지고 왔다. 그럼 아래층에 왔을 때는 무엇을 했지? 대화를 나누며 TV 채널을 돌렸다. 물론 그러기 위해선 리모컨이 필요했다. 그럼 리모컨은 어디 있지? 내 여권과 함께 두었나? 맞다! 냉장고에서 물을 한 잔 따라 마셨지. 거기 있다. 여권은 냉장고 옆에 있다.' 무언가 기억나지 않을 때 하는 나만의 과정이 있습니다. 어떤 영화배우의 이름이 혀끝에서 계속 맴돌기만 할 뿐 생각나지 않는다고 해보죠. 그러면 나는 그 이름을 체계적으로 생각해봅니다. '그래, '드' 발음으로 시작되는 것은 기억난다. 그럼 어디 보자. 다, 댜, 더, 뎌, 도, 됴, 두, 듀, 드, 디…….' 나는 이름이 생각날 때까지 각각의 조합을 마치 웨이트 트레이닝을 하듯 열심히 생각해봅니다."[56]

60이 넘은 노인들은 아침에 종합비타민제를 챙겨 먹었는지 같은 아주 간단한 일을 기억하지 못하면 혹시 자신의 기억력에 결함이 있는 것은 아닌지, 조발성 알츠하이머병에 걸린 것은 아닌지, 혹은 지적 능력 자체가 퇴화되고 있는 것은 아닌지 걱정부터 한다. 신경과학자들에 따르면, 그것은 십중팔구 약을 복용하는 것이 흔한 일상이 되어 먹는 즉시 잊어버리게 된 것에 불과하니 너무 걱정하지 않아도 된다. 아이들은 보통 자기가 약을 먹은 것을 잊어버리지 않는다. 약을 먹는 행위가 아이들에게는 여전히 새롭게 느껴지기 때문이다. 아이들은 혹시나 약을 먹다 목이 막히지는 않을까, 약이 쓰지는 않을까 걱정하며 그 경험에 촉각을 곤두세운다. 이 모든 행동은 두 가지 방식으로 작용한다. 첫째, 약을 먹는 순간에 일어나는 사건의 새로움을 강화해준다. 둘째, 아이들로 하여금 그 순간에 골똘히 집중하게 만든다. 앞서 살펴보았듯이 주의는 무언가를 기억에 담는 아주 효과적인 방법이다.

이번에는 어른들이 약을 먹을 때 어떻게 하는지 생각해보자. 약을 복용하는 것이 너무 흔한 일상이 되어버려서 우리는 아무런 생각 없이 그 일을 한다. 우리는 입 안에 약을 털어 넣고 물을 마시는 동안 적어도 여섯 가지 다른 생각을 할 수 있다. 내가 깜박하지 않고 전기세를 잘 냈나? 오늘은 오전 회의에서 상사가 또 무슨 일을 새로 맡기려나……. 과도하게 활성화된 뇌에서 일어나는 이 모든 혼선에 약을 먹는 순간에 대한 주의 결핍이 덧붙여지면, 우리는 약을 먹은 지 불과 몇 분 만에 그 사실을 잊어버릴 가능성이 커진다. 어린 시절에 느꼈던 경이로운 느낌, 모든 활동이 모험으로 다가오던 느낌이야말로 어린 시절에 기억력이 그렇게 뛰어났던 이유 중 하나다. 결코 치매가 시작된 것이 아니다.

여기서 일상의 활동을 기억하기 위한 두 가지 전략이 나온다. 하나는 우리가 하는 모든 일에서 새로움의 느낌을 회복하려고 노력하는 것이다. 물론 말이 쉽지 실천은 녹록지 않다. 하지만 우리가 선禪 같은 맑은 정신을 얻고 자기가 하는 일에 주의를 기울이며 미래와 과거에 대한 생각들을 내려놓을 수만 있다면, 매 순간이 특별해지기 때문에 매 순간을 기억하게 된다. 내 색소폰 스승이자 친구로, 프레즈노시립대학 음악과 과장인 래리 혼다Larry Honda는 내가 스물한 살이었을 때 이 기막힌 선물을 해주었다. 내가 캘리포니아 프레즈노에 살던 때 어느 여름이었다. 그는 일주일에 한 번씩 우리 집에 와서 색소폰 교습을 해주었다. 그날은 내 여자 친구 비키가 딸기를 또 한 바구니 따놓은 참이었다. 그해 우리 정원에선 유독 딸기가 풍년이었다. 래리가 정원 통로로 들어오자 비키가 그에게 딸기 몇 개를 건네주었다. 다른 친구들이 지나갈 때도 비키는 딸기를 주었다. 그럼 그들은 하던 이야기를 계속하며 딸기를 받아먹었다. 그들의 마음과 몸은 먹으면서 동시에 말하려고 애썼다. 이것은 현대 서구사회에서 전혀 드문 일이 아니다. 하지만 래리는 자기만의 방식이 있었다. 그는 멈춰 서서 딸기를 물끄러미 바라보았다. 그리고 딸기를 하나 집어 든 다음 손가락으로 딸기에 붙은 이파리 달린 줄기를 어루만졌다. 그는 눈을 감은 다음 딸기를 코끝에 대고 깊게 숨을 들이마셨다. 그렇게 한참 냄새를 맡은 다음 온통 마음을 딸기에 집중한 채 천천히 먹었다. 그는 그 순간 펼쳐지는 일들에 완전히 빠져들었고, 그런 모습에 나 또한 그 순간으로 빠져들었다. 35년이 지난 지금도 나는 그 순간을 분명하게 기억하고 있다. 래리는 그와 똑같은 방식으로 음악에 접근했다. 그것이 바로 그를 위대한 색소폰 연주자로 만든 것이 아닌가 싶다.

작은 일들을 기억하는 두 번째 방법은 더 시시하고, 낭만적이지도 않다. 그러나 심리적 만족도는 떨어질 수 있어도 효과가 덜하지는 않다. 앞에서도 했던 얘기다. 기억 기능을 복잡한 정신세계가 아닌 외부의 물리 세계로 넘기는 것이다. 즉, 종이에 적거나 어떤 시스템을 이용하는 것이다. 요일이나 시간, 혹은 그 둘 모두가 적혀 있는 작은 플라스틱 약 보관통을 본 적 있을 것이다. 보관통의 칸마다 해당되는 약을 채워두면 다른 것은 기억할 필요 없이 빈 칸은 그 약을 먹었음을 의미한다는 것만 기억하면 된다. 약 보관통을 사용한다고 해서 바보처럼 실수할 가능성이 전혀 없는 것은 아니다. 그러나 따분하고 반복적인 정보를 전두엽에서 외부 환경으로 넘김으로써 실수를 줄일 수 있다는 것만큼은 분명하다.

현관문 근처의 열쇠걸이처럼 당신이 제자리에 두지 않는 경우가 많은 물건을 위해 특별한 장소를 지정하는 것에 덧붙여, 물건들을 필요해질 가능성이 가장 큰 곳에 놓아두는 것도 도움이 된다. 이는 기억력의 짐을 크게 덜어주는 것으로, 일기예보에서 비 소식을 들은 날 문간에 우산을 세워두라는

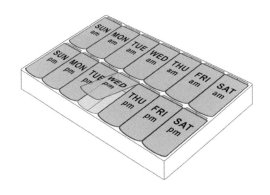

스키너의 계획과 유사하다. 예를 들어, 장비나 가구에 딸려오는 특수장비들, 즉 이케아 가구용 렌치, 운동용 자전거를 조정할 때 쓰는 렌치 등은 강력접착테이프나 케이블 타이 등으로 해당 물건에 붙여놓는다. 이케아 가구용 렌치를 탁자 밑 다리에 부착해두면 탁자가 흔들거려 볼트를 조여야 할 때 곧바로 사용할 수 있다.

이것은 인지 효율성의 원칙과도 일맥상통한다. 물건의 위치를 따로 기억할 필요 없이 그 물건이 필요해질 장소에 그것을 놓아두자. 손전등 제조회사에서는 몇십 년 전부터 이런 일을 하고 있다. 여분의 전구를 배터리를 갈때 돌려 빼는 뚜껑 안쪽에 집어넣은 것이다. 이렇게 하면 전구를 잃어버릴일이 절대로 없다. 필요한 순간에 바로 그 자리에 있을 테니 말이다. 그렇게보관할 수 없을 때는? 그럼 그 물건을 개별 비닐봉투에 담고 어떤 용도에 쓰이는 물건인지 적은 쪽지를 함께 넣어둔다. 그리고 이 비닐봉투들을 "내게필요할 물건들"이라고 라벨을 붙인 상자 안에 모두 모아둔다.

스트레스와 안전 수준을 비롯해 온갖 차원에서 사람들의 생각은 제각각이지만, 그래도 대부분의 사람이 공통적으로 가지고 있는 한 가지를 꼽아보면 주변 환경에서 질서를 추구하려는 욕구를 들 수 있다. 이런 특성은 심지어 하등동물에게서도 흔하게 나타난다. 일부 새와 설치류는 나뭇가지나

이파리를 세심하게 정돈해두고, 어디 나갔다가 돌아왔을 때 그 정돈 상태가 유지되었는가를 보고 침입자가 왔었는지 알아낸다. 옷가지를 벽장에 걸거나 잘 개서 서랍에 넣어두기보다는 그냥 바닥에 더미로 쌓아놓는 쪽을 선호하는 사람이라 할지라도 그 다양한 옷가지 더미에는 나름의 시스템이 있다.

질서에 대한 우리의 감각은 간단한 것들을 수리하고 싶어 하는 욕구를 통해서도 부분적으로 발현된다. 여기서도 마찬가지로 개인 차이가 있다. 한편에는 창틀에 살짝 긁힌 자국만 나도 고치지 않고는 못 배기는 사람이 있는가 하면, 다른 한편에는 집 회벽의 페인트칠이 벗겨져 나간 지 몇 년이 되도록 무심한 사람도 있다. 하지만 머지않아 대부분의 사람이 집수리에 나서기 마련이고, 수리에 필요한 도구나 재료들도 어느 정도는 갖추고 있다.

아주 간단하게 갖추고 있는 사람들을 보면, 그냥 공구점이나 대형 할인매장에서 15달러짜리 공구상자를 하나 사서 관련된 도구들을 그 안에 모두 몰아넣은 정도다. 반대로 여러 종류의 망치를 담는 서랍 하나, 멍키스패너들을 담는 서랍 하나, 그리고 고정식 렌치를 담는 서랍 하나 등등 서랍과 캐비닛, 선반 등으로 차고에 공구 시스템을 구축해놓는 사람도 많다. 그 중간 정도의 사람들도 있다. 몇몇 카탈로그와 공구점에서는 일종의 '통합all-in-one' 집수리 공구세트를 판다. 이런 제품은 공구 세트에 맞게 제작된 상자 안에 초보자용 공구 세트가 들어 있다. 그 안의 모든 도구는 상자 속에 각각 지정된 장소가 있기 때문에 뭐가 하나 빠지면 눈에 확 띈다.

창의력 컨설턴트이자 전 스탠퍼드대학 기계공학과 교수인 제임스 L. 애덤스James L. Adams는 '고정관념에서 벗어나기thinking outside the box'라는 문구를 대중화한 장본인이기도 하다. 그는 여가시간에 골동품 트랙터와 트럭을 재조립하거나 수리하는 취미를 갖고 있다. 그는 도구를 구매하고 정리하는 데 있어 비용 대비 효율이 높은 하버 프레이트 툴즈Harbor Freight Tools나 그와 유사한 회사의 제품을 추천한다. 미국 전역에 판매 네트워크를 갖춘 통신판매 회사인 하버 프레이트 툴즈는 수공구, 전동공구, 작업대, 엔진 리프터, 자동차 램프 같은 중장비뿐만 아니라 부속집게parts grabber, 이지아웃EZ outs(꽉 끼어버린 나사를 빼는 도구) 등 보기 힘든 도구를 전문적으로 판매한다. 정돈된 상태로 보관하기 용이하게 상자에 담겨서 나오는 도구도 많다. 이처럼 적극적으로 집을 수리하며 사는 사람들의 삶을 무척 단순하게 정리해주는 제품 세트를 '스토어하우스storehouses'라고 부른다. 일례로, 하버 프레이트 툴즈에서는 '너트와 볼트 스토어하우스'를 판매하는데, 여기에는 당신이 이용할 가능성이 높은 거의 모든 크기의 너트와 볼트가 몇 개씩 들어 있다. '나사와 못 스토어하우스', '와셔 스토어하우스'도 판다. 이 제품에는 와셔가 141개 들어 있고 가격은 4.99달러다. '1,001조각 너트와 볼트 스토어하우스'는 모든 너트와 볼트에 더해서 보관용 플라스틱 상자가 들어 있는데(서랍용 라벨도 들어 있다!), 이 글을 쓰고 있는 시점에 가격이 19.95달러였다.

1,001개의 너트와 볼트를 세심하게 구획을 나누어 만든 작은 서랍 속에 보관한다는 생각은 강박장애에서 비롯된 지나친 꼼꼼함이라 여기는 사람이 많을 것이다. 하지만 논리적으로 분석해보면 이것이 도움이 된다는 것을 알 수 있다. 당신에게 마침내 부엌에 있는 캐비닛의 비뚤어진 문을 고칠 만한 시간이 났다고 가정해보자. 살펴보니 경첩에서 나사 하나가 빠져 있다. 크기가 맞는 나사가 없다면 차를 몰거나 버스를 타고 공구점으로 가야 할 것이다. 이것으로 하루 중 최소 30분 정도의 시간이 날아가고 나사 운송비용으로 몇 달러가 들어간다. 물론 나사를 구입하는 데 비용이 드는 것은 말할 것도 없다. 나사 스토어하우스 한 세트만 사놓으면 이렇게 두 번 왕복할 비용을 뽑고도 남는다. 집 안에서 돌아다니는 여분의 너트, 나사, 와셔 등을 발견하면 그것을 적절히 보관할 장소도 생기는 셈이다. 자기만의 소형 공구

점을 집 안에 갖춰두면 부품이 필요할 때마다 조금씩 사는 것보다 시간과 에너지가 크게 절약된다.

성공한 사람들 중에는 스트레스 받을 때 벽장이나 서랍을 정리하면 정신적으로 안정을 얻는다고 말하는 사람이 많다. 우리는 그 신경학적 기질을 이해할 수 있다. 이런 활동을 하면 우리 뇌는 생활공간을 어수선하게 채우고 있는 물건들 사이에서 새로운 관계를 탐색해볼 수 있고, 그와 동시에 몽상 모드가 그런 물건들 사이의 관계나 우리와 그 물건들 사이의 관계를 새로운 맥락에서 파악하고 범주화할 수 있게 도와준다.

그렇기는 해도 사람들은 여러 가지 부분에서 서로 차이가 난다는 점을 받아들이고, 한 사람을 안심시켜주는 것이 다른 사람은 미치게 만들 수도 있음을 인정하는 게 중요하다. 최소주의자 겸 반물질주의자의 입장에서는 언젠가 사용할지도 모른다며 수천 개의 너트와 볼트를 쌓아둔다는 생각은 스트레스를 유발할 뿐 아니라 자신의 자아상과도 충돌할 것이다. 반면 괴짜 생존주의자는 80리터 정도의 식수와 40일치 비상식량을 갖추어놓지 않으면 스트레스를 받을 것이다. 이런 양극단의 사람이 있고, 나머지 대부분을 차지하는 우리는 그 중간 어디쯤에 있을 것이다. 당신의 정리 스타일과 시스템을 자신의 성격과 조화시키는 것이 중요하다.

현대 가정에는 수천 가지 물건이 들어차 있다. 이것은 우리 선조들이 마주하지 못했던 종류의 문제다. 우리 선조들은 조기 사망이라는 대단히 현실적인 위협을 비롯해 우리와는 다른 스트레스 요인을 직면하고 살았다. 우리는 자연과 예술을 즐기고, 몽상 모드가 정기적으로 찾아들 수 있게 허용하는 등 열심히 일하는 뇌를 리셋시켜주는 일을 함으로써 사전에 스트레스를 줄일 필요가 있다. 그럼 이런 일들은 대체 어떻게 정리해야 할까?

04

사회세계의 정리

오늘날 사람들은 어떻게 연결되어 있는가

2013년 7월 16일, 뉴욕에서 정신적으로 불안정한 한 여성이 7개월 된 자기 아들을 맨해튼 양육위탁기관에서 유괴했다. 이와 유사한 유괴 사건 사례들에 비추어보면, 사건이 발생한 후 시간이 지날수록 아이를 발견할 가능성은 급속히 떨어진다. 경찰에서는 아이의 안전을 염려해서 전례 없는 조치를 취했다. 국가비상사태경보 발송을 위해 만들어진 거대한 사회적 네트워크를 동원해 도시 전역에 있는 수백만 대의 휴대전화에 문자메시지를 발송한 것이다. 새벽 4시도 되기 전에 수많은 뉴욕 시민이 문자메시지에 잠을 깼다.[1]

이 앰버 경보(납치, 실종된 어린이의 인상착의 등 관련 정보를 매체, 전광판 등에 공개해 신고와 제보를 독려하는 시스템 – 옮긴이)에는 납치에 사용된 자동차의 등록번호가 함께 올라갔다. 결국 그 차를 발견한 사람이 뉴욕 경찰서에 신고한 덕분에 아이를 무사히 찾을 수 있었다.[2] 이 메시지는 사람들의 주의 필터를 뚫고 들어갔다.

그로부터 3주 후, 캘리포니아 고속도로 순찰대는 샌디에이고 근처에서 두 어린이가 유괴된 후 해당 지역에, 그리고 조금 시간이 지난 후 주 전체에 앰버 경보를 발령했다. 경보는 문자메시지를 통해 수백만 대에 이르는 캘리포니아의 휴대전화들로 전송됐다. 캘리포니아 고속도로 순찰대는 경보를 트위터에 올렸고, 평소 교통 상황을 알리는 데 쓰이던 캘리포니아 고속도로 대형 전광판에도 반복해서 경보를 노출시켰다. 이번에도 역시 유괴된 어린이들을 안전하게 찾아낼 수 있었다.

캘리포니아 고속도로 순찰대 홍보팀
앰버 경보 용의차량 정보: 파란색 닛산 베르사 차량. 4–도어, 차량번호 – 6WCU986. 이 차량을 목격하신 분은 샌디에이고 경찰서로 신고해주시기 바랍니다.

이런 일이 단지 기술의 발달 덕분에 가능했던 것은 아니다. 인간은 본능적으로 어린아이, 심지어 자기와 친척 관계가 아닌 어린아이라도 보호하도록 만들어져 있다. 테러리스트의 공격이나 전쟁의 잔혹행위에 대한 기사를 읽을 때마다 가장 비통하고 격한 반응을 불러일으키는 것은 아이들이 입은 피해다. 이는 어느 문화를 막론하고 보편적인 선천적 반응이다.

앰버 경보는 과제를 대중에게 아웃소싱하는 크라우드소싱crowdsourcing의

한 예다. 이것은 다른 방식으로는 해결하기 어렵거나 불가능한 문제를 수천 혹은 수백만 명의 사람이 협력해서 풀어낼 수 있게 돕는 기술이다. 크라우드소싱은 야생동물 및 새의 숫자 파악, 옥스퍼드 영어사전 편집자에게 단어의 사용 예제와 인용문 제공하기, 애매모호한 문장 해독 돕기 등 온갖 종류의 일에 사용되어왔다. 미국의 군 당국과 법 집행 당국은 특히 크라우드소싱에 관심을 보여왔다. 크라우드소싱을 통해 정보를 수집하면 엄청난 수의 시민을 자신의 팀원처럼 이용할 수 있어서 정보의 양을 극대화할 수 있기 때문이다. 크라우드소싱은 사회적 네트워크를 조직하고 정리해서 만인이 혜택을 볼 수 있도록 수많은 개인의 에너지, 전문지식, 물리적 위치 등을 이용하는 한 가지 사례에 불과하다. 어떻게 보면 이것은 인간의 뇌를 외부화하는 또 다른 형태라고도 할 수 있다. 공공의 이익을 위해 수많은 뇌의 활동, 지각, 인지를 공동의 활동으로 묶는 방식인 것이다.

2009년 12월, 미 국방부 방위고등연구계획국DARPA은 미국 전역 곳곳에 잘 보이도록 설치한 풍선 10개의 위치를 알아내는 사람에게 4만 달러를 주겠다고 제안했다.[3] 당시의 쟁점은 국가 안보 및 방위 관련 문제의 해결 능력과 긴급한 위기의 순간에 국가의 동원 능력을 알아보려는 것이었다. '풍선'을 '더러운 폭탄dirty bomb(재래식 폭탄에 방사능 물질을 채운 일종의 방사능 무기 − 옮긴이)' 등 폭발 물질로 대체하면 그 관련성이 명확하게 드러난다.

지정해놓은 날이 되자 DARPA는 직경 2.5m의 커다란 빨간 기상 관측용 풍선 10개를 미국 곳곳에 띄워놓았다. 이 대회가 처음 제안되었을 때 전문가들은 전통적인 정보 수집 기술을 이용해서는 이 문제를 풀기가 불가능하다고 지적했다.[4]

이 문제가 어떻게 풀릴 것인가를 두고 과학계에서는 몇 주간 여러 가지 추측이 나돌았다. 점심시간이면 전 세계의 대학과 연구팀에서는 이 주제로 이야기꽃을 피웠다. 대부분 위성영상을 이용하는 팀이 승리할 것이라 예상했지만, 여기에도 문제가 없지는 않았다. 도대체 미국 본토의 위성영상에서 감시 구역을 어떻게 나누어야 풍선의 위치를 파악할 수 있을 정도로 해상도는 충분히 높으면서 막대한 양의 사진을 신속하게 처리할 수 있을까? 위성영상 분석은 방 안을 가득 채운 인력에 의해 이루어질까, 아니면 빨간 풍선을 목표 대상이 아닌 다른 풍선이나 둥글고 빨간 물체와 구분할 수 있는 컴퓨터 알고리즘을 통해 이루어질까? 사실상 이것은 '월리를 찾아라'와 똑같다.[5] 컴퓨터 프로그램은 2011년에야 월리를 찾아낼 수 있었다.

다른 예상들은 정찰기, 망원경, 초음파 탐지기, 레이더 등을 사용하는 부분에 초점이 맞춰졌다. 분광사진spectrogram이나 화학 센서, 레이저는? 캘리포니아공과대학의 물리학과 교수 톰 톰브렐로Tom Tombrello는 교활한 접근 방식을 선호했다. "나 같으면 풍선을 설치하기 전에 풍선의 위치를 알아낼 방법을 고안할 겁니다. GPS 추적장치를 심어놓는 거죠. 그럼 풍선 찾기는 식은 죽 먹기일 테니까요."

이 대회에는 53개 팀 총 4,300명의 참가자가 지원했다. 승리한 팀은 MIT 연구자 집단이었는데, 아홉 시간도 되지 않아서 이 문제를 풀었다. 도대체 어떤 방법을 사용했을까? 많은 사람이 예상한 대로 최첨단 위성영상이나 정찰기는 아니었다. 아마 지금쯤이면 여러분도 짐작하지 않았을까 싶다. 이들은 수많은 협력자와 추적자들로 즉석에서 거대한 사회적 네트워크를 구성함으로써 문제를 해결했다. 한마디로 크라우드소싱을 이용한 것이다. MIT 팀은 각각의 풍선을 찾는 데 4,000달러를 할당했다. 만약 당신이 동네에서 우연히 풍선을 발견해서 이 팀에 정확한 위치 정보를 제공하면 2,000달러를 받게 된다. 만약 당신이 끌어들인 친구 하나가 그 풍선을 발견할 경우 그 친구는 2,000달러를 벌고, 당신은 그 친구를 이 일에 끌어들였다는 사실만으로 1,000달러를 벌게 된다. 그리고 만약 당신 친구의 친구가 풍선을 발견했다면 한 다리 건너 사람을 끌어들인 공로로 500달러를 받고…… 이런 식이다. 어느 한 사람이 풍선을 발견할 가능성은 엄청나게 작다. 하지만 당신이 알고 있는 모든 사람이 그들이 알고 있는 모든 사람을 끌어들이고, 또 그 각자의 사람들이 자기가 아는 모든 사람을 끌어들인다면 당신은 이론적으로 미국 전체를 지상에서 감시할 수 있는 시각 네트워크를 구축하는 셈이다. 사회적 네트워크 공학자들과 국방부 사람들이 궁금해했던 흥미로운 질문 하나는 테러용 핵무기를 수색할 경우 등 실제로 국가적 비상사태가 일어났을 때 미국 전체를 감시하는 데 얼마나 많은 사람이 필요할까 하는 문제였다. DARPA의 풍선 문제의 경우, 겨우 4,665명의 사람과 아홉 시간 미만의 시간으로 족했다.

많은 수의 사람, 즉 대중은 공공기관 같은 전통적인 조직이 처리할 수 없는 방대한 문제를 해결하는 데 종종 도움을 준다. 위키피디아Wikipedia도 크라우드소싱의 한 사례다.[6] 위키피디아는 정보를 가진 사람이면 누구나 참여할 수 있도록 격려했고, 이런 과정을 통해 전 세계에서 가장 방대한 참고자료로 발돋움했다. 위키피디아가 크라우드소싱으로 기존의 백과사전을 대신한 것처럼, 킥스타터Kickstarter는 기존의 벤처 투자를 대신한다. 4,500만 명 이상의 사람이 투자한 7억 5,000만 달러의 돈으로 영화제작자, 음악가, 화가, 디자이너 등 예술가들이 제안한 5만 건 정도의 창조적 프로젝트에 자금을 댄 것이다. 키바Kiva는 이 개념을 은행에 적용해 개발도상국에서 소규모 사업체 창업을 돕는 소액융자를 후원함으로써 이들의 경제 자립에 시동을 걸었다. 첫 발을 뗀 이래 9년간 키바는 70개국 100만 명의 사람에게 총 5억 달러의 돈을 대출해주었다. 이 자금은 거의 100만 명의 대출자가 크라우드소싱으로 기여한 돈이다.[7]

크라우드소싱에 참여하는 사람들 다수가 아마추어와 열정적인 취미 애호가들이다. 크라우스소싱은 생활정보 검색 사이트인 옐프^{Yelp}, 레스토랑 및 호텔 평가 사이트인 자갓^{Zagat} 등을 통한 소비자 평가와 아마존 사이트의 제품 평가 같은 형태에서 그 장점이 가장 두드러진다. 인터넷이 없던 시절에는 전문적인 리뷰어로 일하는 노동자 계층이 존재했다. 이들은 자신이 직접 제품이나 서비스를 이용하며 받은 인상을 신문기사나 〈컨슈머 리포트〉 등의 잡지를 통해 공유했다. 이제는 '트립어드바이저^{TripAdvisor}' '옐프', '엔지스 리스트$^{Angie's List}$' 등의 사이트 덕분에 일반인들도 제품이나 서비스에 대한 리뷰를 쓸 수 있게 됐다. 여기에는 두 가지 상반된 효과가 있다. 이것이 긍정적으로 작용하면 우리는 특정 모텔이 깨끗하고 조용한지, 특정 식당이 청결하고 양도 푸짐한지 수백 명의 경험을 통해 파악할 수 있다. 반면 낡은 시스템이 더 좋은 점도 있다. 인터넷 시대 이전의 리뷰어들은 전문가였다. 그들은 리뷰를 통해 생계를 꾸리는 사람들로, 풍부한 경험을 갖고 있었다. 식당 리뷰 기사는 겨우 몇 곳의 식당을 돌아다녀본 사람이 아니라 수많은 식당을 발이 닳도록 다니며 음식을 맛본 사람이 쓴 글이었다. 자동차나 고성능 오디오 장비의 리뷰어들은 어느 정도 해당 분야에 대한 전문지식을 갖추고 있었기에 제품이 잘 작동하는지 살피는 것은 물론, 일반인들이 간과하고 지나치는 중요한 부분들까지 주의를 기울여 세심하게 검사한 끝에 리뷰를 썼다.

크라우드소싱은 리뷰를 민주화하는 힘으로 작용해왔다. 하지만 이로써 얻어지는 정보를 곧이곧대로 받아들여서는 안 된다. 과연 대중을 믿어도 될까? 그렇기도 하고, 아니기도 하다. 모든 사람이 좋아하는 것이라고 해서 당신도 좋아할 것이라고 할 수는 없다. 당신이 좋아하는 음악가나 책 중에도 대중적으로는 인기 없는 것이 있지 않은가? 반대로 인기 있는 책이나 영화가 당신에게는 끔찍했던 경우도 있을 것이다. 반면, 양적 판단에 있어서는 대중의 판단이 거의 맞아떨어진다. 수백 개의 젤리빈이 가득 차 있는 유리 단지를 보여주며 사람들에게 몇 개나 들어 있을지 맞혀보라고 하면 개개인 들은 대부분 아주 틀린 대답을 내놓지만, 집단의 평균은 깜짝 놀랄 정도로 정답에 가깝다.[8]

아마존, 넷플릭스Netflix 등 콘텐츠 공급자들은 협력적 필터링collaborative filtering이라는 수학 알고리즘을 통해 대중의 지혜를 이용했다. 이는 사람들의 행동에서 나타나는 상관관계나 동시 발생을 추적해 해당 이용자가 좋아할 만한 것을 추천해주는 기술이다. 웹사이트에서 이와 비슷한 글을 읽어본 적 있는가? "이것을 구입한 고객님들은 저것도 좋아했습니다." 그렇다면 당신 도 협력적 필터링을 체험해본 것이다. 이 알고리즘의 문제는 정확도에 악영 향을 미칠 수 있는 미묘한 차이나 상황을 고려하지 않는다는 것이다. 만약 당신이 이모에게 선물하려고 정원 가꾸기 관련 책을 방금 온라인으로 구입 했다면, 당신의 컴퓨터에는 당신에게 추천하는 책이라며 온갖 정원 가꾸기 관련 서적의 링크들이 펼쳐질 것이다. 이 알고리즘은 당신이 정원 가꾸는 것 을 좋아하지 않으며 그저 선물하기 위해 그 책을 구입했다는 사실을 알지 못 한다. 만약 당신이 예전에 아이에게 보여줄 영화들을 다운로드 받았다면, 정 작 당신이 성인용 드라마가 보고 싶어서 그 웹사이트에 들어가더라도 온통 아동용 영화만 잔뜩 권할 것이다. 이것이 이 알고리즘의 좋지 않은 점이다.

내비게이션 시스템도 일종의 크라우드소싱을 이용한다. 당신의 스마트 폰이나 구글맵에 있는 웨이즈Waze 애플리케이션은 현재의 교통 상황을 바 탕으로 공항으로 가는 가장 빠른 길을 알려준다. 웨이즈는 대체 교통 상황 을 어떻게 알아내는 것일까? 이 프로그램은 당신의 스마트폰과 이 애플리 케이션을 사용하는 다른 사용자 수천 명의 스마트폰이 도로에서 어떻게 움직이고 있는지 추적한다. 만약 당신이 교통체증으로 꼼짝없이 잡혀 있으면 당신의 스마트폰은 몇 분간 같은 GPS 좌표만 보고할 것이다. 교통이 원활한 상태라면 당신의 스마트폰은 차와 같은 속도로 움직일 것이다. 웨이즈는 이런 정보를 바탕으로 경로를 추천해준다. 크라우드소싱의 경우, 전체 시스템의 품질을 좌우하는 결정적인 요소는 그것을 사용하는 사용자의 숫자다. 이런 면에서는 전화기, 팩스, 이메일과 유사하다. 만약 한두 사람 정도만 전화기를 가지고 있다면 별 쓸모가 없을 것이다. 이런 것들은 사용자가 많아질수록 그 유용성도 높아진다.

예술가 겸 공학자 살바토레 이아코네시Salvatore Iaconesi는 자신의 뇌종양 치료 옵션들을 이해하기 위해 자신의 모든 의료기록을 온라인에 올려 크라우드소싱을 이용했다. 그가 받은 답장은 5만 건이 넘었다. 의사들이 그에게 필요한 의학적 옵션을 논의하다 보니 자연스럽게 전담 팀이 꾸려졌다. 이아코네시는 이렇게 말했다. "수천 년에 이르는 인간의 역사와 전통이 담긴 다양한 해법들이 지구 곳곳에서 날아들었습니다." 이 충고들을 살펴본 그는 전통적인 수술에 일부 대체의학을 결합해서 치료를 받았고, 뇌종양은 현재 차도를 보이고 있다.[9]

가장 흔한 응용 프로그램 중 하나는 사실 무대 뒤에 숨어 있다. 바로 리캡차.reCAPTCHA다. 웹사이트에서 종종 보이는 뒤틀린 단어들이 바로 리캡차다. 이것은 컴퓨터, 혹은 자동처리 프로그램bot이 보안 웹사이트에 접근하는 것을 막기 위해 만들어졌다. 컴퓨터가 이런 뒤틀린 문자를 인식하는 것은 어렵지만 인간에게는 별로 어렵지 않다. 리캡차는 웹사이트로 잠입해서 이메일 주소 혹은 비밀번호를 훔쳐내거나, 웹사이트의 약점을 노리는 자동처리 프로그램(예컨대, 콘서트 표를 대량으로 구매해 부풀린 가격으로 되팔려고 시도하는 컴퓨터 프로그램)을 막는 보초병 역할을 한다.[10] 그럼 이 뒤틀린 단어는 대체 어디서 가져올까? 많은 경우 구글에서 디지털화하고 있는 오래된 책이나 문서 중 구글 컴퓨터가 해독에 어려움을 겪는 페이지에서 따온다. 개별적으로 보면, 사람이 리캡차를 하나 푸는 데는 10초 정도밖에 걸리지 않는다. 하지만 세계적으로 보면 사람들은 매일 그런 문제를 2억 개씩 풀고 있기 때문에 하루에만 총 50만 시간 이상의 일을 하고 있는 셈이다. 이 정도 시간이면 차라리 무언가 생산적인 것에 투자하는 것이 낫지 않을까?

활자화된 문서를 자동으로 스캔해서 검색 가능한 원고로 전환하는 기술은 완벽하지 않다. 인간은 쉽게 알아보는 단어도 컴퓨터는 엉뚱하게 알아보는 경우가 많기 때문이다. 구글에서 실제 책을 스캔한 이미지에서 따온 다음의 사례를 보자.[11]

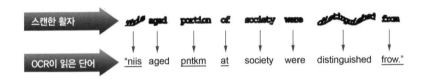

원고를 스캔한 다음에는 서로 다른 두 개의 OCR(광학문자인식) 프로그램이 페이지 위의 이 얼룩 무늬들을 맵핑해서 알려진 단어로 전환하려고 시도한다. 만약 두 프로그램의 의견이 다르면 해당 단어는 미해결 상태로 남고, 리캡차가 이것을 사용자인 당신에게 문제로 제시한다. 그럼 시스템은 당신이 이 알려지지 않은 단어를 정확하게 맞혔음을 어떻게 알까? 당연히 알 수 없다! 리캡차를 풀 때는 알려진 단어와 알려지지 않은 단어가 함께 제시된다. 만약 당신이 알려진 문제를 제대로 맞히면 리캡차는 당신이 사람이라고 가정한다. 그리고 알려지지 않은 단어에 대해 당신이 추측한 답이 합리적인 판단일 것이라 가정한다. 이 알려지지 않은 단어에 대해 여러 사람의 의견이 맞아떨어지면 리캡차는 그 문제가 풀린 것으로 판단하고, 그 정보는 스캔에 포함된다.

아마존의 '메커니컬 터크Mechanical Turk'(크라우드소싱을 이용하는 온라인 인력시장 서비스 - 옮긴이)는 보통 컴퓨터는 별로 신통치 못하지만 사람은 따분하거나 지겹다고 느낄 과제를 수행하는 데 사용된다. 최근 〈사이언스〉에 발표된 한 인지심리학 실험은 실험 참가자를 찾기 위해 아마존의 메커니컬 터크를 이용했다. 지원자들은 이야기 하나를 읽은 다음에 자신의 공감 수준을 측정하는 시험을 치러야 했다(이들에게는 각각 3달러가 지급됐다). 공감을 느끼는 데는 동일한 상황이나 상호작용에 대해 관점을 전환하며 바라볼 수 있는 능력이 요구된다. 여기에는 뇌의 백일몽 모드(과제 부정적 네트워크)가 필요하며, 이를 위해서는 전전두엽피질, 대상회, 측두두정접합temporoparietal junction 간의 연결이 이뤄져야 한다.[12] 공화당 지지자들과 민주당 지지자들은 서로를 생각할 때 뇌의 이 공감 영역을 사용하지 않는다. 연구 결과, 문학소설을 읽는 사람이 통속소설이나 논픽션을 읽는 사람에 비해 타인의 감정을 더욱 잘 파악하는 것으로 나타났다. 이에 대해 통속소설이나 논픽션과 달리 문학소설은 복잡하고 치밀한 구성을 갖추어 독자로 하여금 등장인물의 생각과 동기를 해독하는 과정에 빠져들게 만들기 때문이라는 이론이 제시되었다. 이 실험에는 수백 명의 참가자가 필요했기 때문에 실험실에서 실제 참가자들을 모집해 진행하려 했다면 엄청난 시간이 소요됐을 것이다.

부정행위를 하는 것은 인간의 본성이기 때문에 크라우드소싱을 이용하려는 사람은 견제와 균형에 신경 써야 한다. 식당에 대한 온라인 리뷰를 읽을 때 그 글이 실제로 그곳에서 식사를 한 사람이 적은 것인지, 아니면 식당 주인의 사위가 적은 것인지 알 길이 없다. 위키피디아의 경우, 해당 자료에 기여하고 그 내용을 검토하는 사람의 숫자가 엄청나다는 점이 그런 균형과

견제를 담당한다. 여기서 밑바탕에 깔린 가정은, 어느 주어진 집단 안에는 사소한 경우든, 극단적인 경우든 간에 거짓말쟁이나 부정행위자는 소수에 불과하며 결국은 선량한 사람들이 악한 사람들을 물리치리라는 것이다. 불행하게도 이것이 늘 사실은 아니지만, 그래도 충분히 여러 번 사실로 입증되었기 때문에 크라우드소싱은 유용하며 대부분 믿을 만하다. 돈을 주고 전문가 집단을 고용하는 것보다 훨씬 비용을 절감할 수 있는 대안으로 작용하는 경우도 많다.

전문가들은 이렇게 주장한다. "대중은 언제나 옳다." 하지만 이것은 분명 사실이 아니다. 대중 가운데 일부는 독단적이고 고집이 센 데다 틀린 정보를 가지고 있을 수도 있기 때문이다. 따라서 전문가 감독관으로 구성된 패널을 두면 위키피디아 같은 크라우드소싱 프로젝트의 정확성과 성공률을 크게 향상시킬 수 있을 것이다. 〈뉴요커〉의 수필가 애덤 고프닉Adam Gopnik은 이렇게 설명했다. "사람들의 의견이 쉽게 모아질 땐 문제가 없다.[13] 자본주의의 기원처럼 어떤 가치관이나 사실에 대해 사람들의 의견이 크게 엇갈리는 것도 괜찮다. 양쪽 다 틀린 말은 아니니까. 문제는 한쪽은 옳고 다른 한쪽은 틀렸는데 그것을 모를 때 생긴다. 위키피디아에서 셰익스피어의 저술에 관한 페이지와 '토리노의 수의Shroud of Turin'에 관한 페이지는 끊임없는 갈등이 펼쳐지고 있는 현장으로, 신뢰할 수 없는 정보들이 넘쳐난다. 창조론자들은 진화론자들만큼이나 사이버 공간을 가득 메우면서 자기네 사고방식을 마음껏 퍼뜨리고 있다. 문제는 똑똑한 사람들이 없다는 것이 아니라 정말 어리석은 사람들이 힘을 과시하는 것을 통제하기 어렵다는 것이다."

현대의 사회적 네트워크는 음울하고 낡은 사회적 역기능과 경이로울 정도로 새로운 기회로 복잡하게 얽혀 있다.

정리하기엔 너무 복잡한 현대의 사회관계 [14]

한 사회가 직면한 가장 큰 변화 가운데 하나는 사회세계와 우리가 상호작용하는 방식에 관한 문화적 변화다. 당신이 1200년대에 살고 있다고 상상해보자. 당신에게는 네다섯 명의 형제가 있을 것이다. 원래는 네다섯 명 정도 더 있었지만 두 번째 생일을 맞이하기 전에 죽었을 것이다. 그리고 흙바닥으로 된 단칸방에 살고 있을 것이고, 난방을 위해 방 한가운데에는 불을 피워놓았을 것이다. 이 집에는 당신의 부모와 자식은 물론, 고모나 삼촌, 조카 등 대가족이 모두 북적거리며 살고 있을 것이다. 당신의 하루 일과는 20명 정도 되는 가족 구성원의 일과와 밀접하게 연결되어 있을 것이다. 당신이 알고 지내는 사람은 200명 정도로, 대부분은 평생 동안 알고 지낸 사람들일 것이다. 이방인들은 의심의 눈초리로 바라볼 것이다. 이방인을 만나는 일이 극히 드물기 때문이다. 당신이 평생 만나볼 사람들의 숫자는 당신이 오늘날 북적거리는 출퇴근 시간에 맨해튼을 걷는 동안 지나쳐 가는 사람들의 숫자보다 적을 것이다. [15]

1850년 무렵, 유럽의 평균 가족 구성원 수는 20명에서 가까이 붙어서 사는 10여 명으로 줄어들었다. 1960년에는 그 숫자가 5명에 불과했다. 오늘날에는 50%의 미국인이 혼자 산다. 아이를 낳는 사람이 줄어들었고, 아이를 낳아도 그 수가 예전에 비해 훨씬 적다. [16] 수만 년에 걸쳐 인간의 삶은 가족을 중심으로 이루어져왔으나, 대부분의 선진국에서 이것은 이제 옛날 얘기가 되었다. 그 대신 우리는 직장에서, 취미를 통해서, 그리고 동네에서 복잡하게 얽히는 사회세계를 창조하고 있다. 우리는 자녀의 친구의 부모와 친구가 되거나 반려견의 친구의 주인과 친구가 된다. 우리는 대학이나 고등학교 친구들과 사회적 네트워크를 구축하고 유지한다. 하지만 가족 간 네트워크는 점점 축소되고 있다. 우리는 낯선 사람들을 더욱 많이 만나며, 아주 새로운 방식으로 그들을 우리의 삶으로 끌어들인다.

요즘에는 사생활이란 개념을 당연시하지만, 200년 전만 해도 지금과는 상황이 아주 달랐다. 19세기까지만 해도 사람들이 방을 함께 사용하거나 길거리 여인숙에서 침대를 함께 쓰는 일이 아주 흔했다. 그 시절 사람들의 일기를 보면, 늦게 도착한 손님들이 한밤중에 침대에 들어온다며 불평하는 손님들이 많았음을 알 수 있다. 빌 브라이슨Bill Bryson이 《거의 모든 사생활의 역사At Home》에 상세하게 적어놓았듯, "자기 주인이 침대 안에서 무슨 짓을 하고 있든 상관없이 하인이 그 발치에서 잠을 자는 것이 지극히 정상적인 일이었다."[17]

인간의 사회적 관계는 호혜, 이타심, 상업, 육체적 매력, 출산 등의 습관을 기초로 이루어졌다. 우리는 우리와 생물학적으로 가장 가까운 친척인 원숭이와 유인원의 행동을 통해 이런 심리적 실체에 대해 많은 것을 배울 수 있다. 경쟁심, 질투, 의심, 정서적 상처, 높은 사회적 지위를 향한 경쟁 등 사회적 친밀감에 수반되는 불쾌한 부산물들이 존재한다. 유인원과 원숭이는 오늘날의 우리보다 훨씬 작은 사회세계를 구성하며 살아간다. 보통 한 사회 단위에 속한 개체가 50마리를 넘지 않는다. 그 숫자를 넘어서면 경쟁이 일어나 집단을 갈라놓고 만다. 반면, 인간은 몇천 년 동안 몇만 명 단위로 마을과 도시를 이루며 함께 살아왔다.

와이오밍의 목장 주인이나 버몬트 시골에 사는 작가라면 일주일 동안 단 한 명의 사람도 만나보지 못했을지 모르지만, 월마트 입구에서 손님을 맞이하는 종업원은 하루에만 1,700명과 시선을 마주친다.[18] 우리가 만나는 사람들은 우리 사회세계의 상당 부분을 구성하며, 우리는 암묵적으로 그 사람들을 범주화해서 가족, 친구, 직장동료, 서비스 공급자(은행 직원, 식료품가게 점원 등), 전문 상담원(의사, 변호사, 회계사 등) 등 거의 끝없이 이어지는 범주들로 나눈다. 이런 범주들은 다시 하위범주로 나뉜다. 가족에는 핵가족, 만나고 싶은 친척, 별로 보고 싶지 않은 친척이 포함된다. 직장동료 중에는 일을 마치고 같이 맥주라도 한잔하고 싶은 동료가 있는가 하면 그렇지 않은 동료도 있다. 그리고 맥락이 중요하다. 직장에서 함께 어울리고 싶은 사람이 주말에 해변에서 마주치고 싶은 사람과 꼭 같은 사람이라는 법은 없다.

사회적 관계를 더 복잡하게 만드는 것이 있다. 당신의 직업, 사는 곳, 성격과 관련 있는 맥락 요인들이다. 와이오밍의 목장 주인이라면 자신의 사회세계에 포함시키는 사람의 숫자가 적을 것이고, 그 수가 비교적 일정하게 유지될 것이다. 반면 사업가나 세간의 주목을 받는 유명 인사들은 매주 수백 명의 새로운 사람들을 만날 것이고, 그중 일부와는 다양한 개인적, 직업적 이유로 다시 만나보고 싶어질 것이다.

그럼 유대관계를 맺고 싶은 이 수많은 사람들을 대체 어떻게 관리해야 할까? 유명한 인사 변호사 로버트 샤피로Robert Shapiro는 이런 실용적인 시스템을 권한다. "나는 새로 누군가를 만나면 명함이나 종이에 메모를 합니다. 그 사람을 어디서 어떻게 만났고, 그 사람의 전문 영역은 무엇이며, 만약 우리를 누군가가 소개해준 경우라면 소개해준 사람은 누구였는지 등등 말이죠. 이렇게 하면 나와 그 사람의 관계에서 맥락을 짚는 데 도움이 됩니다. 함께 식사를 한 경우에는 그 자리에 다른 누가 있었는지도 적어 둡니다. 이런 내용들을 모두 비서에게 주면 비서가 타이핑을 해서 내 연락처 목록에 집어넣습니다. 물론 내가 정기적으로 만나는 사람들에 대해서는 더욱 정교한 시스템을 사용하지요. 내 연락처 목록에는 그들의 배우자와 아이들의 이름, 취미, 우리가 함께했던 일과 장소, 시간, 때로는 그 사람의 생일까지도 모두 기록되어 있습니다."[19]

화이자Pfizer의 지역 의약품 전문가인 데이비드 골드David Gold도 비슷한 방법을 이용한다. "2008년 웨어 박사를 만났을 때를 예로 들면, 나는 우리의 대화 내용을 스마트폰의 메모 애플리케이션에 적어서 내 이메일로 보냈습니다. 그러면 2013년에 그를 다시 만났을 때 이렇게 말할 수 있지요. '지난번에 우리가 날트렉손과 이러저러한 것들에 대해 얘기했던 거 기억하시죠?'"[20] 이렇게 하면 대화에 맥락뿐만 아니라 연속성이 함께 부여된다. 이것은 양쪽의 마음을 정돈시켜주기 때문에 상호작용도 함께 정돈된다.

크레이그 칼만Craig Kallman은 뉴욕 애틀랜틱 레코드의 회장 겸 CEO로, 매일같이 엄청난 수의 사람과 접촉한다. 그가 접촉하는 사람에는 에이전트, 가수 매니저, 프로듀서, 직원, 사업동료, 라디오방송사 매니저, 소매상 등을 비롯해 아레사 프랭클린Aretha Franklin에서 레드 제플린Led Zeppelin, 제이슨 므라즈Jason Mraz, 브루노 마스Bruno Mars에 이르기까지 그의 회사에 소속된 수많은 음악인도 포함되어 있다. 칼만은 1만 4,000명의 연락처 목록이 저장된 전자파일을 갖고 있다. 이 파일에는 그들이 마지막으로 대화를 나눈 때가 언제인지, 그리고 이 데이터베이스에 수록된 다른 사람들과는 어떻게 연결되어 있는지도 정리돼 있다. 컴퓨터가 가져다준 이점은 이렇게 큰 데이터베이스를 몇 가지 서로 다른 매개변수로 검색해볼 수 있다는 것이다. 지금으로부터 1년이 지나면 칼만은 방금 만난 사람에 대해 한두 가지 정도밖에 기억 못 할지도 모른다. 하지만 연락처 목록을 검색해보면 올바른 항목을 찾아낼 수 있을 것이다. 칼만은 자기가 이 사람과 1년 전쯤에 산타모니카에서 점심을 함께했다는 것이나, 퀸시 존스Quincy Jones를 통해 누군가를 소개받았다는 것밖에 기억 못 할지도 모른다. 하지만 마지막 접촉한 날로 분류해보면 그동안 못 만나고 지낸 이 사람이 누구인지 알 수 있다.[21]

범주는 유연하고 모호한 경계를 가지고 있을 때 가장 유용한데, 그 대표적인 경우가 사회적 범주다. '친구'라는 개념은 당신이 집에서 얼마나 멀리 나와 있는가, 당신의 사회생활이 얼마나 바쁜가, 그리고 기타 여러 가지 상황에 따라 달라진다. 프라하를 여행하다가 고등학교 친구를 우연히 만났다면 그 친구와 함께 저녁을 먹으며 즐거운 시간을 보낼 수 있을지도 모른다. 하지만 다시 집으로 돌아오면 함께 시간을 보내고 싶은 사람이 많기 때문에 굳이 그 친구와 함께 시간을 보내고 싶은 마음은 들지 않을 것이다.

이상적으로는 친구란 함께 있으면 자신의 참모습으로 존재할 수 있고 걱정 없이 경계심을 풀 수 있는 사람을 뜻한다. 그러나 우리는 동기와 필요에 따라 우정을 정리한다. 함께했던 과거 때문에, 공통의 목표가 있어서, 신체적 매력 때문에, 서로 보완해주는 성격 때문에, 출세 좀 해보려고 등등 이 동기와 필요는 무척 다양하다. 우정은 좋아하는 것과 싫어하는 것에 대한 공유를 중심으로 돌아가는 측면이 분명히 있다. 같은 것을 좋아하는 사람과는 친구가 되기 쉽다. 하지만 이것조차 상대적이다. 만약 당신이 퀼트를 무척 좋아하는데 마을에 퀼트를 하는 사람이 딱 한 명밖에 없다면 공통의 취미 때문에 서로 친해지게 될 것이다. 그러나 퀼트 대회에 나가보면 퀼트에 대한 취향이 자기와 특히나 잘 맞고 공통점도 더 많고 더 끈끈한 유대를 맺을 만한 사람을 만날 수도 있다. 프라하에서 만난 고등학교 친구가 반가웠다가 집에 돌아오면 그에 대한 흥미가 떨어져버리는 것도 같은 이유다.

우리 선조들은 느리게 변화하는 사회적 집단에서 살았고, 평생 똑같은 사람들만 보며 살았기 때문에 사회적 관계에서의 거의 모든 세부사항을 머릿속에 담아둘 수 있었다. 하지만 요즘에는 자기가 알고 지내는 모든 사람과 새로 만나는 사람들을 모두 파악하기가 점점 힘들어지고 있다. 인지신경과학에서는 마음을 깨끗이 정리하려면 정보를 외부화해야 한다고 말한다. 로버트 샤피로와 크레이그 칼만이 누군가를 새로 만난 장소가 어디고, 무엇에 대해 얘기했고, 누가 소개해주었는지 등 맥락과 관련된 정보들을 연락처 파일에 함께 관리한 이유도 바로 이 때문이다. 여기에 덧붙여 직장동료, 학교 친구, 어린 시절 친구, 친한 친구, 지인, 친구의 친구 등 파일에 주석을 달아놓으면 항목을 정리하는 데 도움이 된다. 한 항목에 여러 가지 주석을 달면 안 되는 것도 아니다. 전자 데이터베이스에서는 항목을 분류할 필요도 없다. 그냥 자신이 관심 있는 키워드가 들어 있는 항목을 검색해보면 간단히 원하는 정보를 찾아낼 수 있다.

이런 일을 하다 보면 일만 더 늘고 별로 쓸모는 없는 것 아닌가 하는 생각이 들 수도 있다. 실제로 사람을 만나기보다는 사회세계에 관한 자료를 정돈하는 데 시간을 보내고 있으니 말이다. 하지만 누군가의 생일이나 좋아하는 와인을 파악하는 것이 자연스러움 자체를 즐기는 사회생활과 상호배타적인 것은 아니다. 사람을 만날 때마다 모든 것을 정리해두기 위해 시간을 들여야 한다는 의미도 아니다. 그저 정보를 정리함으로써 자연스러운 만남이 정서적으로 좀 더 풍부한 의미를 띨 수 있게 하자는 것이다.

앞 장에서 소개한 비서 린다가 사회적으로 접촉하는 여러 사람이나 친구들과 연락을 유지할 수 있는 아주 실용적인 해결책 하나를 알려주었다. 알림이^{tickler}를 사용하는 것이다. 알림이는 기억을 떠올려주는 모든 수단을 의미한다. 종이에 쪽지로 적어놓거나 전자달력을 이용하는 것이 제일 좋다. 먼저 두 달에 한 번씩 친구의 안부를 묻고 확인할 주기를 설정한다. 그 주기가 한 바퀴 돌았는데 그동안 친구와 접촉한 적이 없다면 문자메시지나 전화, 페이스북 포스팅 등으로 안부를 묻는다. 이렇게 몇 번 하다 보면 리듬이 생기고, 이런 식으로 연락할 때가 기다려지기 시작한다. 그러다 보면 상대편이 당신에게 연락을 해올지도 모른다.

기억의 외부화가 꼭 달력, 알림 파일, 휴대전화, 색인카드처럼 물건에 국한될 필요는 없다. 다른 사람도 여기에 포함될 수 있다. 교수는 당신이 거의 필요로 하지 않을 불가사의한 정보의 보관소 역할을 해주는 사람의 좋은 예다.[22] 당신이 포틀랜드에서 무척 마음에 들었던 식당의 이름을 당신의 배우자가 대신 기억해줄 수도 있다. 다른 사람이 포함되는 외부 기억을 전문용어로는 '분산기억transactive memory'이라고 한다. 여기에는 당신의 사회적 네트워크 안에서 당신이 필요로 하는 지식을 보유하고 있는 사람의 지식이 함께 포함된다.[23] 예를 들어 당신이 제프리의 휴대전화 번호를 잊어버렸다면 그의 아내인 팜이나 그 자녀인 라이더나 애런에게 물어볼 수 있다.

친밀한 연인들은 기억해야 할 것이 있을 때 그 책임을 나눌 수 있다. 이런 일은 대부분 굳이 따로 할당할 필요 없이 그냥 암묵적으로 이루어진다. 예를 들면, 대부분의 연인이 각자 상대방은 잘 모르는 자기만의 전문 영역을 가지고 있고, 그 사실을 둘 다 잘 안다. 이들이 관심을 가질 만한 새로운 정보가 들어오면 전문성이 있는 쪽이 그 정보에 대한 책임을 맡고, 상대방은 자기 파트너가 그렇게 하도록 놔둔다. 만약 양쪽 모두 전문성을 갖추지 못한 영역의 정보가 들어오면 둘 중 누가 그것을 담당할 것인지 짧은 협상이 이루어진다. 이런 분산기억 전략들이 결합되면 이들이 필요로 하는 정보가 언제나 둘 중 적어도 한 명에 의해서는 확실하게 포착될 수 있다.[24] 아주 오랜 세월을 함께한 배우자가 사망했을 때 나머지 파트너가 일상생활의 큰 영역이 뻥 뚫려버린 듯 어찌할 바 모르게 되는 이유는 바로 이 때문이다. 우리의 데이터 저장소 중 상당 부분은 자신과 개인적 인간관계를 구성하는 작은 집단 안에 놓여 있다고 말할 수 있다.

다른 모든 것과 마찬가지로 사회세계를 성공적으로 정리하려면 자기가 거기서 원하는 것이 무엇인지 파악하는 것이 매우 중요하다. 우리의 원시적 유산 중에는 어딘가에 소속되고 싶고, 집단의 일원이 되고 싶어 하는 본능이 있다. 어느 한 집단에 소속되어 혼자 남겨지지 않을 수만 있다면 자기가 어디에 소속되어 있는지는 별로 신경 쓰지 않는 사람도 있다.[25] 개인적 차이는 있지만 너무 오랫동안 혼자 있다 보면 신경화학적 변화가 찾아와 환각, 우울, 자살 충동, 폭력적 행동, 심지어 정신병으로 이어질 수 있다. 사회적 고립은 흡연보다 훨씬 더 심각한 심장마비와 사망의 위험 요인이기도 하다.[26]

혼자 있는 것이 좋다고 생각하는 사람이 많지만, 우리가 자신이 원하는 것이 무엇인지 언제나 잘 알고 있는 것은 아니다. 한 실험에서 통근자들에게 이상적인 통근에 대해 물어보았다. 통근할 때 옆에 앉은 사람과 대화를 나누는 쪽을 선호하는가, 아니면 혼자 조용히 앉아 있는 쪽을 선호하는가? 그러자 압도적 다수가 차라리 혼자 앉아 있는 쪽이 좋다고 했다. 옆 사람과 대화를 나누어야 한다는 점이 부담스러웠던 것이다. 그런 다음 통근자들을 혼자 앉아서 고독을 즐기거나, 아니면 옆에 앉은 사람과 대화를 나누도록 배정해서 그 결과를 살펴보았다. 옆 사람과 대화를 나누었던 통근자들은 통근시간이 훨씬 더 즐거웠다고 보고했다. 이것은 성격 차이로 인한 것이 아니었다. 외향적이든 내성적이든, 개방적이든 무뚝뚝한 사람이든 상관없이 결과가 같았기 때문이다.[27]

우리 종이 등장한 초기에는 포식자와 다른 부족들로부터 자신을 보호하고, 제한된 식량 자원을 공유하고, 아이를 키우고, 부상당했을 때 보살핌을 받으려면 집단에 소속되는 것이 필수적이었다. 사회적 네트워크를 갖는 것은 깊은 생물학적 필요를 충족시켜줄 뿐만 아니라, 다른 사람들과의 관계에서 자신의 위치를 파악하고, 자신의 사회적 지위를 관찰하는 데 도움을 주는 앞쪽 전전두엽피질anterior prefrontal cortex의 뇌 영역들을 활성화시킨다. 이것은 또한 편도체를 비롯해서 뇌의 변연계에 있는 감정 중추들을 활성화시키고, 감정을 조절하는 것도 도와준다. 쉽게 말해, 어딘가에 소속되어 있으면 위안이 된다.[28]

2006년부터 2008년까지 마이스페이스^{MySpace}는 미국은 물론 전 세계적으로도 방문자 수가 가장 많은 소셜 네트워크 사이트로, 심지어 구글도 누를 정도였다. 하지만 지금 이곳은 텅 빈 거리에 잡초만 휘날리는 인터넷 세계의 유령 도시가 되고 말았다. 현재는 페이스북이 지배적인 소셜 네트워크 사이트로 급성장해서 현재 월별 정기 사용자 수가 12억 명이 넘고, 전 세계 사람 7명 중 1명 이상이 페이스북을 이용하고 있다. 어떻게 이런 일이 가능할까? 페이스북은 새로움의 감각, 그리고 타인과 관계 맺고 싶어 하는 욕망에 호소했다. 페이스북은 아주 적은 시간을 들여도 수많은 사람과 접촉을 유지할 수 있게 해주었다.[29]

작은 종이쪽지에 연락처를 적어가며 사람들을 관리하려고 평생 애써온 끝에 이제 당신은 손가락 하나만 까딱하면 이름만으로 사람을 검색해서 그들이 어떻게 지내는지 보고, 자기가 어떻게 지내는지도 알릴 수 있게 되었다. 역사적으로 우리는 작은 공동체에서 자랐고 어린 시절에 알고 지내던 사람들이 곧 평생 알고 지내게 될 사람들이었음을 기억하자. 현대의 삶은 이렇게 굴러가지 않는다. 우리는 엄청난 기동성을 갖게 됐다. 우리는 대학에 진학하기 위해, 직장을 얻기 위해 살던 곳을 떠난다. 배우자를 만나 가족을 새로 꾸릴 때도 먼 곳으로 이사를 간다. 우리의 뇌는 살면서 만난 그 모든 사람들이 지금은 어디에 사는지 알고 싶고, 그들과 다시 만나 회포를 풀고 싶은 원시적 욕망을 유산으로 간직하고 있다. 소셜 네트워크는 너무 많은 시간을 투자하지 않고도 이 모든 것을 할 수 있게 해준다. 그런데 우리가 이런 사람들과 접촉이 끊긴 데는 이유가 있다! 자연스럽게 선별이 이루어진 것이다. 우리는 자기가 좋아하지 않거나 자기 삶과 별로 상관없게 된 사람들과 굳이 접촉하려 들지 않는다. 그런데 이제는 그들이 우리를 찾을 수 있고 우리를 찾을 수 있으리라는 기대를 가지고 있다. 사실 수백만 명의 사람에게 이것은 실보다는 득이 된다. 우리는 그 옛날에 새로운 소식이나 공지 사항을 큰 소리로 외치며 마을을 돌아다니던 관리 혹은 미장원에서 오고가 던 소문과 비슷한 역할을 하는 새로운 소식들을 태블릿이나 스마트폰으로 끊임없이 받아보고 있다. 우리는 이 끊이지 않는 정보를 자기에게 맞게 재 단해서 자신이 가장 중요하게 생각하는 사람이나 사물과의 접촉을 유지한 다. 이것은 개인적 접촉을 대신한다기보다는 보조하는 것이다. 너무 멀리 떨어져 있거나, 아니면 너무 바빠서 만나기 어려운 사람들과 접촉하는 손쉬 운 방법이다.

어쩌면 이 모든 것에 환상이 스며들어 있는지도 모른다. 소셜 네트워크는 넓이를 제공해주지만 깊이를 제공하는 경우는 드물다. 우리가 갈망하는 것 은 직접적인 접촉이다. 온라인 접촉이 어느 정도 그 갈망을 해소해주는 것 같기는 하지만 한계가 있다. 온라인 상호작용은 직접적인 접촉을 대신하기 보다는 보조적인 역할로 남을 때가 가장 좋다. 전자기기를 통한 이 모든 유 대에 따르는 대가는 그것 때문에 타인과의 유대를 강화할 수 있는 우리의 생물학적 능력이 제한된다는 것이 아닐까. 우리의 주의 속에서 어느 하나가 다른 한쪽을 대체해버리는 또 하나의 시소인 셈이다.[30]

집단이나 사회적 네트워크의 일원이 되려는 최소한의 욕구 외에도 더 많 은 것을 추구하는 사람이 많다. 무언가를 함께하거나 여가시간이나 근무시 간에 함께할 수 있는 친구, 우리가 맞닥뜨린 어려움을 이해하고 필요할 때 도움의 손길을 뻗어주는 모임 등 실질적인 도움이나 칭찬, 격려, 자신감, 충 성심 등을 제공해주는 인간관계 말이다.[31]

연인은 함께 있는 것에서 그치지 않고 그 이상의 친밀함을 추구한다. 이 친밀함은 사적인 행동, 개인적 생각, 기쁨, 상처, 그리고 상처받는 것에 대한 두려움 등을 공유하고 거기에 접근할 수 있도록 허용하는 것이라 정의할 수 있다.[32] 친밀함에는 서로 공유하는 의미를 만들어내는 것 또한 포함된다.[33] 둘만이 이해할 수 있는 농담, 둘만이 이해할 수 있는 곁눈질 등 일종의 텔레파시라고도 할 수 있다. 여기에는 관계 속에서 온전한 자기 자신이 될 수 있고, 또 상대방도 그렇게 될 수 있도록 해주는 자유도 포함된다. 친밀감은 중요한 것을 터놓고 얘기하게 해주고, 감정적으로 격한 주제에 관해서도 조롱받거나 거부당하리라는 두려움 없이 분명하게 자기 입장을 취할 수 있게 해준다. 이 모든 설명은 분명 서구적 관점이다. 다른 문화에서는 친밀감을 꼭 필요한 것이라 여기지도 않고, 심지어 이와 똑같은 방식으로 정의하지도 않는다.[34]

친밀함에 수반되는 이미지가 남녀에 따라 다르다는 것은 놀랄 일이 아니다. 여성은 남성보다 헌신과 소통의 지속에 더 초점을 맞추는 반면, 남성은 성적이고 육체적인 친밀감에 초점을 맞춘다.[35] 물론 친밀함, 사랑, 열정이 늘 함께 다니는 것은 아니다. 이런 것들은 서로 완전히 다른 다중의 구성물에 속한다.[36] 우리는 우정과 친밀함에 상호 신뢰가 동반되기를 바라지만, 이 역시 꼭 그렇게 되는 것은 아니다. 우리의 친척인 침팬지와 마찬가지로 우리는 자기에게 득이 될 때는 상대방을 속이려는 성향을 타고난 것 같다(이것은 헤아릴 수 없이 많은 실망과 심적 고통의 원인이자 드라마의 소재이기도 하다).[37]

현대의 친밀함은 우리 선조들이 보여준 것보다 더 다양하고, 더 복잡하고, 더 다원적인 양상을 띤다. 그 어느 역사와 문화를 통틀어보아도 지금처럼 친밀함을 중요시하고 강조한 적은 없다.[38] 수천 년간(우리 역사의 처음 99%에 해당) 우리는 사실 자손을 낳고 생존하는 것 말고는 별로 하는 것이 없었다. 결혼과 암수유대pair-bonding(생물학자들의 용어다)는 주로 생식과 사회적 동맹을 위한 것이었다. 역사적 시기에는 제한된 자원을 두고 생기는 경쟁과 긴장을 완화하기 위해, 이웃 부족과 유대를 형성하기 위해 결혼이 이

루어지는 경우가 많았다.[39]

친밀함의 정의가 달라진 결과, 오늘날 우리는 낭만적인 파트너에게 원하는 것이 그 어느 때보다 많아졌다. 곁에 머물면서 정서적인 지지와 친밀감, 경제적 지원 등을 해주기 바라고, 때에 따라서 친구, 간호사, 조언자, 비서, 회계 담당자, 부모, 보호자, 치어리더, 안마사 역할을 해주기 바란다. 그리고 그 과정에서 섹시한 매력을 잃지 않으며 자신의 성적 욕구와 선호도에 맞춰 주기를 기대한다. 또한 자기 삶의 잠재력을 최고로 끌어올릴 수 있도록 배우자가 도와주기를 기대한다. 실제로도 점점 더 그렇게 되어가고 있다.

파트너가 이 모든 것을 해주기 바라는 욕구가 점점 커지는 것은 적어도 한 명의 타인과는 깊은 유대관계를 이루어야 한다는 생물학적인 필요에 뿌리를 둔다. 그런 유대관계가 없는 상황에서는 그런 유대를 맺는 것이 우선적 과제가 된다. 그런 필요가 만족스러운 친밀한 관계로 충족되면 정신적, 생리학적 이득이 뒤따른다. 더 나은 건강을 경험하고, 병에 걸려도 회복이 빠르며, 더욱 장수한다.[40] 실제로 만족스러운 친밀한 관계의 여부는 지금까지 측정해본 행복과 정서적 안녕에 대한 예측 변수 중 가장 강력했다.[41] 우리는 어떻게 친밀한 관계를 시작하고 그것을 유지하는가? 여기에서 한 가지 중요한 요인은 성격 특성이 정리되는 방식이다.

인간이 다른 사람들과 어울리는 데 있어서 가장 중요한 성격은 바로 상냥함이다. 과학 문헌을 보면 상냥하다는 것은 협조적이고, 친화적이고, 남을 배려하고, 잘 돕는 것을 가리킨다.[42] 이런 성격은 평생에 걸쳐 대략 안정적으로 나타나며 아동기 초기부터 드러난다.[43] 상냥한 사람은 분노나 실망 같은 바람직하지 않은 감정을 조절할 수 있다.[44] 이런 조절은 전두엽에서 일어난다. 전두엽은 충동을 통제하고 부정적인 감정을 조절하게 도와주는 부위로, 관리자 주의 모드를 지배하는 바로 그 뇌 영역이다. 부상, 뇌졸중, 알츠하이머병, 뇌종양 등으로 전두엽이 손상되면 충동조절 능력 및 정서적 안정성과 함께 상냥함이 제일 먼저 사라지는 경우가 많다. 감정조절 중 일부는 학습 가능하다. 어릴 때 충동조절과 분노조절에 대한 정적 강화positive reinforcement 를 학습한 아이는 커서 상냥한 어른이 된다. 여러분도 짐작하겠지만, 상냥한 사람이 된다는 것은 긍정적인 사회관계를 유지하는 데 엄청난 이점으로 작용한다.[45]

행동이 예측 불가능하고 대인관계의 영향을 강하게 받는 청소년기에 우리는 다른 친구들의 행동에 반응하고, 그것을 따라한다.[46] 실제로 독자적으로 생각해서 자기만의 결론을 내릴 수 있는 능력은 정신적 성숙의 지표이기도 하다.[47] 청소년기에 좋은 친구를 두는 것은 커서 적응을 잘 하는 성인이 되는 데 아주 중요한 역할을 한다. 그런 친구가 없는 청소년은 괴롭힘과 따돌림을 당하기 쉽고, 이런 경험을 안고 자라면 무뚝뚝한 어른이 될 가능성이 크다. 상냥함이 나중에 사회관계에서 중요하게 작용하기는 하지만, 자신이 상냥하지 못하더라도 그냥 상냥한 친구를 두기만 하면 훗날 사회적 문제를 예방할 수 있다.[48] 남자든 여자든 상냥한 친구를 두면 혜택을 얻는데, 여자 쪽이 남자보다 더 큰 혜택을 얻는다.[49]

결혼을 비롯한 친밀한 관계는 행동경제학자들이 (서로 다른 수많은 속성을 아우르는) 강력한 분류 패턴이라 부르는 것에 종속되어 있다.[50] 평균적으로 볼 때, 결혼한 사람들은 나이, 교육 수준, 매력 등이 비슷한 경향이 있다. 낯선 이들로 가득 찬 바다에서 우리는 서로를 어떻게 찾아내는 것일까?

결혼정보업체는 현대에 새롭게 등장한 것이 아니다. 성경을 보면, 2,000년 전에도 상업적으로 중매를 서는 사람들에 대한 얘기가 나온다. 그리고 1700년대에 나온 현대의 신문을 닮은 최초의 출판물에는 배우자를 구하는 사람들(주로 남성)의 개인 광고가 실려 있다.[51] 서로 다른 다양한 역사적 시기에 사람들은 미래의 배우자를 만날 기회가 차단되면(미국 서부의 초기 정착민, 베트남전 참전용사 등) 자신의 신상명세를 공개하고 배우자를 구한다는 광고를 내거나, 잠재적 배우자가 낸 광고를 보고 반응하는 쪽을 택했다.[52] 1990년대에 접어들어 인터넷 시대가 도래하자 개인적 광고나 중매인 대신 과학적 알고리즘을 이용해 적합성 점수를 높여준다고 광고하는 사이트들이 나타났다.

2004부터 2014년에 이르기까지 남녀 간의 데이트에서 일어난 가장 큰 변화는 미국의 모든 결혼 중 3분의 1이 온라인 만남에서 시작됐다는 것이다.[53] 그보다 10년 전만 해도 이런 경우는 소수에 불과했다.[54] 이 결혼 중 절반은 온라인 데이트 사이트에서 시작됐고, 나머지는 소셜 미디어, 채팅, 인스턴트 메시지 등을 통해 시작됐다.[55] 1995년만 해도 온라인 만남을 통해 결혼에 이르는 경우는 너무나 드물어서 무척이나 기이하고 전위적인, 일종의 기행으로 신문에 보도될 정도였다.[56]

이런 행동의 변화가 생긴 이유는 인터넷 그 자체나 데이트의 선택 사양에 변화가 생겼기 때문이 아니다. 인터넷 사용 인구의 변화 때문이다. 온라인 데이트는 1960년대와 1970년대에 애인을 구한다며 내던 개인 광고의 혐오스러운 세계가 확장된 것에 불과하다는 오명을 뒤집어쓰기도 했다. 짝을 구하기 힘든 사람이 지푸라기라도 잡는 심정으로 매달리는 최후의 보루로 취급받았던 것이다. 하지만 온라인 접촉이 보편화되고, 꽤 괜찮고, 잘 확립된 것을 경험한 새로운 사용자 세대가 등장하자 온라인 데이트에 관한 초기의 오명은 씻겨 나갔다. 팩스나 이메일처럼 시스템이 제대로 작동하기 위해서는 아주 많은 사람이 그것을 이용해야 하는데, 1999~2000년경 이런 일이 일어났다.[57] 온라인 데이트가 도입되고 20년이 지난 2014년에는 어린 시절부터 교육, 쇼핑, 유흥, 게임, 사교, 구직, 뉴스, 동영상 시청 등에서 인터넷을 적극적으로 활용해온 젊은 이용자들 중에서 온라인 데이트를 거리낌 없이 받아들이는 사람이 많아졌다.[58]

앞에서 얘기한 바와 같이 우리 중에는 인터넷 덕분에 사람을 많이 사귀고 인간관계도 더 많이 유지하는 사람들이 있다. 반면 다른 사람들, 특히 애초에 내성적이면서 인터넷에 파묻혀 사는 사람들 중에는 오히려 인터넷 때문에 사회활동이 줄어들고, 더 외로워지고, 우울증도 더 잘 걸리게 된 사람도 있다. 일련의 연구들은 대학생들의 공감 능력이 현저하게 떨어진 것을 보여준다.[59] 이들은 남의 입장이 되어본다든가, 타인의 감정을 이해하려 애쓰는 것이 가치 있는 일이라 생각하는 경우가 과거 대학생들에 비해 훨씬 줄어들었다. 이들이 문학소설을 덜 읽어서 그런 것이 아니다. 자기가 사람들과 교류한다고 착각하며 혼자 보내는 시간이 많아지고 있기 때문이다.[60]

온라인 데이트는 일반적인 데이트와 네 가지 핵심적인 방식에서 다르게 정리된다. 바로 접근, 소통, 짝 찾기, 비동시성asynchrony이다.[61] 온라인 데이트는 인터넷 이전 시절보다 훨씬 폭넓고 많은 잠재적 배우자들에게 접근할 수 있게 해주었다. 그전만 해도 좋은 신랑감이나 신붓감을 찾을 때 그 대상이 자기가 아는 사람, 함께 일하는 사람, 같은 교회에 다니는 사람, 학교 동창, 근처에 사는 사람 등으로 제한되었다. 하지만 수백만 명의 이용자를 자랑하는 데이트 사이트가 우후죽순처럼 등장하면서 선택의 폭이 극적으로 늘어났다. 물론, 수백만 건의 프로필에 접근할 수 있다고 해서 온라인상에서 혹은 직접 대면해서 그 모두를 만나볼 수 있다는 의미는 아니다. 상대방도 당신한테 관심이 있다고 장담할 수는 없지만 어쨌거나 자신이 손을 내밀어볼 수 있는 사람이 또 누가 있나 알 수 있다는 의미일 뿐이다.[62]

온라인 데이트 같은 소통 매체 덕분에 우리는 직접 얼굴을 마주해야 하는 스트레스를 받기 전에 그 사람에 대한 다양한 사실들을 검토하고, 정보를 교환할 수 있게 되었다. 일이 제대로 풀리지 않으면 어색한 만남을 아예 피할 수도 있다. 온라인상의 짝 찾기는 보통 바람직하지 않은 특성이 있거나 공통의 관심사가 없는 사람을 가려내 잠재적 파트너를 선별하게 도와주는 수학 알고리즘을 통해 이루어진다.

비동시성은 상대방에게 반응을 보이기 전에 양쪽이 자기만의 시간을 내 생각을 정리할 수 있게 해주기 때문에 동시에 실시간으로 상호작용할 때 따라오는 압박감이나 불안 없이 자기의 최고의 모습을 제시할 수 있게 해준다. 사람을 만나 대화를 하고 헤어졌다가 나중에 그때 왜 그 말을 하지 않았을까 후회한 적은 없는가? 온라인 데이트는 그런 부분을 해결해준다.

종합적으로 볼 때 인터넷 데이트를 차별화해주는 이 네 가지 특성이 늘 바람직한 것만은 아니다. 우선 온라인에서 상대방의 프로필을 보면서 매력적이라 느꼈는데, 직접 얼굴을 맞대고 만났을 때의 모습과 그런 기대가 일치하지 않는다는 문제점이 있다. 노스웨스턴대학의 심리학자 엘리 핀켈^{Eli Finkel}이 지적했듯, 수천 명의 잠재적 파트너에게 간편하게 접근할 수 있다는 사실 때문에 온라인 데이트 이용자들은 당사자들을 이것저것 재보려 드는 마음이 들 수 있고, 이것은 결국 잠재적 파트너들을 대상화하고, 심지어 한 사람에게 헌신하려는 의지를 깎아내리는 문제를 야기한다.[63] 또한 인지 과부하와 결정 과부하로 인해 사람들이 나태하고 무분별한 결정을 내리게 될 수도 있다.[64] 행동경제학을 통해 알려진 바와 같이 소비자들은 여러 가지 대안을 평가할 때 관심 있는 변수를 동시에 두세 가지 이상 파악할 수 없다. 이는 자동차, 가정기기, 집, 심지어 잠재적 배우자와 관련된 결정에서도 마찬가지다. 이는 2장에서 논의한 작업기억의 용량 한계와 직접 관련되어 있다. 그리고 주의 네트워크의 한계와도 관련되어 있다. 여러 대안 중 누구를 선택해서 데이트할 것인지 고려할 때, 우리는 필연적으로 세부사항들을 모두 파악하는 역할을 하는 중앙관리자 모드와 우리가 이 각각의 매력적인 대안과 함께할 경우의 모습을 상상하는 역할을 하는 백일몽 모드 사이를 오간다. 이 사람과 함께하면 어떤 인생이 펼쳐질지, 내 친구들하고도 잘 지낼지, 어떻게 생긴 아이가 나올지 등등. 그런데 계산을 담당하는 중앙관리자 모드와 몽상에 빠지는 백일몽 모드 사이를 빠르게 왕복하다 보면 신경 자원이 소진되어 형편없는 의사결정으로 이어질 수 있다. 인지 자원이 모자라면 우리는 관련 정보에 집중하고 관련 없는 정보는 무시하는 데 어려움을 겪는다. 어쩌면 온라인 데이트는 궤도를 벗어나 의사결정을 오히려 더 어렵게 만들어버린 사회 조직의 형태인지도 모른다.[65]

온라인으로 시작되었든, 오프라인으로 시작되었든 일부일처의 헌신적인 관계에 머물기 위해서는 정절, 즉 '금단의 열매에 대한 포기'가 필요하다. 이것은 매력적인 대안의 유효성과 함수관계에 있다.[66] 온라인 데이트의 등장으로 오프라인보다는 가상 세계에서 누군가를 만날 기회가 수천 배는 많아지면서 남자나 여자 모두 유혹이 의지를 넘어서는 상황이 만들어졌다. 누군가를 만나서 심각한 사이로 발전한 이후에도 자신의 온라인 데이트 프로필을 내리는 것을 '깜박한' 사람(보통 남자다)의 이야기는 흔히 들을 수 있다.

결혼한 사람 중 3분의 1이 배우자를 온라인으로 만나는 상황이다 보니 온라인 연애에 대한 과학도 생겨났다. 연구자들은 우리 모두가 의심하는 것을 입증해보였다. 온라인 데이트 이용자들은 속임수를 쓴다. 81%의 사람이 키, 몸무게, 나이에 대해 거짓말을 했다. 남자는 보통 키에 대해 거짓말을 하고, 여자는 체중에 대해 거짓말을 했다. 그리고 양쪽 다 나이를 속였다. 온라인상에 올려놓은 나이와 실제 나이의 차이가 10살이나 되는 경우도 있었다. 체중은 15kg 정도 적게, 키는 5cm 정도 크게 올려놓았다. 직접 만나도 이런 것들이 발각되지 않을 수 있다면 모를까 그럴 리도 없는데 말이다. 그래서 이런 거짓말이 더 이상하게 느껴진다. 그리고 온라인 세계는 정치적 성향에 예민한데, 이것은 나이, 키, 체중에 비해 발각될 가능성이 적다. 온라인 데이트 이용자들은 자기가 공화당 지지자라는 것을 밝히기보다는 차라리 뚱뚱하다는 것을 인정할 가능성이 훨씬 컸다.[67]

앞에서 제시한 대부분의 사례에서 거짓말하는 사람들은 자기가 거짓말하고 있음을 인식하고 있었다. 무엇이 그들에게 거짓말을 하게 만드는 것일까? 온라인 데이트 이용자들은 선택 폭이 크기 때문에 프로필을 올릴 때 진실해지고 싶은 바람과 제일 잘 나온 사진을 올리고 싶은 바람 사이의 기본적 갈등에 부딪힌다. 그래서 프로필에 종종 지금이 아닌 근래의 모습이나(직장이 있었을 당시 등), 자기가 바라는 모습(5kg가량 살이 더 빠졌을 때나 6년 전 사진)이 허위로 올라간다.[68]

사회세계의 조직이 엉망이 되었든 아니든, 현재의 온라인 데이트 세계는 적어도 한 가지 희망적인 조짐을 보여준다. 지금까지 알려진 바에 따르면, 온라인에서 시작된 결혼의 경우 이혼으로 끝날 위험이 22% 적었다.[69] 굉장하구나 싶을 수도 있지만 사실 실제 효과는 미미하다. 온라인 만남은 전체적인 이혼의 위험을 7.7%에서 6%로 낮춰주었을 뿐이다. 오프라인에서 만난 부부가 모두 온라인에서 만난다고 가정할 경우 100건의 결혼 중 겨우 1건의 이혼을 예방한다는 계산이 나온다. 게다가 온라인에서 만난 부부의 경우, 오프라인에서 만난 사람들보다 교육 수준이 높고 직장이 있을 가능성이 크다. 따라서 이런 효과는 인터넷 데이트 그 자체 덕분이라기보다는 인터넷 데이트 이용자들의 교육 수준과 고용 수준이 예전 방식대로 데이트하는 사람들보다 전반적으로 높기 때문일 수도 있다.

당신도 예상하겠지만, 처음에 이메일로 만난 부부는 소셜 네트워크나 가상세계에서 배우자를 만난 부부들보다 나이가 많은 경향이 있다(젊은 사람들은 이제 이메일을 별로 사용하지 않는다). 그리고 DARPA, 위키피디아, 킥스타터처럼 크라우드소싱을 이용하는 온라인 데이트 사이트가 불쑥 나타났다. 체인데이트ChainDate, 리포트유어엑스ReportYourEx, 룰루Lulu 등의 애플리케이션은 자갓과 비슷한 형식으로 데이트 파트너를 평가한다.

낭만적인 사랑이든, 정신적인 사랑이든 일단 관계가 시작되었을 때 우리는 자신이 아끼는 사람에 대해 얼마나 잘 알고, 그 사람의 생각을 얼마나 잘 파악하고 있을까? 깜짝 놀랄 정도로 형편없다. 친구나 직장동료가 자기에 대해 어떻게 느끼는지, 혹은 자기를 좋아하는지 제대로 판단할 확률은 무작위로 찍어서 맞힐 확률을 넘기기 힘들다.[70] 독신 남녀들의 만남을 주선하는 스피드 데이트에 참가한 사람들은 누가 자기와 데이트하기를 원하고, 누가 원하지 않는지에 대한 판단이 형편없다(직관이란 게 이 모양이다). 한편, 서로를 잘 안다고 생각하는 부부는 배우자의 반응을 열 번 중 네 번 정확하게 추측해냈는데, 정작 본인은 열 번 중 여덟 번을 정확히 맞힌다고 생각했다.[71] 또 다른 실험에서는 참가자들에게 에이즈의 원인 바이러스인 HIV 양성 여부에 대해 거짓 혹은 진실을 말하는 사람들의 동영상을 보여주었다. 사람들은 자기가 70% 정도는 거짓말을 정확하게 가려낸다고 믿었지만 실제로는 딱 50%였다.[72] 우리는 누군가가 거짓말을 하고 있는지 가려내는 능력이 아주 형편없다. 인생이 거기에 달려 있는 경우에도 말이다.[73]

이것은 외교 정책 면에서도 잠재적으로 심각한 중요성을 내포한다. 영국은 히틀러가 1938년에 체코 국경 위쪽의 땅만 내주면 평화가 유지될 것이라고 장담했던 말을 믿었다. 그래서 영국은 체코가 자기네 병력을 동원하지 못하게 단념시켰다. 하지만 히틀러는 이미 군대에 침공 준비를 시켜놓고 거짓말을 했다. 상대방의 의도를 정반대로 잘못 해석한 경우도 있다. 미국은 이라크의 사담 후세인이 대량살상무기를 갖고 있지 않다고 거짓말을 한다

고 믿었다. 하지만 그의 말은 사실이었다.[74]

거짓말 자체가 작전으로 사용될 수 있는 전략적, 군사적 맥락이 아니라도 일상적으로 상호작용이 이뤄지는 과정에서도 사람들은 거짓말을 한다. 왜 그럴까? 한 가지 이유는 하지 말았어야 할 일을 했을 때 앙갚음 당할 두려움 때문이다. 그리 좋은 것은 아니지만 처벌을 피하기 위해 거짓말을 하는 것은 인간의 본성이다. 이는 아주 어렸을 때부터 시작되는 행동이다. 아이를 키우다 보면 대여섯 살짜리 아이들이 이렇게 말하는 것을 흔히 듣는다. "내가 안 그랬어요." 한창 그 일을 하다가 들켰는데도 말이다! 루이지애나 근처의 만에서 작업 중이던 딥워터 호라이즌 석유시추선의 노동자들은 안전 문제가 있음을 알고 있었지만 해고당할까 봐 두려워 보고하지 않았다.

하지만 용서 또한 인간의 본성이다. 특히나 타당한 이유가 있을 경우 우리는 기꺼이 용서한다. 한 연구에서 새치기하려던 사람이 우스꽝스러운 이유를 댔는데도 다른 사람에게 용서를 받았다. 복사기 앞에 선 줄에서 "죄송한데 좀 끼어들어도 될까요? 복사를 좀 해야 해서요"라고 말해도 "죄송한데 좀 끼어들어도 될까요? 마감이 임박해서요"라고 말하는 것만큼이나 효과가 있었다.

미시간대 병원 의사들이 자신의 실수를 환자들에게 솔직하게 얘기하기 시작하자 의료소송이 절반으로 줄어들었다.[75] 의료사고를 해결하는 데 있어서 가장 큰 장애물은 실수가 일어난 이유를 의사가 설명하게 놔두지 않고 소송을 통해 의사의 생각을 알아내려 하는 것이다. 의사에게 따라올 수밖에 없는 제약이나 의사들이 힘들어하는 부분, 그리고 인간적인 요소 등을 알고 나면 우리는 그의 입장을 이해하고 용서할 가능성이 커진다. 시카고대 경영 대학원 교수 니컬러스 에플리Nicholas Epley는 이렇게 적었다. "투명성이 삶을 가치 있게 만들어주는 사회적 결속을 강화시키고 우리의 결점에 대한 용서를 이끌어낼 수 있다면, 왜 투명해지지 않는단 말인가?"[76]

물론 사람들은 앙갚음에 대한 두려움만이 아니라 다른 이유로도 거짓말을 한다. 다른 사람의 감정을 상하지 않게 하려는 것도 여기에 포함된다. 때로는 하얀 거짓말이 감정이 폭발하는 것을 막고 적대감을 최소화하는 사회적 접착제가 되어줄 때도 있다.[77] 우리는 이런 맥락에서는 사람들의 거짓말을 놀라울 정도로 잘 알아맞힌다. 그리고 우리는 알면서도 매일 이런 거짓말에 속아준다. 이것은 사람들과의 대립을 피하면서 무언가를 조심스럽게 부탁하는 방식, 즉 간접화행indirect speech act과 관련 있다.

왜 사람들은 에둘러 말할까?

사람들이 사회적으로 상호작용하면서 서로 잘 지내기 위해서는 영장류의 타고난 공격성을 누그러뜨려야 하는 부분이 상당히 많다. 일반적으로 영장류는 가장 사회적인 종에 해당하지만 한 집단 안에 수컷 개체를 열여덟 마리 이상 두고 살아가는 경우는 아주 드물다. 그 선을 넘어가면 서로 간의 긴장과 지배 경쟁이 너무 커져서 집단이 분리된다. 그런데 인간의 경우, 수천 년 동안 수만 명의 남자가 함께 도시를 이루며 살아왔다. 어떻게 그럴 수 있었을까? 많은 사람이 가까이 붙어사는 데 도움이 된 것 중 하나는 대립을 피하는 화법, 즉 간접화행이다. 간접화행은 자기가 실제로 원하는 것을 대놓고 얘기하지 않고 암시만 한다. 철학자 폴 그라이스Paul Grice는 이것을 함축implicature이라고 불렀다.[78]

존과 마샤가 한 사무실에 앉아 있는데, 마샤는 창문 옆에 앉아 있다고 가정해보자. 존은 덥다. 그럼 그는 이렇게 말할 수 있다. "창문 열어요." 이 말은 아주 직설적이어서 마샤를 기분 나쁘게 만들 수도 있다. 만약 두 사람이 직장동료라면 마샤는 존을 보며 윗사람처럼 이래라 저래라 한다고 생각할 수도 있다. 대신 존이 이렇게 말했다고 해보자. "와, 날씨가 굉장히 덥네요." 그는 마샤에게 함께 모험을 하자고 초청했다. 그는 직설적이고 대립적인 방식을 피해서 자신의 의도를 암시했다. 이 정도로 얘기하면 마샤는 보통 그가 단순히 날씨 얘기를 하는 것이 아니라 자기에게 창문을 열어주었으면 하고 바라고 있음을 추론하고 거기에 동조하는 척한다. 이 시점에서 마샤가 선택할 수 있는 몇 가지 경우가 있다.

a. 마샤가 존에게 미소 지으며 창문을 연다. 이것은 자신이 이 작은 사회적 게임에 참여하고 있으며 이 속이 뻔히 들여다보이는 말의 의도에 협조하고 있다는 신호를 보내는 것이다.

b. 마샤가 이렇게 말한다. "진짜요? 난 좀 추운 거 같은데." 여기서도 역시 마샤는 게임에 참가하고 있다는 신호를 보내고 있지만 기본적 사실에 대해 의견이 다름을 암시하고 있다. 마샤는 다른 의견을 표현하고 있지만 협조적으로 행동하고 있다. 이 시점에서 존의 협조적 행동은 그대로 포기하거나 아예 판돈을 키우는 것이다. 판돈을 키우는 것은 대립과 공격성을 높일 위험을 감수하는 행동이다.

c. 마샤는 이렇게 말할 수도 있다. "맞아요. 그렇네요." 마샤가 이 말을 어떤 식으로 하느냐에 따라 존은 이 반응을 장난기 많은 농담으로 받아들일 수도, 무례하게 빈정대는 말로 받아들일 수도 있다. 전자의 경우, 마샤가 존에게 좀 더 명확하게 얘기할 것을 요청한 것이다. 사실상 이렇게 돌려 말하는 것은 게임을 그만두자는 신호를 보내는 것이나 마찬가지다. 두 사람의

관계는 충분히 확고하기 때문에 마샤가 존에게 직접 대놓고 얘기해도 좋다고 허락해주는 것이다. 후자의 경우 마샤가 비꼬는 투로 얘기했다면 존이 말한 전제조건에는 동의하지만(덥기는 덥다) 자기가 유리창을 열어주고 싶지는 않다는 뜻을 전달한 것이다.

d. 마샤는 이렇게 말할 수도 있다. "나도 더웠는데 스웨터를 벗으니까 괜찮아요. 드디어 난방을 가동하나 봐요." 이 경우에는 대립이 덜하다. 마샤는 전제조건에는 동의하지만 거기에 대처하는 방법에 대한 암시에는 동의하지 않고 있다. 이것은 마샤가 존의 문제 해결을 도우려 한다는 점에서는 협조적이지만 존이 의도한 바에 대해서는 그렇지 않다.

f. 마샤는 이렇게 말할 수도 있다. "웃기지 마요." 이 말은 마샤가 이 함축 게임에 참가하고 싶지 않다는 신호를 보내는 것으로, 더 나아가 그 안에 공격성까지 담고 있다. 이 시점에 존이 선택할 수 있는 범위는 제한된다. 마샤의 말을 아예 무시하거나(사실상 패배를 인정하는 꼴), 자리에서 일어나 마샤의 책상 앞을 쿵쿵거리며 지나가 유리창을 쾅하고 열어젖히는 것이다(지금부터 전쟁이야!).

화행speech act의 가장 간단한 사례는 화자들이 내뱉은 말이 말 그대로의 의미를 전달하는 경우다.[79] 간접화행은 우리가 함께 어울려 살게 해주는 강력한 사회적 접착제 역할을 한다. 그 안에서 화자의 의도는 자기가 내뱉은 말 그대로이지만 더 추가되는 의미가 있다. 이 추가적 의미는 청자에게 분명하게 전달되어야 하지만 말로는 표현되지 않는다. 간접화행을 내뱉는 행동은 본질적으로 놀이행동이라 볼 수 있다. 언어의 숨바꼭질 놀이에 참여하라는 초대장으로, '내 말을 이해할 수 있겠어?'라는 뜻을 가지고 있다. 철학자 존 설John Searle은 간접화행의 작동 메커니즘은 화자와 청자에게 세상에 대한 공통의 표상을 환기시키는 것이라고 말했다. 화자와 청자는 모두 언어적이면서 사회적이기도 한 공통의 배경 정보에 의지한다. 이런 공통의 지식에 호소함으로써 화자와 청자는 어떤 약속을 만들어내고 그들의 공통 세계관을 확인한다. 설은 A와 B라는 두 화자의 또 다른 사례 유형을 고려해보라고 했다.

A: 오늘 밤에 영화 보러 가자.

B: 나 오늘 밤에는 시험 공부해야 해.

화자 A는 함축을 이용하고 있지 않다. 그의 말은 액면 그대로 받아들여야 하는, 직접적인 요청이라 봐도 무방하다. '가자'라는 청유형을 사용한 것이 그 표시다. 화자 B의 대답은 간접적으로 이루어져 있다. 이것은 언어적 메시지("나 오늘 밤에는 시험 공부해야 해")와 말로 표현되지 않은 함축("그래서 영화 보러 못 가")을 함께 전달하려는 것이다. 대부분의 사람은 B가 대립을 피함으로써 두 사람 간의 잠재적 갈등을 해소하는 조심스러운 방식을 사용했다는 데 동의할 것이다. 만약 B가 다음과 같이 말했다고 해보자.

B1: 싫어.

화자 A는 거절당했다는 느낌을 받는다. 그것도 아무런 이유나 설명도 없이 말이다. 우리가 거절에 강한 두려움을 느끼는 것은 충분히 이해할 수 있다. 사회적 거절은 신체적 통증이 활성화시키는 뇌 영역과 같은 영역을 활

성화시킨다. 타이레놀이 사회적 통증의 경험을 줄여준다는 사실은 놀라우면서도 이치에 맞다.[80]

화자 B는 협조적인 틀 안에서 요점을 전달하고 있다. 그리고 설명을 제공함으로써 마음으로는 정말 가고 싶은데 그럴 수 없다는 것을 암시한다. 이것은 복사기 앞에 늘어선 줄에 끼어들면서 의미 없는 설명이라도 늘어놓는 것이 아무런 설명도 없이 끼어드는 경우보다 양해를 얻기 쉬운 것과 같은 경우다. 그렇다고 함축이 다 동등한 것은 아니다. 만약 B가 다음과 같이 말했다고 가정해보자.

B2: 나 오늘 밤 머리 감아야 해.

혹은

B3: 지금 솔리테르 카드놀이 하고 있는데, 이거 정말 끝장을 봐야 해.

이 경우 B는 A가 이것을 거절하는 말로 이해해주기를 기대하면서 세세한 이유는 설명하지 않고 있다. 함축 놀이를 확장한 것이기는 해도 이는 대화를 통한 일종의 모욕인 셈이다. B2와 B3은 B1보다는 살짝 조심스러운 방법으로 거절하고 있다. 노골적으로 대놓고 반박하지는 않았기 때문이다.

설은 간접화행의 분석을 확장해서 그 의미는 해독할 수 없지만, 운만 좋다면 그 의도를 100퍼센트 분명하게 파악할 수 있는 말도 포함시켰다.[81] 그는 우리에게 다음 내용을 고려해보라고 요구했다. 당신이 제2차 세계대전 당시 사복을 입고 있다가 이탈리아 병사에게 잡힌 미국 병사라고 가정해보자. 당신은 자신을 독일 장교라고 속여서 풀려 나올 계획을 세운다. 우선 이탈리아어로 이렇게 말할 수 있다. "난 독일 장교요." 하지만 그들이 믿을 것 같지 않다. 여기서 한 발 더 나가서 이런 말을 할 수 있을 정도로 이탈리아어가 유창하지도 않다고 가정해보자.

이 경우 당신이 내뱉을 수 있는 가장 이상적인 말은 완벽한 독일어로 이렇게 얘기하는 것이다. "나는 독일 장교요. 나를 풀어주시오. 빠른 시간 안에 말이오." 하지만 당신의 독일어 실력이 이런 말을 하기에는 어림없고 아는 독일어라고는 고등학교 독어 시문학에서 배운 한 줄밖에 없다고 가정해보자. "Kennst du das Land, wo die Zitronen blühen?" 이 말의 의미는 '너는 레몬 꽃이 피는 나라를 아느냐?'라는 뜻이다. 만약 당신을 붙잡은 이탈리아 병사가 독일어를 전혀 하지 못한다면 당신이 말한 이 문장은 당신이 독일인임을 암시하는 효과를 낳는다. 다른 말로 하면 화행의 언어적 의미는 중요하지 않고, 거기에 함축된 의미만 작동한다는 뜻이다. 이 말이 독일어란 것밖에 모르는 이탈리아 병사가 당신은 진짜 독일인이니 풀어주어야 한다는 논리의 비약을 내리기를 바라는 것이다.

소통의 또 한 가지 측면은 정보가 사회계약을 통해 업데이트될 수 있다는 것이다.[82] 당신이 친구 버트에게 어니가 이런저런 말을 했다고 얘기했다. 그러자 버트가 새로운 정보를 덧붙이기를, 어니가 거짓말쟁이라 믿을 수 없다는 사실을 알게 되었다고 말한다.[83] 우리가 명왕성이 더 이상 행성이 아님을 알게 된 것은 적절한 절차에 따라 권위를 인정받고 사회에서 그런 판단과 결정을 내릴 권한을 위임받은 전문가 집단이 그렇게 말했기 때문이다.[84] 어떤 말은 사회계약에 의해 세상의 상태를 바꿀 수 있는 권한을 갖는다. 의사가 당신이 죽었다고 선언하면 그 즉시 당신의 법적 신분에 변화가 온다. 이것은 당신이 실제로 죽어 있느냐, 살아 있느냐에 상관없이 당신의 삶을 완전히 바꿔놓는 효과가 있다. 판사는 당신이 무죄인지 유죄인지 선언할 수 있고, 이 경우에도 역시 앞으로 펼쳐질 당신의 미래에는 진실보다 그 선언의 힘이 큰 영향을 미친다. 세상의 상태를 바꿔놓을 수 있는 말은 제한되어 있지만 그 위력은 대단히 강력하다. 우리는 사회세계에 대한 이해를 용이하게 만들기 위해 이런 말들에 법률적, 혹은 유사 법률적 권위를 부여한다.

그라이스와 설은 이렇게 형식적이고 법률적인 선언 외에도 사실상 모든 대화가 협력적 동의이며 언어적 의미와 함축적 의미의 처리가 필요하다는 것을 전제로 삼았다.[85] 그라이스는 평범한 협력적 언어가 이루어지는 다양한 규칙을 체계화하고 범주화하여 간접화행의 작동 메커니즘을 밝히는 데 도움을 주었다. 그라이스의 격언 네 가지는 다음과 같다.

1. 양quantity. 당신이 대화에 기여하는 부분에 필요한 만큼의 정보를 담아라. 필요 이상 많은 정보를 담지 마라.
2. 질quality. 당신이 거짓이라 믿는 것을 말하지 마라. 충분한 증거가 없는 말을 입에 담지 마라.
3. 태도 manner. 모호한 표현을 삼가라(듣는 사람이 모르는 단어를 사용하지 마라). 두 가지로 해석될 수 있는 말을 삼가라. 간단하게 말하라(불필요하게 장황해지지 않아야 한다). 질서정연하게 말하라.
4. 관련성relation. 관련 있는 말을 하라.

다음에 나오는 세 가지 사례는 1번 '양'의 격언을 위반하는 사례다. 두 번째 화자가 대화에 충분한 정보를 담고 있지 않기 때문이다.

A: 오후에 어디 가?
B: 밖에.

A: 오늘 하루 어땠어?

B: 좋았어.

A: 오늘 학교에서 뭐 배웠니?

B: 아무것도.

　그라이스의 격언을 모르더라도 이런 대답이 대단히 비협조적이라는 것은 직관적으로 알아차릴 것이다. 각각의 사례에서 첫 번째 화자는 자기의 질문에 어느 정도 자세한 내용을 담은 대답을 듣고 싶음을 암시하고 있으나, 두 번째 화자는 그에 대해 어떤 협조적 동의도 거부하고 있다.

　또 다른 사례로, 캐플런 교수가 대학원에 지원하는 한 학생을 위해 추천장을 써주었다고 가정해보자.

　친애하는 담당자님께.

　X는 영어 실력이 뛰어나고 제 수업에도 빠지지 않고 출석했습니다. 그럼 이만 줄이겠습니다. 캐플런 교수.

　'양'의 격언을 위반해 충분한 정보를 제공하지 않음으로써 캐플런 교수는 X라는 학생이 그리 좋은 학생이 아님을 실제로 말하지 않고도 암시했다.

　여기 또 다른 극단적인 사례가 있다. 여기서는 두 번째 화자가 너무 많은 정보를 제공하고 있다.

　A: 아빠, 망치 어디 있어요?

　B: 차고 문에서 5cm 떨어진 바닥에, 그러니까 세 시간 전에 내가 공구함에

다시 갖다 놓으라고 말한 다음에도 네가 그 망치를 그대로 놓아두었던 그 물웅덩이 속에 들어 있다.

두 번째 화자는 너무 많은 정보를 제공함으로써 그 말과 관련된 사실 이상의 것을 함축하고 있다. 짜증이 나 있음을 알리고 있는 것이다.

A가 움직일 수 없게 된 자동차 옆에 서 있는데 B가 그 옆을 지나간다.

A: 기름이 다 됐어요.
B: 길을 따라 400미터 정도만 가면 주유소가 있어요.

사실 그 위치에 있는 주유소가 문을 닫았거나, 주유소가 열려 있기는 하지만 기름이 없음을 B가 알고 있다면 B는 양의 격언을 위반한 것이다. B가 A의 자동차에서 타이어를 훔칠 작정이라고 가정해보자. A는 B가 믿을 만한 사람이라 가정하고 기름을 사러 갈 것이고, 결국 B는 자동차를 잭으로 들어올려 타이어를 한두 개 빼낼 수 있는 충분한 시간을 얻게 될 것이다.

A: 빌은 어디 있어?
B: 수의 집 바깥쪽에 노란색 폭스바겐이 한 대 서 있더군.

B는 A에게 추론할 것을 제의하면서 '관련성'의 격언을 어기고 있다. A는 두 가지 선택이 가능하다.

1. B의 말을 관련성의 격언을 어기는 것이라 보고 협력을 요청하는 것으로 받아들인다. 이 경우 A는 이렇게 생각한다. '빌은 노란색 폭스바겐을 몰아.

빌은 수도 알고 있지. 그럼 빌은 분명 수의 집에 있다는 얘기로군(그리고 어떤 이유인지 B는 대놓고 얘기하지 않으려 한다. 어쩌면 민감한 문제이거나, 아니면 B가 그 사실을 얘기하지 않기로 약속했을지도 모른다).'

2. B가 제안한 대화를 거부하고 원래의 질문을 다시 반복한다. "그래 알았어. 그런데 빌은 어디 있는데?"

물론 B는 "빌은 어디 있어?"라는 질문에 다르게 반응할 수도 있다.

B1: 수의 집에. (함축 없음)

B2: 글쎄, 수의 집 앞에 폭스바겐이 주차된 것을 보기는 했는데, 아마 빌이 폭스바겐을 몰지? (약한 함축. A를 위해 대부분의 빈칸을 채워주었다)

B3: 이 무슨 무례한 질문이야! (직설적이고, 어느 정도 대립을 유발한다)

B4: 나는 말 못 해. (덜 직설적이지만 여전히 어느 정도는 대립을 유발한다)

B5: 난 몰라. ('질'의 격언 위반)

B6: [말 없이 고개를 돌림] (대화에서 빠져 나옴)

이런 간접화행은 우리가 실제로 언어를 사용하는 방식을 반영한다. 이런 대화는 전혀 낯설지 않다. 그라이스와 설의 가장 큰 기여는 이런 대화를 정돈해 그 기능 방식을 분석하고 이해할 수 있는 시스템으로 정리했다는 것이다. 이런 일들은 대부분 무의식에서 일어난다. 자폐 스펙트럼 장애가 있는 사람은 뇌에 생물학적 차이가 있어 역설, 허위, 빈정댐 등 비언어적 언어를 잘 이해하지 못하기 때문에 간접화행에 어려움을 겪는다.[86] 그렇다면 사람들과 어울리고 사회적 유대감을 온전하게 유지하는 것과 관련된 신경화학적 상관물이 있을까?

뇌에는 뇌하수체 뒤에서 분비되는 옥시토신이라는 호르몬이 있다. 한때는 사람들이 서로 사랑에 빠지게 만드는 것이 옥시토신이라 생각해서 대중 언론에서는 이것을 사랑의 호르몬이라 부르기도 했다. 사람이 오르가슴을 느끼면 옥시토신이 분비된다.[87] 옥시토신의 영향 중 하나가 바로 서로 유대감을 느끼게 만드는 것인데, 진화심리학자들은 이것이 두 남녀가 섹스 후에도 함께 있기를 원하게 만드는 자연의 방식이라고 추측했다. 그래야 섹스 후에 생길지도 모를 아이를 양육할 테니 말이다. 아이의 입장에서는 자기를 양육해줄 부모가 둘인 것이 진화적으로 유리하다. 만약 두 부모가 옥시토신 분비를 통해 서로에게 유대감을 느낀다면 그 아이를 양육하는 일도 함께 공유해서 자신의 종족을 널리 퍼뜨릴 가능성이 커진다.

자폐 스펙트럼 장애가 있는 사람은 비언어적 언어를 이해하는 데 어려움을 겪을 뿐만 아니라 다른 사람에게 애착을 느끼지 못한다. 그리고 타인과 공감하는 데도 어려움이 있다. 자폐증이 있는 사람에게는 옥시토신이 정상 수치보다 낮게 나타나는데, 이들에게 옥시토신을 투여하면 좀 더 사회적으로 변하고, 타인의 감정을 인지하는 능력도 향상된다(반복적 행동을 보이는 증상도 줄어든다).

옥시토신은 신뢰의 느낌에도 관여한다. 한 실험에서 참가자들에게 정치인들이 연설하는 것을 보여주었다. 참가자들은 자기가 보는 연설 중 절반에서는 옥시토신의 영향을 받았고, 나머지 절반에서는 위약의 영향을 받았다. 물론 참가자는 어느 것이 옥시토신이고, 어느 것이 위약인지 알지 못했다. 그러고 나서 참가자들에게 누구의 말이 가장 신뢰 가는지, 혹은 누구에게 제일 표를 주고 싶은지 묻자, 사람들은 몸속에 옥시토신이 돌고 있을 때 시청한 후보를 선택했다.[88]

몸이 아플 때 사회적 지지(간단한 돌봄과 간호)를 받는 사람은 더 빨리, 더 완전히 회복된다는 사실은 잘 알려져 있다.[89] 우리가 아플 때 일어나는 이런 간단한 사회적 접촉도 옥시토신을 분비시킨다. 그리고 이것이 스트레스 수치, 그리고 면역계의 기능을 떨어뜨리는 호르몬인 코르티솔을 줄여서 건강을 회복하는 데 도움을 준다.

그런데 역설적이게도 옥시토신 수치는 사회적 지지의 공백 상태나 사회적 기능이 빈약한 상태에서도 증가한다(곁에 없으면 마음이 더 애틋해지거나 적어도 애착이 더 강해진다는 말은 사실이다). 이를 감안할 때 옥시토신은 사회적 접촉을 찾아 나서도록 재촉하는 괴로움의 신호로 작용하는지도 모른다. 옥시토신은 사랑할 때의 약물인가, 사랑이 없을 때의 약물인가? 좀 더 최근에는 옥시토신이 의식에서 사회적 정보가 부각되는 정도를 조절하고 상황과 개인에 따라 긍정적이고 부정적인 사회적 감정을 유발할 수 있다는 이론이 관심을 끌고 있다. 옥시토신의 진짜 역할은 사회적 행동을 조직하고 정돈하는 것이다. 예비 증거들을 보면, 옥시토신 약물치료가 신뢰를 고취하고 사회공포증이나 경계성 성격장애가 있는 사람들을 비롯해서 사회적 불안을 줄이는 데도 도움이 될지 모른다는 기대가 커지고 있다.[90] 음악 같은 비약물성 치료법도 옥시토신 활성화 조절을 통해 비슷한 치료 효과를 발휘한다. 음악은 옥시토신 수치를 증가시켜주는 것으로 밝혀졌다. 특히 사람들이 음악을 함께 듣거나 연주할 때 효과가 컸다.[91]

뇌 활동과 관련된 화학물질로 아르기닌 바소프레신이라는 단백질이 있다. 이것 역시 소속감, 사교성, 구애 등을 조절한다. 자신의 사회적 행동이 대체로 의식적인 통제 아래 놓여 있다고 생각한다면, 당신은 신경화학물이 당신의 생각, 느낌, 행동에 미치는 영향을 과소평가하는 것이다. 좀 더 구체적인 사례를 살펴보자. 초원들쥐prairie vole에는 두 종류가 있다. 한 종은 일부일처제고, 다른 한 종은 그렇지 않다. 바람둥이 초원들쥐에게 바소프레신을 주사하면 그 들쥐는 일부일처제로 변한다. 반대로 일부일처제를 하는 초원들쥐의 바소프레신 작용을 차단하면 이들은 호색적으로 변한다. 바소프레신을 주사하면 이들의 타고난 공격적 행동도 좀 더 선택적으로 바뀌어서 정서적, 신체적 폭발로부터 짝을 보호해준다.[92]

대마초나 LSD 같은 기분전환약제는 그 약이나 비슷한 약을 복용하는 사람들 사이에 유대감을 느끼게 하고, 많은 경우 세상 전체와도 더 강한 유대감을 느끼게 만든다. 마리화나의 유효성분은 칸나비노이드 수용체라는 특화된 신경수용체를 활성화시킨다. 그리고 이 수용체가 쥐의 사회적 행동을 활발하게 한다는 것이 실험을 통해 밝혀졌다.[93] 뇌에서 LSD는 시각피질로부터의 감각 입력을 약화시키는 한편(어쩌면 이것이 환영의 부분적 원인인지도 모른다), 도파민 수용체와 특정 세로토닌 수용체를 자극시킨다. LSD가 사회적 유대감을 유발하는 이유는 아직 밝혀지지 않았다.

타인과 사회적 유대감을 느끼려면 그 사람을 잘 알고, 어느 정도는 그들의 행동을 예측할 수 있어야 한다. 잠시 시간을 내 가까운 친구, 가족, 배우자 등 당신이 잘 아는 사람들에 대해 생각해보자. 그리고 그 사람을 아래 나온 세 가지 옵션에 따라 평가해보자. 당신이 지금 머릿속에 떠올리는 사람은 다음 항목에 대해 각각 어떤 경향을 가지고 있는가?

a. 주관적이다	분석적이다	상황에 따라 다르다
b. 에너지가 넘친다	느긋하다	상황에 따라 다르다
c. 위엄이 있다	태평하다	상황에 따라 다르다
d. 조용하다	수다스럽다	상황에 따라 다르다
e. 신중하다	과감하다	상황에 따라 다르다
f. 너그럽다	엄하다	상황에 따라 다르다

g. 열정적이다 　　　　차분하다 　　　　상황에 따라 다르다

h. 현실적이다 　　　　이상적이다 　　　　상황에 따라 다르다

이제 자신에 대해 같은 항목으로 평가를 내려보자. 대부분 친구를 평가할 때는 항목별로 특성을 딱 꼬집어 평가하지만, 자기 자신을 평가할 때는 상황에 따라 다르다고 한다.[94] 왜 그럴까? 우리는 타인의 겉으로 드러난 행동만 볼 수 있다. 반면 자신의 행동은 겉으로 드러난 행동만이 아니라 개인적인 행동, 느낌, 생각까지도 접근할 수 있다. 자기 자신의 삶은 훨씬 다양한 생각과 행동으로 가득한 것처럼 보인다. 타인에 대해서는 사실상 한쪽으로 치우친 증거만을 관찰하지만, 자기 자신에 대해서는 훨씬 다양한 행동을 경험하기 때문이다. 하버드대학의 심리학자 대니얼 길버트Daniel Gilbert는 이것을 '불가시성 문제invisibility problem'라고 불렀다.[95] 다른 사람들의 생각은 우리 눈에 보이지 않는다.

1장에서는 인지적 착각을 착시에 비유했다. 인지적 착각은 마음과 뇌가 내면에서 어떻게 작동하는지 들여다볼 수 있는 창으로, 인지와 지각을 뒷받침하는 하부 구조를 일부나마 우리에게 보여준다. 착시와 마찬가지로 인지적 착각도 자동적으로 일어난다. 즉, 그런 착시가 존재한다는 것을 알고 있어도 그것을 일으키는 정신적 장치를 끄기가 어렵거나 불가능하다. 인지적 착각은 우리로 하여금 현실을 잘못 지각하게 이끌고, 우리 앞에 제시된 선택, 즉 의학적 선택을 내리거나 타인의 행동을 해석할 때 잘못된 결정을 내리게 만든다. 특히나 자신의 사회세계를 구성하는 사람들에 대해서는 이런 성향이 더 두드러진다. 타인의 의도를 잘못 해석하면 오해, 의심, 갈등으로 이어지고, 최악의 경우에는 전쟁도 일어난다. 그래도 다행스러운 것은 인지적 착각의 상당수는 훈련으로 극복 가능하다는 점이다.

사회심리학에서 가장 명확히 밝혀진 발견 내용 중 하나는 우리가 타인의 행동을 해석하는 방식과 관련된 것이다. 이것은 위에 나온 예시와도 관련 있다. 사람들이 어떤 행동을 왜 하는가에 대한 설명에는 크게 두 가지가 존재한다. 기질적 설명 혹은 상황적 설명이다. 기질적 설명은 우리 모두가 평생에 걸쳐 어느 정도 안정적으로 유지되는 어떤 특성(기질)을 가지고 있다는 생각을 바탕으로 한다. 앞에서 보았듯, 우리는 자기가 아는 사람을 어떤 특성으로 못 박아 설명하는 경향이 있다. 우리는 친구를 외향적 혹은 내향적인 사람, 상냥하거나 무뚝뚝한 사람, 익살꾼 혹은 재미라곤 없는 사람 등으로 판단한다.

상황적 설명은 순간적인 상황이 우리의 반응에 영향을 미치며 선천적인 기질을 압도할 수도 있음을 인정한다. 이 상반된 접근 방식은 때로 '사람이냐, 상황이냐'로 특징지어지기도 한다. 기질적 설명은 이렇게 말한다. "난 원래부터 그렇게 태어났어." 상황적 설명은 이렇게 설명한다. (코미디언 플립 윌슨Flip Wilson의 말을 인용하면) "악마가 그렇게 시켰다니까!"

한 유명한 연구에서 프린스턴 신학대학원 학생들에게 '종교적 교육과 소명'에 대한 자신의 의견을 말해달라고 요청했다. 학생들이 일련의 설문을 마친 후, 실험자가 설문지는 지나치게 단순화되는 경향이 있으므로 연구의 마지막 과정으로 짧은 글을 읽고 3~5분 정도 대화를 나누도록 하고 그 내용을 녹음해달라고 요청했다. 그런 다음 학생들을 두 집단으로 나누어 서로 다른 글을 읽게 했다. 하나는 '섬김ministering'이 전문 성직자가 활동하는 요즘 시대에 효과가 있겠는가를 탐구하는 글이었고, 다른 하나는 신약성서에 나오는 착한 사마리아인의 이야기(부상당해 길가에 쓰러져 있던 사람을 유대인 사제와 레위는 무시하고 지나갔으나 한 사마리아인이 멈춰 서서 도운 이야기)였다.[96]

요즘 사회심리학 실험은 겉으로 보이는 것이 다가 아니다. 실험자들은 참가자가 실험에 맞춰 자신의 행동을 바꿀 가능성을 낮추기 위해 자신이 실제로 관심을 두고 있는 부분이 무엇인지 철저하게 감추려고 노력한다. 이 실험에서는 실험자가 참가자들에게 건물의 공간이 부족해서 부득이하게 대화는 옆 건물 사무실에서 녹음하기로 약속을 잡아놓았다고 말했다(이것은 속임수의 일부였다). 그리고는 지도를 그려서 참가자들에게 그곳에 가는 법을 알려주었다.

각각의 집단에서 참가자 13명에게는 옆 건물 조수에게 말해둔 시간이 벌써 지났으니 좀 서둘러달라고 부탁했다. 그리고 다른 13명에게는 이렇게 말했다. "녹음을 준비하려면 시간이 좀 더 걸릴 테지만 미리 가 있어도 나쁠 건 없겠죠." 이것은 상황적 요인을 구성해놓은 것이다.[97] 일부 학생은 서둘러야 하는 상황이고, 나머지는 그렇지 않았다. 어떤 사람은 다른 사람들보다 남을 더 잘 돕는다. 이것은 그 사람의 일생에 걸쳐 어느 정도 안정적으로 유지되는 기질적 특성이다. 신학대학원이라는 이 특정 집단은 일반인들보다 분명 사람을 더 잘 도울 것이다. 사람을 돕는 직업인 성직자가 되겠다고 공부를 하는 사람들이니까 말이다. 실험자들은 연민, 그리고 잘 돕는 특성의 개인 차이가 이 특정 집단 안에서는 최소화되어 있을 것이라 가정했다. 그리고 더 나아가 개인적 차이가 있더라도 실험자가 학생들을 집단에 무작위로 배정했기 때문에 그런 차이가 골고루 배분되었을 것이라고 가정했다. 기질적 요소와 상황적 요소를 교묘하게 결합시킨 실험이었다.

실험자들은 프린스턴 신학대학원의 두 건물 사이에 연구 보조원을 공모자로 심어두었다. 이 사람은 의학적 치료가 필요해 보이는 모습으로 출입구에 쓰러져 있었다. 신학대학원생이 지나쳐갈 때마다 공모자는 기침과 신음 소리를 냈다.

만약 사람의 성격적 특성이 행동을 예측하는 최고의 변수라고 믿는다면 신학대학원생이 전부, 혹은 거의 모두가 가던 길을 멈추고 다친 사람을 도왔을 것이라고 예측할 것이다. 게다가 실험을 추가적으로 우아하게 비틀어 놓은 까닭에, 실험에 참가한 학생들 중 절반은 이와 아주 유사한 상황에서 가던 길을 멈추고 누군가를 도운 착한 사마리아인의 이야기를 방금 읽은 상태였다.

실험 결과는 어땠을까? 시간이 촉박했던 학생은 다친 사람이 보이는데도 돕지 않고 그냥 가던 길을 가는 확률이 시간적 여유가 있는 학생에 비해 여섯 배나 높았다. 이들의 행동을 예측할 수 있는 상황적 요소는 학생들이 갖고 있는 시간적 여유였고, 그들이 읽은 글은 의미 있는 영향을 미치지 않았다.

이 결과는 대부분의 사람에게 충격적이었다. 사람이 사람의 행동을 설명할 때 성격적 특성은 중시하고 상황이 미치는 영향은 과소평가하는 바람에 부정확한 예측을 한다는 것을 입증해보인 실험은 수십 가지나 된다. 이런 인지적 착각은 너무 강력해서 이름까지 붙여졌다. 바로 기본적 귀인 오류fundamental attribution error다. 기본적 귀인 오류에서 추가적으로 나타나는 부분은 특정 상황에서 사람들이 맡을 수밖에 없는 역할 때문에 행동이 제한된다는 사실을 인식하지 못한다는 것이다.

이런 점을 교묘하게 입증해보이려고 리 로스Lee Ross와 그의 동료들은 스탠퍼드대학에서 가짜 퀴즈 게임을 벌였다.[98] 로스는 자기 수업에서 학생을 몇 명 뽑아 무작위로 그중 절반은 질문자로, 나머지 절반은 참가자로 나눈 뒤 일반상식 퀴즈 게임에 참가시켰다. 질문자들에게는 어렵지만 대답이 불가능하지 않은 문제를 만들어낼 것을 요청했다. 영화, 책, 스포츠, 음악, 문학, 수업 내용, 뉴스 등 자기가 흥미 있거나 전문지식을 갖춘 영역이면 어디서 문제를 뽑든 상관없었다. 로스는 질문자들에게 학급 학생들은 좀처럼 알지 못하는 지식이 각자 몇 가지씩은 있을 것이라고 상기시켜주었다. 동전을 수집하는 사람이라면 미국이 구리 대신 강철로 페니 동전을 주조한 해는 몇 년인가 같은 질문이 적절할 것이다. 선택과목으로 작가 버지니아 울프에 대해 수강하고 있는 사람이라면 《자기만의 방A Room of One's Own》이 발표된 게 몇 년인가 같은 질문이 적절하다. "내 2학년 때 담임선생님의 이름은?" 등의 질문은 적절하지 못하다.

질문자들은 강의실 앞에 서서 나머지 학생들이 지켜보는 가운데 참가자들에게 질문을 던졌다. 이들은 TV 쇼에서 볼 수 있는 일반상식 퀴즈를 만들어냈다. 이를테면 "W. H. 오든W. H. Auden의 이름에서 머리글자는 무엇을 나타내는가?", "현재 스리랑카의 정부 형태는 무엇인가?", "전 세계에서 가장 긴 빙하는?", "1969년 월드시리즈의 우승팀은 어디인가?" 등이 문제로 출제됐다.[99]

참가자들의 성적은 신통치 않았다. 여기서 가장 중요한 것은 누가 질문자 역할을 할 것이고 누가 참가자 역할을 할 것인지 정하는 조작 방식이 퀴즈 게임에 관계된 모든 사람에게 분명하게 제시됐다는 점이다. 무작위로 할당되었기 때문이다. 퀴즈 게임이 끝난 다음에 로스는 이를 지켜본 학생들에게 다음과 같은 질문을 던졌다. "1~10점으로 점수를 매기면 질문자는 평균적인 스탠퍼드대 학생과 비교해서 얼마나 더 똑똑하다고 생각하는가?" "1~10점으로 점수를 매기면 참가자는 평균적인 스탠퍼드대 학생과 비교해서 얼마나 더 똑똑하다고 생각하는가?"

인간은 개개인의 차이에 큰 관심을 보이도록 만들어졌다. 진화의 역사 속에서 이것은 우리가 누구와 짝을 맺을지, 누구와 함께 사냥할지, 누구를 동맹으로 신뢰할지 결정 내릴 때 도움이 되었을 것이다. 아이를 잘 키우는 성격, 다정함, 정서적 안정, 믿음직함, 신뢰성, 지능 등은 중요한 기준이었을 것이다. 이 퀴즈 게임을 보며 리 로스의 스탠퍼드대 강의실에 앉아 있었다면, 당신은 아마도 질문자가 보여주는 놀라운 지적 수준에 대단히 깊은 감명을 받았을 것이다. 어떻게 저렇게 다양한 것들을 속속들이 잘 알고 있을까? 그 질문의 정답을 알지 못한 사람은 참가자들만이 아니었다. 관람자들도 대부분 모르기는 마찬가지였다!

이 실험의 한 가지 중요한 특징은 참가자나 관람자와 달리 질문자에게는 자기표현의 이점이 부여되도록 설계되었다는 점이다. 자료를 종합해보니, 퀴즈 게임을 관람한 학생들은 질문자들이 평균적인 스탠퍼드대 학생들보다 훨씬 똑똑하다고 평가했다. 참가자들은 평균 이하로 평가했다. 관람자들은 자신이 관찰한 수행성과가 질문자와 참가자들의 고정된 기질에서 비롯된 것이라 파악했다. 하지만 이들이 실수한 부분, 즉 인지적 착각을 일으킨 부분이 있다. 질문자들은 맡은 역할 때문에 아는 것이 많은 것처럼 보일 수밖에 없으며, 마찬가지로 참가자들 역시 그 역할 때문에 무식해 보일 수밖에 없다는 사실을 깨닫지 못한 것이다. 이런 퀴즈 게임에서 질문자라는 역할은 큰 이점이 있다. 자기에게 유리한 이미지를 구축할 기회가 주어지기 때문이다. 정신이 제대로 박힌 질문자라면 자기가 답을 모르는 문제를 물어볼 리 없다. 그리고 애초에 어렵고 난해한 질문을 만들어내라고 요청받아 만들어진 문제였기 때문에 참가자들이 이 문제를 많이 맞힐 가능성은 낮았다.[100]

퀴즈 게임만 조작된 것이 아니라 참가자들의 정신적 반응 또한 조작됐다. 사실 우리 모두의 정신적 반응이 조작된 셈이다. 우리는 기본적 귀인 오류의 인지적 착각에 늘 무릎을 꿇고 만다.[101] 그런 오류가 존재함을 아는 것은 그것을 극복하는 데 도움이 된다. 당신이 사무실 복도를 따라 걷다가 새로 온 동료 켈빈의 옆을 지나쳐가게 되었다고 상상해보자. 당신이 인사했는데 그가 대답하지 않는다. 당신은 그의 행동을 그의 고정된 성격 탓이라 생각하고, 그가 수줍음이 많거나 무례하다고 결론 내린다. 아니면 그런 행동을 상황적 요인 때문인 것으로 생각할 수도 있다. 그가 다른 생각에 잠겨 있었거나, 회의에 늦었거나, 당신에게 화가 나 있었던 것인지도 모른다. 과학에서는 켈빈이 상황적 요인에 좀처럼 반응하지 않는다고 말하는 것이 아니라, 다만 관찰자가 그런 요인들을 무시하는 경향이 있다고 말할 뿐이다. 대니얼 길버트는 이런 기본적 귀인 오류가 정보 과부하 때문에 빚어진다는 것을 뒤이어 증명하기 시작했다. 특히나 인지 과부하를 크게 경험할수록 개인의 행동을 야기한 원인을 파악할 때 오류를 범할 가능성이 커진다.

스탠퍼드대 실험 결과를 보는 또 다른 관점은 관람자들이 결과 편향 기반의 추론outcome-bias-based inference을 해서 퀴즈 게임의 결과에 지나치게 휘둘리는 결론을 이끌어냈다고 생각하는 것이다.[102] 만약 당신이 졸리는 어려운 대학 과정을 통과했고 마르티나는 통과하지 못했다는 소리를 들었다면, 당신은 졸리가 더 똑똑하고 공부도 열심히 했고 더 나은 학생이라고 결론 내릴 것이다.[103] 대부분의 사람이 그렇다. 결과는 학업 능력과 관련된 부분에서는 설득력 있는 지표로 보인다. 하지만 졸리와 마르티나의 수업 담당 교수가 달랐다는 것을 알게 되면 어떨까? 졸리와 마르티나 모두 시험의 정답 숫자가 똑같았지만 졸리의 교수는 무척 관대해서 수업을 들은 학생을 모두 통과시켜준 반면, 마르티나의 교수는 아주 엄격해서 대부분의 학생을 떨어뜨렸다. 설사 이런 사실을 알더라도 결과 편향은 너무나 강력해서 사람들은 계속해서 졸리가 더 똑똑하다고 결론 내린다.[104] 잘못된 게 분명한데도 이렇게 강력한 영향을 미치는 이유가 대체 무엇일까?

여기에는 반전이 있다. 그것은 대부분의 경우, 결과는 예측에 도움이 되고, 우리가 판단을 내릴 때 추론을 시작하는 간단한 신호로 작동하기 때문이다. 이런 원시적인 무의식적 신호에 의지하면 대개 노력과 인지 과부하는 훨씬 줄이면서 꽤 정확한 판단을 내릴 수 있기 때문에 효율적이다.[105] 정보 과부하의 시대에는 결과에 기반한 편향이 시간을 줄여주기도 하지만 그것 때문에 오류가 발생할 수도 있는 만큼, 그 점을 인식하고 있어야 한다.

사회적 판단은 무엇에 휘둘리는가

사회적 판단과 관련된 또 다른 인지적 착각이 있다. 나중에 잘못된 것으로 밝혀졌는데도 이미 얻은 정보를 무시하기 어려워하는 경향이다. 당신이 A 회사와 B 회사 중 어디에 취직할지 결정해야 한다고 가정해보자. 두 회사 모두 급여는 같다. 당신은 두 회사에 대해 조사하기 시작한다. 한 친구가 말하기를, A 회사 사람들은 함께 어울리기 어렵고, 더군다나 그 회사의 경영진을 상대로 성희롱 소송이 몇 건 있었다고 한다. 그럼 당신은 자연스럽게 머릿속으로 A 회사에서 만났던 사람들을 떠올리며 어울리기 힘들다는 사람은 누구인지, 성희롱 소송에 휘말린 사람은 누구인지 생각한다. 며칠 후 다시 그 친구를 만나 대화를 나누는데, 그 친구가 미안하다고 한다. A 회사를 이름이 비슷한 다른 회사로 착각했다는 것이다. 당신이 처음 결론을 내릴 때 끌어들였던 증거들은 순식간에 무용지물이 되고 만다. 하지만 수십 건의 실험으로 입증된 바에 따르면, 잘못된 것인 줄 몰랐던 애초의 지식은 잘못된 것을 알고 난 후에도 오래도록 판단에 영향을 미친다. 리셋 버튼을 누르는 것은 불가능하다. 변호사들도 이 사실을 잘 알고 있어서 배심원이나 판사의 마음속에 거짓된 아이디어의 씨앗을 심어놓는 경우가 많다. 반대측 변호사가 이의를 제기하고 나면 판사가 "배심원단은 마지막 변론은 무시하기 바랍니다"라고 경고하지만, 이미 자리 잡은 인상과 판단에 영향을 미치기에는 너무 늦다.[106]

이에 대한 생생한 사례는 심리학자 스튜어트 발린스Stuart Valins의 또 다른 실험에서 나왔다. 이 실험은 1960년대에 이루어진 만큼, 세월의 격차가 느껴지고 오늘날의 기준으로 보면 정치적인 면에서도 전혀 올바르지 않다. 하지만 이 실험이 제공하는 데이터는 아직도 유효하며 개념적으로 비슷한 수십 편의 연구를 통해 활발하게 재현되고 있다.[107]

평균적인 남자 대학생들이 여성의 어떤 점에 매력을 느끼는지 알아보는 실험을 한다고 알려주고서 남자 대학생들을 실험실로 불러모았다. 그리고 남학생들을 의자에 앉힌 다음 팔에 전극을 연결하고 가슴에 마이크를 달았다. 실험자는 참가자들에게 전극과 마이크는 한 번에 한 장씩 보여줄 〈플레이보이〉 표지모델에 반응하여 나타나는 생리학적 흥분을 측정하기 위한 것이라고 설명했다. 각각의 참가자는 다른 참가자들과 똑같은 사진들을 보았지만 순서가 달랐다. 스피커로 참가자의 심장박동 소리가 흘러나왔다. 참가자는 실험자가 보여주는 사진을 한 장씩 바라보았고 여성의 사진이 얼마나 매력적이라 생각하는가에 따라 심장박동이 빨라지거나 느려졌다.[108]

참가자들은 모르고 있었지만, 이들의 팔에 연결된 전극과 가슴에 단 마이크는 스피커와 연결되어 있지 않았다. 이것은 모두 속임수였다. 참가자들이 자신의 심장박동 소리라 여겼던 것은 사실 신시사이저의 음향을 테이프에 녹음해놓은 소리였고, 심장박동 속도의 변동폭은 실험자가 미리 설정해놓은 것이었다.[109] 실험이 끝나자 실험자는 심장박동 소리가 사실은 참가자의 심장박동과는 아무런 상관도 없음을 알려주었다. 그리고 참가자에게 테이프 레코더 시스템을 보여주고, 가슴의 마이크와 팔의 전극이 그 어디에도 연결되어 있지 않다는 것도 보여주었다.

이것을 참가자의 관점에서 생각해보자. 잠시 동안 참가자는 자기 몸에서 일어나는 생리반응이 자신이 특정 여성에게 더 큰 매력을 느끼고 있음을 보여준다고 생각했다. 이제 그런 인상을 주었던 증거는 완전히 무효가 되었다. 논리적으로 생각해보자. 만약 이성적으로 의사결정에 참여한다면 그는 자기가 받은 인상을 리셋 버튼으로 지워버리고 스피커에서 나오는 소리를 신뢰할 이유가 전혀 없다는 결론 내렸을 것이다. 그러나 실제는 이와 달랐다. 참가자에게 주어진 정보가 거짓된 것임을 알린 다음 실험 참가에 따른 포상이 주어졌다. 실험자가 감사의 표시로, 실험에서 봤던 〈플레이보이〉 중에서 표지가 마음에 드는 것을 가져가도 좋다고 한 것이다. 이 남학생들은 어떤 표지를 선택했을까? 놀랍게도 이들은 스피커에서 심장박동 소리가 가장 빠르게 흘러 나왔을 때 본 사진을 골랐다. 모든 증거가 무용지물이 되었지만 한때의 그 믿음이 계속 남아서 그들의 판단을 흐리게 만든 것이다. 발린스는 이런 일이 일어나게 만든 메커니즘이 자기설득이라 설명했다. 사람들은 자신이 경험하는 생리적 상태와 일관성 있는 믿음을 만들어내기 위해 상당한 인지적 노력을 기울인다. 일단 그렇게 한 다음에는 이 과정의 결과가 비교적 오래 지속되어 변화에 저항한다.[110] 하지만 이것은 모르는 사이에 진행되는 판단의 오류다. 니컬러스 에플리Nicholas Epley는 우리는 대부분의 경우 우리 믿음의 구성방식, 그리고 그 구성에 이르기까지의 정신적 과정을 인식하지 못한다고 지적했다.[111] 그 결과, 증거가 분명하게 무효화되었는데도 그 믿음이 지속되는 것이다.

믿음 보존 편향belief perseverance은 험담과 관련된 일상생활에서도 나타난다. 물론 험담은 최근에 등장한 것이 아니다. 사람에 대한 험담은 문자로 기록된 가장 오래된 인간의 기벽 중 하나로, 구약성서와 문자의 여명기부터 내려온 여타 고대 문헌에도 기록되어 있다. 인간은 여러 가지 이유로 험담을 즐긴다. 자신감이 떨어지다가도 남들을 험담하면 자기가 그들보다 우월한 듯한 기분을 느낀다. 험담은 충성심을 시험해서 타인과의 유대를 강화하는 데도 도움을 준다. 만약 내가 브리트니를 험담하는데, 티파니가 거기에 맞장구를 치며 끼어든다면 티파니를 동지라 믿는 식이다. 험담의 문제는 그 내용이 거짓일 수 있다는 점이다. 험담이 여러 귀와 입을 거치는 동안 모두들 거기에 한마디씩 보태거나 뺀 경우에는 특히나 그렇다. 믿음 보존 편향이 작용하는 탓에, 노골적인 거짓말이나 사실의 왜곡에서 발생하는 잘못된 사회적 정보를 근절하기란 매우 어렵다. 그리고 이런 말도 안 되는 험담의 피해 당사자가 되고 나면 경력이나 사회적 관계를 회복하기도 무척 어려워진다.

우리의 뇌는 귀인 오류를 범하는 선천적 기질이 있고, 험담을 즐기는 것뿐만 아니라 외부인에 대한 선천적인 의심을 가지고 있다. 여기서 말하는 외부인에는 우리와 다른 모든 사람이 해당된다. '우리와 다르다'라는 것은 종교, 피부색, 고향, 출신 학교, 수입 수준, 소속 정당, 즐겨듣는 음악의 종류, 응원하는 스포츠 팀 등 여러 가지 차원과 특성으로 설명된다. 미국 전역의 고등학교 학생들은 자기에게 두드러져 보이는 서로 다름의 차원을 바탕으로 패거리로 나뉘는 경향을 보인다. 그중에서도 가장 중요한 구분은 보통 학교가 자신을 도와줄 것이란 생각을 가감없이 받아들이는 학생들과 배경, 가족의 경험, 사회경제적 상태 등의 이유로 학교에 다니는 것은 시간 낭비일 뿐이라 믿는 학생들이다.[112] 이런 구분 말고도 고등학생들은 '우리와 닮은 사람'을 가리는 구분을 더욱 세분해 나가며 수십 가지 하위 패거리를 만든다.

이렇듯 집단의 구성원이 될 수 있는 자격을 나누는 성향은 우리의 뇌와 몸의 신경과 호르몬에서 극적인 변화가 일어나는 시기에 나타난다. 사회적으로 보면 이 시기에 우리는 자기만의 취향과 욕망을 가질 수 있다는 것을 이해하게 된다. 부모님이 좋아하는 것이나 권유하는 것을 우리가 반드시 같이 좋아하라는 법은 없다. 우리는 다양한 분야의 음악, 패션, 영화, 책, 활동 등을 탐험하다가 결국 자기만의 취향을 개발하고 다듬어 나간다. 이것은 초등학교에서는 사회적 집단이나 동호회 등이 비교적 적은 데 비해 고등학교에 가면 이런 집단이 폭발적으로 증가하는 이유를 설명해준다.

잘못된 사회적 판단으로 이어지는 다른 수많은 인지적 착각과 아울러 내집단·외집단 편향in-group/out-group bias이라고 알려진 현상도 존재한다. 우리는 어떤 집단이 되었든 자기 집단에 소속된 사람들은 하나하나의 개인으로 생각하는 반면, 외집단에 속한 사람들은 차별화가 덜 된 하나의 덩어리로 보는 경향이 있다. 물론 이는 잘못된 것이다.

우리는 자기 집단(내집단)과 또 다른 집단(외집단)에 소속된 사람들의 흥미, 성격, 성향 등이 얼마나 이질적인지 판단해보라고 요청받으면 외집단 구성원들 간의 유사성을 지나치게 과대평가하는 경향이 있다. 예컨대 민주당 지지자들에게 민주당 지지자들이 서로 얼마나 닮았는지 설명해보라고 하면 이런 식으로 얘기할 것이다. "민주당 지지자들은 각계각층의 사람들로 구성되어 있다. 우리는 정말 다양한 사람들로 구성되어 있다." 그러고 나서 공화당 지지자들을 묘사해보라고 하면 이런 식으로 대답할 것이다. "공화당 지지자들은 세금을 낮춰야 한다는 생각밖에 없다. 다 똑같다." 우리는 또한 자기 집단의 구성원들을 더 선호하는 경향이 있다. 일반적으로 내부인의 시선은 외부인의 시선과 다르고, 또 더욱 정확하다.[113]

내집단·외집단 효과에는 신경학적 편견이 들어 있다. 내측전전두엽피질 medial prefrontal cortex이라고 불리는 뇌 영역에는 자기 자신이나 자기와 닮은 사람에 대해 생각할 때 흥분하는 뉴런 집단이 있다.[114] 이 신경 네트워크는 2장에서 설명한 백일몽 모드와 관련 있다. 백일몽 모드는 다른 사람들과 관련해서 자기 자신을 생각할 때, 조망수용perspective taking(자신의 관점과 타인의 관점을 별개의 것으로 구분하여 타인의 생각, 감정, 지식 등을 그 사람의 관점에서 이해하는 능력 – 옮긴이)에 참여할 때 활성화된다.[115]

내집단·외집단 효과에 대한 한 가지 그럴듯한 설명은 이 효과가 그저 노출의 차이에 따른 결과라는 주장이다. 우리는 자기 집단에 속한 사람들을 더 많이 접하기 때문에 다른 집단 사람들보다 비교적 더 잘 안다. 우리는 자기가 잘 아는 친구들의 복잡성과 다양성과 계속해서 마주치지만, 다른 집단 사람들의 복잡성과 다양성과는 마주치지 않기에 자기가 잘 모르는 사람들은 덜 복잡하고 덜 다양하다는 잘못된 믿음이 생긴다. 내측전전두엽피질은 내집단 사람들을 더 잘 파악한다. 한마디로 그들의 행동은 우리 뇌가 미묘한 부분까지 모두 시각화하기가 더 쉽다.

이 가설을 정면으로 반박하는 인상적인 사실이 있다. 내집단과 외집단의 구성원을 정의할 때, 무작위로 정의된 두 집단 중 어느 쪽이 동전 던지기에서 이겼는가 등 조잡하기 이를 데 없는 전제만으로도 정의할 수 있다는 사실이다.[116] 집단에 소속감을 갖는 데 필요한 한 가지 기준은 한 배를 탔느냐 하는 운명의 상호의존성이다.[117] 동전 던지기를 해서 이기는 집단은 작은 포상을 받고, 지는 집단은 포상을 못 받기로 결정한 뒤 실험에 참가한 학생들에게 각각의 집단 구성원이 얼마나 유사하거나 다른지 판단해보라고 했다. 즉석에서 급조한 집단인데도 내집단·외집단 효과가 활발하게 일어났다. 내집단 구성원들은 자기네 집단의 사람들이 모두 만난 지 얼마 되지 않은 사람인데도 더 바람직한 특성을 지녔으니 시간을 보낸다면 그들과 함께 보내겠다고 했다. 다른 연구에서 비슷하게 조잡한 조작을 했더니 내집단 구성원들은 외집단 구성원들에 비해 자기네가 서로 간에 차이가 더 많이 난다고 평가했다.[118] 사람들을 상호배타적인 범주로 나누면 아무런 이성적 근거가 없는데도 '우리'가 '그들'보다 낫다는 지각이 활성화된다. 그것이 바로 '우

리'의 본질이다.[119]

사회세계의 정리에 대해 생각할 때 내집단·외집단 편향의 함축적 의미는 분명하다. 우리는 외부인에 대해 잘못된 판단을 내리는 아주 완고한 경향이 있다. 이는 새롭고 협동적이고 잠재적으로 가치 있는 사회적 관계를 만들어 낼 능력을 갉아먹는다.

인종차별은 믿음 보존 편향, 외집단 편견, 범주화 오류, 잘못된 귀납추리가 결합되어 생긴 정적인 사회적 판단의 한 형태다. 우리는 한 개인의 바람직하지 못한 성격이나 행동에 대해 들으면, 그 민족이나 그 나라 사람들은 다 그렇다는 잘못된 결론으로 성급히 뛰어넘어가버리고 만다. 그 논증의 형태는 다음과 같다.

1.0. 언론에서 말하길 A가 이런 일을 저질렀다고 한다.

1.1. 나는 그가 저지른 일이 마음에 들지 않는다.

1.2. A는 미운털 나라 출신이다.

1.3. 따라서 미운털 나라 사람들은 분명 모두 내가 싫어하는 이런 일을 저지를 것이다.

진술 1.0과 1.1은 전혀 틀린 말이 아니다. 진술 1.2는 그라이스의 '관련성' 격언을 위반하는 것으로 보이기는 하지만 그 자체로는 논리를 위반하지 않았다. 어떤 사람의 출신에 대해 얘기하는 그 자체는 도덕적이지도 비도덕적이지도 않다. 이것은 도덕성을 떠나 사실 그 자체로 존재한다. 하지만 이 정보를 어떻게 이용하는가 하는 부분에서는 도덕성이 무대에 등장한다. 그 사람의 종교나 출신 국가를 의식하는 것은 관계 개선을 위한 단계이자 문화적 차이를 더욱 잘 이해하기 위한 단계일 수도 있고, 인종차별적 일반화의 단계일 수도 있다. 논리적 관점에서 보면, 진짜 문제는 한 가지 개별 사례로부터 일반화가 일어나는 진술 1.3에서 일어난다. 인간은 몇 가지 역사적·인지적 이유로 성급한 일반화의 오류라는 불행한 성향을 진화시켰다. 이것이 적응에 유리하게 작용할 때도 있다. 한 번도 먹어본 적이 없는 과일을 따 먹었는데 몸이 아팠다면, 우리는 귀납추리를 통해 이 과일은 먹을 수 없는 종류라고 추정한다. 우리가 모든 부류의 사람이나 사물을 일반화하는 이유는 뇌가 하나의 거대한 추론 기계이고, 뇌는 우리의 생존을 확보하려는 과정에서 자기가 가진 자료는 무엇이든 이용하려 들기 때문이다.[120]

1970년대 말, 사회심리학자 믹 로스바트Mick Rothbart는 대략 동수의 흑인과 백인 학생들로 구성된 학급에서 인종 관계에 대해 가르쳤다. 백인 학생들은 질문할 때 이렇게 시작하는 경우가 많았다. "흑인들은…… 이렇게…… 느끼지 않나요?" 그럼 로스바트는 속으로 이렇게 생각했다. '그거 좋은 질문이로군.' 하지만 흑인 학생들이 "백인들은…… 이렇게…… 느끼지 않나요?"라고 질문하면 로스바트는 자기가 이렇게 생각한다는 것을 발견했다. '밑도 끝도 없이 '백인'이라니 무슨 소리지? 백인 중에는 보수적인 사람, 진보적인 사람, 유대인, 비유대인, 소수계층 문제에 민감한 사람, 둔감한 사람 등등 얼마나 천차만별인데. 그냥 '백인'이라고 한 범주로 사용하면 너무 폭이 넓고 의미가 없어. 이래서야 내가 질문에 제대로 대답할 수 있겠나?'

"흑인들은…… 이렇게…… 느끼지 않나요?"라고 시작하는 질문을 들으며 분명 흑인 학생들도 이와 똑같은 생각이 머릿속에 떠올랐을 것이다. 내집단·외집단 편향에 영향을 받는 경우, 각각의 집단은 다른 집단을 모두 획일적인 하나의 덩어리로 보고, 자기네 집단은 다양한 사람들로 구성된 복잡한 집단이라고 본다.[121] 그렇다면 서로 다른 집단의 구성원들이 서로를 더욱 잘 알게 되면 이런 고정관념도 사라질 것이라는 생각을 할 수도 있다.[122] 대체적으로 맞는 얘기지만, 내집단·외집단 편향은 진화생물학적으로 워낙 깊게 뿌리 내렸기 때문에 완전히 떨쳐내기는 힘들다. 한 실험을 보면, 서로를 하나의 집단으로 판단하는 남성과 여성들은 여전히 이런 인지적 편향의 포로였다. 로스바트는 이렇게 적었다. "지속적으로 접촉해왔고, 서로에 대해 풍부한 정보를 가지고 있는 두 집단 사이에 이런 현상이 존재한다는 것을 입증해보인 것이 무척 인상적이다."[123] 일단 고정관념이 자리 잡으면 우리는 그것을 더 이상 재평가하지 않는 경향이 있다.[124] 우리는 이 고정관념의 부당함을 보여주는 새로운 증거가 나타나도 그냥 '예외'로 치부해버린다. 이것이 바로 믿음 보존 편향이다.

기근, 전쟁, 기후 변화 등 우리가 직면한 심각한 문제들을 해결하기 위해서는 세상의 미래와 관계된 모든 이해당사자가 해결에 참여해야 한다. 어느 한 국가가 이 모든 것을 해결할 수는 없다. 서로를 내집단이 아닌 외집단으로 바라본다면 특정 국가들의 모임만으로도 해결 불가능하다. 세계의 운명은 그 무엇보다 '외집단 편향을 무너뜨릴 수 있느냐'에 달려 있다고도 할 수 있다. 특히 다음 사례의 경우가 그렇다.

1962년 10월은 지구의 완전한 파괴에 가장 가까워졌던 세계사의 한 순간이었다. 미국의 존 F. 케네디 대통령과 소련의 니키타 흐루쇼프 총리가 미국에서는 '쿠바 미사일 위기Cuban Missile Crisis'로 알려져 있는 핵 교착 상태에 빠졌기 때문이다.[125] 이 갈등을 해소하는 데 가장 큰 역할을 한 것은 케네디 대통령과 흐루쇼프 총리 사이의 비밀 채널이었다. 이때는 냉전의 절정기였다. 양측 관료들은 상대방이 세계를 장악하려 들고 있어 신뢰할 수 없다고 생각했다. 케네디는 자신과 모든 미국인을 내집단으로, 흐루쇼프와 소련 사람들은 외집단으로 보았다. 우리가 지금까지 살펴본 모든 편향이 여기에 축약돼 있었다. 미국인들은 자신을 신뢰할 만한 존재로 보았으며 미국이 하는 공격적 행동은 국제적 기준으로 판단했을 때 정당화될 수 있다고 믿었다. 반면 소련이 하는 공격적 행동은 파괴에만 몰두하는 포악하고 무자비하고 비이성적인 행위 주체로서의 본질을 드러내는 것이라 믿었다.

그러다가 전환점이 찾아왔다. 흐루쇼프가 모든 허세와 미사여구를 집어던지고 케네디에게 간청한 것이다. 흐루쇼프는 케네디에게 몇 번이고 이렇게 말했다. "우리 입장이 돼서 생각해보십시오." 그리고 그는 두 사람 다 자기 조국의 지도자라는 비슷한 처지임을 지적했다. "당신이 미국 국민의 평화와 행복을 염려하고, 그것이 대통령으로서 당신이 맡은 책임이라면 나 역시 소비에트 연방 총리로서 내 국민들을 염려합니다. 게다가 세계 평화를 유지하는 일은 우리가 함께 염려해야 하는 일입니다. 현 상태라면 전쟁이 불가피한데, 그 전쟁은 두 나라만의 주장이 대립하는 전쟁이 아니라 전 세계적으로 영향을 미치는 잔혹하고 파괴적인 전쟁이 될 것이기 때문입니다."[126]

사실상 흐루쇼프는 자신과 케네디가 함께 소속되어 있는 한 집단을 지적한 것이다. 세계 주요 강대국의 지도자라는 집단 말이다. 그렇게 함으로써 그는 외집단 구성원인 케네디를 내집단 구성원으로 바꾸어놓았다.[127] 이것이 1962년 10월 26일에 타협의 가능성을 열어준 위기의 전환점이었다.

군사적 행동은 오판으로 이루어지는 경우가 많다. 2차 세계대전이 벌어지는 동안 나치가 항복을 받아내려고 런던을 폭격했지만, 영국의 저항 결의를 더 군건하게 다지게 한 것이나, 1941년 일본이 진주만을 공습해 미국의 참전을 막으려 했지만, 역효과가 나서 오히려 미국이 전쟁에 개입하도록 만든 게 그 예다. 1980년대에 미국 정부는 니카라과 좌파 정권에 대항해 내전을 벌이던 반군 세력에 자금을 제공해 정치개혁을 이끌어내려 했다. 민주화를 요구하는 이집트의 봉기가 시작되고 3년이 지난 2013년 말과 2014년 초에는 반정부 조직인 무슬림 형제단이 테러를 일으키면 집권정부가 진압에 나서고, 그럼 진압에 반발하여 무슬림 형제단이 또다시 테러를 일으키는 악순환에 빠지고 말았다. 이는 문제를 해결하기는커녕 양측 모두의 투지만 강화시키는 역할을 했다.[128]

이렇듯 군사적 개입이 실패로 끝나는 경우가 그리도 많은 것은 무슨 이유일까? 내집단·외집단 편향 때문에 우리는 무력에 의한 강압이 자기들보다는 적들에게 더 효과적이고, 회유책은 적들보다는 자기에게 더 효과적이라 생각한다.[129] 전 미국 국무장관인 조지 슐츠 George Shultz는 1970년대부터 현재까지 40년에 걸친 미국의 외교정책을 회상하며 이렇게 말했다. "우리가 폭탄과 군수품에 쏟아부었던 그 모든 돈, 그리고 베트남, 이라크, 아프가니스탄과 전 세계 다른 곳에서 겪었던 실패를 생각하면, 폭력으로 우리의 의견을 관철시키려고 하는 대신 그 나라에 학교와 병원을 세워 아이들의 삶을 개선해주는 것이 효과적이었을 거라는 생각이 든다. 그랬으면 지금쯤 그 아이들이 어른이 되어 영향력 있는 위치에 서게 되었을 것이고, 우리를 미워하는 것이 아니라 우리에게 고마운 마음을 갖게 되었을 것이다."[130]

사회세계를 탈출하고 싶을 때

조직화되고 문명화된 사회에서 우리는 여러 가지 다양한 상호의존적 방식으로 서로에게 의지한다. 우리는 사람들이 쓰레기를 닥치는 대로 우리 집 앞 길에 버리지 않을 것이고, 우리가 마을을 떠나 있는 동안 우리 집 근처에서 의심스러운 기미가 보이면 이웃이 알려줄 것이고, 위급한 상황에 빠지면 누군가가 하던 일을 멈추고 119를 불러줄 것이라 생각한다. 도시와 마을을 이루어 함께 살아간다는 행위는 근본적으로 협동 행위다. 다양한 수준의 정부(연방 정부, 주 정부, 지방자치제 정부 등)에서 시민들이 지켜야 할 행동을 정의하는 법률을 통과시키기는 하지만, 그것으로는 기껏해야 문명인으로서 지켜야 할 한계인 극단적인 사례만을 다룰 수 있을 뿐이다. 우리는 그저 법률을 준수하는 데 그치지 않고 법을 뛰어넘어 기본적으로 서로 돕고 협조하면서 서로에게 의지한다. 세드릭의 네 살배기 딸이 자전거를 타다 넘어지는 것을 보면 반드시 달려가 아이를 일으켜주거나 세드릭에게 알려줘야 한다는 법을 규정하는 사법관할구역은 거의 없다. 하지만 당신이 그 모습을 보고도 아이를 돕지 않는다면 사람들은 당신을 괴물 취급할 것이다(아르헨티나에는 도움이 필요한 사람을 돕도록 요구하는 법률이 있다[131]).

그럼에도 불구하고 사회적 상호작용은 무척 복잡하다. 몇몇 실험에서 우리는 자신의 이해관계에 따라 행동하거나 아니면 그냥 다른 사람 일에 끼어들고 싶어 하지 않는 경향이 있다는 것이 입증됐다. 예컨대 노상강도나 다른 위험한 상황을 목격했다고 해보자. 이런 상황에서는 피해자를 도와야 한다는 분명한 사회적 규범이 존재한다. 하지만 그런 상황에 개입한 사람에게 벌어질 수도 있는 일에 대한 두려움과 관련된 정당성 또한 존재한다.[132] 사회적 규범이나 사람을 도우려는 성향과 달리, 우리를 행동에 나서지 못하게 막는 몇 가지 심리적 힘이 존재한다. 사회심리학자 존 달리John Darley와 비브 라타네Bibb Latané는 이렇게 말했다. "'난 괜히 끼어들고 싶지 않아'라는 말은 아주 흔하게 들을 수 있는 말이다. 그 뒤에는 육체적 손상, 공개적 망신, 경찰 수사, 실직, 그리고 다른 알 수 없는 위험에 대한 두려움이 자리 잡고 있다."[133]

개입이 필요해 보이는 사건에서 자신이 유일한 목격자가 아닌 상황도 가끔씩 발생한다. 공공장소에서 일어난 사건이 이런 경우다. 수천 명의 사람과 가까이 붙어사는 대단히 사회적인 종인 우리는 다른 사람들과 어울리고 싶어 한다. 그리고 이런 욕망은 우리로 하여금 주어진 상황에서 어떤 행동이 인정받을 수 있는 행동인지 단서를 찾으려고 타인들을 둘러보게 만든다. 누군가가 길 건너편에서 강도를 당하고 있는 듯한 모습을 목격했다. 주위를 둘러보니 수십 명의 다른 사람이 함께 그 장면을 목격했는데, 아무도 나서지 않는다. 그러면 우리는 이렇게 생각한다. '어쩌면 실제 사정은 눈에 보이는 것하고 다를지도 몰라. 아무도 반응하지 않는 걸 보니 이 사람들은 내가 모르는 무언가를 알고 있나 보군. 사실은 노상강도가 아닌지도 모르지. 그냥 서로 잘 아는 두 사람이 레슬링을 하고 있는 건지도 모르잖아. 사생활은 존중해줘야지.' 우리로서는 알 수 없는 일이지만 수십 명의 다른 사람도 주변을 바라보며 비슷한 생각을 하며, 이 갈등에 끼어드는 것은 사회적 규범에 반하는 것이라는 같은 결론에 도달했을 가능성이 높다. 이것은 그저 이론적인 이야기가 아니다. 2011년에 심장질환이 있었던 61세의 월터 밴스가 웨스트버지니아의 대형 쇼핑몰에서 쓰러져 죽었다. 수백 명의 쇼핑객이 그의 곁을 지나치고, 심지어 그의 위로 넘어가는 사람도 있었다. 2013년 캘러머주에서는 편의점을 찾았던 손님들이 총에 맞아 문 앞에서 쓰러져 죽어가는 한 사내를 넘어 들어갔다.[134] 점원은 희생자의 생사 여부를 확인하지 않고 계속 손님들의 시중만 들었다.

다른 사람 일에 끼어들지 않으려는 이런 경향은 서로 연관돼 있는 세 가지 강력한 심리적 원리에 근거한다. 첫 번째 힘은 다른 사람의 행동에 순응하려는 강력한 욕구다.[135] 그렇게 함으로써 우리가 사회집단 안에 받아들여지고, 상냥하고 협조적으로 보이리라는 희망 때문에 생기는 욕구다. 두 번째 힘은 사회적 비교다.[136] 우리는 타인을 기준으로 자신의 행동을 살펴보는 경향이 있다. 세 번째 힘은 책임감 분산이다. 이것은 우리 마음에 천부적으로 새겨져 있는 공정함에 대한 욕구, 무임승차를 벌하려는 마음에 기반을 둔다. '다른 사람들도 가만히 있는데 뭐하러 괜히 위험을 자초한담? 나만 할 수 있는 일도 아니잖아.'

이와 관련, 달리와 라타네는 실제 의학적 응급상황을 재현하도록 설계된 고전적 실험을 실시했다. 발작을 일으킨 사람을 목격했을 때 실험 참가자들은 다른 네 사람이 자기와 함께 목격했다고 생각할 때보다 자기 혼자만 목격했다고 생각했을 때 희생자를 신속히 도우러 나서는 비율이 거의 세 배나 높았다. 책임감의 분산은 행동에 나서지 않았다는 비난 또한 분산되는 효과로 연결되며, 내가 모르는 사이에 다른 누군가가 경찰을 부르는 등 행동에 나섰을지도 모른다고 생각하게 만든다.[137] 달리와 라타네는 이렇게 말했다. "응급상황에서 목격자가 한 사람밖에 없을 경우, 도움의 손길을 내밀 수 있는 사람은 그 사람밖에 없다. 그 목격자가 자기 개인의 안전에 대한 염려나 '남의 일에 끼어들지 않으려는 욕구' 때문에 그 상황을 무시할 수도 있지만, 그 상황에 개입해야 한다는 압력이 오로지 그 사람에게만 집중되어 무시하기가 쉽지 않다. 하지만 다른 목격자들이 존재하는 경우에는 상황에 개입해야 한다는 압력이 구경꾼 모두에게 분산되어 어느 누구에게도 일방적으로 집중되지 않는다. 그 결과, 아무도 도우러 나서지 않는다.[138]"

물론 이것은 그다지 존경할 만한 도덕적 추론 과정이 못 된다. 하지만 인간 본성의 본질적인 부분을 잘 포착하고 있다. 우리는 사회적인 종일 뿐만 아니라 이기적인 종이다. 달리와 라타네의 실험에 참가한 한 사람은 이렇게 말했다. "내가 이렇다니까요. 나한테는 꼭 무슨 일이 일어난다니까요!" 이 사람은 눈앞에 닥친 위기 때문에 겪는 불편만을 생각한 나머지 희생자에게 감정을 이입하는 데 실패했다. 다행히도 우리 모두가 이런 것은 아니고, 모든 상황에서 이런 것도 아니다. 인간과 다른 동물들은 이기적이지 않을 때가 많다.[139] 거위들은 자신이 큰 위험을 무릅쓰더라도 서로를 도우러 나선다. 버빗 원숭이는 포식자가 근처에 있으면 경고신호를 보낸다. 그 과정에서 자기가 포식자에게 노출될 위험이 커지는데도 말이다. 미어캣은 나머지 무리가 먹이를 먹는 동안 일어서서 포식자가 다가오는지 감시한다. 이런 이타적인 보초병 행동을 뒷받침하는 신경화학적 메커니즘은 무엇일까? 바로 사람들 사이에서 신뢰와 협동을 키워주는 사회적 협력 호르몬인 옥시토신이다.[140]

이기적 반응과 이타적 반응 사이의 대조적인 모습은 범주화의 오류로 보일 수도 있다. 순응, 사회적 비교, 책임감 분산 등에 빠져 있을 때 우리는 자기 자신을 희생자와 반대편에 있는 사람들로 구성된 더 큰 집단으로 범주화한다. 우리는 자신이 그들의 편에 서 있다고 생각하고, 결국 그들은 내집단이 된다. 우리는 희생자와 자신을 동일시하는 데 실패한다. 그래서 그 희생자는 불신을 받거나 오해를 받는 외집단의 구성원이 되는 것이다. 달리와 라타네의 실험에서 참가자들 중 많은 사람이 자기가 유일한 목격자라고 생각했을 때 희생자를 도우러 달려들었던 것도 이런 이유에서다. 자기 자신을 포함시킬 사회적 집단이 아무도 없기 때문에 그 희생자와 자기를 동일시할 수 있었던 것이다. 이런 원리를 알고 있으면 우리는 그것을 극복하고, 희생자에게 감정을 이입하고, '난 남의 일에 끼어들고 싶지 않아'라고 말하는 성향을 극복할 수 있다.

당신의 사회세계는 그 누구도 아닌 당신의 사회세계다. 그것을 이렇게 정리하라, 저렇게 정리하라 말할 수 있는 사람이 누가 있겠는가? 그러나 우리 모두는 점점 더 서로 밀접하게 연결되어가고 있으며, 우리의 행복과 안녕도 점점 상호의존적이 되어가고 있다. 사회의 성공은 시민들이 공동의 이익에 얼마나 적극적으로 기여하는가로 가늠할 수 있다. 만약 당신이 고속도로에서 앰버 경보를 보았는데 그와 일치하는 자동차번호판을 보았다면 경찰에 전화하라. 상냥해지려고 노력하라. 우리의 사회생활이 아무리 디지털화되었더라도, 우리는 여전히 함께 그 안에 있다.

시간의 정리

무엇이 미스터리인가

루스는 여섯 명의 아이를 둔 37세 주부다. 저녁 6시에 그녀는 오빠, 남편, 아이들에게 저녁식사를 차려준다. 그런데 6시 10분에 그녀의 남편이 부엌에 들어가보니, 그녀가 가스레인지에 냄비 두 개를 올려놓기는 했는데 고기는 아직도 얼어 있고 샐러드도 다 만들어지지 않은 상태였다. 루스는 막 디저트 쟁반을 내오려던 참이었다. 그녀는 자기가 식사 준비 순서를 잘못하고 있다는 것을, 아니 올바른 순서가 존재한다는 것 자체를 인식하지 못했다.[1]

어니는 회계사로 사회생활을 시작했고 32세 때 가정집 건축회사의 감사원장으로 승진했다. 친구들과 가족은 그가 대단히 책임감 있고 믿음직한 사람이라고 생각했다. 그런데 35세 때 그는 갑자기 저축해둔 돈을 모두 믿음직스럽지 못한 사업가와의 동업에 쏟아붓고는 얼마 안 가 파산을 선언했다. 어니는 이 직장 저 직장을 전전했지만 가는 곳마다 족족 해고되고 말았다.

툭하면 지각했고, 주위는 정돈 안 돼 있고, 무언가를 계획하거나 과제의 우선순위를 정하는 능력도 저하돼 있었기 때문이다. 그는 아침에 업무 준비를 하는 데만 두 시간이 넘게 걸렸고, 면도하고 머리 감는 것 말고는 아무것도 하지 않고 하루를 보내는 경우도 허다했다. 어니는 미래에 필요할 것들을 평가하는 능력도 잃어버렸다. 고장난 TV와 선풍기 각각 다섯 대, 죽은 화초, 빈 오렌지주스 깡통으로 가득한 가방 세 개 등 쓸모없는 소지품을 버리자고 해도 전혀 말을 듣지 않았다.[2]

피터는 예일대학에서 석사학위를 받고, 수학과 과학 분야에 뛰어난 재능을 보였으며, IQ도 평균보다 25나 높은 성공적인 건축가였다. 하지만 작은 사무실을 다시 정리하라는 간단한 일만 시켜도 그는 무척 당혹스러워했다. 그는 프로젝트 시작 준비를 하는 데만 거의 두 시간이 걸렸고, 일단 시작한 다음에도 알 수 없는 이유로 다시 처음부터 시작하기를 반복했다. 그는 아이디어 조각들을 몇 장의 예비 스케치로 그려냈지만, 그런 아이디어를 한데 엮거나 정밀하게 다듬지는 못했다. 그는 자신의 생각이 뒤죽박죽이라는 것을 잘 알고 있었다. "내가 그리고 싶은 것이 뭔지 압니다. 그런데도 그릴 수 없어요. 미치겠어요. 생각이 꼬리를 물고 이어지다가도 그것을 그림으로 그리기 시작하면 생각이 끊겨버려요. 그럼 또 다른 생각이 꼬리를 물고 이어지는데, 방향이 달라서 두 생각이 만나지 못해요."[3]

이들의 공통점은 이런 일이 일어나기 바로 전에 전전두엽피질에 손상을 입었다는 것이다. 이 뇌 영역은 전대상회, 기저핵, 섬엽과 함께 시간을 정리하고, 계획을 짜고, 일단 과제를 시작하면 거기에 집중하게 도와준다. 네트워크로 연결된 뇌는 획일적인 조직이 덩어리져 뭉쳐 있는 것이 아니다. 뇌의 특정 영역에 손상을 입으면 그에 특화된 장애가 나타난다. 전전두엽피질에 손상을 입으면 사건의 순서를 계획하는 능력이 엉망이 되고, 차분하게 생산적으로 노력을 기울여서 자신이 설정해둔 목표를 허락된 시간 안에 달성하는 능력도 함께 무너져버린다. 하지만 아주 건강한 사람들도 가끔은 전두엽에 손상이라도 입은 것처럼 약속을 잊어버리고, 가끔씩 어리석은 실수를 저지르고, 시간을 정리하도록 진화된 뇌의 능력을 제대로 사용하지 못한다.

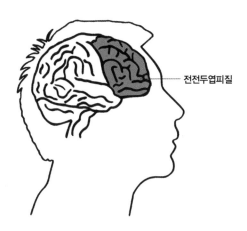

전전두엽피질

시간의 생물학적 본질

신비주의자나 물리학자는 한목소리로 시간은 우리 마음이 창조한 환상에 불과하다고 말한다. 이런 관점에서 보면 시간은 색과 비슷하다. 실제 세계에 색이란 것은 존재하지 않는다. 그저 물체에서 반사되는 서로 다른 파장의 빛이 있을 뿐이다. 뉴턴의 말처럼 광파lightwave 자체에는 색이 없다. 색에 대한 우리의 감각은 이런 파장을 처리해서 색으로 해석하는 뇌의 시각피질에서 나오는 것이다.[4] 물론 그렇다고 해서 색의 주관적 실재성이 줄어드는 것은 아니다. 딸기를 바라보면 그저 빨간 것 같은 게 아니라 빨갛다. 이와 유사하게 시간도 세상에 대한 경험에 대해 우리 뇌가 부과하는 해석이다.

우리는 밥을 먹고 어느 정도 시간이 지나면 배가 고프고, 일어나서 어느 정도 시간이 지나면 졸음이 온다. 지구가 지축을 중심으로 자전하고, 태양 주위를 공전하는 덕분에 우리는 일련의 주기적 사건을 통해 낮과 밤, 사계절 등으로 시간을 정리할 수 있다. 이로써 우리는 머릿속으로 시간의 흐름을 인식할 수 있다. 시간을 인식한 인간은 인류 역사상 그 어느 때보다 열심히 시간을 덩어리와 단위로 나누고 거기에 활동을 배정한 다음 그 안에서 그 활동이 마무리되기를 기대한다. 그리고 이 시간의 덩어리들은 딸기가 빨갛듯이 우리에게 실재적이다.

우리는 대부분 시간을 따르며 산다. 우리는 24시간을 따라 약속을 잡고, 일어나고, 자고, 먹고, 시간을 정리한다. 하루의 길이는 지구의 자전주기와 엮여 있지만, 그 하루를 동일한 단위로 쪼개는 생각은 대체 어디서 나왔을까? 그리고 왜 하필 24시간일까?

처음으로 하루를 시간 주기로 쪼갠 것은 수메르인으로 알려져 있다. 그들은 해가 떠 있는 시간을 6등분했다(현재 시간으로는 대략 두 시간에 해당한다). 고대의 다른 시간제에서는 해가 떠서 질 때까지를 하루라 여겼고, 그 시간을 둘로 나누었다. 그래서 고대에는 계절이 바뀌어 날이 길어지고 짧아짐에 따라 오전과 오후의 길이가 달라졌다.

오늘날 우리가 제일 친숙하게 사용하는 시간을 나누는 방법 세 가지, 즉 연, 월, 일은 천체의 움직임을 기초로 한다. 1년의 길이는 지구가 태양을 한 바퀴 도는 데 걸리는 시간으로 결정된다. 한 달의 길이는 달이 지구를 한 바퀴 도는 데 걸리는 시간으로 결정된다. 하루의 길이는 지구가 자신의 축을 중심으로 자전하는 데 드는 시간으로 결정된다(일출이나 일몰 사이의 간격으로 관찰된다). 하지만 그 뒤로 이어지는 분할은 물리법칙보다는 임의적인 역사적 요소에 기초를 둔다. 하루를 똑같은 24개의 조각으로 나눈 것은 그 어떤 생물학적, 천체물리학적 주기와도 상관없다.

하루를 24시간으로 나누는 현재의 시간제는 고대 이집트인들에게서 비롯됐다. 이들은 하루를 열 부분으로 나눈 다음 낮인지 밤인지 애매한 시간인 새벽녘과 해 질 녘에 한 부분씩을 추가해 모두 열두 부분으로 만들었다. 유적지에서 나온 이집트 해시계가 이를 보여준다. 이들은 일몰 후 별의 움직임을 추적한다든가, 양초가 타들어가는 시간이나 구멍을 통해 한 그릇에서 다른 그릇으로 물이 흘러들어가는 양을 측정하는 등 몇 가지 방법으로 시간을 쟀다. 고대 그리스의 수학자 겸 천문학자인 히파르코스Hipparchos 처럼 바빌로니아인들도 하루 24시간의 고정된 시간을 이용했다.[5] 한 시간을 60분, 그리고 1분을 다시 60초로 나눈 것 역시 임의적인 것으로, 고대 그리스의 수학자 에라토스테네스Eratosthenes에게서 유래된 것이다. 그는 위도를 나타내는 초기 지도 제작법에 사용하려고 원을 60부분으로 나누었다.

인류는 대부분의 기간을 시계 없이 살았거나, 사실상 정확한 시간을 파악할 방법 없이 살았다. 모임이나 의식을 위한 회합은 "보름달이 뜰 때 우리 야영지에 잠깐 들러라"라든가 "해 질 무렵에 만나자" 등 눈에 쉽게 띄는 자연적 사건을 참조해서 일정을 잡았다. 그보다 정확한 시간 약속은 가능하지 않았지만, 사실 필요하지도 않았다. 우리에게 익숙한 정확한 시간 개념은 철도가 깔린 이후부터 시작됐다. 철도회사에서 고객의 편의를 위해 출발 시간과 도착 시간을 정확하게 표준화하려고 그랬나 보다 생각할 수도 있지만, 사실은 안전에 대한 염려 때문에 이루어진 일이다. 1840년대 초반에 연달아 몇 번의 철도 충돌사고가 있은 후 조사자들은 소통방식을 개선해 사고 위험을 줄일 방법을 모색했다. 그전까지만 해도 시간을 재는 것은 도시마다 각자 알아서 할 그 동네의 문제라 생각했다. 당시만 해도 신속한 통신수단이나 운송수단이 없었기 때문에 지역마다 시간을 일치시키지 않더라도 특별히 불이익이 될 것도 없었다. 게다가 시간이 일치하는지 여부를 알아낼 방법도 없었다! 수많은 캐나다 철도를 설계하는 데 한몫한 스코틀랜드 공학자 샌드퍼드 플레밍Sandford Fleming 경은 전 세계 표준시간대를 만들 아이디어를 떠올렸고, 캐나다와 미국의 철도회사들은 1883년 말 이를 도입했다. 미국 의회는 이것을 법제화하지 않다가 35년이 지나서야 '표준시에 관한 법률Standard Time Act'을 통과시켰다.

시간, 분, 요일 등은 모두 임의적이다. 물리학적으로나 생물학적으로 하루를 24개 구간으로 나눠야 할 근거는 없다. 이런 시스템을 쉽게 받아들인 것은 이런 분할이 내재적인 생물학적 과정과 충돌하지 않았기 때문이다.

시간에 생물학적 상수biological constant가 존재할까? 우리의 수명은 노화 때문에 대략 100세(전후 20년 정도)로 제한된 것으로 보인다. 한때는 집단의 크기를 제한하기 위해 수명의 한계가 유전자에 프로그램되어 있다는 이론도 있었으나 이 이론은 결국 밀려나고 말았다. 가혹한 야생 환경에서는 대부분의 종이 수명을 다 채우지 못하고 죽는 까닭에 집단의 크기가 너무 커질 위험이 없기 때문이다. 어떤 종은 전혀 나이를 먹지 않아서 이론적으로 불멸이다. 해파리, 편형동물(플라나리아), 히드라 등이 이에 해당된다. 이들은 부상이나 질병이 아니고는 죽지 않는다. 인류와는 극적으로 대비되는 현상이다. 전 세계적으로 하루에 대략 15만 명 정도의 사람이 죽는데, 그중 3분의 2가 노화와 관련된 이유로 사망한다. 전쟁이나 질병 등으로 일찍 죽을 가능성이 적은 평화로운 선진국에서는 이 비율이 90%까지 높아진다.[6]

자연선택은 노화 과정에 직접적인 영향을 미칠 기회가 매우 제한적이거나 혹은 거의 없는 것이나 마찬가지다. 자연선택의 경우 생식이 가능하기 이전의 어린 나이에 좋은 영향을 미치는 유전자라면, 설사 노년에는 나쁜 영향을 미치더라도 그 유전자를 선호하는 경향이 있다. 일단 한 개체가 번

식해서 자신의 유전자를 다음 세대에 물려주고 나면, 자연선택은 더 이상 그 개체의 유전자에 영향을 미칠 수단이 없다.[7] 이는 두 가지 결과를 낳는다. 만약 초기 인류가 어린 시절 질병에 취약하게 만들거나 배우자로서의 매력이 없게 만들어버리는 유전자 등 생식 가능성을 줄이는 유전자 돌연변이를 물려주었다면, 그 유전자는 다음 세대에 등장할 가능성이 줄어든다. 반면 생존에 이점을 부여하고 인류를 대단히 매력적으로 만들어주는 두 유전자 돌연변이가 있는데, 그중 하나는 75세가 되었을 때 암을 일으키는 부작용이 있다고 가정해보자. 75세면 번식 연령에서 수십 년이나 지났을 때다. 자연선택은 이 암 유발 유전자를 막을 방법이 없다. 게다가 이 유전자는 다음 세대로 전달된 후에도 한참 시간이 지날 때까지 발현되지 않는다. 따라서 암에 대한 취약성, 뼈의 약화 등 노년기의 생존을 위협하는 유전적 변이는 나이가 들고 시간적으로 번식 전성기에서 멀어질수록 축적되는 경향이 있다(특정 나이 이후로는 번식하는 유기체의 비율이 급격히 줄어들고, 생존을 위한 유전적 메커니즘에 투자해서 이득을 보는 사람의 비율도 아주 작아지기 때문이다).[8] 세포에는 연속적인 분열 과정에서 축적되는 오류들 때문에 분열할 수 있는 최대 횟수에 한계가 있는데, 이것이 바로 헤이플릭 분열한계Hayflick limit다. 우리가 결국 죽을 뿐만 아니라 우리의 시간이 제한되어 있음을 인식하는 것은 평생에 걸쳐 우리에게 서로 다른 영향을 미친다(이에 대해서는 이번 장의 끝부분에서 언급하겠다).[9]

시간이나 분 단위와 가장 관련 있는 생물학적 상수는 다음과 같다. 인간의 심장박동 수는 분당 60~100회 정도라는 점, 제대로 기능하기 위해서는 우리에게 주어진 시간의 3분의 1가량을 수면 상태로 보내야 한다는 점, 태양으로부터 오는 단서가 없으면 우리 몸은 하루 25시간 주기로 흘러가는 성향이 있다는 점 등이다.[10] 생물학자와 생리학자들은 아직도 그 이유를 모른다. 1,000분의 1초 단위로 내려가보면 우리 감각의 시간 해상도temporal resolution와 관련된 생물학적 상수가 존재한다. 만약 소리 중간에 10밀리/초보다 짧은 간격이 있으면 우리 귀는 그것을 알아차리지 못한다. 청각계 해상도의 한계 때문이다. 그와 비슷한 이유로, 일련의 클릭음을 낼 때 클릭이 25밀리/초당 한 번의 속도로 나타나면 더 이상 클릭음으로 들리지 않고 하나의 음으로 들린다. 휙휙 넘어가는 정지화면을 볼 때 그것이 개별적인 화면으로 구분되어 보이려면 40밀리/초당 한 번보다 느린 속도로 넘어가야 한다. 그보다 빨라지면 시각계의 시간 해상도를 넘어서기 때문에 실제로는 동작이 존재하지 않는데도 동작으로 인식하게 된다(이것이 플립북이나 동영상의 기본 원리다).

사진은 우리의 시각계를 뛰어넘는 해상도로 세상을 포착해 보존한다는 점에서 흥미롭다.[11] 이를 통해 우리의 눈과 뇌는 스스로는 결코 볼 수 없을 세상의 모습을 볼 수 있다. 125와 250의 카메라 셔터 속도는 세상을 8밀리/초와 4밀리/초 단위로 잘라서 보여준다. 이것이 우리가 사진에 매력을 느끼는 이유다. 특히나 사진이 인간의 움직임이나 표현을 포착할 때는 더욱 매력적이다. 이런 감각적 한계는 신경생물학과 감각기관의 물리적 역학이 맞물려 생겨난다. 개별 뉴런은 1밀리/초당 몇 번에서 250밀리/초당 한 번에 이르기까지 다양한 발화율firing rate을 가지고 있다.[12]

우리는 다른 그 어떤 종보다 고도로 발전된 전전두엽피질을 가지고 있다. 이곳은 논리, 분석, 문제해결, 판단력 발휘, 미래 계획, 의사결정 등 우리가 인간의 명백한 특징이라 생각하는 수많은 행동을 관할하는 영역이다. 전전두엽피질을 종종 중앙관리자, 혹은 뇌의 CEO라 부르는 이유도 이것 때문이다.[13] 전전두엽피질은 사실상 거의 모든 뇌 영역과 광범위하게 양방향으로 연결돼 있기 때문에 우리가 수행하는 거의 모든 활동을 계획, 감시, 관리,

조작하는 독특한 위치에 있다.[14] 진짜 CEO처럼 뇌의 CEO도 대사적으로 두둑한 봉급을 받는다. 전전두엽이 어떻게 일하는지, 그리고 얼마나 두둑한 봉급을 받는지 이해하면 전전두엽이 시간을 더욱 효과적으로 사용하게끔 도움을 줄 수 있다.

전전두엽피질이 이 모든 활동과 생각을 지휘하니 다른 뇌 영역을 흥분시키고 활성화시키려면 그 영역들과 상호소통하기 위해 분명 엄청난 신경로neural tract를 갖추고 있을 것이라는 생각이 자연스레 든다. 사실 전전두엽피질과 뇌의 다른 영역의 연결은 대부분 흥분성excitatory이 아니다. 반대로 억제성inhibitory이다. 전전두엽피질의 위대한 성취 중 하나는 인간에게 충동 억제 능력을 부여한 것이다. 덕분에 인간은 만족 지연 능력을 얻었다. 이는 대부분의 동물에게는 없는 특성인데, 고양이 앞에서 줄을 달랑거리거나 강아지 앞에 공을 던져주고 그들이 가만히 앉아 있을 수 있는지 살펴보면 알 수 있다.[15] 사람도 20세가 될 때까지는 전전두엽이 완전히 발달하지 않기 때문에 청소년기에는 충동조절 능력이 완전히 발달돼 있지 않다(10대 자녀를 둔 부모라면 잘 알 것이다).[16] 아이나 청소년이 계획을 세우거나 만족을 지연하는 데 그다지 신통치 못한 이유는 바로 이 때문이다.

질병, 부상, 종양 등으로 전전두엽피질에 손상을 입으면 실행기능장애 dysexecutive syndrome라는 특수한 질환으로 이어진다.[17] 이 질환은 가정주부 로스와 회계사 어니, 그리고 건축가 피터가 그랬듯이 계획성 결핍과 조정력 결핍 증상을 보인다. 또한 다양한 행동에서 억제 능력이 완전히 결여되는 증상도 종종 동반되는데, 특히 사회적 상황에서 그렇다. 이런 환자들은 부적절한 말을 불쑥 내뱉기도 하고, 도박이나 음주, 부적절한 파트너와의 섹스 등에 흥청망청 빠져들기도 한다. 그리고 이들은 당장 자기 앞에 있는 것에 대해 행동을 취하려는 경향을 보인다. 이들은 누군가 움직이는 것을 보면 그것을 따라 하려는 욕구를 억제하는 데 어려움을 겪는다. 그리고 어떤 물건을 보면 꼭 집어 들어 사용해야 직성이 풀린다.[18]

이 모든 것이 시간을 정리하는 것과 무슨 상관이 있을까? 억제 능력에 문제가 생긴다면 현재 자신의 행동이 미래에 가져올 결과를 내다보는 데 장애가 생긴다. 그리고 지금 당장 무언가를 했다가 나중에 후회하거나, 지금 진행 중인 프로젝트를 제대로 마무리하기 어려워진다. 해야 할 일을 제쳐두고 드라마 〈매드맨〉에 빠져 한 시즌 전체를 통째로 본다면 어떻게 될까? 다이어트를 하는 데 식이요법을 고수하는 대신 도넛을 마구 먹어댄다면? 이런 것들이 바로 전전두엽피질이 제 할 일을 하지 않을 때 나타나는 현상들이다. 게다가 전전두엽피질에 손상을 입으면 머릿속에서 시간을 앞뒤로 거슬러 올라가는 능력에 문제가 생긴다. 건축가 피터가 계속해서 일을 처음부터 다시 시작하고 진척시키지 못했던 것을 떠올려보자. 실행기능장애 환자는 현재에 갇혀서 무언가를 계속 처음부터 다시 시작하고 집요하게 반복하는 등 시간 조절에 실패한 모습을 보인다.[19] 이들은 달력을 보며 일정을 조절하거나 해야 할 일 목록을 정리하는 일을 지독히도 못 한다. 신경 결함이 이중으로 겹쳐 있기 때문이다. 이들은 사건을 정확한 시간 순서로 정리하지 못한다. 전전두엽피질 손상 정도가 심각한 환자는 모든 재료를 다 반죽하기도 전에 케이크를 구우려고 한다. 게다가 이들 중 다수는 그런 결함을 인식하지도 못한다.[20] 전두엽 병변이 나타나면 통찰 능력도 함께 상실되어 환자들은 자신의 장애 수준을 과소평가하게 된다. 장애가 생긴 것만으로도 심각한 문제인데, 그런 장애가 있다는 사실조차 모른다면 적절한 예방 조치도 취하지 않고 막무가내로 뛰어들었다가 결국 골치 아픈 상황에 처하기 쉽다.

그것으로도 모자라다는 듯, 전전두엽피질 손상이 더 심해지면 별개의 생각과 개념들을 서로 잇고 연관 짓는 능력에도 문제가 생기기 때문에 창의성을 잃어버리는 결과가 뒤따른다.[21] 전전두엽피질은 미술이나 음악 같은 창조적 예술 행위를 하는 데 특히나 중요하다. 이 뇌 영역은 창조적 예술가가 정점에서 활약할 때 가장 활발하게 작용한다.

전전두엽피질에 손상을 입는 것이 어떤 것인지 알고 싶은가? 이를 체험했다가 다시 되돌아올 수 있는 아주 간단한 방법이 있다. 바로 술에 취하는 것이다. 알코올은 도파민 수용체를 방해하고 NMDA 수용체라고 불리는 특별한 종류의 뉴런을 차단하는데, 이는 전두엽 손상 환자에게서 보이는 손상을 흉내 내는 방식으로 전전두엽피질 뉴런들의 상호소통 능력을 저해하는 것이다.[22] 과음하는 사람 역시 전두엽 시스템의 이중고를 경험한다. 이들은 충동조절 능력이나 운동조정 능력, 혹은 안전하게 운전하는 능력 등을 잃어버릴 수 있지만, 그 사실을 인식하지 못하거나, 그냥 무시해버린다. 그래서 물불을 안 가리고 행동하게 되는 것이다.

전두엽의 도파민성 뉴런이 과도 성장하면 자폐증으로 이어진다(자폐증의 특성으로는 어색한 사회생활, 반복 행동 등이 있다).[23] 반대로 도파민성 뉴런이 전두엽에서 감소하면 파킨슨씨병과 주의력결핍장애ADD가 발생한다. 그 결과, 생각이 파편화되고 계획성이 사라지는데, L-도파L-dopa나 메틸페니데이트(브랜드명인 리탈린Ritalin으로도 알려져 있다)를 복용하면 상태가 개선되기도 한다.[24] 이것들은 전두엽에서 도파민을 증가시키는 약물이다. 자폐증과 파킨슨씨병을 통해 우리는 도파민이 너무 많거나 적어지면 기능장애가 유발됨을 알게 되었다. 우리는 대부분 모든 것이 더도 말고 덜도 말고 딱 좋은 골디락스 영역Goldilocks Zone에 살고 있다. 이런 상태에서 비로소 우리는 활동을 계획하고, 계획을 꾸준히 실천에 옮기고, 우리를 궤도에서 이탈하게 만드는 충동을 억제할 수 있다.

뇌는 심장박동 수와 혈압 조절, 잠잘 시간과 깰 시간에 신호 보내기, 언제

배가 고프고 배가 부른지 알려주는 기능, 외부 기온이 변해도 체온 유지하기 등 우리 몸의 살림살이 기능과 시간 조절 기능의 상당 부분을 조정한다. 이런 조정은 소위 '파충류 뇌'라 불리는 곳에서 일어난다. 이것은 모든 척추동물이 공유하는 뇌 구조물이다. 여기에 더해 대뇌피질에 의해 작동되는 뇌의 고위 인지기능이 있다. 추론, 문제해결, 언어, 음악, 정확한 운동, 수학 능력, 예술, 그리고 이런 것들을 뒷받침하는 정신적 작용인 기억, 주의, 지각, 운동계획motor planning, 범주화 등이 여기에 해당한다.

뇌의 무게는 1.4kg이다. 성인의 전체 몸무게에 비하면 아주 적은 비율을 차지하는데, 보통 체중의 2% 정도다. 하지만 뇌가 사용하는 에너지는 우리 몸이 사용하는 전체 에너지 소비량의 20%에 달한다.[25] 왜 그럴까? 지나치게 단순화된 대답이겠지만, 시간은 곧 에너지이기 때문이다.

신경의 소통은 최고 속도가 시속 480km에 이를 정도로 빠르다. 사실 빠르지 않으면 곤란하다. 뉴런들은 1초 동안 몇백 번이나 서로 소통한다. 휴지기의 뉴런 하나의 출력전압은 70밀리볼트로 아이팟의 라인출력과 맞먹는다. 만약 뉴런 하나에 이어폰을 연결할 수만 있다면, 뉴런이 리듬을 타고 내보내는 출력을 일련의 클릭음으로 들을 수 있을 것이다. 내 동료인 페트르 자나타Petr Janata는 여러 해 전에 올빼미 뇌의 뉴런으로 이런 일을 해보았다. 그는 올빼미 뇌의 뉴런에 작고 가는 전선을 부착하고 그 선의 반대쪽 끝을 앰프와 스피커에 연결했다. 그 상태에서 올빼미에게 음악을 들려주었더니 신경 발화 패턴 속에서 원래 음악에 들어 있던 박자 및 음높이 패턴과 동일한 패턴을 들을 수 있었다.[26]

뉴런들 사이의 소통을 조절하는 신경화학물질은 뇌 자체에서 제조된다. 이 신경화학물질에는 비교적 잘 알려진 세로토닌, 도파민, 옥시토신, 에피네프린은 물론이고, 아세틸콜린, GABA, 글루타메이트, 엔도카나비노이드 등이 포함된다. 이런 화학물질들은 특정 부위에서 분비되고, 특정 시냅스에 작용해 뇌 속의 정보흐름을 변화시킨다.[27] 이런 화학물질을 제조하고, 확산시켜 뇌의 활성을 통제하고 조절하는 데는 에너지가 들어간다. 뉴런은 대사하는 살아 있는 세포고, 그 에너지를 포도당에서 얻는다.[28] 뇌 이외에 우리 몸에서 포도당만을 에너지원으로 사용하는 조직은 고환뿐이다(남자가 가끔 뇌와 고환 사이에서 자원을 두고 벌이는 쟁탈전을 경험하는 이유는 이 때문이다).[29]

포도당을 섭취하는 것이 정신적으로 부담이 큰 과제의 수행성과를 향상시켜준다는 사실은 몇몇 실험을 통해 밝혀졌다.[30] 일례로 한 실험에서는 참가자들에게 어려운 문제를 풀게 하기에 앞서 그중 절반에게는 단 음식을 제공하고, 나머지 절반에게는 제공하지 않았다. 그 결과, 단 음식을 제공받은 사람들은 그렇지 않은 사람들에 비해 수행성과가 더 좋고 수행 속도도 더 빨랐다. 이들이 몸에 포도당을 공급하자 이 포도당이 곧장 뇌로 올라가 문제를 풀고 있는 신경회로에 에너지를 제공해주었기 때문이다. 그렇다고 지금 당장 달려가서 사탕을 한 봉지 사오라는 얘기는 아니다. 뇌는 포도당이 필요할 때면 이미 몸에 저장돼 있는 막대한 양의 포도당 비축분을 끌어다 쓴다. 게다가 설탕을 만성적으로 섭취하면 다른 시스템들을 손상시켜 당뇨병이나 '당분 급락sugar crash' 등으로 이어질 수 있다(이 실험은 그저 단기 섭취의 영향만을 평가한 것이다). 당분 급락은 '당분 절정sugar high(당분을 과도하게 섭취한 후에 야기되는 과활성 상태 – 옮긴이)'이 지나간 다음에 느끼게 되는 갑작스러운 피로감을 가리킨다.

포도당의 출처가 어찌되었든, 자동차가 휘발유를 태우듯 뇌는 정신적 활동에 필요한 연료를 공급하기 위해 포도당을 태운다. 뇌는 얼마나 많은 에너지를 사용할까? 긴장을 풀고 백일몽에 빠져 있는 동안에는 한 시간에 11칼로리, 혹은 15와트를 사용한다. 에너지 효율이 높은 전구와 대략 비슷한 양이다. 독서를 위해 관리자 모드를 사용하면 한 시간에 약 42칼로리를 사용한다. 앉아서 수업을 들으면 65칼로리를 사용한다. 이것은 자리에 앉아서 꼼지락거리는 데 드는 에너지가 아니라(그 점은 고려하지 않은 수치다) 새로운 정보를 흡수하는 데 추가적으로 사용되는 정신적 에너지다.[31] 대부분의 뇌 에너지는 시냅스 전송에 사용된다. 즉 뉴런과 뉴런을 서로 잇는 데 사용된다.[32] 그럼 이것이 결국 생각과 아이디어를 서로 연결하게 된다. 이 모든 것이 의미하는 바는 시간관리를 잘하려면 뇌의 효율을 극대화하는 방식으로 우리의 시간을 정리해야 한다는 의미다. 오늘날 우리가 던지는 중요한 질문은 이렇다. 효율 극대화는 한 번에 한 가지 일을 할 때 찾아오는가, 멀티태스킹을 할 때 찾아오는가? 한 번에 한 가지 일만 해서야 어디 따라잡을 수나 있을까?

시소 같은 사건을 정복하기

"뇌는 세상을 한 번에 작은 조각과 덩어리들로 흡수한다." MIT의 신경과학자 얼 밀러의 말이다. 당신은 주변에서 일어나는 일에 대한 자료가 끊이지 않고 매끈하게 이어져 들어온다고 생각할지 모르지만, 사실 당신의 뇌는 자기가 중요하다고 생각하는 것, 당신이 주의를 기울여야 하는 것만 까다롭게 골라 그것에 대해 예상한다.[33]

이메일을 읽으면서 동시에 전화로 대화를 나눈다든가, 책을 읽으면서 SNS를 하는 등의 멀티태스킹에 따르는 대사 비용에 대해 얘기한 바 있다. 주의를 한 과제에서 다른 과제로 옮겨 다니면 더 많은 에너지가 들어가는 반면, 한 가지에 집중하면 에너지가 덜 들어간다. 한 가지에 집중할 수 있도록 시간을 정리한 사람들은 더 많은 일을 할 수 있을 뿐만 아니라, 그 일을 마치고 난 다음에 덜 피곤하고, 신경화학물질들도 덜 감소된다. 또한 백일몽은 멀티태스킹보다 에너지가 덜 들어간다. 직관적으로 자연스럽게 일어나는 집중과 백일몽 사이의 시소는 뇌를 재정비하고 회복하는 데 도움이 된다. 하지만 멀티태스킹은 그렇지 않다.

멀티태스킹은 그 정의상 문제해결이나 창의력을 위해 반드시 필요한 '지속적 생각'을 붕괴시켜버리는데, 바로 이런 점이 가장 큰 문제가 될 수 있다. 캘리포니아대학 어바인캠퍼스 정보학 교수인 글로리아 마크 Gloria Mark 는 멀티태스킹이 혁신에 좋지 않다고 지적했다. "한 프로젝트를 수행할 때 10분 30초는 무언가에 대해 깊이 생각하기에 충분한 시간이 못 된다."[34] 창조적인 해결책은 완전히 몰두하는 집중과 백일몽 사이에서 일련의 논쟁이 일어나도록 내버려두었을 때 떠오르는 경우가 많다.

상황을 더욱 복잡하게 만드는 것이 있다. 뇌의 각성 시스템은 새로움 편향이 있다는 사실이다. 즉, 무언가 새로운 것이 나타나면 뇌의 주의는 거기에 쉽게 장악당하고 만다.[35] 새로움 편향은 우리에게 가장 깊숙이 내재된 일부 생존욕구보다 강력하다. 인간은 새로운 경험을 할 수만 있다면 먹을 것이나 짝을 구할 때만큼이나 열심히 일한다.[36] 서로 경쟁하는 여러 활동 중에서 어느 한 가지에 집중하려고 애쓰는 사람들이 겪는 어려움은 분명하다. 한 과제에 집중하기 위해 필요로 하는 바로 그 뇌 영역이 반짝이는 새로운 것이 나타나면 쉽게 정신을 뺏기고 만다는 점이다. 멀티태스킹을 하면 우리는 알지 못하는 사이에 중독의 고리로 빠져든다. 뇌의 새로움 중추가 반짝이는 새로운 자극을 처리하는 과정에서 보상을 받기 때문이다. 그리고 이것은 한 과제에 집중해서 지속적인 노력과 주의를 기울인 데 따르는 보상을 얻기를 원하는 전전두엽피질에 해롭게 작용한다. 우리는 장기적 보상을 추구하고 단기적 보상은 포기하도록 자신을 훈련시킬 필요가 있다. 받은 편지함에 읽지 않은 이메일이 있다는 것을 알면 IQ가 10가량 떨어지고, 멀티태스킹은 당신이 배우고 싶어 하는 정보를 뇌의 엉뚱한 부위로 보내기도 한다는 사실을 잊지 말자.

개인마다 인지 스타일에 차이가 있기 때문에 멀티태스킹에 존재하는 균형은 결국 집중력이냐, 창의력이냐의 문제로 귀결될 때가 많다. 누군가 집중하고 있다고 말하면, 그것은 보통 그 사람이 내적이든 외적이든 지금 당장 눈앞에 있는 것에 주의를 기울이고 정신이 산만해지는 것을 피하고 있음을 의미한다. 반면 창의력이 있다는 것은 종종 별개의 것들을 연계하는 능력이 있음을 의미한다. 비유, 은유를 통해 새로운 아이디어를 탐험하거나, 서로 이어져 있음을 미처 깨닫지 못하고 있던 것을 하나로 엮으려고 노력할 때 우리는 그것을 창의적 발견이라 생각한다. 이런 발견을 하려면 집중과 더욱 폭넓은 시야 사이의 정교한 균형이 필요하다. 메틸페니데이트 등의 도파민 강화 약물을 복용하는 사람들은 이런 약물이 일을 하겠다는 동기를 유지하고, 집중을 유지하고, 산만해지는 것을 피하는 데 도움을 주고, 반복적인 과제를 열심히 할 수 있게 해준다고 말한다. 하지만 부정적인 부분도 있다. 이 약물은 연관관계를 파악하는 능력을 파괴하고, 포괄적이고 창조적인 생각에 빠져드는 능력을 저해한다. 이는 집중력과 창의력 사이의 시소 관계를 잘 보여준다.[37]

COMT로 알려진 흥미로운 유전자가 있다. 이것은 전전두엽피질의 도파민 양을 조절함으로써 과제 전환의 용이성을 조절하는 것으로 보인다. COMT는 카테콜-오-메틸전이효소catechol-O-methyltransferase(약자는 역시 COMT이다)를 어떻게 만들 것인지에 대한 지시사항을 뇌로 전달한다. 이 효소는 전전두엽피질이 도파민과 노르아드레날린의 적정 수준을 유지하게 돕는다. 그리고 도파민과 노르아드레날린은 주의 기울이기에 결정적인 신경화학물질이다.[38] 특정 버전의 COMT 유전자(Val158Met)를 가지고 있는 사람들은 전전두엽피질의 도파민 수준이 낮고, 인지적 유연성이 높으며, 과제 전환이 용이하고, 보통 사람들보다 창의력이 높다. 반면 다른 버전의 COMT 유전자(Val/Val 동형접합체)를 가지고 있는 사람들은 도파민 수준이 높고, 인지적 유연성이 낮으며, 과제 전환이 어렵다. 이는 낮은 도파민 수준이 특징인 주의력결핍장애를 가진 사람들 중에 창조적인 사람이 많고, 과제에 대단히 잘 집중하는 사람은 지시를 따를 때는 아주 훌륭한 일꾼이지만 그다지 창의적이지 않다는 관찰 사례와도 일맥상통한다.[39] 하지만 이것은 통계자료를 종합한 내용을 바탕으로 포괄적으로 일반화한 것이며, 개인적인 차이가 크다는 점을 명심하자.

루스, 어니, 피터는 요리, 불필요한 물품 청소, 작은 사무실 꾸미기 등의 일상적인 일을 할 때도 좌절을 경험했다. 어떤 일을 완수하기 위해서는 그 시작과 끝을 정의할 수 있어야 한다. 좀 더 복잡한 일의 경우, 전체를 관리 가능한 덩어리들로 쪼개서 그 각각의 덩어리에 시작과 끝을 부여할 수 있어야 한다. 예를 들어보자. 집 짓는 일은 불가능할 정도로 복잡해 보인다. 하지만 건축업 종사자들은 그 일을 그런 식으로 바라보지 않는다. 그들은 프로젝트를 단계와 구간별로 나눈다. 집터를 다지고, 기초 공사를 하고, 상부 구조와 지지 구조의 뼈대를 올리고, 배관 공사를 하고, 전기 공사를 하고, 석고벽 공사, 바닥 공사, 문 공사, 벽장 공사, 페인트 칠 등으로 나눠 작업한다. 그리고 이 각각의 단계들은 다룰 수 있는 덩어리로 더 잘게 나뉜다. 전전두엽피질의 손상은 사건을 분할하는 능력(피터가 사무실 정리를 어려워한 이유), 그리고 분할된 사건들을 다시 적절한 순서로 이어붙이는 능력(루스의 요리 준비 순서가 엉망이었던 이유)에 문제를 일으킨다.

여러 부분으로 이루어진 연속 사건의 요소들을 올바른 시간 순서대로 정리하는 것은 인간이 하는 일 가운데 가장 복잡한 것 중 하나다. 시간 순서로 사건을 배열하려면 인간의 두뇌는 일련의 가정을 통해 서로 다른 시나리오들을 설정해야 하고, 그런 가정들이 서로에게 어떤 영향을 미치는지 알아내기 위해 여러 가지 다른 상황을 구성해서 이리저리 머리를 굴려야 한다. 보통 우리는 완료 시간을 먼저 추정한 다음 뒤로 거슬러 올라간다. 시간 순서는 기억, 그리고 공간 지도와 함께 해마에 표상된다.[40] 꽃을 심을 때는 먼저 구덩이를 판 다음 임시 화분에 들어 있던 꽃을 꺼내고, 꽃을 구덩이에 넣은 후에 구덩이를 흙으로 채우고, 마지막으로 물을 주어야 한다. 이런 것이야늘 하는 일이니 뻔하다. 하지만 이케아 가구를 조립해본 사람이라면 알 것이다. 잘못된 순서로 조립했다가는 모두 분해해서 처음부터 다시 시작해야하는 경우도 있다. 뇌는 이런 종류의 순서 배열에 능숙하다. 순서 배열에는해마와 전전두엽피질 간의 소통이 필요하다. 전전두엽피질은 부분적으로마무리된 결과에 대한 정신적 이미지들을 최종 결과에 대한 정신적 이미지와 맞춰보느라 늘 열심히 일한다. 그리고 대부분 무의식적으로 이루어지지만 만약 순서가 잘못됐을 때는 어떤 일이 일어날지에 대해서도 머릿속으로열심히 그림을 그려본다.

시간 순서로 사건을 배열하는 것 중에서도 인지적 부담이 더 큰 것은 각각의 완료 시간이 다른 개별적인 활동들을 동시에 여러 개 떠맡아서 모든것이 동시에 마무리되도록 각각의 시작 시간을 정리하는 일이다. 이에 해당하는 인간의 활동 중 가장 흔한 두 가지가 묘한 대비를 이룬다. 바로 요리와전쟁이다.

파이를 오븐에서 바로 꺼냈을 때는 너무 뜨거워서 식탁에 내올 수 없고,오븐을 예열하려면 시간이 걸린다는 것쯤은 여러분도 경험해봐서 알 것이다. 파이를 제 시간에 딱 맞춰서 내놓는다는 것은 이런 다양한 시간 변수를 고려했다는 의미다. 즉, 파이를 굽고 식히는 데 시간이 얼마나 걸릴지, 모든 사람이 수프와 파스타를 먹는 데는 시간이 얼마나 걸릴지, 사람들이 메인요리를 먹은 다음 디저트가 먹고 싶어질 때까지 얼마나 기다려야 할지 반사적으로 신속하게 계산한다. 우리는 파이를 내오고 싶은 시간을 정해놓고 뒤로 거슬러 올라가며 그 시간에 맞추려면 오븐을 언제 예열해야 하는지 계산한다.

전시의 군사작전은 이와 본질적으로 똑같이 정확한 정리와 시간적 계획이 요구된다. 2차 세계대전 당시 연합군은 일련의 기만전술, 그리고 침투 지역에 항구가 없다는 사실을 이용해 독일군을 기습공격했다. 독일군은 해상으로 운송된 자원 없이는 연합군이 공세를 유지하기가 불가능하리라 추측했다. 전례 없는 규모의 보급품과 인력이 비밀리에 노르망디로 이동되어 생로랑쉬르메르와 아로망쉬에 인공 간이 항구를 신속하게 건설할 수 있었다. 암호명이 멀베리Mulberry(뽕나무)였던 이 항구 건설 작전은 거대한 조각그림 맞추기처럼 조립되었고, 완전히 기능을 갖추자 하루에 7,000톤의 차량, 보급품, 인력을 이동시킬 수 있었다.[41] 이 작전에서는 항구를 짓기 위해 41만 7,000m³의 콘크리트, 6만 6,000톤의 철근, 9,000개의 목재 기둥(약 42만 5,000m³), 36만 8,000m²의 합판, 156km의 강철 로프, 그리고 2만 명의 인력이 필요했다.[42] 이 모든 것이 적절한 순서로 적절한 시간에 도착해야만 했다. 항구를 만든 다음 발각당하거나 의심받지 않고 노르망디로 이동시켜 조립한 것은 인류 역사상 가장 놀라운 공학적, 군사적 업적 중 하나이며, 계획을 수립하고 타이밍을 맞추는 인간의 능력이 표현된 걸작으로 여겨진다.[43] 이 모든 것이 전두엽과 해마 사이의 연결 덕분이다.

노르망디 상륙작전 성공의 비밀은 이렇다. 처음에는 끔찍하게 어려워 보이는 다른 모든 프로젝트와 마찬가지로, 이 작전 역시 수천 개의 작은 과제로 교묘하게 쪼개서 진행됐다. 원칙은 모든 척도 수준에 그대로 적용됐다. 마무리하고 싶은 대규모 과제가 있을 때는 그것을 의미 있고, 시행 가능한 덩어리들로 쪼개자. 그렇게 하면 시간관리가 훨씬 쉬워진다. 시간관리만 잘하면 한 덩어리를 마무리할 수 있다. 그리고 각 단계를 마무리할 때마다 신경화학적인 만족이 뒤따른다.

그리고 다음으로는 일을 진행하는 것과 그 진행 상황을 추적 관찰하는 것 사이의 균형이 필요하다. 이것은 여러 단계로 구성된 프로젝트에서는 필수적인 부분이다. 각각의 단계를 진행하려면 우리는 때때로 일을 멈추고 그것을 객관적으로 살펴서 일을 제대로 하고 있는지 확인하고 지금까지의 결과에 즐거워할 필요가 있다. 우리는 머릿속에서 한 걸음 뒤로 물러나 자기가 한 일을 점검하고 무언가 새로 할 필요가 있는지, 아니면 앞으로 계속 나아가도 되는지 생각한다. 목재 벽장을 사포질할 때나, 그림을 그릴 때나, 파워포인트 프레젠테이션을 준비할 때나 이것은 모두 똑같다. 이것은 아주 익숙한 패턴이다. 일을 하고, 그 일을 점검하고, 조정하고, 다시 앞으로 나아간다. 실제 세상에 있는 것과 당신의 머릿속에 있는 것에 대한 비교를 조정하는 것은 전전두엽피질이다. 자기가 방금 그림에 칠한 물감이 그림에 바람직한 효과를 주는지 평가하는 화가를 생각해보라. 바닥 걸레질처럼 간단한 것을 생각해봐도 좋다. 우리는 그냥 아무 생각 없이 앞뒤로 휙휙 걸레질하는 게 아니다. 바닥이 깨끗해지는지 확인하면서 한다. 부족한 부분이 있으면 다시 뒤로 돌아가서 그 부분을 더 열심히 북북 문지른다. 창조적인 일이든, 일상적인 일이든 우리는 일과 평가 사이를 계속 왔다 갔다 하면서 머릿속에 있는 이상적인 이미지와 눈앞에서 진행되는 일을 비교한다.

이렇게 끊임없이 앞뒤로 왔다 갔다 하는 일은 우리 뇌가 하는 일 중 대사 소비가 가장 많은 것 중 하나다. 우리는 시간, 그리고 순간으로부터 한 발 물러나 전체적인 큰 그림을 바라본다. 눈에 보이는 것이 마음에 들면 다시 과제로 돌아와 앞으로 나아가고, 마음에 들지 않으면 개념적 실수나 물리적 실수를 수정하기 위해 뒤로 되짚어간다. 이렇게 주의와 관점을 전환하는 일은 무척 힘들다. 그리고 멀티태스킹과 마찬가지로 한 가지 일에 몰두할 때보다 뇌가 영양분을 많이 사용한다.

이런 상황에서 우리는 상사이자 부하직원처럼 기능한다. 어느 한쪽을 잘한다고 해서 나머지 한쪽도 꼭 잘한다고 할 수는 없다. 종합건설업자라면 일 잘하는 페인트공, 목수, 타일공을 잘 안다. 하지만 이 사람들이 일을 잘하려면 누군가가 옆에 서서 큰 그림을 봐주어야 한다. 실무를 담당하는 하도급 업자 가운데는 예산을 고민하고 시간과 돈의 균형을 맞춰가며 결정을 내리려는 의욕도, 능력도 없는 사람이 많다. 사실, 자기가 원하는 대로 하도록 내버려두면 어떤 사람들은 너무 완벽주의자라 일이 뭐 하나 마무리되는 것이 없다. 한번은 녹음 기술자와 일한 적이 있는데, 그 사람은 3분짜리 곡 하나를 완벽하게 만들려고 애쓰다가 예산을 탕진해버렸다. 아직도 작업해야 할 곡이 열한 곡이나 남았다고 상기시켜주고 그를 멈추기엔 이미 때가 늦어버렸다. 음악계에 스티비 원더, 폴 매카트니, 프린스, 지미 페이지, 조니 미첼처럼 혼자서 효과적으로 프로듀싱하는 음악가가 소수에 불과하다는 사실은 결코 우연이 아니다. 박사학위 과정에 있는 수많은 학생들이 이 범주에 들어간다. 이들은 지나친 완벽주의자라 일을 진척시키지 못하는 바람에 제때 학위를 마치지 못한다. 박사학위 과정 학생들을 감독할 때 정말 해야 할 일은 새로운 지식을 가르치는 것이 아니라, 앞으로 나아가게 감독하는 것이다.

일의 계획과 실행은 뇌의 서로 다른 부분을 이용한다. 상사와 부하직원 역할을 모두 다 해내려면 계층구조로 조직된 다중의 주의 세트 attentional set 를 형성하고 유지하면서, 그 사이를 앞뒤로 뛰어다녀야 한다. 마룻바닥이 지저분하다는 것을 알아차리는 것은 뇌의 중앙관리자다. 이것은 '바다 걸레질'을 위한 관리자 주의 세트를 형성하고, 또 한편으로는 실제 걸레질을 하기 위한 일꾼 주의 세트를 구성한다. 관리자 주의 세트는 일이 잘 마무리되었는지만 신경 쓴다. 내가 대걸레, 대걸레를 담을 양동이, 바다청소용 세제를 발견하면 일꾼 주의 세트는 대걸레를 물에 적셔 일을 시작하면서 걸레를 추적 관찰한다. 그러다가 걸레가 너무 더러워지면 가끔씩 걸레를 다시 양동이에 담그고 헹군다. 일 잘하는 일꾼이 되려면 이 모든 일에 딸려오는 하위 수준의 주의를 일깨워 잠시 꼼꼼한 일꾼이 될 수 있어야 한다. 그럼 이 꼼꼼한 일꾼은 대걸레로 지워지지 않은 얼룩이 보이면 바닥에 엎드려서 무슨 방법을 동원해서든지 그 얼룩을 박박 문질러 닦아낼 것이다. 이 꼼꼼한 일꾼은 일반적인 일꾼이나 상사와는 마음가짐이나 목표가 다르다. 꼼꼼한 일꾼이 한쪽 구석에 묻은 얼룩을 지우려고 15분간 낑낑대는데, 당신의 배우자가 들어와서는 이렇게 말한다. "뭐야? 당신 제정신이야? 15분 후면 손님들이 들이닥칠 텐데 다른 부분은 하나도 안 닦았잖아!" 그럼 꼼꼼한 일꾼은 다시 상사의 관점으로 올라와 큰 그림을 보게 된다.

상사에서 일꾼으로, 그리고 꼼꼼한 일꾼으로 갔다가 다시 되돌아오기까지 이 모든 수준에서 일어나는 전환은 주의 세트의 전환이며, 여기에는 멀티태스킹의 대사 비용이 따른다.[44] 손세차 영업점에서 이 세 가지 업무를 세 부류의 일꾼에게 분산시켜놓는 것은 바로 이런 이유에서다. 우선 자동차 전체를 비누칠하고 헹궈내는 세차원이 있다. 그리고 그 일이 끝나면 꼼꼼한 일꾼이 들어와서 더러운 부분이 남아 있지 않나 자세히 살피고, 바퀴 휠과 범퍼를 청소한다. 그리고 전체 과정을 감시하면서 어느 한 부분이나 어느 한 차에만 시간을 과도하게, 혹은 너무 적게 쓰는 일꾼이 없는지 살피는 상사가 있다. 이런 식으로 역할을 분담해서 각각의 일꾼은 셋이 아닌 하나의 주의 세트를 형성하고, 다른 수준에 대해서는 걱정할 필요 없이 자기 역할에만 신경을 쓸 수 있다.

우리 모두는 결국 언젠가는 어느 형태의 일꾼으로든 활동해야 할 때가 오기 마련이다. 연구자들은 허드렛일이 있으면 비슷한 것들끼리 모아서 하라고 조언한다. 지불해야 할 청구서들을 모았다면 청구서를 지불하는 데만 신경 쓰자. 그 시간에 더 작은 집으로 이사를 갈지, 새 차를 살지 등의 큰 결정을 내리려고 하지 마라. 집 안을 청소하기로 계획했다면, 그 시간에는 정문 계단을 수리하거나 벽장을 정리하려 들지 마라. 일이 마무리될 때까지는 집중해서 하나의 주의 세트만 유지하자. 정신 자원을 효율적으로 정리한다는 것은 장기간 하나의 주의 세트를 유지할 수 있는 틈을 마련하는 것을 의미한다. 이렇게 하면 더 많은 일을 하고도 에너지가 넘칠 수 있다.

관리자·일꾼 구분과 관련 있는 부분이 있다. 전전두엽피질에는 무언가를 자기가 통제하고 있는지 다른 사람이 통제하고 있는지 알려주는 역할을 하는 회로가 들어 있다. 우리가 어떤 시스템을 구축하면 이 뇌 부위는 그것을 자기가 만들어낸 것이라고 표시해둔다. 다른 사람이 구축한 시스템에 들어가면 그 점도 뇌에 표시된다. 다른 사람이 만들어놓은 운동이나 다이어트 프로그램을 고수하기가 더 쉬운 이유를 설명하는 데는 이것이 도움이 된다. 우리는 보통 자기 자신보다는 다른 사람들을 '전문가'라며 더 신뢰한다. "내 트레이너가 20kg짜리 덤벨로 열 번씩 세 세트로 운동하라고 했어요. 그 사람은 트레이너니까 자기가 무슨 말을 하는지 알겠죠. 나는 스스로 운동 프로그램을 못 짜겠어요. 내가 뭐 아는 게 있어야 말이죠." 자기가 만든 동기 체계를 신뢰하지 못하는 뇌의 편향을 극복하려면 엄청난 절제력이 필요하다. 왜 그럴까? 기본적 귀인 오류에서와 마찬가지로, 우리는 타인의 마음속은 들여다보지 못하고 자기 것만 볼 수 있기 때문이다. 우리는 어떤 결론('이

젠 정말 운동에 대해 심각하게 고려해봐야겠어')에 도달할 때까지 결정을 내리는 과정에서 겪었던 초조함과 망설임, 그리고 그 모든 미묘한 부분들을 고통스러울 정도로 속속들이 인식하고 있다. 하지만 다른 사람의 마음속에서 일어난 과정에는 접근하지 못한다. 그래서 우리는 자신의 결정보다는 그들이 보여주는 확실성에 끌리는 경우가 많다.

너무 간단한 과제가 아닌 이상 어떤 과제를 수행하려면 유연한 사고방식과 적응력이 필요하다. 앞에서 논의한 여러 가지 인간의 특성과 아울러 전전두엽피질은 우리에게 맥락에 따라 행동을 바꿀 수 있는 융통성을 부여한다. 우리는 당근을 썰 때와 치즈를 썰 때 칼에 들어가는 압력을 달리 할 수 있다. 우리는 업무에 대한 설명을 할머니에게 할 때와 상사에게 할 때를 구분할 수 있다. 사바나에서 먹이를 찾아 나설 때든 도시의 건물 속에서 살 때든 일상의 삶에 적응하는 전략을 발휘하려면 전전두엽피질이 필수적이다.[45]

심리학자들은 유연한 사고방식과 과제 집중 사이의 균형을 평가할 때 위스콘신 카드 분류 검사Wisconsin Card Sorting Test를 사용한다. 이 검사에서는 특별한 표시가 된 카드 한 팩을 규칙에 따라 분류하도록 요구한다. 아래의 경우처럼 숫자가 표시되지 않은 새로운 카드를 음영에 따라 분류하라고 요청

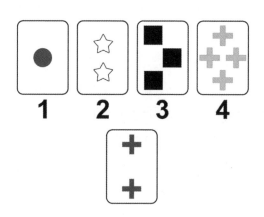

할 수도 있다. 이 경우에는 1번 카드 더미에 올려놓아야 한다. 이 규칙에 따라 카드를 분류하는 데 익숙해지고 나면 새로운 규칙을 준다. 모양에 따라 분류하거나(이 경우 새로운 카드는 4번 카드 더미에 올려야 한다), 모양의 개수로 분류한다(이 경우 새로운 카드는 2번 카드 더미에 올려야 한다).

전두엽 기능에 문제가 있는 사람들은 일단 무언가를 시작하고 나면 규칙을 바꾸기가 어렵다. 이들은 새로운 규칙을 들은 이후에도 고집스럽게 기존 규칙을 적용하는 성향이 있다. 한 가지 규칙을 고수하는 능력이 결여된 탓에 시키지도 않았는데 갑자기 새로운 규칙을 적용해서 실수를 범하기도 한다.[46] 최근 연구에 따르면, 규칙을 머릿속에 담고 그것을 따르는 일은 발화 패턴을 동기화해 뚜렷한 뇌파를 형성하는 뉴런 네트워크에 의해 이뤄진다고 한다. 예컨대 당신이 카드 분류 과제에서 음영 규칙을 따랐다면, 뇌파는 특정한 주파수로 진동하다가 당신이 모양 규칙을 따르기 시작하면 다른 주파수로 진동하기 시작한다.[47] 이를 라디오 방송에 비유해서 생각할 수 있다. 주어진 규칙이 뇌 속에서 특정 주파수로 작동하면서 그 규칙과 관련된 모든 지시와 소통이 다른 규칙과 관련된 지시 및 소통과 구분되고, 각각의 규칙들은 자기에게 지정된 주파수대에서 전송되고 조정되는 것과 같다.

목표에 효율적으로 도달하려면 목표를 완수하는 것과 관련 깊은 과제의 특성에만 선별적으로 초점을 맞추고, 기타 다른 특성이나 주의를 끌기 위해 경쟁적으로 달려드는 환경적 자극은 무시할 수 있어야 한다.[48] 그런데 어떤 요소가 목표 완수와 관련 있고, 어떤 요소가 그렇지 않은지는 어떻게 알까? 여기가 바로 전문성이 무대에 등장하는 시점이다. 사실 전문가와 초보자를 나누는 기준은 무엇에 주의를 기울이고, 무엇을 무시해야 하는지 아는 것이라 말할 수 있다. 만약 당신이 자동차에 대해 아무것도 모르는데, 문제가 생겨서 진단을 내리려 한다면 엔진에서 나는 끼익거리는 소리, 털털거리는 소리 등 모든 게 잠재적 정보이기 때문에 일일이 다 주의를 기울여야 한다. 당신이 전문 정비공이라면 엔진 문제와 관련된 잡음을 바로 짚어내고 나머지 소리는 무시할 것이다. 좋은 정비공은 탐정처럼 문제의 원인을 조사해 어떤 일이 일어났는지 알아낸다. 차의 일부 요소는 그 문제와 관련 있지만, 어떤 것은 그렇지 않다. 당신이 오늘 아침에 옥탄가가 낮은 휘발유를 채운 것은 관련 있을지도 모른다. 하지만 브레이크에서 끽끽 소리가 나는 것은 관련이 없다. 마찬가지로 일부 시간적 사건은 중요하지만, 일부는 그렇지 않다. 옥탄가가 낮은 휘발유를 오늘 아침에 넣은 것과 1년 전에 넣은 것은 다르다.

우리는 영화를 보며 잘 정의된 시간적 틀인 장면으로 구성된 것을 당연하게 여긴다. 영화는 이야기의 여러 부분이 명확한 시작과 끝으로 분할되어 있다. 시작과 끝을 알리는 한 가지 방법은 한 장면이 끝날 때 연속성을 끊는 것, 즉 컷cut을 집어넣는 것이다. 컷이라는 용어는 아날로그 필름에서 나왔다. 아날로그 필름을 편집할 때 영화 편집실에서는 한 사건이 끝나는 말미에 실제로 필름을 자르고 다른 사건이 시작되는 필름을 이어 붙였다(요즘에는 디지털 편집 작업을 하기 때문에 실제로 필름을 자르는 일은 없지만, 디지털 편집 도구에서도 이런 행위는 작은 가위 모양 아이콘으로 표현되고, 여전히 컷이라는 용어로 불린다). 장면의 끝을 알리는 컷이 없다면 120분짜리 정보 하나가 통째로 굴러들어오는 꼴이 되어서 뇌는 그 내용을 처리하고 소화하기가 어려워질 것이다. 요즘에 영화를 만들 때는 예전보다 컷을 더 많이 사용하는데, 액션 영화에서는 특히나 그렇다. 그 어느 때보다 커진 시각적 자극에 대한 갈망을 충족시키기 위해서다.

영화는 컷을 세 가지 다른 방식으로 이용한다. 우리는 경험을 통해 이 방식들을 해석하는 법을 알고 있다. 컷은 시간의 단절(새로운 장면이 세 시간 후에 시작된다), 장소의 단절(새로운 장면이 도시의 다른 장소에서 시작된다), 관점의 단절(두 사람이 대화를 나누는데 카메라가 한 얼굴을 향하다가 다른 얼굴로 향한 다)을 나타낼 수 있다.

이런 관례는 당연해 보이지만, 사실 우리가 평생 만화, TV, 영화에 노출되며 배운 것이다. 이는 일종의 문화적 발명품이기 때문에 그 문화에 속하지 않은 사람에게는 아무런 의미가 없다. 스탠퍼드대학의 인류학자 짐 퍼거슨Jim Ferguson은 사하라 이남의 아프리카에서 현장연구를 하는 동안 이것을 직접 경험했다. "내가 소토족과 함께 살 때, 하루는 부족 사람을 한 명 데리고 도시로 나간 적이 있다. 그는 도시에 가본 적이 없었다. 그는 아주 똑똑하고 글도 읽을 줄 아는 사람이었다. 성경도 읽었다. 그런데 가게에서 그에게 처음으로 TV를 보여주었더니 그는 그 안에서 일어나는 일의 시작과 끝을 파악하지 못했다. 우리가 영화나 TV에서 이야기를 전달할 때 사용하는 서술의 관습이 그에게는 완전히 낯설었던 것이다. 일례로 한 장면이 끝나면 다른 장면이 다른 시간, 다른 장소에서 시작된다. 이 간극이 그에게는 완전히 당혹 그 자체였다. 한 장면 안에서도 카메라가 관점을 달리 하려고 한 사람씩 교대로 화면에 담을 때, 그는 이런 것을 이해하려고 무던히도 애썼지만 이야기를 따라잡을 수 없었다. 우리가 이런 부분을 당연하게 여기는 것은 그런 관습과 함께 자랐기 때문이다.[49]"

영화의 컷은 연극, 소설, 단편소설에서도 보이는 문화 특유의 이야기 전달 관습이 확장된 것이다.[50] 이야기는 등장인물의 삶을 세세한 부분까지 모두 담지 않고 그냥 핵심적인 사건으로 바로 뛰어든다. 그래도 우리는 무슨 일이 벌어지고 있는지 이해할 수 있도록 훈련되어 있다.

우리 뇌는 작가, 감독, 편집자의 작품을 그대로 반영하여 정보를 장면 혹은 덩어리로 처리한다. 그렇게 하기 위해서는 영화 장면처럼 정보 꾸러미들도 시작과 끝이 있어야 한다. 우리가 시간을 관리하는 방식을 보면, 우리가 보고 행하는 것들을 뇌가 자동적으로 분할하여 활동 덩어리들로 정리한다는 것을 알 수 있다. 심지어 슈퍼맨도 덩어리로 나눈다. 슈퍼맨은 매일 아침 눈을 뜰 때마다 여자 친구 로이스 레인에게 "나 오늘은 세상을 구하지 않아도 돼, 자기야"라고 말할지도 모르지만 사실 속으로는 그 목표를 완수하기 위해 필요한 과제들을 덩어리로 나눈 긴 목록을 떠올리고 있을 것이고, 각각의 목록에는 잘 정의된 시작과 끝이 있을 것이다(1. 악당 렉스 루터를 잡을 것. 2. 크립토나이트[〈슈퍼맨〉에 나오는 가상의 화학원소 – 옮긴이]를 안전한 곳에 보관할 것. 3. 그것을 우주 바깥에 버리고 올 것. 4. 세탁소에 들러 깨끗하게 빤 망토를 찾아올 것).

덩어리로 나누는 것은 우리 삶에서 중요한 두 가지 기능을 지지해준다. 첫째, 명확하게 구별되는 과제를 줌으로써 대규모 프로젝트를 실행 가능하게 만들어준다. 둘째, 분명하게 정의된 시작과 끝으로 프로젝트를 분할해주기 때문에 인생의 경험을 기억하기 쉽게 해준다. 이것은 다시 기억이 관리 가능한 단위로 저장되고 검색될 수 있게 만든다. 그런 까닭에 우리는 시간을 연속적으로 경험하더라도 삶의 사건들에 대해 얘기할 때는 시간 구분이 가능한 것처럼 쉽게 얘기 할 수 있다. 아침을 먹는 행위는 아침 샤워처럼 다소 구분이 명확한 시작과 끝을 가지고 있다. 이런 기억은 다른 기억으로 번지지 않는다. 뇌가 당신을 대신해서 편집, 분할, 꼬리표 붙이기를 해주기 때문이다. 마음만 먹으면 이 장면도 다시 나눌 수 있다. 우리는 삶에서 일어나는 사건들을 내용 맥락에서 분할하고 거기에 시간 경계를 부여함으로써 이해한다. 우리는 일상의 삶을 획일적인 순간들로 취급하지 않는다. 우리는 순간들을 두드러진 사건으로 묶어서 취급한다. 이를테면 '이를 닦았다', '아침을 먹었다', '신문을 읽었다', '기차역으로 차를 몰았다' 등이다. 즉, 우리 뇌는 사건에 암묵적으로 시작과 끝을 부여한다. 그와 유사하게 우리는 미식축구

경기를 연속적인 행동으로 기억하지 않고 쿼터, 다운 등 특별히 중요한 플레이를 중심으로 기억한다. 그리고 특정 플레이에 대해 얘기할 때는 거기서 더 세세하게 분할해 들어간다.

뇌에는 긴 사건을 덩어리로 분할하는 일을 전담하는 영역이 있다. 그리고 이것은 여러분의 추측대로 전전두엽피질 속에 들어 있다. 이 사건 분할에서 흥미로운 부분은 그 속의 계층구조가 그것에 대해 생각하지도 않고 뇌에게 그런 것을 만들라고 시키지도 않았는데 만들어진다는 점이다.[51] 즉, 우리 뇌는 자동적으로 실제를 다중의 계층구조로 표상한다. 그리고 우리는 머릿속에서 이것을 양방향으로 검토할 수 있다. 즉, 시간을 하향식으로 규모가 큰 것에서 작은 것으로, 상향식으로 규모가 작은 것에서 큰 것으로 검토할 수 있다.

친구에게 이런 질문을 한다고 생각해보자. "너 어제 뭐했어?" 그럼 친구는 크게 바라본 개요를 간단하게 말할 것이다. "별거 있나. 출근했다가 퇴근해서 밥 먹고 TV 봤지, 뭐." 이런 대답은 사람들이 사건에 대해 묘사하는 전형적 방식이다. 복잡하고 역동적인 세계를 적당한 수의 의미 있는 단위로 분할함으로써 이해하는 것이다.[52] 이 대답이 암암리에 세세한 부분들을 얼마나 많이 건너뛰었는지에 주목하자. 그 세세한 부분은 어떻게 일어나서 어떻게 집을 나갔는가 등 일반적이고 평범한 내용일 것이다. 그리고 설명이 곧장 직장 출퇴근으로 뛰어넘어갔다. 그리고 그 뒤로는 두 가지 두드러진 사건이 있었다. 저녁을 먹은 것과 TV를 시청한 것.

계층구조에 따른 처리 과정이 존재한다는 증거가 있다. 바로 건강한 정상인은 질문을 쫓아 자신의 대답을 점점 더 작은 부분으로 쪼개 들어갈 수 있다는 사실이다. 이렇게 더 물어보자. "그래서 저녁식사는 어땠는데?" 그럼 이런 대답이 돌아올 것이다. "글쎄, 샐러드를 만들어 먹고, 어젯밤 파티에서 남은 음식들도 데워서 먹었어. 그다음에는 헤더하고 레니가 가져온 맛있는 보르도 와인으로 마무리했고."

당신은 여기서 더 파고들 수도 있다. "샐러드는 대체 어떻게 만들었는데? 빼놓지 말고 자세하게 말해봐."

"냉장고 야채 보관실에서 상추를 좀 꺼내서 씻고, 토마토도 썰고, 당근도 채 썰어 넣고, 종려나무 순도 한 캔 따서 넣었지. 그리고 이탈리안 드레싱으로 마무리했어."

"상추를 어떻게 준비했는지 훨씬 더 자세하게 얘기해봐. 그런 일을 한 번도 해보지 않은 사람한테 설명하듯이."

"찬장에서 샐러드용 사발을 꺼내서 행주로 깨끗하게 훔쳤어. 그리고 냉장고 야채 보관실에서 적상추를 꺼냈지. 상추 겉껍질을 몇 장 벗겨내고 벌레가 있지 않나 꼼꼼하게 살핀 다음, 상추 잎을 먹기 좋은 크기로 찢고, 잠깐 동안 물그릇에 담가놓았어. 그다음에는 물을 따르고 상추 잎을 흐르는 물에 헹군 뒤 채소 탈수기에 넣어서 물기를 뺐어. 물기가 빠진 상추 잎을 샐러드 사발에 넣고 내가 말한 다른 재료들하고 섞었어."

이 각각의 묘사는 계층구조 안에서 한 자리를 차지하고 있고, 서로 다른 수준의 시간 해상도를 가지고 있다. 이런 사건을 묘사할 때는 자연발생적인 묘사 수준이 존재한다. 2장에서 설명한 자연발생적인 묘사의 수준, 즉 새나 나무 같은 것을 묘사할 때 나오는 기초 수준 범주와 비슷하다. 당신이 계층구조에서 너무 높거나 너무 낮은 묘사 수준, 한마디로 예상치 못했던 이례적인 묘사 수준을 사용한다면 그것은 보통 무언가 강조하기 위한 것이다. 잘못된 묘사 수준을 이용하는 것은 정도를 벗어난 것으로 보이기 쉽다. 그리고 이는 그라이스의 '양quantity'의 격언에 위반된다.

예술가들은 예술적 제스처를 위해 종종 이런 규범을 무시한다. 시청자로 하여금 사물을 다르게 바라보게 만들려는 의도다. 이런 필름 시퀀스를 생각해볼 수 있다. 누군가가 샐러드를 준비하고 있다. 그런데 상추 이파리를 뜯는 사소한 동작 하나하나가 모두 클로즈업되어 화면에 나타난다. 이것은 이야기를 앞으로 전진시키는 정보를 말해야 한다는 이야기 관습을 어기는 것으로 보인다. 하지만 영화제작자나 이야기꾼은 중요해 보이지 않는 상추 이파리 뜯기 장면으로 우리를 놀라게 하면서 극적인 제스처를 만들어낸다. 일상의 평범한 사건에 집중함으로써 이 장면은 등장인물의 정신 상태에 대해 무언가 이야기를 전달할 수도 있고, 이야기 속에서 임박한 위기를 향한 긴장을 구축할 수도 있다. 아니면 등장인물은 눈치채지 못하는데 지네가 상추 속에 들어 있는 것을 보여줄 수도 있다.

뇌가 만들어내는 시간적 덩어리들이 언제나 명확하게 드러나는 것은 아니다. 영화에서 장면이 어느 한 순간에서 다른 순간으로 컷 되면 우리 뇌는 그사이에 빠진 정보를 자동적으로 채워 넣는다. 이 정보는 완전히 독립된 문화적 관습에 의한 결과로 채워질 때가 많다. 1960년대 TV 쇼의 한 장면을 예로 들어보자. 한 남성과 여성이 침대 가장자리에 앉아 키스를 나누는 장면에서 화면이 검게 페이드아웃 됐다. 그리고 장면이 컷 되면서 다음 날 아침에 두 사람이 함께 잠에서 깨는 장면이 나온다. 우리는 페이드아웃과 새로운 장면 사이에 몇 가지 은밀한 활동이 있었다고 추측할 수밖에 없다. 1960년대 공중파 TV에서는 방영할 수 없는 활동이 있었다고 말이다.

한 컷 만화에서는 특히나 흥미로운 추론의 사례가 자주 나타난다. 유머를 만끽하려면 당신이 보는 한 컷 만화 직전이나 직후에 일어날 일을 상상해야 한다. 마치 만화가가 이야기를 전달하려고 4~5장가량 그림을 그려놓고는 한 장만 보여주는 것 같다. 그리고 그 한 장은 보통 가장 재미있는 장면이 아니라 그 장면에서 하나 앞이나 뒤에 있는 장면이다. 한 컷 만화가 재미있는 이유는 이러한 독자의 참여 행위와 상상력 때문이다. 재미를 느끼려면 당신은 빠진 장면이 무엇일지 추론해내야 한다.[53]

비자로 Bizarro의 한 컷 만화를 예로 들어보자.

여기서의 유머는 판사의 경고가 아니라 그런 경고가 튀어나오기 전에 법정에서 무슨 일이 일어났을까 하는 상상력에 숨어 있다! 작가의 유머를 이해하기 위해서는 우리가 직접 함께 참여해야 하는 까닭에 이런 만화는 자세한 부분까지 일일이 묘사해주는 만화보다 기억에 더 오래 남고 재미있다. 이것은 잘 확립된 인지심리학의 원리인 '처리 수준 levels of processing'을 따르는 것이다. 더욱 깊은 수준에서 처리되는 항목, 우리가 더욱 적극적으로 참여하는 항목은 기억에 더욱 강력하게 부호화되는 경향이 있다.[54] 새로운 학습 자료를 배울 때 책이나 강의를 통해 수동적으로 배우기보다는 스스로 알아내는 것이 더 효과적인 것도 바로 이 때문이다. 이와 관련, '동료 교수법

peer instruction'이 학교에 도입되어 큰 성공을 거두고 있다.[55]

수면 시간과 기억의 정리

늦게 잠자리에 들거나, 아니면 일찍 일어나기. 이는 우리 모두가 사용하는 일상의 시간관리 전략인데도 우리는 이 전략이 비생산적이라 느껴지는 잃어버린 커다란 시간 덩어리, 즉 잠을 중심으로 돌아간다는 것을 잘 눈치채지 못한다. 우리가 자는 동안에도 막대한 양의 인지 처리 과정이 일어난다는 것을 이해하기 시작한 건 최근의 일이다. 이제 우리는 잠이 며칠 동안 있었던 사건을 응고시키며, 따라서 기억을 형성하고 보호하는 데 결정적인 역할을 하고 있음을 알고 있다.

새로 얻은 기억은 처음에는 불안정하기 때문에 간섭에 저항성이 생기려면 신경 강화 혹은 응고가 필요하다. 그래야 나중에 검색을 통한 접근이 가능하다.[56] 기억이 접근 가능하다는 것은 서로 다른 다양한 신호를 이용해 그 내용을 검색할 수 있다는 의미다. 몇 주 전에 고등학교 친구 짐 퍼거슨과 함께 해변에서 점심으로 먹은 새우 요리를 예로 들어보자. 만약 오늘 내 기억 시스템이 정상적으로 기능한다면, 다음 질문들은 모두 그 경험과 관련된 기억을 하나 이상 떠올리게 만들어야 한다.

- 내가 새우 요리를 먹은 적이 있던가?
- 내가 마지막으로 해산물을 먹은 게 언제지?
- 내가 친구 짐 퍼거슨을 마지막으로 본 게 언제더라?
- 짐 퍼거슨이 식사예절이 좋던가?
- 고등학교 친구 중에 아직도 만나는 사람이 있는가?

- 연중 이맘때면 해변에 바람이 많이 불던가?
- 지난주 수요일 오후 1시에 뭐하고 있었지?

달리 말하자면, 오랜 친구와 함께한 점심식사 같은 단일 사건도 여러 가지 다양한 방식으로 맥락을 잡을 수 있다. 이 모든 속성을 그 사건과 결부시키려면, 뇌는 그 사건이 일어난 이후에 그 경험을 이리저리 뒤적이며 분석해서 복잡한 방식으로 정보를 추출하고 분류해야 한다. 이 새로운 기억은 기존에 존재하는 개념적 틀 속에서 통합되고, 뇌에 저장돼 있는 오래된 기억 속으로 통합될 필요가 있다(새우는 해산물이고, 짐 퍼거슨은 고등학교 친구고, 식탁보로 입에 묻은 새우 찌꺼기를 닦는 것은 좋은 식탁예절이 아니라는 점 등등).

최근 몇 년간 이런 과정들이 수면의 개별 단계 동안에 이루어진다는 사실을 좀 더 미묘한 부분까지 이해할 수 있게 되었다.[57] 이 과정들은 기억을 원래 형태대로 보존하는 동시에 그 경험으로부터 특성과 의미를 추출해낸다. 우리 머릿속에는 바깥세상에 대한 좀 더 일반화되고 계층구조적인 표상이 들어 있는데, 이렇게 함으로써 새로운 경험이 그런 표상으로 통합될 수 있다.[58] 기억이 응고되려면 새로운 경험을 처음 접한 신경회로를 미세조정해야 한다. 점차 인정받고 있는 한 이론에 따르면, 이 일은 우리가 자는 동안에 이루어진다고 한다. 그렇지 않으면 그 회로 속 활동이 실제로 일어나고 있는 경험과 혼동되기 때문이다.[59] 미세조정, 추출, 응고는 하룻밤에 일어나지 않고 연속적으로 며칠 밤에 걸쳐 이뤄진다. 어떤 경험을 한 이후 2~3일 정도 잠을 설치면, 몇 달이나 몇 년 후에 그에 대한 기억을 떠올리는 데 지장이 있을 수 있다.

수면 전문가인 캘리포니아대학 버클리캠퍼스의 매튜 워커Matthew Walker와 하버드의대의 로버트 스틱골드Robert Stickgold는 수면 중 일어나는 세 종류의 개별적 정보처리 과정에 대해 언급했다. 첫 번째는 '통일화unitization'다. 이것은 하나의 경험에서 나온 별개의 요소나 덩어리들을 통일된 개념으로 결합하는 과정이다. 예컨대 새로운 악보를 접한 음악가나 새로운 장면을 익히는 배우는 한 번에 한 구절씩 연습할 것이다. 잠을 자는 동안의 통일화는 이런 것들을 매끈하게 이어진 하나의 전체로 묶는다.[60]

우리가 수면 중에 하는 두 번째 정보처리 과정은 '동화assimilation'다. 이것은 뇌가 우리가 이미 알고 있는 다른 것들로 이루어진 기존 네트워크 구조에 새로운 정보를 통합시키는 과정이다. 예컨대, 새로운 단어를 익힐 때면 우리 뇌는 무의식중에 그 단어를 가지고 예제 문장을 구성하고, 그것이 기존 지식과 어떻게 어울리는지 이리저리 돌려보며 실험한다. 낮 시간 동안 많은 에너지를 사용한 뇌세포는 자는 동안 ATP(신경 신호 조효소)가 증가하는데, 이것은 동화작용과 관련 있다.[61]

세 번째 과정은 '추상화abstraction'다. 이것은 숨겨진 규칙이 발견되어 기억에 저장되는 과정이다. 당신이 어릴 때 영어를 배웠다면 단어를 구성하는 어떤 규칙을 익혔을 것이다. 이를테면, 단어의 끝에 's'를 붙이면 복수형이 된다거나, 'ed'를 붙이면 과거형이 된다거나 하는 것 말이다. 원어민이라면 아무도 이런 규칙을 따로 배우지는 않을 것이다. 여러 번 노출됨으로써 뇌가 그런 규칙을 추상화해내기 때문이다. 'go'라는 영단어는 불규칙 동사라 과거형이 'went'인데, 아이들은 'he went' 대신 'he goed'라고 말하는 경우가 많다. 이는 비록 틀린 말이긴 하지만 논리적으로는 완벽하다. 추상화 과정 자체는 정확하기 때문이다. 그냥 그 추상화 규칙이 이 특정 불규칙 동사에 적용되지 않을 뿐이다. 언어뿐만 아니라 수학, 논리, 공간추론 등을 포함하는 다양한 추론 영역에서 잠은 추상적 관계의 형성과 이해를 증진시키는 것으로 나타났다. 그래서 사람들은 종종 전날 밤에 풀지 못하고 잠들었던 문제가 아침에 눈을 떠보니 술술 풀리는 경우를 경험하는 것이다. 말을 갓 배운 어린아이들이 잠을 많이 자는 것에도 이런 이유가 부분적으로 작용하는지도 모른다.

밤에 잠을 자고 나면 서로 다른 여러 가지 종류의 학습이 증진되지만, 깨어 있는 채로 같은 시간을 보낸 경우에는 그렇지 못한 것으로 밝혀졌다.[62] 새로운 멜로디를 배운 음악가는 하룻밤 자고 난 다음에 연주 실력이 크게 향상됐다.[63] 학생들은 첫날 풀지 못한 미적분 문제를 하룻밤 자고 난 다음에는 같은 시간 동안 깨어 있었던 경우보다 더 쉽게 풀어냈다.[64] 새로운 정보나 개념은 수면 중 조용히 연습이 이루어지는 듯하다. 가끔은 그것이 꿈에 나타나기도 한다. 하룻밤의 잠은 통찰이 필요한 문제를 해결할 가능성을 두 배 이상 높여준다.[65]

처음 루빅큐브를 풀었던 날을 기억하는 사람이 많다. 그들은 그날 밤 밝은색깔의 사각형 이미지와 그 사각형들이 딸각거리며 돌아가는 이미지 때문에 잠을 설쳤다고 했다. 그리고 다음 날이면 게임을 훨씬 잘 풀어냈다. 자는 동안 그들의 뇌가 전날의 의식적 지각과 수많은 무의식적인 지각에 의존하여 그 원리를 추출해낸 것이다. 연구자들이 테트리스선수들의 꿈을 연구했을 때도 같은 모습이 발견됐다. 이 선수들은 테트리스에 대해 꿈을 꾸었다고 보고했는데, 특히 테트리스를 처음 배운 이른 시기에 그런 꿈을 많이 꾸었다고 말한다. 그러나 특정 게임이나 자기가 두었던 수에 대해서는 꿈을 꾸지 않았다. 이들은 게임의 추상적 요소에 대해 꿈을 꾸었다. 연구자들은 게임에서 이기는 데 필수적인 일종의 일반화된 정보를 뇌가 정리하고 저장할 수 있도록 이 꿈이 주형template을 창조해냈다는 가설을 세웠다.[66]

이런 종류의 정보 응고는 우리 뇌에서 항상 일어나는데, 우리가 좀 더 열중하는 과제에서는 더욱 강력하게 일어난다. 당신이 프랑스어 교재 테이프를 듣는 둥 마는 둥 하고 있었다면, 잠을 잔다고 해도 프랑스어 문법이나 어휘를 학습하는 데 도움이 되었을 가능성이 그리 크지 않다. 하지만 당신이 낮 동안 한 시간 넘게 프랑스어와 씨름하며 거기에 집중하고 에너지와 감정을 투자했다면, 잠을 자는 동안에 그 테이프가 다시 머릿속에서 재생되면서 더 정교하게 다듬을 분위기가 무르익는다. 언어 몰입 교육이 효과가 좋은 것도 새로운 언어 환경에서 살아남으려고 애를 쓰다 보니 거기에 감정적으로 투자를 하고, 사람들과 얼굴을 맞대고 언어 교류를 하기 때문이다. 이런 종류의 학습은 교실이나 어학 실습실에서는 만들어내기 어렵다.

기억에서 가장 중요한 원리는 우리가 가장 신경 쓰는 것을 가장 잘 기억하는 경향이 있다는 점이 아닐까 싶다. 정서적으로 중요한 경험에는 생물학적 수준에서 신경화학적 꼬리표가 만들어져 부착된다. 그리고 우리의 꿈은 이런 경험을 붙들고 있는 것으로 보인다.

기억과 학습 증진 측면에서 볼 때, 모든 잠이 다 똑같지는 않다. 수면은 크게 렘REM, rapid eye movement(급속 안구운동)수면과 논렘non-REM수면 두 범주로 나뉜다. 논렘수면은 다시 네 단계로 나뉘는데, 각각 독특한 뇌파 패턴을 가지고 있다. 렘수면은 가장 생생하고 자세한 꿈이 발생하는 단계다. 렘수면에서 가장 눈에 띄는 특성은 일시적인 선별적 근육 억제다(그래서 달리기하는 꿈을 꿀 때도 당신이 침대에서 나와 집 안을 달리지 않는 것이다). 렘수면의 또 다른 특징은 저전압 뇌파 패턴EEG, 그리고 이름의 유래가 된 급속한 안구의 움직임이다. 한때는 모든 꿈이 렘수면에서 일어난다고 생각했지만, 논렘수면에서도 정교함이 떨어지지만 꿈을 꾼다는 새로운 증거들이 나오고 있다.[67] 대부분의 포유류가 생리적으로 비슷한 상태를 보이기 때문에 꿈을 꾼다고 추측하지만, 확실한 것은 아니다. 우리가 잠에 빠져들 때나 잠에서 깨어날 때도 꿈과 비슷한 상태가 일어난다. 이 상태에서는 환각처럼 느껴지는 생생한 청각적, 시각적 이미지가 나타난다.

렘수면 상태에서 뇌는 사건들에 대해 가장 심도 깊은 처리 과정을 수행하는 무대, 즉 통일화, 동화, 추상화가 일어나는 무대가 된다. 이 같은 과정을 중재하는 뇌의 화학작용에는 노르아드레날린의 감소와 아세틸콜린과 코르티솔의 증가 등이 포함된다.[68] 렘수면 동안에는 세타파theta wave가 우세해지기 때문에 서로 다른 이질적인 뇌 영역들 간의 연합 링크가 용이해진다.[69] 여기에는 두 가지 흥미로운 효과가 있다. 첫 번째 효과는 의식과 무의식 속에서 멀리 떨어져 있던 생각들을 활성화시킴으로써 뇌가 우리 삶의 사건들 사이의 깊고 심오한 연관관계를 끌어낼 수 있게 해준다는 점이다. 이런 과정이 없다면 우리는 이런 연관관계를 지각하지 못할 것이다. 예컨대, 우리가 구름을 보며 마시멜로처럼 생겼다고 느끼는 것은 바로 이 때문이다. 두 번째 효과는 한 연관관계가 다른 연관관계로 자연스럽게 이어지며 변하는 꿈을 꾸게 만든다는 것이다. 당신은 마시멜로를 먹고 있다가 갑자기 그것이 하늘로 떠올라 구름이 되는 꿈을 꿀 수도 있다. 아니면 길을 따라 걷다가 갑자기 생판 다른 도시에 와 있거나 보도가 갑자기 물로 바뀌는 꿈을 꿀 수도 있다. 이런 왜곡은 뇌가 전혀 다른 아이디어와 사물들 사이에 어떤 관계가 가능한지 탐험하느라 생기는 산물이다. 이런 일이 잠을 잘 때만 생기는 것은 참 다행이다. 그렇지 않다면, 당신이 보는 실재를 믿을 수 없게 될 테니 말이다.

수면 중 일어나는 또 다른 종류의 왜곡이 있다. 바로 시각 왜곡이다. 30분 이상 일어나는 아주 길고 장황한 꿈도 실제로는 단 1분 만에 일어날 수도 있다. 이런 일이 일어나는 이유는 몸 내부의 자체적인 시계가 활성이 떨어진 상태여서 신뢰하기 어렵기 때문인지도 모른다(그 시계도 같이 잠들어 있었다고 말할 수 있겠다).

렘수면과 논렘수면 사이의 전환은 뇌간 근처의 GABA성 뉴런이 중재하는 것으로 여겨진다. 전전두엽피질에서 억제자로 작용하는 것과 똑같은 뉴런이다. 현재는 뇌 속의 이 뉴런과 다른 뉴런들이 스위치로 작용해서 이 상태에서 저 상태로 우리를 데리고 간다고 알려져 있다.[70] 이 뇌 영역 중에서 한 부분에 손상을 입으면 렘수면이 극적으로 줄어들고, 다른 부분에 손상을 입으면 오히려 렘수면이 증가한다.

사람의 정상적인 수면 사이클은 90~100분 정도 지속된다. 그중 평균 20분 정도가 렘수면에서 꿈을 꾸는 시간이고, 70~80분 정도가 논렘수면이다. 이 길이는 밤이 지나는 동안 다양하게 바뀐다. 밤이 시작됐을 때는 렘수면 시간이 5~10분에 불과했다가 아침이 될 무렵에는 30분 이상으로 확장된다.[71] 기억 응고는 대부분 서파수면인 논렘수면의 처음 두 시간, 그리고 아침에 마지막 90분간의 렘수면 동안에 일어난다.[72] 음주와 약물 복용(수면제 포함)이 기억을 저해하는 것도 이 때문이다. 술이나 약에 취한 상태에서는 가장 중요한 첫 번째 수면 주기가 제대로 이루어지지 않는다. 수면 박탈이 기억상실로 이어지는 이유도 이와 같다. 마지막에 일어나는 중요한 90분의 수면이 방해를 받거나 아예 일어나지 않기 때문이다. 잃어버린 수면 시간을 만회할 순 없다. 이틀 밤을 푹 자고 사흘 후가 되었다고 해도 학습한 지 하루 후에 수면 박탈이 있으면 수면 중의 기억 증진 활동이 방해를 받는다. 꿈의 주기가 몸의 일주기 리듬과 재동조하는 과정에서 회복수면 혹은 반동수면이 비정상적인 뇌파를 나타내기 때문이다.[73]

잠은 뉴런의 대사에서 근본적인 속성일 수도 있다.[74] 2013년, 잠이 정보 응고 기능뿐만 아니라 세포의 관리 및 유지에도 필수적이라는 사실이 새로이 발견되었다. 매일 새벽 5시만 되면 도시를 돌아다니는 쓰레기청소차처럼 글림프 시스템glymphatic system 속에서 일어나는 특수한 대사 과정이 깨어서 생각하는 동안 축적된 잠재적인 독성을 띤 폐기물들을 신경로에서 깨끗하게 청소해준다.[75] 잠은 실무율을 따르는 현상이 아니다. 뇌의 일부가 잠들어 있는 동안에도 다른 일부는 깨어 있다. 비몽사몽한다거나 선잠을 잔다거나 하는 표현은 그냥 느낌만 그런 것이 아니라 실제로 그런 것이다. 순간적으로 뭔가 뻔한 것이 기억나지 않는 뇌 정지brain freeze를 경험해보았거나, 시리얼에 우유 대신 오렌지 주스를 붓는 등 멍청한 행동을 한 적이 있다면 아마도 당신의 뇌 중 어느 부분이 낮잠에 빠져 있었을 것이다. 아니면 당신이 한번에 너무 많은 것을 생각하는 바람에 주의 시스템에 과부하가 걸렸을 수도 있다.

졸린 느낌에는 몇 가지 요소가 기여한다. 첫째, 각성 상태나 졸음을 유도하도록 특별히 마련된 신경화학물질들의 생산에 낮과 밤의 24시간 주기가 영향을 미친다. 햇빛이 망막의 광수용체에 영향을 미치면 일련의 연쇄 과정을 촉발해서 결국 시교차 상핵suprachiasmatic nucleus과 솔방울샘pineal gland을 자극한다. 솔방울샘은 뇌 기저부 근처의 작은 분비선으로, 그 크기가 쌀알한 톨만하다. 해가 지고 한 시간 정도 후면 솔방울샘은 멜라토닌을 생산한다. 멜라토닌은 우리에게 수면 욕구를 불어넣어 뇌가 수면 상태로 빠져들도록 하는 데 부분적으로 기여하는 신경호르몬이다.

수면 각성 주기는 집에 있는 자동온도조절장치와 비슷하다. 온도가 특정 수준 아래로 떨어지면 자동온도조절장치가 전기회로를 닫으면서 난방장치를 가동시킨다. 그리고 당신이 미리 설정해놓은 온도에 도달하면 자동온도조절장치가 회로를 차단하면서 다시 난방장치가 꺼진다. 수면도 그와 비슷하게 신경 스위치의 지배를 받는다. 이것은 항상성 과정을 따르고 일주기리듬, 음식 섭취, 혈당치, 면역계의 상태, 스트레스, 햇빛과 어둠 등 여러 가지 요소의 영향을 받는다. 당신의 항상계가 특정 수치 이상으로 증가하면 수면을 유도하는 신경호르몬 분비가 촉발된다. 항상계가 특정 수치 아래로 떨어지면 다른 신경호르몬들이 분비되어 각성을 유도한다.[76]

아마 당신도 한 번쯤 잠을 줄일 수 있다면 일을 더 많이 할 수 있을 텐데 하고 생각해보았을 것이다. 아니면 오늘밤 잠을 한 시간만 줄였다가 내일 밤에는 한 시간 더 자서 보충할 수 있다면 얼마나 좋을까 생각해봤을지도 모른다. 귀가 솔깃해지는 얘기지만, 이는 연구를 통해 입증되지 못했다. 잠은 최적 능력 수행, 기억력, 생산성, 면역기능, 기분 조절 등에 관한 가장 중요한 요소 중 하나다. 잠이 조금만 줄거나, 늦게 잠들거나, 밤을 새우는 등 몸에 밴 수면 습관에서 벗어나기만 해도, 그 후로 여러 날 동안 인지수행능력에 해로운 영향을 끼칠 수 있다.[77] 프로 농구선수의 경우, 하루에 10시간을 자면 수행 능력이 극적으로 개선되어 프리드로와 3점 슛이 9%나 향상되었다.[78]

대부분의 사람이 6~8시간 자고 16~18시간 깨어 있는 수면 각성 패턴을 따른다. 이것은 비교적 최근에 발명된 패턴이다. 인류 역사의 대부분에서 우리 선조들은 오후 낮잠 말고도 잠을 두 번에 걸쳐 나누어 잤다. 이것을 분할 수면 혹은 이중모드 수면이라고 한다. 수면 1라운드로는 저녁을 먹고 나서 4~5시간 정도 잤다. 그리고 그다음에는 한밤중에 1~2시간 정도 깨어 있다가 다시 2라운드로 4~5시간 정도 잤다.[79] 한밤중에 깨어 있었던 것은 야행성 포식자를 피하기 위한 것이었다. 이중모드 수면이 생물학적으로 정상인 듯 보이지만, 인공조명의 발명으로 이것이 깨졌다. 이중모드 수면에 낮잠을 더하는 수면 방식이 건강에 더 좋고 삶의 만족도, 효율, 수행 능력을 더욱 크게 증진시켜준다는 과학적 증거도 있다.[80]

6~8시간 정도 자고 낮잠은 자지 않는 것이 이상적이라는 말을 들으며 살아온 우리에게 이것은 돌팔이나 떠들고 다닐 허튼 소리로 들린다. 하지만

이는 미국 국립정신보건원National Institute of Mental Health에서 일하는 존경받는 과학자 토머스 웨어Thomas Wehr가 발견한 내용이다(재발견이라고 해야 할지도 모르겠다). 한 획기적인 연구에서 그는 실험 참가자들을 하루에 14시간 동안 어두운 방에서 한 달간 살게 했다. 전구가 발명되기 이전의 조건을 흉내 낸 것이다. 제멋대로 하게 내버려두었더니 참가자들은 결국 하룻밤에 8시간을 잤는데, 두 구간으로 나누어 잤다. 이들은 방이 어두워지고 1~2시간 후에 잠이 들어 4시간 정도를 자고, 1~2시간 정도 다시 깨어 있다가 또 다시 4시간을 잤다.

중간에 깨지 않고 푹 자지 못한다며 어려움을 호소하는 사람이 엄청나게 많다. 우리 문화에서는 깨지 않고 자는 것이 정상으로 보이기 때문에 이런 사람들은 큰 고통을 호소하며 의사들에게 수면제 처방을 요구한다. 수면제 중에는 중독성이 있는 것도 많고, 부작용도 있다. 그리고 다음 날 아침에 일어나면 개운하지 않고 계속 졸리다. 수면제는 기억 응고도 방해한다. 어쩌면 잠에 대한 기대를 바꾸고 일과표를 바꾸는 간단한 행동이 오히려 더 큰 효과를 볼 수 있을지도 모른다.

수면 주기는 사람에 따라 다르다. 어떤 사람은 몇 분 만에 곯아떨어지고, 어떤 사람은 한두 시간 뜬눈으로 뒤척이다 잠이 든다. 양쪽 모두 정상적인 인간의 행동 범위에 속한다. 중요한 것은 자신의 정상 범위가 무엇인지 알고, 그 패턴에 생기는 갑작스러운 변화를 알아차리는 것이다. 갑작스러운 변화는 어떤 질병이나 장애를 말해주는 것일 수 있다. 중간에 깨는 일 없이 내리 잠을 자든, 고대의 이중모드 수면 패턴으로 자든 간에 하루에 자는 시간이 얼마나 되는가? 아래 대략적인 지침을 소개한다.[81] 이것은 어디까지나 평균일 뿐이다. 어떤 사람은 이 내용보다 수면 시간이 길거나 짧을 수도 있다. 이것은 유전의 영향으로 보인다.[82] 대중적인 믿음과 달리 노년층이라 해서

덜 자도 되는 것은 아니다. 그저 한 번에 8시간씩 잠을 자기가 힘들어진 것일 뿐이다.[83]

평균 수면 필요 시간	
나이	수면 필요 시간
신생아(0~2개월)	12~18시간
영아(3~11개월)	14~15시간
유아(만 1~3세)	12~14시간
미취학아동(만 3~5세)	11~13시간
어린이(만 5~10세)	10~11시간
10대 청소년(만 10~17세)	8시간 30분~9시간 25분
성인	6~10시간

일하는 미국인 세 명 중 한 명은 하룻밤 수면 시간이 6시간 미만이다. 위에서 권장한 수면 시간보다 한참 부족하다. 미국 질병통제예방센터는 2013년 수면 부족을 공중보건 유행병public health epidemic으로 선포했다.[84]

1990년대까지만 해도 사람은 인지에 부정적인 영향을 미치지 않는 만성적인 수면 부족에 적응할 수 있을 것이라는 의견이 지배적이었다.[85] 하지만 새로운 연구들은 분명 그렇지 않다고 말한다. 2009년 한 해 졸음운전으로 발생한 교통사고는 25만 건에 이른다. 졸음은 군인들이 아군에게 실수로 총을 발사하는 오발 사고의 주요 원인 중 하나다.[86] 수면 부족은 체르노빌(우크라이나), 스리마일섬(펜실베이니아), 데이비스-베시(오하이오), 란초 세코(캘리포니아)의 원자력발전소 사고, 엑손 발데즈Exxon Valdez의 원유 유출 사고, 스타프린세스 크루즈호의 좌초 사고, 우주왕복선 챌린저호를 발사하기로 했던 치명적 결정 등 유명한 전 세계적 재앙에서 중요한 요소로 작용했다.[87] 2009년 애틀랜틱오션호와 충돌하여 288명의 목숨을 앗아간 에어프랑스

항공기를 기억하는가? 당시 기장은 겨우 한 시간만 자고 조종하던 중이었고, 부기장도 마찬가지로 잠이 부족했다.

인명 손실뿐만 아니라 경제적인 피해도 있다. 수면 부족은 결근, 사고, 생산성 저하 등으로 이어져 미국 기업체들에 1년 동안 1,500억 달러의 비용 손실을 안긴다. 이는 대략 애플의 연간 수입과 맞먹는 액수다.[88] 수면과 관련된 경제적 손실을 하나의 기업 규모로 본다면 이 기업은 미국 6대 기업에 들어갈 것이다. 수면 부족은 또한 심장질환, 비만, 뇌졸중, 암 발병 위험 증가와도 관련 있다.[89] 과도한 수면 시간도 해롭기는 마찬가지지만, 초롱초롱한 각성 상태를 달성하는 데 있어서 가장 중요한 요인은 일관성이다. 그래야 몸의 일주기 리듬이 일관된 사이클로 고정될 수 있기 때문이다. 하룻밤만 한 시간 늦게 잠들거나, 하루아침에 한두 시간만 늦잠을 자도 며칠간 생산성, 면역 기능, 기분에 크게 영향을 받는다.

여기에는 문화적인 문제도 없지 않다. 우리 사회는 잠을 그다지 가치 있게 여기지 않는다. 수면 전문가 데이비드 랜들David Randall은 이렇게 말했다. "긴장을 푼답시고 호화로운 휴가에 몇천 달러씩 펑펑 쓰고, 운동을 한다고 몇 시간씩 땀을 뻘뻘 흘리고, 유기농 식품에 돈을 물 쓰듯 쓰면서도 여전히 우리의 문화적 풍토에서 잠이란 그저 미뤄도 되는 것, 약 먹고 버티면 그만인 것, 무시해도 되는 것으로 남아 있다. 우리는 좀처럼 잠을 건강에 대한 투자로 생각하지 않는다. 어쨌거나 그것은 그저 잠에 불과하니까 말이다. 머리를 베개에 처박고 있는 동안 삶을 발전시키기 위한 능동적인 단계를 밟고 있다고 느끼기는 어려운 법이다.[90]"

좋은 잠을 약물로 대체하는 사람이 많다. 잃어버린 한두 시간의 잠을 커피 한 잔이 대신한다. 낮에 섭취한 카페인으로 밤에 잠들기 어려워지면 수면제 한 알이 그 자리를 대신한다. 카페인이 인지 기능을 강화한다는 말은 사실이다. 하지만 그 효과는 당신이 여러 날, 여러 주에 걸쳐 수면 패턴을 일관적으로 유지할 때 최고로 발휘된다. 카페인이 부족한 잠을 대체하기 위한 것일 때는 각성 상태를 유지해줄지 모르지만 정신을 맑게, 혹은 최고의 수행 능력을 발휘하게 해주지는 않는다. 수면제는 잠이나 생산성에 모두 역효과를 낳는 것으로 밝혀졌다. 한 연구에서는 불면증과 싸울 때는 수면제 처방보다 생각과 행동의 패턴을 바꾸는 훈련인 인지행동치료가 훨씬 더 효과적임이 밝혀졌다.[91] 또 한 연구에서는 수면제로 늘어나는 수면 시간이 평균적으로 겨우 11분에 불과했다. 그보다 더 중요한 것은 수면제를 먹었을 때는 정상적인 수면 뇌파가 붕괴되기 때문에 수면의 질이 떨어진다는 점이다. 그리고 다음 날 아침에는 보통 수면제의 후유증으로 머리가 멍해진다. 약물로 유도한 수면은 질이 떨어지기 때문에 기억 응고에 악영향을 미치고, 그래서 우리는 단기 기억상실증을 경험한다. 우리는 잠을 제대로 자지 못했다는 것을 기억하지 못하고, 잠에서 깰 때 몸을 제대로 가누기 힘들었음을 기억하지 못한다.[92]

우리 몸이 수면 각성 주기를 조절할 때 사용하는 가장 강력한 신호 중 하나는 빛이다. 아침에 비추는 밝은 빛은 시상하부에 신호를 보내 오렉신, 코르티솔, 아드레날린 등 잠을 깨게 도와주는 화학물질을 분비한다.[93] 만약 당신이 수면에 문제를 겪고 있다면 잠자리에 들기 바로 전에는 TV나 컴퓨터 화면에서 나오는 밝은 빛을 피하는 것이 중요하다.

잠을 잘 자기 위한 몇 가지 지침을 소개하겠다. 매일 밤 같은 시간에 잠자리에 들어라. 아침에도 매일 같은 시간에 일어나라. 필요하다면 알람을 맞춰놓아라. 밤늦게까지 깨어 있어야 했더라도 다음 날 아침에는 같은 시간에 일어나야 한다. 단기적으로는 수면 사이클의 일관성을 유지하는 것이 수면의 양보다 중요하다. 잠은 시원하고 어두운 방에서 자도록 한다. 필요하다면 창을 가려서 빛을 차단하라.

오후 한낮 소파에서의 달콤한 낮잠은 어떨까? 낮잠이 기분 좋게 느껴지는 이유가 있다. 낮잠은 피로해진 신경회로를 리셋해주는 아주 중요한 역할을 한다. 사람들은 낮잠을 자는 능력도 제각각이고, 낮잠이 도움이 되는지 여부도 제각각이다. 도움이 되는 사람들에게는 낮잠이 창의력, 기억력, 효율성 면에서 큰 영향을 미친다. 하지만 40분 이상 낮잠을 자는 것은 오히려 역효과가 난다. 잠에서 제대로 깨지 못해 비몽사몽한 상태가 되기 때문이다.[94] 많은 경우 5~10분 정도면 충분하다.

하지만 낮잠을 아무 때나 자도 되는 것은 아니다. 낮잠이라고 해서 다 똑같은 것도 아니다. 알람이 울렸을 때 스누즈 버튼을 누르고 자는 쪽잠은 어떨까? 정상적인 뇌파 패턴으로 정착하지 못하는 비정상적인 잠이기 때문에 이것은 역효과가 난다. 원래의 잠자는 시간과 너무 가까운 시간에 낮잠을 자면 밤에 잠들기 어렵거나 아예 불가능해진다.

라틴 문화권에는 시에스타siesta라고 하는 낮잠 문화가 있지만 미국, 영국, 캐나다 같은 나라에서는 낮잠이라고 하면 눈살부터 찡그린다. 이들 나라에서는 이것을 문화적 괴벽이라고만 생각할 뿐, 자기와는 상관없는 일이라 치부한다. 우리는 졸음이 밀려오면 또 다른 커피 한 잔으로 싸워 이겨내려고만 한다. 영국에서는 졸음과의 싸움을 아예 오후 4시 차 마시는 시간으로 제도화했다. 낮잠의 이점은 명확히 밝혀져 있다. 5~10분 정도만 낮잠을 자도 현저한 인지능력 강화, 기억력 개선, 생산성 향상으로 이어진다. 지적 능력이 요구되는 일일수록 그 효과는 크다. 낮잠은 정서적 균형을 회복하는 데도 도움이 된다.[95] 화가 나거나 두려운 자극에 노출되었을 때 낮잠을 자면 부정적인 감정을 호전시켜 행복의 감정을 키울 수 있다.[96] 낮잠이 어떻게 이런 효과를 가져오는 것일까? 뇌의 감정 중추인 변연계를 활성화시켜 신경전달물질(우울증, 불안증, 정신분열증을 치료하는 약에도 사용된다)인 모노아민의 수준을 낮춤으로써 가능하다. 낮잠은 또한 심혈관질환, 당뇨병, 뇌졸중, 심장마비 등의 발생 빈도를 낮추는 것으로 밝혀졌다.[97] 요즘에는 규정을 만들어서 직원들에게 15분 정도 짧은 낮잠을 자도록 권장하는 회사들이 늘어나고 있으며, 침대가 있는 낮잠 전용 방을 설치한 회사도 많다.[98]

새롭게 의견이 모아지고 있는 부분은 잠이 실무율 상태가 아니라는 점이다. 피곤해졌을 때 뇌의 일부는 깨어 있지만, 나머지 부분은 자고 있다. 자신은 깨어 있다고 생각하지만, 핵심 신경회로는 작동을 멈추고 졸고 있는 일종의 역설적인 정신 상태가 만들어지는 것이다. 이런 경우에 제일 먼저 작동을 멈추는 신경 군집 중 하나는 기억이다. 당신은 깨어 있다고 생각하지만 기억 시스템은 깨어 있지 않다. 이 때문에 기억 검색('그 단어가 뭐였더라?')의 실패와 저장의 실패('방금 당신한테 소개받기는 했는데 이름이 뭐라고 했는지 기억이 안 나네요')가 일어난다.

정상적인 상태에서 우리 몸은 자기가 살고 있는 지역의 일출과 일몰에 일주기 리듬을 동기화시킨다. 이런 동기화는 대체로 햇빛 신호에 기반을 둔다. 식사시간도 어느 정도 기여한다. 이 리듬은 심부체온, 식욕, 각성, 성장호르몬 등의 조절을 돕는 시상하부의 생물학적 시계의 일부다. 시차증은 일주기 사이클이 자기가 머무는 시간대와 동기화가 깨졌을 때 일어난다. 이것은 일출과 일몰이 당신 몸의 예상과는 다른 시간에 일어나서 솔방울샘에 기대하지 못했던 신호를 주기 때문이기도 하다. 시차증은 자기 몸의 시계가 적응되어 있는 고향의 시간이 아니라 새로운 지역의 시간에 맞추어 깨고 운동하고 먹고 자는 바람에 일주기 리듬이 깨져서 생기기도 한다. 일반적으로 체내 시계는 외부 요인에 의해 쉽게 바뀌지 않기 때문에 이런 저항으로 말미암아 시차증과 관련된 어려움이 여럿 생겨난다. 예를 들면, 행동의 어설픔,

불분명한 생각, 위장 문제, 형편없는 의사결정, 그리고 가장 분명하게 나타나는 증상으로 적절하지 못한 시간에 깨어 있거나, 졸음을 느끼는 증상 등이 있다.

우리가 시간대를 넘나들 수 있게 된 것은 겨우 150년밖에 되지 않았고, 거기에 적응할 수 있는 방법은 아직 진화되지 않았다. 동쪽으로 여행하는 것이 서쪽으로 여행하는 것보다 더 어렵다. 우리 몸은 하루가 25시간인 쪽을 더 선호하기 때문이다. 서쪽으로 여행하면 잠자리에 드는 시간을 지연시켜야 하는데 이것은 그리 어렵지 않다. 하지만 동쪽으로 여행하면 도착지는 이제 잠에 들 시간인데 우리 정신은 아직 초롱초롱할 때가 많다. 동쪽으로 여행하는 것은 항상 그런 일을 하는 사람들에게도 힘들다. 19개 메이저리그 야구팀을 대상으로 연구한 바에 따르면 이 같은 변화의 영향은 매우 크다. 동쪽으로 이동하자마자 경기를 치른 팀은 한 게임당 평균 1점을 더 실점했다. 올림픽 선수들은 어느 쪽으로 움직였든 시간대를 거슬러 움직이고 나면 근력과 근 조화 능력의 감소 등 신체 능력의 열세를 나타냈다.[99]

나이가 들수록 체내 시계를 다시 동기화하는 것이 더 힘들어진다. 신경 가소성이 감소하는 것도 한 가지 이유다. 60세가 넘은 사람은 시차증 때문에 더 힘들어한다. 동쪽으로 이동한 경우에는 특히 그렇다.[100]

당신의 체내 시계를 새로운 환경에 맞춰 조정하려면 위상 변위phase shift가 필요하다. 위상 변위에는 시간대당 하루의 시간의 필요하다. 여행을 가기 전에 당신이 가로지를 시간대의 숫자만큼의 날 수대로 체내 시계를 앞이나 뒤로 당겨놓자. 동쪽으로 이동하기 전에는 아침 일찍 햇볕을 쬐도록 한다. 서쪽으로 이동하기 전에는 커튼을 쳐서 햇빛을 가리고, 저녁에는 밝은 빛에 노출시키자. 이곳에서의 저녁 시간이 목적지에서는 늦은 오후일 테니 그 상황을 시뮬레이션하는 것이다.[101] 일단 서쪽으로 향하는 비행기를 탔다면, 취침시간이라 해도 머리 위의 독서용 램프를 켜두자. 서쪽 도시에 도착했다면 햇살 아래서 산책 등 가벼운 운동을 한다. 햇빛은 몸에서 멜라토닌이 생산되는 것을 지연시켜준다. 동쪽으로 향하는 비행기에 탔다면 목적지에서 해가 지기 두 시간 전쯤에 취침용 안대를 쓰자. 이렇게 하면 새로운 밤 시간에 익숙해질 수 있다.

일부 연구에서는 취침 2~3시간 전에 멜라토닌을 3~5g 정도 복용하면 효과적이라고 하지만, 여기에는 논란이 있다.[102] 다른 연구에서는 효과가 입증되지 않았기 때문이다. 멜라토닌의 장기적 효과를 검사해본 연구도 없다. 젊은 사람과 임산부는 멜라토닌 복용을 피하는 것이 좋다.[103] 시장에서 가끔씩 수면보조제로 팔리기는 하지만, 불면증이 있다면 멜라토닌은 수면에 도움이 되지 않을 것이다. 취침 시간이면 당신의 몸은 이미 자기가 사용할 만큼의 멜라토닌을 만들어놓은 상태이기 때문이다.[104]

할 일을 미루는 버릇 [105]

크게 성공한 사람들 중에는 주의력결핍장애를 가지고 있다고 토로하는 사람이 많다. 일부는 실제로 임상적 정의와 맞아떨어진다. 그중 한 사람이 제이크 에버츠Jake Eberts다. 그는 〈불의 전차〉, 〈간디〉, 〈늑대와 함께 춤을〉, 〈드라이빙 미스 데이지〉, 〈흐르는 강물처럼〉, 〈킬링필드〉, 〈치킨 런〉 등의 영화를 만든 영화제작자로, 그의 작품은 66번이나 오스카상 후보로 지명되었고 그중 17번 오스카상을 수상했다. 스스로 인정한 바에 따르면, 그는 주의 지속 기간이 대단히 짧고 인내심이 부족해서 아주 쉽게 지루함을 느낀다고 한다.[106] 하지만 뛰어난 지적 능력 덕분에 20세에 맥길대학을 졸업해서 프랑스의 산업 및 의료용 가스 전문 기업 레르리퀴드Air Liquide 기술팀을 이끌었고, 25세 때 하버드경영대학원에서 MBA 학위를 땄다. 에버츠는 자신의 약점을 일찌감치 파악했다. 바로 할 일을 뒤로 미루는 버릇이다. 물론 이것은 그 혼자만의 문제도, 주의력결핍장애가 있는 사람들만의 문제도 아니다. 미루는 버릇을 고치기 위해 에버츠는 '지금 당장 하라'라는 엄격한 방침을 실행에 옮겼다.[107] 전화해야 할 곳이나 처리해야 할 일거리가 몇 가지 쌓이면 그는 여가 시간이든 사람들과 어울리는 시간이든 따지지 않고 당장 업무에 뛰어들었다. 그리고 아침에 눈을 뜨면 누군가를 해고하거나, 투자자와 실랑이를 벌이거나, 청구서를 지불하는 등 가장 불쾌한 일부터 해치웠다. 마크 트웨인을 따라 에버츠도 이것을 '개구리 먹기'라고 불렀다.[108] 아침은 상황대처 능력이 가장 좋은 시기이기 때문에 가장 불쾌한 일들은 아침에 처리하는 것이 좋다. 의지력은 아침 이후로 시간이 흐를수록 고갈된다.

우리는 모두가 정도만 다를 뿐 일을 뒤로 미루는 버릇이 있다. 할 일을 하나도 빠짐없이 모두 처리하며 사는 사람은 드물다. 집안일도 많고, 써야 할 감사 편지도 있고, 컴퓨터와 스마트폰 백업도 해놓아야 한다. 어떤 사람은 미루는 버릇이 약하지만, 어떤 사람은 심각하다. 전체적인 스펙트럼으로 바라보면 모든 미루기는 자기조절, 계획, 충동조절 중 어느 하나나, 이 세 가지 모두에 실패한 것으로 볼 수 있다. 미루는 버릇의 정의는 목적에 도달하는데 도움이 되는 활동, 과제, 결정을 미루는 것이라 할 수 있다.[109] 미루는 버릇이 심하지 않은 경우에는 일을 원래 시작했어야 할 시간보다 늦게 시작하거나, 마감시간이 다가올수록 불필요한 스트레스를 경험하는 정도로 나타난다. 하지만 이것은 심각한 결과로 이어지기도 한다. 의사를 찾아가지 않고 꾸물거리다가 질병이 악화되어 치료시기를 놓치기도 하고, 유언장이나 사전의료 지시서 작성을 미루고, 화재감지기 설치나 생명보험 가입을 뒤로 미루다가 너무 늦어버리는 경우가 많다.[110]

미루는 습관은 성격적 특성, 생활양식, 기타 요인들과 상관관계가 있는 것으로 밝혀졌다. 이런 것들은 통계적으로 의미가 있지만 그중에 영향력이 아주 큰 것은 없다. 이혼과 별거 상태를 포함해 젊고 독신인 경우에는 미루는 습관이 조금 더 많았다. Y 염색체를 가진 사람도 마찬가지다(대학 졸업 비율이 남성보다 여성이 훨씬 높은 이유는 이 때문인지 모른다. 여성들은 남성에 비해 미루는 습관이 적다).[111] 앞에서 언급했듯 공원, 숲, 해변, 산 등 자연환경에 나가 있으면 뇌의 자기조절 메커니즘이 회복된다. 마찬가지로 자연 속에서 살거나 시간을 보내면 도시에서 살 때보다 미루는 습관이 줄어드는 것으로 밝혀졌다.[112]

이와 관련, 한 가지 관련된 요소가 있다. 케임브리지대학의 심리학자 제이슨 렌트프로 Jason Rentfrow가 선택적 이동 selective migration이라 부르는 것이다. 사람들은 자기 성격과 잘 맞다고 생각하는 장소로 이사하는 경향이 있다. 대형 도심지는 비판적 사고나 창의력과 맞물려 있지만, 미루는 습관과도 관계있다.[113] 이것은 도심지에서는 할 일이 무척 많아서일 수도 있고, 너무 많은 감각적 정보가 쏟아져 들어오는 바람에 관리자 주의 시스템을 회복시켜주는 모드인 백일몽 모드 진입 능력이 감소되기 때문일 수도 있다. 미루는 습관과 관련된 뇌 영역이 있을까? 자기조절, 계획, 충동조절의 실패가 언급되는 것으로 보아 전전두엽과 관련 있으리라 추측했다면 아주 제대로 맞혔다. 미루는 습관은 이 장의 앞부분에서 다룬 전전두엽 손상에 뒤따르는 시간 계획성 결핍과 비슷한 부분이 있다. 의학 문헌에는 이 뇌 영역이 손상된 이후에 갑자기 미루는 습관이 생겼다고 보고한 환자의 사례가 많이 실려 있다.[114]

미루기에는 두 가지 형태가 있다. 어떤 사람은 침대에 누워 있거나 TV를 보는 등 평화로운 활동을 계속하기 위해 할 일을 미룬다. 어떤 사람은 좀 더 재미있거나 즉각적인 보상이 뒤따르는 일을 하기 위해 어렵거나 불쾌한 과제를 뒤로 미룬다. 이런 면에서 보면, 이 두 가지 형태는 활동 수준에 있어서 차이가 난다. 평화로운 활동을 추구하는 미루기는 일반적으로 스스로 노력을 기울이지 않는 반면, 즐거움을 추구하는 미루기는 바쁜 것을 즐기고 늘 활발하지만 그저 별로 재미없는 일을 시작하는 데 어려움이 있을 뿐이다.

관련 있는 추가적인 요소로는 만족 지연, 그리고 만족 지연을 참아내는 능력에 대한 개인적 차이를 들 수 있다. 학자, 실업가, 공학자, 작가, 건축업자, 예술가 등 기약 없는 프로젝트에 힘을 쏟는 사람이 많다. 이들이 하는 일은 마무리하려면 몇 주나 몇 달, 심지어 몇 년이 걸리고 그에 따르는 보상이나 칭찬, 만족을 얻으려면 아주 오랜 시간이 필요할 수도 있다. 이런 직업을 가진 사람 중에는 정원 가꾸기, 악기 연주, 요리 등의 취미를 즐기는 사람이 많다. 이런 활동은 즉각적으로 손에 잡히는 결과를 내놓기 때문이다. 일반적으로 마무리하는 데 오랜 시간이 필요한 활동, 따라서 보상받는 데도 오랜 시간이 걸리는 활동은 늦게 시작될 가능성이 많고, 즉각적인 보상이 따르는 활동은 뒤로 미루어질 확률이 덜하다.

캘거리대학의 조직심리학자 피어스 스틸Piers Steel은 미루기 습관에 관한 세계적 권위자다. 스틸은 두 가지 요소가 우리를 꾸물거리게 만든다고 했다. "인간은 실망에 대한 내성이 낮다. 매 순간 어떤 과제를 시행하고, 어떤 활동을 추구할지 결정할 때마다 우리는 가장 보람이 큰 활동이 아니라 제일 쉬운 활동을 선택하는 경향이 있다. 즉, 불쾌하거나 어려운 일은 뒤로 미룬다. 우리는 자신이 달성한 성과를 통해 자신의 가치를 평가하는 경향이 있다. 전반적인 자신감 결여든, 이 특정 프로젝트 때문에 탄로 날 자신감 결여든 간에 우리가 일을 뒤로 미루는 이유는 그렇게 함으로써 자신의 평판이 위험에 내몰리는 것을 미룰 수 있기 때문이다. 이것이 바로 심리학자들이 자존

심 보호 술책ego-protective maneuver이라고 부르는 것이다."[115]

실망에 대한 낮은 내성은 신경적인 기반을 갖고 있다. 변연계 및 즉각적인 보상을 추구하는 뇌 영역은 전전두엽피질과 갈등을 빚는다. 전전두엽은 뒤처졌을 때 일어날 결과를 너무나 잘 알고 있다. 양쪽 영역 모두 도파민을 바탕으로 움직이지만, 그 각각에 미치는 도파민의 작용이 서로 다르다. 전전두엽피질에서 도파민은 우리를 집중시키고, 과제에 머물게 하지만, 변연계에서 도파민은 뇌의 자체적인 내인성 아편물질과 함께 작용해 쾌락을 느끼게 한다. 즉각적인 쾌락에 대한 욕구가 만족 지연 능력을 이길 때마다 우리는 일을 뒤로 미룬다. 어느 쪽이 이기느냐는 어느 도파민 시스템이 장악하고 있느냐에 달려 있다.

스틸은 자신이 '잘못된 믿음'이라고 부르는 것을 이렇게 설명한다. 첫째는 삶이 편해야 한다는 믿음이다. 둘째는 자신의 가치가 성공에 달려 있다는 믿음이다. 그는 여기서 한 걸음 더 나아가 우리가 일을 미룰 가능성을 수량화하는 방정식을 만들어냈다. 만약 자신감과 과제 완수의 가치, 이 두 가지가 모두 높다면 일을 뒤로 미룰 가능성이 낮아진다. 이 두 요소가 미루기 방정식의 분모다(이것들이 분모로 들어가는 이유는 미루기와 반비례 관계에 있기 때문이다. 이 두 값이 올라가면 미루기는 내려가고, 그 역도 성립한다). 이것이 두 가지 다른 요인과 겨룬다. 보상의 신속성과 주의 산만함이다(주의 산만은 즉각적 만족에 대한 욕구, 충동성, 자제력 발휘 능력의 조합으로 볼 수 있다). 과제를 완수하는 데 드는 시간이 길거나 주의 산만함이 높으면 미루기 성향이 높아지는 결과로 이어진다.[116]

$$미루기 = \frac{과제\ 완수\ 시간 \times 주의\ 산만}{자신감 \times 과제의\ 가치}$$

나는 '지연'을 추가해서 스틸의 방정식을 좀 더 다듬어보았다. 지연이란 과제 완수에 따른 긍정적인 피드백을 받기까지 기다려야 하는 시간의 양이다. 지연이 길어질수록 미루기의 가능성도 높아진다.[117]

$$\text{미루기} = \frac{\text{과제 완수 시간} \times \text{주의 산만} \times \text{지연}}{\text{자신감} \times \text{과제의 가치}}$$

어떤 행동은 미루기처럼 보이지만 사실은 다른 요인들 때문에 생긴다. 어떤 사람은 일을 개시하는 능력이 결핍되는 착수 장애initiation deficit로 고통받는다.[118] 이 장애는 계획 곤란과는 다르다. 계획 곤란은 과제를 완수하는 데 요구되는 충분한 시간을 앞두고 과제를 시작하지 못하는 것을 말한다. 이것은 하위 목표들을 완수하는 데 드는 시간을 비현실적으로 생각하거나 순진하게 생각해서 생기는 일이다. 혹은 마침내 자리를 잡고 일에 착수했는데, 정작 필요한 물건이나 재료가 갖춰지지 않아서 제 시간에 과제를 완수하지 못하는 사람들도 있다. 이 두 가지 문제점 모두 미루기 그 자체보다는 계획성의 부족으로 인해 생긴다.[119] 반면 어떤 사람은 기존에 경험해보지 못한 도전적 과제를 시도하는 상황이다 보니 일을 미루는 것처럼 보이기도 한다. 이런 사람들은 그저 어디서 어떻게 시작해야 할지 몰라 일에 착수하지 못하기도 한다. 이런 경우에는 과제를 부분 요소로 나눌 수 있게 도와줄 지도교사 같은 사람이 있으면 큰 도움이 된다. 이것이 필수적인 경우도 많다. 과제에 대해 체계적이고 요소적인 접근 방식을 취하면 이런 형태의 미루기를 줄이는 데 효과적이다.[120]

마지막으로, 어떤 사람은 시작한 프로젝트를 마무리하지 못하는 만성적인 무능력으로 고통받는다. 이것은 사실 미루기가 아니다. 프로젝트의 시작을 뒤로 미루는 것은 아니기 때문이다. 이들은 마무리를 미룬다. 이것은 이 만하면 됐다 싶은 수준에서 과제를 적절히 마무리할 기술이 부족해서 빚어지는 일이다. 취미활동을 하는 사람이나 주말 목수들 중에 이런 경우가 종종 있다. 이는 은밀하게 자리 잡은 완벽주의에서 비롯되기도 한다. 이런 사람들은 자기가 일을 제대로 못 했다는 거의 강박적인 믿음을 가지고 있다 (일종의 만족하기 실패). 대학원생들은 이런 완벽주의 때문에 고통받는 경향이 있다. 이는 자신을 지도교수와 비교하고, 자신의 논문 초고를 지도교수의 완성된 논문과 비교하기 때문에 생기는 일이다. 물론 이것은 불공평한 비교다. 지도교수는 경험이 훨씬 많으며, 그 역시 연구에 차질을 빚거나 제출한 논문을 거부당하기도 하고 매끄럽지 못한 초고를 쓰기도 했을 테지만, 이런 부분들이 대학원생에게는 보이지 않는다. 대학원생에게 보이는 것이라고는 지도교수의 완성된 논문, 그리고 그 논문과 자기 논문 사이의 간극밖에 없다. 이는 상황 자체가 발휘하는 힘을 제대로 알아보지 못하고 이 모든 것이 고정된 특성 때문에 생긴다고 오해해서 빚어지는 고전적인 사례다. 이런 일은 직장에서도 나타난다. 감독을 맡은 사람은 그 역할 때문에 감독을 받는 사람보다 더 똑똑하고 능력 있어 보일 수밖에 없다. 감독자는 자기 일이 깔끔하게 마무리되었을 때 부하직원에게 보여줄 수 있는 선택권이 있다. 하지만 부하직원은 자기에게 유리하게 자신을 표현할 기회가 없고, 초기 단계나 중간 단계에서 일의 진척을 보여달라는 요구를 받는다. 이 상태로는 직원의 성과가 상사의 기대에 부합하기 어렵고, 그 결과 자신의 능력이 부족하다는 느낌을 받게 된다. 하지만 이런 상황에 따른 제약은 능력을 말해주는 요소가 아니다. 이런 인지적 착각을 이해하면 자신을 덜 비판하도록 북돋아줄 수 있고, 목을 조르는 듯한 완벽주의로부터 자신을 해방시킬 수도 있다.

자신의 가치를 과제의 성과와 분리하는 것 역시 중요하다. 자신감이란 일찍 실패를 경험할 수도 있고, 그것도 다 과정의 일부이니 괜찮다는 사실을 받아들이는 것이다. 박학한 작가 조지 플림톤George Plimpton은 성공한 사람들은 역설적으로 우리가 대부분 실패자라 생각하는 사람들보다 오히려 더 많은 실패를 경험한다고 지적했다.[121] 이 무슨 말도 안 되는 헛소리인가 싶을 수도 있지만, 성공한 사람들은 실패와 차질을 다른 사람들과는 아주 다른 방식으로 대한다고 표현하면 이해하기 쉬울 것이다. 성공하지 못한 사람들은 실패하거나 차질이 생기면 그것으로 자신의 경력이 끝장났다고 생각하고 이렇게 결론 내린다. "이것은 나하고 안 맞아." 반면 성공한 사람은 차질이 생길 때마다 그것을 목표를 완수하는 데 없어서는 안 될 지식을 얻게 되는 기회라 여긴다. 성공한 사람의 내면의 대화는 이런 식으로 흘러간다. '목표를 달성하는 데 필요한 것은 모두 다 알고 있다고 생각했는데, 이번 경험으로 그렇지 않다는 것을 알게 됐어. 이것을 알게 되었으니 이제 다시 시작할 수 있어.' 성공한 사람들은 앞길이 험하리라 예상할 줄 알고, 그런 험한 길이 순조로운 여정을 방해하더라도 포기하지 않는다. 그 모든 것을 과정의 일부라 생각하기 때문이다. 스틸의 말처럼 이들은 삶은 편안해야 한다는 잘못된 믿음에 굴복하지 않는다.

차질에 대한 회복탄력성에서는 전두엽이 한 역할을 담당한다. 자기평가, 그리고 자신의 수행능력 판단에 관여하는 두 하위영역은 배외측 전전두엽 피질dorsolateral prefrontal cortex과 안와피질orbital cortex이다. 이 둘이 과도하게 활성화되면 우리는 자신을 가혹하게 판단하는 경향이 있다.[122] 재즈 음악가들은 즉흥연주를 하는 동안 이 영역을 꺼두어야 한다. 그래야 끊임없이 자신에게 부족하다고 말하는 성가신 자기평가 없이 자유롭게 새로운 아이디어를 창조할 수 있기 때문이다.[123] 이 영역이 손상되면 일종의 과도회복탄력성

hyperresilience 상태가 나타난다. 한 환자는 이곳에 손상을 입기 전에는 눈물을 터뜨리지 않고는 시험문제를 다 풀지 못했다. 심지어 문제를 모두 맞게 풀면서도 그랬다. 하지만 전전두엽피질에 손상을 입은 후로는 똑같은 문제를 주면 아예 풀지 못했지만, 태도가 완전히 달라졌다. 시험감독관의 인내심이 한계에 도달할 정도로 끝까지 포기하지 않고 문제를 풀려고 했고, 실수에 실수를 거듭하면서도 민망해하거나 낙담하는 기색조차 보이지 않았다.[124]

기업의 CEO, 장군, 대통령 등 위대한 리더들의 전기를 읽어보면 그들이 경험한 실패의 숫자와 정도는 실로 놀라울 정도다. 닉슨 대통령이 1962년 캘리포니아 주지사 선거에서의 치욕적인 패배를 딛고 다시 일어나리라 생각한 사람은 거의 없었다. 에디슨은 실패한 발명품이 1,000가지가 넘는다. 그에 비하면 성공한 발명품은 소수에 불과하다. 하지만 전구, 축음기, 활동사진 카메라 등 성공한 발명품이 미친 영향은 실로 막대하다. 억만장자 도널드 트럼프는 트럼프 보드카, 트럼프 매거진, 트럼프 에어라인, 트럼프 모기지 등 막다른 벼랑으로 내몰린 벤처사업들을 비롯해서 네 번의 파산, 한 번의 대선 출마 실패 등 세간의 이목을 끄는 실패도 성공만큼이나 많이 경험했다.[125] 그는 논란이 많은 인물이지만 분명 회복탄력성을 보여주었다. 그는 사업 실패 때문에 자신에 대한 확신을 굽힌 적이 없었다. 물론 지나친 자신감은 좋지 않다. 이 경우, 내부에서 자신감과 오만감 사이에 주도권 다툼이 일어나 전면적인 심리장애로 이어지는 경우도 있다.[126]

자신감은 유전적 기반을 가지고 있으며, 인생 전반에 걸쳐 비교적 고정된 모습을 보여주지만, 다른 특성들과 마찬가지로 상황이 달라지면 개인에게서 다른 반응이 촉발될 수도 있다. 환경적 요소 때문에 자신감이 더 쌓일 수도 있고, 꺾일 수도 있다. 자신감을 키우는 한 가지 효과적인 방법은 자신 있는 척하는 것이다. 자신감이 결여된 사람이라도 포기하지 않고, 어려워 보이는 과제에 열심히 도전하고, 일시적인 차질을 정상으로 되돌리기 위해 노력하는 등 자신감으로 가득 찬 것처럼 행동할 수 있다는 의미다. 이것은 긍정적인 피드백 고리를 형성하기 때문에 추가적인 노력을 통해 실제로 성공으로 이어질 수 있으며, 유능감과 행위의 주체성을 구축하는 데도 도움이 된다.

창의적인 시간 만들기

여기 수수께끼가 있다. 다음에 나오는 세 단어와 결합해서 새로운 세 개의 합성어를 만들어낼 수 있는 것은 무엇인가?[127]

무당   바퀴   사슴

대부분의 사람이 온통 단어에 정신을 집중하며 해답을 알아내려고 한다. 그리고 대부분 실패한다. 하지만 다른 것을 생각하기 시작해서 마음이 흘러가는 대로 내버려두면 해답이 번쩍하고 떠오른다(해답은 603쪽 주석 128번을 참고하라).[128] 어떻게 이런 일이 일어날까?

여기서는 시간 압박 속에서 얼마나 편안하게 백일몽 모드로 들어갈 수 있느냐가 관건이다. 대부분의 사람은 이 모드에 들어가면 시간이 멈추거나 시간의 흐름 바깥으로 빠져 나와 있는 듯한 느낌을 받는다고 말한다. 창의력을 발휘하려면, 시간이 멈추는 백일몽 모드와 시간을 감시하는 중앙관리자 모드를 통합하는 요령이 필요하다. 자기 삶을 전반적으로 생각해볼 때 계속 되풀이해서 떠오르는 한 가지 주제는 자신의 삶이 세상에 어떤 기여를 했다는 느낌이 드는지 여부다. 그리고 그중에서 우리가 가장 자랑스러워하는 것은 보통 넓은 의미에서 창조적인 기여일 때가 많다. TV 드라마 〈하우스 House〉에서 윌슨은 암으로 살 날이 겨우 다섯 달밖에 남지 않았다. 자신이 머지않아 죽을 것을 알게 된 그는 하우스 박사에게 이렇게 애원한다. "부탁이네. 부디 내 삶이 가치 있는 것이었다고 말해줘."[129] 우리는 그가 생각하는 삶의 가치는 의료계에서 새롭고 창의적인 해결책을 내놓은 것으로, 그렇지 않았다면 수십 명의 환자들을 살려내지 못했을 것임을 안다.

단순히 단어 연상 게임뿐만 아니라 대인관계에서의 갈등, 의학 치료, 체스 게임, 음악 작곡 등 다양한 문제에서 얻는 통찰은 보통 어떤 패턴을 따른다. 우리는 제시된 문제를 이해하는 과정에서 좌측 대뇌반구 전전두엽피질과 전대상회를 가지고 가능한 한 서로 다른 해결책과 시나리오를 샅샅이 뒤져보며 문제의 여러 측면에 주의를 집중한다. 하지만 이것은 문제에 대해 우리가 알고 있는 내용들을 정렬하는 준비단계에 불과하다. 만약 문제가 아주 복잡하거나 난해하다면 이미 알고 있는 내용만으로는 충분하지 않다. 두 번째 단계에서는 긴장을 풀고, 문제를 내려놓고, 우측 대뇌반구의 신경 네트워크들에 일을 맡겨야 한다. 우측 대뇌반구의 뉴런들은 신경가지가 더 길게 뻗어 있고 수상돌기도 더 많기 때문에 더 폭넓게 동조되어 있어 broadly tuned 좌측 대뇌반구의 뉴런보다 더 넓은 피질 공간에서 정보를 수집한다. 이들은 정교함이 떨어지지만 연결은 더욱 잘되어 있다.[130] 뇌가 어떤 통찰을 구할 때 이 뉴런들이 그것을 내놓을 가능성이 제일 높다. 통찰이 일어나기 직전의 순간에는 감마파 gamma wave 가 함께 폭발하듯 터져 나와 이질적인 신경 네트워크들을 하나로 묶어주며, 서로 관련 없어 보이던 생각들을 일관성 있는 새로운 전체로 엮어낸다.[131] 이 모든 일이 제대로 작동하기 위해서는 긴장을 푸는 단계가 결정적인 역할을 한다. 따듯한 물로 샤워를 하다가 문득 통찰이 일어나는 일이 많은 이유도 바로 이 때문이다.[132] 교사나 스포츠 감독들이 늘 긴장을 풀라는 말을 입에 달고 다니는 이유도 바로 이 때문이다.

당신이 어떤 종류든 창조적인 일에 관여하고 있다면 시간을 정리하는 한 가지 목표는 아마도 창의력을 최대로 끌어올리기 위함일 것이다. 누구나 어떤 활동에 너무나 행복하게 몰입해서 시간의 흐름도 잊고, 자기 자신도 잊고, 걱정거리조차 잊어버렸던 경험이 있을 것이다. 1950년대 에이브러햄 매슬로Abraham Maslow는 이것을 '절정 경험'이라고 불렀다. 그리고 좀 더 최근, 심리학자 미하이 칙센트미하이Mihaly Csikszentmihalyi는 이것을 '몰입 상태'라고 불렀다. 이것은 완전히 다른 존재 상태로 느껴진다. 안녕과 만족의 느낌이 결합된 고양된 의식 상태. 신경화학적, 신경해부학적으로도 이것은 평상시와 뚜렷이 구분된다. 몰입 상태는 사람들마다 똑같은 뇌 영역을 활성화시키는 것으로 보인다. 여기에는 좌측 전전두엽피질(특히 44, 45, 47번 영역)과 기저핵이 포함된다. 몰입 상태에서는 두 가지 핵심 뇌 영역이 불활성화된다. 자기비판을 담당하는 전전두엽피질 부위와 뇌의 두려움 중추인 편도체다.[133] 창조적인 예술가가 두려움이 사라지고 마치 예전에는 감수해보지 않았던 창조적인 위험을 감수하는 기분이 들 때가 많은 것도 바로 이 때문이다. 그렇게 하지 못하게 방해했을 뇌의 두 영역의 활성이 크게 감소하는 것이다.

사람들은 작디작은 세포를 관찰하는 것부터 광대한 규모의 우주를 탐사하는 일까지 여러 종류의 일에서 몰입 상태를 경험한다.[134] 세포생물학자 요제프 갈Joseph Gall은 현미경을 들여다볼 때의 몰입을 묘사했다. 천문학자들은 망원경을 들여다보며 그런 상태를 묘사했다. 음악가, 화가, 컴퓨터프로그래머, 타일공, 작가, 과학자, 대중연설가, 외과의사, 올림픽 대표선수 등 다양한 사람이 그와 비슷한 몰입 상태를 묘사했다. 사람들은 체스를 두다가, 시를 쓰다가, 암벽 등반을 하다가, 춤을 추다가 그런 상태를 경험한다. 그리고 이런 몰입 상태에서 거의 예외 없이 자신의 최고 작품이 나온다. 사실 자기가 최선이라 생각하는 것을 훨씬 뛰어넘는 작품이 나온다.

몰입 상태에서 주의가 제한된 지각 영역perceptual field에 집중되면, 당신은 그 부분에 모든 주의력을 투자한다. 행위와 의식이 하나로 합쳐진다. 자신의 행위와 지각을 별개라 생각하지 않게 되며, 당신의 생각이 곧 행동이 된다. 여기에는 심리학적 측면도 존재한다. 몰입 상태에서 당신은 실패에 대한 두려움으로부터의 자유를 경험한다. 당신이 무엇을 해야 하는지 인식하고 있지만 자기가 그것을 하고 있다는 느낌은 들지 않는다. 자아는 여기에 관여하지 않으며 완전히 사라져버린다. 로잔 캐시Rosanne Cash는 이런 상태에서 최고의 곡들을 썼다. "내가 작곡을 하고 있다고 느껴지지 않았어요. 마치 곡이 이미 존재하는데, 나는 그저 야구장갑을 끼고 그것을 허공에서 움켜잡기만 하면 되는 것처럼 느껴졌죠."[135]

몰입 상태는 활동 계획 단계나 실행 단계 모두에서 일어날 수 있지만 트럼본 독주를 하거나, 수필을 쓰거나, 농구 골대에 공을 던질 때 등 복잡한 과제를 실행하는 것과 연결되어 일어나는 경우가 제일 많다. 몰입 상태는 초집중 상태이기 때문에 계획 단계나 실행 단계에 머물러 있는 것이 아닐까 생각하기 쉽다. 하지만 사실 몰입 상태는 그 두 가지가 매끈하게 통합되게 해준다. 평상시에는 상사의 과제와 부하직원의 과제로 나뉘었던 과제가 똑같은 행위의 일부가 되면서 투과성이 생기고 서로 얽히게 된다. 몰입 상태의 한 가지 특징은 산만함이 사라진다는 것이다. 예전의 산만함은 그대로 거기 있지만 그런 산만함으로 빠져들고 싶은 유혹이 생기지 않는다. 몰입 상태의 두 번째 특징은 창조적인 작업에 종종 동반되는 자멸적인 부정적 판단 없이 자신의 수행능력을 관찰하게 된다는 점이다. 몰입 상태가 아닐 때는 머릿속 목소리가 끊임없이 잔소리를 늘어놓는다. "그 정도로는 안 된다니까." 몰입 상태에서는 안심시켜주는 목소리가 이렇게 말한다. "그건 내가 해결할 수 있어."

몰입 상태가 아무 과제나 활동에서 다 일어나는 것은 아니다. 과제에 깊이 집중해야 하고, 그 과제가 강렬한 집중과 전념을 요구해야 하며, 명확한 목표가 담겨 있어야 하고, 즉각적인 피드백이 제공돼야 한다. 그리고 과제의 수준이 행위 주체의 능력 및 기술 수준과 완전히 맞아떨어져야 한다. 당신이 수행하는 과제가 너무 간단해서 도전적인 면이 전혀 없다면 당신은 쉽게 지겨워질 것이다. 지겨움은 과제에 대한 주의 집중을 깨뜨릴 것이고, 당신의 마음은 기본 모드로 들어가 몽상을 시작할 것이다. 반대로 과제가 너무 어렵고 지나치게 도전적이면 낙담하면서 불안해할 것이다. 낙담과 불안 역시 주의 집중을 깨뜨린다. 몰입 상태에 도달할 가능성이 열리는 것은 도전 과제가 당신에게 딱 적당할 때, 당신이 가지고 있는 특정 기술 수준과 일치할 때다. 이런 상태라고 해서 반드시 몰입 상태가 일어난다고 장담할 수는 없지만, 이런 조건이 충족되지 않고 도전 과제가 당신에게 딱 맞지 않다면 몰입은 결코 일어나지 않는다.

다음 페이지의 그래프에서 도전은 y축에 나타나 있다. 도전이 크면 불안으로 이어지고, 도전이 낮으면 지겨움으로 이어진다. 바로 그 중간이 몰입 상태가 가능한 영역이다. 몰입 상태 영역의 깔때기 모양은 x축으로 나타나는 당신의 기술 수준과 관련 있다. 이 그래프는 당신의 기술이 뛰어날수록 몰입 상태에 도달할 기회가 그만큼 커짐을 보여준다. 기술 수준이 낮으면 도전의 입구가 좁다. 반면 기술 수준이 높으면 몰입 상태를 달성할 가능성이 그만큼 넓어진다. 몰입 상태의 특징은 의식적 자각이 완전히 사라지는 것인데, 기술 수준이 높을수록 이런 기술을 무의식적으로, 자동적으로 실행하기가 쉬워지기 때문이다. 그럼 당신의 의식, 자아, 그리고 몰입을 방해하

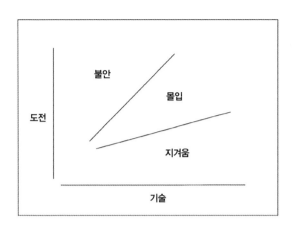

는 다른 적들을 그만큼 쉽게 떼어낼 수 있다. 몰입 상태는 전문가나 어느 한 분야에서 많은 시간을 투자해 수련한 사람들에게 좀 더 자주 나타난다.

몰입 상태를 정의하는 것은 관여engagement다. 여기에는 대단히 높은 수준의 관여가 있어야 한다. 정보의 접근과 처리는 아무런 노력 없이도 이루어지는 것 같다. 자기에게 필요한 정보들은 바로 손끝에 있다. 심지어 너무 오래돼서 자기가 알고 있는지도 모르고 있던 정보들을 비롯해 까맣게 잊고 있었던 기술들까지 등장하기 시작한다. 이 경우 집중하기 위해 자제력을 발휘할 필요도 없기 때문에 당면 과제에 신경 자원을 자유롭게 사용할 수 있다. 여기가 바로 뇌에서 무언가 역설적인 것이 일어나는 지점이다. 몰입 상태에서는 더 이상 과제에 집중하기 위해 노력할 필요가 없다. 이런 특별한 주의 상태에 접어들고 나면 과제 집중은 저절로 일어난다. 정신이 산만해지는 것보다 몰입 상태, 창조적 관여의 정점에 머무는 것이 오히려 에너지가 덜 든다. 몰입 상태에서 생산성과 효율성이 커지는 이유다.

몰입 상태는 화학적으로도 다른 상태다. 여기에는 아직 확인되지 못한 특정한 신경화학적 조합이 관여한다. 도파민, 노르아드레날린, 세로토닌(의식의 흐름 연상에 접근할 수 있는 자유를 위해), 아드레날린(집중을 유지하고 에너지를 북돋우기 위해)의 균형이 요구된다.[136] 특히나 도파민과 노르아드레날린은 선조체(주의 전환이 일어나는 자리)로 알려진 뇌 영역에서 조절되기 때문에 균형이 중요하다.[137] 평소에는 행동을 억제하고 자제력을 발휘하게 도와주는 GABA 뉴런(감마아미노뷰티르산에 반응)이 몰입 상황에서는 활동을 줄일 필요가 있다. 그래야 우리가 자신에 대해 지나치게 비판적이지 않을 수 있어서 아이디어의 생산이 덜 억제당하기 때문이다. 마지막으로 몰입 상황에서 신체 기능에 의해 정신이 산만해지지 않도록 항상성에 관계된 과정의 일부, 특히 성욕, 배고픔, 갈증 등의 과정이 줄어들어야 한다. 몰입 상태가 정점에 도달하면 우리는 주변 환경에 대한 의식을 잃어버린다. 칙센트미하이가 지적한 한 사례에서는 수술이 진행되는 동안 지붕이 무너졌는데 외과의사는 수술이 끝날 때까지 그 사실을 몰랐다.

몰입 상태는 당신이 지금 하고 있는 일에 대해 명확하게 생각하지 않을 때 일어난다. 이 상태에서 당신의 뇌는 의식적인 통제를 발휘할 필요 없이 진행과 운영이 자동적으로 일어나는 특별 활동 모드에 들어가 있다. 이는 해당 과제에 대한 훈련과 전문성이 몰입 상태의 전제 조건인 이유이기도 하다. 음계를 배운 음악가는 거기에 뚜렷이 집중하지 않아도 운동기억motor memory을 바탕으로 자유자재로 악기를 연주할 수 있다. 실제로 음악가들은 굳이 생각하지 않아도 마치 손가락이 자기가 가야 할 곳을 알고 있는 것처럼 느껴진다고 한다. 농구선수, 비행기조종사, 컴퓨터프로그래머, 체조선수, 그리고 그 외에 기술 수준이 높고 훈련이 잘되어 있는 사람들도 비슷한 현상을 얘기한다. 능력이 어떤 높은 수준에 도달하면 생각이 전혀 끼어들지 않는 듯 느껴질 때가 있다고 말이다.

자전거 타는 법을 배울 때는 중심을 잡기 위해, 페달을 밟기 위해, 핸들을 조종하기 위해 온통 집중해야만 한다. 이런 것을 다 따라잡는 게 쉽지 않은 일이라 분명 몇 번은 넘어져봤을 것이다. 하지만 몇 번 연습하고 나면 주변 경치를 감상하면서도 자전거를 탈 수 있다. 자전거 타기에 능숙해진 후, 다른 누군가에게 자전거 타는 법을 가르쳐주려고 하면 자신이 자전거 타기에 대해 알고 있는 내용 중 상당 부분은 의식적으로 들여다보거나 묘사하기가 불가능하다는 사실을 깨닫게 된다. 뇌의 회로들이 자율적으로 그 과제를 수행할 수 있게 되었기 때문에 전전두엽피질의 중앙관리자 시스템으로부터 지시받을 필요가 없어진 것이다. 우리가 뇌의 시작 버튼을 누르기만 하면 자전거 타기에 필요한 절차들은 저절로 이뤄진다. 사람들은 신발을 신고, 차를 운전하고, 심지어 미분방정식을 푸는 것도 그와 비슷하게 자동적으로 이뤄진다고 말한다.

우리 모두는 이런 뇌 프로그램을 가지고 있다. 하지만 자기가 무슨 일을 하고 있는지 생각하려고 하면, 신속하게 간섭이 일어나면서 당신이 누리고 있던 자동성과 높은 수행 능력이 막을 내리고 만다. 자전거 타는 사람을 쓰러지게 만드는 가장 쉬운 방법은 자기가 어떻게 중심을 잡고 있는지, 혹은 자기가 무엇을 하고 있는지 집중해보라고 묻는 것이다. 뛰어난 테니스선수인 존 매켄로John McEnroe는 시합에서 이런 점을 이용하기도 했다. 상대방이 경기를 아주 잘할 때, 예를 들어 백핸드 스트로크가 특히 좋을 때면 매켄로는 상대방에게 그 부분을 칭찬했다. 이렇게 하면 상대방이 자신의 백핸드에 대해 생각할 것이고, 그 때문에 자동적으로 이루어지던 동작이 무너지고 말리라는 것을 알고 있었던 것이다.[138]

몰입 상태가 언제나 좋기만 한 것은 아니다. 중독으로 발전하면 이것은 파괴적으로 작용할 수 있다. 몰입 상태에 빠져 있다가 사람들로부터 멀어지고 자기만의 보호막 안으로 숨어들게 된다면 사회생활에도 문제가 생긴다.

지넷 월스Jeannette Walls는 자전적 에세이 《유리성The Glass Castle》에서 어머니가 그림에 너무 빠져버린 나머지 배고파 울며 보채는 아이들까지도 무시해버리는 상황을 묘사했다. 세 살이던 지넷은 엄마가 그림에 완전히 몰입해 있는 동안 물이 끓는 냄비에 핫도그를 덥히려고 난로 앞 의자 위에 올라섰다가 사고로 몸에 화상을 입고 만다. 지넷이 6주간 병원에 입원했다가 퇴원한 이후에도 그녀의 엄마는 계속 그림을 그렸고 몰입 상태에서 빠져나오려 하지도, 아이들을 위해 요리하지도 않았다.

창조적인 사람들은 몰입 상태가 발생할 가능성을 극대화하고, 일단 그 상태에 도달하고 나면 몰입 상태에 머물 수 있도록 생활을 구성하는 경우가 많다. 가수 겸 작곡가인 닐 영은 이것을 아주 적절하게 묘사했다. 그는 어디에 있든 무엇을 하고 있든 간에 곡에 대한 아이디어가 떠오르면, 그 순간 하고 있던 일을 당장 멈추고 바로 그 자리에서 작곡을 하기 위한 시간과 공간을 마련했다. 그는 운전하다가도 갑자기 길가에 차를 대거나 저녁 파티 자리를 박차고 나와 영감을 불어넣어준 뮤즈와 연결된 상태를 유지하고, 과제에 집중하는 상태에 머물기 위해 무슨 짓이든 했다. 그가 약속을 잘 잊어버리고 매일 늦는다는 악명을 얻게 된 것은 창의력을 위해 치러야 할 대가였다.[139]

어떤 면에서 창의력과 성실성은 양립 불가능한 것으로 보인다. 자신의 창의력이 원하는 것을 다 받아주다 보면 약속을 지키는 일에 소홀해질 수밖에 없다. 물론 닐 영의 경우에는 자신의 예술에 대해 놀라울 정도로 성실했고, 자신이 가진 모든 것을 거기에 아낌없이 쏟아부었다고 반론을 펼칠 수도 있다. 그것은 성실성의 결여가 아니다. 그저 성실성의 우선순위가 다를 뿐이다.

스티비 원더도 자신의 창의력에 자양분을 공급하기 위해 그와 비슷하게 자진해서 세상으로부터 단절되었다.[140] 그는 이것을 감정 차원에서 묘사했다. 예를 들어, 그는 비극적인 뉴스를 듣거나 사랑하는 이와 함께 시간을 보내다가 내면에서 감정이 차오르는 게 느껴지면 감정적 경험 안에 머물렀다. 그리고 정신이 산만해지도록 놔두지 않았다. 심지어 약속을 어기게 될지라도 말이다(그 역시 약속 시간을 잘 지키지 않는 것으로 악명이 높았다). 그리고 그 순간 그 감정에 대해 곡을 쓸 수 있다면 그렇게 했다. 그렇지 않은 경우에는 나중에 그와 똑같은 감정 상태에 흠뻑 빠져들도록 노력해서 그 감정이 곡 안에 녹아들게 했다.

스팅Sting은 창조적인 몰두를 극대화하도록 시간을 정리하고 나눴다. 순회공연을 다닐 때는 자유를 최대한 확보하기 위해 다른 사람들이 그의 일정을 관리해줬다.[141] 그는 음악 말고 다른 것을 생각할 필요가 전혀 없었다. 어디에 가고, 무엇을 하고, 언제 식사하고 등등 하루 일과가 그를 위해 완벽하게 짜여 있었다. 그리고 중요한 부분으로, 그는 매일 몇 시간 정도를 신성불가침의 시간으로 정해놓았다. 그 시간 동안에는 그를 방해하면 안 된다는 것을 모두가 알고 있었다. 그리고 그 역시 그 시간을 창조적 활동과 창의력을 회복하는 활동을 위해 사용하는 것보다 더 절박하고 중요한 일은 없음을 알고 있었다. 그는 그 시간을 요가, 작곡, 독서, 음악 연습 등에 이용했다. 산만함이 극적으로 줄어든 세상에서 집중하고, 여기에 뛰어난 자제력까지 발휘함으로써 그는 한결 더 쉽게 창의력을 추구할 수 있었다. 여행을 가면 정신이 혼란스러워지고 창의력도 흐트러지기 쉬운데, 이를 막기 위해 스팅은 아주 흥미로운 일을 했다. 그는 인테리어 디자이너와 함께 집에서 사용하는 것과 스타일, 색상, 질감 등이 비슷한 커튼, 베개, 양탄자, 장식품들을 찾아냈다. 장거리 순회공연 기간에 스태프는 맞춤식 알루미늄 봉과 커튼으로 가상의 방을 만들고 스팅의 집 안과 비슷하게 꾸몄다. 콘서트 개최 장소 안에 만들어놓은 개인 공간이 어디에서든 똑같이 유지되었기 때문에 그 모든 변화의 와중에도 편안함과 일관성이 생겼다. 이것은 차분한 정신 상태를 유지하게끔 해줬다. 여기에는 신경과학의 근본 원리가 내재돼 있다. 앞에서 살펴보았듯이 뇌는 거대한 변화 탐지기다. 우리는 전전두엽의 새로움 편향 때문에 새로운 것에 쉽게 정신을 뺏기고 만다. 우리는 환경과 일정을 조정해서 창조적 영감을 고취시킬 수 있다. 스팅은 적어도 네 시간의 개인시간 동안에는 새로운 장면, 색, 공간 배치로 감각이 폭격당하는 일 없이 뇌와 마음의 긴장을 풀고 좀 더 쉽게 몰입 상태로 들어갈 수 있었다.

어떤 일을 반드시 마무리해야 하는 상황에서는 그 일을 바쁜 사람에게 주라는 옛말이 있다. 앞뒤가 맞지 않는 말 같지만, 어느 정도 일리가 있다. 바쁜 사람은 일을 효율적으로 마무리하는 시스템을 갖고 있다. 바로 이 시스템의 정체를 밝혀내는 것이 이번 단락의 목표다. 상습적으로 미루는 습관을 가진 사람의 경우에도 할 일이 많은 것이 오히려 도움이 된다. 이들은 하기 싫은 일을 하느니 그나마 더 재미있는 과제로 뛰어드는 것을 택하기 때문에 의외로 여러 프로젝트에서 큰 진척을 이룬다. 미루는 습관이 있는 사람이라도 아예 아무것도 하지 않는 경우는 드물다.[142] 〈베니티 페어〉와 〈뉴요커〉에서 저술가로 활동하는 로버트 벤츨리Robert Benchley는 기사 마감시간이 다가오면 책꽂이를 하나 만들어서 과학 기사들을 쌓아놓고 읽는다고 했다.[143]

효율적인 시간관리에서는 산만함 피하기가 가장 큰 부분을 차지한다. 자신이 욕망하는 것 때문에 방해받기 쉽다는 것은 삶의 역설이다. 물고기는 낚시꾼의 미끼에, 쥐는 치즈에 유혹당한다.[144] 이런 욕망의 대상들은 적어도 생명 유지에 필요한 자양물이다. 인간이 이런 것을 욕망하다가 해를 입는 경우는 드물다. 우리 삶을 망가뜨리는 유혹은 대개 순수한 탐닉인 경우가 많다. 생존을 위해 도박을 하고, 술을 마시고, 강박적으로 소셜 네트워크 피드백을 확인하는 사람은 없다. 오락을 위해 시작한 활동이 통제력을 벗어났음을 깨닫는 일은 인생의 가장 큰 도전 과제 중 하나다.

도전적인 과제 수행에 필요한 집중력을 깨뜨리려고 우리를 유혹하는 것은 무엇이든 성공을 가로막는 잠재적 장애물이라고 할 수 있다. 당신의 뇌에 있는 변화 중추와 새로움 중추는 아무리 사소한 것이라도 어떤 과제를 마무리하면 당신에게 화학적 보상을 준다. 페이스북, 트위터, 이메일, 문자메시지 등등 소셜 네트워킹 활동을 하면 뇌의 쾌락 중추를 통해 화학물질이 방출되는데, 이것은 생리학적으로 정말 중독성이 강하다. 그러나 삶의 가장 큰 만족은 오랫동안 정신을 집중하고 에너지를 쏟아야 하는 프로젝트를 마무리했을 때 찾아온다. 나중에 자신의 삶을 되돌아보면서 자기는 일을 하는 동안에도 수천 건의 문자메시지를 보내고 소셜 네트워크 업데이트를 확인했노라며 만족스러워할 사람은 아무도 없을 것이다.

산만해지게 만드는 것들을 무시하는 데 성공하려면 자신을 속이거나 손에 잡고 있는 일을 계속하게 북돋아줄 시스템을 만들어야 한다. 우리가 대처해야 할 산만함은 외부적 산만함(우리에게 손짓하는 세상의 것들에 의해 야기된다)과 내부적 산만함(우리 마음이 백일몽 모드로 흘러들어가서 생긴다) 두 종류로 나뉜다.

외부적 산만함에는 앞에서 언급한 전략이 적용된다. 하루 중 특정 시간은 일하는 시간으로 정해서 휴대전화를 꺼두고, 이메일이나 인터넷 브라우저도 꺼두자. 당신이 일에 집중할 수 있게 해주는 특정 공간을 마련하자. 생산성이 높은 시간에 오는 연락에는 반응하지 않는다는 방침을 세우자. 당신이 지금 하고 있는 일이 당신이 할 수 있는 일 중에서 가장 중요한 일이라는 마음가짐을 갖자. 대선후보 지미 카터의 이야기를 기억하자. 그의 보좌관들은 그를 대신해서 시간과 공간을 관리해주었다. 보좌관들은 최고의 가치를 이끌어내려면 카터가 지금 얘기하고 있는 사람과 대화를 계속하는 것이 좋을지, 아니면 대기 중인 다른 사람과 얘기하는 것이 좋을지, 혹은 그가 여기 있는 것이 좋을지, 저기 있는 것이 좋을지를 실시간으로 평가했다. 이와 비슷하게 비서들도 상사가 지금 하고 있는 일이 그가 하고 있어야 할 가장 중요한 일이 되도록 상사를 위해 일정을 짜준다. 상사는 지금 신경 쓰지 못하는 프로젝트나 과제 때문에 염려할 필요가 없다. 비서가 대신 챙겨주기 때문이다. 이것은 건축 노동자들에 대해 설명했던 상황과 비슷하다. 실무를 담당하는 사람과 실무 일정을 잡고 감독하는 사람이 서로 다를 때 생산성이 높아지고 품질이 향상된다. 그러나 비서를 두지 못하는 우리 같은 평범한 사람들은 자신의 머리와 전전두엽피질의 중앙관리자에게 기댈 수밖에 없다.[145]

내부적 산만함과 싸울 때 당신이 할 수 있는 가장 효과적인 일은 3장에서 언급한 마음 깨끗이 정리하기를 실행하는 것이다. 어려운 과제는 50분 혹은 그 이상 집중력을 유지해야 효과적이다. 당신의 뇌가 집중한 상태에 안착해서 그 상태를 유지하는 데 드는 시간 때문이다. 가장 좋은 시간관리 기법은 당신의 주의를 끈 것들을 하나도 빠짐없이 모두 글로 적어두는 것이다. 이렇게 하는 것은 프로젝트나 상황에 대한 생각을 마음속에서 지우면서도 잠재적으로 유용할지 모를 아이디어들을 하나도 놓치지 않기 위한 것이다. 한마디로 전두엽의 외부화다. 그렇게 하면 당신은 한 발 뒤로 물러나 그 목록을 관찰자의 시점에서 바라볼 수 있고, 머릿속에서 뒤늦게 큰 목소리로 등장할 내용에 마음을 뺏기지 않을 수 있다.[146]

휴식 역시 중요하다. 전문가들은 적어도 90분에 한 번 정도는 자리에서 일어나 걷고, 매일 신체 활동 일정을 잡으라고 권장한다. 꿈쩍 않고 소파에 누워 TV만 보는 사람이라도 매일 운동하는 것이 중요하다는 말을 귀에 못이 박이게 들었을 것이다. 우리는 자신에게 이렇게 말하며 위안 받으려고 한다. 지금도 잘하고 있다고, 그래도 아직 바지가 맞지 않느냐고, 운동과 관련된 이 모든 내용은 과대평가된 것이라고 말이다. 하지만 보험사에서 내놓는 통계와 역학 연구는 신체 활동이 몇몇 만성질환을 비롯해 조기 사망 예방과 강력한 상관관계가 있으며, 면역계를 강화해 특정 유형의 암을 감지하고 막아준다는 것을 명확하게 보여준다.[147] 20년 전까지만 해도 45세 이상의 사람들은 따라 하기 힘들 정도로 격렬한 활동을 권장했지만, 현재의 연구 결과에 따르면 일주일에 5일, 하루에 30분 정도 빨리 걷기 같은 적당한 운동을 하는 것만으로도 상당히 큰 효과를 볼 수 있다.[148] 55~80세 노년층의 경우 일주일에 3일, 하루 40분 걷기운동을 하는 것만으로도 해마의 크기가 크게 증가해 기억력이 향상된다. 운동은 또한 뇌로 가는 혈류 양을 증가시켜 노화와 관련된 인지기능 쇠퇴를 막아주고, 전전두엽피질의 크기를 증가시켜 수행 통제, 기억력, 비판적 사고를 개선해준다.[149]

매우 중요하며 상당한 시간이 드는 큰 프로젝트의 마감시간이 닥쳐올 때 사람들이 흔히 저지르는 한 가지 실수가 있다. 다른 것들을 모두 보류하고 모든 시간을 그 프로젝트에 쏟아붓는 것이다. 마치 1분 1초가 중요한 듯이 말이다. 하지만 이렇게 하면 자잘한 수많은 과제가 마무리되지 못한 상태로 쌓이다가 결국에는 큰 문제를 일으킨다. 이런 과제들도 분명 신경 써야 한다는 것을 당신도 알고 있다. 당신 머릿속의 작은 목소리, 혹은 해야 할 일 목록의 항목들은 당신에게 끝없이 잔소리를 해댄다. 이것을 무시하려면 상당한 의식적 노력이 필요하다. 당신의 뇌가 의식 속에서 이런 것들을 억누르려고 애쓰다 보면 피부로 느껴질 정도로 정신적 긴장감이 빚어진다. 이 경우, 그 일들을 해치우고 넘어가는 것보다 그것을 하지 않고 무시하는 데 들어가는 정신적 에너지가 더 크다.

이를 해결하는 방법은 5분 규칙을 따르는 것이다. 만약 5분 안에 해결할 수 있는 과제가 있다면 지금 당장 해버리자. 만약 해결하는 데 5분밖에 들지 않는 과제가 20가지 있는데, 시간 여유가 30분밖에 없다면 우선순위를 정해서 중요한 것을 먼저 해결하고 나머지는 오늘 늦게, 혹은 내일 해치우거나, 아예 다른 사람에게 맡기자. 요점은 당신이 지금 처리할 수 있는 것은 쌓아두는 것보다는 지금 당장 처리하고 넘어가는 것이 낫다는 것이다. 하기 싫은 전화를 하고, 이메일에 짧은 답장을 보내는 등 이런 일들을 처리할 시간을 매일 조금씩 빼두는 것이 요령이다. 앞에서는 중요하지 않은 과제로 산만해지지 않게 주의하라고 얘기하고서 지금 하는 말은 그것과 모순되는 것이 아닌가 하는 생각이 든다면, 그 결정적인 차이점을 이해하길 바란다. 내가 강조하려는 바는 그런 자잘한 일들을 처리할 시간을 따로 마련하라는 것이다. 큰 프로젝트에 집중해야 할 시간에 그런 자잘한 과제에 정신이 팔려서는 안 된다는 뜻이기도 하다.

성공한 사람들이 시간관리를 위해 많이 하는 한 가지 일은 바로 자기의 시간이 주관적으로 자신에게 얼마나 가치가 있는지 계산해보는 것이다. 이렇게 계산하는 데 그 시간의 시장가치나 시급 등을 참고할 수는 있지만 반드시 이런 것들을 따져서 계산할 필요는 없다. 중요한 것은 스스로 자신의 시간이 얼마나 가치 있다고 느끼는가 하는 것이다. 예를 들어, 카펫 스팀청소를 직접 할지, 업체를 불러서 할지 결정할 때는 그 일을 할 시간이면 내가 다른 어떤 일을 할 수 있을까 고려해본다. 이렇게 여유 있는 주말이 드물고, 당신이 친구들과 자전거를 타거나 파티에 갈 날을 고대하고 있었다면 당연히 돈을 지불하고 다른 사람에게 카펫 청소를 맡기는 것이 낫다. 혹은 당신이 시간당 300달러를 버는 컨설턴트나 변호사라면 공항에서 보안검색을 위해 길게 줄 서는 것을 넘어갈 수 있는 서비스에 100달러를 지불하는 편이 훨씬 이득이다.

자신의 시간이 자기에게 얼마나 가치 있는지 계산하고 나면 의사결정이 무척 간단해진다. 개별 상황을 다시 평가할 필요 없이 자신의 규칙만 따르면 되기 때문이다. "만약 ○○달러를 들여서 한 시간을 절약할 수 있다면 그럴 만한 가치가 있어." 물론 여기에는 그 활동이 당신이 그리 즐거워하지 않는 활동이라는 가정이 전제돼 있다. 만약 당신이 카펫 스팀청소나 공항에서 줄 서서 기다리는 것을 좋아한다면 이런 계산은 성립되지 않는다. 하지만 당신에게 흥미 없는 과제이거나 잡일이라면 경험에서 나온 시간의 가치 평가 규칙이 아주 유용하다.

다음 규칙은 자기 시간의 가치를 아는 것과 관련된 것이다. 그 결정에 결정의 가치보다 더 많은 시간을 허비하지 마라. 옷을 사러 나갔다가 마음에 쏙 드는 셔츠를 하나 찾아냈는데, 당신이 지출 상한선으로 정해놓은 딱 그 가격이라고 상상해보자. 그때 판매원이 다가와 또 다른 셔츠를 보여주는데 그 셔츠도 마음에 꼭 들었다. 당신은 그 두 셔츠 중 어느 것을 살 것인지 결정하는 데 어느 정도 시간을 투자할 의사가 있다. 돈이 한정돼 있기 때문이다. 그런데 그 판매원이 5달러만 더 내면 두 번째 셔츠는 덤으로 주겠다고 제안한다면, 당신은 망설이지 않고 당장 그 기회를 붙잡을 것이다. 약간의 돈만 더 투자하면 간단하게 해결될 일로, 어느 것을 살까 고민하기엔 시간이 아깝기 때문이다.

전직 체스 챔피언이자 지금은 자신의 이름을 딴 국제 강사 초빙 대행업체의 회장인 데이비드 래빈David Lavin은 이 점을 분명하게 설명했다. "동료가 한번은 이렇게 불평하더군요. '당신은 모든 사실을 파악해보지도 않고 결정을 내려요!' 그 사실을 모두 파악하는 데는 한 시간이나 걸립니다. 그런데 이 결정에 좌지우지되는 수입을 따져보면 이 결정은 10분의 가치밖에 없다고 나오거든요."[150]

시간을 관리하려면 일정을 상기시켜주는 장치들로 미래를 구조화해야 한다. 즉, 현재의 시점에 시간을 관리하는 한 가지 비결은 미래의 필요를 예상해서 그때 가서 뒤늦게 허겁지겁 모든 것을 따라잡으려 애쓸 필요가 없게 만드는 것이다. 200억 달러 규모의 〈포천〉 선정 100대 기업 회장의 비서인 린다(3장에서 등장한다)는 회장의 일정, 과제, 해야 할 일 목록을 어떻게 관리하는지 설명해주었다.[151] 그녀는 내가 만나본 사람들 중에서 가장 효율적이고 정리정돈이 잘된 사람이다.

린다는 이렇게 말했다. "나는 알림이 파일tickler file(해야 할 일들을 시간별로 정리해놓는 서류철 – 옮긴이)을 즐겨 사용해요." 알림이 파일은 미래에 해야 할 일을 상기시켜준다. 그녀는 책상에 놓인 진짜 알림이 파일은 물론, 일정표 프로그램도 많이 사용한다. "상사의 일정을 관리할 때는 주로 일정표를 이용해요. 내 일정을 관리하는 데도 사용하고요. 아침에 출근하면 그날 해야 할 일들을 일정표가 알려줘요. 오늘 미리 생각해둬야 할 미래의 일정도 알려주죠. 상사에게 새로운 프로젝트가 떨어지면 상사가 그것을 완수하는 데 시간이 얼마나 걸린다고 생각하는지, 그리고 마감시간은 언제인지 확인해요. 예를 들어, 상사가 일을 완수하는 데 2주가 걸릴 거라고 예상하면, 나는 일정표에 마감 3주 전에 알림이 설정을 해둬요. 일을 마무리하는 데 드는 2주보다 한 주 앞선 시간이죠. 그럼 상사는 그 일에 대해 생각하기 시작하고 일을 시작해야 할 때가 다가온다는 것을 알 수 있죠. 그리고 상사가 일에 착수해야 할 날짜에 또 알림이 설정을 해둡니다. 그 일을 실제로 진행하고 있는지 확인하기 위해 매일 알림이 설정을 하죠. 물론 상사의 프로젝트에는 다른 사람들의 조언이 필요하거나, 다른 사람들이 처리해줘야 할 것들이 포함된 경우가 많아요. 나는 상사에게 마감시간을 맞추려면 다른 누가 이 프로젝트에 관여해야 하는지, 언제쯤 그 사람들의 조언이 필요한지 듣습니다. 그리고 그 사람들과 접촉하도록 일정표에 모두 표시를 해놓죠."

이 모두가 제대로 작동하기 위해서는 일부가 아닌 모든 것을 일정표에 기록하는 것이 중요하다. 그 이유는 간단하다. 일정표에 빈 칸이 보이면 당신이나 다른 누군가가 그 빈 칸을 보며 그때는 시간이 비어 있다고 생각할 것이기 때문이다. 일부 약속은 머릿속에 기억하고 그 나머지만 일정표에 기록하는 등 일정표를 부분적으로 사용해서는 안 된다. 이것은 약속이 중복 기입되거나 아예 기록되지 않는 문제가 일어나는 지름길이다. 가장 좋은 전략은 사건, 메모 등이 떠오르자마자 일정표에 기록하거나, 아니면 일정표에 기록할 내용들을 색인카드나 메모지에 기록해뒀다가 하루에 한두 번 정도 일정표에 한꺼번에 옮겨 적는 것이다.

린다는 컴퓨터가 작동하지 않을 경우에 대비해 일정표의 항목을 빠짐없이 종이에 출력하는 것도 잊지 않는다. 그녀는 일정표 프로그램을 여러 개 쓰고 있다. 상사가 보는 용도로 하나, 그리고 자기가 보는 용도로 하나. 굳이 상사를 귀찮게 할 필요 없이 자기만 알면 되는 내용은 여기에 담는다. 그리고 일과 관련 없는 개인적 용무를 관리하는 일정표 프로그램을 따로 사용한다. 상사가 교류해야 할 핵심인물 관리를 위한 일정표도 있다. 린다는 약속에 앞서 처리돼야 할 일들을 정리하기 위한 일정표도 사용한다. "만약 병원 내원 약속이 잡혀 있고, 의학검사처럼 그전에 미리 해야 할 일이 있는 경우에는 검사 결과가 나오는 데 얼마나 걸리는지 확인한 다음 실제 내원 약속보다 앞서 검사받을 수 있도록 일정을 기록해두죠. 회의가 잡혀 있고 그전에 검토해야 할 서류가 있는 경우에는 그것을 살펴보는 데 걸리는 시간을 계산한 다음 거기에 맞춰 일정표에 시간을 잡아놓아요." 컴퓨터용 일정표 프로그램은 스마트폰용 일정표 프로그램과 동기화가 가능하기 때문에 일정을 스마트폰으로도 확인할 수 있다.

특별한 날도 그날보다 미리 앞당겨 설정된 알림이 파일과 함께 일정표의 일부가 된다. 린다는 이렇게 말했다. "생일도 일정표에 들어갑니다. 알림이는 그보다 1~2주 정도 앞당겨 설정해둬서 선물을 사거나 카드를 보내야 한다는 것을 상기시키죠. 사실 선물을 준비해야 하는 사교 행사나 업무 회의는 일정표에 항목이 두 개 들어갑니다. 하나는 행사 그 자체를 위한 항목이고, 다른 하나는 선물 고를 시간을 내기 위해 그보다 앞서 설정해놓는 항목이죠."[152]

물론 당신이 시간을 들여 하고 싶기는 해도 지금 당장 하지 않을 일들도 있기 마련이다. 다행히도 마감시간이 있는 과제를 잊지 않고 마무리하고, 그런 일을 가장 편안한 시간에 맞춰하기는 점점 더 쉬워지고 있다. 그것들을 외부화하기가 더 쉬워지고 있기 때문이다. 어떤 프로그램은 이메일이나 문자메시지를 작성해놓고 나중에 보낼 수 있게 해준다. 이것 또한 효과적인 알림이 파일로 작동하는데, 어떤 일이 생각났을 때 미리 이메일이나 문자메시지를 작성해놓았다가 미래의 특정한 날에 무언가를 하거나 프로젝트 작업을 시작해야 한다고 상기시켜줄 수 있기 때문이다. '아사나Asana' 같은 작업흐름 애플리케이션은 이런 역할과 아울러 다른 옵션도 제공한다. 타인의 도움이 필요한 공동 프로젝트의 협력자나 친구들에게 태그를 붙이는 기능이 있다. 그럼 아사나는 자동으로 사람들에게 이메일을 보내서 언제 무엇을 해야 할지 알려준다.

인지심리학자 스티븐 코슬린Stephen Kosslyn은 시간을 절약하는 한 가지 방법을 제안했다. 그는 만약 씀씀이가 헤프지 않다면, 즉 자기 형편에 맞게 살 줄 안다면 수표책 결산을 중지하라고 말한다. 그의 말에 따르면, 이제는 은행에서 오류가 나는 경우가 드물고, 오류가 나더라도 평균적인 오류의 양이 모든 구입 기록을 일일이 다 맞춰보느라 들일 시간과 비교하면 아무것도 아니다. 그는 입출금 내역서를 신속하게 살피면서 승인하지 않은 비용이 발생했는지 확인해서 그 부분만 처리하라고 조언했다. 자동 초과인출방지 기능을 설정해놓았다면 수표의 부도를 염려할 필요가 없다. 신용카드, 휴대전화, 전기세, 모기지 대출 등 정기적으로 청구서가 날아오는 항목에 대해서는 자동이체를 설정해놓자. 그럼 한 달에 몇 시간씩 그런 청구서를 처리하는 데들이는 시간을 공짜로 벌 수 있다.

인생의 시간을 위해

사람들은 나이가 들면 젊었을 때보다 시간이 빨리 지나가는 것 같다고 말한다.[153] 이 부분에 대해서는 몇 가지 가설이 있다. 한 가설에서는 시간의 지각은 비선형적으로 이루어지며 자기가 이미 살아온 시간의 양에 따라 달라진다고 주장한다. 네 살배기 아이에게 1년은 자기가 살아온 시간에서 아주 큰 비율을 차지하지만, 40년을 살아온 사람에게는 그다지 큰 비율이 아니다. 실험에 따르면, 주관적 시간을 계산하는 공식은 멱함수로 나타난다. 이 방정식에 따르면, 열 살짜리 아이에게 1년은 마흔 살 어른보다 두 배 더 길게 느껴진다.[154] 아이 때는 1분만 조용히 있으라고 해도 그렇게도 길게 느껴졌는데, 성인이 된 지금 1분은 눈 깜짝할 사이에 지나간다.

시간이 빨라진 것처럼 느껴지는 데는 또 다른 요소가 있다. 서른을 넘기면 반응 시간, 인지처리 속도, 대사 속도가 느려진다. 따라서 신경 전달의 실제 속도가 느려진다.[155] 이것 때문에 우리의 느려진 생각의 속도에 비해 세상이 쏜살같이 지나간다는 인상을 받는다.

시간을 어떤 일로 채울까 선택하는 방식도 나이를 먹으면서 자연스럽게 변한다. 젊을 때 우리는 새로운 것에 끌리고, 새로운 것을 배우고 경험하고 싶은 욕망에 사로잡힌다. 10대와 20대는 자기 자신과 세상에 대해 최대한 많이 배워서 무한히 많은 가능성 중에서 자신이 진정 원하는 것은 무엇이고, 어떻게 시간을 보내길 원하는지 이해해 나가는 시간이다. 내가 좋아하는 것은 무엇일까? 낙하산 타기? 무술? 재즈? 50대와 60대에 접어들면 우리는 대부분 마음이 가는 새로운 것을 배우려 하기보다는 이미 익숙하고 좋아하는 것을 실제로 행동에 옮기는 쪽에 더 큰 우선순위를 둔다(물론 개인적인 차이는 존재한다. 어떤 사람들은 나이가 들어서도 새로운 경험을 하는 것을 더 좋아한다).

시간을 보내고 싶은 방식에 대한 이런 관점의 차이는 자기에게 남았다고 생각하는 시간 때문에 생기기도 한다. 주어진 시간에 끝이 없을 것처럼 느껴질 때는 정보를 수집하고, 새로운 것을 경험하고, 지식의 폭을 넓히는 등의 준비가 최우선 목표가 된다. 반면 시간의 한계가 인식되면 가족이나 친구와 함께 시간을 보내는 등 얼마 남지 않은 시간 동안 실천에 옮길 수 있고, 정서적 의미를 부여해줄 수 있는 일이 최우선 목표가 된다.[156] 노년층은 사회적 네트워크의 규모가 작고 그에 대한 흥미도 떨어지며, 젊은 사람들보다 새로움에 대한 끌림도 덜하지만 젊은이들만큼이나 행복하다는 것은 이미 연구결과를 통해 증명된 바 있다. 이들은 자기가 좋아하는 일을 찾았고, 또 그것을 실천에 옮기며 시간을 보내고 있다. 연구 결과, 이런 일이 노화 그 자체 때문이 아니라 시간이 다 되어가고 있다는 생각 때문에 일어난다는 것이 입증됐다. 스물다섯 살짜리 젊은이에게 남은 인생이 5년밖에 없다고 말해주면, 그 사람은 마치 일흔다섯 먹은 노인처럼 새로운 경험에는 별로 흥미를 느끼지 못하고 대신 가족이나 친구와 함께 시간을 보내고 이미 익숙한 즐거운 일에 시간을 투자하는 경향을 보인다. 치명적 질병의 말기에 있는 젊은 사람은 세상을 노인들처럼 바라보는 경향이 있다.[157] 여기에는 위험 평가에 기반한 논리가 존재한다. 예를 들어, 식사할 기회가 몇 번으로 제한되어 있다면 입맛에 맞지 않을지도 모를 위험을 무릅쓰면서까지 한 번도 먹어본 적 없는 새로운 음식을 주문할까? 자기가 좋아하는 음식을 시켜도 되는데 말이다. 실제로 사형집행을 기다리는 죄수들은 마지막 식사로 생소한 음식보다는 피자, 프라이드치킨, 버거 등 익숙한 음식을 요청하는 경향이 있다(적어도 미국에서는 그렇다).[158]

시간의 지각에 대한 차이는 주의와 정서적 기억의 차이에 의해서도 생긴다. 나이 든 성인은 정서적으로 부정적인 기억보다는 긍정적인 기억에 대한 특별한 선호도를 보이는 반면, 젊은 성인은 정반대의 양상을 보인다.[159] 이것은 앞뒤가 맞는 얘기다. 젊은이들이 긍정적인 정보보다 부정적인 정보에 더욱 끌리고 그것을 더 잘 기억한다는 것은 오래전부터 잘 알려진 내용이다. 인지과학자들은 우리가 긍정적인 정보보다는 부정적인 정보로부터 더 많이 배운다고 주장해왔다. 한 가지 분명한 것은 긍정적인 정보는 그저 우리가 이미 알고 있는 것을 확인하는 데서 그치는 경우가 많은 반면, 부정적인 정보는 우리가 무지했던 영역을 드러내줄 때가 많다는 점이다. 이런 의미에서 젊을수록 부정적인 정보에 더 끌리는 것은 나이가 들수록 지식에 대한 갈망이 사라지는 현상과 일맥상통한다. 노화와 관련된 이런 긍정 편향은 뇌 스캔 영상에도 반영된다. 나이 든 성인은 긍정적인 정보에만 편도체가 활성화되는 반면, 젊은 성인은 긍정적 정보와 부정적 정보 모두에서 편도체가 활성화된다.[160]

노화의 영향을 늦추는 한 가지 방법은 정신적 활력을 유지하고, 한 번도 해보지 않은 과제를 수행하는 것이다. 달리 혈액이 공급되지 않았던 뇌 부위도 이렇게 하면 혈액을 공급받는다. 이것은 혈류가 뇌 구석구석으로 흐르게 만드는 요령이다. 알츠하이머병에 걸린 사람은 뇌에 아밀로이드가 침착된다. 아밀로이드는 섬유성 미세섬유를 형성해 뇌에서 잘못된 상호작용을 일으키는 단백질이다. 살아가는 동안 인지 활동이 활발했던 사람들은 뇌에 침착되는 아밀로이드 양이 적다. 이는 정신적 활동이 알츠하이머병을 예방하는 효과가 있음을 암시한다.[161] 70~80대에 접어들어서 활발하게 머리를 쓰고 새로운 것을 배우는 것이 중요하다는 의미가 아니다. 중요한 것은 평생 학습을 하고 머리를 쓰는 패턴이 있었느냐 하는 점이다. 캘리포니아대학 버클리캠퍼스의 신경과학자 윌리엄 재거스트 William Jagust는 이렇게 말했다. "치매와 관련해서 우리는 사람이 75세가 되어서 무엇을 하느냐에만 관심을 집중하는 경향이 있다. 하지만 그보다는 40세나 50세 때 무엇을 했는가가 더 중요하다는 증거가 많다."[162]

서던캘리포니아대학의 신경과학자 아서 토가 Arthur Toga는 이렇게 덧붙였다. "사회활동을 유지하는 것은 정말로 중요하다. 사회활동에는 뇌의 아주 여러 부분이 관여하기 때문이다. 사회활동을 원활히 하려면 사람들의 얼굴 표정을 해석해야 하고, 새로운 개념도 이해해야 한다." 여기에 덧붙여 사회활동을 하려면 실시간으로 반응하고, 새로운 정보를 소화해야 한다는 압박도 있다. 인지활동과 마찬가지로 평생 사회활동을 활발히 하는 것도 알츠하이머병을 막아주는 역할을 한다.[163]

세상은 점점 선형적으로 변하고 있다. 그 결과, 예술가들을 비롯한 비선형 사상가들은 점점 더 하찮은 존재가 된 듯한 기분을 느끼고 있다. 사회 전체가 예술에 투자하는 시간이 점점 줄어들고 있다. 그 과정에서 우리는 신경생물학적 관점에서 볼 때 더욱 가치 있고 중요한 무언가를 놓치고 있는지도 모른다. 예술가들은 실재를 새로운 맥락에서 파악하게 하고 새로운 시야를 제공해준다. 창의력은 뇌의 백일몽 모드를 직접 끌어들여 생각의 자유로운 흐름과 연상을 자극하면서, 그렇지 않았다면 이어지지 못했을 개념과 신경마디 사이를 이어준다. 그래서 예술 활동에 창작자로든 소비자로든 참여하면 뇌의 리셋 버튼을 누르는 데 도움이 된다. 시간이 멈춘다. 우리는 생각에 빠진다. 그리고 세상과 자신의 관계를 다시 상상하게 된다.

창조적이라는 말은 비선형이 선형을 침범해 들어가고, 그 결과물에 대해 통제력을 행사할 수 있도록 허락한다는 의미다. 과학과 예술에서 지난 수천 년간 이뤄진 주요 성취는 연역이 아닌 귀납 과정을 필요로 했다. 알려진 것으로부터 알려지지 않은 것을 추정해야 했고, 때로는 다음에 올 것은 무엇인지 무엇이 옳은 것인지 어림짐작해야 할 때도 많았다. 한마디로 말해서 뛰어난 창의력에 곁들여 어느 정도 운이 필요했다.[164] 어떻게 이런 진전이 이루어질 수 있을까 하는 미스터리도 존재하지만, 우리는 자기가 원하는 대로 삶을 꾸릴 수 있다. 우리는 시간을 정리하고 마음을 정리함으로써 창의력을 위한 시간, 마음이 몽상에 빠질 수 있는 시간, 우리 각자가 우리 시대에 자기만의 독특한 기여를 할 수 있는 시간을 남겨놓을 수 있다.

창조적 사고와 대비되는 것은 합리적 의사결정이다. 불행하게도 인간의 뇌는 이 부분과 관련해서 썩 훌륭할 만큼 진화하지 못했다. 진화생물학자와 심리학자들은 그 이유를 그저 추측만 할 뿐이다. 막대한 양의 정보를 처리할 주의력 용량에는 한계가 있고, 그 결과 진화는 우리 뇌가 시간과 주의력을 절약하는 전략을 쓰도록 만들었다. 이 전략은 대부분의 경우에 효과적으로 작동하지만, 항상 그런 것은 아니다. 우리가 인생을 잘 살수록, 그리고 자신이 선망해온 크게 성공한 사람들을 닮아갈수록 일부 결정은 그만큼 더 복잡해진다. 그럼에도 불구하고 우리 모두는 더 나은 의사결정 전략을 사용할 수 있다. 다음 장에서는 어떻게 하면 과학 정보와 의학 정보를 더욱 잘 정리해서 몸이 아플 때 자신을 잘 지켜내고, 가장 필요한 순간에 증거에 입각한 선택을 내릴 수 있는지 살펴보겠다.

어려운 결정을 위한 정보의 정리

삶이 위태로운 순간

버락 오바마 대통령은 이렇게 말했다. "완벽한 해결이 가능한 일은 나한테까지 올라오지 않는다. 그런 일은 이미 다른 누군가가 해결했다."[1] 해법이 명확한 결정이라면 대통령이 아니라 그 아랫선에서 누군가가 결정을 내린다. 대통령에게까지 올라가는 결정은 아랫선에 있는 모든 사람을 쩔쩔매게 만든 문제들뿐이다.

미국 대통령이 내려야 하는 결정은 대부분 인명 손실의 가능성이 있거나, 국가 간의 긴장감을 고조시킬 우려가 있거나, 경제 변화로 실업률을 높이거나 하는 심각한 문제다. 그리고 이런 결정은 보통 정보가 부족하거나 불완전한 상태에서 들이닥친다. 대통령 참모들은 새로운 가능성에 대해 브레인스토밍할 때 대통령을 필요로 하지 않는다. 참모들이 문제를 위로 넘기는 것은 이들이 그것을 해결할 수 있을 만큼 똑똑하지 못해서가 아니다. 그런 결정은 대부분 두 가지 손실, 혹은 두 가지 부정적 결과 사이에서 어느 쪽을 선택할지 결정해야 하는 일이기 때문이다. 그리고 대통령은 둘 중 어느 결과가 더 나을지 결정해야 한다. 이 지점에서 오바마 대통령은 이렇게 말했다. "결국은 확률 싸움이다. 어떤 결정을 내리든 간에 결국 뜻대로 되지 않을 확률을 30~40% 정도는 안고 가야 한다."

윈 리조트의 CEO 스티브 윈은 의사결정에 대해 이렇게 말했다. "규모가 충분히 크고 효과적인 관리 시스템이 작동하는 조직이라면 다양한 수준에서 결정을 내리는 사람들이 피라미드 형태를 이루고 있다. 내가 결정에 나서야 하는 경우는 누군가가 실직하거나, 회사가 큰돈을 잃어야 하는 등 부정적인 결과를 낳는 해결책밖에 없을 때다. 그리고 보통 그 결정은 두 가지 부정적인 결과 중 어느 것을 선택할 것인가 하는 문제로 틀이 정해진 상태에서 내게 온다. 나는 그중 어느 것을 감당할 수 있을지 결정해야 하는 사람인 셈이다."[2]

의학적 결정도 그처럼 두 가지 부정적 선택 중 하나를 고르는 것으로 느껴질 때가 많다. 양자택일의 도박에 직면하는 것이다. 하나는 아무것도 하지 않고 건강이 악화될 가능성을 감수하는 것이고, 다른 하나는 엄청난 잠재적 불편과 통증, 그리고 비용을 감수하고서 의학적 치료를 선택하는 것이다. 그 결과가 어떻게 나올지 합리적으로 예측하는 것은 부담스러운 일이다.

대부분의 사람이 그런 가능성을 계산할 준비가 되어 있지 않다. 그냥 확률을 계산할 준비만 안 된 것이 아니라, 아예 그런 부분을 합리적으로 평가할 훈련 자체가 되어 있지 않다. 우리는 자신의 생계, 행복, 건강 등에 영향을 미치는 결정과 매일 직면한다. 그리고 처음에는 깨닫지 못할지라도 그런 결정은 대부분 결국 확률 문제다. 의사가 의학적 선택을 확률론에 입각해서 설명한다면 환자는 그 정보를 유용한 방향으로 이해하지 못할 가능성이 크다. 그런 정보는 정서적으로 극히 취약하고 인지 과부하가 걸린 상태에서 우리에게 전달되기 때문이다(암으로 진단 받았을 때 기분이 어떻겠는가?). 의사가 이럴 가능성은 35%고, 저럴 가능성은 5%라고 설명할 때 우리의 마음은 어지러울 대로 어지러워진 상태. 우리의 마음속에선 병원에서 날아올 청구서 생각, 의료보험 생각, 그리고 병가 얘기를 어떻게 꺼내나 등등 오만 가지 걱정이 날뛰고 있다. 치료받는 동안의 통증과 불편을 상상하고, 유언장을 갱신했는지, 입원한 동안 개는 누가 돌봐줄지 고민하느라 의사의 목소리는 어느새 아득히 멀어지고 만다.

이 장에서는 의료와 관련된 정보를 정리할 수 있는 간단한 도구를 제공한다. 이 도구들은 의료뿐만 아니라 우리가 직면하는 힘든 결정에 모두 적용할 수 있다. 의학적 결정은 그 복잡성 때문에 미지의 것을 이해하고, 심지어 삶의 의미까지 이해하려 애쓰다 보면 필연적으로 강력한 감정이 유발된다. 아무리 비서를 많이 두고, 다른 모든 일에 능력이 뛰어나다 한들 의학적 결정은 정리가 잘된 사람에게도 엄청난 도전으로 다가온다.

확률을 제대로 이해해야 하는 이유

의사결정이 어려운 이유는 본질적으로 불확실성을 내포하기 때문이다. 불확실성이 없다면 결정 내리기는 식은 죽 먹기일 것이다. 불확실성이 존재하는 이유는 우리가 미래를 알 수 없기 때문이다. 과연 지금 내린 결정이 최고의 결과로 이어질지 우리는 알지 못한다. 인지과학은 우리가 직감이나 직관에 의지해서 결정하면 종종 나쁜 결정으로 이어진다는 것을 가르쳐주었다. 특히나 통계적 정보가 입수 가능한 상태에서는 더더욱 그렇다. 우리의 본능과 뇌는 확률적 사고를 하도록 진화하지 않았다.

아이를 갖고 싶어 하는 40세 여성이 있다. 이 여성은 자기 나이에 출산하면, 아이가 특정한 선천적 결손을 갖고 태어날 확률이 젊은 산모의 경우에 비해 다섯 배나 높다는 글을 읽었다. 언뜻 보면 이것은 도저히 받아들이기 힘든 위험처럼 느껴진다. 이 여성은 아이를 갖고 싶은 강력한 정서적 욕망과 통계학에 대한 지식 사이에서 갈등해야 하는 상황에 처했다. 과연 통계 지식이 이 간극을 메워서 최고의 행복한 삶으로 이어질 올바른 결론을 내릴 수 있게 해줄까?

정리된 마음과 정리된 삶을 유지하기 위해서는 가능한 한 최고의 결정을 내려야 한다. 나쁜 결정은 일이 잘못됐을 때 이를 수습하고 다시 결정 내리는 데 드는 시간은 물론이고 힘과 에너지마저도 소진시킨다. 중요한 이해관계가 수반된 결정을 많이 내려야 하는 바쁜 사람들은 자신의 의사결정을 범주화해서 나누는 경향이 있다. 전장에서 부상자를 분류하듯 나누는 것이다. 이는 3장에서 목록 만들기와 목록 분류하기에 대해 다루었던 부분과 비슷하다.

1. 답이 분명하기 때문에 지금 당장 내릴 수 있는 결정.

2. 당신보다 시간적 여유와 전문성을 가진 다른 누군가에게 맡길 수 있는 결정.

3. 당신이 관련된 정보를 모두 가지고 있지만 그 정보를 처리하고 소화하는 데 다소 시간이 필요한 결정. 이것은 판사들이 어려운 사건을 맡았을 때 종종 하는 일이다. 결정에 시간이 걸리는 것은 정보가 없어서가 아니라, 정보를 다양한 각도에서 곰곰이 생각해보고 더 큰 그림을 보기 위해서다. 이런 경우에는 마감시간을 설정해놓는 것이 좋다.

4. 정보가 더 필요한 결정. 이 시점에 당신은 도와줄 사람에게 정보를 구해

오도록 지시하거나 직접 그 정보를 구해야 한다고 목록에 적어놓는다. 어느 쪽이든 임의적으로라도 마감시간을 설정해둬야 한다. 그래야 목록에서 이 결정을 지울 수 있다.

의학적 의사결정은 1번 범주(지금 당장 내릴 결정)에 해당하는 경우가 많다. 이를테면 치과의사가 당신에게 충치가 생겼으니 충치치료를 해야겠다고 말하는 경우다. 충치치료는 흔한 치료이고, 그 대안에 대해서 심각한 논란이 있는 것도 아니다. 대부분의 사람이 충치치료를 받은 경험이 있거나 그런 치료를 받은 사람을 주변에서 쉽게 볼 수 있기 때문에 그 치료가 어떤 것인지 익히 알고 있다. 충치치료에 위험이 따르지 않는 것은 아니지만, 충치를 그냥 방치해둘 경우 발생하는 심각한 합병증의 위험이 훨씬 더 크다는 생각이 폭넓게 퍼져 있다. 여기에서는 '폭넓게'라는 단어가 중요하다. 그래서 치과의사는 치료의 대안이나 치료하지 않는 데 따르는 결과를 설명하느라 시간을 낭비할 필요가 없다. 반면 심각한 질병을 다루는 대부분의 의사는 결정이 이렇게 쉽지 않다. 최적의 치료가 무엇인가를 두고 불확실성이 존재하기 때문이다.[3]

일부 의학적 의사결정은 2번 범주(남에게 맡길 결정)에 해당한다. 특히 참고문헌의 내용들이 서로 상반되거나 감당할 수 없을 정도로 어려운 경우가 이에 해당한다. 이런 경우, 우리는 두 손을 들고 이렇게 묻는다. "선생님이라면 어떻게 하시겠습니까?" 결국 결정을 의사에게 맡기는 것이다.

3번 범주(곰곰이 생각해야 할 결정)는 문제가 처음 제기되었을 때나 2번 범주나 4번 범주(더 많은 정보를 얻어야 할 결정)를 거친 다음에 선택할 올바른 옵션이다. 특히 우리가 삶을 유지할 시간에 영향을 미치는 결정이라면 성급하게 내리지 않는 것이 직관적으로도 분별 있는 행동이다.

많은 의학적 결정이 4번 범주에 해당한다. 그저 정보가 더 필요할 뿐이다. 의사가 어느 정도 정보를 줄 순 있지만, 당신은 더 많은 정보가 필요하다고 느낀다. 정보를 구한 다음엔 그 정보를 분석해 적합한 결정을 내려야 한다. 우리의 직감은 확률적 사고를 본능적으로 처리할 수 있게 진화하지 못했다. 하지만 반나절 내내 뇌를 훈련시켜 논리적이고 효율적인 의사결정 기계로 만들 수 있다. 특히 감정적으로 탈진 상태에 빠져 의사결정 능력마저 둔해지는 위기를 맞았을 때 더 나은 의학적 결정을 내리고 싶다면 확률에 대해 조금 알아둘 필요가 있다.

일상적인 대화에서 우리는 확률이라는 용어를 완전히 다른 두 개념을 지칭할 때 사용한다. 한 가지는 여러 가지 결과 중 특정한 결과가 나올 가능성을 일러주는 수학적 계산을 지칭한다. 이는 객관적인 계산에 해당한다. 다른 한 가지는 주관적인 것을 지칭한다. 이는 의견에 해당한다. 처음 언급했던 확률은 계산과 셈이 가능한 사건을 설명한다. 그리고 이 점이 중요한데, 이 확률은 이론적으로 반복 가능하다. 동전 던지기에서 연속으로 세 번 앞면이 나올 확률, 카드 한 벌에서 클로버 킹을 뽑을 확률, 로또 당첨 확률 등이 이에 해당한다. 계산 가능하다는 것은 공식에 정확한 값을 할당해서 답을 얻어낼 수 있다는 의미다. 셈이 가능하다는 것은 실험을 수행하거나, 관측을 하거나, 결과를 셈함으로써 확률을 경험적으로 결정할 수 있다는 의미다. 반복 가능하다는 것은 실험을 여러 번 반복해도 그 사건의 확률에 대해 비슷한 서술을 기대할 수 있다는 의미다.

객관적 확률 계산은 비교적 쉬운 경우가 많다. 모든 가능한 결과와 우리가 관심 있는 결과를 고려한 다음 방정식을 세우면 된다. 예컨대 카드 한 벌에서 클로버 킹을 뽑을 확률은 52분의 1이다. 카드 한 벌은 52장이다. 52장의 카드 중 어느 카드라도 나올 수 있는데, 우리가 관심 있는 카드는 그중 하나다. 카드 한 벌에서 모양에 상관없이 킹 카드를 뽑을 확률은 52분의 4다. 복권이 1,000만 장 팔렸는데 당신이 그중 한 장을 샀다면 1등에 뽑힐 확률은 1,000만 분의 1이다. 로또든 의학적 문제든 물량공세를 펼치면 확률을 바꿀 수는 있지만 현실적으로 의미 있는 변화를 가져오기는 힘들다. 로또를 100장 사면 당첨 확률을 100배 끌어올릴 수 있다. 하지만 그렇게 해도 당첨 확률은 10만 분의 1로 지극히 낮다. 이런 확률에 투자하는 것을 합리적 투자라 하기는 힘들다. 특정 치료법을 이용하면 질병에 걸릴 확률을 50% 줄일 수 있다는 광고가 있다. 하지만 질병에 걸릴 확률이 1만 분의 1에 불과하다면 치료의 부작용과 비용을 부담하면서까지 위험을 낮추려는 것은 부질없는 행동이다.

객관적 확률 중 일부는 계산이 어렵지만 적어도 원칙적으로는 셈이 가능하다. 한 친구가 당신에게 스트레이트 플러시(같은 무늬의 패가 다섯 장 연속으로 나오는 것)를 뽑을 확률을 묻는다면, 확률을 다룬 수학 교과서를 참고하지 않고는 이것을 어찌 계산해야 할지 감이 안 올지도 모른다. 하지만 이론적으로는 어떻게든 셈을 통해 해답에 도달할 수 있다. 몇 날 며칠이고 하루 종일 패에서 카드를 뽑아보며 스트레이트 플러시가 얼마나 자주 나오는지 기록할 수도 있다. 이렇게 하면 이론적 확률인 0.0015%(100만 번에 15번꼴의 확률)에 무척 가까운 값을 얻을 수 있다. 실험을 길게 할수록, 즉 더 여러 번 시도할수록 당신이 계산한 값은 계산으로 나오는 확률의 참값에 근접하게 된다. 이것을 '대수의 법칙law of large numbers'이라고 한다. 즉, 표본을 크게 잡을수록 관찰된 확률은 이론적 확률에 더욱 가까워지는 경향이 있다. 요점은 스트레이트 플러시를 뽑을 확률은 셈이 가능하고 반복 가능하다는 것이다.

이론적인 계산은 불가능하지만 셈은 가능한 결과도 있다. 태어나는 아기가 사내아이일 확률, 결혼이 이혼으로 끝날 확률, 특정 동네에 있는 집에 불이 날 확률 등이 이 범주에 들어간다.[4] 이런 확률의 경우 관찰에 의지할 수밖에 없으며, 계산 방법을 알려줄 공식이 존재하지 않기 때문에 직접 셈을 해봐야 한다. 그래서 지역 병원들의 출생기록을 확인해보고, 지난 10년간 해당 지역의 화재 발생 기록을 살펴본다. 자동차 제조회사에서는 이런 방법으로 엔진 연료 분사기를 수십만 번 가동시켜서 실패율이 얼마나 되는지 확인함으로써 관련 자료를 얻어낸다.

두 번째 종류의 확률, 즉 주관적 확률은 계산도 셈도 불가능하다. 이 경우 우리는 미래의 사건에 대한 주관적인 확신을 표현하기 위해 확률이라는 단어를 사용한다. 내가 다음 주 금요일에 수전의 파티에 참가할 확률이 90%라고 말하면, 이것은 어떤 계산을 통해 나온 것이 아니다.[5] 이런 문제는 사실 계산이 불가능하다. 측정할 대상도, 계산할 대상도 존재하지 않는다. 이것은 내가 이런 결과에 대해 얼마나 확신하는지 말해주는 표현이다. 이런 경우를 수치로 표현하면 정확한 추정이라는 인상을 주지만 실상은 그렇지 않다.

이 두 종류의 확률 중 하나는 객관적이고 다른 하나는 주관적이지만, 그 차이를 알아차리는 사람은 거의 없다. 우리는 일상의 대화에서 확률이라는 단어를 사용하면서 무의식중에 그 두 가지를 같은 것으로 취급한다.

"양국 간의 갈등이 전쟁으로 확대될 확률은 60%입니다." 혹은 "불량 국가가 앞으로 10년 안에 핵폭탄을 터뜨릴 확률은 10%입니다"라는 말은 계산을 바탕으로 나온 것이 아니다.[6] 이는 두 번째 종류의 확률로, 말하는 사람이 이 사건이 일어나리라고 얼마나 확신하는지 알려주는 주관적 표현이다. 두 번째 종류 확률의 사건은 첫 번째 종류의 확률처럼 재현 가능한 사건이 아니다. 그리고 카드놀이나 화재처럼 계산이나 셈이 가능하지도 않다. 똑같은 핵무기를 가진 똑같은 불량 국가가 무더기로 있어야 관찰하면서 셈이라도 해볼 텐데 그것도 불가능하다. 이 경우 전문가나 식견이 있는 입회인의 추측을 통해 '확률'을 말하지만, 이는 수학적 의미에서의 확률은 아니다. 유능한 입회인이라면 주관성을 지적하며 이런 종류의 확률에 동의하지 않을 것이다.

클로버 킹을 두 번 연속 뽑을 가능성은 무척 낮아 보인다. 얼마나 낮을까? 두 사건이 일어날 확률을 계산하려면 한 사건이 일어날 확률과 다른 사건이 일어날 확률을 곱하면 된다. 카드 한 벌에서 클로버 킹을 뽑을 확률은 첫 번째 뽑을 때나 두 번째 뽑을 때나 모두 52분의 1이다(다만 처음에 뽑은 클로버 킹 카드를 원래대로 되돌려놓아야 한다). 따라서 클로버 킹을 두 번 연속 뽑을 확률은 이렇다. '$1/52 \times 1/52 = 1/2,704$'. 이와 유사하게 동전 던지기에서 세 번 연속 앞면이 나올 확률은 각기 사건의 확률인 2분의 1을 취한 후에 그 값을 세 번 곱해서 계산한다. 즉, '$1/2 \times 1/2 \times 1/2 = 1/8$'이다. 아니면 한번에 동전 던지기를 연속으로 세 번 하는 실험을 여러 번 반복해볼 수도 있다. 이 실험을 오래 하다 보면 여덟 번에 한 번꼴로 앞면이 세 번 연속 나올 것이다.

곱셈 규칙이 작동하려면 각각의 사건들이 서로 독립적이어야 한다. 달리 말해, 처음에 뽑은 카드가 두 번째 뽑은 카드와 아무런 상관없다고 가정할 수 있어야 한다. 카드가 골고루 섞여 있다면 이것은 맞는 말이다. 물론 각각의 사건이 독립적이지 않은 경우도 존재한다. 내가 처음에 클로버 킹을 뽑은 다음에 당신이 그 카드를 맨 밑에 집어넣는 것을 내가 보았고, 그래서 두 번째 뽑을 때 맨 밑에 있는 카드를 뽑았다면 이 두 사건은 서로 독립적이지 않다. 만약 일기예보에서 오늘도 비가 오고 내일도 비가 온다고 예보했고 당신은 이틀 연속으로 비가 올 확률을 알아내야 한다면 이 두 사건은 서로 독립적이지 않다. 기상 전선이 한 지역을 통과하는 데는 시간이 걸리기 때문이다. 이처럼 사건이 서로 독립적이지 않은 경우에는 수학이 조금 복잡해진다. 그래도 끔찍하게 복잡하지는 않으니 너무 걱정할 필요는 없다.

독립성에 대해서는 세심하게 고려해야 한다. 번개에 맞는 일은 아주 드문 사건이다. 미국 기상청의 통계에 따르면 1만 분의 1 확률이다.[7] 그럼 번개를 두 번 맞을 확률은 '1/10,000 × 1/10,000', 즉 1억 분의 1인가? 이 계산이 성립하려면 두 사건이 독립적이어야 하는데, 실상은 그렇지 않다. 만약 당신이 번개나 폭풍이 빈발하는 곳에서 살고 있고, 폭풍 속에서 야외에 머무는 것을 좋아한다면 그 외 다른 지역에 살면서 더 조심하는 사람보다 번개에 맞을 확률이 더 높아진다. 한 사람은 2분 만에 번개를 두 번 맞기도 했다. 버지니아의 한 국립공원 감시원은 평생 일곱 번이나 번개에 맞았다.[8]

이렇게 말한다면 무척 어리석은 일이다. "벌써 번개를 한 번 맞았으니까 번개 폭풍우 속에서도 걱정 없이 돌아다닐 수 있을 거야." 이것은 확률에 무지한 사람들이 생각 없이 내놓는 엉터리 논리다. 몇 년 전 여행사에서 한 젊은 커플이 어느 항공사를 이용할지 결정하려고 나누는 대화를 엿들은 적이 있다. 대화는 대충 이런 식으로 진행되었다.[9]

> **앨리스:** 잘날아항공사를 이용하기는 찜찜해. 작년에 추락 사고가 있었단 말이야.
>
> **보브:** 하지만 비행기 추락 사고가 일어날 확률은 100만 번당 한 번꼴이야. 잘날아항공사는 이미 사고가 난 적이 있으니까 다시는 사고가 일어나지 않을 거야.

잘날아항공사의 상황에 대해 좀 더 알지 못하는 입장에서 앨리스의 걱정은 완벽하게 합리적이다. 항공기 추락 사고는 대개 무작위로 일어나지 않는다. 이런 사고는 제대로 훈련받지 못한 조종사, 부주의한 정비, 기체의 노후화 등 항공사를 운영하는 데 있어서 무언가 드러나지 않는 문제점이 있음을 잠재적으로 암시한다. 잘날아항공사가 두 번 연속 추락 사고를 일으킬 가능성은 독립적인 사건이라 할 수 없다. 그런데 보브는 논리적 추론이 아니라 직감을 통한 추론을 이용했다. 한 번 번개를 맞았으니 다시 맞을 리 없다는 식이다. 이 엉터리 논리를 극단으로 끌고 가면 보브가 이렇게 주장하는 모습을 상상할 수 있다. "이 비행기에 폭탄이 하나 들어 있을 확률은 100만 분의 1이야. 그래서 내가 폭탄을 가지고 비행기에 오르려고 해. 왜냐면 한 비행기에 폭탄이 두 개 있을 확률은 천문학적으로 낮으니까 말이야."

설사 비행기 추락 사고가 독립적으로 발생한다 해도 사고가 방금 전 일어나서 지금은 일어나지 않을 테니 이번에는 안전한 비행이 이루어질 차례라는 생각은 도박사의 오류gambler's fallacy(서로 독립적으로 일어나는 확률적 사건이 서로의 확률에 영향을 미친다는 착각에서 기인한 논리적 오류 – 옮긴이)다. 확률의 신은 다음 추락 사고가 발생할 때까지 100만 번의 비행 횟수를 세며 기다리지 않는다. 다음 충돌 사고가 남은 항공기들 사이에서 균일하게 분포되도록 신경 쓰지도 않는다. 따라서 어느 항공사가 두 차례 연속 추락 사고를 당할 확률은 서로 독립적이라 생각할 수 없다.

객관적으로 얻은 확률이라고 해서 그 값이 꼭 보장되는 것은 아니다. 길게 보면 결국 동전 던지기에서 절반 정도는 앞면이 나오리라 예상할 수 있지만, 확률은 스스로 수정하는 과정이 아니다. 동전은 어떤 기억도, 지식도, 의지도, 자유의사도 없다. 모든 것이 당신의 기대대로 일어나게 해주는 확률 이론의 신 따위는 존재하지 않는다. 연속으로 열 번 앞면이 나왔다고 해도 다음에 '뒷면'이 나올 확률은 여전히 50%다. 뒷면이 나올 가능성이 더 높은 것도 아니고, 뒷면이 나올 차례도 아니다. 확률이 스스로 수정해가리라는 개념은 도박사 오류의 일부다. 그 덕분에 스티브 윈을 비롯한 수많은 카지노 소유자들이 큰 부자가 될 수 있었다. 수많은 사람이 이제 돈을 딸 차례가 되었다는 착각에 빠진 채 슬롯머신에 계속해서 돈을 집어넣는다. 결국 확률에 따라 균등하게 분배된다는 것은 사실이지만, 장기적으로 보았을 때만 그렇다. 그리고 그렇게 장기적으로 도박을 하려면 평생 쓸 시간과 돈을 투자해도 모자랄 것이다.

여기서 혼란스러운 부분은 (우리의 직관에 따르면) 연속으로 열한 번 앞면이 나올 확률이 극히 적다는 것이다. 맞는 얘기다. 하지만 부분적으로만 맞다. 이 추론의 문제점은 열 번 연속 앞면이 나올 확률이 적은 것을 열한 번 연속 앞면이 나올 확률이 적은 것과 혼동해서 생긴다. 사실 그 확률은 그리 차이가 없다. 앞면이 열 번 연속해서 나올 때까지 동전 던지기를 할 때마다 그다음에는 앞면이나 뒷면이 나올 것이고, 그 각각의 확률은 똑같다.[10]

인간은 무작위로 순서를 구성하는 재주가 영 별로다. 동전 던지기의 무작위 순서를 만들어보라고 하면 우리는 보통 실제 무작위 순서에서 나타나는 것보다 교대되는 순서를 훨씬 많이 적고(앞면-뒷면-앞면), 연속으로 이어지는 순서는 훨씬 적게 적는다(앞면-앞면-앞면). 한 실험에서는 참가자들에게 100번 동전 던지기를 해서 무작위 순서가 어떻게 나올지 생각해보라고 했다. 그런데 연속으로 앞면이나 뒷면이 각각 일곱 번 이어지도록 적은 사람은 거의 없었다.[11] 사실 100번 동전 던지기를 했을 때 이런 경우가 생길 확률은 50%가 넘는데도 말이다. 우리는 직관의 압박 때문에 짧은 순서 안에서도 앞면·뒷면 비율을 더 균일하게 분포시키려고 든다. 사실 50 대 50의 비율이 안정적으로 나타나기 위해서는 수백만 번 정도의 아주 기나긴 순서가 필요한데도 말이다.

직관과 싸워 이기자! 세 번 동전을 던진다면 연속으로 세 번 다 앞면이 나올 확률은 겨우 8분의 1이 맞다. 하지만 이것은 짧은 순서만을 보고 있기 때문에 생기는 혼동이다. 세 번 연속 앞면이 나오게 하는 데 드는 동전 던지기 횟수는 평균 14회다.[12] 그리고 100번 던졌을 경우에는 세 번 연속 앞면이 나오는 경우가 적어도 한 번 생길 확률이 99.9%가 넘는다.[13]

우리가 '순서에 따라 확률이 바뀐다'라는 비논리적인 생각에 빠져드는 이유는 일부 경우 실제로 확률이 변하기 때문이다. 진짜다! 카드놀이를 하는데 에이스가 나타나기를 기다리고 있다면, 당신이 에이스 카드를 못 받고 기다린 시간이 길어질수록 에이스가 나타날 확률은 높아진다. 52장 중 48장의 카드를 나누어준 상황에서 다음 카드가 에이스일 가능성은 1, 즉 100%다. 남은 카드 네 장이 모두 에이스이기 때문이다.[14] 당신이 작년 여름에 봤던 과일나무를 찾아 나선 수렵-채집인이라면 그 나무를 찾지 못하고 돌아다닌 구역이 늘어날수록 그다음 구역에서 찾을 가능성이 커진다. 제대로 생각하지 못하면 서로 다른 이 두 가지 확률 모델을 혼동하기 쉽다.

우리가 흥미를 느끼는 많은 일은 이미 전에도 일어났던 일들이다. 그래서 우리는 보통 그런 일이 얼마나 자주 일어나는지 세거나 관찰할 수 있다. 어떤 일이 일어나는 기저율base rate은 그 일이 발생하는 배경비율background rate이라고도 할 수 있다. 우리는 대부분 이에 대한 직감이 있다. 엔진이 거칠게 작동하는 차를 정비공에게 가져가면 정비공은 보지도 않고 이런 식으로 얘기한다. "타이밍벨트가 나간 것 같군요. 여기 들어오는 차 중 90%가 그렇거든요. 연료 분사기가 잘못돼서 그럴 수도 있지만 분사기는 고장 나는 경우가 거의 없어요." 이 정비공은 어떤 일이 세상에서 일어나는 기저율에 대한 근거 있는 추정을 활용한 것이다.

만약 당신이 수전네 집 파티에서 한 번도 본 적이 없는 한 무리의 사람과 어울리게 되었다면, 당신이 그곳에서 의사와 대화를 나눌 확률과 내각 각료와 대화를 나눌 확률은 각각 얼마나 될까? 각료의 숫자보다는 의사의 숫자가 훨씬 많다. 의사를 만날 기저율이 더 높기 때문에 당신이 파티에 누가 참가하는지 전혀 모르는 상황이라면 내각 각료보다는 의사를 만날 확률이 높다고 추측하는 것이 가장 합리적이다. 비슷한 예를 살펴보자. 만약 갑자기 두통이 생겼는데 당신이 걱정도 팔자인 사람이라면 혹시 뇌종양이 아닐까 겁먹을지도 모른다. 설명되지 않는 두통은 무척 흔한 증상이다. 하지만 뇌종양은 흔하지 않다. 의학적 진단을 내리는 것과 관련, 유명한 격언이 있다. "발굽 소리가 나면 얼룩말이 아니라 그냥 말을 떠올려라." 어떤 증상을 살펴볼 때 가장 가능성이 높은 질병의 기저율을 무시하지 말라는 소리다.[15]

우리가 판단과 결정을 내릴 때 기저율을 무시한다는 사실은 인지심리학 실험들을 통해 충분히 입증되었다. 의학적 용어를 빌리자면, 우리는 진단에 도움이 된다고 여기는 정보를 더 선호한다. 수전의 파티에서 한 사람과 얘기를 나누었는데, 그 사람이 성조기가 그려진 배지를 달고 있고, 정치에도 박식하고, 비밀경호국 요원이 주변에서 따라다닌다면 당신은 그 사람이 내각 각료라고 결론 내릴 수 있다. 그가 그런 특성을 지니고 있기 때문이다. 하지만 이 경우, 당신은 기저율을 무시했다. 미국에는 85만 명의 의사가 있지만 내각 각료는 단 15명에 불과하다.[16] 85만 명의 의사 중에는 분명 성조기가 그려진 배지를 달고, 정치에도 해박하고, 어떤 이유에서인지 비밀경호국 요원이 따라다니는 사람이 있기 마련이다. 예를 들어, 111기 미 의회 의원들 중 16명이 의사였다.[17] 이는 내각 각료의 숫자보다 많다. 게다가 군대, FBI, CIA 등에서 일하는 의사들도 있다. 배우자, 부모, 혹은 자녀가 지위가 높은 공무원 신분이라 비밀경호국 요원의 보호를 받을지도 모른다. 85만 명의 의사 중 어떤 사람은 비밀취급인가 발급 후보 물망에 올라 있어서 일부 사안에 대해 조사가 진행되고 있는지도 모른다. 그렇다면 비밀경호국 요원을 대동한 것을 설명할 수 있다. 이런 추론상의 오류가 워낙 만연하다 보니

'대표성 휴리스틱representativeness heuristic'이라는 이름까지 붙었다. 이는 사람이나 상황이 한 가지를 대표하는 것으로 보이면, 그로 인해 사실상 뇌의 추론 능력이 압도당하고, 통계 정보나 기저율 정보를 무시하게 된다는 의미다.

과학 문헌에 나오는 한 전형적인 실험에서 참가자에게 시나리오를 하나 주고 읽게 했다. 이 시나리오에서는 한 특정 대학의 학생 중 10%가 공학도고 나머지 90%는 아니라고 설명한다. 이제 실험 참가자가 그 대학의 한 파티에 갔는데, 누군가가 플라스틱 주머니보호대pocket protector(셔츠 주머니 안에 집어넣는 주머니로 셔츠 주머니가 공구나 필기도구에 의해 망가지지 않게 보호한다 - 옮긴이)를 셔츠 주머니에 넣어둔 것이 보인다(이 묘사에서는 많은 사람이 이것을 전형적인 공학도의 모습이라 생각한다는 사실이 설명되지 않았다). 이 상황에서 참가자에게 그가 공학도일 확률이 얼마나 된다고 생각하는지 물어보았다. 많은 사람이 확실히 공학도일 거라고 생각했다. 주머니보호대가 결정적인 증거로 보였기 때문에 그 사람이 공학도가 아닐 가능성은 상상하기 어려웠다. 하지만 이 대학교에는 공학도가 드물다는 사실을 고려해야 한다. 이 사람이 공학도일 확률은 기저율인 10%보다는 높겠지만, 그렇다고 100% 정도로 높은 것도 아니다. 다른 사람들도 주머니보호대를 하는 경우가 있다.

여기서 흥미로운 일이 일어난다. 연구자들은 똑같은 시나리오를 설정해보았다. 10%의 학생이 공학도고 90%는 아닌 대학교의 한 파티였다. 그리고 이렇게 설명했다. "당신은 플라스틱 주머니보호대를 차고 있거나 그렇지 않은 사람을 만나게 되지만, 점퍼를 입고 있기 때문에 착용 여부를 알 수는 없습니다." 그런 다음 그 사람이 공학도일 확률을 얘기해보라고 했더니 보통 '50 대 50'이라고 얘기했다. 그 이유를 설명하라고 했더니 이렇게 말했다. "그 사람이 주머니보호대를 착용할 수도, 안 할 수도 있는데 우리는 그걸 모르잖아요." 여기서도 역시나 참가자들은 기저율을 고려하지 않았다. 그 사람에 대해 아는 것이 전혀 없을 경우, 그 사람이 공학도일 가능성은 50% 가 아니라 10%다. 선택이 두 가지밖에 없다고 해서 그 두 선택의 확률이 같 다는 의미는 아니다.

직관적으로 더욱 명확한 사례를 들어보자. 당신이 동네 식료품점에 들어 가는데 얼굴을 못 본 채 어떤 사람과 부딪혔다. 그 사람은 엘리자베스 여왕 일 수도 있고, 아닐 수도 있다. 그 사람이 엘리자베스 여왕일 가능성은 얼마 나 될까? 대부분의 사람이 이 경우 50 대 50이라고 말하지 않는다. 여왕이 식료품 가게에 올 가능성이 얼마나 되겠는가? 더군다나 하필 내가 장 보러 온 가게에 있을 가능성은 더더욱 낮다. 이 같은 예는 확률이 극단적으로 낮 은 사건에 대해서는 우리가 기저율 정보를 사용하는 능력이 있음을 보여준 다. 우리 뇌가 제대로 작동하지 못하는 경우는 확률이 낮기는 낮은데 적당 히 낮은 경우다. 판단을 정리하려면 기저율 정보를 관련 있는 다른 진단 정 보와 결합해야 한다. 이런 추론 방식은 18세기에 수학자이자 장로파 목사인 토머스 베이즈Thomas Bayes에 의해 발견되었다. 그래서 그의 이름을 따서 베 이즈의 법칙Bayes's rule이라고 부른다.

베이즈의 법칙을 이용하면 추정치를 정교하게 가다듬을 수 있다. 예를 들 어보자. 결혼의 절반이 이혼으로 끝난다는 글을 어디에선가 읽었다. 나이, 종교, 지역 등 추가 정보를 알고 있으면 이 추정치를 더욱 다듬을 수 있다. 50%라는 값은 전체 집단에 해당하는 이야기다. 부분 집단의 경우, 이혼율 이 더 높을 것이다.

학생 중 10%가 공학도이고 나머지 90%는 비공학도인 대학에서의 파티 사례를 다시 생각해보자. 일부 정보가 추가되면 주머니보호대를 찬 사람이 공학도일 확률을 추정하는 데 도움이 된다. 당신은 파티 주최자인 수전이 공학도와 안 좋게 헤어진 경험 탓에 더 이상 공학도들을 파티에 초대하지 않는다는 사실을 알고 있을지도 모른다. 아니면 이 학교에서는 의대 예과생과 본과생 중 50%가 주머니보호대를 착용한다는 것을 알고 있을지도 모른다. 이런 정보를 알고 있으면 새로운 정보를 이용해서 원래의 기저율을 갱신할 수 있다. 이 갱신된 확률을 수량화하는 것이 바로 베이즈식 추론이다.

이제 우리는 더 이상 이렇게 간단한 질문을 던지지 않는다. "주머니보호대를 착용한 사람이 공학도일 확률은 얼마인가?" 대신 더 복잡한 질문이 나온다. "이 학교의 의대 예과생과 본과생 중 50%가 주머니보호대를 착용한다는 정보가 주어졌을 때, 주머니보호대를 착용한 사람이 공학도일 확률은 얼마인가?" 공학도가 드물다는 사실이 주머니보호대를 착용하는 사람이 흔하다는 추가적인 상황 정보에 더해졌다.

의학적 질문도 이와 비슷하게 고칠 수 있다. "3일 전 내가 독감에 걸린 사람의 집을 방문했는데, 그렇다면 이 인후염이 독감일 확률은 얼마나 될까?" 혹은 "꽃가루가 절정일 때 야외에서 정원을 가꾸고 있었는데, 그럼 이 인후염이 꽃가루 알레르기일 확률은 얼마나 될까?" 우리는 머릿속에서 비공식적으로 이런 종류의 갱신을 하고 있다. 그런데 이런 것을 비공식적으로 할 때 문제가 발생한다. 우리 뇌가 이런 질문에 정확한 답을 직관적으로 내놓을 수 있게 만들어지지 않았기 때문이다. 우리 뇌는 다양한 문제를 해결하도록 진화했지만, 베이즈의 문제는 거기에 포함되지 않았다. 다행히도 새로운 정보의 영향을 수량화할 수 있도록 도와줄 도구들이 있다.

아니에요, 그냥 양성반응이 나온 것뿐이잖아요!

이런 소식은 얼마나 심각한 것일까? 이런 문제는 직관이나 예감을 이용해서는 쉽게 풀리지 않는다. 이런 복잡한 질문은 내가 대학원에서 배운 요령을 이용하면 쉽게 풀 수 있다. 바로 사분표다.[18] 어느 날 아침에 일어났는데 눈이 침침해서 잘 보이지 않는다. 한 발 더 나아가 눈 침침병이라는 가상의 희귀병이 존재한다고 가정해보자. 미국 전체에서 이 질병에 걸린 사람은 3만 8,000명밖에 되지 않고, 그래서 발병률, 혹은 기저율이 1만 명당 한 명 꼴이다(3억 8,000만 명 중 3만 8,000명). 당신은 방금 이 기사를 읽었고, 혹시 내가 이 병에 걸린 게 아닐까 걱정된다. 당신은 생각한다. 그게 아니고서야 왜 이렇게 눈이 침침해지겠어?

그래서 눈 침침병 혈액검사를 해보았는데, 양성반응이 나왔다. 이제 당신과 당신의 담당 의사는 다음에 무엇을 해야 할지 결정하려 고민한다. 그런데 문제가 있다. 눈 침침병의 치료제인 클로로하이드록실렌이라는 가상의 약은 5% 정도의 환자들에게서 심각한 부작용을 나타낸다.[19] 그중에는 손이 닿지 않는 등 부위에 아주 끔찍한 가려움증이 생겨 없어지지 않는 부작용도 있다(가려움증 치료제가 있지만 혈압이 치솟는 부작용을 겪을 확률이 80%나 된다). 5%라면 그렇게 높은 확률이 아니라고 생각해서 눈의 침침함을 없애려고 이 약을 먹을 수도 있다(이 5%는 첫 번째 종류인 객관적 확률이다. 주관적인 추측이 아니라 이 약을 복용한 수만 명의 사람들을 추적해서 얻은 수치다). 당연히 당신은 미친 듯이 가려워질 위험을 감수하면서 이 약을 먹기 전에 자신이 실제로 눈 침침병에 걸렸을 확률이 정확히 얼마나 되는지 알고 싶을 것이다.

사분표는 쉽게 시각화할 수 있는 방식으로 이 모든 정보를 펼치는 데 도움을 준다. 게다가 중학교 2학년 수준의 나눗셈보다 더 복잡할 것도 없다. 난데없이 숫자와 분수가 난무해서 비명을 지르며 달아나고 싶은 마음이 들어도 걱정하지 마라. 부록에 자세한 내용을 소개해놓았다. 여기서는 그냥 큰 그림만 살펴보겠다. 이제 우리가 갖고 있는 정보를 살펴보자.

- 눈 침침병의 기저율은 1만 명당 한 명, 혹은 0.0001이다.
- 클로로하이드록실렌을 사용하면 5%, 혹은 0.05의 비율로 원치 않는 부작용이 생긴다.

검사해서 양성반응이 나왔다면 병에 걸렸다는 의미가 아니냐고 생각할지도 모르겠다. 하지만 검사란 그런 것이 아니다. 대부분의 검사는 완벽하지 않다. 이제 베이즈식 사고법에 대해 좀 알고 있으니 이렇게 좀 더 가다듬은 질문을 던지고 싶어질지도 모르겠다. "양성반응이 나온 상황에서 내가 실제로 질병에 걸렸을 확률은 얼마일까?" 명심하자. 기저율에 따르면 아무나 무작위로 뽑았을 때 그 질병에 걸렸을 확률은 0.0001다. 하지만 당신은 무작위로 뽑힌 사람이 아니다. 당신의 눈은 침침하고, 의사는 당신에게 검사를 받게 했다.

여기서 더 진행하기 위해서는 추가 정보가 필요하다. 검사 결과가 잘못 나오는 비율을 알아야 한다. 검사 결과가 잘못 나오는 경우는 두 가지다. 당신에게 병이 없는데 병이 있다고 말하는 거짓 양성의 경우가 있다. 혹은 당신에게 병이 있는데 없다고 말하는 거짓 음성의 경우가 있다. 양쪽 모두 일어날 확률이 2%라고 가정해보자. 실생활에서는 두 값이 서로 다르게 나올수도 있지만, 여기서는 양쪽 모두 2%라고 가정하자.

먼저 사각형을 네 개 그린 후에 이렇게 라벨을 붙인다.

검사 결과

질병 여부		양성	음성	
	그렇다			
	아니다			
	총계			

세로줄 위의 제목은 검사 결과가 양성 아니면 음성이 나올 수 있다는 사실을 나타낸다. 검사 결과가 정확한지 아닌지는 잠시 젖혀두자. 그 점은 사분표를 이용해서 결론을 내릴 것이다. 가로줄 왼쪽의 제목은 한 환자에게 질병이 있을 수도, 없을 수도 있음을 나타낸다. 각각의 사각형 칸은 가로줄과 세로줄이 만나는 점을 나타낸다. 전체적으로 훑어보면 질병이 있는 사람 중에('질병 여부 – 그렇다') 일부는 양성반응을(왼쪽 위 칸), 일부는 음성반응(오른쪽 위 칸)을 보이는 것을 알 수 있다. '질병 여부 – 아니오'의 줄도 마찬가지다. 일부는 양성반응이고 일부는 음성반응이다. 당신은 비록 검사 결과가 양성이 나왔지만(왼쪽 줄), 질병은 없음(왼쪽 아래 칸)이 나타나기를 바라고 있다.

우리에게 주어진 정보로 칸을 채운 후에(부록에서 더 자세히 설명하겠다) 다음과 같은 질문을 던질 수 있다. "검사 결과가 양성으로 나온 상태에서 내가 질병에 걸렸을 확률은 얼마나 될까?"

검사 결과

		양성	음성	
질병 여부	그렇다	1	0	1
	아니다	200	9,799	9,999
	총계	201	9,799	10,000

다음 페이지의 표에서 검사 결과가 양성으로 나온 사람들을 보여주는 세로줄을 살펴보자.

질병 여부		양성	음성	
	그렇다	1	0	1
	아니다	200	9,799	9,999
	총계	201	9,799	10,000

1만 명 중에서 201명이 당신처럼 결과가 양성으로 나온 것을 볼 수 있다 (왼쪽 세로줄 아래 여백에 나온 총계). 하지만 그 201명 중 한 명만 질병에 걸렸다. 당신이 실제로 질병에 걸렸을 가능성은 겨우 201분의 1이다. 여기에 100을 곱해서 0.49%라는 퍼센트 확률을 얻을 수 있다. 그리 높은 확률은 아니지만, 검사를 받기 전에는 확률이 1만 분의 1이었는데 지금은 201분의 1이 되었다. 어쨌거나 당신이 질병에 걸리지 않았을 확률은 여전히 대략 99.51%다. 앞에서 언급한 로또 당첨 확률의 변화가 생각날 수도 있겠다. 가능성이 극적으로 변했지만 실제 결과에는 그리 눈에 띌 만한 영향을 미치지 않는다. 여기서 염두에 두어야 할 교훈은 검사 결과가 당신이 알아야 할 모든 것을 말해주지 않는다는 사실이다. 정확한 그림을 그리기 위해서는 기저율과 오류율에 대한 정보를 적용할 필요가 있다. 이것이 바로 사분표를 이용해서 할 수 있는 일이다. 해당 질병이 침침한 시야 같은 그리 심각하지 않은 증상을 만들어내는지, 마비 같은 심각한 증상을 만들어내는지는 중요하지 않다. 사분표는 당신이 정보를 쉽게 소화할 수 있는 양식으로 정리할 수 있게 도와준다. 의사와 함께 작업함으로써 동반되는 의학적 상태나 증상, 가족력 등을 고려해서 더욱 정확한 추정치를 내놓을 수 있다면 더욱 이상적일 것이다.

이제 다른 정보를 살펴보자. 눈 침침병을 치료할 수 있는 기적의 약, 클로로하이드록실렌에 대한 정보다. 이 약은 다섯 명당 한 명꼴로 부작용이 일어난다(20%의 부작용 발생은 약물치료에서 그리 이례적인 일이 아니다). 당신이 이 약을 먹는다면 등에 끔찍한 가려움증이 생길 5분의 1 확률과 이 약이 당신을 치료해줄 201분의 1 확률을 비교해봐야 한다. 즉, 201명이 약을 복용할 경우, 그중 겨우 한 명만 치료 효과를 경험하게 된다(약을 처방받은 200명은 실제로 질병에 걸리지 않은 사람이기 때문이다). 그리고 약을 복용하는 201명 가운데 다섯 명 중 한 명, 즉 40명은 부작용을 경험한다. 따라서 약을 복용하면 치료받을 확률보다 부작용을 경험할 확률이 40배나 더 높다. 불행히도 이런 수치는 미국의 현대 보건의료에서 자주 등장한다.[20] 상황이 이런데 의료비용이 통제불능으로 치솟고 있는 것이 과연 놀라운 일일까?

사분표의 유용성을 보여주는 사례 중 내가 좋아하는 한 가지는 내 스승인 아모스 트버스키로부터 나왔다. 이것은 '두 가지 독의 문제two-poison problem'라고 불린다. 트버스키는 이 문제를 주요 종합병원과 의대 의학박사들을 비롯해서 통계학자와 경영대학원생들에게 제시했는데, 거의 모든 사람이 아주 잘못된 답을 내놓아 가상의 환자를 죽게 만들었다! 그가 보여준 요점은 확률적 추론이 우리에게 결코 쉽지 않다는 것이다. 우리는 본능적인 반응을 억누르고 정확한 수치를 체계적으로 계산하는 법을 배워야 한다.

트버스키는 이렇게 상상해보라고 한다. 당신이 식당에 밥을 먹으러 갔는데, 어느 순간 갑자기 정신을 차려보니 몸에서 끔찍한 느낌이 들었다. 거울을 보니 얼굴이 파랗게 변했다. 내과 전문의를 찾아가보니 식중독에는 두 가지가 있다고 한다. 하나는 얼굴이 파란색으로 변하고, 또 하나는 얼굴이 초록색으로 변한다(이 문제에서는 얼굴이 파란색이나 초록색으로 변하는 것 외에 다른 가능성은 없다고 가정하자). 다행히도 알약을 하나 먹으면 치료된다. 당신이 건강하다면 이 약은 아무런 영향도 미치지 않는다. 하지만 이 두 병 중 하나에 걸린 상황에서 약을 바꿔 먹으면 죽는다. 그리고 각각의 경우, 변한 얼굴색이 질병의 색과 일치하는 경우는 75%이고(즉 25%는 파란색 얼굴이지만 초록색 병에, 초록색 얼굴이지만 파란색 병에 걸린 것이다), 초록색 병이 파란색 병보다 다섯 배 더 흔하다. 그럼 당신은 어떤 색 알약을 먹을 것인가?

사람들의 직감은 대부분(트버스키가 물어보았던 의학전문가들의 직감도 마찬가지였다) 파란색 병용 알약을 먹어야 한다는 것이었다. 우선 (a) 얼굴이 파랗게 변했고, (b) 변한 얼굴색이 질병의 색과 일치하는 경우가 75%로 대부분 일치하기 때문이다. 하지만 이것은 질병의 기저율을 무시한 것이다.

일단 사분표에 정보를 채워 넣자. 우리가 다룰 집단의 크기에 대해서는 얘기가 없으니까 표의 구성이 용이하도록 집단의 크기를 120명으로 잡아보자(이 값은 사분표 바깥쪽 우측 아래 부분에 해당한다).[21] 문제에는 사분표의 나머지 칸을 채울 정보가 충분히 들어 있다. 초록색 병이 파란색 병보다 5배 더 흔하다면 이는 두 질병 중 하나에 걸린 120명 중 100명은 초록색 병이고, 20명은 파란색 병이라는 의미다.[22]

얼굴색

질병 여부		파란색 얼굴	초록색 얼굴	
	파란색 병			20
	초록색 병			100
	총계			120

얼굴 색과 질병 색이 일치하는 경우는 75%이기 때문에 파란색 병에 걸린 사람의 75%는 파란색 얼굴을 한다. 20명의 75%는 15명이다. 나머지 빈 칸도 비슷한 방식으로 채울 수 있다.

		파란색 얼굴	초록색 얼굴	
질병 여부	파란색 병	15	5	20
	초록색 병	25	75	100
	총계	40	80	120

이제 당신을 치료하거나 죽일 파란색 병용 알약을 먹기 전에 당신은 다음과 같은 베이즈식 질문을 던져봐야 한다. "내가 파란색 얼굴일 때 파란색 병에 걸렸을 확률은 얼마나 되는가?" 그 답은 얼굴이 파래진 40명 중 15명이 파란색 병에 걸렸기 때문에 40분의 15, 즉 38%다. 반면 파란색 얼굴일 때 초록색 병에 걸렸을 확률은 40분의 24, 즉 62%다. 그렇다면 얼굴색이야 어쨌든 초록색 알약을 먹는 것이 훨씬 낫다. 그 이유는 초록색 병이 파란색 병보다 훨씬 흔하기 때문이다. 여기서도 다시 기저율과 증상이 충돌하고, 우리는 기저율을 무시해서는 안 된다는 교훈을 배운다. 머릿속으로 이 모든 과정을 생각해내기란 매우 어렵다. 사분표를 이용하면 좀 더 쉽게 정보를 시각적으로 정리할 수 있다. 의사들이 검사 결과를 받고서 무엇이 잘못됐는지 정확히 알기 전에 환자에게 항생제 투여 코스를 시작하는 경우가 많은 것도 이런 계산 때문이다. 어떤 항생제는 사용이 정당화될 정도로 충분히 많은 종류의 질병에 효과적이다.

눈 침침병의 사례에서 이 질병에 걸린 사람은 한 명뿐이지만 201명에게서 양성반응이 나왔다. 이런 경우 실제 의학적 상황에서는 201명 모두에게 약이 투여되는 사례가 많다. 이는 의료행위와 관련해서 또 한 가지 중요한 개념을 보여준다. 바로 '치료 효과 발현의 필요 증례수Number Needed to Treat, NNT'다. 이 수치는 한 사람에게 치료 효과를 보기 위해 약물 투여나 수술 등

치료를 받아야 하는 사람의 숫자를 나타낸다. 오늘날 의료계에서는 201이라는 NNT가 드물지 않다. 통상적으로 이루어지는 수술 중에는 NNT가 48인 것도 있고, 일부 약물은 그 수치가 300을 넘기도 한다.

한 사람의 치사율과 직접 관련된 결정은 어떨까? 의사는 이 약을 복용하면 5년 더 살 수 있을 확률이 40%라고 말한다. 어떻게 계산하면 그런 수치가 나올까?

이런 결정에 대해서도 '두 가지 독의 문제'에 적용된 것과 똑같은, 명확한 논리로 생각할 수 있는 방법이 있다. '기대치expected value' 개념을 이용하는 것이다. 한 사건의 기대치란 그 사건이 일어날 확률에 결과의 값을 곱한 것이다. 경영진은 재정적 결정을 내릴 때 통상적으로 이런 방법을 사용한다. 파티에서 누군가가 당신에게 게임을 제안했다. 그 사람은 동전 던지기를 해서 앞면이 나올 때마다 당신에게 1달러를 주겠다고 한다. 당신은 이 게임을 하는 데 얼마나 사용하겠는가? 이 게임의 기대치는 50센트다. 즉, 앞면이 나올 확률(0.5의 확률과 버는 돈(1달러 = 100센트))을 곱한 값이다. 기대치는 당신이 어느 한 게임에서 이겼을 때 따는 돈과 다를 때가 많음에 주목하자. 이 게임에서 당신은 0달러나 1달러를 번다. 하지만 이 게임을 수백 번 반복하다 보면 50% 정도의 게임에서 돈을 벌 것이다. 만약 당신이 게임당 잃는 돈이 50센트보다 적다면 결국에는 당신이 이득을 보고 끝나게 된다.

기대치는 손실에도 마찬가지로 적용할 수 있다. 당신이 유료주차장에 주차할지 아니면 딱지를 뗄 각오를 하고 주차금지구역에 주차할지 고민하고 있다고 해보자. 유료주차장 비용은 20달러, 딱지를 뗐을 때의 벌금은 50달러다. 그런데 경험상 당신은 딱지를 뗄 확률이 25%밖에 안 된다는 것을 알고 있다. 그럼 유료주차장에 주차했을 때의 기대치는 -20달러다. 주차요금 20달러를 낼 확률은 100%이기 때문이다. 결정은 다음과 비슷한 과정을 따른다.

a. 유료주차장에 주차한다: 20달러가 나갈 확률 100%

b. 주차금지 구역에 주차한다: 50달러가 나갈 확률 25%

딱지를 뗄 기대치는 25% × -50달러, 즉 -12.5달러다. 물론 주차딱지를 떼는 것은 기분 나쁜 일이라서 피하고 싶을 것이다. 오늘은 왠지 운이 나쁠 것 같아 그런 위험을 감수하고 싶지 않을 수도 있다. 그래서 오늘은 50달러 짜리 딱지를 뗄 가능성을 피하려고 20달러를 내고 유료주차장에 주차했다. 하지만 이성적으로 판단해서 결정하려면 장기적으로 생각해야 한다. 우리는 일상에서 이런 결정을 내려야 하는 상황에 숱하게 직면한다. 정말로 중요한 것은 평균을 냈을 때의 성과다. 이 특정 사안에 대한 기대치를 보면 장기적으로는 주차딱지를 떼는 것이 남는 장사임을 알 수 있다. 꼬박꼬박 20달러씩 지출하는 대신 평균 12.5달러의 벌금을 내는 것이 이득이다. 이 거리에 일주일에 한 번씩 1년간 주차한다면 벌금딱지 값은 650달러가 나가지만 유료주차장 요금은 1,040달러가 나간다.[23] 아주 큰 차이다. 물론 특정한 날에는 베이즈식 업데이트를 적용할 수도 있다. 주차금지구역에서 딱지를 붙이며 돌아다니는 감시원을 보았다면 그날만큼은 유료주차장을 이용하는 것이 현명하다.

기대치는 금전적 문제 이외의 사항에도 적용할 수 있다. 만약 두 가지 치료가 효과나 장기적 이득 면에서 동일하다면, 그 치료가 일상생활에서 얼마나 많은 시간을 잡아먹을 것인지를 바탕으로 선택할 수도 있다.

1번치료: 회복기간이 6주가 걸릴 확률은 50%, 2주가 걸릴 확률도 50%

2번 치료: 회복기간이 12주가 걸릴 확률은 10%, 0.5주가 걸릴 확률은 90%

여기서도 시간 손실을 나타내는 의미로 마이너스 기호를 사용하겠다. 그 럼 1번 치료의 기대치(시간)는 다음과 같다.

$$(0.5 \times -6주) + (0.5 \times -2주) = -3 + -1 = -4주$$

2번 치료의 기대치는 다음과 같다.

$$(0.1 \times -12주) + (0.9 \times -0.5주) = -1.2 + -0.45 = -1.65주$$

다른 모든 요소를 무시한다면 2번 치료가 더 낫다. 2번 치료는 평균 1.65주면 퇴원할 수 있는 데 비해 1번 치료는 평균 4주 정도의 입원기간이 필요하다.

물론 다른 모든 요소를 무시할 수 없는 경우도 있다. 회복기간을 최소화 하는 것만이 관심사가 아닌 경우다. 만약 당신이 환불 불가능한 아프리카 사파리 여행 티켓을 끊었는데 그 여행이 11주 남았다면 회복기간이 12주나 걸릴 위험을 무릅쓸 순 없다. 그런 경우에는 1번 치료가 더 낫다. 최악의 경 우에도 6주 이상 입원하지는 않을 테니까. 기대치는 평균값을 평가할 때는 요긴하지만, 실제로 살아가다 보면 최선과 최악의 시나리오를 함께 고민해 봐야 하는 경우가 많다. 궁극적으로 중요하게 생각해야 할 상황은 저 치료 법 중 하나가 사망이나 심각한 장애를 유발할 위험을 가질 경우다. 기대값 은 이런 정보를 정리하는 데도 도움이 된다.

어느 쪽이든 위험이 따를 때

살다 보면 어느 한순간, 자신이나 사랑하는 이의 건강에 대해 아주 중요한 결정을 내려야 할 때가 찾아오기 마련이다. 이런 결정은 그 자체로도 어렵지만, 그런 상황에 처하면 신체적, 정신적으로 스트레스가 커져서 판단 능력이 저하될 가능성이 크기 때문에 한층 더 애를 먹게 된다. 검사의 정확성에 대해 물어봐도 의사조차 알지 못하는 경우가 많다. 서로 다른 치료 방법과 관련된 통계치를 조사해보려고 해도 의사들 역시 그런 통계에 대해 밝지 않다.[24] 질병을 진단하고, 서로 다른 치료 옵션을 알려주고, 환자를 치료하고, 치료가 효과 있는지 확인하는 데 있어서 분명 의사는 꼭 필요한 존재다. 하지만 한 의사의 말처럼, "의사는 치료의 위험에 대한 지식보다는 치료의 효능에 대한 지식을 추구하는 사람이다. 이것이 의사결정을 왜곡한다."[25] 의학적 연구는 주로 치료가 효과 있는지에 초점을 맞춘다. 치료에 따르는 부작용은 이런 연구를 설계한 사람들이 관심을 두는 사안이 아니다. 의사들은 치료의 성공에 대해서는 연구하지만, 그 문제점에 대해서는 별로 연구하지 않는다. 그래서 이런 연구는 고스란히 당신의 몫으로 남겨진다. 또 하나의 그림자 노동인 셈이다.

심장우회수술을 예로 들어보자. 이 수술은 미국에서만 매년 50만 건 정도 시행되고 있다.[26] 그런데 이 수술이 도움이 된다는 증거는 무엇일까? 무작위 배정 임상실험randomized clinical trial에 따르면, 수술받은 대부분의 환자에게서 생존상의 이점이 전혀 나타나지 않았다.[27] 하지만 외과의사들은 이런 사실을 납득하지 못한다. 이 치료법의 논리가 그들에게는 충분한 정당화의 근거이기 때문이다. "혈관이 막히면 막힌 부분을 우회하면 문제가 해결된다. 이야기 끝!" 의사들은 논리적으로 봤을 때 치료가 효과적이라고 생각하면, 임상적 증거가 없는데도 실제로도 효과가 있다고 믿어버린다.[28]

혈관성형술도 우회수술과 마찬가지로 임상실험 없이 1년에 10만 건 정도 이루어지고 있다.[29] 이 수술이 인기를 얻게 된 것도 그저 치료법의 논리에 근거한 것일 뿐, 임상실험에서는 아무런 생존상의 이점이 나타나지 않는다.[30] 어떤 의사는 환자들에게 혈관성형술이 기대수명을 10년 정도 늘려준다고 말하지만, 안정적인 관상동맥질환 환자의 경우 혈관성형술은 환자의 수명을 하루도 늘려주지 못하는 것으로 나타나고 있다.[31]

그럼 이 환자들이 어리석어서 그런 치료를 받는 걸까? 전혀 그렇지 않다. 다만 심리적으로 취약한 상태일 뿐이다. 의사가 이렇게 말한다. "당신은 죽을지도 모를 병에 걸렸습니다. 하지만 제가 효과 있는 치료법을 알고 있습니다." 이런 말을 들으면 지푸라기라도 잡는 심정으로 뛰어드는 것이 자연스러운 일이다. 무언가에 압도된 기분이 들면 우리는 자신의 의사결정 과정을 차단해버리는 경향이 있다. 이는 실험으로도 밝혀진 부분이다. 전문가의 의견을 듣는 기회와 함께 선택권을 부여받은 사람은 독립적인 의사결정을 관할하는 뇌 영역의 사용을 중단하고 그 결정을 전문가에게 넘겨버린다.[32]

심장 전문의들이 우회수술과 혈관성형술을 환자들에게 권할 때 제일 많이 꺼내는 얘기가 기대수명이지만, 그것이 전부는 아니다. 이 치료를 받고 나서 삶의 질이 극적으로 향상되었다고 보고하는 환자들이 많다. 자기가 좋아하는 일을 할 수 있게 됐다고 말이다. 더 오래 살지는 못할지언정 더 나은 삶을 살게 되었다는 것이다. 이것은 어떤 의학적 선택에서든 아주 핵심적인 요소다. 숨기고 있어야 할 내용이 아니다. 의사에게 치료 효능과 사망률에 대해서만 묻지 말고, 그 치료가 삶의 질에 미치는 영향과 부작용에 대해서도 당당히 물어봐야 한다. 실제로 많은 환자가 수명보다는 삶의 질을 더 가치 있게 여기며, 어느 하나를 위해 다른 하나를 포기할 의사를 보인다.

미국의 전립선암 치료 현황은 의학적 의사결정의 함정을 보여주는 강력한 사례다.[33] 미국에서 전립선암에 걸린 남성은 250만 명 정도로 추산된다.[34] 그중 3%가 그로 인해 사망한다.[35] 전립선암은 10대 사망 원인은 아니지만, 암으로 인한 남성 사망 원인에서 폐암에 이어 2위를 차지한다. 전립선암을 진단한 비뇨기과의사들은 사실상 거의 모두가 근치수술^{radical surgery}로 전립선을 완전히 제거할 것을 권한다.[36] 이 말은 얼핏 생각하면 타당해 보인다. 암을 발견했으니 당연히 도려내야 하지 않겠나.

하지만 전립선암 치료를 복잡하게 만드는 몇 가지 사안이 있다. 우선 전립선암은 진행 속도가 특히나 느린 암이다. 대부분의 남성이 전립선암 때문에 죽기보다는 전립선암을 지닌 채 죽는다.[37] 하지만 무슨 무슨 암의 '암' 자만 들어도 너무나 두려워지기 때문에 그냥 깨끗이 도려내버리고 싶어 하는 남성이 많다. 암이 모두 사라져버린다면 그에 따르는 부작용쯤은 견딜 의사가 있다는 것이다. 하지만 전립선암은 수술 후 재발 비율이 꽤 높다. 그리고 부작용도 무시할 수 없다.[38] 전립선암 수술을 받은 환자에게 발생하는 부작용의 비율은 항목별로 다음과 같다.

- 성행위에 필요한 만큼 발기 상태를 유지할 수 없다(80%)
- 성기의 길이가 2.5cm가량 짧아진다(50%)
- 요실금(35%)
- 대변 실금(25%)
- 탈장(17%)
- 요도 절단(6%)

그런데 그 부작용이라는 것이 아주 끔찍하다. 대부분의 사람은 차라리 죽는 것이 낫겠다고 말한다. 이들은 수술의 대안은 곧 죽음이라 생각한다. 하지만 수치는 다른 이야기를 해준다. 첫째, 전립선암은 전이가 느리고, 심지어 대부분의 전립선암 환자들은 증상이 야기되지 않기 때문에 치료하지 않고 놔두어도 안전한 경우가 있다. 얼마나 많은 환자가 그럴까? 48명 중 47명이다.[39] 달리 표현하면 48건의 전립선암 수술을 시행할 경우 한 명만 수명이 연장되고, 나머지 47명의 환자는 그냥 놔두어도 그만큼 오래 살았을 것을 괜한 부작용으로 고생만 하게 된 것이 된다. 따라서 한 명이 치료 효과를 보기 위해 필요한 치료의 숫자, 즉 NNT는 48이다. 그럼 이제 부작용으로 눈을 돌려보자. 위에 나열된 부작용 중 환자가 적어도 하나를 경험할 확률은 97%가 넘는다. 성과 관련된 부작용인 처음 두 가지를 제외한 나머지만 살펴봐도 환자가 적어도 한 가지 부작용을 경험할 확률은 50%가 넘는다. 그리고 두 가지 부작용을 경험할 확률도 꽤 높다. 수술로 별다른 도움을 받지 못한 47명의 환자 중 대략 24명 정도는 적어도 한 가지 부작용을 겪는다. 요컨대, 전립선암 수술을 받은 환자 48명 중 수술을 받지 않아도 괜찮았을 24명의 환자가 심각한 부작용을 경험한 반면, 치료 효과를 본 환자는 단 한 명에 불과하다는 얘기다. 전립선암 수술로 도움받을 확률보다는 부작용을 경험할 확률이 24배나 높다.[40] 수술 받은 남성 중 20%는 자신의 결정을 후회한다.[41] 이런 종류의 결정 내릴 때는 삶의 질을 중요한 요소로 고려해야 한다.

　그럼 대체 왜 거의 대부분의 비뇨기과의사가 이 수술을 권하는 걸까? 우선, 이 수술은 지금까지 알려진 수술 중 가장 복잡하고 어려운 수술 중 하나다. 이것은 오히려 수술을 권하지 않아야 할 이유가 아닌가 하는 생각이 들지도 모르겠다. 사실 비뇨기과의사들은 이 수술을 익히기 위해 엄청난 투자를 한다. 이 기술을 익히려면 대대적인 수련이 필요하고, 이 기술에 통달한 사람은 어려운 기술을 지녔다고 대접받는다. 그에 덧붙여 환자와 가족들은 의사가 무언가 해주리라는 기대를 가지고 있다. "그냥 지켜보죠." 의사가 이렇게 말하면 환자들은 실망한다. 감기로 내과의사를 찾아온 환자는 처방 없이 빈손으로 병원을 나서게 되면 어느 정도 불만을 느낀다. 여러 연구에 따르면, 이런 환자들은 의사가 자기를 진지하게 대하지 않았거나, 철저히 검사하지 않았다고 생각했다.

비뇨기과의사가 수술을 밀어붙이는 또 다른 이유는 외과의사의 목표 자체가 재발 가능성을 최소로 줄이면서 암을 근절하는 것이기 때문이다. 환자들도 여기에 한몫 거든다. 전립선암재단 회장 조너선 시몬스Jonathan Simons 박사는 이렇게 설명했다. "환자가 외과의사에게 자기는 암을 그냥 놔두고 싶다고 말하는 것은 무척 어렵다."[42] 의대에서는 대부분의 암에 수술이 황금률이라 가르친다. 다른 치료법에 비해 생존율이 높고, 암을 무시한 경우보다는 더더욱 생존률이 높다고 말이다. 이들은 수술 후 5년과 10년 이후에 치료받은 암으로 인해 사망하는 사람이 몇이나 되는지 보여주는 요약 통계를 이용한다. 하지만 이런 요약 통계는 다른 질병에 대한 감수성, 수술 이후 삶의 질, 회복기간 등 중요한 자료들을 무시한 것이다.

맨해튼의 피부과의사 바니 케닛Barney Kenet 박사는 이런 내용에 큰 흥미를 보인다. "외과의사들은 도려낼 기회가 곧 치료 기회라고 배운다. 이것은 그들의 문화에 깊이 뿌리내린 DNA의 일부다. 암에 대한 사례들과 세심하게 분석된 확률과 통계를 살펴보면 치료의 과학과 임상의 예술이 충돌하는 것을 알 수 있다. 그리고 그것은 예술이다."[43]

의대와 외과의사들은 삶의 질에 대해 크게 염려하지 않을지 모르지만 당신은 염려해야 한다. 의학적 의사결정 중 상당수는 위험을 감수하려는 당신 자신의 의지, 그리고 불편함, 통증, 부작용을 인내할 수 있는 당신의 역치를 중심으로 이루어진다. 치료받기 위해 병원을 오가고, 진료실에 앉아서 결과를 초조하게 기다리는 데 얼마나 많은 시간을 투자할 의사가 있는가? 쉬운

답은 없지만 통계를 이용하면 이런 문제를 분명히 정리하는 데 큰 도움이된다. 전립선암 수술로 돌아가보자. 이 수술에서 권고하는 회복기간은 6주다. 이 수술로 목숨을 구할 수도 있다고 생각하면 터무니없이 긴 시간 같지는 않다.

하지만 정말로 물어봐야 할 질문은 "내 목숨을 구하기 위해 6주를 투자할의사가 있는가?"가 아니라 "정말로 내 목숨을 구하는 것이 맞는가? 나는 수술 받을 필요가 없는 47명 중 한 사람이 아닌가? 아니면 수술이 필요한 그한 사람인가?"이다. 이 질문에 정답이 있는 것은 아니지만, 통계를 참고해서결정하는 것이 합리적이다. 당신의 암이 공격적이라는 특별한 정보가 없는한 당신이 수술로 도움받을 확률은 통계적으로 무척 낮다. 여기 중요한 추가 정보가 있다. 이 수술로 인해 늘어나는 수명은 겨우 평균 6주다. 이 수치는 수술로 수명이 전혀 연장되지 않은 47명의 사람들과 수술로 목숨을 구해 5년 반 수명을 연장한 한 사람을 평균 내어 나온 값이다(그중 일부는 수술합병증으로 수명이 단축되기도 했다). 이 경우 수술로 얻은 6주의 수명 연장은6주의 회복 기간과 정확히 일치한다! 따라서 수술에 대한 결정은 이렇게 고쳐 표현할 수 있다. 당신은 더 젊고 건강한 지금, 어쩌면 필요하지도 않을 수술을 받고 회복하느라 침대에 누워서 그 6주를 보내고 싶은가? 아니면 차라리 늙고 활동량도 줄어든 말년에 6주를 덜 보내고 싶은가?

수술과 약물치료 중에는 이런 선택으로 압축되는 것들이 많다. 회복에 드는 시간이 연장된 수명의 길이와 같거나 오히려 초과하는 경우다. 운동의수명 연장 효과 또한 비슷하다. 오해하지 않기 바란다. 운동은 기분을 좋게하고, 면역계를 강화하고, 근긴장도를 개선하는 등(그로 인해 외모까지 나아진다) 여러 가지 혜택이 많다. 일부 연구에 따르면, 운동은 혈액에 산소를 공급해 생각을 맑게 해준다고도 한다. 이와 관련, 뉴스에서 많은 주목을 받은 한 주장을 생각해보자. 하루에 한 시간씩 유산소운동을 해서 목표 심장박동 수에 도달하면 수명이 연장된다는 주장이다. 좋은 얘기다. 그런데 얼마나 연장되는 걸까? 일부 연구에 따르면 한 시간 운동할 때마다 수명도 한 시간 늘어난다고 한다.[44] 당신이 운동을 사랑한다면 이것은 아주 수지맞는 거래다. 자기가 좋아하는 일을 하면서 동시에 수명도 그만큼 늘어나니 말이다. 이런 경우에는 선택하기가 쉽다. 하지만 당신이 운동을 좋아하지도 않고, 해도 불쾌하기만 하다면 운동에 들인 한 시간은 잃어버린 한 시간이다. 매일 하는 운동은 좋은 점이 한두 가지가 아니지만 수명 연장은 여기에 해당되지 않는다. 물론 운동을 하지 말아야 할 이유는 없다. 하지만 그 결과에 대해서는 합리적인 기대를 하는 것이 중요하다.

이런 사고방식에는 종종 두 가지 반대의견이 제시된다. 첫째, 생과 사의 결정에서 평균을 언급하는 것은 이치에 맞지 않다는 의견이다. 실제로 전립선암 수술 환자의 수명이 위에서 언급한 평균 6주만큼 연장되는 것은 아니기 때문이다. 한 사람은 5년 반 연장됐고, 47명은 아예 수명이 연장되지 않았다. 이런 '평균' 6주의 수명 연장은 유료주차장을 사용하느냐 불법주차를 하느냐의 예와 마찬가지로 그저 통계적인 허구에 불과하다.

맞는 말이다. 수명을 6주만큼 더 얻는 사람은 없다. 평균값은 단 한 사람과도 맞아떨어지지 않는 수치인 경우가 많다.[45] 하지만 그렇다고 이를 뒷받침하는 추론마저 무효화되는 것은 아니다. 여기에서 두 번째 반대의견이 나온다. "이런 결정을 동전 던지기나 카드 게임을 평가하는 방식으로 확률에 기초해서 평가할 수는 없다. 확률과 기대치는 수많은 실험과 결과를 관찰했을 때만 의미가 있기 때문이다." 이런 결정을 바라보는 합리적인 방식은 이런 것을 나머지 시간과 삶의 경험으로부터 완전히 분리된 단발적 사건이 아니라 평생에 걸쳐 내려야 할 일련의 결정 중 한 부분으로 바라보는 것이다.

개별적 결정은 유일무이한 결정일지 모르나 우리는 평생에 걸쳐 이런 결정에 직면하고, 각각의 결정은 확률과 기대치를 가지고 있다. 당신이 수술에 대해 내리는 결정은 삶의 다른 결정들과 분리되어 있지 않다. 그 결정은 비타민제를 먹을까 말까, 운동을 할까 말까, 독감 예방접종을 받을까 말까, 조직검사를 해볼까 말까 등 당신이 내리는 수천 가지 결정과 하나의 맥락으로 이어져 있다. 엄밀한 의미의 합리적 의사결정을 하려면 각각의 결정에 따르는 기대치에 신경을 써야 한다.

각각의 결정에는 불확실성과 위험이 따르고, 지금의 시간과 편안함을 알수 없는 미래의 결과와 맞바꿔야 하는 경우가 많다. 만약 식사 후 치실을 사용해서 완벽한 구강 건강을 누릴 수 있으리라 100% 확신한다면 당신은 당연히 그렇게 할 것이다. 그런데 당신은 과연 치실을 자주 사용하면 그 정도의 가치를 얻을 수 있으리라 기대하는가? 대부분의 사람이 그런 확신을 갖지 못하고, 하루에 세 번이나 치실을 사용할 정도로 수고할 만한 가치가 있을까 생각한다.

정확한 통계치를 얻는 것은 그렇게 쉽지 않다. 일상적으로 흔히 이루어지는 조직검사는 그 자체로 위험성을 띠고 있는데도 그 시술을 시행하는 외과의사들조차 위험성을 제대로 이해하지 못한 경우가 상당히 많다. 조직검사를 할 때는 조직에 작은 주삿바늘을 삽입해서 조직 표본을 채취하고, 나중에 병리학자가 이것을 분석해 그 세포가 암세포인지 판단한다. 조직검사 과정 자체는 정확한 과학이 아니다. 드라마 〈CSI〉에서처럼 기술자가 컴퓨터에 표본을 입력하면 반대쪽에서 그 결과가 나오는 것과는 상황이 다르다.

조직검사를 분석하는 데는 인간의 판단이 개입되기 때문에, 결국 다른 사람의 의견을 물어봐야 한다. 병리학자나 조직학자가 현미경으로 조직 표본을 보며 그 표본에서 자기가 판단하기에 정상이 아닌 부분을 체크한다. 그러고 나서 그런 영역의 숫자를 세고 그것이 전체 표본에서 차지하는 비율을 따져본다. 병리학 보고서는 다음과 같이 나올 것이다. "조직 표본 중 5%가 비정상적인 세포를 가지고 있음" 혹은 "표본의 50%에서 암종carcinoma이 관찰됨." 분석 결과, 두 병리학자의 의견이 어긋나거나, 똑같은 표본을 두고도 암의 등급에 대한 평가가 다른 경우도 많다. 조직검사에서 다른 사람에게 추가 의견을 구하는 것이 중요한 이유가 바로 이것이다. 정말로 필요하다는 확신이 들지 않고서는 수술, 화학요법, 방사선치료 등의 계획을 짤 수 없으니 말이다. 마찬가지로 조직검사 결과가 음성으로 나왔다고 해서 무조건 안심할 수도 없다.

전립선암과 관련, 주요 의과대학 부속병원에서 근무하는 여섯 명의 외과의사에게 전립선 조직검사의 부작용이 얼마나 되는지 물어보았다. 다섯 명은 조직검사로 인한 부작용의 위험이 5% 정도라고 말했다. 이는 의학저널에서 검색해볼 수 있는 내용과 일치한다. 그런데 여섯 번째 의사는 위험하지 않다고 했다. 그렇다. 위험이 전혀 없다고 했다. 문헌에서 언급하는 가장 흔한 부작용은 패혈증이다. 두 번째로 흔한 부작용은 직장 파열이다. 그리고 세 번째로 흔한 부작용은 실금이다. 패혈증은 위험하며 때로는 치명적인 결과로 이어진다. 조직검사용 주삿바늘은 직장을 통과하기 때문에 전립선과 복강이 대변에 오염되어 패혈증이 발생할 수도 있다. 이런 위험은 보통 시술 전 환자에게 항생제를 투여함으로써 줄어들지만, 이렇게 주의를 기울여도 원치 않는 부작용의 위험이 여전히 5% 정도 남는다.

나와 대화한 의사들 중 그 누구도 조직검사의 회복기간이나 부작용에 대해서는 굳이 언급하려 하지 않았다. 그리고 이들은 부작용을 '불편함'이라고 완곡하게 표현했다. 건강을 위협하는 것이 아니라 그저 조금 불편할 뿐이라는 것이다. 내가 의학학술지 〈비뇨기학Urology〉에 게재된 2008년 연구에 대해 언급하고 나서야 이들은 조직검사를 받은 지 한 달 후 41%의 남성이 발기부전을 경험하고, 6개월 후에는 15%가 경험한다는 사실을 인정했다.[46] '불편'의 다른 부작용으로는 설사, 치질, 위장장애, 그리고 몇 달에 걸쳐 정액에 혈액이 섞여 나오는 증상 등이 있다. 그중 두 의사는 자기가 일부러 이런 정보를 얘기하지 않았다고 멋쩍게 인정했다. 한 사람은 이렇게 말했다. "환자들이 겁을 먹고 조직검사를 받지 않을까 봐 이런 합병증에 대해서는 얘기하지 않습니다. 조직검사는 환자들에게 대단히 중요한 시술이거든요." 의사들의 이런 가부장적 태도는 많은 사람이 불만을 토로하는 부분이고, 고지에 입각한 동의라는 의학 치료의 핵심 원칙에도 위배된다.

심각한 부작용의 위험이 5%라고 하면 별로 심각하게 들리지 않을지도 모르지만, 이 점을 생각해보기 바란다. 초기 단계, 혹은 등급이 낮은 전립선암으로 진단받은 수많은 남성이 그 암과 함께 살면서 지켜보는 쪽을 선택한다. 이것을 '추적관찰', 혹은 '적극적 감시active surveillance'라고 부른다. 적극적 감시를 하는 동안 비뇨기과의사는 정기적으로 조직검사를 요청하는데, 보통 12~24개월마다 한 번씩 진행한다. 전립선암은 10년이 지나도록 어떤 증상도 나타나지 않는 진행이 느린 질병이기 때문에 환자에 따라서는 다섯 번 이상 조직검사를 받게 되는 경우도 있다. 한 번에 부작용의 위험이 5%인 조직검사를 다섯 번이나 받을 때 패혈증이나 다른 심각한 부작용이 나타날 위험은 얼마나 될까?

이 계산에는 내가 앞에서 소개한 곱셈법칙이 적용되지 않는다. 만약 다섯 번의 조직검사 '모두'에서 부작용이 발생할 확률을 알고 싶다면, 동전 던지기에서 연속으로 앞면이 다섯 번 나올 확률을 계산하는 것과 비슷하기 때문에 그 법칙을 적용했을 것이다. 사분표도 여기에 해당되지 않는다. '조직검사가 양성으로 나왔을 경우 내가 암에 걸렸을 확률은 얼마나 되는가?'(병리학자들도 가끔은 오진을 한다. 이것은 앞에서 살펴본 혈액검사의 진단 효과와 동등한 질문이다)' 같은 베이즈식 질문을 던지지 않았기 때문이다. 다섯 번의 조직검사 중 '적어도 한 번' 부작용이 일어날 위험을 묻기 위해서는, 혹은 한 동전을 다섯 번 던져서 적어도 앞면이 한 번 나올 확률을 묻기 위해서는 이항정리binomial theorem를 이용할 필요가 있다. 이항정리는 총 다섯 번의 시도에서 적어도 한 번, 혹은 당신이 원하는 횟수만큼 나쁜 사건이 일어날 확률을 말해준다. 이런 경우에 가장 유용한 통계치는 다섯 번의 조직검사에서 정확히 한 번 부작용이 일어날 확률이 아니다(게다가 곱셈법칙을 이용해서 이것을 계산하는 방법은 이미 앞에서 배웠다). 그보다는 적어도 한 번, 즉 한 번이나 그 이상의 조직검사에서 부작용이 나타날 확률을 알고 싶다. 이 두 가지 확률은 다르다. 가장 손쉬운 방법은 온라인에 올라와 있는 계산기 중 하나를 이용하는 것이다. 이를테면 이런 곳이다. 'http://www.stat.tamu.edu/~west/applets/binomialdemo.html' 이것을 이용하려면 화면의 빈칸에 다음 정보를 입력해야 한다.

n은 시술(통계학 언어로는 시행) 횟수를 의미한다.
p는 부작용(통계학 언어로는 사건)의 확률을 의미한다.
X는 사건이 일어나는 횟수를 의미한다.

위의 사례를 이용하면, 우리가 관심을 갖는 부분은 다섯 번의 조직검사를 시행할 때 나쁜 결과(사건)가 적어도 한 번 일어날 확률이다.

n = 5(다섯 번의 조직검사)
p = 5%, 혹은 0.05

X = 1(한 번의 나쁜 결과)

이런 수치들을 이항정리 계산기에 집어넣으면, 다섯 번의 조직검사에서 적어도 한 번 부작용을 경험할 확률은 23%로 나온다.

전립선 조직검사의 부작용 위험이 5%임을 인정한 다섯 명의 외과의사 중 조직검사를 할 때마다 위험이 커진다는 사실을 이해한 사람은 한 명밖에 없었다. 그중 세 명은 5%의 위험이 조직검사를 하는 평생의 기간에 그대로 적용된다고 말했다. 즉, 조직검사를 아무리 많이 받아도 그 위험은 절대로 커지지 않는다고 생각한 것이다.

나는 각각의 조직검사는 독립적인 사건을 나타내기 때문에 조직검사를 두 번 하면 한 번 하는 것보다 위험이 더 커진다고 설명해주었다. 하지만 그들은 이 말을 받아들이지 않았다. 그들과의 대화는 아래와 비슷하게 진행되었다.

"글을 읽어보니 조직검사에 따르는 심각한 합병증의 위험은 5%라고 하더군요."

"맞습니다."

"그럼 환자가 다섯 번 조직검사를 받으면 그 위험이 거의 25% 정도로 커지겠군요."

"확률을 그냥 더하면 안 되죠."

"맞습니다. 그러면 안 되죠. 그래서 이항정리를 이용해야 합니다. 그럼 23%가 나오는데요, 이는 25%에 아주 가까운 값이죠."

"이항정리에 대해서는 들어본 적 없어요. 그것이 이 경우에는 적용되지 않는다고 확신합니다. 이해하기 힘드시겠지만, 여기에는 통계학적 훈련이 필요합니다."

"저는 어느 정도 통계학적 훈련을 받았습니다. 그 정도는 이해할 수 있을 것 같군요."

"하시는 일이 뭐라고 하셨죠?"

"연구과학자입니다. 신경과학요. 대학원 통계 강의도 하고 통계적 방법론에 대한 논문도 몇 편 썼습니다."

"하지만 저처럼 의학박사는 아니지 않습니까. 선생님의 문제는 의학을 이해하지 못한다는 것이죠. 의학 통계는 다른 통계와는 다릅니다."[47]

"뭐라고요?"

"저는 의학에 25년간 종사했습니다. 선생님의 의학 분야 경력은 얼마나 됩니까? 저는 실제 세계를 다루고 있어요. 선생님은 이론이야 잘 알고 계시겠지만 실제에 대해서는 아는 것이 없지 않습니까. 저는 매일 환자를 봅니다. 제가 하는 일은 제가 잘 압니다."

다빈치 로봇수술의 세계적 전문가인 한 외과의사는 이렇게 말했다. "이 통계학은 제대로 된 통계학이 아닌 것 같네요. 저는 500건 정도 조직검사를 해왔는데, 제가 경험한 패혈증 부작용 사례는 고작 24건 정도였습니다."

"500건 중 24건이면 대략 5%인데요?"

"아, 그런가요? 그럼 그렇게 많지 않았나 보군요. 부작용 사례가 5%나 됐다면 제가 알아차렸을 겁니다."

고생도 사서 하는 팔자라 그런지, 낙관주의자라서 그런지 나는 다른 선도적 병원의 종양학과 과장을 찾아가보았다. 나는 이렇게 지적했다. 누군가가 전립선암으로 진단받았다면 NNT를 고려할 때 수술을 받지 않는 것이 더 낫지 않느냐고 말이다. 수술로 혜택을 받는 사람의 비율이 2%에 불과하기 때문이다. 그는 이렇게 말했다.

"진단을 받은 사람이 자신이라고 생각해보세요. 절대로 수술을 포기하고 싶지 않을 겁니다! 만약 당신이 그 2% 안에 들어가면 어쩌려고요?"

"글쎄요. 그래도 아마 그 2%에 들어가지는 않을 것 같네요."

"그걸 어떻게 압니까!"

"맞습니다. 모를 일이죠. 하지만 정의를 가지고 따져보면 그럴 확률은 낮습니다. 내가 그 2%에 들어갈 확률은 겨우 2%밖에 되지 않으니까요."

"하지만 자기가 그 안에 들어가지 않을 거라고 어떻게 장담합니까? 만약 그 안에 들어간다면요? 그럼 당신도 수술을 받고 싶을 겁니다. 지금 제정신이에요?"

또 다른 의과대학 부속병원의 비뇨기종양학과 과장과 이 모든 내용에 대해 논의해보았다. 그는 과학학술지에 전립선암에 대한 연구논문을 발표했고, 그의 논문은 전문가들이 권장하는 통계로 인정받기도 했다. 그는 동료들의 이야기를 듣고 놀라지는 않았지만 실망한 것처럼 보였다. 그는 전립선암 검사에 흔히 사용되는 방법인 PSA^{Prostate specific antigen}(전립선 특이항원)가 제대로 이해되지 못하고 있다며, 결과 예측 효과와 관련해서 자료의 일관성이 부족한 점도 전립선암과 관련된 문제의 일부라고 지적했다. 조직검사 자체도 문제가 있다. 이 검사는 전립선에서 조직 표본을 채취하는데, 전립선 중에서도 일부 부위는 다른 부위보다 표본 채취가 더 쉽기 때문이다. 마지막으로 그는 MRI나 초음파 등 의료영상이 유망한 방안이지만, 결과 예측의 효과에 대해 어떤 결론을 내릴 수 있을 만한 장기적인 연구가 턱없이 부족하다고 설명했다. 일부 사례에서는 고해상도 MRI를 이용했는데도 조직검사에서 나타난 종양의 3분의 2를 놓치기도 했다. 여러 가지 문제점에도 불구하고 조직검사를 통해 진단을 내리고 수술이나 방사선요법으로 치료하는 것이 여전히 전립선암을 관리하는 황금률로 여겨지고 있다. 의사들은 환자를 치료하고 효과적인 기법을 사용하도록 훈련받지만, 과학적 사고방식이나 확률적 사고방식과 관련해서는 별다른 훈련을 받지 않는다. 만약 당신이 직접 이런 종류의 추론을 적용해야 하는 상황이라면 이상적으로는 당신의 담당 의사와 함께 진행해야 한다.

의사들이 제공하는 것

여기서 잠깐! 만약 의사들이 추론에 그렇게 취약하다면 어떻게 의료가 그렇게 많은 고통을 덜어주고 수많은 사람의 생명을 연장시킨단 말인가? 나는 전립선암, 심장수술처럼 의료가 끊임없이 변화하는 상태에 있고 눈에 쉽게 띄는 사례들에 초점을 맞추었다. 그중 어렵기로 악명 높고 인지적 약점을 쉽게 파고드는 문제에만 주목했다. 물론 의료가 성공한 부분도 상당히 많다. 몇 가지 예를 들면 백신, 감염치료, 장기이식, 예방치료, 신경외과수술(4장에 나왔던 살바토레 이아코네시처럼) 등이 있다.

여기서 중요한 사실은 당신의 몸에 무언가 이상이 생기면 당신은 통계 서적으로 손을 뻗는 것이 아니라 의사를 찾아간다는 것이다. 의료 행위의 실천은 예술이자 과학이다. 일부 의사는 자신도 모르는 사이에 베이즈식 추론을 적용하고 있다. 이들은 자신이 훈련받은 내용과 관찰의 힘을 이용해 패턴을 찾는다. 환자가 언제 특정한 증상 및 위험 요소의 패턴과 맞아떨어지는지 알아보고 진단과 예후에 이 정보를 활용한다.[48]

캘리포니아대학 산타바버라캠퍼스의 신경과의사인 스콧 그래프턴Scott Grafton은 이렇게 말했다. "정말 중요한 것은 경험과 암묵적 지식이다. 최근에 합쳐서 임상 경력이 50년이나 되는 두 응급실 의사와 함께 회진을 돌았던 적이 있다. 그 과정에서 카너먼이나 트버스키가 중요성을 역설한 바 있는 절묘한 언어 사용이나 형식 논리학 같은 것은 전혀 없었지만, 두 사람은 문제를 그냥 알아챘다. 그들은 극단적으로 강화된 학습을 통해 그런 기술을 습득한 것이다. 놀라운 패턴 인지 시스템이라고 할 수 있다. X-레이를 판독하는 방사선과의사를 생각하면 이런 패턴 인지가 어떻게 적용되는지 쉽게 이해할 수 있다. 사실 이것은 뛰어난 임상의 모두에게 해당되는 얘기다. 이들은 검사, 신체검사, 병력 청취 등을 활용하는 동시에 수년간의 경험을 바탕으로 정확한 베이즈식 확률을 만들어낼 수 있다." 훌륭한 의사는 지금까지 접한 수천 건의 사례를 통해 풍부한 통계적 역사를 구축하고(베이즈식으로는 이것을 사전분포라고 부른다), 이를 밑바탕으로 삼아 새로운 환자에 대해서도 어떤 믿음을 구축한다. 위대한 의사는 이 모든 것을 별로 힘들이지 않고 적용하고, 결국 환자에게 가장 좋은 치료법으로 이어질 결론을 도출한다.

그래프턴은 계속해서 이렇게 말했다. "베이즈와 휴리스틱 논쟁의 문제는 의사들이 환자에게서 직접 정보를 추출해서 그로부터 개별화된 의사결정을 내리는 법을 주로 배운다는 사실을 간과한다는 데 있다. 의사들의 이런 방식은 대단히 효과적이다. 훌륭한 의사는 병실로 들어가는 순간 임박한 죽음의 향기를 맡기도 한다." 많은 의사가 중환자실에 가면 생징후와 차트를 보는 반면, 그래프턴은 환자를 먼저 본다. 다른 사람의 정신적, 육체적 상태를 파악할 수 있는 인간의 근본적인 능력을 이용하는 것이다.

훌륭한 의사들은 병력과 증상을 이해하기 위해 환자와 대화를 나눈다. 우아한 방식으로 패턴 찾기를 이용하는 것이다. 과학이 판단하는 데 필요한 정보를 제공해주지만, 이들은 어느 한 가지 검사에만 의존하지 않는다. 두 가지 독의 문제와 눈 침침병 이야기에서 나는 진짜 의학적 결정이 어떻게 이루어지는지에 관한 한 가지 중요한 사실을 대충 얼버무리고 지나갔다. 당신의 의사는 신체검사를 하고 병력을 들어본 후에 당신이 실제로 병에 걸렸을지 모른다는 생각이 들지 않았다면 그 검사를 지시하지 않았을 것이다.

가상으로 만든 눈 침침병의 경우 전체 인구에서의 기저율은 3만 8,000명당 한 명인데, 이것이 눈이 침침해져서 병원을 찾아와 검사를 받게 된 사람들의 기저율은 아니다. 만약 그 기저율이 9,500명당 한 명이었다면 사분표를 다시 작성함으로써 당신이 눈 침침병에 걸렸을 확률이 201분의 1에서 20분의 1로 좁혀지는 것을 알 수 있다. 이것이 바로 베이즈식 갱신의 모든 것이다. 즉, 자신의 특정 상황과 관련 있는 통계를 찾아서 활용해야 한다. 해당 차원에서 당신과 좀 더 밀접하게 닮은 사람들의 집합으로 문제를 국한시킴으로써 확률에 대한 추정을 개선할 수 있다. 예컨대, 여기서 중요한 질문은 "내가 뇌졸중에 걸릴 확률은 얼마인가?"가 아니라 "나와 나이, 성별, 혈압, 콜레스테롤 수치가 비슷한 사람이 뇌졸중에 걸릴 확률은 얼마인가?"가 되어야 한다. 이에 대답하기 위해서는 의료 과학과 예술이 만나야 한다.

의학에 부족한 부분이 있는 것은 사실이지만, 지난 100년간 의학이 거둔 압도적인 성과에 반박하기는 어렵다. 애틀랜타 질병통제예방센터는 천연두, 디프테리아, 파상풍, 홍역, 볼거리, 헤모필루스 인플루엔자, 백일해, 소아마비 등 과거에 수십만 명의 미국인을 죽음으로 내몰았던 아홉 가지 질병이 1900~1998년 사이에 거의 완벽하게 근절되어 질병률이 99% 감소했다고 보고했다. 디프테리아는 발생 건수가 17만 5,000건에서 한 건으로, 홍역은 50만 건에서 약 90건으로 줄어들었다.[49] 기원전 1만 년에서 1820년에 이르기까지 인류 역사 대부분에서 인간의 기대수명은 약 25세로 제한되어 있었다. 세계의 기대수명은 그 이후 60세 이상으로 증가했고, 1979년 이후 미국의 기대수명은 71세에서 79세로 늘어났다.[50]

의사들이 환자와 좀 더 직접적으로 관련된 경우는 어떨까? 어쨌거나 수명 연장은 위생 상태 개선 등 다른 요소에서 기인한 것일 수도 있기 때문이다. 전장으로 한정해서 보면, 좀 더 치명적인 손상을 입히는 무기들이 등장했는데도 병사가 상처를 성공적으로 치료받을 확률이 극적으로 증가했다. 남북전쟁과 두 번에 걸친 세계대전에서 부상으로 사망하는 비율은 2.5명당 한 명꼴이었다. 이라크 전쟁에서는 8.2명당 한 명꼴로 줄어들었다. 유아, 신생아, 신생아기를 지난 갓난아기의 사망률도 모두 감소했다. 1915년에는 1,000명의 아기가 태어나면 그중 100명이 첫 생일을 맞이하기 전에 죽었다. 하지만 2011년에는 그 숫자가 15명으로 떨어졌다.[51] 소아백혈병의 생존율은 1950년에는 거의 0%였다가 오늘날에는 80%로 높아졌다.[52]

분명 의학은 훌륭한 일을 많이 했고, 그를 뒷받침하는 과학도 마찬가지다. 하지만 음울하고 그늘진 유사의학pseudomedicine의 영역은 여전히 남아 있다. 이 영역이 문제가 되는 이유는 진짜 의학적 치료가 필요한 사람들의 판단을 흐리게 하고, 그 자체도 제대로 정리되어 있지 않기 때문이다.

대체의학: 고지에 입각한 동의 원칙의 위반

현대의학의 핵심 원칙 중 하나는 고지에 입각한 동의informed consent다. 이것은 당신이 따르기로 한 모든 치료 방법에 대해 그 장점과 단점을 빠짐 없이 설명 받아야 하고, 고지에 입각한 동의를 내리기 위해 필요한 모든 정보를 제공받아야 한다는 원칙이다. 그러나 불행하게도 고지에 입각한 동의는 현대 보건의료에서 실제로 시행되고 있지 않다. 우리는 정보의 홍수에 빠져 허우적거리는데, 대부분의 정보가 불완전하고 편향되고 모호하다. 그리고 하필이면 우리가 정서적으로 그런 정보에 대처하기 가장 힘든 순간에 그런 정보를 홍수처럼 마주하게 된다. 대체의학과 대체요법의 경우, 더욱 그렇다.

질병을 치료하기 위해 전문적인 의료시설의 대안을 찾는 사람들의 수는 점점 더 많아지고 있다. 산업 자체가 제대로 규제되지 않고 있어서 정확한 수치를 파악하기는 어렵지만, 〈이코노미스트〉에 따르면 전 세계적으로 대체의학산업의 규모는 600억 달러에 이르는 것으로 추산된다.[53] 미국인의 40%가 대체의학이나 대체요법을 사용하는 것으로 보고됐다.[54] 여기에는 허브 조제품, 동종요법 조제품, 영적 혹은 정신적 치유수련, 그리고 치료를 목적으로 몸과 마음을 비의학적인 방식으로 조작하는 다양한 방법 등이 포함된다. 이런 것들이 우리 삶에서 중요한 자리를 차지하는 만큼, 이런 종류의 의료에 동의하는 사람들이 알고 있어야 할 기본적인 정보가 있다.

대체의학이란 한마디로 효과를 입증하는 증거가 없는 의학을 말한다. 일단 치료 효과가 과학적으로 입증되면 그것은 더 이상 대체의학이라 불리지 않고, 의학이라 불린다.[55] 하나의 치료 방법이 의학의 일부가 되려면, 그것이 안전하고 효과적이라는 증거를 얻기 위한 일련의 엄격하고 통제된 실험을 거쳐야 한다. 대체의학은 그런 과정이 필요하지 않다. 누군가가 특정 치료법이 효과가 있다는 믿음을 가지면 그것이 바로 '대체의학'이 된다. 고지에 입각한 동의란 치료 효과와 잠재적 위험에 대해 정보를 제공받는다는 의미인데, 대체의학에서는 이것 역시 빠진다.

객관적으로 말하자면, 증거가 없다고 해서 그 치료법이 효과가 없다는 의미는 아니다. 이것은 그저 그 효과가 아직 입증되지 않았다는 의미일 뿐이다. 우리는 불가지론자다. '대체의학'이란 이름 자체는 오해의 소지가 있다. 이것은 대체적인 것은 맞지만 의학은 아니다(그럼 도대체 무엇을 대체한다는 의미냐는 질문이 자연히 따라온다).

과학이 유사과학pseudoscience과 다른 점은 무엇일까? 유사과학은 과학적 용어와 관찰 방법을 사용하는 경우가 많지만, 대조실험과 반증 가능한 가설이라는 엄격함을 따르지 않는다. 그 좋은 예가 바로 동종요법의학이다. 이는 19세기에 이루어진 의료행위로, 해로운 물질을 인체에 아주 소량 투여해(혹은 실제로는 전혀 투여하지 않고) 질병을 치료할 수 있다고 주장한다. 이것은 두 가지 편향된 믿음에 기반한다. 첫째는 누군가가 불면증, 위장질환, 열, 기침, 떨림 등의 증상을 나타낼 때 그런 증상을 야기하는 물질을 소량 투여하면 치료할 수 있다는 믿음이다. 이런 주장에는 과학적 기반이 없다. 당신이 옻나무 독이 올랐는데, 내가 동종요법을 사용한다면 내가 한 일이라고는 당신에게 옻나무 독을 더 투여한 것밖에 없다. 이것은 치료가 아니라 오히려 문제를 악화시키는 일이다! 두 번째 믿음은 한 물질을 반복적으로 희석시키면 활성과 치유력을 갖고 있는 원래 물질의 잔존물을 남길 수 있고, 물질이 더 많이 희석될수록 더 효과적이고 강력해진다는 믿음이다.[56] 동종요법 의사의 말에 따르면, 원래 물질의 '진동'이 물 분자에 자신의 각인을 남긴다고 한다.[57]

희석은 특정한 절차에 따라서 이루어져야 한다. 동종요법 기술자는 화학물질의 일부를 가져다가 열 배 분량의 물에 희석한다. 그리고 다음으로 그 용액을 위아래로 열 번, 앞뒤로 열 번, 그리고 양옆으로 열 번 흔든다. 그러고는 그 용액의 일부를 가져다가 다시 열 배 분량의 물에 희석하고 같은 방법으로 다시 흔들어준다. 이 과정을 적어도 스무 번 이상 시행한다. 그럼 원래물질이 100,000,000,000,000,000,000배 분량의 물에 희석된 용액이 만들어진다.[58] 소매로 팔리는 동종요법 제품의 희석 수준은 보통 1 뒤에 0이 30개 정도 붙는다. 1 뒤에 0이 1,500개 붙는 경우도 종종 있다. 이것은 쌀알한 톨을 가져다가 가루로 빻은 다음 태양계 크기의 수조의 물에 녹이는 것과 같다.[59] 아, 깜박했다. 그런 다음에 그 과정을 26번 반복한다. 동종요법은 이탈리아 과학자 아메데오 아보가드로Amedeo Avogadro가 자신의 이름을 딴 수학적 상수를 발견하기 전에 발명되었다. 이 수를 '아보가드로 상수'라고 하는데, 희석 과정에서 유지되는 원자나 분자의 숫자를 나타낸다(6.02 ×

10²³). 여기에서 핵심은 소매로 판매되는 표준 동종요법 희석액에는 원래 물질이 전혀 남아 있지 않다는 점이다. 하지만 이것이 몸에 좋다고 한다. 동종요법 약물은 많이 희석될수록 더욱 강력하다고 한 점을 기억하자. 이런 이유에서 회의론 전문가인 제임스 랜디 James Randi는 동종요법 약물을 과다 복용하는 방법은 그것을 아예 복용하지 않는 것이라는 주장을 했다(10년도 전에 랜디는 동종요법이 효과 있다는 증거를 제시하는 사람에게 100만 달러를 주겠다고 했다).[60]

동종요법이 유사과학인 이유는 (a)대조실험을 통해 효력이 입증되지 않았고, (b)희석, 분자 등 과학적 언어를 사용하며, (c)과학적으로 이해되는 인과관계 안에서 보면 말이 되지 않기 때문이다.

동종요법은 차치하더라도 암, 감염, 파킨슨씨병, 폐렴, 심지어 가벼운 질병인 감기나 독감에 있어서도 대체의학이 효과적이라는 증거는 어디에도 없다. 영국의 연구과학자 에드자르트 에른스트 Edzard Ernst는 수백 편의 연구자료를 검토한 결과, 동종요법 치료의 95%가 아예 치료하지 않은 경우와 비교했을 때 효과에 차이가 없다는 결론을 얻었다. 위약효과와 비슷했던 것이다(효과가 있었던 5%는 과학적 연구의 '성공'의 전통적 기준에 따르면 실험상 오류 때문인 경우가 많았다).[61] 비타민과 보충제 또한 이보다 나을 게 없다. 여러 연구실에서 여러 가지 프로토콜에 따라 수십 년간 실행된 광범위한 임상실험에 따르면, 종합비타민은 그 어떤 것에도 전혀 효과가 없었다.[62] 사실 비타민은 오히려 해로울 수도 있다. 비타민 제제에 함유된 성분의 용량과 관련해 비타민 E와 엽산은 암 발생 위험의 증가와 관련 있고, 과도한 비타민 D는 심장 염증의 위험 증가와 관련 있고, 과도한 비타민 B₆는 신경 손상과 관련 있다.[63] 보충제로 섭취하지 않고 일상적인 식품으로 섭취하는 정도의 용량에서는 이런 비타민이 문제가 되지 않지만, 보충제와 처방전 없이 구입할 수 있는 비타민 제제에 보통 들어 있는 용량은 해로울 수도 있다. 감기에 걸릴 것 같은 느낌이 들면 수백만 명의 미국인이 비타민 C와 에키네시아 Echinacea(국화과의 다년생 허브식물 - 옮긴이)를 먹지만, 이런 것들이 도움이 된다는 증거는 희박하다.[64] 우리는 왜 이런 것이 도움이 된다고 생각하는 걸까?

우리의 전뇌forebrain는 사건이 동시 발생하는 것은 알아차리지만, 동시에 발생하지 않는 것은 알아차리지 못하게 진화했다. 이것은 앞에서 살펴본 사분표와도 관련 있다. 우리의 뇌는 왼쪽 위 칸에 나오는 내용에만 초점을 맞추도록 편향되어 있다. 심리학자들은 이것을 착각 상관illusory correlation이라 부른다.

이 같은 상관관계가 착각인 이유는 왼쪽 위 칸은 최고의 결론을 이끌어내는 데 필요한 모든 것을 말해주지 않기 때문이다. 감기에 걸린 것 같아 많은 양의 에키네시아를 먹었다. 그런데 당신은 감기에 걸리지 않았다는 것을 알아차렸다. 이런 일이 서로 다른 경우에 다섯 번 일어나면, 당신은 에키네시아가 효과가 있다는 결론을 내린다. 당신의 사분표는 다음과 같을 것이다.

다음 날 건강해진 기분

에키네시아 섭취		그렇다	아니다	
	그렇다	5		
	아니다			
	총계			

꽤나 인상적이다! 하지만 몇 가지 문제가 있다. 어떤 감기 증상은 당신이 아무것도 하지 않아도 사라진다. 그리고 감기에 걸린 기분이 들고, 아무것도 하지 않았는데 그 사실을 금방 잊어버릴 때도 있다. 만약 당신이 과학연구

에 참여한다면, 보통 우리가 직접 하는 것보다 훨씬 꼼꼼하게 자료를 수집할 것이고, 그렇게 한 뒤에 사분표를 채운다면 아마도 표의 나머지 부분은 다음과 비슷할 것이다.

다음 날 건강해진 기분

에키네시아 섭취	그렇다	아니다	
그렇다	5	10	
아니다	180	5	
총계			

완전한 그림을 얻으려면 에키네시아를 먹지 않고도 감기에 걸리지 않은 날이 며칠이나 되는지 알아야 한다. 사실 대부분의 날이 그랬다! 이것을 알아야 한다는 사실이 직관에 어긋나 보일 것이다. 우리의 전뇌가 이런 종류의 정보를 잘 이해하지 못한다는 것이 여기서 가장 중요한 부분이다. 그냥 표만 보면 에키네시아를 먹지 않은 경우보다 먹었을 때 감기에 걸릴 확률이 두 배나 되는 것을 볼 수 있다(표의 오른쪽 세로줄). 이것을 베이즈식으로 옮겨 말하면, 당신이 에키네시아를 먹고도 감기에 걸릴 확률은 여전히 0.67이다.

약성분이 들어 있지 않아도 무언가를 복용하면 그것만으로도 나아진 기분이 들고 종종 실제로 낫기도 하는 위약효과는 대단히 실제적이고 강력하다. 크기가 큰 알약은 크기가 작은 알약보다 위약효과가 더 크다. 가짜 주사는 알약보다 더 큰 효과를 가지고 있다. 의학적 가치가 알려지지 않은 제품의 치료효과 중 상당 부분은 바로 이 위약효과 때문인지도 모른다. 이중맹검 무작위 배정 임상 대조 실험double-blind, randomized clinical control trial이 필요한 이유가 바로 이것이다. 이런 실험에서는 모든 참가자가 약을 받지만, 누가 어떤 약을 받는지는 그 누구도 알 수 없다. 위약을 복용한 사람들 중 다수가 아무것도 복용하지 않은 사람에 비해 상태가 좋아지지만, 약물이 진정으로 효과가 있다고 하려면 위약보다 훨씬 더 좋은 효과를 보여야 한다. 이렇게 해야 새로운 치료제가 그 효과를 인정받을 수 있다.

우리의 인과 추론 능력에 문제를 초래하는 것이 에키네시아와 비타민 C 만은 아니다. 우리는 늘 착각 상관의 희생물이 되고 만다. 혹시 아주 오랫동안 생각조차 해보지 않았던 누군가를 생각하고 있는데 갑자기 그 사람한테서 전화가 온 경험이 없는가? 이럴 수가! 심령술의 힘이 관여했음이 분명하다는 결론으로 뛰어들기 전에 다른 세 가지 정보를 알아둘 필요가 있다. 평소에 당신에게 전화하지 않는 사람을 당신이 생각하는 경우가 얼마나 많은지, 평소에 당신에게 전화하는 사람을 생각하지 않는 경우가 얼마나 많은지, 그리고 마지막으로 평소에 당신에게 전화하지 않는 사람을 생각하지 않는 경우가 얼마나 많은지! 이것을 모두 사분표에 나타내보면, 아마도 당신은 가끔 일어나는 생생한 우연의 일치보다 다른 세 종류의 사건이 압도적으로 많다는 사실을 깨닫게 될 가능성이 크다. 그리고 그것으로 당신이 놀라움을 금치 못했던 상관관계가 착각이었음이 밝혀진다.

우리 뇌는 두 가지 경우가 맞아떨어지는 사분표의 왼쪽 위 칸에만 초점을 맞추고, 다른 것은 기억하지 않도록 진화했다. 내 스승 중 한 명인 폴 슬로빅 Paul Slovic은 이것을 '분모 무시denominator neglect'라고 명명했다. 슬로빅은 우리가 분자만 떠올릴 뿐, 분모에 대해서는 생각하지 않는다고 말했다. 그래서 우리는 자동차 사고에 대한 뉴스에서 봤던 비극적 이야기만 떠올릴 뿐 안전하게 끝난 압도적으로 많은 수의 자동차 여행에 대해서는 생각하지 않는다. 분모 무시는 아주 이상한 방식으로 등장한다. 한 연구에서 사람들에게 한 질병의 사망률이 1만 명 중 1,286명이라고 얘기했다. 이 사람들은 집단의 24.14%를 사망하게 하는 질병에 대해 얘기를 들은 사람들보다 이 질병이 더 위험하다고 판단했다. 하지만 10,000분의 1,286은 13%도 안 되는 수치다. 따라서 실제로는 위험도가 절반 정도에 지나지 않는다. 하지만 첫 번째의 경우 우리는 질병으로 고통받을 1,286명의 개인을 의미하는 분자에 초점을 맞추었다. 반면 24.14%는 인간이라는 존재와는 상관없는 추상적인 통계 수치로 받아들여졌다.

분모 무시는 적절한 통계적 관점에서 바라보지 않고 가능한 한 최악의 시나리오를 상상하는 경향으로 이어진다. 대니얼 카너먼은 이렇게 말했다. "파티에 갔다가 밤늦게까지 돌아오지 않는 10대 딸을 잠도 못 자고 기다려 본 부모라면 이것이 어떤 느낌인지 알 것이다. 실제로는 걱정할 것이 (거의) 없음을 알고 있으면서도 머릿속에 자꾸만 재앙의 이미지가 떠오르는 것을 어쩔 도리가 없다."[65]

재앙의 이미지가 너무 생생하게 머릿속에 떠오르는데, 엎친 데 덮친 격으로 여기에 분모 무시 성향까지 더해지면 정말 끔찍한 결정으로 이어지기도 한다. 2001년 9월 11일의 테러 공격 이후 두 달간 비행에 대한 미국인들의 공포가 너무 심해져서 많은 미국인이 평소 같으면 항공편을 이용했을 여행도 자동차로 움직였다. 10월과 11월에는 항공기 사고가 없었지만, 그 기간 동안 자동차 사고로 사망한 사람의 숫자는 평소보다 2,170명 늘었다.[66] 이 사람들은 분자(네 건의 끔찍한 항공 사고와 그 안에 타고 있던 246명의 사람)에만 초점을 맞추었을 뿐, 분모(미국에서 1년간 안전하게 이루어지는 상용비행 횟수 1,000만 건)는 생각하지 않았다.[67] 한 연구자는 이렇게 적었다. "테러리스트의 공격은 두 번에 걸쳐 이뤄진다. 한 번은 직접 사람들을 죽이는 것이고, 두 번째는 사람들의 마음속에 새겨진 두려움에서 비롯되는 위험한 행동을 통한 것이다."[68]

우리가 드물게 일어나는 사건을 지나치게 심각하게 생각하는 경향도 이와 관련되어 있다. 카너먼은 이런 시나리오를 얘기했다. 정보장교가 자살폭탄 테러범들이 서로 다른 두 도시에 잠입해서 공격 준비를 마친 것으로 판단했다. 한 도시에는 한 명의 자살폭탄 테러범이 있고, 다른 도시에는 두 명이 있다. 논리적으로는 첫 번째 도시의 시민들이 두 배는 안전하다고 느껴야 한다. 하지만 실제로는 그렇지 않다.[69] 그 이미지가 너무도 생생하기 때문에 두 도시의 시민들이 느끼는 공포는 대략 비슷하다. 100명의 자살폭탄 테러범이 있다면 이야기가 달라진다. 하지만 여기서 중요한 것은 우리가 수학에 예민하지 않다는 점이다. 우리의 뇌는 애초에 그렇게 만들어지지 않았다. 그러나 다행히도 우리는 뇌를 훈련시킬 수 있다.

다시 대체의학으로 돌아와, 대체의학의 주장 중 상당수가 분모 무시에 바탕을 둔 착각 상관에 의지한다는 사실을 살펴보자. 대체의학이 인기를 끄는 이유 중 하나는 적어도 부분적으로는 서양의학에 의심을 품는 사람이 늘어나고 있고 그 사람들이 대안을 찾는다는 것이다. 현대 보건의료 관리 체계의 불완전성에 충격을 받은 이들은 효과가 완벽하지 않으면서 비싸기만 한 약물을 우리에게 공급해온 사람들에게 반기를 들 필요성을 느꼈다. 이들은 제약회사와 일부 대형병원들이 벌어들이는 막대한 이윤에 의심의 눈초리를 보내고, 이윤 극대화를 최고로 여기는 문화 속에서 그들이 권하는 치료를 경계한다. 일부 치료는 그것이 환자에게 최선이기 때문이 아니라 돈벌이에 최선이기 때문에 처방된다고 생각하는 것이다. 불행한 일이지만 최근의 뉴스를 보면 이것이 사실인 경우도 분명 있다.

대체의학 신봉자들은 또한 일부 의사의 가부장적이고 오만한 태도에 대해 불평한다("당신에게 필요한 게 무언지는 내가 알고 있으니까 당신은 몰라도 돼요"). 내가 조직검사에 대한 통계적 추론에 대해 논의하자고 하자 적대적인 태도를 보인 비뇨기종양학과의사가 바로 그런 예다. 미국의 선도적인 종합병원 중 한 곳에서 방사선치료를 받는 유방암 환자들은 고통스러운 방사선 화상을 경험할 확률이 높다는 것에 대해 사전에 얘기를 듣지 못했다. 분명 종양학과의사가 치료에서 얻는 이득이 거기서 발생하는 통증 및 불편보다 더 크다고 환자 대신 결정을 내렸기 때문일 것이다. 하지만 이것은 고지에 입각한 동의의 원칙에 위배된다. 모든 환자는 어떤 것을 받아들이고 어떤 것을 받아들이지 않을지 스스로 결정할 수 있도록 모든 정보를 제공받을 권리가 있다.

한 가지 더 염려스러운 것은 일부 의사들 사이에 보정이 이루어지지 않는다는 점이다. 한 연구에서는 의사들이 판단한 예후가 겨우 20%에서만 정확하게 맞아떨어졌다.[70] 한 실험에서 연구자들이 병원에서 사망한 환자들의 부검 결과를 수집해보았다. 그리고 이것을 그 환자들이 살아 있었을 당시 담당 의사가 내린 진단과 비교해보았다. 이 실험이 특히나 명쾌한 부분은 의사들에게 자기가 내린 진단에 대한 확신을 함께 보고하게 한 점이다. 의사들이 '완벽하게 확신'이라고 평가한 진단만 살펴보았는데도 약 40%의 진단이 틀린 것으로 밝혀졌다.[71] 오진은 충분히 이해할 만하고 용서할 수도 있는 부분이다. 의학적 사례는 그 자체가 워낙 복잡하고, 앞에서 보았듯이 검사 자체도 불완전하니까 말이다. 하지만 지나친 자신감은 이해하기 힘들다. 이는 의사들이 결과에 신경을 쓰지 않는다는 의미이기 때문이다.

대체의학이 인기를 끄는 이유는 많은 사람이 의료 기득권층에게 느끼는 불신을 자극하기 때문이다. 대체의학은 천연물이 자연적이고 비외과적인 치료법을 제공해주리라는 낭만적으로 포장된 희망을 안겨준다. 식물에서 추출한 성분이나 천연성분이면 분명 몸에도 좋을 것이라는 믿음을 심어주는 것이다(물론 이것은 사실이 아니다. 독미나리, 아주까리 씨, 재스민베리, 독버섯 등을 생각해보라. 이런 것에는 모두 독이 들어 있다). 한 가지 더 문제가 되는 것은 허브나 식물 기반의 의약품은 미국이나 다른 여러 국가에서 규제를 받지 않는다는 점이다. 미국 식품의약국^{FDA}은 이런 의약품을 만드는 회사의 70% 정도가 기본적인 품질관리 기준을 준수하지 않는다고 추정했다. 여러 가지 샘플에서 오염물질이나 충전제 등이 발견되는 등 해이한 품질관리도 심각한 문제이지만, 보충제는 제조 과정이 제대로 관리된 경우에도 부작용 등의 해를 입힐 수 있고, 또 실제로 그런 일이 일어나고 있다.[72] 텍사스에 사는 17세 청소년 크리스토퍼 헤레라는 가슴, 얼굴, 눈이 밝은 노란색으로 변한 채 휴스턴종합병원 응급실에 내원했다. 그를 치료한 의사의 표현에 따르면, 거의 형광펜 같은 노란색이었다. 그는 영양제 가게에서 지방 연소 보충제로 녹차 추출물을 구입해서 복용한 뒤 간 손상을 입었다. 손상이 어찌나 심각했는지 그는 간 이식을 받아야 할 지경이었다. 다이어트용 보충제는 약물 관련 간 손상의 20%를 차지한다. 이는 10년 전과 비교하면 세 배 증가한 수치다.

우리는 대부분 주위 사람 중에 어떤 대체의학 덕분에 감기나, 허리 통증, 심지어 암 등 병이 나았다고 주장하는 사람을 적어도 한 명은 알고 있다. 내가 아끼는 친구 하나는 전립선암으로 진단받고 살 날이 6개월밖에 남지 않았다는 선고를 받았다. 지인들은 그에게 이렇게 말했다. "모든 것을 정리하고 이제라도 네가 늘 하고 싶었던 것을 해. 하와이 같은 곳에서 휴가를 보내는 건 어때?" 그러자 그는 이렇게 대꾸했다. "내가 늘 하고 싶었던 것은 오래오래 장수하는 거라고."

내 친구는 대체의학을 전문으로 하는 의사 얘기를 들었다. 그 의사는 친구에게 여러 가지 대체의학 혈액검사를 시행하고, 아주 특별한 식이요법과 운동요법을 처방했다. 허락된 음식과 금지된 음식 목록이 워낙 엄격했기 때문에 식사를 준비하는 데만 하루에 꼬박 서너 시간이 걸렸다. 그는 자기 삶의 모든 측면에 적용했던 것과 똑같은 헌신과 집중력, 그리고 불과 38세의 나이에 유명 글로벌 기업의 회장이 될 수 있었던 동력인 절제력을 바탕으로 식이요법과 운동 프로그램을 열심히 따랐다.

6개월 시한부 판정이 내려진 지 벌써 12년이 지났다. 내 친구는 아주 잘 살고 있다. 그 어느 때보다 좋아 보인다. 그는 전립선암 진단을 받은 지 2년 후에 자기에게 6개월 시한부 판정을 내린 드림팀 종양학과 의사들을 다시 찾아갔고, 그들은 일련의 검사를 진행했다. 그의 PSA는 거의 0으로 떨어졌고, 다른 생물지표들도 모두 정상이고 안정적이었다. 의사들은 식이요법과 운동요법으로 내 친구가 스스로 치유되었다는 사실을 믿으려 하지 않았다. "지난번에 왔을 때 분명 우리 검사에서 무언가 문제가 있었나 봅니다." 그들이 할 수 있는 말은 고작 이 정도였다.

나는 이와 비슷한 이야기의 주인공을 대여섯 명 정도 알고 있다. 이런 이야기는 참으로 매력적이다. 하여튼 내 친구가 아직 살아 있다는 것이 얼마나 감사한지 모른다. 하지만 여기서 중요한 점은 이것이 과학적 연구는 아니라는 점이다. 그저 이야기에 불과하다. 이런 이야기는 희망을 주고, 재미도 있고, 신비롭고, 도전의식을 일깨우지만 그래도 이야기일 뿐이다. 이런 일화는 아무리 많아도 자료가 될 수 없다.[73] 실험 대조군도 없고, 환자들이 무작위로 배정되지도 않았고, 질병이나 치유의 진행 과정에 대해 세심하게 기록한 과학자도 없다. 내 친구가 식이요법과 운동요법을 하지 않았을 때 무슨 일이 일어났을지 알아낼 방법은 없다. 어쩌면 내 친구는 한 달에 80시간이나 부엌에서 채소를 써는 데 투자하지 않았어도 지금과 똑같이 건강하게 살아남았을지도 모른다. 아니면 죽었을지도 모른다. 얼마 전에 친구에게 다시 병원에 가서 암이 정말로 사라졌는지 조직검사나 의료영상 촬영을 할 생각은 없느냐고 물어보았다. 그는 이렇게 되물었다. "뭐하러? 난 지금 그 어느 때보다도 건강해. 느낌도 너무 좋고. 그리고 검사에서 뭔가 발견되더라도 내가 뭐 다른 일을 할 것 같지는 않아."

내 친구가 식이요법과 운동으로 암을 이겨낸 것은 과학과 모순되는 것도 아니고 모순되지 않는 것도 아니다. 과학적 방법으로 자료가 수집되지 않은 탓에 과학적 검토가 가능한 영역 밖에 있기 때문이다.

관상동맥우회술과 혈관성형술이 그럴듯한 메커니즘을 가지고 있기 때문에 효과가 있다고 믿고 싶어 하는 의사들처럼, 우리는 과학적인 근거는 없어도 식이요법과 운동으로 암을 극복할 수 있다고 믿고 싶어 한다. 그저 충분히 그럴 듯하고, 직관적으로도 설득력 있게 다가오기 때문이다. 우리 중 그 누구도 식이요법, 운동, 질병, 건강 사이의 관계를 완벽하게 이해하는 사람은 없다. 우리는 그런 이야기를 들으면 이렇게 생각한다. "맞아, 거기엔 뭔가가 있을 거야." 식이요법과 운동요법 대신에 내 친구가 피라미드 모양의 텐트에서 바닥에 구부리고 누워 잠을 잤다고 생각해보자. 그럼 우리는 미친 짓이라고 손가락질할 것이다. 이것만 봐도 우리가 자료보다는 그럴듯하게 들리는 메커니즘에 편향되어 있음을 알 수 있다.

과학이 좋은 점 한 가지는 효과적인 새로운 치료법을 놓치지 않기 위해 내 친구와 같은 이야기에 대해 열려 있다는 점이다. 대부분의 과학적 발견은 단순한 관찰에서 시작된다. 이런 관찰은 우연히 이루어질 때가 많다. 이런 관찰 뒤에는 신중한 연구가 뒤따른다. 뉴턴이 떨어지는 사과를 보고 중력을 발견하고, 아르키메데스가 욕조에서 물이 넘치는 것을 보고 비중의 원리를 발견했던 것을 생각해보자.

대체의학 중에는 아마 암이나 다른 질병에 대한 치료법이 있을 것이다.

전 세계적으로 수백 개의 연구실에서 허브 조제품, 대체의학, 대체요법에 대해 실험과 연구를 진행 중이다. 하지만 그 효과가 증명되기 전에 환자들이 이런 것들에 의지하면, 정작 효과가 입증된 치료를 뒤로 미루어 치료시기를 놓쳐버릴 위험이 있다. 스티브 잡스도 그런 일을 겪었다. 그는 수술을 거부하고 침술, 식이보충제, 주스 등의 대체요법을 따랐다가 나중에야 그것이 효과가 없을 뿐만 아니라, 의학 전문가들이 생명을 연장시켜주리라 말했던 기존의 치료를 받을 시기도 늦어지고 말았음을 깨닫게 되었다.[74]

미국에서는 서구의학으로도 충분히 예방과 치료가 가능한 질병으로 매년 수천 명의 사람들이 사망한다. 과학적 방법론은 지난 200년 동안에 그전의 1만 년간 존재했던 그 어떤 방법론보다도 더 혁신적으로 문명화를 앞당겨놓았다. 의학 연구자들은 환자들의 생명이 자신이 진행하는 실험의 성패에 달려 있음을 잘 알고 있다. 심지어 어떤 환자는 병세가 너무 위태로워 기다릴 여유가 없기 때문에 연구자들은 환자를 기다리게 하기보다는 임상실험이 완전히 마무리되지 않은 상태에서 조기에 종료하고, 신약을 더 빨리 내놓는 편이 실보다 득이 더 많다는 판단을 내리기도 한다.

실제로 식이요법이나 운동요법 같은 대체요법은 이치에도 맞고, 내 친구와 비슷한 사례도 정말 많기 때문에 미국 국립보건원NIH은 현대 과학의 모든 도구를 이용해 그런 치료법을 탐구하기 위해 보완의학과 대체의학을 연구하는 분과를 새로 만들었다.[75] 지금까지 NIH가 보고한 바에 따르면, 효과가 아예 없거나 미미한 사례가 많다. 이는 대체요법을 통해 혜택을 보는 사람이 소수에 불과하고 그렇지 못한 사람이 대다수라는 의미로 해석할 수 있다.[76] 일례로 한 대표적인 연구에서는 거의 10만 명의 사람을 비타민 D 복용 실험군과 아무것도 복용하지 않거나 위약을 먹는 대조군에 무작위 배정하여 비타민 D가 암과 심혈관질환을 예방해준다는 가설을 실험해보았다. 그 결과, 150명이 비타민 D를 5년간 복용했을 때 한 명이 혜택을 입는다는 결론이 나왔다. 비타민 D가 도움이 되지 않은 149명 중에는 신장결석, 피로, 췌장염, 뼈 통증 등의 부작용을 경험한 경우도 있었다.[77] 비타민 D 치료의 장기적 효과에 대해서는 아직 알 수 없다. 새로운 증거들은 비타민 D 과다를 사망과 연관 짓고 있다.[78] 이렇듯 대체요법은 아직도 연구해야 할 부분이 많이 남아 있다.

당신의 사고방식과 행동방식

자신에게 최고의 치료법이 무엇인가에 대한 선택은 결국 자기 자신의 몫이다. 정보를 수집하면 사분표에 적용해봐야 한다. 위험이 비슷한 대안을 앞에 둔 경우 결정이 어려울 수도 있다. 감수하려는 위험의 크기, 그리고 참아낼 각오가 되어 있는 심리적, 육체적 불편의 크기가 사람마다 크게 다르기 때문이다. 환자의 의사결정 과정에 따르는 이런 측면에 대해서는 제롬 그루프먼Jerome Groopman과 파멜라 하츠밴드Pamela Hartzband의 책《듣지 않는 의사 믿지 않는 환자Your Medical Mind》에 잘 설명돼 있다.

의료와 관련해서 당신은 어떤 편향을 갖고 있는가? 우리 모두는 편향이 있다. 그루프먼과 하츠밴드는 네 종류의 환자에 대해 설명했다. 바로 최소주의자, 최대주의자, 자연주의자, 기술주의자다. 최소주의자는 의료 및 의사와의 상호작용을 가급적 최소화하려고 든다. 최대주의자는 모든 의학적 문제, 모든 통증에는 의학적 해결책이 있다고 생각한다. 자연주의자는 우리 몸은 자신을 치유할 능력이 있으며, 식물 추출물이나 영적 치료의 도움을 받을 수도 있다고 생각한다. 기술주의자는 기존의 것보다도 더 좋은 약이나 치료법이 언제나 새로 등장하기 마련이니까 그것을 따르는 것이 가장 효과적이

라 믿는다.[79]

이들은 극단적인 유형을 대표한다. 우리는 대부분 이런 측면을 모두 조금씩 지니고 있다. 당신은 치과치료와 관련해서는 최소주의자이지만 보톡스 시술이나 젊음을 유지하기 위한 다른 시술에 대해서는 최대주의자일 수도 있다. 감기나 독감에 대해서는 자연주의자이지만 맹장 파열로 수술이 필요한 경우에는 기술주의자일 수도 있다. 그리고 이런 성향들은 상호작용한다. 선반에 허브 치료제를 가득 쌓아놓고 사는 최대주의자 겸 자연주의자도 분명 있을 것이고, 가능한 한 아무것도 하지 않지만 수술이 필요할 때는 최첨단 로봇 레이저수술을 요구하는 최소주의자 겸 기술주의자도 있을 것이다. 자신이 어떤 편향을 갖고 있는지 이해하면 좀 더 효율적으로 의사결정을 내릴 수 있고, 의사와 환자 간의 대화도 훨씬 생산적으로 이루어질 수 있다. 담당 의사에게 자신의 스타일을 분명하게 밝혀놓으면 특히나 큰 도움이 된다.

어떤 치료제를 복용하거나 새로운 치료법을 따르면 X라는 질병에 걸릴 위험이 50% 감소한다는 식의 얘기가 자주 나온다. 이것은 깊이 생각할 필요도 없는 간단한 문제처럼 들린다. 하지만 여기서도 기저율을 명심해야 한다. 예를 들어, 아이를 낳을까 생각 중인 40세 여성이 나이를 고려하면(베이즈식으로 문제의 틀을 잡는 방법) 아이에게 특정 선천적 결손이 발생할 확률이 젊은 여성에 비해 다섯 배나 높다는 얘기를 들었다. 그런데 젊은 여성이 낳은 아이가 그 선천적 결손이 있을 확률이 5만 분의 1이라고 가정해보자. 그럼 40세 여성이 선천적 결손이 있는 아이를 낳을 확률은 1만 분의 1로 높아진다. 하지만 이 역시도 대단히 희박한 확률이다. 이 선천적 결손의 기저율 자체가 워낙에 낮기 때문에 그 확률이 다섯 배나 높아진다고 하면 퍼센트로 볼 때는 엄청나 보이지만 실질적으로는 별 의미가 없다. 이 얘기를 듣고 4장에 나온 온라인으로 만난 사람들의 낮은 이혼율에 대한 통계적 기만이 떠올랐다면 아주 제대로 짚었다. 이혼율이 7.7%에서 6%로 감소하면 비율적으로는 25%나 감소한 것이지만 실질적으로는 별 의미가 없다. 이런 식으로 위험이 증가하고 낮아지는 것은 통계적 유의성 시험은 통과할 수 있을지 모르지만(이것은 주로 연구자들이 관심을 두는 부분이다), 실질적으로는 의미 있는 차이를 만들어내지는 못한다.

하지만 그 대신 당신이 파멸에 가까운 결과를 맞닥뜨릴 80%의 확률에 직면했는데, 그 위험을 60%로 25% 줄일 수 있다면, 이것은 분명 해볼 만한 가치가 있다. 높은 확률에서는 25% 감소가 훨씬 큰 의미를 띤다. 우리는 거의 모두 이렇게 생각하는 경향을 보인다. 이 사실은 심리학과 행동경제학에서 나온 개념 덕분에 알려졌다. 이 개념은 전망 이론prospect theory과 기대효용이론expected utility theory으로 알려져 있다.[80] 비합리적인 의사결정자인 우리는 대부분 얻는 것보다는 잃는 것을 더 크게 느낀다. 이를테면 100달러를 잃는 고통이 100달러를 따는 기쁨보다 더 크다. 다른 예를 들면, 우리는 1년을 더 살기 위해서보다는 1년 먼저 죽는 것을 피하기 위해 더 애쓴다.

카너먼과 트버스키의 수많은 뛰어난 통찰 중 하나는 이득과 손실이 모두 비선형적이라는 통찰이다. 이는 똑같은 양의 이득(혹은 손실)이 똑같은 양의 행복(혹은 슬픔)을 유발하지 않는다는 의미다. 이것은 당신의 현재 상태와 관련 있다. 당신이 파산 상태라면 1달러 이득을 보는 것도 아주 중요하다. 하지만 당신이 백만장자라면 1달러는 아무런 의미도 없다. 다른 비선형성도 있다. 당신이 특정 질병으로 진단받았고, 의사가 당신의 회복 가능성을 10%가량 높여주는 치료를 권했다고 가정해보자. 이 10% 증가는 당신의 초기 회복 확률에 따라 다르게 느껴질 것이다. 다음의 시나리오를 생각해보자.

a. 회복 가능성을 0%에서 10%로 높임

b. 회복 가능성을 10%에서 20%로 높임

c. 회복 가능성을 45%에서 55%로 높임

d. 회복 가능성을 90%에서 100%로 높임

대부분의 사람은 b와 c보다 a와 d의 시나리오에 훨씬 더 끌린다. 시나리오 a는 죽을 것이 확실했던 상황을 삶의 가능성이 보이는 상황으로 바꿔준다. 비록 낮은 확률일지언정 우리는 어떻게든 삶에 매달리도록 프로그램되어 있기 때문에 이런 대안과 마주하면 밝은 면을 보려 한다. 시나리오 d는 죽음의 가능성을 확실한 삶으로 바꾸어준다.[81] 우리는 a와 d의 경우라면 잴 것도 없이 달려든다. 하지만 b와 c의 경우라면 그럴 만한 가치가 있는지 판단하기 위해 더 많은 정보를 원하게 된다.

우리의 직관 시스템은 통계를 이해하거나 모든 상황에서 합리적인 판단을 내리는 데 그다지 신통치 못하다. 이것이 바로 대니얼 카너먼의 책《생각에 관한 생각Thinking, Fast and Slow》을 뒷받침하는 핵심 포인트다.[82] 일례로 우리는 대부분 문제가 제시되는 방식에 대단히 민감하다. 이것은 문제의 틀을 잡는 방식이기 때문이다. 그래서 아주 간단하고, 심지어 우스꽝스러워 보이는 조작만 가해도 상대방의 선택과 선호도에 극적인 영향을 미칠 수 있다.[83] 그 예로, 수술을 통한 암 치료와 방사선을 통한 암 치료의 치료 결과에 대한 다음의 가상 자료를 생각해보자. 당신이라면 어느 쪽을 택하겠는가?

1a. 수술을 받는 100명 중 90명이 수술 과정에서 살아남고, 5년 후 총 34명이 살아남는다.

1b. 방사선치료를 받는 100명은 모두 다 치료 과정에서 살아남고, 5년 후 총 22명이 살아남는다.

사람들은 대부분 수술을 택한다. 즉각적인 치료 결과는 방사선치료 쪽이 더 낫다는 사실에도 불구하고 5년 후의 결과가 더욱 매력적으로 다가오기 때문이다.

이제는 생존 대신 사망률이라는 측면에서 틀을 재설정해보자. 당신은 어느 쪽을 선호하는가?

2a. 수술을 받는 100명 중 10명이 수술 과정에서 사망하고, 5년 후에는 총 66명이 사망한다.

2b. 방사선치료를 받는 100명은 치료 과정에서는 사망자가 없고, 5년 후에는 총 78명이 사망한다.[84]

이 두 가지 문제 제기 방식, 혹은 틀은 수학적으로 분명 동등하다. 100명 중 10명이 사망한 것이나 100명 중 90명이 살아남은 것이나 똑같다. 하지만 심리적으로는 동등하지 않다. 첫 번째의 경우에서는 수술을 택하는 사람이 많지만, 두 번째 경우에서는 방사선치료를 택하는 사람이 더 많았다. 첫 번째 시나리오에서는 관심이 5년 후 치료 결과의 차이에 집중된다. 수술로는 34%가 살아남지만 방사선치료로는 22%만 살아남는다. 하지만 두 번째 시나리오의 틀은 시술 과정 그 자체의 위험도 차이에 관심이 쏠린다. 방사선치료는 즉각적인 사망의 위험을 10%에서 0%로 줄여준다. 이런 프레임 효과는 환자들뿐만 아니라 경험이 많은 의사나 통계지식을 갖춘 사업가들에게서도 관찰된다.

틀 짓기에는 또 다른 측면이 존재한다. 우리는 대부분 숫자보다는 그림으로 제시된 자료를 더 잘 이해한다.[85] 그래서 대학교 미적분 교육 과정에서 어려운 자료는 그래픽 위주의 프레젠테이션을 사용한다. 의사들이 위험에 대해 환자들이 더욱 잘 이해하도록 시도했던 방법이 있다. 100명의 환자로 구성된 가상 집단에서 나타난 다양한 결과를 시각적으로 보여준 것이다. 이 사례는 중이염의 항생제치료에 따르는 위험과 혜택에 관한 것이다. 이 경우 NNT는 20이다(즉, 항생제를 투여받은 100명 중 다섯 명이 혜택을 봤다). 여기에 덧붙여 아홉 명은 치료되지 않아 추가적인 후속 조치가 필요했다. 이 집단 중에서 86명은 혜택도 입지 않았고, 적어도 신체적으로는 해도 입지 않았다(경제적으로는 조금 해를 입었을지도 모르지만). 이 경우 혜택은 별로 없는 데 비해 투여된 항생제는 무척 많았다. 이런 정보를 그래픽으로 나타내면 환자들이 치료의 위험을 이해하고 더 나은 결정을 내릴 수 있다. 각각의 범주에 해당하는 사람의 비율을 시각적으로 확인할 수 있기 때문이다.[86]

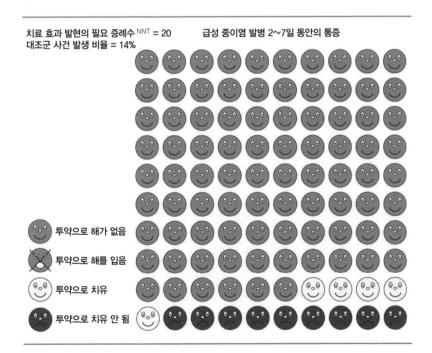

치료 효과 발현의 필요 증례수 NNT = 20
대조군 사건 발생 비율 = 14%

급성 중이염 발병 2~7일 동안의 통증

투약으로 해가 없음
투약으로 해를 입음
투약으로 치유
투약으로 치유 안 됨

모든 사람의 의사결정 심리학에서 나타나는 또 다른 측면은 바로 '후회'다. 아모스 트버스키는 위험 회피를 이끄는 힘은 바로 강력한 심리적 힘인 후회라고 가르쳤다. 우리는 기대치의 측면에서 보면 어떤 선택을 내려야 할지 극명하게 드러나는데도 혹시나 잘못된 결정을 내려 후회하게 될까 봐 반대로 결정을 내리는 경향이 있다.

X라는 치료법이 도움이 될 가능성은 10%에 불과하고 부작용이 생길 위험은 무척 큰데도 우리는 나중에 자기가 혜택을 입을 10%였음을 깨닫고 후회 속에서 살아가느니 차라리 위험을 무릅쓰고 그 치료법을 쓰기로 선택하기도 한다. 후회에 따르는 감정적 대가는 막대하다. 한 유방암 생존자는 이렇게 말했다. "의사가 그러는데, 수술받은 후에 방사선치료가 도움이 될지 안 될지 모르겠다고 하더군요. 저는 이런 생각밖에 안 들었어요. 만약 내가 방사선치료를 받지 않았는데 유방암이 재발한다면? 그럼 정말 바보가 된 기분일 것 같더라고요."

내 차의 앞바퀴 두 짝은 5년이 되었는데, 가운데를 보면 아직 쓸 만하지만 가장자리는 좀 많이 닳았다(공기압이 부족하거나 산길을 많이 달렸을 때 일어나는 현상이다). 나는 타이어 전문가에게 이에 대해 물어보았다. 그는 5년이 지나면 타이어 고무의 탄력이 떨어져 금이 갈 수도 있고, 이 때문에 접지면이 타이어의 나머지 부분과 분리될 수 있다고 했다. 게다가 가장자리가 닳은 상태이기 때문에 이 타이어는 위험 상황에서 보호작용이 무척 약하고 펑크가 날 수도 있다고 지적했다.[87]

지금까지 나는 여러 해 동안 차를 몰았고, 수십만 킬로미터를 운전했지만 내 평생 타이어가 펑크가 난 적은 두세 번밖에 없다. 펑크가 난 경우도 조금 불편했을 뿐, 위험한 상황은 아니었다. 차를 도로 옆에 주차하고, 잭으로 들어올리고, 스페어타이어를 장착하면 그만이었다. 타이어 교체가 순조롭게 진행되면 약속 시간에 30분 정도밖에 안 늦고, 그저 옷이 조금 더러워진 정도로 끝난다. 그런데 이런 일이 폭풍우가 치는 때나 산악이나 갓길이 없는 고속도로에서 일어난다면 상황은 훨씬 골치 아파지고, 안전이 위협받을 수도 있다. 내 차의 타이어가 한가운데까지 다 닳아서 교체해야 하는 시점이 오기 전에 펑크가 날 정확한 확률은 타이어 전문가도, 미국 운수부도 말해줄 수 없다. 하지만 그런 정보가 없더라도 내 육감으로는, 그리고 타이어 전문가의 육감으로는 그 타이어 두 짝을 교체함으로서 얻는 기대치나 이득이 타이어 교체 비용에 비하면 하찮게 느껴졌다.

내 친구 앨런은 돈을 아끼는 것을 매우 중요하게 생각한다. 그는 절약을 사랑한다. 그는 매일 우리에게 염가 판매점에서 그릇을 산 얘기, 구세군 재활용품 가게에서 옷을 산 얘기를 한다. 더 비싼 것을 살 형편이 안 돼서 그러는 것은 아니다. 그는 돈이 충분히 많다. 그저 현대사회의 소비문화를 부정함으로써 어떤 신념을 지키는 옹호자가 된 기분을 느끼는 것이다. 앨런이라면 낡은 타이어를 그대로 사용해서 200달러를 아꼈다고 뽐내며 무척 좋아했을 것이다. 그는 미래에 불편한 일이 발생할 미지의 확률을 각오하고 기꺼이 절약의 기회를 붙잡을 것이다. 하지만 내 성격으로는 편안함과 안전을 위해 돈을 지불하는 게 편했다. 보통 사람들은 추가 보장이 이루어진다면 거기에 기꺼이 돈을 쓰려 한다. 이것이 보험의 본질이다. 화재보험이 집을 소유한 사람들에게 크게 유리했다면, 보험회사들이 지금처럼 부유한 다국적 기업으로 성장하지 못했을 것이다. 착각하지 마라. 보험은 결국 보험회사에 유리한 거래다. 하지만 우리는 보험이 제공하는 마음의 평화를 사랑한다. 나는 결국 새 타이어로 갈았다.

후회는 이런 결정에서 아주 커다란 역할을 한다. 내가 200달러를 아끼려다가 기분 좋은 소풍을 망치거나, 옷을 더럽히거나, 자동차사고가 나기라도 한다면 바보가 된 기분이 들 것이다. 앨런이 낡은 타이어 두 짝으로 2년을 더 버티는 데 성공한다면, 그는 고소한 듯 내 얼굴 앞에서 200달러를 흔들며 나더러 바보처럼 너무 걱정만 많았다고 놀려댈 것이다.

물론 의학적 의사결정 또한 후회에 대한 두려움에 휘둘리기는 마찬가지다. 일이 잘못 틀어질 5%의 낮은 확률을 피하고, 나중에 이렇게 말하며 후회하지 않으려고 지금의 불편과 고통을 기꺼이 참는 사람들이 많다. "아이고, 그때 의사 말을 들을걸. 난 정말 바보였어. 그 말을 안 들어서 목숨이 위태로운 지경에 이르다니!" 반면 앨런은 지금 이 순간에 자신의 즐거움을 최대화하기를 원하며, 오늘 당장 절대적으로 필요하지 않은 건강요법이나 의학 시술에 구애받지 않고 자기가 원하는 일을 마음껏 할 자유를 소중히 여긴다.

이런 사례에서 의학 정보를 정리하는 최고의 전략은 자신의 편향은 어떤지, 그리고 위험이나 후회에 대한 자신의 성향은 어떤지 파악하고, 얻을 수 있는 최대한의 정확한 통계로 스스로 무장하는 것이다. 만약 모든 것이 혼란스럽고 어찌 해야 할지 모르겠다면, 당신이 평생 살아오면서 가장 가치 있게 여겨온 핵심적인 가치관이 무엇인지 친구나 가족의 도움을 받아 돌아보자.

의학과 수학, 그리고 의미 있는 선택

이 책의 다른 장에서는 주의와 기억에 대해 특히 많은 부분을 다루었다. 하지만 정작 중요한 일에 대해 결정 내려야 할 때 가장 요긴한 것은 과학의 여왕이라 불리는 수학이다. 수학은 지루하고 따분한 수 놀음으로 보일 수도 있지만, 인생에 대한 생각을 잘 정리하려면 확률 분석이나 수학 계산처럼 인간미 없어 보이는 것에 대한 혐오감을 내려놓을 줄 알아야 한다.

심각한 결과를 초래할 어려운 선택에 직면했을 때나 두려움, 당혹스러움,

좌절에 휩싸였을 때, 혹은 삶이 정말로 위태로워졌을 때는 숫자를 한번 믿어보자. 정보를 최대한으로 끌어 모은 다음 전문가와 함께 분석해보자. 만약 수술이 필요하다면 경험이 많은 사람에게 받자. 당신은 자신의 건강을 책임지는 CEO이기 때문에 의사가 제공한 정보를 어떻게 받아들여서 사분표로 분석하고, 어떻게 베이즈식으로 추론해야 하는지 이해할 필요가 있다. 이렇게 하면 의학적 의사결정에서 근거 없는 추측을 최대한으로 배제하고 정보를 쉽게 평가 가능한 수치로 바꿀 수 있기 때문이다. 우리도 드라마 〈하우스〉 속의 명의 그레고리 하우스 박사처럼 잘 발달된 직감이 있으면 좋겠지만 유감스럽게도 우리는 그렇지 못하다.

결정을 내릴 때는 시간적 여유를 갖자. 그리고 수학적인 관점에서 생각해본 다음 그것을 의사와 함께 얘기해보자. 당신의 의사가 통계에 대해 얘기하는 것을 불편하게 생각한다면 그렇지 않은 의사를 찾아보자. 의사에게 질문을 던지고 의사와 논쟁을 벌이기가 망설여지겠지만 그것을 극복하는 것이 중요하다. 당신에게 힘이 되어줄 사랑하는 사람과 함께 가자. 내원 약속 시간을 충분히 길게 잡아야 한다. 의사에게 물어보라. "시간을 얼마나 내주실 수 있나요?"

병에 걸리거나 부상을 당하면 우리의 삶이 마치 전문가들에 의해 좌지우지되는 것처럼 보이지만, 꼭 그래야만 하는 것은 아니다. 우리는 자신의 질병을 책임질 수 있고, 질병에 대해 최대한 많은 것을 배우고, 한 사람 이상의 의사에게 조언을 구할 수 있다. 물론 의사 역시 사람이라서 성격, 스타일, 장점이 저마다 다 다르다. 스타일이 당신과 맞고, 당신의 필요를 이해하고, 당신의 그런 필요가 충족되도록 도울 수 있는 의사를 찾아내려는 노력은 그만한 가치가 있다. 의사와 당신의 관계는 부모와 아이의 관계가 아니라 공통의 목적을 달성하기 위해 함께 일하는 파트너 관계여야 한다.

비즈니스 세계의 정리

가치를 창조하는 법

2006년 9월 30일 정오, 몬트리올 외곽 라발에 있는 드라콩코드 고가도로가 남과 북을 연결하는 주요 간선도로인 19번 퀘벡 고속도로로 무너져 내렸다. 이 사고로 자동차가 내동댕이쳐지면서 다섯 명이 사망하고 여섯 명이 심각한 부상을 입었다. 정부의 조사 결과, 다리를 건설할 때 도급업자가 콘크리트에 보강용 철근을 잘못 설치했고, 돈을 아끼기 위해 설계 규격에 맞지 않는 저질 콘크리트를 사용한 것이 붕괴의 원인이라는 분석이 나왔다.[1] 건축업의 부패에 대한 정부 조사를 통해 퀘벡의 다리, 고가도로, 고속도로에 저질 콘크리트가 사용된 사례가 몇 건 더 확인됐다. 부실 공사의 역사는 아주 오래됐다. 고대 로마에 인접한 피데나이의 목재 원형경기장은 건물의 토대가 부실한 데다 건설도 부적절하게 시행되어 서기 27년 2만 명의 희생자를 내며 붕괴되고 말았다.[2] 전 세계적으로 이와 비슷한 재앙은 쉽게 찾아볼 수 있다. 1976년 아이다호의 테톤 댐 붕괴 사건, 2008년 중국 지진 당시 쓰촨성 학교들의 붕괴 사건 등이 그 예다.

대규모 도시공사 프로젝트가 제대로 진행되려면 수많은 전문가가 동원되고 다양한 수준에서 견제와 균형이 이루어져야 한다. 설계, 의사결정, 시행은 성공과 가치창조의 가능성을 높이는 방향으로 조직 차원에서 체계가 잡힌다. 인적, 물적 자원이 최대 가치를 달성할 수 있게 할당되는 이상적 상태를 만들기 위해서는 모든 사람의 노력이 집중되어야 한다. 복잡한 시스템의 모든 요소가 최대 가치를 달성하고, 적어도 다른 한 요소를 악화시키지 않고는 시스템의 한 요소를 더 낫게 만들기가 불가능해졌을 때 이 시스템은 파레토 최적Pareto optimum에 도달했다고 말할 수 있다.

도시의 도로를 포장하는 아스팔트 노동자는 어떤 품질의 포장재를 사용하고, 포장의 두께는 얼마로 할지 결정하지 않는다. 이는 윗선에 있는 사람들이 결정할 문제다. 이 사람들은 예산, 교통량, 기상 조건, 사용 예측 기간, 표준 관습과 관행, 도로가 파였을 때 발생할 수 있는 소송 등을 종합적으로 고려하고 최적화한다. 정보 수집과 의사결정의 이 서로 다른 측면들은 보통한 조직 전체로 분산되며 서로 다른 관리자들에게 배정되고, 이 관리자들이 윗선에 보고하는 형식을 취할 수 있다. 그럼 다시 윗선의 사람들은 도시의 장기적 목표를 달성하고 특정 결정에 만족할 수 있도록 다양한 요소들의 균형을 맞춘다. 애덤 스미스Adam Smith가 1776년《국부론The Wealth of Nations》에서 언급했듯, 노동생산성의 가장 큰 발전 중 하나가 바로 분업이다. 대규모 산업에서 과제의 분업은 대단히 유용하고 큰 영향력을 미치는 것이 입증됐다.

1800년대 중반까지만 해도 회사는 주로 가족이 운영하고 지역 시장에서만 활동하는 소규모 업체들이었다.[3] 1800년대 중반, 전신과 철도가 확산되기 시작하면서 수세기에 걸쳐 발달해온 해운업을 기반으로 나라 전체의 시장이나 국제시장에 접근할 수 있는 회사들이 급증했다. 장거리 무역의 급성장과 함께 업무의 문서화, 그리고 기능적 전문화 및 교차훈련의 필요성이 극적으로 높아졌다.[4] 서한, 계약서, 회계, 재고목록, 상태 보고서 등이 쌓이기 시작하면서 이런 부분이 조직 관리의 새로운 해결 과제로 등장했다. 산더미처럼 쌓인 서류들 속에서 당신이 필요로 하는 정보를 어떻게 오늘 오후 안에 찾아낼 것인가? 산업혁명은 문서 업무의 시대를 이끌어냈다.

1840년대 초반에 일련의 기차 충돌사고가 일어나자 서류화와 기능적 전문화를 촉진시켜야 할 급박한 필요성이 제기되었다. 조사관들은 다양한 계보에서 일하는 기술자와 조작자 사이의 소통이 너무 느슨하게 다뤄진 것이 사고의 원인이라고 결론 내렸다. 운영 권한이 누구에게 있는지 확실히 아는 사람이 없었고, 중요한 메시지를 받아도 받았다는 회신을 보내는 관례가 자리 잡혀 있지 않았다.[5] 철도회사 조사관들은 조작 절차와 규칙을 표준화하고 문서화할 것을 권했다.[6] 이렇게 하는 목적은 어느 한 개인의 기술, 기억력, 능력에만 의존하던 상태에서 탈피하기 위한 것이었다.[7] 이렇게 하기 위해서는 각각의 업무 분야에서 맡아야 할 직무 및 책임과 함께 직무 수행에 필요한 표준화된 방식이 정확하게 정의되어야만 했다.[8]

인력 내부의 기능적 전문화는 수익성 향상에 도움이 되었을 뿐만 아니라 점점 필수적인 부분으로 자리 잡아서 어느 한 가지 일을 할 줄 아는 노동자 한 사람이 병가를 냈다고 해서 생산활동이 멈추는 일이 없어졌다. 이렇게 해서 기능적으로 구획이 나뉜 회사들이 생겨났고, 노동자들이 상사와 소통하기 위해(때로는 상사가 다른 대륙에 떨어져 있는 경우도 있었다), 그리고 회사의 각 부서가 다른 부서들과 소통하기 위해 문서 작업의 필요성이 더욱 커졌다. 소규모 가내수공업에서 사용했던 기록 방식과 운영 방식은 새로 등장한 대규모 기업과는 스케일 자체가 맞지 않았다.

이런 발전 때문에 노동자들, 특히 현장 업무를 하는 노동자들에 대한 경영자의 통제권이 갑자기 커졌다. 노동자의 머릿속에 들어 있는 절차와 방법들이 안내서에 모두 기록되어 회사 내부에서 공유되었기 때문에 노동자 개개인이 다른 노동자들의 기술을 배우고 능력을 향상시킬 수 있는 기회가 열렸다. 이런 움직임은 정리된 마음의 근본적 원칙, 즉 기억의 외부화 원칙을 따른 것으로, 몇몇 개인의 머릿속에 들어 있던 지식을 꺼내서 다른 사람이 보고 이용할 수 있도록 현실세계(직무기술서 등의 형태로)로 옮기는 과정이라고 할 수 있다.

경영진의 입장에선 자세한 과제 및 직무 기술서를 얻기만 한다면, 게으르거나 부주의한 직원을 해고해도 생산성의 큰 손실 없이 다른 누군가로 그 자리를 대체하는 게 가능해졌다. 경영진은 그저 새로 온 직원에게 직무를 설명해주고 일이 어디서 중단되었는지 가르쳐주면 그만이었다. 이것은 회사 본부와 현장노동자 사이에 엄청난 거리가 존재할 수밖에 없었던 철도를 건설하고 보수하는 일에 있어서도 필수적인 부분이었다. 직무를 체계화하려는 움직임은 머지않아 경영진에게까지도 확장되었고, 경영인들도 노동자들만큼이나 쉽게 교체할 수 있게 됐다. 이런 발전은 영국의 능률기사efficiency engineer 알렉산더 해밀턴 처치Alexander Hamilton Church에 의해 촉진됐다.[9]

직무를 체계화하고 조직 효율을 향상하려는 경향은 결국 스코틀랜드의 공학자 대니얼 매컬럼Daniel McCallum이 1854년에 최초로 만들어낸 조직도로 이어졌다. 이 조직도는 직원들 사이의 보고 관계를 쉽게 시각화해주었다.[10] 전형적인 조직도는 누가 누구에게 보고해야 하는지가 그림으로 표시된다. 아래로 향하는 화살표는 감독자와 피감독자의 관계를 나타낸다.

조직도는 보고의 계층구조를 나타내지만, 협력자들끼리 서로 어떻게 상

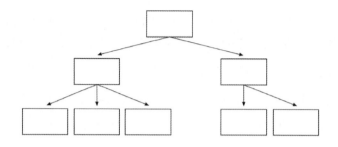

호작용하는지는 보여주지 않는다. 또한 비즈니스 관계는 나타나지만, 개인적인 관계는 나타나지 않는다. 네트워크 도표network diagram를 처음 도입한 사람은 1930년대 루마니아의 사회학자인 제이콥 모레노Jacob Moreno다.[11] 네트워크 도표는 어느 직원들이 어떻게 함께 일하고, 어떻게 알고 지내는지 이해하는 데 유용하며, 경영 컨설팅에서 조직 구조, 생산성, 능률 등에 생긴 문제점을 진단할 때 종종 사용된다.

다음 페이지의 그림은 인터넷 신생기업(이 회사는 결국 소니에 매각됐다)을 한 달간 조사해서 나온 네트워크 도표다. 이 도표는 조사를 진행하는 한 달 동안 누가 누구와 상호작용했는지 보여준다. 여기에 나타난 상호작용은 상호작용 횟수나 질에는 주목하지 않고 상호작용이 있었느냐 없었느냐를 이분법적으로 나타낸 것이다. 이 도표를 보면 창립자(제일 위에 있는 마디)는 COO(최고운영책임자) 단 한 사람하고만 상호작용했다. 이 기간 동안 창립자는 자금 조달을 위해 자리를 비웠다. COO는 세 사람과 상호작용했다. 그중 한 사람은 제품개발 담당자고, 이 사람은 일곱 명의 자문위원으로 구성된 네트워크를 감독하는 직원과 상호작용했다. 자문위원들은 서로 간의 상호작용이 무척 많았다.

네트워크 도표를 만들어본 결과, 경영진은 한 사람에게는 아무도 말을 걸

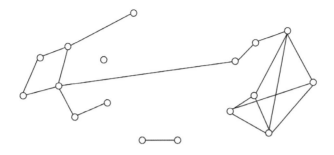

지 않았고, 또 어느 두 사람은 서로 교류가 많지만 다른 사람들과는 교류가 없었다. 네트워크 도표는 다양한 형태가 가능해서 색으로 상호작용의 정도를 나타내는 히트맵heat map 등을 만들 수도 있다(따뜻한 색깔은 마디 사이에 상호작용이 활발하다는 뜻이고, 차가운 색은 활발하지 못하다는 의미다). 네트워크 지도를 계층구조적인 조직도와 함께 사용하면 조직 내에서 어떤 구성원들이 이미 서로 알고 지내는 사이인지 파악할 수 있다. 그럼 프로젝트 팀을 구성하거나 기능 구조 및 보고 구조를 재조직하기가 쉬워진다. 표준의 조직행동 관행은 효율적으로 기능하지 못하는 팀을 쪼개서 효율적으로 기능하는 팀으로 대체하는 것이다.

하지만 팀의 효율성은 누가 어떤 기술을 가졌는가로 판단할 수 있는 문제가 아니다. 그보다는 사람들 간의 친밀함이라든가 다른 사람과 함께 일을 잘하는 사람이 누구인가 등의 문제가 더 중요하다. 네트워크 도표는 이럴 때 특히 유용하다. 이것을 이용하면 어느 팀 구성원이 누구와 함께 일하는지뿐만 아니라, 업무 외적으로 함께 어울리는 사람이 누구인지도 파악할 수 있다(이런 부분은 선의 색이나 형태, 혹은 기타 표준 그래픽 기술을 이용해서 각기 다르게 표현할 수 있다).

조직은 수평적 계층구조나 수직적 계층구조를 갖는데, 이는 직원과 경영진의 효율에 막대한 영향을 미친다. 이 두 가지 서로 다른 조직도를 비교해 보자.[12] 왼쪽의 수평적 회사는 계층구조가 세 단계밖에 없는 반면, 오른쪽의 수직적 회사는 다섯 단계나 있다.

　기업 조직이나 군대 조직의 지휘구조는 양쪽 형태 중 어느 것이든 취할 수 있다. 각각의 체계는 장점과 단점이 있다(전통적인 군대 조직의 구조는 수직적이지만, 테러리스트 집단이나 기타 세포 기반 집단은 보통 지휘와 소통이 분권화된 수평적 구조다).[13]

　수평적 구조는 사람들로 하여금 함께 일하는 분위기를 만들고 활동의 중첩을 허용하기 때문에 직원들에게 필요한 일을 알아서 처리할 수 있는 권한, 형식적인 지휘구조나 업무구조를 벗어나 자신의 재능을 발휘할 수 있는 권한이 부여되는 경우가 많다. 수평적 구조의 문제점은 실질적인 의사결정 권한을 가진 사람이 한 명밖에 없어서 그 사람이 내려야 할 결정이 너무 많아질 수 있다는 점이다. 계층구조가 결여되어 있기 때문에 어느 업무의 책임을 누가 맡을지 정하려면 추가적인 노력이 필요하다. 사실 직원과 프로젝트들 간의 조화를 달성하고, 활동의 중복을 피하고, 프로젝트의 서로 다른 요소들 간의 일관성을 확보하려면 모종의 수직적 구조가 필수적이다. 수직적 구조의 또 다른 장점은 직원들에게 자신의 결정과 결과에 대해 책임을 묻기가 쉽다는 것이다.[14]

　수직적 구조는 보통 전문화와 그로 인한 효율의 향상을 가져온다. 하지만 수직적 구조에서는 직원들이 서로 고립되어 혼자 일하기 때문에 다른 사람들이 자기의 일과 밀접하게 연관된 일을 하고 있어도 모르는 경우가 많다. 수직적 구조는 단계가 너무 많아지면 위쪽과 아래쪽이 서로 소통하는 데 걸리는 시간이 너무 길어질 수도 있다. 철도회사들은 비즈니스 세계에서 조직의 복잡화를 선도해왔는데, 지난 50년간 복잡성의 수준이 너무 커져서 모든 사람의 일을 일일이 파악하기 어려워진 경우가 많다. 전 세계 50개 철도회사에 고용된 직원의 수는 25만 명이 넘고, 또 다른 7개 회사에 고용된 직원 수는 100만 명이 넘는다.[15]

회사는 분산기억 시스템이라 생각할 수 있다.[16] 신입사원이 회사에 잘 적응하는 기술의 핵심은 바로 누가 어떤 지식을 가지고 있는지 아는 것이다. 이것이 바로 유능한 직원이 되는 길이다. 특히 고위 경영진에게 있어서 이는 더욱 중요한 일이다. 남동부 지역의 2014년 판매 실적을 알고 싶을 때 찾아야 할 사람이 따로 있고, 특정 상품의 판매를 사업에 포함시키고 싶을 때 찾아야 할 사람이 따로 있고, 외상 매입금을 지불했는지 알고 싶을 때 찾아야 할 사람이 따로 있다. 회사는 전체로 보면 하나의 거대한 정보 저장소고, 그 안에 속한 개개인은 사실상 전문적인 프로그램을 운영하는 신경 네트워크 역할을 한다. 어느 한 사람이 모든 지식을 갖출 수는 없다. 사실, 기업의 규모가 커지면 회사를 운영하는 데 필요한 지식들을 일일이 누구한테 가서 물어야 하는지 어느 한 사람이 파악하는 일조차 불가능해진다.

이것을 전형적으로 보여주는 이야기가 있다. 컨설팅회사 부즈 앨런 해밀턴Booz Allen Hamilton은 린다가 CEO의 비서로 일하는 그 〈포천〉 선정 100대 기업과 큰 계약을 하게 되었다. 이들의 임무는 조직을 연구하여 구조 개선 방안을 제안하는 것이었다. 부즈의 컨설턴트들은 그곳의 직원들과 면담한 결과, 갖춘 기술도 비슷하고, 권한도 비슷한, 잘 훈련된 세 명의 자료분석가가 회사 조직도에서 완전히 분리된 계열 안에서 일하고 있음을 발견했다. 각각의 자료분석가는 대리에게 보고하고, 대리는 다시 과장에게 보고하고, 과장은 다시 부장에게 보고하고, 부장은 부사장에게 보고했다. 각각의 자료분석가는 궁극적으로 완전히 다른 부사장에게 속해 있었기 때문에 이 분석가나 그 상사, 심지어 그 상사의 상사들도 서로의 존재를 아는 게 거의 불가능했다(심지어 일하는 건물도 달랐다). 부즈의 컨설턴트들은 자료분석가들을 매주 회의실로 불러 모았고, 결국 이들은 자신의 지식을 한데 모으고, 기술들을 공유하고, 서로를 도움으로써 각기 고민하던 공동의 기술적 문제들을 해결할 수 있었다. 이를 통해 능률이 크게 증진되는 것은 물론, 비용도 엄청나게 절감할 수 있었다.

높은 수준의 통제, 그리고 직원들에 대한 직접적인 감독이 필요한 경우에는 수직적 구조가 필수적이다. 예컨대, 핵발전소는 수직적 구조가 심화되는 경향이 있다. 이곳에서는 아주 작은 실수도 치명적인 재앙으로 이어지는 만큼 감독이 지극히 중요하기 때문이다. 수직적 구조는 관리자들이 아래 단계 관리자들의 업무 진행 상황을 지속적으로 점검하고 대조 조사해서 규칙과 절차가 일관적이고 정확하게 준수되고 있는지 확인할 수 있게 해준다.[17]

캐나다왕립은행RBC은 300억 달러 규모의 회사로 1,800만 명의 고객을 확보하고 있다. RBC의 기업 문화는 현명하고 성실한 조언자의 역할에 큰 가치를 둔다. 경영진은 직원들의 발전을 도모하고, 그들의 승진 기회를 열어주고, 성 평등을 보장하는 것을 중시한다. RBC는 수직적 구조가 발달했기 때문에 경영진이 직원들을 가까이서 감독할 수 있다.[18] 주식회사 리즈 클레이본Liz Claiborne은 여성이 창립한 최초의 〈포천〉 선정 500대 기업이다. 창업자 리즈 클레이본은 회사의 구조를 디자인할 때 수평적 구조를 택했다. 이 회사는 직원이 4,000명이지만 계층구조가 4단계에 불과하다. 이렇게 한 것은 변화하는 패션 경향에 맞추어 민첩하게 반응할 수 있는 능력을 갖추기 위함이었다.[19] 구조 그 자체가 회사의 수익성에 영향을 미친다는 증거는 어디에도 없다. 회사마다 각자 제일 좋은 구조가 있을 뿐이다.[20]

조직의 규모를 보면 얼마나 많은 단계가 존재할지 대략 예측할 수 있지만, 이 관계는 대수logarithmic 관계다. 즉, 직원이 1,000명인 조직의 계층구조가 평균 4단계라면, 직원 수를 열 배로 늘린다고 해서 계층구조가 열 배 늘어나지는 않는다는 의미다. 이 경우 단계는 두 배로 늘어난다.[21] 그리고 조직의 직원 수가 1만 명에 도달하면 점근선asymptote에 수렴한다. 조직의 직원 규모가 1만 2,000명이든, 10만 명이든, 20만 명이든 계층구조가 9~10단계를 넘어가는 경우는 드물다.[22] 지휘계통 최소화의 법칙은 조직이 계층구조 단계의 수를 가능한 한 최소화해야 한다고 지적한다.[23]

수평적 구조와 수직적 구조에 대한 이런 설명은 기업 웹사이트나 컴퓨터 파일 시스템에도 똑같이 적용할 수 있다. 398쪽에 나온 수평적 구조와 수직적 구조 그림이 회사 웹사이트의 두 가지 서로 다른 버전의 사이트 맵이라고 상상해보자. 두 사이트는 방문자들에게 똑같은 자료를 제공하지만, 방문자의 경험은 아주 다르다. 잘 디자인된 수평적 구조에서는 방문자가 한 번의 클릭으로 요약 정보를, 두 번의 클릭으로 더 자세한 정보를 얻을 수 있다. 반면 수직적 구조에서는 방문자가 한두 번의 클릭으로 원하는 요약 정보를 찾을 수 있지만, 더 자세한 정보를 얻으려면 네 번의 클릭이 필요하다. 물론 사이트가 언제나 잘 디자인되어 있는 것도 아니고, 방문자가 원하는 자료를 찾기 쉽게 만들어져 있는 것도 아니다. 웹 디자이너는 일반적인 사용자가 아니기 때문에 그들이 사용하는 라벨, 메뉴, 계층구조가 모두에게 쉽고 분명하게 느껴지지 않을 수도 있다. 그래서 사용자들은 사이트를 바삐 돌아다니며 검색하고, 계층을 따라 추적해 들어갔다가 되돌아 나오는 수고를 한다.

수평적 구조에서는 되돌아 나오기 쉽다. 수직적 구조에서는 되돌아 나오기가 쉽지 않지만 방문자가 올바른 가지를 타고 들어가기만 하면 찾기 어려운 파일도 쉽게 찾을 수 있다. 한편, 수평적 구조의 편리함에도 한계가 있다. 중간 단계 범주의 숫자가 너무 많으면 그것을 모두 검토하는 데 시간이 많이 걸리고, 계층구조를 따라 정리되어 있지 않기 때문에 반복과 중첩이 생길 수 있다. 선택할 수 있는 것이 너무 많으면 방문자는 쉽게 지쳐버리고 만다. 반면 계층구조가 깊은 경우에는 한 번에 선택해야 하는 가짓수가 그보다는 적다. 이와 똑같은 분석을 하드디스크 폴더 안의 폴더에도 적용할 수 있다.

하지만 사람을 조직하는 일은 웹사이트를 조직하는 것과 근본적으로 다르다. 수직적 구조가 발달한 곳에서도 사람들은 때때로 행위의 주체성을 가질 수 있고 또 가질 필요가 있다. 말단의 일용직 노동자라도 때로는 철도에 떨어진 여성을 구하기 위해 뛰어들 수 있고, 투자은행 비서도 때로는 내부고발자가 되며, 불만에 찬 동료가 총을 들고 나타나면 우편물실 노동자가 이를 신고하기도 한다. 이 모든 행동은 회사의 목적 중 일부인 안전과 윤리적 거래를 충족하는 것들이다.

계층구조로 조직된 회사는 어디든 간에 회사의 목적을 실천에 옮기는 과제가 보통 계층구조의 가장 아래 단계에 있는 사람들에게 떨어진다. 휴대전화를 생각해보자. 그것을 설계한 공학자들이나 마케팅과 판매를 담당하는 경영진 간부가 직접 휴대전화를 만드는 것은 아니다. 조립 공정의 기술자들이 만든다. 화재 진압도 소방서장이 아니라 현장에 있는 소방관들의 공동작업으로 이뤄진다.[24] 경영진과 행정가는 보통 회사나 조직의 주요 업무를 직접 실행하진 않지만, 회사나 조직의 목적을 완수하는 데 있어서 핵심적인 역할을 한다. 전쟁에 나가 직접 싸우는 사람은 소령이 아니라 기관총 사수지만 전쟁에 미치는 영향력은 소령이 그 어느 기관총 사수보다도 크다.

계층구조 조직화와 의사결정

　집이나 자동차 등 종종 수리가 필요한 값이 나가는 무언가를 소유해본 적이 있는 사람이라면 타협이라는 문제와 씨름해야만 했을 것이고, 또 의사결정 과정에서 경영적 관점이 대단히 필수적이라는 것도 깨달았을 것이다. 지붕은 30년 보장 제품으로 구입할 것인가, 20년 보장 제품으로 구입할 것인가? 식기세척기는 최고급품을 살 것인가, 저렴한 할인 브랜드 제품을 살 것인가? 자동차정비공이 차의 물 펌프를 갈아야 한다며 가격이 비싼 제품부터 보여줬다고 해보자. 가격에 맞춰 거래처에서 해외 회사의 제품과 기능적으로 동등한 부품인 OEM 생산제품을 떼어다가 장착할 수도 있고, 고물상에서 보증서가 붙은 중고 부품을 가져다 장착할 수도 있다고 한다. 정비공이 당신 대신 결정해줄 수는 없다. 그는 당신의 가처분소득이 얼마인지, 자동차에 대해 어떤 계획을 세우고 있는지 알 길이 없기 때문이다. 한마디로 정비공은 자동차나 금전적인 부분에 대한 당신의 장기적 계획을 더 높은 단계에서 바라볼 수 없다. 공식거래처에서 장착해주는 OEM 생산제품이 아닌 한, 다른 모든 결정은 일종의 타협이다. 하지만 '만족하기' 위해 이런 타협을 선택하는 사람이 많다.

　의사결정의 표준모델은 의사결정자, 특히나 경제나 사업이라는 맥락에 놓인 의사결정자는 정서적인 요인들에 영향받지 않는다는 것을 전제로 한다. 하지만 신경경제학neuroeconomics 연구에 따르면 이것은 사실이 아니다. 경제적 결정은 섬엽과 편도체 등을 비롯한 뇌의 정서적 영역의 활성을 일으킨다.[25] 한쪽 어깨에는 천사, 또 다른 어깨에는 악마가 올라타서 혼란에 빠진 주인공에게 경쟁적으로 조언을 늘어놓는 옛날 만화의 이미지는 이 상황에 대한 적절한 비유다. 혜택에 대한 평가는 뇌 깊숙한 곳, 척수와 제일 가까운 선조체의 일부(뇌의 보상 중추인 중격핵도 여기에 포함된다)에서 이루어진다.

그와 동시에 편도체에서는 비용에 대한 평가가 이루어진다. 편도체는 뇌의 심부 구조물로, 흔히 뇌의 두려움 중추로 여겨진다(생존 위협이나 다른 위험이 닥쳤을 때 투쟁-도피 반응을 담당하는 영역).[26] 전전두엽피질은 비용과 혜택에 대한 상충되는 정보를 받아들여 판단하는 결정자로 작용한다. 이것은 우리가 두 가지 대안 사이에서 의식적으로 어느 한쪽을 선택하려고 애쓸 때의 경험과는 다르다. 의사결정은 의식적 통제를 벗어나 아주 신속하게 이루어지는 경우가 많다. 그리고 여기에는 다양한 상황에서 우리에게 도움이 되도록 진화되어온 휴리스틱과 인지적 충동이 관여한다. 우리는 의사결정을 할 때 합리적으로 결정한다고 생각하지만 이것은 어느 정도 착각이다.[27]

중요한 결정은 보통 한 사람에 의해 이뤄지지 않고, 그 경계가 명확하게 정의되는 집단에 의해 이뤄지는 것도 아니다. 이런 결정은 광범위하게 분산된 논의, 상담, 정보 공유 과정을 통해 이뤄진다. 이것은 대규모 조직의 긍정적인 면이자 부정적인 면이다. 이 과정이 잘만 진행되면 불가능하게 보였던 엄청난 일들이 이뤄질 수 있다. 후버 댐의 설계와 건축, 플라스마 TV의 발명, 해비타트 운동(사랑의 집짓기 운동) 등이 그런 예다. 그러나 이 장의 시작에서 얘기했듯이 소통이 잘 이루어지지 않거나 능력과 윤리를 바탕으로 한 지휘권 행사가 제대로 이루어지지 않거나, 최적의 견제와 균형이 이루어지지 못하면 결국 다리가 무너지고, 엔론Enron 같은 거대 기업이 파산하는 일이 생긴다.

일반적으로 여러 단계로 구성된 수직적 조직에서는 지휘, 감독이 아래로 내려갈수록 점점 구체적으로 변한다. CEO가 하나의 계획을 어느 한 부사장에게 설명하면, 그 부사장은 어떻게 해야 그 계획을 가장 잘 달성할 수 있을지에 대한 자신의 생각을 조금 더 구체적으로 덧붙여서 이 부분에 경험과 전문성을 가지고 있는 부장에게 전달한다. 이 업무를 실행에 옮길 사람에게 도달할 때까지 이런 식으로 계속해서 이어진다.

특히 군대 조직에서 이런 부분을 명확히 볼 수 있다. 장군이나 사령관은 목표를 정한다. 그러면 대령은 자기 휘하에 있는 각각의 대대에게 과제를 할당한다. 소령은 자기 대대에 속한 중대에게, 그리고 대위는 자기 중대에 속한 소대에게 각각 과제를 할당한다. 각각의 장교를 거칠 때마다 범위가 좁아지고 지시사항은 구체성을 띤다. 현대의 육군은 현장에 나간 병사에게 상당한 정도의 상황 통제권과 재량권을 부여한다. 놀랍게도 미 육군은 변화에 가장 잘 적응하는 조직 중 하나로, 심리과학에서 발견한 내용을 어떻게 조직행동에 적용할 것인지에 대해 깊이 생각해왔다. 미 육군의 현 정책은 지휘 체계에 속한 사람들의 권한을 강화하는 일에 매진하고 있다. "그럼으로써 예하부대와 인접부대가 작전 환경과 지휘관의 의도에 대한 공동의 이해를 바탕으로 재량권을 발휘해 본부의 직접적인 통제 없이도 다른 부대들과 작전을 조화롭게 수행할 수 있게 하는 것이 그 목표다."[28]

회사든 군대든 하급자에게 부여하는 제한적인 자율성과 재량권에 가치를 두는 것은 최근에 개발된 조직 전략이 아니다. 거의 100년 전인 1923년에 나온 미 육군 야전요무령U.S. Army Field Service Regulations 설명서는 판단과 관련된 문제에서 하급자들이 어느 정도 자율성을 갖기를 기대하는 요량으로 다음과 같이 기술돼 있다. "명령이 하급자의 직분을 침해해서는 안 된다."[29]

군대 및 회사에서 운영이나 작전이 매끄럽게 이루어지기 위해서는 하급자와 상급자 간의 신뢰가 있어야 하고, 하급자가 올바른 일을 하리라 기대할 수 있어야 한다. 현재 미 육군 훈련 설명서에서는 이것을 다음과 같이 적고 있다.

지휘에 관한 우리의 기본 교리는 지휘체계 전반에서의 신뢰를 필요로 한다.

상급자는 자신의 의도에 따라 사명이 완수될 수 있도록 하급자를 신뢰하고 그에게 권한을 부여한다. 하급자는 상급자를 신뢰하고 그에게 지휘자의 의도를 실행에 옮길 수 있는 자유를 부여하며, 그들의 결정을 지지한다. 모든 계급 사이에서의 신뢰는 정직함에 달려 있다.[30] (중략)

육군교리는 하급 지휘자에게 최대의 자주성을 허용할 수 있도록 군사작전을 지휘하는 임무형 지휘를 강조한다. 육군교리는 육상 영역에서의 작전이 복잡하고 혼란스러울 때가 많고, 세부통제가 제대로 작동할 수 없음을 인정한다. 임무형 지위는 유능한 리더가 지상 상황에 맞게 자신의 전문성을 발휘해 지휘자의 의도를 바탕으로 임무를 완수하기를 강조한다. 임무형 지휘는 신뢰의 문화, 상호이해, 실수로부터 배우려는 의지 등을 조성한다.[31] (중략)

지휘자는 작전 활동들이 동시통합화될 수 있도록 유지하는 한편, 하급자에게 자주성을 발휘할 수 있는 최대한의 재량권을 부여한다.[32]

상급자들은 권한과 결정을 위임하기 꺼릴 때가 많다. 이들은 하급자보다 자신이 기술적으로 더 뛰어나고, 훈련도 제대로 되어 있고, 경험도 많다는 말로 이것을 합리화한다. 하지만 의사결정을 위임해야 마땅한 이유가 있다. 첫째, 상급자는 더 많은 연봉을 받는다. 따라서 고액 연봉을 받는 사람이 결정을 내리는 데 따르는 혜택은 그런 결정에 들어가는 비용과 대비해서 따져보아야 한다(5장에 나온 격언을 기억하라. '당신의 시간이 가진 가치는 얼마나 되는가?'). 그 연장선에서 상급자는 더욱 중요한 결정을 내릴 때 사용할 수 있도록 자신의 시간을 아껴둬야 한다.[33] 둘째, 하급자는 결정을 내리기에 더 유리한 위치에 있을 때가 많다. 하급자는 현장 상황과 관련된 사실들을 직접 접할 수 있지만, 상급자는 그렇지 못하기 때문이다. 스탠리 매크리스털Stanley McChrystal 장군은 미국과 이라크의 물리적 충돌이 빚어진 동안 자신의 리더십과 관련해서 이렇게 진술했다. "나는 지휘할 때 행동을 취할 능력과 권한을 내려놓는다. 리더로서 책임을 방기한다는 의미가 아니다. 팀 구성원들은 그저 아랫사람이 아니라 협력자라는 뜻이다. 그들은 한밤중에 내게 전화해서 이렇게 묻는다. '이 폭탄을 투하해도 될까요?' 그럼 나는 이렇게 묻는다. '그래야만 하는 상황인가?' 그럼 그들은 이렇게 말한다. '그래서 전화 드린 겁니다!' 내가 아는 것이라고는 그들이 내게 말해주는 것밖에 없고, 그들이 현장에서 파악한 내용에 더 보탤 수 있을 만큼 내가 더 똑똑하지도 못하다.[34]"

스티브 윈의 경영철학도 똑같은 개념을 지지한다. "대부분의 경영진처럼 나는 거대한 피라미드 구조의 꼭대기에 있다. 그리고 내 밑에 있는 사람들이 대부분의 결정을 내린다. 그들이 내리는 결정은 대부분 A를 해야 할까, B를 해야 할까 고민하는 'A 아니면 B'의 유형이다. 그리고 이런 결정은 대부분 선택의 방향이 뻔하다. 하나의 결과가 분명 다른 결과보다 낫기 때문이다. 하지만 몇몇 경우 아랫사람이 어느 쪽을 선택할까 결정하기에는 너무 많은 생각이 요구되거나 너무 어려울 수도 있다. 그럼 다른 누군가와 의논하거나 문제를 더 깊이 파고들어 정보를 더 얻어내야 한다. 때로는 A와 B 사이에서 선택을 내려야 하는데, 둘 다 좋은 결과가 나올 것 같지 않아 대체 어느 쪽을 선택해야 할지 판단이 서지 않는 경우도 있다. 그럼 비로소 그 문제로 씨름하는 사람들의 이름이 내 달력에 표시된다. 내 달력에 식품서비스부 임원의 이름이 씌어 있는 것은 무언가 안 좋은 일이 있다는 의미다. 이런 경우 내가 해야 할 일은 당신의 생각과 달리 그들을 대신해서 결정을 내려주는 것이 아니다. 그 문제를 들고 내게 찾아오는 사람들은 말 그대로 그 분야의 진짜 전문가들이다. 그들은 그 분야에 대해 아는 것이 많고 현장과도 밀접하다. 내가 하는 일이라고는 그들이 그 문제를 다른 각도에서 바라볼 수 있게 도와주는 것밖에 없다. 항공에 비유하자면, 나는 그들이 1,500m 상공에서 문제를 바라볼 수 있게 해준다. 나는 그들에게 몇 걸음 뒤로 물러서서 부인할 수 없는 진리 하나를 찾아내보라고 말한다. 얼마나 많은 걸음을 뒤로 물러서야 하든지 간에 그들이 그 모든 것의 밑바탕에 자리 잡고 있는 진실을 찾아낼 때까지 나는 그 사람들과 함께 대화한다. 그 진리는 예를 들면 다음과 같은 것이다. '우리 호텔에서 가장 중요한 것은 고객의 경험이다.' 혹은 '어떤 경우든 우리는 100% 신선하지 않은 음식을 고객 앞에 내놓을 수 없다.' 일단 그들이 핵심이 되는 진리를 확인하고 나면 우리는 문제를 천천히 앞으로 다시 되짚어간다. 그러다 보면 해결책이 나올 때가 많다. 하지만 내가 그들을 대신해서 결정을 내리진 않는다. 이 결정을 아랫사람들에게 가지고 가야 할 사람은 바로 그 사람들이다. 그리고 그 결정의 결과를 감수해야 할 사람도 그들이다. 따라서 그들은 스스로 결정을 내리고 그것을 편안하게 생각할 필요가 있다.[35]"

필요할 때 어려운 결정을 내리는 것이 가치 있음을 깨닫는 것도 그만큼 중요하다. 전 뉴욕시장 마이클 블룸버그Michael Bloomberg의 말이다. "리더란 결정을 내릴 의지가 있는 사람이다. 정치인은 유권자들이 그를 모든 부분에서 지지하지 않더라도 그 사람이 일을 하리라 생각하며 뽑아준 사람이다. 조지 부시 대통령이 선출될 수 있었던 것도 모든 사람이 그의 의견에 동의했기 때문이 아니라, 그가 진심 어린 사람이고 필요하다고 생각하는 일을 하리라는 것을 알았기 때문이다.[36]"

회사와 군대의 의사결정에는 필연적으로 윤리가 개입된다. 개인이나 회사의 이해관계에 도움이 되는 것이 지역사회, 서민 대중, 혹은 세계에도 늘 도움이 되는 것은 아니다. 인간은 사회적 동물이고 우리는 대부분 주변 사람들과의 갈등을 최소화하기 위해 무의식적으로 자신의 행동을 조절한다.

사회적 비교 이론social comparison theory은 이런 현상을 모델로 잘 담아냈다. 주차금지구역에 다른 사람의 차가 주차된 것을 보면 덩달아 그곳에 주차하는 사람이 많다. 개 배설물을 치워야 하는 법을 무시해버리는 행동을 하는 사람을 보면 우리도 역시 무시하기 십상이다. 이런 현상은 부분적으로는 진화의 산물로 볼 수 있는데, 우리 뇌에 선천적으로 새겨져 있는 형평성과 공정성의 감각 때문이다(심지어 세 살배기도 불평등에 반응을 보인다).[37] 우리는 이렇게 생각한다. '모두들 공원에 강아지 배설물을 여기저기 그냥 두고 가는데 왜 나만 바보같이 치워야 돼?' 물론 이런 주장은 구실에 불과하다. 좋은 행동은 나쁜 행동만큼이나 전염성이 강해서 우리가 모범을 보이면 다른 사람들도 따라할 가능성이 크다.

윤리적인 부분을 공개적으로 논의하는 조직과 조직 안에서 윤리적 행동을 모범으로 보이는 조직은 윤리규범을 준수하는 문화를 만들어낸다. 주변 사람들이 모두들 그렇게 하기 때문이다. 직원들이 윤리를 무시하게 내버려두는 조직은 나쁜 행동을 키우는 온상이 되어 제 아무리 윤리의식이 철저하고 의지가 강한 사람이라도 그 유혹에 넘어가게 만든다. 이는 상황의 힘이 개인의 기질적 특성을 압도해버리는 전형적인 사례다. 이런 조직 안에서 윤리적인 사람은 결국 이렇게 생각하고 있는 자신의 모습을 발견하고 만다. '난 질 게 뻔한 싸움을 벌이고 있어. 여기서 좀 더 노력한다고 뭐가 달라지겠어? 알아줄 사람 하나 없고, 신경 쓰는 사람도 없는데.' 아무도 지켜보지 않는 상황에서도 옳은 일을 행하는 것은 그 사람의 인격을 말해주는 지표이지만, 많은 사람이 그렇게 하는 것을 어려워한다.

미 육군은 이런 부분을 고심한 가장 영향력 있는 조직 중 하나다. 미 육군은 깜짝 놀랄 정도로 감명 깊게 이런 부분을 언급했다.

모든 전쟁은 병사들의 도덕과 윤리를 시험대에 오르게 한다. 적은 국제조약을 존중하지 않고 보복 행동을 불러일으킬 목적으로 잔혹 행위를 저지를 수도 있다. (중략) 모든 지휘관은 자신의 부하들이 군사작전을 마치고 돌아올 때 훌륭한 병사로서만이 아니라 훌륭한 시민으로서 돌아올 수 있게 해야 할 책임을 어깨에 짊어지고 있다. (중략) 직업군인이 된다는 것은 그 안에 막중한 책임을 담고 있다. 전투력을 효과적이면서도 윤리적으로 적용해야 한다는 책임 말이다.[38]

윤리적 의사결정을 내릴 때는 경제적 의사결정을 내릴 때와는 다른 뇌 영역들이 작동한다. 그리고 여기서도 마찬가지로 대사 비용이 발생하기 때문에 이런 사고 모드 사이를 전환하는 것이 어렵게 느껴지는 사람이 많다. 경제적 함축과 윤리적 함축을 모두 가지고 있는 다양한 결과의 경중을 동시에 따지는 일은 쉽지 않다. 윤리적, 혹은 도덕적 결정을 내릴 때는 전두엽에 들어 있는 별개의 구조물들이 관여한다.[39] 바로 안와전두피질orbitofrontal cortex과 바로 그 위에 있는 배외측 전전두피질dorsolateral prefrontal cortex이다. 이 두 곳의 뇌 영역은 다른 사람과의 관계 속에서 자신을 이해할 때나(사회적 지각) 사회규범을 준수할 때도 필요하다.[40] 이 부분에 손상을 입으면 욕설을 퍼붓거나, 나체로 거리를 활보하거나, 다른 사람의 면전에 대고 모욕적인 언사를 퍼붓는 등 사회적으로 부적절한 행동을 할 수 있다.[41] 윤리적 의사결정을 내리고 평가하는 데는 편도체, 해마(뇌의 기억 지표), 상측두고랑superior temporal sulcus 뒷부분 등에 있는 별개의 하위 영역들도 관여한다. 상측두고랑은 뇌 앞쪽에서 귀 뒤쪽까지 깊게 파인 홈이다. 비용이나 혜택과 관련된 경제적 결정에서와 마찬가지로 여기서도 전전두엽피질은 고려의 대상이 되는 도덕적 행동들 사이에서 결정을 내리는 결정자 역할을 한다.

윤리적 행동은 어려움에 처한 누군가를 돕는 일이든, 혹은 비윤리적인 행동을 좌절시키는 일이든 상관없이 똑같은 방식으로 처리된다는 것이 신경촬영영상을 통해 입증되었다. 한 실험에서 참가자들에게 부상당한 사람들에게 연민을 느끼는 사람이나 폭행범에게 공격적인 태도를 보이는 사람들의 동영상을 보여주었다. 동영상 속의 사람이 윤리적으로 적절하고 사회적으로 승인된 방식으로 행동하자 이 동영상을 시청한 참가자들의 뇌도 똑같은 영역이 활성화되었다.[42] 게다가 이런 뇌 활성은 사람들에게 보편적으로 나타났다. 사람들은 저마다 방식은 달라도 윤리적 행동을 생각하면 뇌 활성의 동기화 정도가 높게 나타났다. 즉, 이들의 뉴런이 유사하게 동시적인 패턴으로 흥분했다는 의미다. 여기서 영향을 받는 뉴런 집단은 섬엽(경제적 의사결정에 대해 논의할 때 언급됐다), 전전두엽피질, 그리고 쐐기앞소엽precuneus 등에 들어 있다.[43] 쐐기앞소엽은 머리 위쪽 뒤에 있는 뇌 영역으로 자기성찰과 조망수용 등과 관련 있고, 인간만이 아니라 원숭이에게도 존재한다.

그럼 원숭이들에게도 도덕 감각이 있다는 말일까? 동물행동학의 선도적 과학자인 프란스 드 발Frans de Waal이 이런 질문을 던졌다. 그는 원숭이들에게 무엇이 공평하고, 무엇이 공평하지 않은지 구분하는 감각이 대단히 발달되어 있음을 발견했다. 한 연구에서 갈색 흰목꼬리감기원숭이들과 또 다른 원숭이 한 마리를 대상으로 실험을 진행했는데, 원숭이들은 자기만 보상을 받거나(이기적인 선택 사항), 양쪽 모두 보상을 받는 쪽(공평하고 친사회적 선택 사항)을 선택할 수 있었다. 그러자 원숭이들은 일관되게 자기 파트너도 함께 보상받는 쪽을 택했다. 이것은 무릎반사 같은 단순한 반사작용 이상의 것이었다. 드 발은 흰목꼬리감기원숭이가 일종의 도덕적 계산을 수행한다는 확실한 증거를 발견했다. 실험자들이 '실수로' 파트너 원숭이에게 과하게 보상을 해주었더니 결정을 내리는 쪽 원숭이가 파트너에게 보상이 가지 못하게 막아 둘이 받는 보상이 균등해지게 만들었다. 또 한 실험에서는 원숭이들이 과제를 수행하면 그 보상으로 실험자들이 먹을 것을 주었다. 그런데 똑같은 과제를 수행한 원숭이라도 한쪽 원숭이에게 더 큰 보상을 해주자 보상을 적게 받은 원숭이는 과제 수행을 멈추고 부루퉁해졌다.[44] 생각해볼 만한 이야기다. 이 원숭이들은 그저 보상 구조가 불공평하다는 이유만으로 모든 보상(맛난 음식)을 기꺼이 포기해버릴 의사가 있었다는 얘기다.

누가 어떤 책임을 맡아야 하는가

리더십의 개념은 문화마다 시대마다 각기 다르다. 리더십의 대표 사례로 꼽히는 인물의 면면도 율리우스 카이사르, 토머스 제퍼슨, 제너럴 일렉트릭의 잭 웰치, 사우스웨스트항공의 허브 켈러허 등으로 천차만별이다.[45] 리더는 매도당할 수도 있고, 숭배받을 수도 있다. 그리고 통치, (경제적, 심리적, 육체적) 처벌 위협을 통해, 혹은 개인적인 매력, 동기, 영감의 조합을 통해 추종자를 끌어들일 수도 있다. 현대의 회사, 정부, 또는 군대에서 좋은 리더란 사람들이 목표를 완수하고 조직에 더 큰 도움이 될 행동을 하도록 사람들에게 영감을 불어넣고 영향력을 미치는 사람이라고 정의할 수 있다. 자유 사회에서 유능한 리더는 사람들에게 동기를 부여해 그들이 최선을 다할 수 있도록 생각과 노력을 집중하게 만들고, 자신의 능력을 최고 수준으로 끌어올려줄 일을 수행하게 한다.[46] 어떤 경우에는 리더로부터 크게 영감을 받은 사람들이 미처 몰랐던 자신의 재능을 발견하기도 하고, 자신의 일과 동료들과의 상호작용에서 커다란 만족을 얻기도 한다.

하버드대학의 심리학자 하워드 가드너Howard Gardner가 주창한 리더십의 더욱 폭넓은 정의를 보면, 리더에는 자신이 창조한 작업을 통해 수많은 사람의 생각, 느낌, 행동에 간접적으로 중요한 영향을 미치는 사람도 포함된다.[47] 이 작업은 예술작품, 조리법, 기술적 공예품과 제품 등등 거의 모든 것이 될 수 있다. 이런 개념으로 따지면 영향력 있는 리더에는 파블로 피카소, 마리 퀴리, 조르주 상드, 루이 암스트롱, 마사 그레이엄도 포함된다. 이런 리더들은 일반적으로 회사라는 구조 바깥에서 일하지만 일부 계약 구조 안에서는 다른 사람들처럼 큰 기업과 함께 일한다. 하지만 이들은 경제적으로 큰 영향을 미친 리더들에 대한 경영대학원의 표준적 인물 소개와는 맞아떨어지지 않는다.

기업 세계 안팎에 있는 양쪽 유형의 리더들은 모두 어떤 심리적 특성을 가지고 있다. 이들은 변화에 적응을 잘하고, 반응을 잘하며, 공감능력이 뛰어나고, 문제를 다양한 측면에서 바라볼 수 있는 능력이 있다. 이런 특성은 두 가지 독특한 유형의 인지능력이 필요하다. 바로 사회지능 social intelligence 과 깊고 유연한 분석지능 analytic intelligence 이다. 유능한 리더는 반대되는 견해를 신속하게 이해하고, 사람들이 어떻게 그런 견해를 갖게 됐는지, 그리고 양쪽 모두 만족스럽고 이득을 봤다는 생각이 들도록 갈등을 해소하는 법이 무엇인지 빠르게 파악한다. 리더들은 공급자, 잠재적인 적수, 경쟁자, 소설 속의 등장인물들 등 서로 상충하는 목표를 가진 것처럼 보이는 사람들을 한데 엮는 데 능숙하다. 뛰어난 비즈니스 리더들은 협상 과정에서 공감능력을 이용해 개인이나 조직들의 체면을 세워줘 협상이 마무리된 이후에도 양쪽 모두가 자기가 원하는 것을 얻었다는 기분을 느끼도록 해준다(재능 있는 협상가는 양쪽 모두 상대방보다 더 많은 것을 얻은 듯한 기분이 들게 만든다). 가드너의 모델에 따른 훌륭한 리더들 중에 훌륭한 이야기꾼이 많다는 것은 결코 우연이 아니다. 이들은 몸소 실천한 매력적인 이야기로 주변 사람들에게 동기를 부여한다. 리더들은 뇌의 서로 다른 영역에서 일어나는 전기 활동이 더욱 잘 통합되어 있다.[48] 즉, 뇌를 다른 사람들보다 좀 더 조화로운 방식으로 더 많은 부분을 사용한다. 이런 신경통합 능력을 측정함으로써 우리는 운동이나 음악 부문에서 리더감을 찾아낼 수 있다. 몇 년 안에 리더로서 적합한 인물을 검사하는 데 사용할 정도로 기술이 다듬어지리라는 전망도 있다.

위대한 리더는 경쟁자를 동맹으로 바꾸어놓을 수도 있다. 누가 봐도 경쟁 관계인 BMW의 CEO 노르베르트 라이트호퍼Norbert Reithofer와 도요타의 CEO 도요타 아키오豊田章男는 2011년 환경친화적인 고급 차량과 중형급 스포츠카를 만들어내기 위한 공동 작업에 착수했다.[49] 애플의 스티브 잡스와 마이크로소프트의 빌 게이츠 사이의 종잡을 수 없는 협력 관계와 전략적 동맹 덕분에 두 회사는 모두 더 강해지고 고객에게 더 나은 서비스를 제공할 수 있었다.

지난 20년간 미국에서 무분별하게 발생한 기업 스캔들에서 분명하게 나타나듯이, 부정적인 리더십은 치명적이다. 그 결과, 회사가 망하거나 그동안 쌓아올린 명성과 자원을 한순간에 잃어버리기도 한다. 이것은 자기중심적 태도, 조직 내에서 타인에 대한 공감능력의 결여, 조직의 장기적 건강에 대한 고민의 부족 등으로 인해 일어난 경우가 많다. 미 육군은 이런 부분이 군대 조직뿐만 아니라 시민단체에도 존재한다는 것을 알아차렸다. "해로운 리더는 남들을 속이고, 위협하고, 강압하고, 부당하게 처벌해서 자신이 원하는 바를 얻으려고 계속해서 사회적 역기능을 유발하는 행동을 한다."[50] 이런 전략을 장기적으로 사용하다 보면 하급자들의 의지력, 진취성, 사기를 갉아먹기 쉽다. 리더는 회사의 모든 수준에 존재한다. 영향력을 행사하고 기업문화에 영향을 미치기 위해(혹은 타인에게 동기를 부여할 힘을 가진 이야기꾼이 되기 위해) 꼭 CEO가 될 필요는 없다. 이번에도 역시 이 주제와 관련해서 아주 좋은 생각들이 미 육군에서 나왔다. 미 육군의 최신판 임무형 지휘 설명서에는 지휘관, 그리고 가장 성공적인 다국적 기업의 최고위급 경영간부들이 공유하는 다섯 가지 원칙이 설명되어 있다.[51]

- 상호신뢰를 통해 응집력 있는 팀을 구축하라.
- 인식을 공유하라.
- 간결하고 명확한 기대치와 목표를 제시하라.
- 모든 수준에서 노동자들이 훈련된 주도권을 행사할 수 있게 하라.
- 분별 있는 위험을 받아들여라.

신뢰를 얻고 잃는 것은 가끔씩 일어나는 큼직한 언사를 통해서가 아니라 일상의 자잘한 행동을 통해 이뤄진다.[52] 신뢰는 성공적인 경험이나 훈련을 공유하고, 오랜 기간에 걸쳐 양방향으로 소통하고, 프로젝트를 성공적으로 마무리하고, 목표를 달성하면서 구축되기 때문에 그만큼 시간이 든다.

인식을 공유한다는 것은 기업 경영진이 모든 수준의 하급자와 회사의 비전과 목표를 소통하고, 직원들이 수행해야만 하는 특정한 혁신안이나 프로젝트의 목표와 중요성을 공유한다는 것을 의미한다. 이렇게 하면 직원들이 자신의 재량을 발휘할 수 있는 능력을 강화할 수 있다. 직원들이 자기 행동의 최우선 목표가 무엇인지 상황 맥락에 따라 이해하며 이를 함께 공유하고 있기 때문이다. 자기의 권력을 유지하겠다는 그릇된 생각으로 아랫사람들에게 이런 목표를 숨기는 경영진은 결국 정보가 부족해서 주도적으로 무언가를 할 수도 없고, 그저 근시안적으로 업무를 수행해야 하는 불만에 찬 직원들을 양산할 뿐이다.

맥길대학 과학학부 학과장은 몇 년 전에 STARS Science Talks About Research for Staff(직원들에게 들려주는 과학연구 이야기)라는 계획안을 실행에 옮겼다. 점심식사 시간에 과학학부 교수들이 비서, 경리, 기술자, 관리직 등 업무상 과학과는 거리가 먼 일반 직원들에게 자신의 연구에 대해 설명해주는 프로그램이었다. 이 계획안은 여러 면에서 큰 성공을 거두었다. 직원들은 자기가 하는 일을 더욱 큰 맥락에서 이해할 수 있게 되었다. 경리는 자기가 그저그런 낡은 연구실이 아니라 커다란 문제를 개선하는 출발점에 선 연구실을 위해 결산 업무를 하고 있다는 것을 알게 되었다. 비서는 자기가 지원하는 업무가 2011년 쓰나미의 원인을 밝히고 또 다른 쓰나미를 효과적으로 예측하는 방법을 알아내 여러 사람의 목숨을 구하는 연구라는 사실을 알게 되었다. '수프와 과학의 만남Soup and Science'은 모든 구성원이 자기가 하는 일의 목표에 대한 인식을 새롭게 다지는 효과를 낳았다. 한 관리직 직원은 나중에 자기가 그런 중요한 일을 하는 팀의 일원인 것이 자랑스럽다고 얘기했다. 이 직원의 업무의 질은 향상되었다. 그는 연구 환경을 실질적이고 구체적인 방식으로 개선하기 위해 개인적으로 솔선수범하기 시작했다.

미 육군의 다섯 가지 지휘 원칙 중 세 번째는 기대치와 목표, 특정 과제의 목적, 그리고 의도하는 최종 상태를 간결하고 명확하게 제시할 것을 요구한다. 이를 통해 조직 구성원들에게 초점을 제시할 수 있고, 하급자들과 그들의 상급자가 추가 지시 없이도 원하는 결과를 달성하는 데 도움을 준다. 상급 관리자의 의도는 더 넓은 차원에서 공동 노력의 기준이 된다.

성공한 경영진은 상상 가능한 모든 사태에 대해 일일이 지침과 지시를 내릴 수 없음을 잘 알고 있다. 자신의 의도를 간결하고 명확하게 표현하고 소통하고 나면, 하급자들은 통일된 노력을 유지하면서도 자신이 훈련된 주도권을 행사할 수 있는 범위가 어디까지인지 알게 된다.[53] 훈련된 주도권disciplined initiative이란 기존 지시사항이 더 이상 상황과 맞지 않을 때, 혹은 예측하지 못했던 기회가 등장했을 때 구체적인 지시 없이도 행동을 취하는 것이라 정의할 수 있다.

분별 있는 위험prudent risk이란 직원이 판단하기에 잠재적으로 긍정적 결과가 그에 따르는 비용을 감당할 만한 가치가 있을 때 부정적인 결과에 의도적으로 자신을 노출시키는 것을 말한다. 여기에는 서로 다른 행동을 취했을 때 따라올 긍정적인 부분과 부정적인 부분에 대한 신중하고 치밀한 평가가 요구된다. 생산성 전문가 마빈 바이스보르Marvin Weisbord는 이렇게 지적했다. "개인적 책임감과 업무 현장에서의 협조를 기술적으로 대체할 수 있는 것은 없다. 우리에게 필요한 것은 위험을 무릅쓸 줄 아는 사람이 더 많아지는 것이다."[54]

일부 직원은 다른 직원들보다 더 생산적이다. 이런 차이 중 일부는 성격, 직업윤리, 그리고 기타(유전적 혹은 신경인지적 기반에 따른) 개인적 차이 때문이라 생각할 수 있지만, 직무의 특성 그 자체도 상당히 중요한 역할을 한다. 최근 신경과학과 사회심리학에서 발견된 내용을 바탕으로 경영진이 생산성 향상을 위해 할 수 있는 일들이 있다. 그중 일부는 명확한 목표 설정, 고품질의 즉각적인 피드백 제공 등 명확하고 잘 알려진 것들이다. 기대치는 합리적으로 설정되어야 한다. 그렇지 않으면 직원들은 거기에 압도당한 기분이 들거나 한번 뒤처지면 결코 따라잡을 수 없을 것 같은 기분이 든다. 직원의 생산성은 직무 만족과 직접 연관되어 있다. 직무 만족은 직원들이 산출의 질과 양 모두에서 자신이 일을 잘하고 있다고 인식하는지 여부와 관련 있다.

뇌의 외측전전두엽피질에는 47번 영역이라 부르는 부분이 있다. 비노드 메넌과 내가 지난 15년간 깊이 연구해온 영역이다. 관자놀이 바로 뒤쪽에 있는 새끼손가락만한 크기의 영역으로, 우리를 계속 바쁘게 만들어온 아주 매력적인 부분이다. 47번 영역은 자기 안에 들어 있는 예측 회로를 기억력과 함께 이용해서 사건의 미래 상태를 추정한다. 우리가 일이 어떻게 진행

될지 일부만 예측할 수 있다면 아주 보람 있을 것이다. 그러나 만약 우리가 일의 모든 측면을 세세한 부분까지 모두 예측할 수 있다면 오히려 지겨울 것이다. 새로울 것이 없는 데다, (경영 컨설턴트들과 미 육군에서 자신의 일에서 의미와 만족을 찾게 해주는 요소라고 말하는) 재량권과 판단력을 발휘해볼 기회가 없기 때문이다. 일하면서 너무 많지 않은 일부 측면에서 흥미로운 방식으로 놀라운 사실을 발견하게 되면, 이는 무언가를 발견하고 스스로 성장했다는 느낌으로 이어진다.

47번 영역을 행복하게 유지할 적절한 균형을 찾아내는 일은 무척 까다롭다. 대부분의 직무 만족은 다음의 두 가지가 결합됐을 때 찾아온다. 우리는 어느 정도의 제약 아래 있으면서 그 제약 안에서 개인적인 창의력을 발휘할 수 있도록 허락받았을 때 최고로 기능한다. 사실 이것은 문학과 음악 등 다양한 장르에서 창의력의 원동력으로 받아들여지고 있다. 음악가들은 음 조직의 엄격한 제약 아래서 작업한다. 서양 음악은 열두 개의 음만 사용한다. 하지만 그 시스템 안에는 커다란 유연성이 존재한다. 음악 역사상 가장 창조적이라고 인정받는 작곡가들은 제약하에서 창의력의 균형을 맞춘다는 이런 묘사와 딱 맞아떨어진다. 모차르트는 교향곡을 발명하지 않았고(이는 토렐리Torelli와 스카를라티Scarlatti의 공로로 인정받고 있다)[55], 비틀스는 로큰롤을 발명하지 않았다. 하지만 그러한 형식의 경계를 넓히고 재정의한 것은 바로 모차르트와 비틀스가 형식의 엄격한 제약 속에서 이룬 일들, 즉 그들이 자신의 작품에 불어넣은 엄청난 창의력과 독창성이었다.

생산성에서 남들보다 더 큰 영향력을 미치는 사람과 그렇지 않은 사람 간에는 결정적인 차이가 있다. 그 요소는 바로 '통제 소재locus of control'다. 통제 소재란 사람들이 자신의 자율성과 행위 주체성을 바라보는 방식을 일컫는 용어다. 통제 소재가 내면에 있는 사람(통제 소재 내부자)은 자신의 운명과 삶의 결과는 자기가 책임져야 한다고, 아니면 적어도 거기에 영향을 미칠 수 있다고 믿는다. 이들은 자신을 리더라 느낄 수도 있고, 그렇지 않을 수도 있지만 자신이 본질적으로 자신의 삶을 책임지고 있다고 생각한다. 통제 소재가 외부에 있는 사람(통제 소재 외부자)은 자신을 타인이 펼치는 게임 속에 무기력하게 붙잡혀 있는 장기의 졸 같은 신세라 여긴다. 이들은 타인, 환경의 힘, 날씨, 악의에 찬 신, 천체의 배열 등 외부의 거의 모든 사건이 자신의 삶에 절대적인 영향을 미친다고 여긴다(후자의 관점은 그리스로마 신화는 물론이고, 카프카와 카뮈의 실존주의 소설에도 예술적으로 나타나 있다).[56] 물론 이것은 극단적인 사례다. 대부분의 사람은 그 사이 어디쯤에 해당한다. 하지만 통제 소재는 기대수명, 삶의 만족도, 작업 생산성이라는 세 가지 영역에서 중요한 조절변수인 것으로 밝혀졌다. 미 육군이 하급자들에게 자신의 재량권을 발휘할 수 있도록 허용한 것도 이런 부분이다. 미 육군은 여러 상황에서 통제 소재의 상당 부분을 실제로 그 작업을 하고 있는 사람에게 넘겼다.

통제 소재 내부자는 성공을 자신의 노력 덕분이라 여긴다("난 정말 열심히 노력했어"). 실패도 마찬가지다("내가 제대로 노력을 안 했어"). 통제 소재 외부자는 같은 상황에서 바깥세상을 칭찬하거나 비난한다("순전히 운이 좋았어" 혹은 "경쟁이 조작됐어"). 학교에서 통제 소재 내부자인 학생들은 집중해서 열심히 공부하면 긍정적인 결과가 나오리라 믿고, 실제로 이런 학생들로 구성된 집단은 학업성취도가 높다.[57] 통제 소재는 구매 결정에도 영향을 미친다. 예를 들어, 자신의 체중을 통제할 수 있다고 믿는 여성은 날씬한 광고모델에게 호의적으로 반응하고, 그렇지 못한 여성은 몸집이 큰 모델에게 호의적으로 반응한다.[58]

통제 소재는 도박 행위에서도 나타난다. 통제 소재 외부자는 자기가 운명의 주체라고 느끼기보다는 자신에게 여러 가지 사건이 변덕스럽게 일어난다고 믿기 때문에 사건들이 행운 등 보이지 않는 숨겨진 외부의 힘에 지배 받는다고 생각한다. 따라서 이들은 도박을 좋아하고, 위험한 베팅도 서슴지 않으며, 오랫동안 나오지 않았던 카드나 룰렛 숫자가 있으면 이제 그것이 나올 때가 됐다고 착각하고 거기에 돈을 건다. 이것이 소위 도박사의 오류 다. 이들은 돈이 필요하면 도박으로 그 돈을 마련할 수 있을 것이라 믿는 다.[59]

통제 소재는 경험에서 별다른 영향을 받지 않는 고정된 내적 특성으로 보 인다. 일반적으로 생각하기에 자기가 자신의 삶의 주체라고 믿던 사람도 엄 청난 역경을 경험하고 나면 자신의 신념에 위배되는 압도적인 증거 앞에 무 릎을 꿇고 통제 소재가 외부로 옮겨가리라 예상하기 쉽다. 반대로 엄청난 성공을 경험한 사람은 통제 소재가 내면으로 옮겨오고, 자신이 그 모든 성 공의 주체라고 믿게 되리라 생각하기 쉽다. 하지만 연구 결과는 그와 다르 다. 그 예로, (당시로서는 미국 역사상 가장 큰 금전적 피해를 입힌) 1972년 발생 한 허리케인 아그네스로 공장이나 점포 등이 파괴된 독립 중소기업 소유주 들을 대상으로 연구가 진행된 적이 있다. 연구자들은 100명이 넘는 중소기 업 소유주들을 대상으로 그들의 통제 소재가 내부적인지 외부적인지 평가 했다. 그리고 허리케인이 지나가고 3년 반 후에 다시 평가해보았다. 그 기간 동안 자기 사업을 크게 일으켜 세운 사람도 많았지만 그러지 못하고 한때 번창했던 사업이 극적으로 악화되는 모습을 지켜봐야 했던 사람도 많았다. 아예 완전히 파산한 사람도 꽤 있었다.[60]

여기서 흥미로운 발견이 있다. 전체적으로 보면, 이들 중 자신의 운명을 변화시키는 함수로서 통제 소재의 내부화와 외부화에 대한 관점을 바꾼 사 람은 단 한 명도 없었다. 처음에 통제 소재 내부자였던 사람은 나중에 사업 이 다시 번창했든 아니든 간에 그대로 통제 소재 내부자로 남았고, 통제 소재 외부자도 마찬가지였다. 흥미롭게도 통제 소재 내부자 중 좋은 성과를 낳은 사람은 통제 소재 내부화가 더 심화되었다. 이는 이들이 성과를 자기의 노력 덕분으로 돌렸음을 의미한다. 처음부터 통제 소재 외부자였는데 사업이 악화되고 손실을 본 사람은 통제 소재 외부화가 더 심해졌다.[61] 이들은 자신의 실패를 상황적 요소의 침체와 자기가 평생 겪어온 나쁜 운 때문이라 여겼다. 다시 말해, 허리케인 이후에 찾아온 운명의 변화로 자신의 신념이 확인된 경우에는 그 신념이 강화되는 효과가 있는 반면, 자신의 신념에 반하는 운명의 변화(통제 소재 내부자는 모든 것을 잃고, 통제 소재 외부자는 사업을 회복함)는 그들의 신념에 아무런 변화도 가져오지 못했다.

통제 소재는 표준 심리검사로 측정 가능한데, 이것으로 업무 성과도 예측할 수 있는 것으로 밝혀졌다.[62] 이것은 효과적인 경영 스타일에도 영향을 미친다. 통제 소재 외부자인 직원은 자신의 행동이 보상 획득이나 처벌 만회로 이어지지 않을 것이라 믿기 때문에 다른 사람들처럼 보상이나 처벌에 반응하지 않는다. 고위층 경영진은 통제 소재 내부자인 경우가 많다.[63]

통제 소재 내부자는 성취도가 높고, 통제 소재 외부자는 스트레스를 더 많이 느끼고 우울증에 잘 걸린다.[64] 예상대로 통제 소재 내부자는 자신의 환경에 영향을 미치기 위해 더욱 노력한다(통제 소재 외부자와 달리 이들은 자신의 노력이 성과로 이어진다고 믿기 때문이다).[65] 통제 소재 내부자는 더 많이 배우고, 더 능동적으로 새로운 정보를 찾아 나서고, 그 정보를 더욱 효과적으로 활용하며, 문제 해결에도 더 뛰어나다. 이런 결과를 놓고 보면 경영진으로선 통제 소재 내부자만 골라 뽑아야겠다는 생각이 들겠지만, 특정 업무에 따라 필요한 자질은 달라진다. 통제 소재 내부자는 통제 소재 외부자보다 외부의 지시에 순응하지 않는 경향이 있다.[66] 이들은 설득력 있는 메시지에 노출되고 나서도 태도의 변화가 적었다.[67] 통제 소재 내부자는 자기 환경에 변화를 주도하려는 성향이 있기 때문에 감독하기가 골치 아프다. 게다가 이들은 심리적 강화에 민감하기 때문에 특정 업무에서의 노력이 보상으로 이어지지 않으면 통제 소재 외부자보다 더 빨리 동기를 상실했다.[68] 통제 소재 외부자의 경우, 어떤 방법이 됐든 자신의 노력이 진정 중요하다는 기대가 없기 때문에 동기에 큰 변화가 없다.

사우스플로리다대학의 산업조직론 과학자 폴 스펙터Paul Spector는 통제 소재 내부자는 일의 흐름, 과제 성취, 운영 절차, 업무 할당, 상급자와 하급자 간의 관계, 근무 조건, 목표 설정, 업무 일정, 조직 정책 등을 자기가 통제하려 들 수도 있다고 말했다. 스펙터는 다음과 같이 요약했다. "통제 소재 외부자는 통제 소재 내부자보다 더 고분고분한 추종자나 하급자가 된다. 반면 통제 소재 내부자는 독립적인 성격이 강하고 상급자나 다른 사람에 의한 통제에 저항할 가능성이 높다. 통제 소재 외부자는 잘 순응하는 성격 때문에 지시도 잘 따라서 감독하기가 더 편하다."[69] 따라서 어떤 종류의 직원이 업무를 제일 잘 할 것인지는 해야 할 일의 종류에 따라 달라진다. 적응 능력과 복잡한 학습, 독립성, 자주성, 높은 수준의 동기 등을 요구하는 업무라면 아무래도 통제 소재 내부자가 업무 수행을 더 잘하리라 기대할 수 있다. 반면 순응, 규약의 엄격한 준수 등이 필요한 업무라면 통제 소재 외부자가 더 낫다.

높은 자율성과 통제 소재 내부화가 결합되면 최고 수준의 생산성을 낳을 수 있다. 통제 소재 내부자는 안 되면 되게 하려는 성향이 있다.[70] 이것이 높은 자율성을 통해 그렇게 할 기회와 결합되면 성과로 나타난다. 조립라인 작업, 톨게이트 징수 업무, 물품창고 관리, 출납, 육체노동 등 반복적이고 대단히 제한된 과제로 구성된 일부 직무에는 분명 자율성을 별로 원하지 않는 사람이 더 어울린다. 예측 가능하고 시간과 과제를 어떻게 조직해야 하는지 개인적으로 책임질 필요가 없는 일을 선호하는 사람들이 많다. 이런 사람들

422

은 어떤 결정을 내릴 것을 요구받지 않고 그저 지시만 따르면 되는 자리에서 더 좋은 수행성과를 보인다. 하지만 비즈니스의 역사를 보면 좀 더 효율적인 작업 방식을 찾아내지 못할 것 같은 이런 종류의 일에서도 직원이 자율성을 발휘하고, 경영진이 예지력 있게 그 직원의 제안을 받아들인 사례가 무수히 많다(마스킹테이프를 발명해 3M을 세계 최대 회사로 발돋움하게 만든 사포 영업사원 리처드 드루^{Richard G. Drew}의 사례는 유명하다).[71]

반면, 스스로 동기를 부여하고 상황을 주도하고 창조적인 노동자는 자율성이 없는 업무를 맡으면 질식할 듯 답답해하고 실망과 지겨움을 느낀다. 이 경우 이들의 업무 수행 동기는 극적으로 떨어진다. 이는 경영진이 직원들의 동기 부여 스타일의 차이를 눈여겨봐서 통제 소재 내부자에게는 자율적인 업무를, 통제 소재 외부자에게는 그보다 자율성이 조금 더 제한된 업무를 주어야 한다는 의미다.[72]

자율성과 관련된 사실 하나를 얘기하면, 대부분의 노동자는 급료보다는 내적 보상으로 동기가 부여된다. 경영진은 자부심, 자기 존중, 무언가 가치 있는 일을 한다는 보람 등 내적인 것으로 동기가 부여되는 사람은 자기 자신뿐이고, 직원들은 급료 말고 다른 부분은 신경 쓰지 않는다고 생각하는 경향이 있다. 하지만 연구 결과는 이와 다르다. 직원들의 동기를 가볍게 생각함으로써 상사는 그들 마음의 실제 깊이를 간과해버리고 직원들에게 진정 동기를 부여할 수 있는 일을 제시하는 데 실패하고 만다.[73] 캘리포니아 프리몬트에 있는 제너럴모터스 자동차 공장을 예로 들어보자.[74] 1970년대에 이 공장은 전 세계 제너럴모터스 공장 중 수행성과가 최악이었다. 차체 결함 오류가 쏟아져 나왔고 결근율도 20%까지 치솟았다. 노동자들은 사보타주에 나섰다. 상사들은 공장 노동자들이 생각이라고는 없는 멍청이들이라 생각했고, 노동자들도 그런 식으로 행동했다. 직원들은 자기 일에 대한 통제권이 전혀 없었고, 그저 자기가 해야 할 일에 필요한 사항만 지시받았다.[75] 자신의 일이 공장 전체나 회사의 큰 그림과 어떻게 맞물리는지에 대해서는 아무런 얘기도 듣지 못했다. 1982년 제너럴모터스는 프리몬트 공장을 폐쇄했다. 몇 달 만에 도요타가 제너럴모터스와 협력 관계를 맺어 그 공장을 다시 열었고, 원래 직원들 중 90%를 재고용했다. 도요타 경영진이 구축한 방법의 중심에는 이런 생각이 자리 잡고 있었다. 기회만 주어지면 노동자들은 자신의 일에 자부심을 느끼길 원하고, 자신의 일이 보다 큰 그림과 어떻게 맞물리는지 알고 싶어 하고, 결함을 줄이고 품질을 향상시킬 수 있는 힘을 갖기를 원한다는 생각이었다. 똑같은 노동자들을 데리고 다시 공장을 연 지 1년 만에 이 공장은 제너럴모터스 최고의 공장으로 발돋움했고 결근율도 2% 이하로 떨어졌다. 변한 것은 직원들을 대하는 경영진의 태도밖에 없었다. 경영진은 직원들을 존중하고, 경영진이 서로를 대하듯 직원들을 대했다. 직원들을 공동 목표를 가지고 있고 내적으로 동기가 부여된 성실한 팀의 구성원으로 대한 것이다.

역사상 가장 생산적인 사람은 누구일까? 참 대답하기 어려운 질문이다. 생산성의 개념 자체가 잘 정의되어 있지 않고, 생산성의 개념도 시대별로 지역별로 계속 변하기 때문이다. 하지만 셰익스피어만큼은 분명 엄청나게 생산적인 사람이었다고 주장할 수 있다. 52세의 나이로 사망하기까지 그는 38편의 희곡, 154편의 소네트, 그리고 2편의 장편 설화 시를 썼다. 게다가 이 작품들은 역사상 가장 존경받는 문학작품에 해당한다.

에디슨도 둘째가라면 서럽다. 그는 거의 1,100건의 특허를 출원했는데, 그중에는 전등, 전력 설비, 소리 녹음기, 활동사진 등 역사를 바꾼 발명품들이 상당수 포함되어 있다. 그는 또한 1894년 프로그램 유료 시청제를 도입하기도 했다. 이 두 사람에게는 하나의 공통점이 있다. 모차르트와 레오나르도 다빈치 같은 다른 위인들도 공유하는 공통점이다. 이들은 바로 자기 자신의 상사였다. 즉, 이들은 자신의 활동에 대한 통제 소재가 내부화되어 있었다. 물론 모차르트는 작품을 써달라는 의뢰를 받고 작업했지만, 그 구속 시스템 안에서 그는 자기가 원하는 방식으로 원하는 일을 할 수 있는 자유가 있었다. 자기 자신의 상사가 되려면 상당한 자제력이 요구되지만, 그것을 감당할 수 있는 사람에게는 그 보상으로 막대한 생산성이 따라온다.

다른 요인들도 생산성 제고에 기여한다. 이를테면 아침에 일찍 일어나는 것도 그런 요소다. 연구 결과에 따르면, 올빼미형 인간보다는 아침형 인간이 더 행복하고, 더 성실하고, 더 생산적이다. 시간을 내서 운동을 하는 것이나 일정을 준수하는 것은 생산성을 높이는 데 도움이 된다.[76] 랜드마크 시어터 Landmark Theatres 와 NBA 농구단 댈러스 매버릭스의 소유주인 마크 큐번Mark Cuban은 수많은 CEO와 직원들이 그랬듯이, 대부분의 회의는 시간낭비라고 얘기한다.[77] 거래 협상을 하거나 수많은 사람에게 자문할 때는 예외라고 할 수 있지만, 그때마저도 시간제한을 두어 처리할 안건만 처리하고 회의는 가급적 짧게 하는 것이 좋다. 워런 버핏의 일정표는 거의 대부분 텅 비어 있는데, 그 상태가 25년간 이어져왔다.[78] 일정을 열어두는 것이 자기 생산성의 핵심임을 파악한 후로 그는 종류를 막론하고 어떤 것이든 일정을 잡아놓는 경우가 드물다.

생산성과 효율성을 위한 문서 정리

어떤 사업이든 인력을 정돈하고 조직화하는 것은 가치를 증진하는 좋은 출발점이 된다. 그런데 홍수처럼 끊임없이 밀려드는 문서들은 어떻게 정리해야 할까? 문서 업무는 직장생활과 개인생활의 모든 측면을 장악한 듯 보인다. 사업의 효율성 측면에서 서류와 전자문서를 관리하는 것은 점점 중요성을 더해가고 있다. 하지만 오래전부터 말하기를, 지금쯤이면 사무실에서 종이를 사용하지 않게 될 것이라 하지 않았던가? 그러나 종이 소비량은 1980년 이후 50% 증가했다.[79] 오늘날 미국에서만 한 해에 7,000만 톤의 종이를 사용한다.[80] 이것은 한 사람당 211kg, 혹은 1만 2,000장의 종이에 해당하는 양이다. 이 분량을 채우려면 12m짜리 나무 여섯 그루가 필요하다.[81] 어쩌다 이 지경까지 왔을까? 그리고 이에 대처하기 위해 우리가 할 수 있는 일은 무엇일까?

1800년대 중반 이후 회사들이 몸집을 불리고 직원들이 지리적으로 흩어져 일하게 되자 회사들은 발신하는 서신들을 필사하거나 레터프레스[letter press](복사기의 전신)를 이용해 복사본을 만들어두는 것이 유용하겠다고 생각했다.[82] 수신되는 서신들은 분류함 책상이나 분류함 캐비닛에 모아두고 때로는 분류해놓기도 했지만 그렇지 않을 때도 많았다. 나중에 필요할 때 찾기 쉽도록 보낸이, 날짜, 주제 등 중요한 정보는 편지 바깥이나 접는 부분에 적어두었다. 들어오는 서신이 많지 않은 경우에는 이런 시스템으로도 관리가 가능했다. 편지함을 조금 뒤져보면 필요한 것을 찾는 일은 문제가 없었고 시간도 별로 걸리지 않았다. 이는 마치 아이들이 하는 카드놀이인 '컨센트레이션[Concentration]'을 하는 것과 비슷했다.

컨센트레이션은 1960년대에 방영된 TV 게임쇼를 바탕으로 만들어진 게임이다. 홈 버전에서는 참가자들이 총 30장의 카드를 가로 다섯 줄, 세로 여섯 줄의 사각형 대열로 패가 보이지 않게 뒤집어서 펼쳐놓는다(처음에 카드를 두 벌 준비한 다음 각각의 뭉치에서 똑같은 짝을 골라내 30장을 만든다. 이렇게 하면 사각형 대열로 펼쳐놓은 카드들은 모두가 자기와 똑같은 짝이 그 안에 함께 들어있게 된다). 첫 번째 참가자가 두 장의 카드를 뒤집는다. 만약 두 카드가 짝이 맞으면 그 사람이 카드를 가져간다. 짝이 맞지 않으면 뒤집었던 카드를 다시 패가 보이지 않게 뒤집어놓고 다음 참가자 차례로 넘어간다. 이 게임은 앞서 뒤집은 카드의 위치를 잘 기억하는 참가자가 유리하다. 이런 능력은 해마 속에 들어 있다. 해마는 런던 택시운전사들의 경우에 크기가 커져 있던 바로 그 장소기억 시스템이다.

우리는 문서나 가사도구 등을 찾을 때 해마의 공간기억을 이용한다. 우리는 다른 사람에 비해 이런 물건들이 어디 있는지 분명하게 기억할 때가 있다. 인지심리학자 로저 셰퍼드Roger Shepard의 파일 시스템은 그저 문서들을 사무실에 차곡차곡 쌓아놓는 것이었다. 그는 문서가 어느 무더기에 들어 있으며, 그 무더기 속 어디쯤에 있는지 대략적으로 알고 있었기 때문에 공간기억을 이용해 검색 시간을 최소로 줄일 수 있었다. 그와 비슷하게 보관함 파일 시스템 초기에는 분류되지 않고 쌓여 있는 편지들 속에서 필요한 것을 찾아내는 일이 사무실 직원의 공간기억에 의존해 이뤄졌다. 공간기억이 극적으로 탁월한 경우도 있다. 다람쥐는 자기가 묻어놓은 수백 개의 견과류를 찾아낼 수 있다.[83] 냄새만 이용하는 게 아니다. 실험에 따르면, 다람쥐들은 다른 다람쥐가 견과류를 묻어놓은 장소가 아니라 자기가 묻어놓은 장소에 있는 견과류를 우선적으로 찾아낸다.

하지만 아무리 19세기라고 해도 문서나 서신의 양이 많아지면 이런 것들을 찾아내는 일에 시간이 많이 들고 짜증이 났을 것이다. 보관함 파일 시스템은 기억을 외부화하고 뇌의 처리 능력을 확장하려는 최초의 현대적 시도 중 하나였다. 중요한 정보는 글로 적어두면 나중에 다시 그 내용을 확인할 때 참고할 수 있다. 다만 그 한계라면, 그 문서를 어디에 두었는지 기억하기 위해 인간의 기억력을 이용해야 했다는 점이다.

보관함 파일 시스템 다음 단계의 발전은 더 많은 보관함이었다! 우턴 책상 Wooton Desk(1874년 특허 취득)은 보관함이 100개가 넘었다. 광고에서는 이 것을 이용하는 사업가들은 상황의 지배자가 될 수 있을 거라고 선전했다. 고객명이나 주문 마감날짜, 혹은 다른 논리적 전략에 따라 정리된 보관함에 라벨을 붙여놓을 혜안만 있다면, 이 시스템은 아주 효과적으로 사용되었을 것이다.

하지만 여기에도 여전히 큰 문제가 존재했다. 각각의 문서를 보관함의 크 기에 맞춰 집어넣으려면 일일이 접어야 했고, 문서를 확인하고 이용할 때마 다 접은 것을 펴야 했다. 이 부분에서 처음으로 혁신적 개선을 이룬 것은 1800년대 후반에 나온 플랫 파일flat file이다.[84] 플랫 파일은 서랍이나 캐비닛 에 보관하거나 양장본으로 묶어서 보관할 수도 있었기 때문에 보관 용량이 커지고 검색 효율도 좋아졌다. 플랫 파일은 양장본으로 묶을 수도, 그렇지 않을 수도 있었다. 양장본으로 묶는 경우에는 문서를 보통 시간 순으로 저 장했다. 이는 문서의 위치를 알려면 그것이 도착한 대략적인 시간을 알아야 한다는 의미였다. 이보다는 한데 묶어놓지 않고 상자나 서랍에 보관하는 플 랫 파일이 더 유연했다. 이렇게 하면 파일을 배열했다가 나중에 재배열할 수 있고, 필요에 따라서는 빼버릴 수도 있었다. 이는 2장에 나온 파이드로스 (그리고 다른 많은 HSP)가 좋아한 3×5인치 색인카드와 비슷하다.

19세기 후반의 최첨단 플랫 파일 보관함은 편지지 크기의 파일상자로 만 들어진 시스템이다. 이는 오늘날 대부분의 문구점에서 구입할 수 있는 종류 와 유사한 시스템이다. 서신은 바느질로 깁거나, 접착제로 붙이거나, 아니면 알파벳이나 시간 순으로 삽입할 수 있었다. 1868년 즈음에는 플랫 파일 캐 비닛이 도입되었다. 납작한 편지지 크기의 서랍이 수십 개씩 들어 있는 캐 비닛으로, 도서관 대출카드 카탈로그를 부풀려놓은 것 같은 모양이었다. 이 서랍들은 앞서 언급한 모든 방식으로 정리할 수 있었다. 보통은 시간순, 알파벳순, 주제별로 정리되었다. 그리고 서랍 안의 내용물은 거기서 한 단계 더 정리할 수도 있었다. 그러나 서랍의 내용물을 분류하지 않고 놔두는 경우가 많았기 때문에 원하는 문서를 찾으려면 그 내용물들을 사용자가 모두 뒤져봐야 했다. MIT 경영학 교수이자 비즈니스 소통 관련 세계적 전문가인 조안 예이츠 JoAnne Yates는 이 문제점을 이렇게 설명했다. "열린 상자 파일이나 수평 캐비닛 파일에서 서신을 찾으려면 찾으려는 그 편지 위에 쌓여 있는 편지를 모두 들어내야 한다. 수평 캐비닛 파일 속에 알파벳이나 숫자로 지정된 서랍은 서랍마다 문서가 쌓이는 속도가 다르기 때문에 편지들이 사용 중인 파일에서 백업저장소로 옮겨지는 속도도 마찬가지로 다르다. 서랍에 서신들이 한가득 쌓이게 내버려둘 수도 없다. 서랍을 열 때마다 문서들이 걸려서 찢어지기 때문이다. 그렇다고 서신 보관용 상자를 이용하려니 처리해야 할 파일이 많아지면 그것들을 일일이 선반에서 내려서 열어 보는 것도 일이다.[85]"

예이츠의 지적대로 주어진 문서나 문서 더미가 현재 사용해야 할 것인지 보관해야 할 것인지 애매할 때가 많다. 더군다나 사용자가 이 시스템을 확장하려 할 때는 한 상자의 내용물을 또 다른 상자로 계속 옮겨야 하는 경우가 생기는데, 그러다 보면 수십 개의 상자를 캐비닛으로 옮겨서 새로운 상자가 들어갈 공간을 만들어야 할 때도 있다.

문서를 잃어버리는 일을 막고, 문서를 철된 순서대로 유지할 수 있도록 1881년경에 고리 시스템이 도입됐다. 현재 사용하는 고리 세 개짜리 바인더와 유사한 형태다.[86] 고리를 이용한 플랫 파일은 장점이 어마어마했다. 임의 접근이 가능하고(파이드로스의 3×5인치 색인카드 시스템처럼), 문서를 잃어버릴 위험이 최소화됐다. 하지만 이 모든 장점에도 불구하고 바인더는 주요 저장 형태로 자리 잡지 못했다. 그 후로도 50년 동안 수평형 파일과 파일북file book(양장본으로 묶은 것이나 접착제로 붙인 것)이 사무실 정리의 표준으로 남았다. 우리가 오늘날 사용하는 것과 비슷한 수직형 파일vertical file이 처음 도입된 것은 1898년이다.[87] 여러 상황에 부딪히면서 이것이 유용해졌다. 우선 복사 기술이 향상되어 철해야 할 문서의 숫자가 늘어났다. "체계적 경영 운동" 때문에 문서와 서신이 늘어났다. 그리고 1876년에 도입되어 도서관에서 책을 정리할 때 사용하는 듀이 10진 체계Dewey Decimal System는 서랍에 보관하는 색인카드를 이용했기 때문에 수직형 파일을 보관하는 가구는 이미 사람들에게 익숙해진 상태였다. 현대적인 타자기의 발명으로 문서 작성 속도가 빨라지면서 철해야 할 문서의 숫자도 늘어났다. 멜빌 듀이Melvil Dewey 가 창립한 라이브러리 뷰로Library Bureau는 수직형 파일, 가이드, 라벨, 폴더, 그리고 가구로 구성된 서류철 및 서류 정리 시스템을 만들어서 1893년 시카고 만국 박람회에서 금메달을 수상했다.

수직형 파일은 알파벳순으로 배열되었을 때 가장 효율적이다. 이런 방식이 더 일찍 발명되지 못한 요인 중 하나는 18세기까지만 해도 모두가 알파벳을 아는 것은 아니었기 때문이다. 역사가 제임스 글릭James Gleick은 이렇게 지적했다. "17세기에 접어들 무렵 글을 읽을 줄 알고 책을 구입해서 읽었던 영국인도 평생 동안 알파벳순으로 정렬된 자료를 한 번도 접해보지 못하고 사는 경우가 있었다."[88] 파일을 알파벳순으로 정리하는 것은 사람들의 머릿속에 제일 먼저 떠오른 파일 정리 전략이 아니었다. 평균적인 독자들이 알파벳에서 H가 C보다 뒤에 온다는 사실을 알 것이라 기대하기가 힘들었기 때문이다. 우리가 알파벳 순서를 누구든 당연히 안다고 생각하는 이유는 이제는 학교에서 아이들에게 그 순서를 기억하도록 가르치기 때문이다. 더군다나 18세기나 19세기까지만 해도 철자가 맞고 틀린다는 개념 자체가 존재하지 않았다. 따라서 알파벳 순서는 실용적이지 않았다. 이런 이유에서 사전을 처음 내놓을 때도 단어를 어떻게 배열할 것인가는 무척 골치 아픈 문제였다.

1900년경에 수직형 파일이 표준으로 자리 잡고, 그 후속으로 1941년에 프랭크 조나스 Frank D. Jonas가 걸이식 파일폴더 hanging file folder를 발명했는데, 이는 문서 정리에 여러 가지 장점을 가져왔다. 이런 장점은 지금 우리에게 당연한 것으로 느껴지지만, 당시로서는 수백 년에 걸쳐 이뤄진 혁신이었다.

1. 문서를 접지 않고 펼쳐둘 수 있어 그 내용을 쉽게 확인할 수 있다.
2. 취급과 접근의 용이함: 가장자리에 철이 된 문서는 취급하기가 더 쉬웠다. 순서상 그 앞에 오는 문서들을 먼저 들어낼 필요가 없어졌다.
3. 관련된 문서들을 같은 폴더에 담아둘 수 있다. 그리고 폴더 안에서도 세부적으로 범주화할 수 있다(예컨대 날짜, 알파벳순, 주제, 저자별 등등).
4. 캐비닛에서 폴더를 통째로 들어낼 수 있어 사용이 편리하다.
5. 기존에 사용되던 양장본 시스템과 달리 문서들을 시스템에서 개별적으로 뺄 수 있고, 마음만 먹으면 얼마든 새로 분류하거나 다시 철할 수 있다(파이드로스의 원칙).
6. 폴더가 가득 차면 그 내용물을 쉽게 재분배할 수 있다.
7. 확장이 용이하다.
8. 명료성: 적절하게 라벨을 붙여서 정리해놓으면 처음 접하는 사람이라도 문제 없이 이 시스템을 사용할 수 있다.

물론 수직형 파일로 모든 문제가 해결되지는 않았다. 파일 캐비닛 안에 들어 있는 서랍을 어떻게 정리해야 하는가 하는 문제는 말할 것도 없고, 파일과 폴더들을 어떻게 정리할지 결정해야 하는 문제가 여전히 남아 있었다.

파일 캐비닛이 여러 개라면 그것을 어떻게 할지도 정해야 했다. 열 개가 넘는 서로 다른 캐비닛에 엄격한 알파벳순 시스템을 적용해 모든 폴더를 이름으로 분류하면(병원 진료실에서처럼) 무척 효율적일 것이다. 하지만 만약 서로 다른 종류의 것들을 파일로 정리해야 한다면? 고객 관리용 파일과 공급처 관리용 파일을 가지고 있다면, 이 둘을 서로 다른 캐비닛으로 분리하는 것이 좀 더 효과적일 것이다.

HSP들은 보통 계층구조 시스템hierarchial system, 혹은 중첩 시스템nested system을 활용해서 파일을 정리한다. 이 시스템 안에는 주제, 인물, 회사, 연대 등이 또 다른 정리 체계 안에 들어가 있다. 예컨대, 어떤 회사에서는 파일을 처음에는 지리를 이용해 전 세계 지역 및 나라별로 정리하고, 그다음에는 주제, 인물, 회사, 연대 등으로 다시 정리한다.

오늘날 중간 크기 기업에서는 중첩 시스템이 어떤 모습일까? 당신이 자동차부품회사를 운영하고 미국 본토 48개 주로 제품을 운송한다고 가정해보자. 여러 가지 이유로 당신은 미국 본토의 북동부, 남동부, 서부해안, 중부를 각각 따로 취급한다. 이는 운송비용의 차이 때문일 수도 있고, 각 지역에서 취급하는 상품군이 달라서일 수도 있다. 처음에는 서랍이 네 칸 달린 파일 캐비닛으로 시작할 수 있다. 서랍 각각에는 지역의 이름을 라벨로 붙여놓는다. 한 서랍 안에는 고객이나 회사 이름별로 알파벳순으로 배열된 폴더들이 마련되어 있다. 사업이 확장되면서 결국 지역별로 파일 캐비닛이 하나씩 필요하게 된다. 그리고 캐비닛 1번 서랍은 알파벳순으로 A~F, 2번 서랍은 G~K 등등으로 서랍을 배분한다. 중첩 계층구조는 거기서 끝나지 않는다. 한 고객의 파일폴더 안에서는 문서를 어떻게 배분할 것인가? 시간을 역순으로 해서 가장 최근의 항목이 제일 앞에 나오게 하는 것도 하나의 방법이다.

채워 넣으려면 시간이 걸리는 보류주문이 많아질 경우에는 각 지역의 서랍 앞쪽에 보류주문 폴더를 하나 만들어서 보류주문을 시간 순으로 철해두었다가 제일 오랫동안 기다린 고객이 얼마나 오랫동안 주문이 없는 상태로 있었는지를 신속하게 확인한다. 물론 이런 방식 말고도 파일 시스템은 무한히 다양하게 구성할 수 있다. 지역별로 파일 서랍을 두고 그 안에 고객 폴더를 만드는 대신, 제일 윗단계의 파일 서랍은 알파벳순을 엄격하게 지키고 각각의 서랍 안에서 지역별로 나눌 수도 있다. 예를 들어, A 파일 서랍(이름이 A로 시작하는 고객이나 회사용)이 있고, 그 안에는 북동부, 남동부, 서부해안, 중부 영역별로 칸막이를 할 수도 있다. 해당 사업에서 어떤 시스템이 가장 효율적일지를 결정하는 단 하나의 규칙 따위는 없다. 성공적인 시스템은 검색 시간이 최소화되고, 방 안에 들어오는 사람이라면 누구나 사용할 수 있는 명료함을 특징으로 한다. 쉽게 설명할 수 있는 시스템이 바로 그런 명료한 시스템이다. 다시 한 번 강조하지만, 효율적인 시스템이란 라벨을 잘 정리하고 외부 사물들을 논리적으로 정리해서 가급적 많은 기억 기능을 뇌로부터 덜어냄으로써 행동 유도성을 활용하는 시스템이다.

이것은 상상력과 독창성의 한계만 있을 뿐, 자유롭게 그 어떤 형태라도 취할 수 있다. 파일폴더들이 자주 혼동되면 폴더 색을 다르게 해서 쉽게 구분되게 하자. 전화나 인터넷 전화로 연락할 일이 많고 서로 다른 시간대의 고객, 동료, 공급자와 연락해야 한다면, 이런 통화와 관련된 자료들을 모두 시간대 순서별로 정리해 하루 중 어느 시간에 누구에게 전화를 해야 하는지 쉽게 알아볼 수 있게 하자. 변호사들은 법령 번호에 따라 숫자를 붙인 바인더나 폴더 안에 사건 자료들을 철한다. 때로는 간단하고 기발한 순서를 이용하면 기억하기가 더 쉬워진다. 의류 소매상이라면 파일을 정리할 때 신발 관련 파일은 맨 바닥 서랍에, 바지 관련 파일은 하나 위 서랍, 셔츠와 재킷 관련 파일은 다시 그 위에, 그리고 모자 관련 파일은 꼭대기 서랍에 정리할 수도 있다.

린다는 25만 명의 직원을 거느린 80억 달러 규모의 회사에서 자기와 동료들이 사용하는 강력한 문서 관리 시스템에 대해 설명해주었다. 종류가 다른 문서들을 따로 구분해서 중역실 지정 캐비닛에 보관한다. 하나 혹은 그 이상의 캐비닛을 따로 마련해서 인사 관련 파일 보관용으로 쓰고, 다른 캐비닛들은 주주 관련 정보(연례보고서 포함), 다양한 부서의 예산과 지출, 그리고 서신 등의 보관용으로 사용한다.[89] 서신 파일도 이 시스템의 필수적 요소 중 하나다.

린다의 설명을 들어보자. "서신 관리 시스템에 따라 저는 모든 문서를 세 통씩 복사해서 보관합니다. 하나는 시간순 파일로, 하나는 주제별 파일로, 하나는 제목에 따라 알파벳순 파일로 들어갑니다. 우리는 이것을 고리 세 개짜리 바인더에 보관해요. 그 안에는 알파벳으로 식별표를 붙여놓거나, 특별히 크거나 자주 사용하는 섹션은 그 섹션의 이름이 적힌 맞춤식 식별표를 붙여놓습니다. 바인더 바깥쪽에는 그 안의 내용물이 무엇인지 명확히 알 수 있도록 라벨을 붙여놓죠."

복사본을 만드는 것 외에도 린다는 데이터베이스 프로그램에 키워드와 함께 모든 서신의 목록을 기록해둔다(린다는 파일메이커FileMaker라는 프로그램을 사용하는데, 엑셀을 이용해도 좋다). 특정 문서의 위치를 파악하고 싶으면 그녀는 컴퓨터 데이터베이스에서 키워드로 검색해본다. 그럼 그 세 개의 바인더 중 어디에 그 문서가 있는지 알 수 있다. 컴퓨터가 고장나거나 데이터베이스에서 찾지 못하더라도 바인더를 훑어보면 거의 찾을 수 있다.

이 시스템은 놀라울 정도로 효과적이다. 이것을 유지하는 데 들어가는 시간은 검색 효율성으로 보상받고도 남는다. 이 방식은 하나의 기억으로 수렴하는 다양한 마디를 통해 그 기억에 접근 가능하다는 연상 기억의 원칙을 교묘하게 이용한다(서문에 나온 소방차 사례와 4장에서 나온 로버트 샤피로와 크레이그 칼만이 사용한 주석 달린 연락처 목록의 사례 등). 우리가 하나의 사건에 대해 늘 모든 것을 기억하는 것은 아니지만, 어느 한 가지를 기억할 수 있다면(대략적인 날짜나 해당 문서가 다른 문서와 비교해볼 때 상대적으로 순서가 어디쯤인지, 혹은 그와 관련된 사람이 누구인지 등) 우리 뇌의 연상 네트워크를 이용해 필요로 하는 것을 찾아낼 수 있다.

서신을 고리 세 개짜리 바인더로 옮기기로 한 린다의 결정은 파일폴더 관리의 기본 원칙을 보여준다. 하나의 파일폴더에 적합한 양 이상으로 많이 담지 마라. 일반적으로 50페이지가 넘어서는 안 된다. 전문가들은 만약 파일폴더에 그 이상 들어가야 한다면, 그 내용을 하위폴더로 나누어 정리하라고 권한다. 만약 정말로 하나의 파일폴더에 그 이상의 페이지를 보관할 필요가 있다면, 고리 세 개짜리 바인더로 옮기는 것을 고려하라. 바인더 시스템의 장점은 순서대로 보관할 수 있다는 점이다. 문서가 떨어지거나 쏟아져 나올 염려도 없다. 그리고 파이드로스의 원칙에서처럼 임의 접근이 가능하고 필요하면 새로운 기준에 맞춰 순서를 다시 정리할 수도 있다.

이런 시스템에 덧붙여 HSP들은 문서 업무와 프로젝트들을 얼마나 긴급한 사안인가에 따라 나눠주는 시스템도 만들어냈다. 지금 당장 처리할 필요가 있는 일들을 모아놓은 '지금'이라는 작은 범주는 가까운 곳에 둔다. '가까운 시일 안에'라는 두 번째 범주는 사무실 반대쪽이나 복도 등 조금 더 먼 곳에 둔다. 참고용 문서나 보관용 문서들을 모으는 세 번째 범주는 다른 층이나 다른 건물 등 그보다 훨씬 먼 곳에 두어도 된다.[90] 린다는 정기적으로 찾아볼 필요가 있는 것들은 모두 쉽게 손이 닿을 수 있도록 특별히 반복용 폴더에 담아둔다. 여기에 해당하는 것으로는 납품일지, 주마다 업데이트하는 매출액 계산표, 직원 전화번호부 등이 있다.

비즈니스 환경에서 어떤 정리 시스템을 마련하든 필수적인 요소는 집 부엌에 잡동사니 서랍을 갖추어놓듯, 그 어느 범주에도 깔끔하게 맞아떨어지지 않는 것들을 보관하는 '기타 파일'을 마련해야 한다는 점이다. 무언가를 아우를 수 있는 범주가 떠오르지 않는다고 해서 그것을 인식 능력이나 상상력의 한계라 생각할 필요는 없다. 이것은 그저 우리 삶 속의 수많은 사물이나 인공물이 서로 얽혀 있는 복잡한 구조를 반영할 뿐이다. 이런 것들은 경계가 불분명하고 용도가 겹칠 때가 많다. 린다는 이렇게 말했다. "기타 폴더는 후퇴가 아니라 전진입니다." 당신이 종종 쓰게 되는 항공사 상용고객 멤버십 번호 목록은 어디에 두어야 할까? 서랍 앞쪽의 반복용 폴더나 기타 폴더에 넣어두자. 당신이 도시의 빈 사무실 빌딩을 둘러본다고 해보자. 이사 갈 계획이 있는 것은 아니지만, 만약을 대비해서 받아둔 정보지를 보관하고 싶다. 만약 당신의 파일 시스템에 이사, 사무실 임대, 건물 등에 대한 섹션이 마련되어 있지 않다면 이 정보지 하나 때문에 따로 섹션을 만드는 것은 낭비다. 이것을 위해 달랑 종이 한 장이 들어가 있는 파일폴더를 따로 만든다면 이 폴더는 어디에 철해둘 것인가?

에드먼드 리틀필드(내가 유타인터내셔널에서 일했을 때의 옛 상사)는 어디에 철해야 할지 모를 파일을 철하는 파일을 만드는 데 적극 동의한다. 그는 그런 파일을 한 달에 한 번 정도 확인해 그 안에 뭐가 들어 있는지 살펴보고, 가끔씩 한 주제로 문서가 어느 정도 축적되면 따로 파일을 만들었다. 한 성공적인 과학자(왕립학회 멤버이기도 하다)는 '읽고 싶은 것들', '내가 시작하고 싶은 프로젝트', '기타 중요한 문서' 등 잡동사니 서랍 같은 일련의 파일을 만들어놓았다.

물론 기업 CEO나 대법원 판사, 그리고 다른 HSP들은 이런 일을 자기가 직접 할 필요가 없다. 그냥 비서에게 내일 할 일 파일을 달라고 하면 된다. 대개는 비서가 이런 파일을 요청하기도 전에 가져다준다. 하지만 여기서도 개선의 여지가 있는 경우가 많다. 여기서 핵심은 시스템을 명료하게 만들어서 만약 비서가 병가를 내더라도 특별한 훈련을 받지 않은 그 누구든 CEO가 필요로 하는 것을 찾을 수 있어야 한다는 점이다.

린다는 새로운 비서들을 훈련시킬 때 이런 부분을 특별히 강조한다. "당신은 사람을 정리하는 것이지, 파일이나 문서를 정리하는 게 아니란 점을 기억해야 합니다. 자기 상사의 일상을 알아야 해요. 상사가 이것저것 더미로 쌓아놓는 성향이 있으면 당신이 그것들을 살펴봐야 하고, 문서를 잘 잃어버리는 성향이 있으면 당신이 복사본을 꼭 챙겨두어야 합니다. 만약 당신이 한 명 이상의 상사와 일하거나, 당신의 상사가 정기적으로 다른 사람들과 상호작용한다면 책상 위에 그 사람들 각각을 위한 폴더를 따로 마련해놓는 것이 좋습니다. 그래야 그 사람들이 생각지도 않은 때에 찾아오더라도 필요한 정보를 바로 찾아낼 수 있으니까요."

5장에서 린다가 시간관리와 관련해서 해준 조언은 여기서도 다시 되짚어볼 만한 가치가 있다. "마감시간의 경우 알림이 파일을 사용할 필요가 있을지도 모릅니다. 예를 들어보죠. 당신이 어떤 마감시간에 대해 알게 되면 그 즉시 상사에게 그것을 얘기하고 그 일을 처리하는 데 시간이 얼마나 걸릴 것으로 생각하는지 확인해야 합니다. 그러고 나서 시간을 계산해서 달력에 상사가 그 일을 처리하기 시작해야 할 날짜에 알림이를 달아놓습니다." 어떤 비서는 그보다 며칠 전에 알림이를 달아놓아서 상사가 프로젝트를 시작하기 전에 미리 그 부분에 대해 생각할 수 있게 해준다.

린다는 이렇게 덧붙였다. "보통 사무실에서 정리하는 데 신경 써야 하는 것들은 서신, 비즈니스문서, 프레젠테이션, 회의를 위해 챙겨야 할 것(회의에 앞서 미리 검토해야 할 정보 포함), 해야 할 일 목록, 달력, 연락처 목록, 서적, 잡지 등입니다." 처음 나온 네 가지는 보통 파일, 폴더, 상자, 바인더 등을 이용해서 정리하는 것이 제일 좋다. 해야 할 일 목록, 달력, 연락처 목록은 대단히 중요한 것들이기 때문에 그녀는 종이나 컴퓨터에 여분을 보관할 것을 추천한다. 하지만 이것은 연락처의 숫자가 종이에 적을 수 있을 만큼 적은 경우에만 효과가 있다. 애틀랜틱 레코드의 CEO 크레이그 칼만은 연락처 목록의 항목이 1만 4,000개나 된다. 이 목록 전체를 다루려면 컴퓨터를 사용할 수밖에 없다. 그는 자주 쓰는 연락처는 휴대전화에도 저장해둔다. 만약 자주 사용하는 연락처 말고 다른 것까지 다 휴대전화에 저장한다면 검색하기가 거추장스럽고 시간도 많이 잡아먹을 것이다.

이메일을 철하고 분류하는 일도 점차 많은 시간을 잡아먹는 일이 되어가고 있다. 스팸메일 필터로 쓸모없는 메일을 걸러내고도 하루에 수백 통의 이메일이 날아든다고 호소하는 HSP가 많다. 칼만은 하루에 약 600통의 이메일을 받는다. 각각의 이메일에 1분씩만 투자해도 이것을 전부 확인하려면 하루에 10시간이 든다. 그는 밀린 일을 따라잡는 시간으로 주말을 이용하고 가능하면 다른 사람에게 이메일을 보내서 대신 처리하게 한다. 하지만 다른 HSP들과 마찬가지로 그도 자기가 할 일은 자기가 한다. 그는 사실 일을 좋아하기 때문이다. 다른 사람에게 일을 맡기면 자신이 관여할 수 있는 부분이 줄어들고, 일에서 얻는 즐거움도 그만큼 줄어든다. 그의 전문성과 경험을 다른 사람이 따라잡기 힘든 것은 두말할 나위 없다. 그가 일에 관여하면 당연히 결과가 더 좋아진다. 하지만 전화통화, 일반 우편서신, 회의 등은 차치하고 이메일만 따지더라도 이것은 엄청난 시간을 잡아먹는 일이다.

백악관에서는 소통을 어떻게 정리할까? 우선 대통령과 부통령은 자기 책상 위에 문서를 쌓아두지 않는다. 그리고 이메일을 사용하지도 않는다. 둘다 국가안전보장을 위한 것이다. 모든 소통은 비서실장을 통해 이뤄진다. 우선순위가 무엇이고 지금 당장 처리해야 할 일이 무엇인지는 비서실장이 결정한다. 대통령과 부통령은 특정 주제에 대한 요약 책자를 받는다. 예를 들어, 대통령이 미네소타의 파이프라인 프로젝트에 대해 알고 싶어 하면 직원들이 전화통화, 회의, 이메일, 팩스, 서신 등에서 수집한 정보들을 한데 모아 바인더로 묶는다.

각각의 직원들은 자기가 해야 할 일에 대해서는 자신의 판단하에 문서를 분류하고 철할 재량권을 갖고 있다. '백악관 규범' 따위는 존재하지 않는다. 원활히 소통할 수만 있다면 자기가 원하는 대로 정리하면 된다.[91] 이런 분산된 정리 시스템은 제너럴모터스 프리몬트 공장에서 사용되었던 것 같은 하향식 접근방식이 언제나 가장 효과적인 것만은 아님을 강력하게 일깨워준다.

오바마 행정부 1기 백악관의 서신부 부장인 마이크 켈러허[Mike Kelleher]에 따르면, 매주 서신국에는 6만 5,000통의 종이서신, 50만 통의 이메일, 5,000통의 팩스, 1만 5,000건의 전화통화가 들어온다고 한다.[92] 여기에 각각 1분만 시간을 들이더라도 9,750시간, 혹은 244명의 직원이 상근직으로 근무하며 처리해야 한다. 이런 수치만 놓고 봐도 에드먼드 리틀필드가 웰스 파고, 크라이슬러, 유타인터내셔널에서 이사로 일할 때 사용한 신속한 분류 및 우선순위 할당 시스템의 중요성을 알 수 있다. 켈러허의 사무실에 채용된 사람은 49명의 상근직원, 25명의 인턴, 그리고 소규모 자원봉사원으로 이루어져 있다. 종이문서는 받는 사람(영부인, 대통령의 자녀, 부통령, 내각 관료 등)에 따라 분류해서 100개가 넘는 보관함 중 하나로 들어간다. 이런 수량을 다루려면 위임이 필수적이다. 백악관은 3장에서 로센스 레시그가 제안한 것처럼 이메일 파산을 선언할 수 없다. 당신도 상상할 수 있겠지만 대통령 앞으로 수십만 통의 편지와 이메일이 날아드는데, 그 질문 중 상당수는 행정부 내의 특정 부서에 관할권이나 처리 권한이 있는 정책에 관련된 것이다. 보건의료, 경제 정책, 참전용사 복지 혜택 등에 관한 질문은 각각 해당 부서로 연결된다. 또한 이런 서신 중 상당수는 대통령에게 이글 스카우트^{Eagle} Scout(21개 이상의 공훈 배지를 받은 보이스카우트 단원 – 옮긴이)가 되었다거나, 100세가 되었다거나, 결혼 50주년을 맞이했다거나 등등 백악관이 예우하려 노력하는 인생의 다양한 사건에 대해 축하 편지를 써달라는 것들이다. 이런 서신은 대통령 서신부로 간다. 그리고 여기서도 마찬가지로 중앙에서 따로 설정해둔 이메일을 분류하고 철하는 지침은 없다. 직원들은 요청에 따라 이메일을 작성할 수만 있다면, 자기가 적당하다고 생각하는 방법은 무엇이든 사용한다.[93]

이메일을 사용하는 사람 중에 계정을 따로 분리해 사용하는 사람이 늘고 있다. HSP들은 비즈니스용 이메일 계정을 두 개 가지고 있는 경우도 있다. 하나는 정기적으로 접촉하는 사람들을 위한 것이고, 다른 하나는 비서들이 관리하고 분류하는 것이다. 그리고 여기에 개인적인 용도로 계정을 한두 개 더 가지고 있다. 이렇게 계정을 나누면 메일을 정리하고 나누고, 방해받는 일을 제한하는 데 도움이 된다. 생산성 시간 동안에는 당신의 비서가 관리하는 계정과 당신의 상사가 바로 연락할 때 이용하는 이메일 계정만 빼고 나머지는 모두 꺼놓는다. 여러 개의 이메일 계정을 다루는 효율적인 방법은 이메일들을 모두 수집하는 하나의 컴퓨터 프로그램을 사용하는 것이다. 아웃룩, 애플메일, G메일 등 대부분의 이메일 프로그램은 어느 공급자가 제공하는 이메일이라도 자기가 사용하는 접속 프로그램으로 끌어오는 기능을 가지고 있다. 이렇게 하면 서로 다른 계정의 이메일들을 한 접속 프로그램에 띄울 수 있어서 특정 이메일이나 문서를 여러 계정에 로그인할 필요 없이 쉽게 찾을 수 있다. 여기서도 범주의 경계는 불분명하다. 함께 일하는 사람으로부터 날아온 저녁 초대 메일이 비즈니스용 계정에 뜰 수도 있고, 자신의 사업 일정을 개인용 계정으로 보낸 상대방의 남편과 일정을 조정해야 하는 경우도 생긴다.

3장의 요점을 반복하자면 일부 사람들, 특히 주의력결핍장애가 있는 사람들은 모든 파일이 자기 앞에 펼쳐져 있는 것을 보지 못하면 공황상태에 빠진다. 이런 사람들에게 컴퓨터에 이메일을 철해놓는 것은 무척 스트레스를 받는 일이다. 이런 경우 린다처럼 프린터로 출력해서 정리하는 시스템이 필요하다. 파일들을 서랍 아래 숨겨놓을 필요가 없는 개방형 파일카트와 선반도 존재한다. 파일 시스템을 구축하거나 유지하는 것이 그냥 불가능한 사람도 있다. 이런 사람들에겐 작은 구획을 나누어 사물을 거기에 집어넣는 것 자체가 자신의 인지 스타일과 맞지 않거나, 창의성 발휘에 방해가 될 뿐이다. 이것은 2장에서 소개한 두 가지 주의 시스템과 관련 있다. 창조적인 사람들은 백일몽 모드에 들어가 있을 때 가장 혁신적이다. 사물을 작은 구획에 집어넣는 것은 중앙관리자 모드에 들어가야 할 뿐 아니라 그 모드에 머물러야 가능한 일이다. 이 두 모드가 시소 관계처럼 작동한다는 것을 떠올려보자. 어느 한 모드에 들어가려면 다른 모드에서 빠져나와야 한다. 창조적인 사람들 중에는 여기서 언급한 구획 시스템을 거부하는 사람이 많다. 구획 나누기를 싫어하는 사람들은 법률계에서 의학계, 과학계에서 예술계에 이르기까지 다양한 직종과 사회 각계각층에서 찾아볼 수 있다. 이런 사람들은 파일 관리를 대신해줄 비서를 고용하거나 파일 파산을 선언하고는 그냥 파일들이 더미째 쌓이도록 내버려둔다.

제프리 모길은 아주 창조적이고 생산적인 행동유전학자다. 그의 책상은 이럴 수 있을까 싶을 정도로 깨끗하다. 어쩌다 그 위에 올라오는 것이라고는 그 순간의 작업물밖에 없다. 그것도 모두 반듯하게 배열해서 올려놓는다. 그의 파일 시스템은 완전무결하다. 그와 반대되는 극단에는 로저 셰퍼드가 있다. 그의 사무실은 늘 태풍이 휩쓸고 간 것 같은 모양새였다. 문서들이 하도 오랫동안 책상 위에 무더기로 쌓여 있었던 탓에 그는 책상 윗면 색깔이 무엇인지 기억도 못 했다. 사무실 안에 틈이 있는 곳은 어디든 가리지 않고 서류더미들이 모두 뒤덮고 있었다. 티테이블, 바닥, 창틀도 예외가 아니었다. 문에서 책상까지는 간신히 걸어다닐 정도의 통로만 남아 있을 뿐이었다. 하지만 정교한 공간기억과 시간기억 덕분에 그는 자신이 필요로 하는 문서가 어디 있는지 정확히 알고 있었다. 그는 이렇게 말했다. "여기 있는 문서더미들은 5년 전부터 있었던 겁니다. 그리고 여기 있는 것은 이번 달에 들어온 것이죠."[94] 학생 시절에 내가 그의 사무실에서 복도를 따라 아모스 트버스키의 사무실로 걸어가보면 두 사무실은 '대조적'이라는 말의 의미를 정신이 확 들 정도로 완벽하게 보여주었다. 트버스키의 사무실은 깨끗하고 말끔해서 방문자들이 주눅이 들 정도였다. 그의 책상에서는 티끌 하나 찾아볼 수 없었다. 몇 년이 지난 다음에 한 동료가 이렇게 말했다. "맞아, 그의 책상은 정말 깨끗하지. 하지만 거기 있는 서랍하고 캐비닛은 열어보고 싶지 않을걸!"[95] 깔끔하다는 것과 정리정돈이 잘되어 있다는 것은 반드시 일치하지 않는다.[96]

다섯 가지 성격 차원Big Five personality dimensions의 아버지로 알려진 성격심리학자 루 골드버그Lew Goldberg는 서신을 철하고, 다른 과학자들의 글을 재인쇄하는 시스템을 고안했다. 재인쇄 소장 자료는 72가지 주제의 범주로 나뉘고 각각의 글은 3×5 색인카드에 대응시켜놓았다. 이 카드들은 목재 도서관 대출카드 카탈로그에 보관되어 있고, 저자, 제목, 주제별로 상호참조되어 있다. 그가 카탈로그에서 한 항목의 카드를 찾으면 그 카드는 그의 사무실 한 벽면을 가득 채우고 있는 수백 권의 고리 세 개짜리 바인더 중 하나로 연결된다. 그는 50년간 이 시스템을 잘 이용해왔지만 이런 방식이 모두에게 효과적이지 않음을 그 자신도 인정한다. 그의 오리건대학 동료이자 뇌의 타이밍 메커니즘 연구의 선구자인 스티브 킬Steve Keele은 로저 셰퍼드처럼 문서나 서류를 산더미처럼 쌓아두고 사는 사람이다. "스티브의 사무실은 세상에서 가장 어질러진 사무실로 명성이 높았습니다. 그런데도 그는 그 안에서 못 찾아내는 것이 없었어요. 사무실 전체가 온통 문서 더미로 가득한데도 말이죠. 그 사무실 안으로 들어가서 이렇게 얘기했다고 쳐보죠. '스티브, 당신 영역이 아닌 것은 알지만 사람이 어떻게 움직이는 시각적 목표에 눈을 고정할 수 있는지 흥미가 생겨서 왔어요.' 그럼 그는 이렇게 말했을 겁니다. '아하, 그 주제에 대해서 1975년에 논문을 쓴 학생이 하나 있었지. 아직 성적은 매기지 못했지만…… 그게 그러니까…… 그렇지. 여기 있네.'"

한번 문서 더미가 쌓이기 시작하면 계속해서 쌓이기 마련이다. 이렇게 문서를 쌓아놓고 사는 사람들은 어떤 문서를 보관하고, 어떤 문서를 버릴지, 그 문서가 중요한지 중요하지 않은지를 결정하지 못하고 질질 끌 때가 많다. 정기적으로 문서 더미를 살펴보면서 불필요한 것은 버리고 재분류하면서 양을 줄이는 것이 중요하다. 그 어떤 것도 영원히 중요한 것은 없다.

3장에서 마이크로소프트의 수석연구원 말콤 슬래니가 옹호한 시스템을 떠올려보자. 그는 모든 것을 컴퓨터 안에 보관하라고 했다. 케임브리지대학의 과학자 제이슨 렌트프로도 여기에 동의하며 이렇게 덧붙였다. "G메일이 당신의 파일을 정리해주는 것은 아니지만 접근과 검색을 대단히 쉽게 만들어준다. 어찌 보면 이것, 그리고 컴퓨터에 있는 '스폿라이트' 기능과 '찾기' 기능은 구글의 인터넷 검색 전략을 당신의 컴퓨터에 그대로 적용한 것이라 볼 수 있다. 굳이 귀찮게 폴더 같은 것을 만들 필요가 없어질지도 모른다. 그냥 폴더를 하나 만들어 모두 거기에 담아놓고 검색 기능을 이용하면 되니까. 날짜, 내용, 이름 등으로 검색 범위를 제한하면 충분하다."

멀티태스킹에서 실패에 대비한 계획까지

5장에서 나는 멀티태스킹이 좀 더 많은 일을 하기 위한 전략으로서는 바람직하지 못하다는 증거를 언급했다. 하지만 멀티태스킹을 포기하는 것은 현실적이지 못하다. 사실 현대 비즈니스 세계가 요구하는 것이 바로 멀티태스킹 아닌가? 스탠퍼드대학 교수 클리퍼드 나스 Clifford Nass는 대부분의 사람들처럼 멀티태스킹하는 사람은 한꺼번에 밀려오는 전화, 이메일, 대화, 문자 메시지 등 묘기를 부리듯 한번에 많은 일을 소화하면서도 큰 성공을 이룰 수 있는 초인적인 존재라고 가정했다. 그는 여기서 한 발 더 나아가 이들은 하나의 과제에서 다른 과제로 주의를 전환하는 능력이 남달리 뛰어나고, 탁월한 기억력으로 다중 과제를 질서정연하게 구별할 수 있을 것이라고 가정했다. 나스의 설명을 들어보자. "우리 모두는 멀티태스킹을 하는 사람이 무언가에 뛰어난 사람이라는 데 내기를 걸었다. 그리고 우리는 엄청난 충격을 받았다. 내기에 건 돈을 모두 잃었기 때문이다. 알고 보니 멀티태스킹을 하는 사람은 멀티태스킹의 모든 측면에서 형편없었다. 이들은 관련 없는 정보를 무시하는 일에 형편없다. 이들은 정보를 자기 머릿속에 깔끔하게 정리하는 일에도 형편없다. 그리고 하나의 과제에서 다른 과제로 전환하는 일에도 형편없다.[97]"

우리는 모두 자기가 한번에 많은 일을 할 수 있고, 자기의 주의력은 무한하다고 믿고 싶어 하지만, 이것은 끈질기게 이어지는 미신에 불과하다. 우리가 실제로 하는 일은 주의를 하나의 과제에서 다른 과제로 신속하게 옮겨가는 것밖에 없다.[98] 그 결과, 두 가지 나쁜 일이 일어난다. 우리는 어느 한 과제에도 충분히 주의를 기울이지 못한다. 그리고 어떤 과제든 거기에 쏟는 주의의 질이 감소한다. 우리가 어느 한 가지 일을 할 때는 뇌의 백일몽 네트워크에 이로운 변화가 일어나고 연결성이 좋아진다. 그중에서도 특히 알츠하이머병으로부터 보호해주는 효과가 있는 것으로 알려져 있다. 나이 든 성인이 한 시간씩 하는 주의력 조절 훈련에 다섯 번 참가하면 젊은이들의 패턴과 좀 더 비슷한 뇌 활동 패턴을 보이기 시작한다.

그렇다면 사람들도 자기가 멀티태스킹에 소질이 없음을 깨닫고 포기하지 않겠느냐는 생각이 들겠지만, 인지적 착각이 일어나서 그렇게 하지 못한다. 이는 부분적으로는 도파민-아드레날린 피드백 고리에 의해 부채질되는 측면이 있다. 그래서 멀티태스킹을 하는 사람은 자기가 일을 잘하고 있다고 생각한다. 작업 현장에서 직원들에게 멀티태스킹을 하라고 부추기는 것도 문제다. 나스는 멀티태스킹을 부추기는 몇 가지 사회적 힘을 지적했다. 경영진은 직원들에게 다음과 같은 원칙을 부가하는 경우가 많다. "이메일에는 15분 내 답할 것", "메신저창을 반드시 열어놓을 것" 등등.[99] 하지만 이렇게 하다 보면 자기가 하고 있던 일을 틈틈이 멈춰야 하기 때문에 집중력이 파편화되고, 전전두엽피질의 광대한 자원이 조각나버리는 결과를 낳는다. 원래 전전두엽피질은 수만 년에 걸친 진화 과정에서 한 가지 과제에만 집중하도록 다듬어졌다. 인류에게 피라미드, 수학, 대도시, 문학, 미술, 음악, 페니실린, 달 로켓을 안겨준 것이 바로 이 과제집중 모드다. 이런 종류의 발견은 조각조각 쪼개진 2분을 더 준다고 이룰 수 있는 것이 아니다.

우리가 이런 진화의 흐름에 역행할 수 있다는 사실은 우리의 인지적 유연성과 신경 가소성을 보여주는 증거다. 하지만 적어도 우리 전전두엽피질에서 또 다시 진화적 도약이 일어나기 전까지 멀티태스킹은 일의 양과 질을 높여주기보다는 오히려 떨어뜨리는 역할을 할 것이다. 여기에 더해 우리는 날마다 새로운 페이스북 업데이트, 새로운 유튜브 동영상, 새로운 트윗, 혹은 앞으로 1~2년 안에 이들을 대체할 새로운 기술적 변화와 마주한다. 지금 이 글을 쓰고 있는 시점에도 모바일기기를 위한 애플리케이션이 매일 1,300개씩 쏟아져 나오고 있다.[100] "멀티태스킹을 부추기는 문화적 힘이 존재한다. 무언가를 보내면 상대방이 즉각 답변할 것이고, 채팅과 대화를 하면서도 이 모든 것을 한꺼번에 하리라고 기대한다. 이는 모든 압박이 그런 방향으로 이루어지고 있다는 의미다." 나스의 말이다.

생산성 전쟁에서 승리하는 회사들을 살펴보면, 대개 직원들에게 생산성 시간, 낮잠시간, 운동시간, 그리고 일을 할 수 있는 차분하고 고요하고 질서 있는 환경을 제공한다. 끊임없이 일을 하라고 다그치는 스트레스가 많은 환경에서는 깊은 통찰력을 발휘하기가 어렵다. 구글이 회사 본부에 탁구대를 설치한 것은 다 이유가 있다.[101] 미국과 캐나다에서 영업하는 40억 달러 규모의 식료품 체인점 세이프웨이Safeway는 스티브 버드Steven Burd의 리더십 아래 지난 15년간 매출액이 두 배로 성장했다. 그는 무엇보다도 직원들에게 급여 인센티브를 통해 운동을 장려하고 회사 본부에 체육시설을 완벽하게 갖추어놓았다.[102] 연구에 따르면 주당 근무시간이 줄어들면 생산성이 올라간다고 한다. 이는 적절한 여가시간과 재충전 시간은 고용주나 직원 모두에게 그만한 값어치를 한다는 것을 강력히 시사한다.[103] 초과근무, 그리고 거기에 동반되는 수면 부족은 실수와 오류로 이어지고, 이는 결국 초과근무 시간보다 그런 실수와 오류를 만회하는 데 드는 시간이 더 늘어나는 결과로 이어진다는 것이 밝혀졌다. 주당 근무시간이 60시간이면 주당 40시간보다 시간은 50% 더 길지만 생산성은 25% 떨어진다. 따라서 한 시간치 업무를 완수하는 데 드는 초과근무시간은 두 시간인 셈이다.[104] 10분의 낮잠은 밤에 한 시간 반을 더 잔 것과 비슷한 효과를 나타낸다.[105] 그럼 휴가는? 언스트앤영Ernst & Young은 직원들이 추가적으로 열 시간의 휴가를 가질 때마다 상사가 매기는 연말의 수행성과 성적이 8% 향상된다는 것을 발견했다.[106]

구글, 트위터, 루카스필름, 허핑턴포스트 등 생산성 높은 기업들이 회사 안에 체육관, 고급식당, 수면실을 설치하고, 탄력적 근무시간제 등의 혜택을 제공한다는 것은 이제 널리 알려져 있다.[107] 구글은 직원들에게 10만 번의 무료 마사지를 제공하고, 회사 구내에 복지센터를 비롯해 농구, 볼링, 롤러하키 등을 즐길 수 있는 2만 8,000m² 규모의 스포츠 종합단지를 구비하고 있다. 통계 소프트웨어업계의 거인인 SAS와 도요타의 유통업체인 JM 패밀리 엔터프라이즈JM Family Enterprise는 회사 내에서 의료서비스를 제공하고, 애틀랜틱 헬스 시스템Atlantic Health System은 사내에서 지압 마사지를 제공한다. 마이크로소프트 구내에는 온천시설이 갖춰져 있다. 세일즈포스닷컴SalesForce.com은 무료로 요가 강습을 실시한다. 인튜이트Intuit는 직원들이 근무시간의 10%를 (그 무엇이 됐든) 자기가 열정을 느끼는 프로젝트에 쓸 수 있게 해준다. 딜로이트Deloitte는 직원들에게 비영리단체에서 최고 6개월까지 자원봉사를 하도록 장려하며, 그 기간에도 모든 직원 혜택을 제공하고 급료의 40%를 지급한다.[108] 직원들에게 이런 환경을 제공하면 그만한 가치를 한다. 신경생물학적인 관점에서 봐도 이것은 말이 된다. 지속적인 집중과 노력은 멀티태스킹으로 조각조각 나뉘어 있을 때가 아니라, 집중하는 시간을 큼직큼직하게 할당한 다음에 그사이에 여가, 운동, 정신적 회복을 위한 다른 활동을 끼워 넣었을 때 가장 효과적이기 때문이다.

멀티태스킹은 정보 과부하로 인해 우리가 한 번에 너무 많은 것에 신경 쓰려고 노력하는 과정에서 비롯된다. 우리가 신경 쓰고 있는 여러 가지 일에 어떤 결정이 필요할 때, 최적의 결정을 내리려면 얼마나 많은 정보가 필요할까? 최적 복잡성이론optimal complexity theory에 따르면 얼마나 많은 정보, 혹은 복잡성이 최적인가를 따질 때는 뒤집어진 U자 형 함수관계가 존재한 다고 한다.

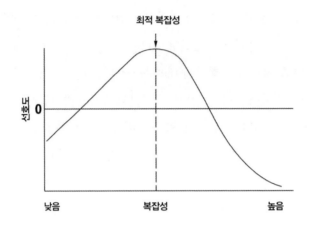

너무 적어도 안 좋지만, 너무 많아도 안 좋다. 한 연구에서 참가자들이 모 의 군사훈련을 했다. 참가 선수는 대학생들로, 이들은 작은 섬나라를 공격하 거나 방어하는 팀에 각각 소속되었다. 선수들에게는 결정을 내리는 데 필요 한 정보의 양을 조절할 수 있는 통제권이 부여되었다. 이들은 다음과 같은 문서를 받았다.[109]

당신이 지금 받는 정보는 정보장교가 실제 사령관을 위해 준비하는 것과 똑 같은 방식으로 준비된 정보입니다. 이 사람들은 당신에게 중요한 일이 발생 했을 때만 고지하라는 지시를 받았습니다. 당신은 이 사람들이 당신에게 충 분한 정보를 제공하지 않거나, 세부사항들을 적절하게 제공하지 않는다고 느낄 수도 있습니다. 아니면 그와 반대로 너무 세세하고 별로 중요하지 않은 정보까지 들어 있다고 느낄 수도 있습니다. 당신은 정보장교에게 제시하는 정보의 양을 늘리거나 줄이라고 지시할 수 있습니다. 이 부분은 여러분이 직접 결정하시기 바랍니다. 어느 때든 이 문제에 대해 다른 사령관들과 상담해서는 안 됩니다. 우리는 당신이 속한 집단의 다수 의견에 따라서 정보의 흐름을 조절할 것입니다. 모의훈련에 들어가기 바로 전에 당신이 상대적으로 선호하는 방식을 체크해주시기 바랍니다.

나는 다른 사람들보다……

— 훨씬 많은 정보를 받겠다.

— 조금 많은 정보를 받겠다.

— 대략 같은 양의 정보를 받겠다.

— 조금 적은 정보를 받겠다.

— 훨씬 적은 정보를 받겠다.

사실 선수들에게는 정보에 대한 통제권이 없었다. 그들의 반응은 정보의 최적 수준을 연구하는 데 이용되었다. 참가자들은 30분간의 모의군사훈련을 받는 동안 각각 2, 5, 8, 10, 12, 15, 25가지 정보를 받았다.

최적 정보이론에 따르면, 선수들은 모의훈련 동안 10~12가지 정보를 제공받았을 때 수행성과가 가장 좋을 것으로 예상되었고, 참가자들의 실험 결과도 이와 비슷하게 나왔다.[110] 15가지나 25가지 정보를 받은 참가자들은 요구하는 추가 정보의 양이 줄어들었다. 이렇게 해서 그래프에 뒤집어진 U 자형 곡선이 나타난다.

최적의 수행성과는 10~12가지 정보에서 나왔지만, 모든 수준에서 선수들은 더 많은 정보를 요구했다. 정보가 추가되면 10~12가지 정도의 최적 정보량을 넘기게 되어 정보 과부하 상태가 야기되고 수행성과가 떨어지는 데도 말이다. 그들로 하여금 더 많은 정보를 요구하게 만든 동기는 한 번만 더 요구하면 분명 핵심적인 정보를 알게 되리라는 믿음이었을 것이다. 하지만 추가 정보에는 대가가 따른다는 사실을 우리는 이제 알고 있다.

이런 발견들은 소비자가 주어진 시간 안에 흡수해서 처리할 수 있는 정보의 양에는 유한한 한계가 있음을 암시한다. 이것을 부하 효과load effect라고 부르자. 사실 이것은 경험적으로도 밝혀진 부분이다. 소비자들은 정보가 더 많아지면 더 형편없는 선택을 내린다.[111] 이 메커니즘은 4장에서 본, 부정확한 사회적 판단으로 이어진 부하 효과와 비슷하다. 그와는 별개의 또 다른 연구에서는 집 구매 결정을 할 때 추가적인 정보의 영향을 조사해보았다. 그 결과, 처리 가능한 매개변수의 최대 개수는 대략 열 가지 정도로 나왔다.[112] 달리 말해, 당신이 두 집 중 어느 집을 살까 고민할 때는 두 집에 대해 파악하는 정보를 합친 것이 열 가지를 넘지 않는 것이 좋다는 얘기다. 만약 당신이 자신의 목록을 쳐내 관심이 있는 두 가지 정보(예컨대 평수와 학군의 질)로 압축할 수 있다면 열 곳의 집을 비교해볼 수도 있다. 집 구매와 관련된 연구에서 소비자들에게 최대 25개의 서로 다른 집을 대상으로, 파악해야 할 최대 25가지 특성에 대해 알려주었다. 그러자 소비자들의 의사결정 능력은 어느 한쪽의 매개변수가 10을 넘어가자 문제가 생기기 시작했다. 소비자가 일단 정보 과부하에 걸리고 나면 더 많은 정보를 제공해도 이미 포화된 시스템에 별다른 영향을 미치지 않았다. 10의 한계가 최대치다. 최적의 수는 5에 가까우며, 이는 뇌의 중앙관리자의 처리능력 한계와도 일치한다. 4장에서 언급한 온라인 데이트 사이트의 문제가 떠오를지도 모르겠다. 거기서도 정보가 더 많다고 좋기만 한 것은 아니었다. 온라인 데이트 이용자들이 중요하지도 않은 정보에 압도당하고, 인지 과부하와 의사결정 피로를 겪기 시작하면서 더 많은 정보는 선별력의 저하와 그릇된 선택으로 이어졌다.

듀크대학 경제학자 겸 저술가인 댄 애리얼리Dan Ariely가 보여준 또 하나의 중요한 요소는 소비자가 특정 유형의 내부 통제 소재를 가지고 있을 때, 즉 소비자가 자신이 받을 정보 유형을 실제로 통제할 수 있을 때 수행성과가 더 좋아진다는 것이다. 일련의 실험에서 그는 소비자가 어떤 매개변수에 대해 얼마나 많은 정보를 받을지 선택할 수 있을 때 더 나은 의사결정을 내린 다는 것을 입증해보였다.[113] 이것은 주로 소비자가 자기에게 연관돼 있거나 자신이 가장 잘 이해할 수 있는 정보를 선택할 수 있기 때문에 나타나는 현 상이다. 예를 들어보자. 카메라를 구입할 때 소비자 X가 주로 신경 쓰는 것 은 크기와 가격인 반면, 소비자 Y는 해상도와 렌즈 유형에 가장 신경 쓴다. 어느 한 유형의 소비자에게 정신을 산만하게 하거나 해석이 불가능한 정보 를 주면 정보 과부하를 야기하고 최적의 의사결정 과정을 저해한다. 대니얼 카너먼과 아모스 트버스키가 개별적으로 진행한 연구에 따르면, 사람들은 자기에게 중요하지 않은 정보라도 무시하지 못했다. 따라서 당신이 중요하 게 여기지 않고, 활용할 수도 없는 정보를 제시 받으면 진짜로 신경적인 대 가가 따른다.[114]

여기서 던져야 할 질문은 한번에 얼마나 많은 일을 할 수 있느냐가 아니 라 정보 환경을 얼마나 질서정연하게 만들 수 있느냐라는 것이다. 간단한 정보와 복잡한 정보의 유용성 차이에 대해서는 상당히 많은 연구가 이루어 졌다. 벨연구소Bell Laboratories에서 일한 전기공학자 클로드 섀넌Claude Shannon 은 1940년대에 정보이론을 발표했다.[115] 섀넌의 정보이론은 20세기에 가장 중요한 수학적 아이디어 중 하나다. 이것은 컴퓨터 계산과 원거리통신에 지 대한 영향을 미쳤고, 소리, 이미지, 동영상(각각 MP3, JPEG, MP4 등등) 압축의 기본원리다.

원거리통신, 신호 전송, 보안의 가장 기본적인 문제는 어떻게 하면 최대한 많은 양의 메시지를 최소의 시간과 공간 속에 꾸려 넣어 전송할 것인가다. 이렇게 꾸려 넣는 것을 데이터 압축이라고 한다. 전화 서비스가 한 짝의 구리선(원거리통신업 관계자들은 이것을 POTS plain old telephone service[기존 전화 서비스]라고 한다)으로 이루어지던 시절에는 주전화선(트렁크)으로 전송할 수 있는 통화의 양에 한계가 있었고, 새로운 전화선을 개설하는 데는 엄두를 못 낼 만큼 막대한 비용이 들었다. 이는 결국 지각 실험으로 이어졌고, 결국 전화회사는 사람의 말소리에 들어 있는 모든 주파수를 전송하지 않아도 수화기로 상대방의 말을 알아들을 수 있다는 것을 발견하게 되었다. 전화대역 telephone band에서는 300~3,300Hz의 주파수만 전송했다.[116] 이는 20~2만Hz에 이르는 인간의 가청 영역 중 일부에만 해당한다. 이것 때문에 전화 목소리의 특징인 금속성 소리가 생기는 것이다. 이 소리는 고성능 음악재생장치 소리에 비할 바는 아니지만 대부분 알아들을 수 있었다. 즉, '만족하기'가 가능했던 것이다. 하지만 POTS에서 글자 's'가 아니라 글자 'f'에 대해 얘기하고 있다고 설명하려다 보면 대역폭의 한계를 경험하게 된다. 이 두 글자의 음향적 차이는 벨연구소에서 잘라내버린 그 음역대 안에 포함되기 때문이다. 하지만 이렇게 하는 과정에서 전화회사는 여러 건의 통화를 한 통화의 용량 안으로 밀어넣을 수 있었고, 결국 네트워크의 효율을 최대화하고, 설비에 들어가는 비용을 최소화할 수 있었다. 휴대전화 또한 똑같은 이유로 음역대가 계속 제한되었다. 기지국의 전송 용량을 극대화하기 위한 것이다. 이런 대역폭의 한계가 가장 분명하게 나타나는 때는 전화로 음악을 들을 때다. 베이스의 낮은 주파수와 심벌즈의 높은 주파수는 거의 사라져버린다.

정보이론은 1장에서 한 사람이 동시에 따라잡을 수 있는 대화의 수, 그리고 인간의 주의력의 정보처리 한계가 대략 초당 120비트 정도로 추산된다는 것을 얘기할 때 언급했다. 이것은 데이터 전송, 설명, 감각자극 등에 들어 있는 정보의 양을 수량화하는 방식이다. 이것은 음악, 연설, 그림, 군대 명령 등에도 적용할 수 있다. 정보이론을 적용하면 하나의 전송에 들어 있는 정보의 양과 또 다른 전송에 들어 있는 정보의 양을 비교할 수 있는 수치가 나온다.

당신이 누군가에게 체스판의 구성 방식에 대한 지시 사항을 전달하려 한다고 가정해보자. 당신은 이런 식으로 얘기할 수 있다.

> 정사각형을 그린 다음 흰색으로 칠하세요. 이제 그 옆에 정사각형을 또 하나 그리고 이번에는 검은색으로 칠하세요. 다시 그 옆에 정사각형을 하나 그리고 흰색으로 칠하세요. 그리고 또 그 옆에 정사각형을 그리고 검은색을 칠하세요. 그 옆에 정사각형을……

당신은 정사각형이 여덟 개 나와서 한 줄이 마무리될 때까지 이런 식으로 계속 지시하고 난 다음, 첫 번째 정사각형으로 돌아가 바로 그 위에 검은색 정사각형을 그리라고 지시해야 한다. 그리고 또……. 이런 식으로 지시 사항을 전달하는 것은 너무나 거추장스럽고, 능률적인 방법도 아니다. 이것을 다음과 비교해보자.

> 가로 여덟 줄, 세로 여덟 줄의 정사각형으로 구성된 행렬을 그리고 정사각형들에 검은색과 흰색을 교대로 칠하세요.

첫 번째 지시에서는 64개의 정사각형을 모두 따로 언급했다. 2진법 산술 연산에서 64조각의 정보는 6비트의 정보를 필요로 한다(비트 수는 '$2^n = 64$'의 방정식에 들어가는 지수 n의 값이다. 이 경우는 '$2^6 = 64$'이므로 'n = 6'). 반면,

두 번째 지시에서처럼 '정사각형들에 교대로 색을 칠하라' 같은 규칙을 정보로 담는 데는 1비트밖에 필요하지 않다. 주어진 정사각형은 검은색 또는 흰색이므로 선택의 여지는 둘이다. 따라서 '$2^1 = 2$'이므로 1비트만 있으면 된다(이 1은 지수다. 이 지수가 정보의 양을 결정한다). 격자의 폭이 정사각형 여덟 줄, 너비가 정사각형 여덟 줄이라는 두 가지 사실이 추가되므로 총 세 조각의 정보가 나와서 여기에는 2비트가 들어간다.[117] 만약 어느 말이 어느 정사각형에 올라갈지 지정하고 싶다면 6비트가 필요하다. 각각의 비트를 개별적으로 지정해줘야 하기 때문이다. 따라서 텅 빈 체스판은 2비트로 완벽하게 명시할 수 있고, 32개의 말이 올라가 있는 체스판은 6비트가 필요하다. 말이 올라가 있는 체스판에는 텅 빈 체스판보다 더 많은 정보가 들어 있다. 이제 우리에겐 얼마나 더 많은 정보가 들어 있는지 수량화할 수 있는 방법이 있다. 벨연구소의 섀넌과 그의 동료들은 컴퓨터 이전 시대인 아날로그 시대에 작업을 했지만, 컴퓨터가 원거리통신에 사용될 때보다 앞서서 생각했다. 컴퓨터는 2진 산술 연산에 기반을 두기 때문에 섀넌은 디지털 컴퓨터의 측정 단위인 비트를 사용하는 쪽을 택했다. 하지만 꼭 그럴 필요는 없다. 원한다면 이 모든 것을 일반적인 숫자로 얘기하고 비트라는 개념을 빼버릴 수도 있다. 텅 빈 체스판은 최소 세 조각의 정보를 요구한다. 말이 올라가 있는 체스판을 다시 만들어내려면 최소 64조각의 정보가 필요하다.[118]

당신의 컴퓨터에 들어 있는 사진과 그림의 재현에도 똑같은 논리가 적용된다. 당신이 컴퓨터 화면으로 JPEG 파일이나 다른 이미지를 보고 있다면, 당신은 그 파일을 재현한 것을 보고 있는 것이다. 그 이미지는 당신이 파일 이름을 더블클릭하는 순간, 그 자리에서 바로 다시 만들어진다. 운영체제가 그림을 구성하는 데 사용하는 실제 컴퓨터 파일을 들여다보면, 그 안에는 그림이 없고 그저 2진 산술 연산의 어휘인 0과 1이 잔뜩 들어 있을 뿐이다.

흑백 그림에서 스크린에 나타나는 모든 작은 점, 즉 픽셀pixel은 검은색 아니면 흰색이다. 0과 1은 컴퓨터에 그 픽셀을 검은색으로 칠할지, 흰색으로 칠할지 말해준다. 컬러 그림에는 더 많은 지시 사항이 들어간다. 검은색, 흰색, 빨간색, 노란색, 파란색의 다섯 가지 서로 다른 가능성이 제시되기 때문이다. 컬러 그림 파일이 흑백 그림 파일보다 용량이 큰 이유는 더 많은 정보가 들어 있기 때문이다.

정보이론은 사물을 기술할 때 우리가 얼마나 많은 정보를 이용할 수 있는지 말해주지 않는다. 우리가 필요로 하는 최소한의 정보를 알려줄 뿐이다. 섀넌이 한 쌍의 구리선에 최대한 많은 통화를 욱여넣어서 전화회사의 데이터 용량은 극대화하고, 전신주, 전선, 네트워크 스위치 등 새로운 기반시설 구축에 필요한 투자는 최소화할 방법을 알아내려고 애썼음을 기억하라.

컴퓨터과학자들은 이런 식으로 정보를 압축시켜서 프로그램이 더욱 효율적으로 작동할 방법을 찾아내려고 많은 시간을 투자했다. 64글자 길이의 두 문자열에 대해 생각해보면 섀넌의 정보이론을 또 다른 방식으로 바라볼 수 있다.

1. abababababababababababababababababababababababababababa
   bababababab
2. qicnlnwmpzoimbpimiqznvposmsoetycqvnzrxnobseicndhrigald
   jguuwknhid

1번 문자열은 2비트의 지시로 표현할 수 있다.

64개 항목, ab, 번갈아 배열

2번 문자열은 무작위 순서로 배열돼 있기 때문에 64개의 개별적 지시 (6비트)가 필요하다. 지시 그 자체가 문자열과 정확히 같아야 하기 때문이다.

qicnlnwmpzoimbpimiqznvposmsoetycqvnzrxnobseicndhrigaldjguu
wknhid

배열이 무작위인지 아닌지는 어떻게 결정할까? 러시아 수학자 안드레이 콜모고로프 Andrey Kolmogorov는 이 부분에 상당히 영향력 있는 아이디어를 도입했다. 그는 수열이나 문자열 등의 배열이 그것을 기술할 방법이 없거나 단축된 형태로 표현할 방법이 없으면 무작위라고 말했다. 그의 정의에 따르면, 1번 문자열은 무작위가 아니다. 그것을 간단하게 표현할 수 있는 체계 (컴퓨터과학자들은 이것을 알고리즘이라고 한다)를 생각해낼 수 있기 때문이다. 반면 2번 문자열은 무작위다. 그저 모든 요소를 실제 문자열에 들어 있는 순서 그대로 한 번에 하나씩 일일이 나열하는 것 말고는 어떤 체계를 생각해 낼 수 없기 때문이다.

콜모고로프 복잡성 이론 Kolmogorov complexity theory은 이것을 이런 식으로 압축한다. 어느 열에 포함된 요소의 숫자 그 자체보다 요소가 적은 수의 열을 이용해서 원래의 열을 유도해낼 방법을 설명할 수 없다면 그 열은 무작위다. 이러한 복잡성의 정의는 복잡성의 일상적인 의미와도 맞물린다. 우리는 자전거보다 자동차가 더 복잡하다고 말한다. 분명 자전거를 만드는 방법보다는 자동차를 만드는 방법을 설명할 때 훨씬 많은 지시 사항이 들어갈 테니 말이다.

정보이론은 당신의 컴퓨터에 들어 있는 파일과 폴더의 계층구조나 회사의 조직도 같은 정리 시스템에도 적용할 수 있다.[119] 그리고 콜모고로프의 복잡성 이론에 따르면, 만약 조직도를 적은 수의 단순한 규칙으로 묘사할 수 있다면, 그 회사는 대단히 구조화되어 있다고 말할 수 있다. 아래 두 묘사를 비교해보자. 1번 회사의 경우, 꼭대기의 CEO에서 시작해서 그 아래로 모든 사람은 세 명의 사람을 감독한다. 그리고 이 방식이 4단계까지 이어지다가 그 이후로는 모든 사람이 50~100명의 사람을 감독한다. 이 모델은 경영진이 4단계로 이루어지고, 그 아래로는 전선을 수리하고 설치하고 계량기를 읽는 수많은 현장직원으로 이루어진 회사라면 전화회사든 상수도회사든 전기회사든 가스회사든 상관없이 어디에나 적용할 수 있다. 제일 아래 단계에 고객서비스 직원이나 기술지원 직원을 둔 기술회사일 수도 있다. 이 조직도는 2비트만으로 완벽하고 정확하게 명시할 수 있다.[120]

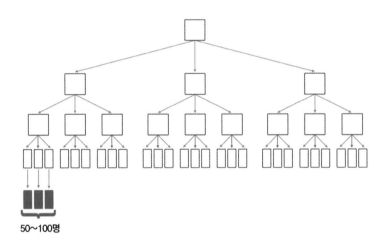

50~100명

체계와 규칙적인 구조가 부족한 회사는 구분 가능한 패턴이 없기 때문에 위의 2번 사례에 나온 무작위 문자열처럼 그 안의 요소들만큼 많은 비트가 필요하다.

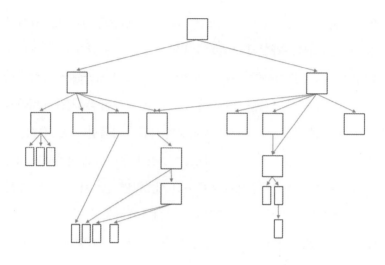

시스템이 구조화되어 있을수록 그것을 기술하는 데 필요한 정보의 양은 줄어든다. 정돈되지 않고 구조화되지 않은 시스템을 기술하는 데는 그만큼 많은 정보가 필요하다. 정돈되지 않은 가장 극단적인 사례는 모든 요소가 무작위로 배열되어 있는 것이다. 무작위 시스템 안에는 그 어떤 패턴도 존재하지 않기 때문에 각각의 요소가 개별적으로 기술되어야만 한다.[121] 여기에는 막대한 양의 소통, 혹은 (섀넌의 표현을 빌리자면) 정보가 필요하다. 이것은 우리의 직관에 어긋난다. 우리는 정보가 많을수록 좋다고 배우지 않았는가. 어려운 의학적 결정을 내려야 할 때는 의사에게서, 그리고 연구자료에서 정보를 많이 얻을수록 올바른 결정을 내리기가 쉬워진다. 이것은 모순이 아니다. 만약 질병에 대해 잘 이해하고 있고, 그와 관련된 문헌도 잘 정리되어 있다면 치료를 하는 데 그리 많은 정보가 필요하지 않다. "폐렴에 걸리면 이 항생제를 복용하십시오." 이렇게나 간단하다. 하지만 암이나 다발성경화증, 루프스 등 아직도 이해가 많이 부족한 질병에는 따져봐야 할 수많은 가정과 예외, 그리고 서로 상충되는 요소들이 버티고 있다. 따라서 그 안에 담기는 정보의 양도 더 많아진다.

정보이론의 힘은 모든 것에 적용할 수 있다는 데 있다. 웹사이트 구조, 법률 영역, 윤리 영역, 심지어 집을 구하려는 사람에게 해줄 충고에도 적용할 수 있다. 웹사이트나 컴퓨터 파일 계층구조에 적용되는 수평적 조직과 수직적 조직에 대해 논의했던 것을 떠올려보자. 섀넌의 정보이론은 그 안에 들어 있는 구조나 정보의 수준을 정량화하는 데도 적용할 수 있다(여기서 말하는 정보란 웹사이트에 들어 있는 정보의 내용이 아닌 계층구조 그 자체에 담긴 정보를 말한다).

법률 체계를 예로 들어보자. 법률에는 엄청난 양의 중복, 예외, 구체적인 조항 등이 담겨 있다. 가능한 한 모든 경우를 포함하려 하기 때문이다. 거의 모든 문명사회에는 강간, 살인, 강도, 착취, 고문, 폭행, 구타, 명예훼손 등을 금지하는 법이 있다. 이 법규들은 책이나 컴퓨터의 공간을 크게 잡아먹는다. 정보이론의 관점에서 보면, 이 모든 것은 짧은 알고리즘으로 최소화할 수 있다. '상대방이 당하고 싶어 하지 않는 일을 그 상대방에게 하지 마라(이것이야말로 가장 기본적인 황금률이다).'

이와 비슷한 내용으로 친구에게 집 찾아오는 길을 설명하는 다음의 두 방식을 비교해보자.

1. 동쪽 방향 40번 고속도로를 타다가 동쪽 방향 158번 고속도로로 갈아타. 그리고 다음에는 메인스트리트에서 좌회전하고, 바질 애비뉴에서 우회전한 뒤, 사우스 레이크 로드에서 좌회전하고 노스 레이크 로드까지 직진해. 그리고 메인스트리트(앞에 나온 메인스트리트하고 다른 길임)에서 비스듬하게 우회전하자마자 빅폴 로드에서 좌회전을 해. 그리고 트레일 8번가에서 우회전을 해서 쭉 오다 보면 공원에 도착하기 바로 전에 오른편으로

66번지가 보일 거야.

2. 동쪽 방향 40번 고속도로에 올라 탄 다음 빅폴 공원 표지판을 따라서 쭉 와. 우리 집은 공원 입구 바로 앞에 있어.

2번 알고리즘은 콜모고로프 복잡성이 덜하다. 이것이 가능한 이유는 부분적으로는 2장에 나온 격언을 따른 덕분이다. '최대한 많은 정보를 외부 세계로 넘겨라.' 이 경우 이미 존재하는 도로 표지판의 도움을 받았다.

하나의 조직도가 주어지면, 그 안에 담긴 정보의 양을 계산해서 그 값을 조직의 복잡성을 측정하는 용도로 사용할 수 있다. 혹은 그 측정값의 역수를 이용해서 기업, 군대 조직, 혹은 다른 그 어떤 작업 단위나 사회 단위 내부의 구조화 및 조직화 정도를 계산할 수도 있다.[122] 여기서는 복잡성이 낮으면 구조화 수준이 높다. 이것은 섀넌이 정보량이 낮다고 말하는 것과 같은 의미다. 여기서도 다시 직관과 어긋나는 것 같아 보이지만, 한 기업은 그 조직도를 단어를 적게 쓰는 간단한 규칙으로 기술할 수 있다. 이 규칙에 예외가 없다면 구조적 조직화 수준이 높다고 말할 수 있다.

한 회사의 구조화 정도로 효율성, 수익성, 업무 만족도 등을 예측할 수 있는지는 실증이 필요한 질문이지만, 아직 조사된 바는 없다. 한편으로 보면 타인을 감독하는 능력이 분명 사람마다 다를 것이고, 따라서 자연히 어떤 상사는 사람을 다루는 데 능숙하다는 이유만으로 더 많은 직원을 거느리게 될 것이다. 사람들이 가진 기술이 저마다 천차만별로 다르기 때문에, 민첩하고 효율적인 조직이라면 직원들이 회사의 이익을 위해 자신의 장점을 십분 활용할 수 있게 허용해야 한다. 이렇게 하다 보면 특별 보고 체계와 특별 인원 배치로 이어진다. 최적의 계층구조라 해도 회사 이익의 증대를 위해서는 결국 그것을 돌아가야 할 수도 있다.

그런 경우가 린다의 회사에서도 한 번 있었다. 한 자료분석가가 회사의 다른 곳에서는 찾아볼 수 없는 기술들을 갖고 있어서 그의 상관이 그에게 특별한 프로젝트를 맡겼고, 회사 조직도에서 완전히 다른 계열에 속한 두 단계 위의 경영진에게 보고하도록 한 것이다. 이 특별 인력 배치 때문에 회사의 구조를 표상하는 데 추가로 2비트가 더 들어갔지만, 회사에는 이것이 도움됐고, 결국 수익을 크게 높여줄 새 제품이 세상에 나왔다. 이런 인력 배치에서는 장려금이 문제가 된다. 여기서 발생한 장려금은 기술 좋은 자료분석가를 배치해준 부서 경영진이 아니라, 그 일을 마무리한 부서 경영진의 계좌로 들어갔다. 대기업 중에는 조직구조와 장려금 정책에서 과나 부서에 돌아가는 이득을 지나치게 강조한 나머지 회사 전체의 공동 목표에 대한 강조가 충분히 이루어지지 못하는 경우가 많다. 앞에서 적었듯, 부즈 앨런 해밀턴은 린다의 회사에서 직원들의 기술, 그들이 해결하려는 문제의 종류, 그리고 그들의 직무 기술에 대해 더 자세히 이해하기 위해 그들과 몇 개월간 면담을 진행했다. 이들이 권고사항을 보고한 이후에 이 회사의 장려금 구조와 비전 선언문은 부서 간의 팀워크를 포함하도록 개정됐다. 너무나 당연한 얘기 같지만, 직원 수가 25만 명이나 되는 회사에서는 이런 중요한 아이디어들이 실종되어버리는 경우가 종종 발생한다.

특별 보고 인력 배치는 협동을 용이하게 할 수 있지만 단점도 있다. 단순한 조직도에 예외가 너무 많아지면 따르기 어려워진다. 너무 많은 직원이 특별 배치되면 관리하기 어렵고, 그 직원이 시간을 어떻게 쓰고 있는지 파악하기도 어렵다. 일반적으로 구조화가 잘된 회사는 스트레스 상황에서 회복 탄력성이 뛰어나다. 한 경영진이 물러나도 그 뒤를 잇는 사람이 보고 체계가 명확하고, 특별 인력 배치가 적고, 직무가 잘 정의된 업무를 맡게 된다면 회사는 계속해서 매끄럽게 운영될 수 있다. 각자의 역할이 명확하게 정의되어 있으면 지속성과 효율이 고취되고, 경영진과 일반 직원을 재임명할 때 상부 경영진이 더욱 유연해질 수 있다. 체계적이고 잘 구조화된 조직에서는 누가 누구인지 파악하고 기억하기도 쉽다. 이를테면, "모든 부서 관리자는 네 개의 구역을 갖고 있습니다" 등 간단한 몇 마디 말로 소통 가능해지기 때문이다.

서랍의 파일폴더를 정리하든, 컴퓨터의 파일을 정리하든, 회사에서 직원들을 조직하든 종류에 상관없이 어떤 구조화된 시스템을 설정할 때 성공적인 시스템이 되려면, 검색 시간이 최소화되어야 하고 누구에게나 명료해야 한다. 이런 시스템은 기술하기도 쉽다. 이것은 섀넌의 정보량과 콜모고로프 복잡성을 줄여준다. 같은 접근방식을 사용해 업무 흐름도도 비슷하게 분석할 수 있다.[123]

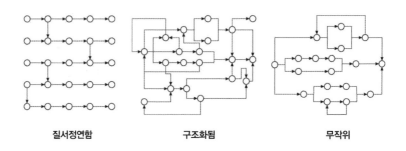

질서정연함   구조화됨   무작위

정보의 흐름에 주의를 기울이고, 멀티태스킹의 환상에서 벗어나면 비즈니스 세계를 훨씬 질서정연하게 만들 수 있다. 하지만 그것으로 충분할까? 3장에서 실패에 대비한 계획이라는 개념을 소개한 바 있다. 이것은 잘못 틀어질 수 있는 것은 무엇이든 알아내서 그것이 어떻게 잘못 틀어질지 생각한 다음, 그것을 예방하거나 회복할 수 있는 시스템을 설정하는 전략을 말한다. 가정에서 무언가 일이 잘못 틀어지면 자신과 가족에게 불편을 야기하는 정

도에 그치지만, 직장에서 일이 잘못 틀어지면 그 영향이 수천 명에게 미치고 금전적으로 심각한 손실을 입을 수도 있다. 가정에서 실패에 대비한 계획을 세우는 간단한 예를 들어보자. 열쇠를 정문에 두면 집을 나설 때 깜빡하고 열쇠를 챙기지 않을 가능성을 최소화할 수 있다. 정원 한구석에 열쇠를 숨겨두면 혹시라도 열쇠를 잃어버렸을 때 자물쇠를 부수거나 열쇠공을 부르지 않고도 우아하게 문제를 해결할 수 있다. 그럼 비즈니스 세계에서 실패에 대비한 계획을 세운다는 것을 무슨 의미일까?

집에서와 마찬가지로 사무실에서도 일이 잘못 틀어질 수 있는 간단한 예로, 마감시간이나 중요한 약속을 놓치는 것이 있다. 전자달력을 이용해 일정이 컴퓨터 화면이나 휴대전화에 자동으로 뜨게 하거나, 동료나 비서에게 전화를 하거나 직접 찾아와 알리게 하는 것은 중요한 약속을 잊어버리지 않게 해주는 효과적인 대비책이다.

전직 구글 부회장 겸 최고정보관리책임자인 더글러스 메릴Douglass Merrill 은 중요한 서류를 어디에 두었는지 확실히 챙기기 위해 나중에 생각하기보다는 미리미리 생각해둘 것을 권했다.[124] 즉, 실물 자료든 전자 자료든 분류할 때는 신속하게 검색할 수 있는 방식으로 해야 한다. 자료를 분류할 때 자신에게 이렇게 물어보자. "필요해졌을 때 이것을 내가 어디서 찾으려고 할까?" "내가 여기에다 라벨을 어떻게 붙여놔야 나중에 쉽게 찾을까?" 이와 관련된 것으로, 도대체 안건이 무엇이고, 자기가 거기 왜 있는지도 모른 채 회의에 참석하는 일이 없게 대비할 필요도 있다. 메릴은 이렇게 얘기했다. "나는 달력에 어떤 항목을 적을 때 그 내용을 꼭 함께 기록해둔다. 비서가 내 달력에 새로운 미팅 일정을 추가할 때는 약속 항목에 주석을 직접 달아놓는다. 그 주석에는 회의의 주제와 목적, 그리고 누가 참가하는지가 기록된다. 회의 참가자 중 모르는 사람이 있으면 비서가 그 사람의 직함, 해당 프로젝트에서 맡은 부분 등에 관한 정보를 몇 줄 더 추가하기도 한다."[125]

정신과의사들은 왜 한 시간의 진료시간을 잡고도 실제 진료하는 데는 50분밖에 쓰지 않을까? 이들은 나머지 10분을 그 시간 동안 일어난 일을 기록하는 데 사용한다. 전문가들은 회의 일정을 연이어 잡기보다는 그사이에 10분 정도 여유시간을 두어서 일어났던 일을 적고, 해야 할 일에 대한 내용 혹은 다음에 해당 프로젝트에 착수할 때 그 일에 금세 적응하게 해줄 기타 내용들을 적으라고 충고한다. 회의를 시작하기 전에도 10분 정도 여유를 두어 회의에서 일어날 일을 검토하고 들어가는 것이 좋다. 주의 전환에는 대사 비용이 따르기 때문에 회의가 시작되기에 앞서 긴장을 풀고 차근차근 회의를 위한 마음가짐으로 전환할 시간을 뇌에 부여해주면 뇌 건강에도 좋다. 전문가들은 프로젝트가 도중에 중단되면 어디에서 중단됐는지 적어놓아 나중에 다시 그 프로젝트로 더욱 신속히 돌아올 수 있게 하라고 조언한다.

이 같은 조언의 밑바탕에는 중요한 핵심이 깔려 있다. 무엇이 잘못될지 미리 생각하고, 미래의 위협을 내다보는 것은 잘 정리된 비즈니스 마인드가 갖춰져 있어야만 할 수 있고, 또 반드시 그렇게 해야 하는 일이다.

어떤 위협은 다른 위협보다 더 중대하다. 컴퓨터 고장으로 인해 사람들이 한 번도 생각해보지 못한 수준으로 업무 기능에 차질이 빚어질 수도 있다. 하드디스크가 망가지고, 자체 서버나 회사에서 사용하는 외부 서버 등 인터넷 서버가 정지되기도 한다. 식당, 택시, 의료점 등에서 예기치 못한 전자신용카드 장치 접속장애를 겪는 것은 그다지 드문 일이 아니다. 대도시의 택시운전사들은 접속장애로 택시 요금을 지불 받지 못하는 경우에 대비해 옛날 방식의 플라스틱 신용카드 프레스 장치를 가지고 다니는 경우가 많다. 이 장치는 신용카드 회사에서 나온, 특별 설계된 양식에 신용카드 번호를 본떠 기록하는 장치다. 이것은 실패에 효과적으로 대비할 수 있게 계획을 세운 모범적인 사례다. 아무것도 잘못되는 일이 없을 거라 생각하는 낙관주의적인 택시운전사는 결국 매출을 놓치고 재정적으로 피해를 보지만, 일이 틀어질 경우에 대비한 현실주의적인 택시운전사는 기술적 문제가 발생하더라도 수익을 지킬 수 있다.

그보다 더 심각한 것은 중요한 기록이나 자료가 유실되거나, 혹은 파일에 오류가 생기거나 구식이 되어서 열 수 없는 등의 경우다. 여기서 걱정해야 할 위험 요소는 두 가지, 즉 디스크 오류와 포맷의 구식화다. 실패에 대비하려면 자료에 대한 접근 방법이 없어질 경우를 미리 생각한 다음 손실을 예방하거나 적어도 최소화할 시스템을 어떻게 설정할지 고민해야 한다.

이 글을 쓰는 현재, 전 세계의 자료 중 90%는 자기디스크에 저장되어 있다.[126] 이것은 옛날에 쓰던 녹음테이프처럼 자기장의 변화에 취약하다. 스피커 등에 들어 있는 자석에 오랜 기간 노출되거나 방사선을 쪼이면 자료에 오류가 생길 수 있고, 섭씨 15도 정도만 온도 변화가 생겨도 실패율이 두 배로 높아진다.[127] 파일을 복사하고 백업하는 것도 복사오류를 야기한다. 헤더 부분에서 한 비트만 오류가 생겨도 파일 전체를 읽을 수 없게 되는 파일 유형이 많다. 그 밖에도 하드디스크, 휴대용 USB 저장장치, CD, 그리고 기타 저장 미디어들은 모두 결국에는 오류가 발생하게 된다(먼지가 들어가지 않게 밀폐하고 자기장을 차폐해서 선반 위에 고이 모셔둔 디스크드라이브도 베어링이 고장나버리면 작동하지 않는다). 파일을 한 하드디스크에 여러 개 복사해놓아도 그 하드디스크가 고장나면 모두 헛수고다. 하드디스크에 5년 내 오류가 생길 확률은 50% 이상이다.[128] 마이크로소프트 기술자들이 연구한 바에 따르면, 모든 서버 중 25%가 2년 안에 디스크 오류를 겪는다고 한다.[129] 이것이 바로 자료를 백업해야 하는 이유다. IT 전문가들이 고개를 끄덕이는 경구가 있다. "하드디스크가 과연 고장날 것인가가 문제가 아니라 언제 고장날 것인가가 문제다." 어떤 기업이든 자기가 보유한 현재와 과거의 모든 파일에 아무 문제없이 접근하는 것은 무척 중요한 일이다. 공개기업이나 정부관계 기관의 경우, 법률상의 이유나 단속상의 이유로도 이는 필수적이다. USB 플래시 드라이브나 SSD Solid State Drive 하드디스크는 자기드라이브보다 더 비싸긴 하지만 환경의 변화에 더욱 예민하다.

권장하는 해결책은 파일을 적어도 두 개의 서로 다른 하드디스크에 백업하고 그 하드디스크가 제대로 작동하는지 정기적으로 확인하는 것이다. 경험적으로 볼 때 석 달에 한 번 정도가 좋다. 많은 회사가 규칙적인 단계로 이루어지는 롤링 백업rolling backup을 이용하고 하루 된 파일, 일주일 된 파일, 한 달 된 파일, 두 달 된 파일 등으로 나누어 파일을 보관하고 있다. 그리고 이것을 이중, 삼중, 혹은 그 이상으로 백업해둔다. 어느 백업에 오류가 나도 당신에겐 백업의 백업이 있다. 이 모든 것에 동시에 오류가 생길 확률은 극히 낮다. 화재, 홍수, 핵폭발, 혹은 특정 지역 안에 있는 모든 것을 휩쓸어버릴 정도의 큰 사건이 벌어져야 이런 일이 일어날 수 있다. 그래서 정부기관과 대기업들은 하드디스크 백업을 서로 다른 지역에 보관해서 위험을 분산시킨다. 금전적 여유가 많지 않은 작은 기업도 큰 부담 없이 이런 방법을 이용할 수 있다. 만약 다른 도시에 고객이나 가까운 동료, 혹은 친척이 있다면 원격 접근이 가능한 백업 디스크를 그들의 가정이나 직장에 연결해놓고 자동 백업을 설정해놓으면 당신의 본거지에서도 그 내용들을 복구할 수 있다.

클라우드cloud, 즉 인터넷을 통해 원격 접근이 가능한 서버를 이용해 백업하는 것도 파일 복사본을 보관하는 또 다른 방법이다. 이는 당신이 여러 가지 장비를 사용하면서 그것들을 동기화하고 싶을 때도 효율적이다. 당신에게 노트북, 가정용 컴퓨터, 회사에서 쓰는 컴퓨터, 스마트폰, 태블릿이 있다고 가정해보자. 어떤 파일이 대체 그중 어디에 들어 있는지, 혹은 한 파일을 가지고 여러 장치에서 작업할 때 그중 가장 최신 버전은 어느 장치에 들어 있는지 어떻게 파악할 것인가? 기술 관련 저술가 폴 부틴Paul Boutin은 현대의 디지털 생활을 단적으로 보여주는 분산을 이렇게 요약했다. "어떤 사진은 스마트폰에 있다. 어떤 사진은 컴퓨터에 있다. 그럼 디지털 문서 작업, 갈무리해둔 웹사이트, 회의에서 기록한 메모는? 새해맞이 행사가 끝난 후 남은 색종이 조각처럼 여기저기 흩어져 있다."[130] 이것을 해결하는 방법은 모든 장치를 동기화하는 것이다. 하지만 실제로 시간을 내서 그런 작업을 하는 사람은 별로 없다. 하루 종일 일하고 집으로 돌아와 스마트폰을 컴퓨터에 접속시키려면 여간 귀찮은 게 아니다. 동기화 프로그램을 실행시켜서 제대로 작동하는지 지켜보는 것은 말할 것도 없다. 클라우드 저장 서비스는 이런 문제를 크게 줄여준다. 그냥 모든 장치가 제3자인 회사가 운영하는 디지털 저장소에 파일을 업로드해서 동기화하도록 설정만 해두면 끝나기 때문이다. 당신의 강아지가 선글라스를 쓰고 있는 사진이나 출근하다가 지하철에서 작성한 쇼핑 목록을 찾고 싶을 때 그냥 어느 한 장치에서 검색하면 그 정보가 즉각 클라우드 서버로 전송된다(물론 인터넷에 연결되어 있다는 가정하에).

프린스턴대학의 컴퓨터과학과 교수 페리 쿡Perry R. Cook은 파일을 클라우드에 백업하는 것은 장단점이 있다고 지적했다. 장점은 자기를 대신해서 다른 누군가가 대형 서버를 백업하면서 하드웨어의 유지를 책임져주고(이들은 당신의 세금 문서나 가족사진을 하나만 복사해두지 않고 여러 개 복사해둔다), 모든 것이 매끄럽게 운영되게 해준다는 것이다. 쿡은 또한 이렇게 지적했다. "클라우드에서 하나의 쟁점은 접근성이다. 메가업로드MegaUpload는 사람들이 백업 파일을 올리게 하는 데 그치지 않고 점점 거대한 해적 사이트가 되어버렸다. 결국 미국 법무부가 2012년 메가업로드 사이트를 차단하자 아무도 거기서 자기 파일을 가져올 수 없게 됐다. 전문 사진작가와 영화 제작자를 포함해 그곳의 모든 고객이 보관해둔 정보를 잃고 말았다. 이것은 마치 이웃집에 잔디 깎는 기계를 맡겨놓았는데, 마리화나를 재배한다는 혐의로 FBI가 그 집에 불시에 들이닥쳐 모든 것을 압수해간 꼴이다. 이 경우 결국 당신은 잔디 깎는 기계를 잃어버리고 만다. 메가업로드의 경우, 법원은 적법한 사용자들이 자기 파일을 회수할 수 있을 정도로 충분히 긴 시간을 열어주지 않았다. 이처럼 클라우드 서비스 운영 회사들은 규제나 법적 제한에 묶일 수 있고, 운이 나쁘면 당신도 그런 경우를 당할 수 있다. 여기서 얻는 교훈은 다음과 같다. 자기 데이터는 자기가 보관하자!"

다시 실패에 대비한 계획으로 돌아가자. 파일을 백업해놓았는데 컴퓨터 시스템을 업그레이드했더니 파일이 열리지 않는다면? 쿡은 파일 이송을 위한 계획을 세워두라고 조언했다.

파일 이송file migration이란 컴퓨터 시스템, 소프트웨어, 하드웨어 등의 업데이트로 읽을 수 없게 된 파일을 읽을 수 있게 만드는 과정을 말한다. 많은 컴퓨터 파일 포맷은 언젠가는 결국 무용지물이 되고 만다. 이는 기술 분야의 급속한 발전 때문에 생기는 현상이다. 하드웨어 제조업체와 소프트웨어 개발업체는 모두 좀 더 빠르고 강력한 제품을 생산해야 할 동기를 갖고 있다. 이런 제품은 대개 구형 시스템과 호환이 안 된다. 아마 당신이나 당신이 아는 누군가가 이런 경험을 해보았을 것이다. 당신의 오래된 컴퓨터가 고장나서 수리하러 갔더니 마더보드 같은 부품이 더 이상 나오지 않아 수리가 불가능하다고 한다. 컴퓨터를 새로 구입할 것을 권해서 그렇게 했다. 집으로 돌아와 전원을 켜보니 낯선, 완전히 새로운 운영체제가 깔려 있다. 새 운영체제는 낡은 컴퓨터에서 사용하던 파일을 읽을 수 없다. 그렇다고 낡은 운영체제를 재설치할 수도 없다. 이 컴퓨터 하드웨어는 그 운영체제를 지원하지 않기 때문이다. 이제 당신은 파일로 가득 찬 하드디스크를 갖고 있지만 그것들을 열 순 없다. 소득신고서, 가족사진, 서신, 업무 프로젝트 등 모든 것이 읽을 수 없게 됐다.

파일 이송 대책을 사전에 강구하려면, 당신의 컴퓨터에 들어 있는 서로 다른 파일들의 유형을 모두 파악하고 있어야 한다. 새로운 운영체제가 나오거나, 당신이 사용하는 소프트웨어 응용프로그램의 새로운 버전이 나왔을 때 아무 생각 없이 컴퓨터 화면에 나오는 '지금 업그레이드' 버튼을 눌러서는 안 된다. 새로운 시스템으로 옮겨타기 전에 당신의 낡은 파일들이 거기서도 열릴지 검사해볼 필요가 있다. 전부 검사할 필요는 없다. 종류별로 몇 개씩만 표본으로 택해 열어보면 된다(이 검사에는 지금 이용하고 있는 컴퓨터가 아닌 다른 컴퓨터나 외장 하드드라이브를 이용하자). 여기서 일어날 수 있는 일에는 세 가지 가능성이 있다.

1. 파일이 아무런 문제없이 열린다. 그럼 새로운 소프트웨어는 낡은 소프트웨어와 같은 파일 포맷을 이용하는 것이다.

2. 파일이 늦게 열린다. 새로운 소프트웨어로 전환해야 하기 때문이다. 새로운 소프트웨어는 이제 포맷이 달라진다(마이크로소프트에서 .doc 포맷을 .docx 포맷으로 바꾼 것처럼). 이런 경우에는 파일 이송을 시작해야 한다. 즉, 당신의 파일들을 새로운 포맷으로 전환해야 한다.

3. 아예 파일이 열리지 않는다. 그럼 포맷 전환 프로그램이 나올 때까지 기다리거나(이런 일이 가끔은 있다), 낡은 파일들을 새로운 컴퓨터에서도 읽을 수 있는 다른 포맷으로 저장하는 방법을 생각해내야 한다(예컨대, 일부 문서 서식 정보가 유실되는 것을 감수하고 마이크로소프트 워드 파일을 가독성이 더 높은 파일 형식인 .rft로 저장한다).

파일 이송에 신경 써야 할 사람은 누구일까? 법인, 공개기업, 연구실, 그리고 기록물을 입수해야 하는 기자들은 이런 부분이 법적 문제로 이어질 수도 있으므로 신경 써야 한다. 컴퓨터를 자기 삶의 디지털 기록보관소로 이용하는 나머지 우리들의 경우, 파일 이송은 그냥 일상적인 실패에 대비한 계획에 해당한다.

페리 쿡은 기업과 꼼꼼한 개인들에게 낡은 컴퓨터를 유품처럼 주변에 남겨두거나, 그런 컴퓨터에 접근할 수 있어야 한다고 충고한다. 그 컴퓨터와 함께하던 시절의 프린터도 있어야 한다(옛날 프린터는 보통 요즘 컴퓨터와 호환이 안 된다). 이렇게 준비해두면 낡은 파일을 지금 읽을 수 있는 포맷으로 전환할 방법이 없는 경우에도 원하는 때에 프린터로 출력해서 볼 수 있다. 쿡의 설명이다. "이것은 현대 기술에 대해 석기시대 사람들처럼 접근하는 방식이죠. 하지만 분명 효과가 있습니다. 버사 이모가 보낸 이메일을 보관하고 싶으면 프린터로 출력해서 보관하세요." 쿡은 컴퓨터를 업그레이드할 때 낡은 컴퓨터를 버리기보다는 부팅 가능한 디스크 이미지를 만들어서 3~6개월마다 낡은 컴퓨터에서 확인해보라고 충고한다. 대형 메인프레임 컴퓨터 시절에 사용한 9mm 테이프를 비롯해 처음 PC가 등장한 시절에 사용한 5¼인치 플로피디스크에 정보를 보관해두고 결코 파일 이송을 하지 않는 회사들도 있다. 대도시에는 파일 이송 서비스업체들이 있지만 서비스 가격이 비싸다. 이런 매체들은 너무 낡아서 이제는 그것들을 읽을 수 있는 기계 자체가 얼마 남지 않았다. 도서관 사서나 대기업의 IT 부서에서는 파일 이송을 전문적으로 담당하는 상근직 직원을 한 명 이상 둘 것을 권하고 있다(파일 이송 담당자는 백업 담당자와 다르다. 이 둘은 전혀 다른 업무다).

마지막으로 쿡은 이렇게 말했다. "당신이 사용하는 파일 포맷이 오픈소스라면 이런 경우 크게 도움이 된다. 왜 그럴까? 마이크로소프트와 어도비

^{Adobe} 파일들은 아주 취약하다. 파일에서 한 비트만 오류가 나도 컴퓨터는 그 파일을 아예 읽을 수 없다. 반면 그냥 문서파일(.txt 파일)은 거의 모든 프로그램에서 읽어볼 수 있다. 거기에 오류가 발생한다면 그저 한 글자가 깨지는 것에 불과하다. 파일이 오픈소스라면 어딘가에 분명 그 파일을 어떻게 열지 알아낼 수 있는 컴퓨터광이 있을 것이다."

특히 자주 출장을 다니는 사람들이 고려해야 할 부분이 있다. 우리는 비행기, 공항, 호텔 방에 생각했던 것보다 더 오래 붙잡혀 있게 되는 경우가 종종 생긴다. 이 예측하기 힘든 사건을 막기 위해 우리가 할 수 있는 일은 그리 많지 않지만, 이런 상황에 대비하는 계획의 일환으로 거기에 어떻게 대응할지는 조절할 수 있다. HSP는 이동식 사무실을 만드는 데 필요한 모든 것을 하나의 주머니 안에 꾸려놓기도 한다.

- 휴대전화와 컴퓨터를 위한 여분의 충전기
- USB 메모리스틱
- 펜
- 연필, 지우개
- 소형 스테이플러
- 메모장
- 포스트잇
- 자주 사용하는 여분의 컴퓨터 커넥터 케이블

여기서 핵심은 이것들이 늘 주머니 안에 있어야 한다는 점이다. 집에 있더라도 이것을 풀어헤쳐서는 안 된다. 이 주머니는 신성불가침이다! 이와 동일선상에서 경험이 많은 출장 여행자는 견과류, 말린 과일, 초콜릿 바 등으로 작은 비상식량 꾸러미를 챙긴다. 세면도구함도 여러 개 챙겨놓는다. 그 래야 출장을 떠나기 바로 전에 급하고 정신이 없는 와중에 욕실에 들어가 이런 것을 챙기느라 법석을 떨 필요가 없다. 그리고 그렇게 서두르다 보면 늘 깜박하는 것이 생기기 마련이다.

정보 과부하 시대에 실패에 대비한 계획을 세워두려는 생각은 반드시 필 요한 사고방식이다. 이것이 바로 군 장교, 전략가, 공무원을 비롯해서 CEO, CFO(최고운영책임자), 그리고 그들의 변호사들의 사고방식이다. 공연을 하 는 예술가들도 마찬가지다. 음악가들은 기타줄, 리드, 전자 커넥터 등 공연 도중에 고장나서 쇼를 망쳐놓을 수 있는 것은 무엇이든 여분을 챙겨 다닌 다. 이런 사람들은 잘못 틀어질 수 있는 것으로 무엇이 있을지, 그리고 그것 을 어떻게 막을지, 행여 발생했을 때는 어떻게 복구할지 생각하느라 많은 시간을 보낸다. 이런 능력을 소유한 종은 인간밖에 없다. 다른 그 어떤 동물 도 미래를 대비해 계획을 세우고, 아직 일어나지도 않은 상황에서 어떻게 행동할지 전략을 짜지 않는다. 이런 계획은 개인적으로 정돈된 삶을 꾸리는 데만 중요한 것이 아니라 사업을 성공적으로 영위하는 데도 필수적이다. 이 것은 결국 통제 소재로 귀결된다. 유능한 조직은 인간, 환경 등 외부적인 힘 에 휘둘려 움직이기보다는 자신의 미래를 스스로 관리하기 위한 단계를 밟 아 나간다.

제3부

아이들에게 무엇을 가르칠 것인가

정리된 마음의 미래

5년 전, 미국 중서부 출신의 두 10대가 비행기를 만들어야겠다고 마음먹었다. 그저 글라이더를 만들겠다는 것이 아니라 1,500m 상공으로 50명의 승객을 실어 나를 수 있는 쌍발 엔진 제트비행기를 만들겠다는 것이었다. 둘다 비행이나 엔진의 작동 원리에 대해서는 아무것도 알지 못했고 스스로 무엇을 만들어본 적도 없지만, 이들은 조금도 주눅 들지 않았다. 두 소년은 다른 사람이 제트비행기를 만들 수 있다면, 자기들도 할 수 있으리라 생각했다. 이들은 이 주제에 관한 책을 찾아보려 했지만, 곧 다른 사람들이 이미 해놓은 일들에 제약받고 싶지 않다는 판단을 내렸다. 자신들의 직관도 교과서의 내용만큼이나 설득력이 있고 중요하다고 생각했다. 두 소년은 라이트 형제 같은 초기 비행기 설계자들도 읽어볼 교과서 따위는 없었지만 그들이 만든 비행기가 멀쩡하게 잘 날지 않았느냐고 생각했다.

둘은 마을의 넓은 들판에 작업장을 설치했다. 프로젝트를 시작하고 몇 주 지나서 이들은 자기네 고등학교 소속 사람들과 지역 주민들을 이 작업에 함께할 수 있도록 초대했다. 사람들은 밤낮을 가리지 않고 찾아와서 비행기에 이것저것 보태고 갔다. 이것이 아니다 싶은 것이 있으면 내키는 대로 떼어서 가져가버리거나, 다른 것으로 교체하거나, 다음 사람이 작업하게 내버려두기도 했다. 작업장 앞에는 "이 비행기 만들기 프로젝트는 배경이나 능력 등에 상관없이 누구에게나 열려 있으며 모두에게 평등한 접근을 보장하는 진정한 공동체 프로젝트"라는 내용의 표지판을 세워놓았다. 비행기 만들기가 어째서 소수 엘리트의 전유물이 되어야 한단 말인가? 이 프로젝트는 열정 있는 사람이라면 누구든 참여할 수 있도록 격려했다.

그러던 중, 항공기술자 한 명이 이 마을에 사는 친척집에 왔다가 이 프로젝트 작업장 옆을 지나게 됐다. 그는 연료 시스템에 비상 차단 밸브를 추가하고, 근처 고물 야적장에서 발견한 기름 냉각기를 설치했다. 마을을 떠나기 전에 그는 날개 디자인과 제트엔진의 조종에 대한 설명, 그리고 비행기를 띄우기 전에 반드시 숙지해야 할 부분에 대한 경고와 주의사항을 자세하게 적은 지침서를 남겨놓았다. 며칠 후 모든 것을 스스로 해야 한다고 생각한 열한 살짜리 종이비행기 만들기 대회 우승자가 렌치를 들고 작업장에 와서는 항공기술자가 설치해놓은 기름 냉각기를 제거하고, 그가 남겨놓은 지침서와 경고문을 죄다 버렸다. 물론 이런 행동은 모두 이 프로젝트의 정신에 부합하는 것이었기 때문에 누구도 그 소년을 막지 않았다.

당신이라면 이 비행기의 승객이 되고 싶은가? 물론 아닐 것이다! 그럼 대체 왜?

우선, 전문가의 조언을 노골적으로 무시하는 태도에 반감이 느껴진다. 우리는 대부분 비행기 제작(비행기 조종은 말할 것도 없고)에는 특별한 훈련이 필요하다고 믿는다. 이것은 아무나 할 수 있는 일이 아니다. 조직화된 사회에서는 항공 관련 훈련을 제공하는 전문학교를 개설한다. 이런 학교들은 제대로 된 교육을 제공하고 있음을 보증하기 위해 독립기관으로부터 승인과 자격증을 취득해야 한다. 우리는 일반적으로 다양한 종류의 자격증과 면허증을 받아야만 외과의사, 변호사, 전기기사, 건설업자 등을 할 수 있게 규제하는 제도를 지지한다. 이런 증서는 서비스의 질과 안전성에 대한 높은 기준을 충족시켰다는 증표다. 요컨대, 우리는 이 세상에는 어느 분야에 대해 우리보다 더 잘 아는 전문가가 존재하며, 이런 전문가들은 귀중한 사람이고, 중요한 프로젝트를 수행하는 데 있어서 필수적인 존재임을 받아들인다.

위의 이야기는 사실 완전히 꾸며낸 이야기다. 하지만 위키피디아Wikipedia가 하는 일을 아주 적절히 설명하고 있다. 이야기를 꺼내면서 사실 나는 조금 두려움이 앞선다. 사실 위키피디아는 적어도 두 가지 면에서는 아주 존경스러운 일을 해냈기 때문이다. 위키피디아는 선례가 없고, 거대하고, 기막하게 접근이 용이한 정보를 만들어냈다. 그리고 이 정보를 무료로 제공한다. 정보가 접근 가능해야 한다는 점에는 나도 전적으로 동의한다. 그리고 더 나아가 이것이야말로 성공적인 사회의 기반이라고 믿는다. 정보로 깨어 있는 시민은 우리의 공동 통치 방식에 대한 결정을 더 잘 내릴 수 있고, 지역공동체의 행복하고 생산적인 일원이 될 수 있는 능력도 더 나을 테니 말이다.

하지만 얻는 것이 있는 만큼 잃는 것도 있다. 바로 전문가에 대한 반감이다. 이것은 다른 사람도 아닌 지미 웨일스Jimmy Wales와 위키피디아를 공동 창립한 로센스 생어Lawrence Sanger의 말이다! 그가 지적하는 위키피디아의 문제점은 아무나, 지식이나 교육 수준에 상관없이 정말 아무나 위키피디아의 내용을 편집할 수 있다는 것이다.[1] 위키피디아에는 내용을 검토해서 그 내용이 사실인지, 해당 주제에 대한 지식을 지닌 사람에 의해 편집된 것인지 확인해줄 자격을 갖춘 전문가로 구성된 중앙권력이 존재하지 않는다. 위키피디아의 독자는 자기가 읽고 있는 내용이 정확한지 아닌지 확인할 방법이 없다. 그리고 사람들이 이런 부작용을 모르는 것도 아니다. 위키피디아는 애초에 그렇게 디자인됐기 때문이다. 웨일스는 전문가라고 해서 초심자보다 더 존중되어서는 안 된다고 말했다.[2] 위키피디아에 참여하기 원하는 신참자들을 막을 수 있는 엘리트 구조나 계층구조가 존재해서는 안 된다는 것이다.

다시 위의 이야기로 돌아가보자. 당신이 이 공동 기획 제트비행기의 방향타를 본다고 해도 그것이 전문가가 설계한 것인지 초심자가 설계한 것인지 알 방법은 없다. 당신 자신도 초심자라면 말이다. 그리고 설사 이 이야기에 나온 항공기술자처럼 진짜 전문가가 이곳에 들렀다 해도 사람들은 그가 한 일을 열한 살짜리 아이가 한 일보다 더 중요하게 여기지 않는다. 더군다나 당신이 우연히 이 비행기를 처음 보게 됐는데 그것이 어떻게 만들어진 것인지 전혀 모른다면, 마땅히 전문가가 설계한 것이라고 생각할 것이다. 이런 프로젝트라면 그러리라 예상하는 것이 당연하기 때문이다. 우리는 당연히 다리는 무너지는 일이 없고, 당연히 자동차의 연료통은 폭발하는 일이 없고, 당연히 댐은 무너지지 않으리라 생각한다.

백과사전을 만들 때는 각각의 분야에서 리더로 인정받는 사람들을 편집자로 고용한다. 그럼 이 편집자는 다양한 영역에서 전 세계적으로 명망 있는 전문가들을 발굴하고 고용해서 주제별로 항목에 대해 글을 쓰게 한다. 그다음에는 해당 분야의 전 세계적인 전문가들을 불러다가 이 글이 정확한지, 혹시 편견이 개입된 건 아닌지 검토하게 한다. 이들이 이 내용에 동의해야 원고가 통과된다. 그 후에 저자들은 이 원고에 자신의 학력을 밝히고 서명을 해서 독자들이 이 글을 담당한 사람이 누구이며 그 사람이 어떤 학력을 가지고 있는지 확인할 수 있게 한다. 이런 시스템조차도 완벽하지는 않다. 부정확한 내용이 등장할 수 있는 원천이 적어도 세 가지나 존재한다. 바로 내재적 편견intrinsic bias, 현상 유지maintaing the status quo 경향, 이 원고를 쓰기로 동의한 사람들에게서 나타나는 사전 선택 효과preselection effect다. 중국 예술 전문가는 한국 예술을 낮추어 볼 수 있다(내재적 편견). 기존에 확립된 개념이나 학문에 도전하는 새로운 개념이나 학문이 백과사전의 저자로 인정받을 만큼 해당 분야에서 저명해진 기득권층 전문가들에게 인정을 받기까지는 긴 시간이 걸린다(현상을 유지하려는 경향). 연구가 활발하게 진행되고 있거나 새롭게 떠오르는 조류에 대해 가장 많이 알고 있는 학자는 백과사전에 원고를 쓸 시간을 내기가 어렵다. 게다가 학계에서는 이런 일을 그리 중요한 학문적 활동으로 여기지도 않는다(사전 선택 효과).

하지만 완벽하지는 않을지언정 여기서 일어나는 실패는 전문성을 인정하고 존중하는 가치 체계 안에서 일어난다. 이 가치 체계는 능력주의를 암묵적으로, 명시적으로 표명하기 때문에 한 주제에 대해 더 잘 알고 있음이 입증된 사람에게 지식 공유의 자격이 주어진다. 이 부분에 대해 솔직히 터놓고 말하겠다. 위키피디아에서는 뇌동맥류 항목에 대해 신경외과 전문의나 고등학교 중퇴자나 발언권이 똑같다. 정신이 제대로 박힌 사람이라면 고등학교 중퇴자에게 뇌수술을 맡길 리 없겠지만, 위키피디아를 뇌동맥류 같은 전문적 주제에 대한 기본적인 정보원으로 이용하려면(비전문적 주제도 마찬가지다) 이 글의 기원에 대해 우리가 확신을 가질 수 있어야 한다.

물론 결국 누군가 전문지식을 갖춘 사람이 들어와서 고등학교 중퇴자의 비전문적 충고를 고쳐놓기는 할 것이다. 하지만 언제? 게다가 그런 수정이 이루어졌음을 어떻게 알 수 있단 말인가? 당신이 그 글을 읽기 바로 전, 혹은 바로 후에 수정될 수도 있다. 여기에 더해 감독자나 편집책임자가 없으니 항목의 내용들은 거의 일관성이 없다. 중요한 내용이 아니더라도 어느 누군가가 거기에 관심을 가지면 해당 항목은 너무 세세한 부분까지 부풀려질 수 있고, 중요한 내용이더라도 그 부분에 대해 잘 알거나 관심을 가진 사람이 없으면 내용이 빈약해질 수 있다. 이런 문제가 발생하는 이유는 "이 항목과 관련해서 이것이 과연 알아야 할 가치가 있고, 다른 것들보다 더 중요한 사실인가?" 같은 부분을 결정하는 편집자의 손길이 결여되어 있기 때문이다. 전문가의 요약 및 편집이 유용한 이유는 균형감각을 갖춘 누군가가 판단력을 발휘해서 그 안에 당연히 포함되어야 할 것이 무엇인지를 결정했기 때문이다.

과학적, 의학적, 기술적 주제인 경우, 심지어 상호심사 학술지에서도 정보의 출처가 늘 분명하게 표명되는 것은 아니다. 기술적인 글은 특별한 훈련을 받지 않으면 이해하기 어렵고, 여러 분야에서 모순된 주장이 많기 때문에 그런 논란을 이해하고 해소하려면 경험이 필요하다. 전문가들은 서로 다른 정보 출처의 경중을 따져서 그런 모순을 해소한다.

위키피디아를 수정하는 데 열성적으로 참여하는 사람들 중에는 그저 교과서에서 상반된 설명을 읽었거나, 고등학교에서 현재의 전문가들이 믿는 것과는 다른 무언가를 배웠던 사람들도 있는 듯하다("교과서에 나온 것이니까 당연히 맞는 얘기겠지!"). 여기서 중요한 점은 초심자들이 잘 모르는 새로운 정보가 교과서까지 흘러들어가려면 5년이나 그 이상의 시간이 든다는 점과 고등학교 선생님이 언제나 옳은 것은 아니라는 점이다. 로렌스 생어의 말처럼 위키피디아의 내용은 다수의 사람들에 의해 질적으로 저하되는 결과가 빚어질 수도 있다. 해당 주제에 대해 다수의 사람들이 알고 있는 지식은 책에 나온 구절이나 대학교 수업 시간에 들었던 내용에서 따온 것들이기 때문이다. 처음에는 정확했던 글도 비전문가 무리에 의해 난도질당하다가 결국에는 정확하지 않은 글로 변질될 수 있다. 이런 비전문가들 중 상당수는 자신의 직관, 기억, 느낌 등이 과학 논문이나 진짜 전문가의 의견만큼이나 중요하다고 열렬히 믿는 성향이 있다. 로렌스 생어는 '전문성에 대한 존중의 결여'가 문제의 뿌리라고 말했다. 한 위키피디아 논객은 이렇게 지적했다. "이 프로젝트에 참여해봐야 누군지도 모를 인터넷상의 얼간이들이 다 망가뜨려 놓을 텐데, 대체 어떤 전문가가 여기에 자신의 귀중한 시간을 투자하겠나?"

위키피디아는 기존 백과사전보다 두 가지 분명한 장점이 있다. 하나는 민첩하다는 점이다. 문제 국가에서 폭력 사건이 터지거나, 지진이 일어나거나, 유명인사가 죽는 등 새로운 뉴스가 생겨나면 위키피디아 사용자들은 여기에 신속히 반응해서 그런 사건을 몇 분 또는 몇 시간 만에 올려놓는다. 출판되어 나오는 백과사전은 이런 내용을 모두 편집하려면 시간이 무척 오래 걸린다. 두 번째 장점은 출판되어 나오는 백과사전에는 포함시킬 가치가 없다고 제외되는 주제도 공간과 페이지 수에 제약이 없는 온라인 포맷에서는 존재할 수 있다. 컴퓨터게임 던전&드래곤Dungeons & Dragons, TV 드라마 〈뱀파이어 해결사Buffy the Vampire Slayer〉에 대해서도 미국 13대 대통령인 밀러드 필모어Millard Fillmore나 단테Dante의《신곡Inferno》〈지옥〉 편보다 훨씬 많은 양의 정보를 장황하게 써내려갈 수 있다. 인기 많은 TV 프로그램의 경우 위키피디아에는 각각의 방송분에 대한 요약 설명이 올라와 있고, 특별 출연자나 캐스팅 배우들에 대해 꽤 많은 정보가 실려 있다. 이런 항목은 위키피디아의 장점이 드러나고, 크라우드소싱의 정신이 빛을 발할 수 있는 사례다. 〈CSI〉에 잠깐 얼굴을 비친 배우의 연기에 감명받은 누군가가 엔딩 크레디트에서 그 배우의 이름을 찾아낸 뒤 그 배우에 대한 내용을 그 방송분의 위키피디아 항목에 추가할 수도 있다. 이런 것은 그 어떤 전문성도 요구하지 않는다. 설사 잘못된 정보가 있더라도 다른 팬들 중에 드라마의 방송 크레디트를 확인해서 그 부분을 수정할 사람이 있으리라 믿을 수도 있다.

이런 팬 기반 편집은 팬 픽션fan fiction과도 관련 있다. 이것은 최근에 나타난 현상으로, TV 드라마나 영화 팬이 자기가 좋아하는 극중 등장인물을 중심으로 작품을 쓰거나, 원래 작품에서 부족하다고 느껴지는 플롯 구멍plot hole(극중 이야기에서 앞뒤가 안 맞게 구성된 부분 – 옮긴이)이나 이야기 흐름을 채우려고 기존 이야기에 다른 이야기를 추가하는 것을 말한다. 이 모든 것은 〈스타트랙Star Trek〉 팬 잡지에서 시작됐다.[3] 이렇게 팬을 기반으로 하는 문학은 공동체 이야기를 필요로 하는 인간의 욕구를 보여주는 것인지도 모른다. 우리는 결국 사회적 동물이다. 우리는 인류의 기원에 관한 것이든, 자기가 살고 있는 국가의 기원에 관한 것이든 공동의 이야기를 통해 하나로 연결된다. 위키피디아는 이야기 만들기를 모두가 함께 참여하는 집단행동으로 만들려는 욕구에 아주 분명하게 화답한다. 그리고 어쩌면 가장 야심찬 학문적 프로젝트의 하나일지 모를 서비스에 자신의 열정과 관심(때로는 전문성도)을 보태도록 수백만 명의 사람에게 영감을 불어넣는다.

위키피디아를 질적으로 크게 향상시키는 한 가지 방법은 항목과 편집 과정을 감독할 편집자 패널을 고용하는 것이다. 이들 전문가를 통해 통일성과 품질을 보장하고 논쟁을 완화할 수 있다. 초심자들에게도 여전히 참여의 기회는 열릴 것이다. 이것이 바로 위키피디아를 즐겁고 신나는 공간으로 만드는 부분이니까 말이다. 하지만 최종 발언권은 편집자 패널이 갖게 된다. 위키피디아가 구독료나 사용료 등을 받거나 후원자를 만나 더 큰 수입원만 확보할 수 있다면 이런 움직임이 가능해질 것이다. 백만장자, 억만장자, 독지가, 정부기관, 출판사, 대학 등과 유연한 형태의 제휴를 맺는다면 이런 노력을 재정적으로 뒷받침할 수 있을 테지만, 이는 위키피디아를 통해 자라난 풀뿌리 정신을 위협할 수 있다. 위키피디아의 풀뿌리 정신은 그 내용물이 민주적으로 결정되고, 모든 정보가 항상 무료로 제공되어야 한다는 데 있다.

이용료를 지불하는 방식에 대한 사람들의 반감은 1960년대 사이키델릭 문화에서 나타났던 상황과 유사하다. 공연기획자 빌 그레이엄Bill Graham이 샌프란시스코의 골든게이트 공원에서 최초의 야외 콘서트를 조직하기 시작했을 때, 그가 콘서트 입장료를 받는 것을 두고 수많은 히피가 격렬하게 불만을 토로했다. 그들은 이렇게 울부짖었다. "음악은 공짜라야 한다." 어떤 이들은 인간의 영혼을 달래주는 음악의 능력, 혹은 '우주의 목소리'라는 음악의 지위 자체가 음악이 공짜여야만 한다는 명령과 다름없다고 주장하기도 했다. 그러자 그레이엄은 참을성 있게 문제점을 지적했다. "좋습니다. 그럼 잠시 음악가들이 무료로 공연할 의사가 있고, 숙식비나 악기값을 걱정할 필요가 없다고 가정해보죠. 저기 무대가 보이죠? 우리가 이 공원에 저 무대를 지었습니다. 저것을 짓기 위해서 여러 명의 목수를 고용했고, 목재와 다른 재료들을 트럭으로 싣고 와야 했죠. 그럼 저 사람들도 무료로 일하려고 할까요? 그럼 트럭 운전사와 그 트럭에 들어가는 기름값은요? 어디 그뿐입니까? 전기 기술자, 사운드 엔지니어, 조명, 간이 화장실 등등 이 모든 작업을 해야 하는 사람들이 역시나 다 무료로 일하겠다고 할까요?"[4]

마찬가지로, 위키피디아의 무료 정신은 온갖 문제로 이어진다.[5] 그래서 지금은 교착 상태에 빠져 있다. 다만 하나 주목할 만한 예외가 있다. 공공기관에서 조직화된 편집 활동을 시도한 것이다. 워싱턴의 스미스소니언 미술관에서 위키피디아 항목의 질을 개선할 목적으로 위키피디아의 편집자, 저자, 그리고 다른 자원봉사자들을 초대해 스미스소니언의 대규모 기록보관소와 자원, 그리고 직원들을 활용할 수 있게 해주고 하루에 걸쳐서 '에디타톤editathon(편집edit과 마라톤marathon의 합성어로, 정해진 주제를 놓고 일정 시간 동안 마라톤 하듯 편집하는 것-옮긴이)'을 펼친 것이다.[6] 하지만 불행하게도 (쾌락을 보상으로 얻기 위해 계속해서 단추를 누르던 올즈와 밀너의 실험에 등장하는 쥐처럼) 반항심이 강한 사용자가 있기 마련이어서 이런 사람이 마우스를 한 번만 클릭하면 이렇게 애써 편집한 내용들이 물거품이 될 수도 있다.

많은 양의 정보를 공짜로 얻을 수 있다는 이점이 그로 인해 생기는 단점보다 클까? 이것은 그 정보의 정확성이 당신에게 얼마나 중요한가에 달려 있다. 일부 정의에 따르면, 무언가가 '정보'로 인정받기 위해서는 먼저 정확성을 확보해야 한다. 정보 소양과 정보 정리 능력에서 한 가지 중요한 부분은 무엇이 진실이고 무엇이 거짓인지 알고, 주장을 뒷받침하는 증거가 얼마나 신빙성 있는지 아는 것이다. 다른 관점을 존중하는 것은 중요한 일이고, 결국 이것이 우리가 새로운 것을 배우는 방식이긴 하지만, 모든 관점이 반드시 똑같이 정당하지는 않음을 인정하는 것 또한 중요하다. 어떤 내용은 진정한 학문과 전문성에서 비롯된다. 누군가는 러시아가 남미 한가운데 있다고 진심으로 믿을 수도 있지만, 진심으로 믿는다고 해서 진실은 아니다.

학령기 아동들에게는 세상이 변했다(대학생이나 다른 사람들은 말할 것도 없다). 15년 전만 하더라도 무언가 새로운 사실을 배우고 싶으면 시간이 걸렸다. 당신이 좋아하는 풍금새의 서식 범위나 플랑크 상수의 값을 알고 싶어 한다고 가정해보자. 인터넷이 없던 시절에는 그것을 아는 사람을 찾아내거나 직접 책에서 찾아봐야 했다. 책에서 찾으려고 한다면 먼저 어떤 책에 그런 정보가 담겨 있는지 알아내야 했다. 그럼 실제로 도서관에 찾아가서 책들을 뒤져봐야 하는데, 그런 정보가 실려 있는 정확한 책은커녕, 그 책이 있을 만한 도서관 구역만 알아내려고 해도 도서목록카드를 뒤지며 꽤 많은 시간을 보내야 했다. 분명 한 권만 들춰봐서는 그런 정보를 알아낼 수 없을 것이다. 이 과정을 모두 마치려면 말 그대로 몇 시간이 필요하다. 그러나 요즘에는 이 두 가지를 찾는 데 몇 초면 충분하다.

이처럼 몇 시간, 심지어 며칠이 걸리던 정보 습득 과정이 이제는 사실상 즉각적으로 이루어진다. 이것 때문에 초등학교에서 대학원에 이르기까지 교사가 담당하는 역할 자체가 완전히 바뀌었다. 교사들은 더 이상 자신의 주기능을 정보 전달이라 생각하지 않는다. 〈뉴요커〉의 수필가 애덤 고프닉 Adam Gopnik의 지적대로, 요즘에는 교수가 비가悲歌, elegy와 송별사eulogy의 차이에 대한 설명을 마쳤을 즈음이면 강의실에 있는 모든 학생이 이미 구글 검색을 완료한 상태다.[7]

물론 모든 것을 그렇게 쉽게 찾을 수 있는 것은 아니다. 위키피디아, 구글, 빙Bing, 그리고 다른 인터넷 도구가 제공하는 정보에 대한 즉각적인 접근은 우리가 그 해결 방법을 훈련받지 못한 새로운 문제점을 만들어냈다. 다음 세대의 교육에서는 이것을 해결하는 것이 우리의 집단적 사명이 되어야 할 것이다. 우리가 아이들에게 가르쳐야 할 것은 바로 이것이다. 즉, 여기저기 펼쳐져 있는 수많은 정보를 평가하는 법, 어느 것이 진실이 아닌지 구별하는 법, 편견과 반쪽 진실을 확인하는 법, 그리고 비판적이고 독립적으로 생각하는 사람이 되는 법이 그것이다. 간단히 말해서 이제 교사의 주된 사명은 가공되지 않은 정보를 전파하는 것에서 벗어나 비판적 사고를 중심으로 이루어지는 일군의 정신적 기술을 훈련시키는 것이 되어야 한다. 그리고 이러한 변화에 동반되어야 할 가장 중요한 교훈 중 하나는 여러 영역에 우리보다 많이 아는 전 세계적인 전문가들이 존재함을 이해하는 것이다. 그렇다고 이들을 맹목적으로 신뢰해서는 안 되지만, 이들이 표면적 타당성face validity과 편향에 대한 시험을 통과했다면 이들의 지식과 의견은 특별한 훈련을 거치지 않은 사람들의 것보다 더 존중받아야 마땅하다. 교육, 그리고 전문성 개발에 대한 필요가 지금처럼 컸던 적은 없다. 전문가들이 상당히 많은 시간을 투자하는 일 중에는 신뢰할 만한 정보원과 그렇지 않은 정보원을 가려내는 일, 그리고 자기가 아는 것은 무엇이고, 모르는 것은 무엇인지 가려내는 일이 있다. 그리고 이 두 가지 기술이야말로 이 포스트 위키피디아 시대, 포스트 구글 시대에 우리가 아이들에게 가르쳐줘야 할 가장 중요한 일일 것이다. 또 뭐가 있을까? 세심하고 상냥해지기, 타인에게 관대해지기, 자기보다 불행한 사람들을 돕기, 낮잠 자기 등이 있을 것이다.

분류와 정리를 이해할 나이가 되자마자 아이들에게 자신의 세상을 정리하는 법을 가르치면 아이의 인지 기술과 학습 능력을 강화시켜줄 수 있다. 아이들의 세상은 동물 인형이 될 수도 있고, 옷가지, 부엌의 취사도구가 될 수도 있다. 이런 것들을 색깔, 높이, 반짝임, 이름 등으로 분류하는 놀이를 시켜보자. 이런 게임을 사물의 속성을 하나씩 파악하는 훈련으로 만드는 것이다. 정돈되고 세심한 성격은 수명, 전반적인 건강, 업무 수행능력 등 수십 년 후에 나타날 여러 가지 긍정적인 결과를 예측할 수 있는 변수임을 기억하자. 정리하는 습관은 그 어느 때보다 중요한 특성이 됐다.[8]

일을 미루는 습관은 흔한 문제로, 어른들보다는 아이들에게 더 넓게 퍼져 있다. 아이들이 좋아하는 TV 프로그램을 할 때 숙제를 시키거나, 지정된 시간에 잠자리에 들게 하려고 애써본 부모라면 이것이 얼마나 어려운 일인지 알 것이다. 이런 어려움은 두 가지 이유에서 생긴다.[9] 아이들은 즉각적인 만족을 원하는 성향이 더 강하다. 그리고 현재의 행동이 미래에 미칠 결과를 예측하는 능력이 떨어진다. 이 두 가지 모두 아이들의 전전두엽피질이 덜 발육됐다는 사실과 관련 있다. 전전두엽피질은 스무 살이 되어야 완전히 성숙한다(!). 이것 때문에 아이들은 중독에도 취약하다.

대부분의 아이는 어느 정도까지는 미루는 버릇을 이기고 지금 당장 실천에 옮기는 습관을 배울 수 있다. 어떤 부모는 이것을 게임으로 만들기도 한다. 영화제작자 제이크 에버츠의 모토를 떠올려보자. 그는 아이들에게 이렇게 가르쳤다. "개구리를 먹어라. 하기 싫은 일을 아침에 제일 먼저 하면 나머지 하루는 자유로워질 수 있다."[10]

비판적 사고 기술에는 중요한 것이 몇 가지 있는데, 이것을 가르치기는 상대적으로 쉽다. 사실 이것들은 대부분 로스쿨과 대학원에서 이미 가르치는 것들이다. 기존 세대에서는 대학 진학을 준비하는 학생들에게 이것을 가르쳤다. 이 기술 중 가장 중요한 것은 평범한 12세 아이들도 충분히 감당할 수 있는 것이다. 법정 드라마를 즐겨보는 사람이라면 이런 기술이 익숙할 것이다. 소송 사건에서 많이 이루어지는 평가 방법과 아주 비슷하기 때문이다. 소송 사건이 나면 판사, 배심원, 그리고 양측 변호사들은 법정에서 어떤 부분을 인정할지 결정해야 한다. 그리고 이런 결정은 정보원, 정보원의 신뢰도, 증인이 어떤 판단을 내리는 데 필요한 전문성을 가지고 있는지 여부, 그리고 논증의 설득력 등에 대한 고려를 바탕으로 이루어진다.

하버드대학 심리학과 학과장이었고, 지금은 켁 응용생명과학대학원 미네르바스쿨에서 학부장을 맡고 있는 내 동료 스티븐 코슬린Stephen Kosslyn은 이런 사고 기술과 능력을 모두 아울러 마음의 기본 개념과 습관이라 부른다. 이것은 모든 아이들에게 가르치고 고등학교와 대학을 거치며 강화시켜 주어야 할 정신적 습관이자 반사작용이다.

정보 소양

웹사이트나 블로그에서 이름을 짓는 방식을 통제하는 중앙당국이 존재하지 않기 때문에 이런 사이트에서는 자신의 정체성을 허구로 지어내거나 가짜 자격증을 내세우기 쉽다. 홀푸드Whole Foods 회장은 단골고객처럼 위장해서 자기네 가게의 가격과 정책을 칭찬하기도 했다. 이와 비슷한 이야기는 꽤 흔하다. 웹사이트 이름이 '미 정부보건서비스'라고 해서 정부가 운영한다는 의미는 아니다. 이름이 '독립연구소'라고 해서 그 연구소가 독립적이라는 의미는 아니다. 실제로는 그리 독립적이지 못한 테스트를 통해 자동차를 더 좋아 보이게 만들려는 자동차 제조업체가 운영하는 연구실일 수도 있다.

〈뉴욕타임스〉, 〈워싱턴포스트〉, 〈월스트리트저널〉, 〈타임〉 같은 신문이나 잡지는 뉴스 보도를 중립적으로 하려고 애쓴다. 이곳의 기자들은 독자적으로 확인된 정보만 수집하도록 훈련받는다. 이것이야말로 저널리즘의 주춧돌이라 할 수 있다. 한 정부관료에게서 무언가를 들으면 이들은 다른 정보원에게서 보강 증거를 구한다. 한 과학자가 어떤 주장을 펼치면 기자들은 그 과학자와 개인적, 직업적으로 아무런 관련 없는 다른 과학자와 접촉해서 독립적인 의견을 구한다. '미국아몬드재배업자협회'에서 아몬드가 건강에 좋다고 주장한다고 해서 그 말을 액면 그대로 믿을 사람은 별로 없다.

평판이 좋은 정보원은 사실을 다루기 전에 진위 여부를 확인하고 싶어 하기 때문에 어느 정도는 보수적이다. 하지만 사실을 취급할 때 이와 같은 종래의 기준을 지키지 않는 정보원들이 인터넷에 등장하고 있으며, 어떤 경우 이들은 기존의 보수적 언론보다 특종을 더 빠르고 정확하게 보도하기도 한다. TMZ는 마이클 잭슨 사망 관련 기사를 다른 누구보다 먼저 보도했다. 이들은 확보된 증거가 CNN이나 〈뉴욕타임스〉보다 빈약한 상태에서도 기사화하기 때문이다. 이 경우에는 결국 그들의 보도가 옳았던 것으로 밝혀졌지만, 늘 그런 것은 아니다.

아랍의 봄(2010년 말 튀니지에서 시작되어 아랍 중동 국가 및 북아프리카로 확산된 반정부 시위 – 옮긴이)처럼 급박한 사건이 발생했을 때, 기자들이라고 해서 늘 현장에 있을 수 있는 것은 아니다. 이런 상황에서는 일반 시민들이 전하는 소식들이 트위터, 페이스북, 블로그 등을 통해 퍼져 나간다. 이런 정보도 믿을 만한 정보원이 될 수 있다. 특히 집단적 관찰이 이루어지는 경우에는 그렇다. 비전문적인 기자, 즉 그 소요 사태에 휩쓸린 시민들은 사건을 실시간으로 직접 목격해서 전달할 수 있다. 하지만 이들은 소식을 전할 때 자기가 직접 목격한 일과 그저 소문이나 빈정거리는 말로 들은 것을 제대로 구분해서 전달하지 못한다. 실제로 이들이 초기에 전한 소식에는 검증되지 않은 잘못된 정보들이 들어 있었는데, 사건이 일어나고 몇 시간 또는 며칠이 지난 후에야 이런 잘못된 정보들이 가려졌다. 인터넷 이전의 시대에는 기자들이 언론에 기사를 발표하기 전에 필요한 정보를 수집하고 검증할 시간이 있었다. 신문은 하루에 한 번 발행되고, TV도 주요 뉴스의 방송 시간은 하루에 한 번이었기 때문이다. 당시만 해도 모든 사실이 종합되기도 전에 어떻게든 기사를 발표하고 보자는 성급함은 보이지 않았다.

2013년 8월 시리아에서 화학 공격이 일어난 동안, 소셜 미디어를 통한 정보의 흐름은 오보로 오염되고 말았다. 오보 중에는 일부러 심어놓은 것도 있었다.[11] 서로 대립되는 설명을 정리해줄 훈련된 탐사 저널리즘 기자가 없다 보니 대체 무슨 일이 일어나고 있는지 이해하는 사람이 드물었다. 〈뉴욕타임스〉의 전직 편집자 빌 켈러Bill Keller는 이렇게 지적했다. "UN 보고서에 들어 있는 기술적 정보를 파고들어 증거(두 화학 로켓의 나침반 방향)를 찾아내려니 시리아 내전에 정통한 기자인 내 동료 치버스C. J. Chivers가 있어야 했다. 그 증거로 공격이 아사드 군대의 다마스커스 요새에서 시작됐다는 것이 입증됐다." 치버스는 이렇게 말했다. "소셜미디어는 저널리즘이 아니다. 정보다. 정보를 가지고 하는 일이 바로 저널리즘이다."[12]

글에 영향을 미치는 편향은 두 가지 원천에서 비롯된다. 하나는 저자, 혹은 편집자의 편향이다. 이들도 인간이기 때문에 자기만의 정치적, 사회적 의견을 갖고 있다. 진정한 저널리즘을 위해서는 이런 의견을 잠시 문밖에 내려놓아야 하는데, 이것은 말처럼 쉽지 않다. 게다가 중립적인 뉴스를 준비할 때 따르는 어려움이 있다. 뉴스 속에는 여러 가지 미묘한 이야기가 숨어 있는데, 그런 많은 부분이 이야기의 개요와 깔끔하게 맞아떨어지지 않는다는 점이다. 글을 작성할 때 이야기를 복잡하게 만드는 요소들 중 어느 것을 뺄 것인지 결정하는 일은 어떤 것을 포함시킬 것인지 결정하는 것만큼이나 중요하다. 그리고 이런 부분에 저자나 편집자의 의식적, 무의식적 편향이 작동하기 쉽다.

우파 계열의 내셔널 리뷰National Review, 폭스뉴스, 그리고 좌파 계열의 MSNBC와 네이션The Nation 등의 뉴스가 매력적인 이유는 특정한 정치적 성향을 띠기 때문이다. 이것이 의식적 정보의 여과 때문에 생기는 결과인지는 확실치 않다. 이런 곳에서 일하는 기자들 중에는 언론계에서 중립적이고 편향이 없는 기자는 자기밖에 없다고 생각하는 사람도 있다. 그리고 소위 주류 언론에서 보이는 악의적인 정치적 성향에 맞서기 위해 자신이 속한 계열의 정치적 목소리를 높이는 것이 자신의 책임이라 느끼는 사람도 있다.

내 은사인 스탠퍼드대학의 리 로스는 '적대적 매체 효과hostile media effect' 라고 불리는, 뉴스 보도에서 나타나는 정치적, 이데올로기적 편향에 대해 연구해 흥미로운 사실을 밝혀냈다. 로스와 그의 동료 마크 레퍼Mark Lepper와 로버트 발론Robert Vallone이 발견한 바에 따르면, 하나의 쟁점에 대해 어느 쪽 당파주의자든 모두 그 기사가 상대방에게 유리하게 편향되어 있다고 생각하는 경향이 있었다. 이들은 실험에서 자신을 이스라엘 지지자 혹은 팔레스타인 지지자라고 밝힌 스탠퍼드대학 학생들에게 1982년 베이루트 대학살 사건에 대한 뉴스를 보여주었다. 이스라엘을 지지하는 학생들은 뉴스가 팔레스타인 쪽 관점으로 강하게 편향되어 있다며 불만을 보였다. 이들은 이 뉴스가 이스라엘에 대해 다른 나라들보다 더 엄격한 기준을 적용하고 있으며,

이를 보니 기자가 이스라엘에 반대하는 쪽으로 편향되어 있는 게 분명하다고 말했다. 마지막으로 이 학생들에게 이 뉴스에서 이스라엘과 팔레스타인에 각각 유리한 언급이 얼마나 되는지 세어보라고 했더니 이스라엘에 유리한 언급은 몇 개만 세고, 팔레스타인에 유리한 언급은 그보다 훨씬 많이 셌다. 반면 팔레스타인을 지지하는 학생들은 똑같은 뉴스를 보면서도 그와 정반대되는 편향을 지적했다. 이들은 뉴스가 이스라엘에 유리하도록 강력하게 편향되어 있다고 말했고, 각각에 유리한 언급을 세어보라고 했더니 팔레스타인에 유리한 언급은 훨씬 적게 세고 팔레스타인에 불리한 언급은 훨씬 많이 셌다. 이들 또한 기자가 편향됐다고 말했지만, 이스라엘이 아니라 팔레스타인에 반대하는 쪽으로 편향되어 있다고 말했다. 양쪽 집단 모두 뉴스가 너무 편향되어 있어서 기존에는 중립적이었던 시청자들이 혹시나 이 뉴스를 보고 자기네 편에 등을 돌릴까 봐 걱정된다고 밝혔다. 한편 중립적인 학생 집단에게 똑같은 뉴스를 보여주었더니 각각의 지지자 집단이 내놓은 의견의 중간에 해당하는 의견을 내놓았다. 뉴스가 중립을 지키고 있다고 말한 것이다.[13]

사실 이는 객관적으로 중립에 가까운 뉴스를 가지고 한 실험이었다(중립적인 학생들의 반응이 이를 보여준다). 당파주의자가 자신의 신념에 맞게 왜곡된 뉴스를 볼 때는 오히려 그것을 중립적이라 판단하리라고 쉽게 생각할 수 있다. 이는 앤 콜터Ann Coulter, 레이철 매도Rachel Maddow 등이 진행하는 소위 이데올로기적으로 편향된 뉴스 해설이 두각을 나타내는 이유다. 이런 형태의 저널리즘은 뉴스거리가 있는 한 언제나 존재해왔다. 고대 그리스의 헤로도토스는 최초의 역사가 중 한 사람으로 인정받을 뿐 아니라, 당파적 편향을 자신의 기록에 도입한 최초의 인물로도 인정받고 있다. 아리스토텔레스, 키케로, 요세푸스(유대 역사가 – 옮긴이), 플루타르코스는 이를 두고 헤로도토스를 몹시 비난했다.[14] 편향은 여러 가지 형태로 나타난다. 뉴스로서의 가치를 판단하거나 출처를 이용할 때의 형태로 나타나기도 하고, 포괄적 정보가 아닌 선별적 정보를 제공하는 형태로도 나타난다.[15]

인터넷에서 정보를 찾을 때는 늘 중립을 추구하지 않더라도 정보를 제공하는 사람이 누구인지, 정보 제공자가 어떤 조직의 후원을 받는지, 또 누구와 제휴하고 있는지, 그리고 웹사이트의 내용이 공무원, 전문가, 당파주의자, 아마추어, 혹은 본인이 아닌 다른 누군가를 사칭하는 사람에 의해 승인되거나 제공된 것은 아닌지 이해하는 것이 중요하다.

인터넷은 자기 몸을 자기가 스스로 챙겨야 했던 무법천지의 서부시대와 비슷하다. 디지털 시대의 사기꾼, 거짓말쟁이, 엉터리 물건 판매원들로부터 자신을 지키는 일은 인터넷 사용자 각자의 몫이다. 이 또한 그림자 노동의 사례로 들린다면 제대로 본 것이다. 정보의 진위를 증명하는 일은 정도는 다양하지만 도서관 사서, 편집자, 출판사에서 책임지던 일이었다. 교수와 맞먹는 학위를 지닌 도서관 사서를 두는 대학도 많다. 훌륭한 사서는 학자들의 학자다. 이들은 엄격하게 검토된 학술지와 자비 출판물의 차이에 익숙하고, 서로 다른 다양한 분야에서 학문적 과실이나 신뢰성 때문에 생기는 논란에 대해서도 잘 파악하고 있으며, 공정한 관점을 어디서 찾아봐야 하는지도 잘 알고 있다.

사서들과 다른 정보 전문가들이 개발한 웹사이트 평가용 사용자 지침이 있다.[16] 여기에는 우리가 염두에 둬야 할 다음과 같은 질문이 포함되어 있다. "이 페이지는 최근에 작성된 것인가?", "도메인이 어디인가?"(NASA에서 준비한 지침이 특히나 도움이 된다)[17] 비판적 사고를 하려면 인터넷에서 발견한 내용을 액면 그대로 받아들여서는 안 된다. 몸짓, 얼굴 표정, 전체적인 태도 등 우리가 사람들과 직접 접촉할 때 사용하도록 진화된 일반적인 단서들이 여기에는 존재하지 않는다. 사람들은 다른 이들의 글을 가져다 쓰면서 자기에게 유리하게 그 내용을 바꾼다. 광고 글이 리뷰로 가장되기도 한다. 인터넷 세상에서 사기꾼을 가려내기는 정말 힘들다. 다른 내용보다 이 내용을 믿어야 할 이유가 있을까? 이 내용은 왜곡되고 과장된 극단적인 호언장담에 불과하지 않은가?[18]

과학 정보와 의학 정보를 평가할 때, 그 보고서에는 상호 심사된 학술문헌에 대한 각주나 인용이 포함되어 있어야 한다. 그리고 여기에 담긴 사실들은 공신력 있는 출처에서 인용된 것이어야 한다. 10년 전만 해도 어느 학술지가 공신력 있는지 여부를 알아내기가 쉬웠지만, 무료 학술지가 범람하면서 이런 구분이 흐릿해졌다. 무료 학술지는 가짜 학문 영역에 속하는 내용이라도 수수료만 내면 무엇이든 실어준다. 스탠퍼드 의과대학 학과장인 스티븐 굿맨Steven Goodman은 이렇게 지적했다. "대부분의 사람은 학술지 세계를 알지 못한다. 이들이 학술지의 이름만 보고 그것이 진짜 학술지인지 아닌지 알아낼 순 없다."[19] 자기가 공신력 있는 학술지를 읽고 있는지 어떻게 알아낼 것인가? PubMed(미국 보건부 산하 국립의학도서관에서 관리) 같은 곳의 색인에 등장하는 논문들은 질적으로 검증된 것들이다. 구글 스콜라Google Scholar에 등장하는 것들은 그렇지 않다. 콜로라도대학 덴버캠퍼스의 연구사서 제프리 비올Jeffrey Beall은 약탈적 무료 학술지predatory open-access journal라고 부르는 블랙리스트를 작성했다.[20] 4년 전 20개 출판사로 시작된 그의 목록은 현재 300개 이상으로 늘어났다.

의사가 신약을 하나 복용하라고 권했는데, 당신이 그 약에 대해 더 많은 정보를 찾아보려 한다고 가정해보자. 당신이 좋아하는 검색엔진에 그 약의 이름을 입력했더니 제일 처음 나온 사이트가 RxList.com이었다. 이 사이트는 처음 보는 것이라서 당신은 그 사이트를 확인하고 싶어졌다. RxList에 관한 페이지를 살펴본 결과, "제약회사들에 의해 1995년에 설립된 RxList는 최고의 인터넷 약물자원지표"라는 사실을 확인했다.[21] 링크를 따라 이동해 보니 거기에 참여하는 저자와 편집자들의 목록이 나왔고, 이들의 전문성을 당신이 직접 판단할 수 있도록 학력이나 소속 등의 경력이 짧게 소개되어 있었다. Alexa.com으로 들어가서 RxList.com을 입력해 확인할 수도 있다. Alexa.com은 무료로 데이터마이닝과 분석 서비스를 제공하는 사이트로, 여기에서 RxList.com을 확인해보니 이 사이트가 대부분 대학을 부분적으로만 다닌 사람들이 이용하는 곳이고, 다른 인터넷 사이트와 비교하면 대학이나 대학원을 졸업한 사람들은 덜 이용하는 사이트임을 알게 됐다. 이것으로 이 사이트는 일반인들을 위한 전형적인 사이트임을 알 수 있다. 이것은 당신이 찾던 그런 곳일지도 모른다. 약품에 대해 전문용어로 풀어놓은 의학적 설명을 피할 수 있을 테니 말이다. 하지만 좀 더 교양 있는 사용자라면 이것을 제대로 심사되지 않은 정보가 들어 있을지 모른다는 경고로 받아들일 것이다. 이 사이트의 정보를 얼마나 믿을 수 있을까? Alexa.com에 따르면 RxList.com으로 링크되는 상위 5위 사이트는 다음과 같다.[22]

yahoo.com
wikipedia.org
blogger.com
reddit.com
bbc.co.uk

이 중 우리에게 해당 사이트의 정당성에 관한 정보를 제공하는 곳은 딱 한 곳, BBC 뉴스 서비스 링크밖에 없다. 하지만 그 링크를 따라가보면 해당

사이트의 전자게시판이 등장한다.[23] 결국 독자들의 논평 이상의 것은 없는 것이다. RxList.com으로 링크되는 구글의 '.gov' 사이트 검색은 더 도움이 된다.[24] 여기에는 3,290개의 검색 결과가 나온다. 물론 숫자 그 자체는 의미가 없다. 해당 회사를 상대로 진행되는 소송이나 소환장일 수도 있으니 말이다. 하지만 무작위로 표본을 추출해보니 그렇지 않다. 처음 등장한 링크 중에는 임상의학 권장 자료 페이지에 올라온 미국 국립보건원[NIH] 링크도 있고, 뉴욕 시, 앨라배마 주, 미국 식품의약국[FDA], 미국 국립암연구소[NCI](NIH 산하), 그리고 RxList.com을 승인하고 적법성을 부여해주는 다른 조직들의 링크도 있다.[25]

인터넷은 규제되지 않기 때문에 그것을 사용하면서 비판적 사고를 적용하는 부담은 각각의 사용자들이 져야만 한다. 웹상의 정보를 활용할 때는 해당 사이트의 정당성을 확인하고 평가하는 것을 잊지 말자.

건강, 경제, 스포츠, 신상품 리뷰 등의 정보에는 통계치가 들어간다. 이런 통계치들 중 상당수가 보기 좋게 꾸며진 것들인데도 그렇지 않은 척 올라가 있다. 본질을 호도하는 자료가 나오는 이유 중 하나는 그 자료를 얻는 방법 자체에 끼어드는 편향이다. 우리가 접하는 통계 요약에서 이런 일이 가장 흔히 일어나지만 일반적인 뉴스에서도 일어날 수 있다. 사람, 세균, 음식, 수입 등의 수량을 측정하고 취재할 때 대표성이 없는 표본을 수집하면 이런 편향이 발생한다. 한 기자가 미니애폴리스에 사는 사람들의 평균 신장을 측정하고 싶어 한다고 가정해보자. 이 기자는 이곳의 상수도가 오염된 탓에 지역 주민들의 신장이 감소했다는 주장을 듣고 사실 여부를 탐사보도하기 위해 이곳에 왔다. 기자는 큰길에 자리를 잡고 그곳을 지나가는 사람들의 키를 측정하기로 했다. 만약 이 기자가 농구장 앞에 자리를 잡았다면, 여기서 추출한 표본은 평균보다 키가 클 가능성이 높다. 만약 기자가 '미니애폴리스 단신자 모임' 사무실 앞에 자리를 잡았다면 이곳의 표본은 평균보다 작을 가능성이 높다.

웃을 일이 아니다. 이런 유형의 표본오류는 눈에 잘 띄지 않을 뿐, 존경받는 과학학술지에서조차 대단히 만연해 있다. 약물 실험에 자원한 사람들은 그렇지 않은 사람들과 분명 유형이 다르다. 이들은 사회경제적으로 낮은 계층에 속해서 돈이 급히 필요할 수도 있다. 그리고 사회경제적 지위는 아동기의 영양 공급이나 의료 혜택의 차이로 인한 다양한 건강 관련 측정치들과 관련 있는 것으로 알려져 있다. 모든 잠재적 실험 참가자 중에서 특정 부분집합에 해당하는 사람만 연구실 문을 두드릴 때 나타나는 이러한 표본 편향을 사전 선택 효과라고 한다. 또 다른 사례를 들어보자. 연구자가 신약 실험에 참가할 사람을 뽑기 위해 광고를 하는데, 참가 조건으로 실험을 진행하는 8주간 술을 조금도 마실 수 없다는 조건을 내걸면 결국에는 평균적인 사람들로 구성된 표본이 아니라 특정 생활방식을 가진 사람만 사전 선택되는 효과가 나타난다(가끔씩 마시는 술로 긴장을 풀지 못해 엄청난 스트레스를 받는 사람일 수도 있고, 알코올중독을 치료 중인 사람일 수도 있고, 보기 드물 정도로 건강한 운동 마니아일 수도 있다).

하버드대학은 최근에 졸업한 학생들이 받는 급여에 관한 자료를 정기적으로 발표한다. 어릴 때부터 가르쳐야 할 정신적 훈련을 제대로 받은 사람이라면 이런 질문이 나와야 한다. 하버드대학의 자료에 혹시 편향이 끼어들 여지는 없을까? 자료 수집 방식의 잠재적 편향으로 인해 급여 관련 수치가 부정해지지는 않을까? 예를 들어, 하버드대학이 최근 졸업생들에게 이메일로 보낸 설문을 바탕으로 자료를 수집했다면 이들 가운데 노숙자, 궁핍자, 수감자 등은 배제되는 결과가 나온다. 물론 설문 이메일을 받았다고 모든 사람이 다 답장을 보냈을 리는 없다. 최근 졸업자들 가운데 무직인 사람, 중요도가 떨어지는 일을 하는 사람, 급여가 신통치 않은 사람은 수치심을 느껴 설문에 참여하지 않을 수도 있다. 이렇게 되면 결국 최근 졸업생의 평균 급여는 과장되게 도출된다. 물론 다른 종류의 오류도 있다. 하버드대학생도 사람인 만큼 거짓말을 할 수 있다. 최근 졸업자가 그 설문 결과를 읽을 사람에게 좋은 인상을 주려고, 혹은 돈을 별로 벌지 못하고 있다는 자책감에 급여 액수를 부풀릴 수도 있다.

증권 중개인이 청하지도 않은 편지를 당신 집으로 보냈다고 상상해보자.

친애하는 이웃 여러분

저는 얼마 전 이곳으로 이사 온 사람으로, 주식시장 예측 전문가입니다. 저는 오랜 기간에 걸쳐 각고의 노력으로 개발한 시스템을 이용해 이미 주식으로 많은 돈을 벌었고, 여러분도 저처럼 돈을 많이 벌었으면 좋겠습니다.

저는 여러분에게 돈을 요구하지 않습니다! 여러분은 제게 아무것도 약속하실 필요 없이 그저 제가 저 자신을 증명해보일 기회를 달라고 부탁드리고자 합니다. 앞으로 몇 달에 걸쳐 제가 주식에 대한 예측을 이메일로 보내드리려고 합니다. 여러분은 그저 앉아서 제 예측이 맞는지만 확인하시면 됩니다. 언제든 메일 중단을 요구하실 수 있습니다. 하지만 제 예측이 옳다면 아래 전화번호로 제게 연락 주십시오. 저는 기쁜 마음으로 여러분을 고객으로 모시고 상상 이상으로 큰 부자가 되실 수 있도록 노력을 아끼지 않을 것입니다.

우선 시작하는 의미에서 IBM의 주가가 다음 달에는 상승할 것으로 예측합니다. 4주 후 또 다른 예측으로 여러분을 찾아뵙겠습니다.

그리고 한 달 후에 당신은 또 다른 메일을 받는다.

친애하는 이웃 여러분.

메일을 확인해주셔서 감사합니다. 기억하시다시피 저는 지난달에 IBM의 주가가 상승할 것으로 예측했고, 실제로 그렇게 됐습니다! 다음으로 다우케미컬 주가가 상승할 것으로 예측합니다. 다음 달에 다시 찾아뵙겠습니다.

그리고 한 달 후에 당신은 또 다른 메일을 받는다. 다시 한 번 그 증권 중개인은 자신의 예측이 맞았음을 알리며 새로운 예측을 한다. 이런 예측이 6개월간 계속 이어진다. 그리고 그때마다 그는 자기가 말한 대로 주식시장이 움직였음을 강조한다. 이 정도 되면 사람들은 이 사람한테 돈을 좀 맡겨도 되지 않을까 생각하게 된다. 어떤 사람은 집을 저당 잡혀 마련한 돈을 몽땅 이 사람한테 투자해야겠다는 생각까지 한다. 연속해서 여섯 번이나 맞히다니! 이 사람 정말 천재로군! 이 사람이 우연히 이 모든 것을 맞힐 확률은 2^6분의 1, 즉 64분의 1이다.

하지만 이제 당신은 그냥 보통 사람이 아니다. 당신은 이 책을 읽는 동안 마음의 습관을 훈련받았고, 이제 이런 질문을 던질 수 있다. 무언가 놓치고 있는 정보가 있을까? 이 증권 중개인의 성공이 생전 들어보지도 못한 주식시장 예측 능력 때문이라 설명하지 않고 다르게 설명할 수 있는 논리적 대안은 없을까? 어떤 정보가 빠졌을까? 내 눈에 들어오지 않는 정보가 있는 것일까?

이 경우 당신은 오직 그 증권 중개인이 당신에게 보낸 메일만 보았음을 고려해야 한다. 그가 다른 사람에게 보낸 메일을 당신은 볼 수 없다. 통계학자들은 이것을 '창문 골라 열기selective windowing'라고 부른다. 지금 든 사례는 실제로 일어났던 일이다. 그리고 그 증권 중개인은 사기죄로 수감됐다. 애초에 그는 두 종류의 메일을 보냈다. 1,000명은 IBM의 주식가격이 올라가리라는 메일을 받았고, 다른 1,000명은 내려가리라는 메일을 받았다. 그리고 한 달 동안 그는 그냥 앉아서 무슨 일이 일어나는지 지켜보았다. 만약 IBM 의 주식가격이 내려갔다면 잘못된 예측을 발송한 1,000명은 그냥 깨끗이 잊어버리고 올바른 예측을 받아든 사람에게만 후속 메일을 보냈다. 이번에 도 다시 절반에게는 다우케미컬의 주식가격 상승을 예측하는 메일을 보내 고, 나머지 절반에게는 다우케미컬의 주식가격 하락을 예측하는 메일을 보 냈다. 이렇게 여섯 번 반복한 결과, 연속해서 여섯 번 정확한 예측을 메일로 받은 31명의 핵심 집단이 남았다. 이 정도 되면 이 사람들은 이 증권 중개인 에게 간, 쓸개 다 빼줄 마음의 준비가 되어 있을 것이다.

창문 골라 열기는 덜 사악하고 덜 의도적인 방식으로도 일어난다. 농구선 수가 열 번의 자유투를 연속으로 성공시키는 동영상은 사실 성공한 자유투 만 골라서 보여주고 그 외에 일어난 100번의 실수는 보여주지 않은 것인지 도 모른다. 피아노 위에서 우리에게 익숙한 멜로디를 연주하는 고양이의 동 영상은 사실 무작위로 몇 시간 동안 흐르던 음악에서 딱 10초만 잘라서 보 여준 것일 수도 있다.

우리는 개입에 대한 뉴스를 종종 듣는다. 건강을 증진하기 위해 누군가가 먹는 약도 그런 개입에 해당하고, 외국에서 발생한 긴장을 완화하기 위해 정부가 진행하는 프로그램이나 수많은 사람들을 일터로 되돌려 보내기 위 해 실행하는 경기 부양 종합대책도 그런 개입이다. 이런 뉴스에서 흔히 빠 지는 내용이 바로 비교 조건이다. 즉, '만약 그런 개입이 없었다면 어떤 일이 일어났을까'라는 질문에 대한 정보가 빠져 있다. 인과관계, 즉 한 사건이 다 른 사건을 야기했는가에 대한 결론을 내리고 싶을 때는 이것이 특히나 중요 하다. 적절한 비교 대상 없이는 이것이 불가능하다. "비타민 C를 먹었더니 나흘 만에 감기가 싹 나았어요!" 비타민 C를 먹지 않았다면 감기가 얼마 만에 떨어졌을까? 만약 한 목격자가 분명 UFO의 특성이라고 주장하는 특이한 비행체의 움직임 패턴이 종래의 비행기로도 똑같이 재현 가능하다면 그 비행물체가 UFO라는 주장은 힘이 빠질 것이다.

수십 년간 프로 마술사이자 회의론 전문가로 활동해온 제임스 랜디^{James Randi}는 전 세계적으로 자칭 심령술사라고 주장하는 사람들을 쫓아다니며 그들의 독심술을 똑같이 재현해보였다. 그가 왜 이런 일을 했느냐고? 그들의 탁월한 재능을 다른 방법으로는 설명할 길이 없으니 독심술에는 분명 초감각적 지각과 신비로운 심령 능력이 이용되고 있다는 주장에 반박하기 위해서였다. 마술로 똑같은 일을 해냄으로써 랜디는 좀 더 논리적이고 깐깐하게 이 현상을 설명해냈다. 그는 심령술이 존재하지 않음을 증명한 것이 아니라 다만 그가 평범한 마술을 이용해서 할 수 없는 일은 심령술사도 마찬가지로 할 수 없음을 증명해보였을 뿐이다. 그는 비교 조건, 즉 심령술을 이용하지 않았을 때의 조건이 된 것이다. 따라서 다음과 같은 논리적 가능성이 남는다.

1. 심령술과 마술은 둘 다 존재하며 양쪽 모두 똑같은 일을 해낼 수 있다.
2. 심령술은 존재하지 않는다. 심령술은 마술을 사용해놓고 심령술을 썼다고 거짓말을 하는 것이다.
3. 마술은 존재하지 않는다. 마술사는 심령술을 이용해놓고도 마술을 했다고 거짓말을 하는 것이다.

이 세 가지 선택 중 둘은 과학, 인과율, 그리고 세상의 작동방식에 대해 알려진 모든 것을 내던져버릴 것을 요구한다. 반면 이 세 가지 중 하나는 세상 사람 중에는 먹고살기 위해 자기가 하는 일에 대해 기꺼이 거짓말을 하는 사람도 있음을 믿어야 한다고 요구한다. 흥미롭게도 랜디는 심령술과 관련해서 자신이 마술로 재현할 수 없는 무언가를 보여주는 사람에게 1만 달러의 상금을 주겠다고 제안했다. 딱 한 가지 제약조건은 심령술을 수행할 때는 통제된 조건 아래 해야 한다는 것이었다. 바로 중립적인 카드나 사물을 이용해야 하고(그들이 가져온 것이나 조작 가능성이 있는 것은 안 된다), 비디오 카메라로 그 모습을 촬영한다는 조건이었다. 400명이 넘는 사람이 상금을 타기 위해 도전했지만, 신기하게도 이런 조건 아래서 하면 그들의 심령술은 실패하고 말았다. 돈은 아직도 조건부 날인 증서 계좌에 들어 있다.[26] 스탠퍼드대학의 심리학자 리 로스는 이렇게 말했다. "만약 심령력이 존재한다면 그 힘은 참 짓궂기도 하다. 과학자 앞에서는 자신을 드러내지 않으려 하니 말이다."[27]

두 가지 수량이 어떤 분명한 상관관계 속에서 함께 움직일 때 우리는 그 두 가지가 상관관계가 있다고 한다. 과거에 이루어진 일부 연구에서는 종합비타민을 복용하는 것이 장수와 상관관계가 있다고 했다.[28] 하지만 이것이 곧 종합비타민이 당신을 장수하게 만들어준다는 의미는 아니다. 사실 이 두 가지는 전혀 관련 없을 수도 있고, 아니면 두 가지 모두를 야기하는 또 다른 요소 X가 존재할 수도 있다. 이것을 X라 부르는 이유는 적어도 처음에는 그 정체를 알 수 없기 때문이다. 건강 성실성이라 부를 수 있는 일군의 행동이 있을 수도 있다. 건강 성실성이 있는 사람은 정기적으로 의사에게 검진 받고, 몸에 좋은 것을 먹고, 운동도 꾸준히 한다. 이 세 번째 요소인 X가 그런 사람으로 하여금 비타민도 복용하게 하고, 또 장수하게 만들었는지도 모른다. 이 경우에 비타민 그 자체는 이야기 속에 끼어든 인위적 요소일 뿐, 장수를 유발한 요인은 아니다(6장에서 언급했듯이 공교롭게도 종합비타민이 장수와 관련 있다는 증거는 잘못된 것으로 보인다).[29]

하버드대학의 급여 설문조사 결과에는 분명 일반적인 사람들로 하여금 최근 졸업생들의 높은 급여는 하버드대학의 교육 때문일 것이라 추측하게 만들려는 의도가 있다. 실제로 교육 덕분일 가능성도 있지만, 하버드대학에 진학하는 사람들은 애초에 잘살고 지원도 아끼지 않는 집단 출신이기 때문에 대학에 갔든 안 갔든 급여가 높은 직장을 얻을 가능성이 높다. 어린 시절의 사회경제적 지위는 성인이 됐을 때 받는 급여와 양적으로 큰 상관관계가 있다. 상관관계는 인과관계가 아니다. 인과관계를 밝히려면 세심하게 통제된 과학적 실험이 필요하다.

그다음으로는 겉으로는 정말 그럴듯하지만 실제로는 그렇지 않은 허구적 상관관계도 있다. 서로 아무런 상관도 없고 제3의 요소 X도 존재하지 않는데, 이상하게 짝을 이루는 사실이 있다. 예를 들어, 지난 400년간 지구의 평균 기온과 해적의 수 사이의 관계를 그래프로 그려보면 지구 온난화 때문에 해적의 수가 줄어들었다는 결론이 나온다.[30]

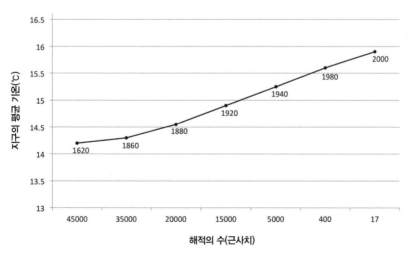

지구의 평균 기온과 해적의 수

그라이스의 '관련성' 격언을 따른다면, 이 두 가지가 서로 관련 있다고 느끼지 않는 한 아무도 이런 그래프(아래 그림)를 그리지 않을 것이다. 하지만 이것이 바로 비판적 사고가 필요한 부분이다. 이 그래프는 두 가지가 상관관계가 있음을 나타내고 있지만, 어느 한쪽이 다른 쪽을 야기했다고는 하지 않는다. 당신은 즉석에서 그럴듯한 이론을 만들어낼 수도 있을 것이다. 더위를 못 견디는 해적들은 바닷물이 따뜻해지자 다른 일자리를 찾아 떠난 것이라고 말이다. 이런 사례는 상관관계와 인과관계를 구분하지 못하는 어리석음을 보여준다.

상관관계를 접하면 원인과 결과를 혼동하기 쉽다. 상관관계가 있는 두 가지 관찰 내용을 서로 묶어주는 제3의 요소 X가 있을 때가 많다. 지구온난화에 따라 해적의 수가 줄어든 경우에는 그 X가 산업화라 주장할 수 있다. 산업화와 함께 항공 운송이 시작됐고, 더 크고 요새화된 화물선이 등장했고, 보안과 치안 활동도 개선됐다. 해적이 줄어든 이유는 값비싼 물건을 장거리 운송하는 방식 자체가 바뀌었고, 법 집행이 개선됐기 때문이다. 이런 발전을 가져온 산업화는 탄소 배출과 온실가스의 증가를 함께 가져왔고, 이것이 결국 지구의 기온 변화를 이끌었다.

우리가 인과관계가 아닌 상관관계 자료를 접하는 경우가 많은 이유는 대조실험controlled experiment이 불가능하거나 비윤리적이기 때문이다. 과학에서 대조실험은 황금률이고, 대조실험을 하려면 '처치 단위treatment unit'를 실험 조건에 무작위로 할당해야 한다. 흡연이 폐암에 미치는 영향을 실험할 경우, 그 '처치 단위'는 바로 사람이다. 실험 조건은 흡연을 하는 것과 흡연을 하지 않는 것이다. 이것을 엄밀하게 과학적으로 실험하려면 일부의 사람을 흡연군에 무작위로 할당한 다음, 하루에 몇 개비씩 강제로 흡연을 하게 만들어야 한다. 그리고 마찬가지로 무작위로 할당된 일부 사람들은 담배를 피우지 못하게 해야 한다. 그러고 나서 실험자는 각각의 집단에서 몇 명이나 폐암에 걸리는지 관찰하며 그냥 기다리기만 하면 된다.

약물 실험에서는 이런 종류의 실험이 일상적으로 이루어진다. 사람들은 그 약물이 자기 병을 고치는 데 도움이 될 것이라고 생각하면 기꺼이 약물 처치군에 들어가려고 자원한다. 하지만 흡연처럼 실험이 몸에 해를 미칠 위험성을 가지고 있는 경우, 이런 실험을 진행하는 것은 그야말로 비윤리적이다. 무작위 할당을 뒷받침하는 논리는 이렇다. 실험에서 효과를 나타낼 가능성이 다른 사람들보다 더 큰 사람들이 있기 마련인데, 무작위로 할당하면 이런 사람들이 서로 다른 실험집단에 균일하게 분포되는 데 도움이 된다. 우리는 석탄광에서 일하거나 대기오염이 심각한 지역에 사는 사람들은 폐암에 걸릴 위험이 크다는 사실을 안다. 그런데 이런 사람들을 실험에서 모두 흡연 집단이나 비흡연 집단에 할당하면 공정하지 않다. 연구자들은 기존 질병, 성격 유형 등 결과를 편향시킬 수 있는 다른 요소들이 미칠 잠재적 효과를 균등하게 나누기 위해 실험대상을 무작위로 할당한다.

상관관계 자료에서 인과관계를 추론하고 싶은 유혹은 참으로 크다. 특히 대조실험이 불가능한 경우에는 더욱 그렇다. 설득력 있는 기본 메커니즘을 상상할 수 있는 경우에는 그 유혹이 더욱 커진다. 흡연과 폐암을 연결 짓는 자료는 상관관계 자료다. 이 자료는 폐암으로 사망한 사람들을 역으로 추적해서 이들이 흡연자였는지, 흡연자라면 얼마나 담배를 많이 피웠는지 조사해서 얻은 자료다. 상관관계는 완벽하지 않다. 흡연자라고 해서 모두 폐암으로 죽는 것도 아니고, 폐암으로 죽은 사람이 모두 흡연자도 아니다. 어떤 흡연자는 오래오래 장수하다가 다른 이유로 죽는다. 80대와 90대까지 담배를 계속 피우는 사람도 무척 많다. 어떤 폐암은 비흡연자에게서도 나타나고, 유전적 혹은 후성적 요인, 방사선 노출, 혹은 기타 요소 때문에 생길 수도 있다.

하지만 흡연과 폐암 간의 상관관계는 아주 강력하다. 폐암 환자 중 90%는 흡연자다. 그리고 과학자들은 설득력 있는 기본 메커니즘도 확인했다. 바로 흡연으로 손상된 폐 조직에 들어 있는 독성 화학물이다.[31] 대조실험을 통해 흡연이 폐암을 야기한다는 것을 증명한 사람은 아무도 없지만, 우리는 흡연과 폐암 사이에는 인과관계가 있을 것으로 추론한다. 그 차이를 아는 것이 중요하다.

과학자 겸 흡연자인 한스 아이젱크 Hans Eysenck가 옹호하는 대안 설명을 고려해보자. 그는 담배를 피우기 쉬운 어떤 성격 유형이 존재한다고 말했다.[32] 타당성 있어 보인다. 이제 이런 성격 유형과도 관련 있고, 폐암에 걸리기 쉬운 성향과도 관련 있는 유전자가 있다고 가정해보자. 여기서 유전자는 제3의 요소 X가 된다. 이 유전자를 보유하면 흡연할 가능성이 높아지고, 폐암에 걸릴 가능성도 높아진다. 만약 이것이 사실이라면 이런 유전자를 가진 사람들은 담배를 피우든 안 피우든 폐암에 걸릴 것이다. 하지만 그 유전자가 담배를 피우게 만들기 때문에 그 사람이 담배를 피우지 않았어도 폐암에 걸렸을지는 결코 알아낼 수 없다. 이런 관점을 진지하게 받아들인 과학자는 거의 없지만 아이젱크의 말이 옳을 수도 있다.

제3의 요소 X가 등장하는 설명이 사실로 밝혀진 사례 중에 덴버 교외의 고압선과 소아백혈병 이야기가 있다. 1980년대 미국 질병통제예방센터 관계자들은 덴버 교외의 어떤 지역이 미국의 다른 지역보다 소아백혈병 발병률이 몇 배나 더 높은 것을 확인하고 깜짝 놀랐다. 그리고 조사가 시작됐다. 연구자들은 소아백혈병 발병률이 제일 높은 지역은 고압선이 지나가는 지역임을 발견했다. 그리고 집이 변압기가 달린 고압선에서 가까울수록 소아백혈병의 발병률도 더 높게 나왔다. 고압선의 강력한 전자기장이 아동의 세포막을 붕괴시켜 세포가 돌연변이에 취약해졌고, 결국 소아백혈병으로 이어졌다는 주장이 제기됐다. 그런데 몇 년에 걸친 역학조사에서 소아백혈병 발병률 증가를 대부분 설명할 수 있는 제3의 요소 X가 있다는 결론이 나왔다. 바로 사회경제적 지위였다. 고압선은 보기에 흉할 뿐만 아니라, 덴버 교외에서는 대부분 전력 공급선을 땅 속에 묻기 때문에 고압선이 노출된 지역의 집은 가격이 쌌다. 따라서 이런 지역에 사는 사람들은 사회경제적 지위가 낮을 가능성이 높았다. 이들은 식사도 부실하고, 보건의료서비스도 제대로 받지 못하고, 평균적으로 생활방식도 건강에 좋지 않았다. 고압선 근처에 산다는 사실과 소아백혈병 발병률 사이의 상관관계는 실제였지만, 그 원인으로 처음 제시된 설명은 정확한 것이 아니었다. 양쪽 모두 사회경제적 지위가 그 원인 요소였던 것이다.[33]

오메가-3 지방산이 풍부한 생선 기름은 심혈관질환을 예방하는 효과가 있다. 미국심장협회는 일주일에 두 번 정도 생선을 섭취하고, 생선 기름 보조제 캡슐을 복용하라고 10년 넘게 권장해왔다.[34] 청어, 정어리, 고등어 등에서 발견되는 긴사슬 오메가-3 지방산은 인간 건강에 필수적인 영양소로 간주되고 있다. 이 성분은 염증 감소, 기분 개선 효과, 인지능력 향상, 활력과도 관련 있고, 심장 기능을 강화시켜준다. 최근의 일부 연구에서는 생선 기름의 효능에 대해 의심을 제기하기도 하지만, 그 혜택을 보여주는 증거가 여전히 많기 때문에 많은 의사가 환자들에게 복용을 권하고 있다.[35]

그런데 2013년 여름, 한 연구에서 오메가-3 지방산과 남성의 전립선암 위험 증가 사이에 강력한 상관관계가 있음이 밝혀졌다.[36] 전립선암이 없는 남성들에 비해 전립선암으로 진단받은 남성들이 지방이 많은 생선에서 발견되는 화학물질의 수치가 높게 나온 것이다. 이 혈액검사 수치에 따르면 전립선암 발생 위험이 43% 증가했다. 물론 또 다른 상관관계 연구에서 양쪽을 모두 야기하는 제3의 요소 X가 나올 수도 있지만, 이것은 아직 확인되지 않았다. 이로 인해 남성 환자에게 생선 기름을 계속해서 섭취하라고 권장할 것인가를 두고 의사들 사이에서도 의견이 나뉘고 있다.

아무리 좋게 보려고 해도 이 상황은 대단히 혼란스럽다. 이 연구에 가장 강력하게 반박하는 마크 하이만Mark Hyman 박사는 잠재적으로 상충되는 이해관계를 갖고 있다. 그는 사람들의 혈중 오메가-3 지방산 수치를 검사해서 돈을 버는 연구소를 운영한다. 오메가-3 캡슐을 판매하는 웹사이트도 운영하고 있다.[37] 하지만 이것이 곧 그의 주장이 틀렸음을 의미하지는 않는다. 그는 그 자료가 상관관계를 밝혀낸 것은 사실이지만 대조연구를 통해 나온 결과가 아님을 지적했다. 그는 혈액 표본 분석 방법에 대해서도 우려를 나타냈다.[38] 6장에서 소개한 사분표 분석 방법을 여기에도 적용해볼 수는 있지만 모르는 내용이 많고, 다양한 위험과 혜택이 수량화되어 있지도 않기 때문에 그 결과를 신뢰하기 힘들다. 생선 기름이 심장질환을 예방하는 데 효과적이라는 견고한 증거가 상당히 많이 축적된 상황에서 이 증거들은 생선 기름이 전립선암을 촉진한다고 주장하는 딱 하나의 새로운 연구와 맞붙게 된 것이다.

의사들이 이에 어떻게 대처하는지 알아보려고 심장 전문의, 비뇨기종양학과 전문의, 그리고 인턴들과 대화를 나눠보았다. 심장 전문의와 종양학과 전문의는 자신들의 노선에 따라 의견이 나뉘었다. 심장 전문의들은 보호 효과를 강조하며 생선 기름 보충제의 섭취를 권장했고, 종양학과 전문의는 암 발생 위험의 증가를 들어 그것을 먹지 말아야 한다고 주장했다. 이것을 아주 극단적으로 해석하면 다음과 같이 말할 수 있다. "심장병으로 죽을 것인가, 전립선암으로 죽을 것인가? 그것은 당신의 선택이다!" 캘리포니아대학 샌프란시스코캠퍼스 비뇨기종양학과 전문의 시노하라 가즈토 박사는 이렇게 말했다. "하나의 연구 결과를 너무 믿는 것은 그리 신중한 처사가 아니다.” 이 연구는 분명 몇 년 안에 후속 연구와 반복 검증이 이루어질 것이다. 생선 기름의 심혈관 질환 예방 효과에 대한 증거는 수십 건의 연구를 통해 밝혀진 것이기 때문에 딱 하나의 연구에서 밝혀진 생선 기름의 위험한 영향보다는 비중을 더 크게 생각해야 한다는 것이 시노하라 가즈토 박사의 생각이다.

그렇다고 해도 이미 전립선암으로 진단받은 남성이라면 특별히 더 조심하고 싶을 것이다. 이런 남성들에게는(그리고 아마도 그런 진단을 받지 않은 50세 이상의 남성들에게도) 이 상황에서 명확한 해결책을 제시하기가 애매하다. 생선 기름에 대한 새로운 연구 결과가 나올 때까지 기다리려니 그동안에는 오메가-3를 먹는 데 따르는 위험과 먹지 않는 데 따르는 위험이 공존한다.

한편, 미국 심장협회는 심장에 이로운 효과가 있으니 두부와 대두를 먹으라고 권장하고 있다.[39] 일부 연구에서는 대두가 전립선암을 예방하는 효과가 있음이 밝혀지기도 했다.[40] 다른 실험에서는 대두가 전립선암 재발을 감소시키지 못하며, 그것이 노년층 남성들의 정신적 명민함이 소실되는 것과 연관될 수 있다는 결과가 나왔다.[41]

생선 기름에 대한 질문은 어쩌면 잡동사니 서랍장과 비슷한 유형의 의사결정 관련 질문이 아닌가 싶다. 이는 우리가 현재 알고 있는 것으로는 쉽게 범주를 나눌 수 없는 결정이다. 때로는 비판적 사고가 결국에는 분명한 해답이 없다는 결론으로 이어지기도 한다. 그럼에도 불구하고 우리는 어떤 선택을 내려야만 한다.[42]

수치 형태로 된 정보를 접할 때는 거기서 말하는 수치가 타당한지 머릿속으로 신속하게 확인해보는 것이 중요하다. 이렇게 하려면 일반상식에 어느 정도 익숙해질 필요가 있다. 우리 모두의 머릿속에는 미국 전체 인구, 차의 정상적인 운행 속도, 체중 감량에 드는 시간, 정상적인 임신 기간 등 사소한 정보로 가득 찬 파일 서랍이 들어 있다. 게다가 이런 종류의 정보들 가운데 머릿속에 담아두지 못한 것이 있더라도 인터넷으로 검색하면 1초도 안 돼서 찾을 수 있다. 수치 정보의 타당성을 신속하게 확인해보는 것은 비판적 사고에서 가장 쉬우면서도 중요한 방법 중 하나다.

만약 누군가가 지난해 미국 연방 선거에서 4억 명의 미국인이 투표했다는 둥, 새로 나온 경제적인 자동차의 최고 속도가 시속 600km라는 둥, 주스 단식으로 이틀 만에 20kg을 뺐다는 둥의 말을 하면, 당신의 일반상식과 수리감각으로 이런 수치에 대해 빨간 경고등을 울려야 한다.

우리가 아이들에게 가르칠 수 있는 가장 중요한 기술 중 하나는 수치를 논리적, 비판적으로 생각하고, 그에 맞는 적절한 질문을 던지고 검증하는 방법이다. 이런 기술의 목표는 자기가 접한 수치가 정확하게 맞는지 알아내는 것이 아니라 그저 대충이라도 맞는지 알아내려는 것, 즉 타당성이 있는지 가려내는 것이다.

수치 정보를 신속하게 평가하는 비결이 있다. 이것은 비판적 사고에 대한 글에선 잘 다루지 않는 부분이다. 바로 경계조건을 설정하는 것이다. 경계조건이란 나올 수 있는 가장 낮은 대답과 가장 높은 대답을 말한다. 내가 당신에게 샤킬 오닐의 키가 얼마나 되는지 물어봤는데, 당신도 모른다고 치자. 그의 키가 120cm는 넘을까? 아무렴 그렇지 않겠는가. 당신은 이렇게 추론한다. 그는 NBA에서 활약한 유명한 선수이고 농구선수들은 보통 키가 크다. 그럼 150cm를 넘을까? 거의 분명히 그 정도는 넘을 것이다. 그럼 3m보다는 작은가? 키가 3m를 넘는 사람 얘기는 들어본 적이 없다. 따라서 샤킬 오닐의 키는 3m보다 작다고 말할 수 있다. 그렇다면 그다지 정확하지는 않지만 신속하게 한 쌍의 경계조건을 설정해볼 때, 샤킬 오닐의 키는 150cm

와 3m 사이 어디쯤이라고 할 수 있다. 당신이 NBA와 농구선수들의 키에 대해 좀 알고, 인간의 생리적 한계에 대해 안다면 이 경계조건을 더 다듬어서 그의 키는 아마도 165~230cm 사이일 것이라고 추정할 수 있다. 경계조건 설정의 기술은 자기 대답에 대한 확신을 유지하면서 위아래 경계조건의 값을 최대한 가깝게 가져가는 것이다. NBA에 따르면 샤킬 오닐의 키는 216cm다.[43]

경계조건 설정은 과학적 사고와 일상의 비판적 사고에서 필수적인 부분이다. 그리고 의사결정에서도 결정적인 역할을 한다. 우리는 알지 못하는 사이에 항상 이런 일을 하고 있다. 당신이 식료품 가게에 가서 먹거리를 한 봉투 샀는데 점원이 청구액을 5센트라고 하면 굳이 봉투에 담긴 물건들의 가격을 모두 더해보지 않아도 무언가 잘못됐음을 즉각적으로 알아차릴 수 있다. 마찬가지로, 청구액을 500달러라고 해도 그 역시 무언가 이상함을 알아차릴 것이다. 효과적인 근사치 계산이란 위아래가 터무니없이 떨어지지 않은 경계조건을 설정하는 능력이다. 당신은 평소의 장보기 습관으로 단골가게에서 먹거리를 한 봉투 사면 90% 정도는 35~45달러가량 나온다는 것을 알고 있다. 그러니 15달러나 75달러가 나오면 깜짝 놀랄 것이다. 따라서 당신이 구입하는 먹거리 한 봉투의 경계조건 값은 35~45달러라고 말할 수 있다. 과학자들은 이것을 90% 신뢰구간이라고 말한다. 먹거리 값이 이 구간에 설정되리라는 것을 90% 확신할 수 있다는 의미다. 당신의 경계조건 값이 서로 가까울수록 당신이 내놓은 근사치 계산도 당연히 더 유용해진다.

경계조건을 설정하려면 상식을 활용하거나 근사치를 계산하는 데 도움이 될 몇 가지 지표가 있어야 한다. 친구의 키를 추측하려면 미국의 평균적인 문틀 높이가 대략 2m 정도라는 사실을 이용할 수 있다. 친구가 문틀과 비교할 때 얼마나 큰가? 그 친구와 서서 이야기를 나눌 때 눈이 정면에서 마주치는가 아니면 위로 올려다보거나 아래로 내려다봐야 하는가? 자동차나 버스의 폭, 혹은 방의 크기를 어림잡으려면 자기가 그 안에 누워 있다고 상상해보면 도움이 된다. 몸을 구부리지 않고도 누울 수 있을까? 그 공간에 나 같은 사람이 몇 명이나 연이어 누울 수 있을까?

과학자들은 자릿수 단위의 추정을 이용한다. 자릿수 단위는 10의 거듭제곱 수를 말한다. 다른 말로 하면, 처음에 대략 추정할 때는 그 답에 0이 몇 개나 붙는지 먼저 결정하라는 얘기다. 내가 커피 한 잔에는 물이 몇 테이블스푼이나 들어갈지 물어보았다고 해보자. 이 대답은 10의 거듭제곱 단위로 나올 가능성이 있다.

   a. 2

   b. 20

   c. 200

   d. 2,000

   e. 20,000

완벽을 기하기 위해 10의 분수 제곱도 포함시킬 수 있다.

   f. 20분의 1

   g. 200분의 1

   h. 2,000분의 1

여기서 분수는 바로 배제할 수 있다. 20분의 1스푼은 아주 적은 양이고, 200분의 1은 그보다도 훨씬 적다. 2스푼도 쉽게 배제할 수 있을 것이다. 그럼 20스푼은? 여기서는 확신이 서지 않는다. 어쩌면 지금 당신은 머릿속으로 20스푼을 컵이나 그램 같은 좀 더 유용한 측정치로 변환하려 애쓰고 있는지도 모르겠다. 그 부분은 잠시 보류하고 일단 직관을 바탕으로 추정해보자. 계산과 전환은 그다음에 하겠다. 요컨대, 당신은 지금 커피 한 컵에 물이 2스푼 이상 들어간다는 것은 확신하고 있다. 하지만 20스푼 정도가 들어갈지는 확신이 서지 않는다. 그럼 200스푼은? 너무 많지 않나 싶기는 하지만 이번에도 역시 확신은 들지 않는다. 하지만 2,000스푼까지 들어가는 것이 아님은 분명하다. 위에 나열된 여덟 가지 추정치 중에서 당신은 신속하게 타당성 있는 두 가지로 수렴했다. 20스푼과 200스푼이다. 사실 이 정도면 꽤 놀랍다. 당신이 한 번도 생각해보지 않은 질문일 텐데도 약간의 추론과 직관만으로도 대답을 이 두 가지 가능성으로 압축할 수 있었으니 말이다.

그럼 이제 계산을 해보자. 빵을 굽는 사람이라면 8분의 1컵에 2테이블스푼이 들어간다는 사실을 알 것이다. 따라서 한 컵에는 '2×8＝16'스푼이 들어간다. 따라서 정답은 목록에 들어 있지 않다. 정답은 16이다. 16이라는 정답은 20이라는 답과 제일 가깝다. 이런 10의 거듭제곱 추정, 혹은 자릿수 추정은 근사치를 구할 때 어차피 정확하지도 않은 값을 구하는데 불필요한 정확도에 너무 매달리지 말자는 뜻에서 나온 것이다. 이 사고 실험에서는 정답이 2나 200보다는 20에 더 가깝다는 사실을 아는 것만으로도 충분하다. 이것이 바로 자릿수 추정이다.

컵에 물이 몇 테이블스푼 들어가는지 모른다면 머릿속으로 스푼과 컵을 그려보고 몇 스푼이나 채워야 컵이 가득 찰지 상상해볼 수도 있다. 앞에 나온 사실을 모든 사람이 알고 있는 것도 아니고, 모든 사람이 양을 시각화하는 능력을 갖추고 있는 것도 아니니 여기서 추정 과정을 끝낼 사람도 아주 많을 것이다. 그냥 20스푼이나 200스푼 정도가 아닐까 싶은데 확신하지 못하겠다고 대답할 수도 있다. 답을 두 자릿수 범위로 축소시켰으니 이 정도면 전혀 나쁘지 않다. 우리는 하루에도 여러 번 무의식중에서 경계조건을 설정한다. 체중계에 올라설 때면 당신은 어제 나온 수치에서 많아야 몇 킬로그램 정도 왔다 갔다 하리라고 기대한다. 외출할 때는 기온이 지난번 외출했을 때보다 몇 도 정도 높거나 낮을 것이라 예측한다. 10대 자녀가 당신에게 학교에서 집까지 오는 데 40분 정도 걸린다고 하면, 이것이 정상적인 하교시간 범위에 있는지 아닌지 알 수 있다. 여기서 요점은 봉투에 담긴 식료품을 다 꺼내서 가격을 합쳐보지 않아도 청구액이 타당한지 아닌지 알 수 있고, 굳이 스톱워치를 들고 재보지 않아도 통근시간이 평소보다 터무니없이 길거나 짧아졌는지 알 수 있다는 것이다. 우리는 반올림하고, 추정하고, 숫자를 대충 얼버무려 말한다. 이것은 자기가 관찰한 내용이 타당한지 신속하게 알아내는 아주 중요한 작업이다.

"대충 그 정도"라고 어림짐작할 수 있는가

수치에 대한 비판적 사고에서 가장 중요한 도구는 자신이 접한 수학 문제에 틀린 답을 내놓아도 좋다는 허가를 내주는 것이다. 그것도 일부러 틀린 답을! 공학자와 과학자들은 매일 이런 일을 한다. 그러므로 우리가 그들의 작은 비밀을 살짝 들여다본다고 해서 실례될 것은 없다. 근사치 계산의 기술, 혹은 '냅킨 뒷면' 계산법에 대해 말이다. 이렇게 일부러 틀린 답을 내놓는 것은 당신을 정답에 충분히 가까이 데려가서 아주 신속하게 결정 내릴 수 있게 해준다. 영국의 소설가 사키Saki는 이렇게 적었다. "정확성을 조금만 포기하면 아주 많은 설명을 아낄 수 있다."

10년 넘도록 구글에서는 입사 면접을 볼 때 지원자들에게 답이 없는 질문을 던지고 있다.[44] 구글은 그 존재가 혁신에 달려 있는 회사다. 그전에는 존재하지 않았던 새로운 것을 발명하고, 기존 아이디어와 기술을 새롭게 가다듬어 고객들로 하여금 전에는 할 수 없었던 일을 할 수 있게 하는 것이 구글이 하는 일이다. 입사 면접도 대부분의 회사에서 진행하는 방식과 확연히 다르다. 면접을 보다가 화제가 기술적인 부분에 이르면 회사 측은 자기네가 원하는 일을 지원자가 실제로 할 수 있는지 여부를 알고 싶어 한다.

식당의 경우, 필요한 기술은 야채를 썰거나 수프를 만드는 것이다. 회계 사무실의 경우, 세법에 대한 지식이나 세금 관련 서류 작성 능력 등이다. 하지만 구글은 신입사원들이 어떤 기술을 가지고 있어야 하는지 자신조차 알지 못했다. 구글에서 알아야 하는 것은 직원이 자신만의 방식으로 문제를 헤쳐 나갈 수 있는지 여부였다. 컴퓨터과학, 전기공학, 경제학, 경영학 등 기술 분야나 양적 분야에서 일류 대학을 나온 사람들은 자기가 배운 것을 적용하는 법을 알고, 자기가 필요로 하는 정보를 어떻게 찾아야 하는지 안다. 하지만 자기 스스로 효과적으로 사고하고 추론할 줄 아는 사람은 비교적 소수에 불과하다. 실제로 구글 입사 면접에 나온 다음 질문을 생각해보자. "엠파이어스테이트 빌딩의 무게는 얼마나 될까?[45]"

이 질문은 사실상 정답이 존재하지 않는다. 아무도 답을 모르기 때문이다. 여기에는 너무나 많은 변수가 존재하고, 모르는 값도 너무 많다. 문제가 너무 복잡하다. 정작 구글에서 관심을 둔 것은 답이 아니었다. 그들은 입사 지원자가 문제를 어떻게 풀어갈지 그 과정에 관심이 있었다. 이들은 입사 지원자가 얼마나 조리 있고 합리적으로 문제에 접근하는지 보고 그 지원자의 마음이 어떻게 작동하는지, 그리고 이 지원자가 얼마나 정돈된 방식으로 생각하는지 알고 싶어 했다.

이런 문제에 대한 반응은 흔히 네 가지로 나뉜다. 사람들은 두 손을 번쩍

들고 "그건 불가능해요"라고 말하거나, 아니면 어딘가에서 해답을 찾아보려 한다. 지금은 이 문제의 해답이 인터넷 어딘가에 나와 있지만(이것은 컴퓨터 과학계에서 꽤나 유명한 문제가 됐다), 구글은 한 번도 답변이 나온 적이 없는 질문에 답할 줄 아는 직원을 고용하고 싶어 했다. 이 문제를 풀려면 체계적으로 생각할 줄 아는 이성이 필요하다. 다행히도 이런 사고방식은 교육 가능하며 누구나 배울 수 있다. 조지 폴리아George Polya는 자신의 책《어떻게 문제를 풀 것인가How to Solve It》에서 수학에 대해 특별히 교육받지 않은 일반인이 복잡한 수학 문제를 풀 수 있는 방법을 보여주었다. 답을 알 수 없는 이 괴상한 문제도 마찬가지다.

그럼 세 번째 반응은? 더 많은 정보를 요구하는 것이다. "엠파이어스테이트 빌딩의 무게라면 가구도 모두 합친 무게를 말하는 것인가, 뺀 무게를 말하는 것인가? 붙박이 시설은? 사람의 무게도 세야 하나?" 이런 질문은 정신을 산만하게 만들 뿐, 문제를 푸는 데 전혀 도움이 되지 않는다. 이런 질문은 출발을 늦출 뿐이다. 결국 머지않아 당신은 출발점으로 돌아와 도대체 이런 문제를 어떻게 풀라는 말일까 생각하게 된다.

네 번째 반응이 옳은 반응이다. 바로 근사치 계산을 이용하는 것이다. 어떤 사람은 이를 게스티메이팅guesstimating(어림짐작)이라고도 부른다. 이런 유형의 문제는 추정 문제 혹은 물리학자 엔리코 페르미Enrico Fermi의 이름을 따서 '페르미 문제'라고도 한다. 그는 대답이 불가능해 보이는 질문에도 별다른 자료 없이 추정치를 잘 내놓아 유명해졌다. 페르미 문제의 사례는 다음과 같다. "버스에 농구공이 몇 개나 들어갈까?" 근사치 계산을 하려면 다룰 수 있을 만한 덩어리로 문제를 나누어 경험에 의한 일련의 추측을 체계적으로 적용하고 가정을 확인한 다음, 세상에 대한 일반상식을 이용해서 나머지 빈 칸을 채워가야 한다.

"시카고에는 얼마나 많은 피아노 조율사가 있는가?"라는 문제는 어떻게 풀겠는가? 구글은 사람들이 문제를 어떻게 이해하는지 알고 싶어 한다. 즉, 사람들이 알려진 값과 모르는 값을 어떻게 체계적으로 나누는지 말이다. 단, 여기서 그냥 시카고 피아노 조율사 노동조합에 전화를 해서 물어보는 방법은 제외한다. 자기 머릿속에서 끄집어낼 수 있는 사실, 혹은 합리적 추측에서 시작해야 한다. 다룰 수 있는 크기로 문제를 쪼개는 일은 재미있다. 어디서 시작해야 할까? 많은 페르미 문제가 그렇듯, 중간 단계의 양을 일부 추정해보는 것이 도움이 된다. 당신이 결국 추정해야 하는 그 값이 아니라 당신이 원하는 곳에 도달할 수 있게 도와줄 어떤 값 말이다. 이 경우, 시카고에 있을 피아노의 숫자를 추측하는 데서 시작해서, 그다음으로는 그 정도의 피아노를 관리하는 데 얼마나 많은 조율사가 필요할지 추측하는 것이 쉽고 유용한 방법이다.

어느 페르미 문제이든 간에 처음에는 우리가 알아야 할 것이 무엇인지 정리한 뒤 몇 가지 가정을 나열한다. 이 문제를 풀려면 다음의 숫자를 추정하는 일부터 시작하게 될 것이다.

1. 피아노를 조율하는 횟수(피아노 한 대를 1년에 얼마나 자주 조율할까?)
2. 피아노를 조율하는 데 걸리는 시간
3. 피아노 조율사의 1년 근무 시간
4. 시카고의 피아노 숫자

이런 값들을 알면 해답을 얻는 데 도움이 된다. 피아노를 얼마나 자주 조율하고, 피아노를 조율하는 데 시간이 얼마나 걸리는지 알면, 1년간 피아노한 대를 조율하는 데 들어가는 시간을 알 수 있다. 이 값에 시카고의 피아노 숫자를 곱하면 시카고의 모든 피아노를 조율하는 데 매년 얼마나 많은 시간이 들어가는지 알 수 있다. 그리고 이 값을 조율사 개개인의 1년 근무 시간으로 나누면 전체 조율사의 숫자가 나온다.

가정1: 피아노 소유자들은 평균 1년에 한 번 피아노를 조율한다.

이 수치는 어디서 왔을까? 그냥 생각해낸 값이다! 근사치를 계산한다는 것이 원래 이런 것이다. 이것은 분명 자릿수 단위 안쪽에 들어와 있다. 피아노 소유자가 10년 만에 한 번씩 피아노를 조율하지는 않을 테고, 당연히 1년에 열 번씩 하지도 않을 테니 말이다. 어떤 피아노 소유자는 1년에 네 번 조율하고, 어떤 사람은 한 번도 하지 않겠지만, 그래도 1년에 한 번 정도면 어느 정도 타당한 어림짐작이다.

가정2: 피아노를 조율하는 데 걸리는 시간은 두 시간이다.

이것 역시 추측이다. 한 시간 정도로 충분할 수도 있지만 두 시간이면 자릿수 단위 안에 들어와 있으니 그것으로 충분하다.

가정3: 피아노 조율사는 1년에 평균 몇 시간 근무할까? 일주일에 40시간을 근무하고, 매년 2주 휴가가 있다고 가정해보자.

그럼 주당 '40시간 × 50주', 1년에 2,000시간이다. 피아노 조율사는 출장 다니며 일한다. 고객이 피아노를 직접 들고 갈 수는 없으니까. 그럼 피아노 조율사의 근무시간 중 10~20% 정도는 이동하는 데 든다고 가정하자. 이것을 염두에 두었다가 마지막 추정치를 계산할 때 사용한다.

가정4: 시카고에 있는 피아노의 숫자를 계산하기 위해 당신은 100명 중 한 명이 피아노를 가지고 있다고 추측한다.

이것 역시 어림짐작이지만 아마도 분명 자릿수 범위 안에 들어 있을 것이다. 피아노가 있는 학교나 기관도 있는데, 이런 경우 보통 여러 대 가지고 있다. 음악 학교라면 30대 정도 있을 것이다. 이 밖에 피아노가 있을 만한 곳으로 양로원, 바 등이 있다. 이 추정치는 사실을 기반으로 내놓기가 까다롭지만, 그냥 이 요소를 포함시키면 대략 가정집의 피아노 숫자와 비슷하다고 가정하자. 그럼 인구 100명당 총 피아노 숫자는 두 대다.

이제 시카고에 사는 사람의 숫자를 추정해보자. 이 값은 몰라도 시카고가 뉴욕(800만 명), 로스앤젤레스(400만 명)에 이어 미국에서 세 번째로 큰 도시라는 사실은 알고 있을 것이다. 당신이 시카고 인구를 250만 명으로 추정했다면 2만 5,000명이 피아노를 가지고 있다는 의미다. 기관에 설치된 피아노까지 합해서 이 값을 두 배로 하기로 했으니, 결국 피아노의 숫자는 5만 대 정도로 추정된다.

그럼 지금까지 도출된 다양한 추정치를 나열해보자.

1. 시카고에는 250만 명의 사람이 있다.
2. 100명 중 한 명은 피아노가 있다.
3. 기관에는 피아노가 100명당 한 대꼴로 있다.
4. 따라서 100명당 피아노가 두 대꼴로 있다.
5. 시카고에는 5만 대의 피아노가 있다.

6. 피아노는 1년에 한 번 조율한다.

7. 피아노 한 대를 조율하는 데는 두 시간 걸린다.

8. 피아노 조율사는 1년에 2,000시간 일한다.

9. 피아노 조율사는 1년에 1,000대의 피아노를 조율할 수 있다(1년당 2,000 시간 ÷ 피아노당 두 시간)

10. 5만 대의 피아노를 조율하려면 50명의 조율사가 필요하다(피아노 5만 대 ÷ 피아노 조율사 한 명이 1년에 조율하는 피아노 1,000대)

11. 출장 시간을 포함하기 위해 이 수치에 15%를 더한다. 그럼 시카고에는 대략 58명의 피아노 조율사가 있다.

실제 정답은 얼마일까? 시카고 전화번호부 목록을 보면 83명이 나온다. 여기에는 일부 중복도 있다(전화번호가 두 개인 회사는 목록에 두 번 올라가기 때문). 그리고 이 항목에는 조율사가 아닌 피아노·오르간 기술자도 포함되어 있다. 이런 예외적인 상황을 고려해서 25 정도를 빼면 58이라는 추정치는 실제 수치에 아주 가까운 값임을 알 수 있다. 예외를 고려하지 않는다고 해도 여기서 핵심은 추정치가 자릿수 단위 안쪽으로 존재한다는 것이다(정답이 6이나 600이 아니기 때문).

구글 입사 면접에 나온 엠파이어스테이트 빌딩 문제로 돌아가보자. 이 문제를 해결하는 방법은 무한히 많지만, 똑똑하고 창의적이며 체계적인 사고방식을 가진 사람은 이것을 어떻게 푸는지 엿볼 수 있는 예시 '답변'을 하나제시하겠다. 다시 한 번 명심하자. 여기서 중요한 것은 최종 수치가 아니라 일련의 가정을 세우고 곰곰이 생각하는 사고 과정 그 자체다.

일단 한 가지 방법은 빌딩의 크기를 어림잡아 계산한 다음, 그것을 바탕으로 무게를 추정하는 방법이다. 몇몇 가정에서 시작하겠다. 건물에 사람도 없고, 가구도 없고, 기기나 붙박이 시설도 없이 싹 비어 있다는 가정 아래 무게를 계산해보려 한다. 그리고 계산을 단순화하기 위해 건물의 토대는 정사각형이며 측면은 위로 갈수록 좁아지는 곡면이 아니라 수직면이라고 가정하겠다.

크기를 결정하려면 높이, 길이, 폭을 알아야 한다. 엠파이어스테이트 빌딩의 높이가 얼마나 되는지 모르겠지만, 분명 20층 이상이고 아마도 200층 미만이라는 것은 알고 있다. 한 층의 높이가 얼마나 되는지는 모르겠지만, 내가 가본 사무실 건물들을 생각해보면 천장의 높이는 적어도 2.4m 정도고, 전기배선이나 도관, 열풍도관 등을 보이지 않게 숨기는 가천장이 있다. 가천장의 높이는 60cm 정도라고 추측하겠다. 따라서 한 층의 높이는 대략 3~4.5m 정도다. 높이 추정치를 좀 더 세밀하게 다듬으려 한다. 빌딩의 층수가 50층 이상이라고 하자. 나는 30~35층 정도 높이의 빌딩을 많이 봤다. 내 경계조건은 50~100층 사이다. 50층이라면 건물 높이는 150~225m 정도이고(한 층의 높이가 3~4.5m), 100층이라면 300~450m 정도다. 따라서 내 높이 추정치는 150~450m다. 여기서는 계산하기 편하게 그 평균인 300m로 하겠다.

이제 토대를 알아보자. 이 건물의 토대가 얼마나 큰지 모르겠지만 분명 도시의 한 구획보다 크지는 않을 것이다. 그리고 언젠가 1마일(대략 1.6km) 정도의 길이에 도시 구획이 보통 열 개 정도 들어간다고 들은 기억이 있다. 그럼 도시 구획은 1.6km의 10분의 1인 160m 정도다. 엠파이어스테이트 빌딩은 그 절반 정도일 것이라 추측하겠다. 따라서 토대 각 면의 길이는 80m 정도다. 이 건물의 토대가 정사각형이라면 '길이×폭 = 80m × 80m = 6,400m² 다.

이제 건물의 크기가 나왔다. 여기서도 몇 가지 다른 방법을 적용해볼 수 있다. 그 방법들 모두 대부분의 건물은 비어 있다는 사실에 의존한다. 건물의 무게는 대부분 벽과 바닥과 천장의 무게로 구성된다. 대개 건물 벽은 철근, 그리고 바닥은 철근과 콘크리트의 조합으로 이루어진다. 확실하지는 않지만 나무로 만들어지지 않았다는 것쯤은 안다.

건물의 부피는 토대의 넓이×높이다. 앞서 계산한 토대의 넓이는 6,400m²다. 그리고 내가 추정한 높이는 300m다. 따라서 '6,400m²× 300m = 1,920,000m³'이다.

우선 벽과 바닥의 두께를 추정한 후에 1m³ 재료의 무게가 얼마나 나가는지 추정해서 층당 무게를 계산해볼 수 있다. 아니면 건물 부피의 경계조건을 설정해볼 수도 있다. 즉, 건물은 같은 부피의 순수한 공기보다 무겁고, 같은 부피의 순수한 철근보다는 가볍다고(건물의 안은 대부분 비어 있기 때문이다) 추정하는 것이다. 전자는 아주 계산할 것이 많아 보인다. 그리고 후자는 만족스럽지 못하다. 경계조건의 위아래가 너무 차이날 것 같기 때문이다. 여기 두 가지를 혼합한 방법이 있다. 한 층에서 그 부피의 95%는 공기고, 5%는 철근이라고 가정하는 것이다. 사실 이 추정치는 난데없이 불쑥 튀어나온 것이지만 그럴듯해 보인다. 바닥의 너비가 80m라면 80m의 5%는 4m다. 이것은 사방 벽과 그 안의 지지벽의 총두께가 4m라는 의미다. 이것을 자릿수 추정으로 확인해볼 수 있다. 벽의 총두께가 0.4m(한 자릿수 아래)밖에 안 될 리 없다. 그렇다고 40m(한 자릿수 위)나 될 리도 없다.

학교에서 공기 1m³의 무게가 1.293kg 정도라고 배운 기억이 난다. 대략 1.3kg이라고 하자. 분명 건물 전체가 공기는 아니다. 하지만 그중 상당 부분, 그러니까 내부의 거의 모든 공간은 공기이기 때문에 이것으로 건물 무게의 아래쪽 경계조건을 설정할 수 있다. 건물의 부피에 공기의 무게를 곱하면 '1,920,000m³×1.3kg/m³ = 2,496,000kg'이다. 대략 2,500,000kg

으로 하자.

철근 1m³의 무게는 모르겠다. 하지만 조금 비교해보면 추정할 수는 있다. 분명 1m³의 철근은 1m³의 목재보다 더 무거울 것이다. 그런데 1m³의 목재 무게도 모르겠다. 하지만 장작을 쌓을 때 보면 장작을 한 아름 안았을 때 22kg 정도의 강아지사료와 무게가 비슷했다. 1m³를 장작 한 아름 부피의 35배 정도로 보면 1m³의 목재 무게는 '22kg×35 =770kg'이다. 철근의 무게는 그보다 열 배 정도 무겁다고 추정하자.[46] 엠파이어스테이트 빌딩이 모두 철근으로 이루어졌다면 '1,920,000m³×7,700kg/m³ =14,784,000,000kg'이다. 대략 14,800,000,000kg이라 하자.

이렇게 해서 위아래로 두 개의 경계조건을 얻었다. 건물이 모두 공기라면 그 무게는 250만 kg이고, 건물이 모두 순수한 철근이라면 148억 kg이다. 하지만 앞에서 말했듯 나는 이 건물이 5%의 철근과 95%의 공기로 이루어져 있다고 가정했다.

$$
\begin{aligned}
5\% \times 148억\,kg &= 740{,}000{,}000kg \\
+\,95\% \times 250만\,kg &= 2{,}375{,}000kg \\
\hline
&= 742{,}375{,}000kg
\end{aligned}
$$

대략 7억 4,000kg이 나온다. 톤 단위로 환산하면 대략 74만 톤이다.

이 가상의 면접자는 단계별로 자신의 가정을 진술하고, 경계조건을 설정하고, 마지막으로 74만 톤이라는 점 추정치point estimate를 결론지었다. 아주 멋지게 해냈다!

또 다른 면접자는 이 문제에 훨씬 깐깐하게 접근할 수도 있다. 건물의 크기와 빈 공간에 대한 가정은 똑같이 사용하면서 간결하게 규약을 정리해보면 다음과 같이 나온다.

고층 건물은 강철로 만든다. 엠파이어스테이트 빌딩을 자동차로 가득 채운다고 상상해보자. 자동차는 그 안에 공기를 많이 담고 있고, 마찬가지로 강철로 만들어져 있다. 따라서 이것은 좋은 대용물이다. 차의 무게는 대략 2톤이고 길이는 대략 4.5m, 폭은 1.5m, 높이는 1.5m 정도다. 엠파이어스테이트 빌딩의 바닥은 위에서 추정한 바와 같이 가로, 세로 80m × 80m다. 차를 꼬리에 꼬리를 물고 바닥에 줄지어 늘어놓으면 '80 ÷ 4.5 = 17.7', 반올림해서 한 줄에 20대가 들어간다(이렇게 수치를 간단하게 반올림할 수 있다는 것이 어림짐작의 장점이다). 그렇다면 옆으로 나란히 늘어놓으면 몇 대가 들어갈까? 자동차의 폭은 대략 1.5m이고 건물의 벽의 너비는 80m이므로, '80 ÷ 1.5 = 53.3', 반올림해서 50대 정도가 들어간다. 그럼 '20 × 50 = 1,000'이므로 한 층의 평면에 1,000대가 들어간다. 한 층의 높이는 3m 정도이고 차의 높이는 1.5m이므로 바닥에서 천장까지 차를 두 겹으로 쌓을 수 있다. 따라서 한 층에는 '2 × 1,000 = 2,000대'의 자동차가 들어간다. 그리고 층당 '2,000대 × 100층 = 200,000대'다. 이 무게를 계산하면 '200,000대 × 2톤 = 400,000톤'이 나온다.

이 두 방법에서 비교적 가까운 추정치가 나왔다. 한 값이 다른 값의 두 배를 넘지 않는다. 따라서 이 둘은 중요한 건전성 검증sanity check을 수행하는 데도 서로 도움이 된다. 첫 추정치에서는 74만 톤이 나왔고, 두 번째 추정치에서는 40만 톤이 나왔다. 이 문제는 꽤 유명세를 탔기 때문에 엠파이어스테이트 빌딩은 웹사이트에 자신들이 추정한 무게 추정치를 제공했다. 그 값은 36만 5,000톤이었다.[47] 양쪽 추정치 모두 공식 추정치와 오차 범위가 한 자릿수를 넘지 않았다. 이 정도가 이 문제에서 요구한 수준이다.

두 가지 방법 모두 건물의 정확한 무게를 내놓지는 못했다. 하지만 명심하자. 여기서 핵심은 수치가 아니라 추론 과정, 즉 그 값을 추론해가는 알고리즘이다. 우리가 컴퓨터과학에서 가르치는 것 중에는 예전에는 한 번도 풀어본 적 없는 문제를 푸는 알고리즘의 개발이 상당히 큰 부분을 차지한다. 도시로 들어가는 전화 중계선의 굵기를 감안할 때 얼마만 한 용량이 필요할까? 지금 새로 건설되고 있는 지하철의 이용자 수는 얼마나 될까? 홍수가 났을 때 이 지역으로 얼마나 많은 물이 쏟아져 들어오며, 땅이 그 물을 흡수하는 데는 얼마나 많은 시간이 걸릴까? 이런 문제는 답이 없다. 하지만 근사치를 잘 이용하면 대단히 실용적인 답을 얻을 수 있다.

이와 관련, 〈포천〉 선정 500대 기업의 회장은 다음과 같은 해법을 제안했다. 문제의 규칙을 엄격히 준수하고 있지는 않지만, 그럼에도 불구하고 대단히 똑똑한 해법이다. "나라면 엠파이어스테이트 빌딩을 건축할 당시 재정을 담당했던 회사들을 찾아서 공급품 목록을 보여달라고 할 것이다. 건축 현장으로 운송된 모든 재료의 목록을 말이다. 그중 10~15% 정도는 쓰레기 인해 생겨난다고 가정하면, 그 건물에 들어간 재료로 건물의 무게를 추정할 수 있다. 사실 그보다 더 정확한 방법은 이렇다. 고속도로를 달리는 트럭들은 무게에 따라 교통국에 고속도로 통행료를 지불하기 때문에 무게를 측정한다. 그 트럭들의 무게를 확인하면 필요한 정보를 모두 얻을 수 있다. 빌딩의 무게는 건설을 위해 투입된 재료의 무게와 같다.[48]"

당신이 엠파이어스테이트 빌딩의 무게를 알아야만 할 일이 있을까? 만약 당신이 그 빌딩 밑을 지나는 지하철 노선을 건설하고 싶다면 그 무게를 알고 싶어질 것이다. 지하철역 천장이 적절히 지탱되게 만들어야 하니 말이다. 빌딩 꼭대기에 무거운 새 안테나를 추가로 올리고 싶을 때도 건물의 총무게를 알고 싶을 것이다. 추가되는 무게를 견딜 수 있을지 계산해봐야 하니까 말이다. 여기서 중요한 부분은 실용성이 아니다. 지식이 급속도로 증가하고,

상상하기조차 힘든 양의 자료들이 쏟아져 나오고, 기술이 하루가 다르게 발전하는 세상에서 새로 나오는 기술들을 이해하기 위해서는 풀 수 없는 문제를 푸는 법, 그리고 그 문제들을 더 작은 부분으로 쪼개는 법을 배워야 한다. 엠파이어스테이트 빌딩 문제는 창조적이고 기술 지향적인 사람의 마음이 어떻게 작동하는지 엿볼 수 있는 창이다. 그리고 이런 종류의 업무에서 성공할지 예측하는 데는 학교 성적이나 IQ 검사보다 이런 문제가 훨씬 유용할 것이다.

이러한 소위 '봉투 뒷면 문제back-of-the-envelope problem(과학자들이 급한 마음에 봉투 뒤에 간단히 계산해서 근사치를 계산하는 방법론을 말한다. 페르미 문제와 비슷한 의미 – 옮긴이)'는 창의성을 평가하는 하나의 창문일 뿐이다. 양적 기술에 의존하지 않고 창의력과 유연한 사고를 요하는 또 다른 시험으로 '물건 용도 많이 말하기 검사name as many uses test'가 있다. 예를 들어, 대가 긴 빗자루의 용도를 당신은 몇 가지나 댈 수 있는가? 레몬은? 이런 것은 어린 시절부터 훈련할 수 있는 기술이다. 이런 것은 대부분 어느 정도의 창의력과 유연한 사고를 요구한다. 민간 항공사 항공학교 입학시험에 물건의 용도 많이 말하기 검사가 사용된 적도 있다. 조종사는 비상 상황에서 신속하게 대처하는 능력과 시스템이 먹통이 됐을 때 대안을 생각해내는 능력이 필요하기 때문이다. 선실에 화재가 났을 때 소화기가 작동하지 않는다면 불을 어떻게 끌 것인가? 수압 시스템이 고장나면 엘리베이터를 어떻게 조종할 것인가? 뇌의 이런 부분을 훈련시키려면 문제를 풀 때 자유연상의 힘, 즉 뇌의 백일몽 모드를 이용할 줄 알아야 한다. 당신도 위기의 순간에 이런 생각을 할 줄 아는 조종사를 원할 것이다.

"연필로 글 쓰는 것 말고 뭘 할 수 있지?"

소설가 다이앤 애커먼Diane Ackerman은 자신의 책《사랑의 백 가지 이름One Hundred Names for Love》에서 남편과 이 놀이를 했던 장면을 묘사하고 있다.

> 나는 이렇게 시작했다. "드럼 치기, 오케스트라 지휘, 마법 걸기, 털실 감아놓기, 컴퍼스 다리로 쓰기, 막대기 빼기 놀이pick-up-stick(얇은 막대기 등을 쌓아놓고 다른 것을 무너뜨리지 않고 하나씩 빼내는 놀이 – 옮긴이) 하기, 한쪽 눈썹을 그 위에 올리기, 숄 고정시키기, 머리 묶기, 부싯돌에 수직으로 그어서 불꽃 일으키기, 가죽 끈으로 묶어서 새총 만들기, 점화해서 불붙이개로 쓰기, 기름의 깊이 재기, 파이프 청소, 페인트 젓기, 위저보드Quija board(심령술에서 쓰는 점괘판 – 옮긴이) 작동시키기, 모래 위에 홈 파기, 파이 반죽 밀어서 펴기……. 자, 이제 배턴을 자기한테 넘길게."
>
> 폴이 이어갔다. "모형 비행기 날개보로 쓰기, 거리 측정하기, 풍선 터트리기, 깃대로 쓰기, 연필에 넥타이 말아 넣기, 머스킷총에 화약 다져 넣기, 사탕 뒤지기, 연필심을 바스러뜨려서 그 안의 납 성분을 독으로 쓰기."[49]

이런 유형의 사고는 교육과 훈련이 가능하고 다섯 살 정도만 되면 아이들에게 이런 능력을 북돋아줄 수 있다. 말로 다 할 수 없는 미지의 것으로 가득 찬 기술 중심의 세상에서 이것은 점점 더 중요한 기술이 되어가고 있다. 여기에는 정답이 존재하지 않는다. 그저 독창성을 발휘하고, 새로운 연결 관계를 발견하고, 기발한 생각과 시험이 우리 사고방식의 정상적이고 습관적인 일부로 자리 잡는 기회가 열림으로써 더 나은 문제 해결이 가능해질 것이다.

우리 아이들에게 평생 배우는 사람이 되고, 호기심과 탐구심을 잃지 않도록 가르치는 것이 중요하다. 그만큼 중요한 것이 바로 아이들에게 놀이감각을 일깨워주는 일이다. 생각하는 것이 꼭 진지하고 심각해야 할 필요는 없으며, 즐거울 수도 있음을 깨닫게 해주어야 한다. 그러기 위해서는 아이들에게 실수할 수 있는 자유, 평범함을 벗어나 새로운 생각과 아이디어를 탐구할 수 있는 자유를 부여해주어야 한다. 오늘날 전 세계가 직면한 중요한 문제들 중에는 확산적 사고를 요구하는 것이 점점 늘어나고 있다. 보스턴필하모니의 지휘자 벤자민 잰더Benjamin Zander는 젊은 음악가들에게 자기비판은 창의력의 적이라고 가르친다. "실수를 하면 자신에게 이렇게 말해야 한다. '이것 참 재미있는걸!' 실수는 배움의 기회니까!"[50]

정보를 얻는 곳에 대해 확인해야 할 것들

다른 많은 개념과 마찬가지로 '정보'라는 개념 또한 수학자와 과학자들에게는 특별하고 구체적인 의미가 있다. 이들에겐 불확실성을 줄이는 것은 그 무엇이든 정보에 해당된다. 달리 표현하면, 정보는 패턴이 존재하는 곳이라면 어디에나, 순서가 무작위가 아닐 때는 언제나 존재한다. 정보가 많을수록 순서에서 더 많은 구조와 패턴이 보인다. 정보는 신문, 친구와의 대화, 나이테, DNA, 지도, 머나먼 별에서 온 빛, 숲속 야생동물이 남긴 발자국 등 대단히 다양한 원천 속에 담겨 있다. 정보를 소유하는 것만으로는 부족하다. 미국 도서관협회가 1989년 보고서 〈정보 소양 정부위원회Presidential Committee on Information Literacy〉에서 선견지명 있게 결론을 내렸듯, 학생들에게 정보를 습득하고, 확인하고, 찾고, 평가하고, 정리하고, 활용하는 데서 능동적인 역할을 하는 법을 교육해야 한다.[51] 〈뉴욕타임스〉 편집자 빌 켈러의 말을 다시 떠올려보자. 정보를 가지고 있는 것이 중요한 게 아니라, 그 정보로 무엇을 하느냐가 중요하다.

무언가를 안다는 것에는 두 가지 일이 수반된다. 그 내용에 대한 의심이 없을 것, 그리고 그것이 사실일 것. 대니얼 카너먼은 이렇게 말했다. "종교적 광신도도 우리 과학자들 못지않게 '압니다.' 문제는 '우리가 어떻게 아느냐' 이겠죠. 내가 과학에서 믿는 내용들은 그것이 사람들이 내게 말해준 내용들이기 때문입니다. 내가 알고, 또 신뢰하는 사람들요. 내가 다른 것을 좋아하고 신뢰했다면 나는 다른 것을 믿고, 또 '알았을' 겁니다. '앎knowing'이란 다른 믿음의 대안이 없는 상태를 말합니다."[52] 이것이 교육, 그리고 서로 다른 많은 아이디어를 접해보는 것이 그렇게도 중요한 이유다. 다른 믿음의 대안이 존재하는 상황에서는 무엇이 진실인가를 두고 정보와 증거를 바탕으로 선택할 수 있다.

우리는 아이들에게(그리고 서로에게) 타인에 대해, 그리고 타인의 관점에 대해 좀 더 이해의 폭을 넓힐 수 있도록 교육해야 한다. 기근, 가난, 공격성 등 오늘날 세계가 직면한 중요한 문제들을 해결하려면 서로 잘 모르는 사람들, 그리고 역사적으로 서로를 신뢰하지 않았던 사람들이 모두 신중히 협동해야 한다. 상냥한 사람이 됐을 때 찾아오는 수많은 건강상의 이점을 떠올려보자. 이것은 그저 서로의 면전에서만 상냥한 사람이 되라는 의미가 아니다. 그것은 분명 해롭고 잘못된 행동이다. 이것이 의미하는 바는 열린 마음을 가지고 서로의 관점에서 사물을 바라보려 노력해야 한다는 것이다.

모두를 평등하게 만들어준다는 인터넷이 사실은 이것을 그 어느 때보다 어렵게 만들고 있는지도 모른다. 구글, 빙, 야후, 그리고 기타 검색엔진들이 사용자들의 검색 기록을 추적하고 있다는 사실을 이제는 대부분의 사람이 알고 있다. 이들은 이 정보를 자동완성기능에 이용해서 당신이 다음에 검색창에 검색용어를 입력할 때 전부 입력할 필요가 없게 해준다. 이들은 이 정보를 두 가지 방식으로 더 활용한다. 하나는 표적광고다(당신이 온라인으로 새 신발을 검색하고 나면 다음에 당신이 페이스북에 접속했을 때 신발 광고가 뜨는 이유다). 그리고 다른 하나는 개별 사용자의 검색 결과를 향상시키기 위한 것이다. 즉, 당신이 특정한 것에 대해 검색하고 나면 검색엔진은 그 검색 결과 중 당신이 어떤 것을 클릭했는지 파악해두었다가 그것을 검색 결과 목록 위쪽으로 올려놓는다. 이렇게 함으로써 다음에 당신이 비슷한 검색어를 넣었을 때 시간이 절약된다. 검색엔진이 당신의 검색 기록을 며칠, 혹은 몇 주 분량만 갖고 있는 것이 아니라 20년 분량을 가지고 있다고 상상해보자. 그럼 검색 결과가 반복적으로 다듬어져 훨씬 개인 맞춤되어 있을 것이다. 그럼 자신의 세계관과 조화되는 검색 결과를 얻을 가능성은 높아지고, 당신의 관점과 어긋나는 결과는 덜 만나게 될 것이다. 당신이 열린 마음을 유지하고 다른 의견을 함께 고려하려고 노력하더라도 검색엔진이 이미 당신의 시야를 좁혀놓은 셈이다. 아마도 애초에 이런 것을 의도한 것은 아니겠지만 국제적인 협력과 이해가 점차 중요해지는 세계에서 이는 걱정되는 부분이 아닐 수 없다.

우리가 정보를 배우는 방식에는 세 가지가 있다. 정보를 암묵적으로 흡수할 수 있고, 명시적으로 들을 수도 있고, 스스로 알아낼 수도 있다. 언어 집중 훈련을 통해 새로운 언어를 배울 때처럼 암묵적 학습implicit learning을 하는 것이 보통 가장 효율적이다. 교실이나 일터에서 대부분의 정보는 후자의 두 가지 방식 중 하나로 전달된다. 명시적으로 듣거나, 스스로 알아내는 것이다.

지난 20년간의 학습 과학 연구를 통해 우리는 명시적으로 들었을 때보다는 스스로 알아냈을 때 더 오래, 더 잘 기억한다는 것이 밝혀졌다. 이것이 바로 물리학 교수 에릭 마주르Eric Mazur가 자신의 책《동료 교수법Peer Instruction》에서 설명한 거꾸로 교실flipped classroom의 밑바탕이다.[53] 마주르는 하버드대학에서 자신의 강의 시간에 강의하지 않는다. 대신 그는 학생들이 해온 과제를 바탕으로 어려운 질문을 던진다. 이 문제를 풀려면 학생들은 모든 정보를 한데 끌어 모아야 한다. 마주르는 학생들에게 해답을 알려주지 않는다. 대신 그는 학생들에게 작은 집단으로 나뉘어 그 문제에 대해 논의해볼 것을 요구한다. 그리고 결국 강의실의 거의 모든 사람이 정답을 맞힌다. 학생들은 스스로 추론을 통해 답을 얻어야 했기 때문에 개념도 머리에 더 잘 남는다.

예술 분야에서도 비슷한 일이 일어나고 있다. 예를 들어, 우리가 아주 잘 쓰인 문학소설을 읽을 때 전전두엽피질은 등장인물의 성격에서 나타나는 측면들을 채우고, 그들의 행동을 예측하기 시작한다. 간단히 말해서 이야기 구성에 능동적으로 참여하기 시작한다는 얘기다. 독서는 자신만의 속도에 맞춰 진행할 수 있기 때문에 뇌가 그런 일을 할 수 있는 시간적 여유를 준다. 소설을 읽다가 방금 읽은 내용을 깊이 생각하거나, 잠시 몽상에 잠기거나, 이야기에 대해 생각하느라 읽는 속도가 느려진 경험이 있을 것이다. 이것이 바로 중앙관리자 모드의 반대인 백일몽 모드가 작동하는 순간이다. 그리고 이런 모드에 빠져드는 것은 자연스러운 것이다. 명심하자. 백일몽 모드가 뇌의 기본 모드다.

반면, 때로는 오락물이 너무 빨리 진행되는 바람에 뇌가 깊은 생각에 잠기거나 예측 활동에 빠져들 시간이 없을 때도 있다. 일부 TV 프로그램이나 비디오게임이 그렇다. 이렇게 긴박하게 제시되는 사건들은 감각피질이 아닌 전전두엽피질을 관여시키기 때문에 뒤집어진 방식으로 주의를 사로잡는다.[54] 하지만 매체에만 초점을 맞춰서 책은 좋은 것이고, 영화는 나쁘다는 결론을 내리는 것은 옳지 못하다. 통속소설이나 논픽션 서적 중에는 자기만의 속도로 읽어내려갈 수는 있어도 정보를 너무 직접적으로 제시하기 때문에 문학소설이 가지고 있는 미묘한 뉘앙스와 복잡성이 결여되어 있는 경우가 많다. 4장에서 간략하게 설명했던 부분인데, 이런 연유에서 문학소설은 독자로 하여금 타인에 대한 공감능력을 향상시키고, 타인에 대한 정서적 이해를 증진시켜주지만, 통속소설이나 논픽션은 그렇지 못하다.

아동용 TV 프로그램 연구에서도 이와 유사한 결과가 나타났다. 버지니아 대학의 앤젤린 릴라드Angeline Lillard와 제니퍼 페터슨Jennifer Peterson은 만 4세 아동들을 세 집단으로 나누어 한 집단에게는 빠르게 전개되는 TV 만화 〈스폰지밥 네모바지SpongeBob SquarePants〉를 9분 동안 보게 하고, 다른 두 집단에게는 9분간 전개가 느린 TV 만화 〈호야네 집Caillou〉을 보거나 아니면 직접 그림을 그리도록 했다. 그 결과, 전개가 빠른 만화는 아이의 집행기능에 즉각적으로 부정적인 영향을 미친다는 것을 발견했다.[55] 집행기능은 목표 지향 행동, 주의 초점attentional focus, 작업기억, 문제해결, 충동조절, 자기조절, 만족 지연 등을 포함하는 전전두엽피질 처리 과정의 집합을 말한다. 이들은 빠른 전개 그 자체만 지적하는 데서 그치지 않고 '공상적 사건들의 맹공onslaught of fantastical events'도 함께 지적했다. 이것은 새롭고 익숙하지 않은 사건들을 의미한다. 그런 사건을 해석하는 데만 해도 인지 자원에 큰 부담이 가는데, 〈스폰지밥〉처럼 전개가 빠른 프로그램은 아이에게 새로운 정보에 동화할 시간조차 주지 않는다. 이러다 보면 사물에 대해 생각하거나 새로운 아이디어를 쫓아 자신만의 논리적 결론을 이끌어내는 인지 양식이 자리 잡지 못한다.

여러 심리학 연구에서 그렇듯이 여기서도 중요한 절차를 따르지 않았다는 지적이 제기됐다. 첫째, 연구자들은 실험에 들어가기에 앞서 세 집단에 속한 아이들의 주의력 용량을 시험하지 않았다(하지만 무작위 할당 방식은 잘 지켜졌다. 즉, 주의력의 차이가 있었더라도 실험집단들 사이에 균등하게 배분됐으리라는 의미다). 둘째, 〈스폰지밥〉은 만 6~11세 아동을 대상으로 만들어진 만화다.[56] 따라서 이 만화가 만 4세 아동에게 미치는 영향은 그 연령대의 아동에만 국한된 것인지도 모른다. 이 연구에서는 다른 연령대의 아동에 대해서는 살펴보지 않았다. 마지막으로, 이 실험의 참가자들은 대부분 대학 공동체의 상위 중산층 백인들로 구성된 대단히 균질한 집단이었기 때문에 여기서 발견한 내용을 일반화하는 것은 무리다(이런 문제 제기는 심리학 문헌의 거의 모든 실험에서 빠지지 않고 나오며, 릴라드와 페터슨의 연구도 그와 다르지 않았다. 우리가 인간의 행동에 대해 알고 있는 거의 모든 것이 이런 한계를 가지고 있다).

어쨌거나 여기서 얻을 수 있는 흥미로운 잠정적 메시지는 양질의 소설과 문학적인 논픽션을 읽고, 음악을 듣고, 미술품을 감상하고, 춤을 관람하는 등의 행동은 두 가지 바람직한 결론으로 이어질 수 있다는 점이다. 즉, 대인관계에서의 공감능력 향상과 관리자 주의 통제 능력의 향상이다.

인터넷 시대인 오늘날 중요한 것은 특정 사실을 알고 있느냐가 아니라 그 사실을 어디서 찾아봐야 하는지 알고 있느냐, 그리고 거기서 찾은 해답이 과연 타당한지 검증할 방법을 알고 있느냐다. 인터넷에서는 무슨 일이든 허용된다. 음모론자들은 맥도날드에 대해 사회보장제도를 훼손시키고, 진보진영 엘리트들이 손아귀에 권력을 움켜쥐게 하고, 외계인들이 우리 틈에 들어와 있다는 사실을 숨기기 위해 다국적으로 이루어지는 끔찍한 계획의 일부라고 주장한다. 하지만 실제 세계에서 사실은 사실일 뿐이다. 콜럼버스는 1776년이 아니라 1492년에 대양을 항해했다. 붉은 빛은 파란 빛보다 파장이 길다. 아스피린은 소화불량을 일으킬 수 있지만 자폐증을 유발하지는 않는다. 중요한 것은 사실인데, 정보의 원천을 추적하는 일은 점점 쉬워지는 동시에 더욱 어려워지고 있다. 인터넷 이전 시대에는 도서관에 가서 원하는 정보를 찾았다. 도서관에 가도 사실을 확인할 수 있는 자료라고는 저명한 학자가 쓴 백과사전이나 상호심사 학술지 등 손으로 꼽을 수 있을 정도밖에 없었다. 그러나 일단 이런 자료를 통해 검증하고 나면 마음이 놓였다. 오히려 사회 변두리의 의견이나 완전히 잘못된 의견을 접하기가 힘들었다. 하지만 지금은 수천 가지 의견이 넘쳐난다. 그리고 잘못된 의견들을 올바른 의견들만큼이나 많이 접한다. 우리는 자기가 아는 것은 무엇이고, 모르는 것은 무엇인지 확신하기 힘든 시대를 살고 있다. 그렇기 때문에 역사상 그 어느 때보다도 우리 각자가 자신이 접하는 정보를 시험하고 평가하면서 책임지고 검증하는 것이 중요하다. 이것이 바로 우리가 다음 세대에게 가르쳐야 할 기술이다. 명쾌하고, 완벽하고, 비판적이고, 창의적으로 생각하는 능력 말이다.

09

그 외 모든 것의 정리

잡동사니 서랍의 힘

많은 사람에게 정리란 "모든 것이 자기가 있어야 할 자리에 있는 것"을 의미한다. 이것은 가정과 사무실에서 파일, 도구, 물건 등을 정리할 때 아주 중요한 원칙이다. 정리를 위한 시스템이나 기반 시설에서 정확한 범주에 속하지 못하고 빠진 것들을 위한 애매한 범주를 허용하는 것도 마찬가지로 중요하다. 파일 시스템의 기타 폴더, 부엌의 잡동사니 서랍이 여기에 해당한다. 더글러스 메릴의 말처럼 정리는 우리에게 조금 덜 정리되어 있을 수 있는 자유를 준다.[1] 미국의 전형적인 부엌 잡동사니 서랍에는 볼펜, 성냥, 종잇조각, 망치, 젓가락, 줄자, 벽걸이 등이 들어 있다. 잡동사니 서랍을 정당화해주는 설계상의 제약이 존재한다. 젓가락을 넣을 서랍이나 성냥을 넣을 서랍을 따로 만들겠다고 부엌 인테리어를 다시 할 수는 없는 노릇 아닌가. 잡동사니 서랍은 정리할 시간이 날 때까지 물건들을 임시로 넣어두는 장소이거나, 넣어둘 만한 더 나은 장소가 없는 물건을 위한 장소다. 때로는 뒤죽박죽인 것처럼 보이더라도 구태여 정리할 필요가 없을 때도 있다. 덤불처럼 얽히고설킨 물건들 속에서 어떤 정돈된 모습을 찾아낼 수만 있다면 말이다.

이 책 전반에서 강조했듯, 정리의 가장 기본적인 원칙, 무언가를 잊어버리거나 잃어버리지 않게 하는 가장 결정적인 원칙은 바로 이것이다. 정리의 부담을 뇌에서 바깥세상으로 넘겨라. 이런 과정의 일부 혹은 전부를 뇌에서 물리적 세계로 떠넘길 수 있다면 실수할 가능성이 그만큼 줄어든다. 하지만 정리된 마음은 당신이 그저 실수를 피하는 것 이상의 일을 하게 해준다. 정리된 마음은 당신이 그렇지 않았다면 상상하지도 못했을 일을 하고, 상상하지 못했던 곳에 갈 수 있게 해준다. 꼭 무언가를 적어놓거나 외부 매체에 기록해놓는 것만 정보의 외부화가 아니다. 이미 당신을 위해 정보 외부화가 이루어진 경우가 많다. 당신은 그저 그 신호를 어떻게 읽어야 하는지만 알면 된다.

미국의 주간고속도로 번호를 예로 들어보자. 얼핏 보기에는 이 번호가 뒤죽박죽인 것 같지만, 사실 이것은 상당히 정돈된 시스템이다. 이 시스템은 아이젠하워 대통령이 발의해 1956년 건설이 시작됐다. 오늘날 이 고속도로는 거의 8만 km의 도로로 구성되어 있다.[2] 주간고속도로 번호는 아주 간단한 규칙을 따른다. 이 규칙을 알면 자기가 어디 있는지 알 수 있다. 오히려 길을 잃기가 더 어려울 것이다. 이 규칙이 당신의 기억에서 정보를 덜어내 바깥세상의 시스템으로 넘겨주기 때문이다. 다른 말로 하면 5번 고속도로는 남북으로 나 있고, 20번 고속도로는 미국 남부에서 동서로 나 있다는 등 임의적으로 붙인 것 같은 번호들을 일일이 기억할 필요가 없다는 말이다. 대신 모든 번호에 적용되는 일련의 규칙만 알면 고속도로 번호만 봐도 당신은 그 도로가 어디로 이어질지 알 수 있다.

1. 100보다 작은 한 자리 번호와 두 자리 번호(1, 5, 70, 93 등)는 주의 경계를 가로지르는 주요 고속도로를 의미한다.

2. 짝수는 동과 서로 이어지는 고속도로고, 홀수는 남과 북으로 이어지는 고속도로다.

3. 남쪽에서 북쪽으로 갈수록 짝수가 커지고, 서쪽에서 동쪽으로 갈수록 홀수가 커진다.[3]

4. 5의 배수인 고속도로 번호는 장거리에 걸쳐 펼쳐진 주요 간선도로다. 예를 들어, I-5는 캐나다와 멕시코 사이를 남북으로 잇는 가장 서쪽에 있는 주요 간선도로다. I-10은 캘리포니아와 플로리다를 동서로 잇는 가장 남쪽에 있는 주요 간선도로며, I-90은 워싱턴 주와 뉴욕 주를 동서로 잇는 가장 북쪽에 있는 주요 간선도로다.

5. 세 자리 번호는 한 도시의 내부나 그 주변으로 이어진 순환도로, 보조도로, 보충도로를 의미한다. 첫 번째 자릿수가 짝수면 이것은 도시 내부나 주변으로 이어지는 도로 중 주요 도로에서 갈라져 나왔다가 결국 다시 합쳐지는 도로다. 첫 번째 자릿수가 홀수면 도시로 들어가거나 도시를 빠져나오고 주요 도로와 다시 합쳐지지 않는 지선도로다(길을 잃을까 봐 걱정된다면 첫 번째 자릿수가 짝수인 보조도로를 선택하는 것이 더 안전하다). 일반적으로 두 번째와 세 번째 자릿수는 세 자리 번호로 된 고속도로가 담당하는 주요 주간도로를 지칭한다.

예를 들어, 당신이 북부 캘리포니아에 있고 I-580이라는 도로를 달리고 있다고 해보자. 그럼 다음과 같은 사실을 추론할 수 있다.

이 길은 I-80 도로의 보조도로다.

이 길은 동서로 이어져 있다(짝수).

이 길은 도시로 들어가는 지선도로이고(첫 번째 자릿수가 홀수), I-80과 다시 합류하지 않는다.

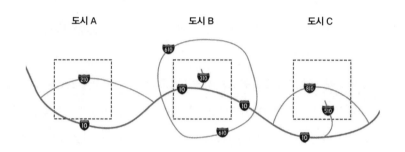

뉴욕 주에서 I-87은 남북으로 이어지는 주요 고속도로다.[4] 이 값은 5의 배수가 아니므로 근처에서 나란히 달리는 I-95 고속도로처럼 주요 간선도로가 아니다. 위쪽 올버니 근처에서 I-87은 I-787과 합류한다. I-787은 I-87에서 갈라져 나와 직접 도시로 이어진다. 이 규칙들은 기억하기가 살짝 어렵지만 논리적으로 구조화되어 있고, 미국 내 서로 다른 모든 고속도로의 방향과 특성을 암기하는 것보다는 훨씬 쉽다.

원소 주기율표는 세상에 잠재되어 있는 어떤 관계와 규칙성을 겉으로 드러내 보여준다.[5] 주기율표가 없었다면 이런 것들을 그냥 놓치고 지나갔을지도 모른다. 원소들은 왼쪽에서 오른쪽으로 원자번호(원자핵에 들어 있는 양성자의 숫자)가 점점 올라가는 순서로 나열되어 있다. 가장 바깥 부분의 껍질에 들어 있는 전자의 숫자로 결정되는 핵전하nuclear charge가 같은 원소는 같은 세로줄에 나타나고 속성도 비슷하다. 위에서 아래로 갈수록 전자껍질electron shell의 수는 증가한다. 가로줄을 따라 왼쪽에서 오른쪽으로 움직이면서 각각의 원소마다 양성자와 전자가 하나씩 추가되고, 금속의 성질이 줄어든다.

물리적 속성이 비슷한 원소는 함께 모여 있는 경향이 있어서 금속은 왼쪽 아래, 비금속은 오른쪽 위에 모인다. 그 중간 속성을 가진 원소(예컨대 반도체)는 그사이에 위치한다.[6]

주기율표를 구성하다가 나온, 예측하지 못한 흥미로운 결과가 있다. 과학자들이 이 도표 안에 원소들을 위치시키다 보니 원소가 분명 존재해야 할 칸인데 비어 있는 경우들을 발견한 것이다. 즉 왼쪽 칸의 원소보다는 양성자가 하나 더 많고, 오른쪽의 원소보다는 양성자가 하나 적은 원소가 그 칸에 들어가야 하는데 알려진 원소들 중에는 그런 성질과 맞아떨어지는 원소가 없었다. 그래서 과학자들은 빠져 있는 원소를 찾아 나섰고, 결국 자연계에서든, 연구실 합성을 통해서든 이 원소들을 모두 찾아냈다.

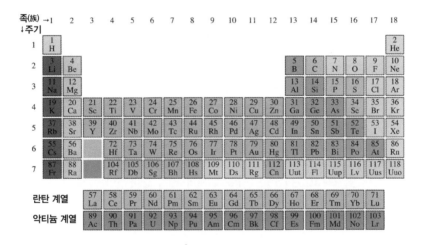

주기율표의 탁월한 분류와 정리 원칙을 실생활에 적용하는 것은 쉽지 않지만, 시도해볼 만한 가치는 충분하다. 다소 일상적인 상황에서라도 말이다. 잠금장치, 금형, 너트와 볼트 등을 너비와 폭의 2차원 진열대에 정돈하는 공구 가게에선 항목이 빠져 있는 칸을 쉽게 찾아낼 수 있다. 체계적으로 정리해놓으면 자리를 잘못 찾은 항목도 쉽게 알아볼 수 있다.

정보 외부화의 기본 원칙은 보편적으로 적용된다. 예전에 비행기에는 아주 똑같이 생긴 두 개의 조종장치가 있었는데, 하나는 플랩조종장치(플랩은 비행기 이착륙 시 양력을 증대하기 위해 날개 뒷가장자리나 앞가장자리를 꺾어서 굽히게 만든 보조 날개다 – 옮긴이), 다른 하나는 착륙조종장치로 그 기능이 서로 달랐다. 하지만 일련의 사고가 일어난 뒤 인간공학 연구자들이 두 조종장치의 작동 정보를 외부화하자는 아이디어를 들고 나왔다. 그래서 플랩조종장치는 작은 플랩 모양으로, 착륙조종장치는 착륙장치 모양으로 둥글게 만들었다. 어느 것이 어느 조종장치인지 조종사의 기억력에 의존하기보다는 조종장치 자체가 자신의 용도를 알리도록 만들어놓은 것이다. 그 결과, 조종사들의 실수가 훨씬 줄어들었다.

정보를 외부화할 수 없을 때는 무슨 일이 일어날까? 예를 들어, 새로운 사람들을 만날 때는? 분명 사람의 이름을 더 잘 기억할 수 있는 방법이 있다. 누군가를 만나서 정말 재미있게 대화를 나누고, 눈길도 여러 번 교환하고, 개인적인 비밀까지도 털어놓았는데 나중에 보니 정작 그 사람의 이름이 기억이 나지 않아 당황스러울 때가 있었을 것이다. 이런 상황에서 이름을 물어보자니 민망하고, 다음에는 어떻게 해야 할지 몰라 소심하게 그 자리를 벗어나기도 한다.

이름을 기억하기가 왜 그리 어려울까? 기억의 작동방식 때문이다. 우리는 주의를 기울여야만 새로운 정보를 부호화할 수 있다. 그리고 우리는 무언가 새로 등장한 순간, 거기에 늘 주의를 기울이고 있지는 않다. 새로운 사람을 만나는 그 순간에 우리는 대부분 자기가 그 사람에게 어떤 인상을 줄지 생각하느라 정신이 없다. 내가 옷은 제대로 차려입었는지, 입 냄새가 나지는 않는지 걱정하고, 그 사람이 나를 어떻게 판단하고 있는지 궁금해서 그 사람의 보디랭귀지를 읽느라 여념이 없다. 이러다 보면 이름 같은 새로운 정보를 부호화하기가 불가능하다. 자신감이 넘치고 과제 지향적인 사람이라면 누군가 새로운 사람을 만났을 때 이런 생각이 떠오를지도 모른다. "이 사람은 누구지? 내가 이 대화에서 얻을 수 있는 중요한 정보는 뭘까?" 내면의 모든 대화가 이 모든 것에 정신 팔려 있다 보니 이름이 나온 그 짧은 500밀리초의 순간에 미처 주의를 기울이지 못하는 것이다.

이름을 외우려면 당신은 자신에게 상대방의 이름을 부호화할 시간을 내주어야 한다. 보통 5초 정도면 적당하다. 조용하게 속으로 상대방의 이름을 여러 번 반복해서 불러본다. 그렇게 하는 동안에는 그 사람의 얼굴을 쳐다보면서 이름과 얼굴을 연관 짓는 데 집중한다. 그 이름이 당신이 예전에 한 번 정도는 들어봤음 직한 흔한 이름이라면, 이름 자체를 새로 외울 필요 없이 그냥 익숙한 이름과 새로운 얼굴을 서로 연관 짓기만 하면 된다.[7] 운이 좋다면 그 사람의 얼굴을 보고 그 이름을 가진 다른 사람이 떠오를 수도 있다. 얼굴 전체는 아니어도 어떤 특성만큼은 그런 것이 있을 것이다. 지금 새로 만난 이 개리라는 사람은 또 다른 친구 개리와 눈매가 비슷할지도 모르고, 새로 만난 이 알리사는 고등학교 친구 알리사처럼 광대뼈가 튀어나와 있을지도 모른다. 이런 연관을 지을 수 없다면 같은 이름을 가진 아는 사람을 현재 만나고 있는 사람의 얼굴 위에 겹쳐놓아본다. 이렇게 하면 이름을 외우는 데 도움이 된다.

그 사람이 자기 이름을 말하고는 아무 말도 없다면? 침묵 속에 있기에 5초는 무척 긴 시간이다. 이런 경우에는 그 사람에게 고향은 어디인지, 하는 일은 무엇인지 등을 물어보자. 하지만 사실 이런 질문은 궁금해서 던지는 것이 아니다. 그 사람의 이름을 부호화할 시간을 벌려는 행동일 뿐이다(걱정

마라. 이런 부수적인 정보들도 보통은 함께 부호화된다).

한 번도 들어보지 못한 이름을 가진 사람을 만나면 그냥 상황이 살짝만 더 복잡해질 뿐이다. 핵심은 부호화하는 시간이다. 그 사람에게 이름의 정확한 철자를 물어본 다음, 다시 자기가 직접 철자를 말해서 상대방에게 확인하고, 그 이름을 다시 불러본다. 이런 과정에서 당신은 그 이름을 여러 번 반복하면서 소중한 되뇌기 시간을 얻을 수 있다. 그와 동시에 마음속에 그 이름을 떠올리게 해줄 무언가를 생생한 그림으로 그리고 그 그림 속에 그 사람을 등장시켜본다. 예를 들어, 만약 아디엘Adiel('a deal'과 발음이 같다)이란 사람을 만났다면 〈렛츠 메이크 어 딜Let's Make a Deal〉이란 오래된 TV 쇼가 떠오를지도 모른다. 부호화하는 5초 동안에(쇼 무대를 머릿속에 그리며 속으로 '아디엘, 아디엘, 아디엘, 아디엘'이라고 말하는 동안에) 아디엘이 이 게임 쇼에 참가자로 나선 장면을 상상한다면 나중에 그를 기억해내기가 더 쉬워질 것이다. 생뚱맞은 방법이긴 하지만 분명 효과는 있다. 당신이 만들어내는 정신적 이미지가 우스꽝스럽거나 별날수록 이름은 더 잘 기억된다. 일단 이름을 외우고 나면 자주 사용해서 사용 빈도를 늘려야 한다. 파티에 참석했다면 새로 만난 지인을 다른 사람에게 소개하면서 그 이름을 연습할 기회를 더 많이 만들어낸다. 그 사람과 대화할 때 문장 앞에 그 이름을 부르며 시작하는 것도 좋다.

정보를 외부화하면 마음이 정돈되고 더욱 창의적이 될 수 있다. 과학과 문화의 역사를 보면 위대한 과학적, 예술적 발견 중 상당수가 당시에 하고 있던 일이 아닌 딴 생각을 하다가 무의식적으로 문득 이루어졌다. 백일몽 모드가 문제를 대신 풀어준 것이다. 그리고 그 해답은 번쩍이듯 갑작스러운 통찰을 통해 찾아왔다. 존 레논은 한 인터뷰에서 〈노웨어 맨Nowhere Man〉이라는 곡을 쓰게 된 배경을 얘기했다. 무언가 생각해내려고 다섯 시간이나 작업했지만, 그는 결국 포기하고 말았다. "그런데 그 순간 이 노래가 떠올랐어요. 가사와 음이 막힘없이 그냥 술술 나왔어요."[8] 제임스 왓슨James Watson이 DNA의 구조를 발견한 것도, 일라이어스 하우Elias Howe가 자동재봉틀을 발명한 것도 모두 꿈에서 이루어졌다. 살바토르 달리, 폴 매카트니, 빌리 조엘 등도 그들의 가장 사랑받는 작품 중 일부는 꿈에서 영감을 받았다.[9] 모차르트, 아인슈타인, 워즈워스 등도 자신의 창조적 과정을 설명할 때 통찰을 뒷받침해준 백일몽 모드의 역할을 강조했다. 세 권으로 이루어진 니체의 《차라투스트라는 이렇게 말했다Thus Spake Zarathustra》는 열흘씩 따로 세 번에 걸쳐 폭발적으로 일어난 영감을 통해 쓰인 작품이다.[10] 퓰리처상을 수상한 소설가 메릴린 로빈슨Marilynne Robinson은 이렇게 말했다. "모든 작가는 소설의 아이디어가 대체 어디서 오는 것일까 궁금해한다. 최고의 아이디어들은 종종 상상력의 가뭄 이후에 갑자기 나타난다. 그리고 신기하게도 이렇게 찾아오는 것들은 정말 좋은 아이디어들이어서 의식적으로 쥐어짜낸 부자연스러운 아이디어보다 훨씬 낫다.[11]"

수많은 예술가와 과학자는 이렇게 좋은 아이디어가 대체 어디서 오는지 모르겠다며, 그럴 때면 자기가 마치 아이디어를 그냥 옮겨 적는 복사기가 된 듯한 기분이 든다고 했다. 하이든은 자신의 오라토리오인 〈천지창조The Creation〉가 처음 공연되는 것을 듣고 여러 번 눈물을 터트리며 이렇게 말했다. "이 곡은 내가 쓴 게 아니야."[12] 시소를 타는 두 가지 주의 모드 중 서구 문화에서는 중앙관리자 모드를 너무 중시한 나머지 백일몽 모드를 등한시했다. 중앙관리자 모드의 문제해결 접근방식은 종종 진단적이고 분석적이며 참을성이 없는 반면, 백일몽 모드의 접근방식은 장난기 많고, 직관적이고, 느긋하다.[13]

둘러보다 우연히 마주치게 되는 기쁨

마이크로소프트의 수석연구원 말콤 슬래니와 케임브리지대학 교수 제이슨 렌트프로는 서류, 우편물 등의 복사본을 실물로 보관하고, 철하고, 분류하는 행동 등을 생략할 수 있다고 주장했다(7장). 컴퓨터에 기반한 디지털 문서 보관이 저장 공간 측면에서도 훨씬 효율적이고, 일반적으로 검색 속도도 훨씬 빠르다.

하지만 실물을 다룰 때 비로소 위로와 만족을 느끼는 사람들이 아직도 많다. 기억은 다차원적이고, 사물에 대한 우리의 기억 또한 다중의 속성을 기반으로 한다. 실물 파일폴더에 얽힌 경험을 돌이켜보자. 당신에게는 낡은 파일폴더가 하나 있을지 모르겠다. 그 파일폴더는 왠지 다른 것과는 달라 보이고, 그것을 볼 때면 그 안의 내용물이나 그 위에 적힌 것과는 별도로 또 다른 기억이 떠오른다. 실물은 컴퓨터 파일들과는 달리 똑같이 생긴 것도 똑같지 않게 느껴지는 무언가가 있다. 반면 컴퓨터 파일의 모든 비트는 평등하다.[14] 당신의 컴퓨터는 잡동사니 이메일을 만들어내는 것과 똑같은 0과 1로 구스타프 말러의 5번 교향곡의 숭고한 아름다움, 모네의 〈수련〉, 혹은 순록 뿔을 쓰고 있는 보스턴테리어 강아지의 동영상을 만들어낸다. 매체 그 자체에는 그 안에 담길 메시지에 대한 단서가 아무것도 들어 있지 않다. 그렇다 보니 이런 메시지, 혹은 일례로 지금 이 문단의 디지털 파일을 아무리 들여다봐도 그 0과 1들이 그림을 나타내는지, 글이나 음악을 나타내는지 알아낼 도리가 없다. 그래서 정보와 의미가 분리된다.[15]

우리에게 큰 도움이 된 만족스러운 실물 세계의 경험을 흉내 내줄 만한 시스템이 컴퓨터 세계에는 없다. 10년도 전에 소프트웨어 애플리케이션들은 자기의 파일과 폴더 아이콘을 개인 맞춤할 수 있게 해주었지만, 이 아이디어는 전혀 인기를 얻지 못했다. 아무래도 실물 폴더도 존재하지 않고, 실물에서 느껴지는 미묘한 다양성도 느껴지지 않는 탓에 컴퓨터 아이콘이 여전히 너무 이질적이거나 우스꽝스러워 보였기 때문일 것이다. 이것이 나이든 사람들이 MP3 파일에 반감을 갖는 이유 중 하나다. 모두 똑같아 보이기 때문이다. 이름 말고는 곡을 구별해주는 것이 아무것도 없다. LP판이나 CD는 색이나 크기 등 그 안에 들어 있는 것이 무엇인지 떠올리게 해주는 추가 단서를 갖고 있다. 애플은 이런 부분을 도우려고 앨범아트를 도입했지만, 여전히 많은 사람이 그래 봤자 실물을 갖고 있는 것과는 다르다고 느낀다. 절차적 측면과 인지적 측면에서 우리는 검색 용이성을 선택할 것이냐(디지털 파일), 본래 인간이 이용하도록 진화되어온 시각적, 촉각적 단서들이 포함된 본능적이고 심미적으로 만족스러운 행동을 선택할 것이냐의 기로에 서 있다. 기술 관련 저자 니컬러스 카Nicholas Carr는 이렇게 말했다. "중요한 것은 매체다. 하나의 기술로 보면 책은 우리의 주의를 집중시키고, 일상의 삶을 채우는 수많은 산만함으로부터 우리를 격리시켜준다. 하지만 네트워크로 연결된 컴퓨터는 그와 정반대로 작동한다."[16] 빠르다고 늘 바람직한 것은 아니다. 그리고 자기가 원하는 것을 곧바로 얻을 수 있다고 해서 늘 좋기만 한 것도 아니다.

이 모든 것에는 아주 독특한 아이러니가 있다. 규모가 작은 도서관이 큰 도서관보다 훨씬 쓸모 있다. 미국 의회도서관에는 출판된 모든 책이 한 권씩 보관되어 있지만, 그중에서 당신이 있는 줄도 몰랐던 책을 우연히 찾아내고 기뻐하게 될 가능성은 무척 낮다. 책이 너무 많기 때문이다. 도서관 사서가 관리하는 소규모 도서관은 어떤 책을 들여놓을지 꼼꼼하게 선택한다. 당신이 그곳에서 어떤 책을 한 권 찾아내면 같은 선반에서 당신의 흥미를 끌 또 다른 책을 찾을 수도 있고, 아니면 그 책과는 상관없는 엉뚱한 곳에서 우연히 어떤 책 제목에 시선이 끌려 책을 뒤져보기 시작할 수도 있다. 미국

의회도서관에서 이런 식으로 책을 둘러보는 사람은 없다. 너무 방대하고, 너무 완벽하게 갖추어져 있기 때문이다. 오거스터스 드 모르간Augustus De Morgan은 대영박물관 도서관에 대해 이렇게 말했다. "원하는 작품이 있으면 이곳에서 신청할 수 있습니다. 하지만 자기가 아는 작품이라야 합니다." 그런데 어느 작품이 거기에 있는지 알 확률이 얼마나 되겠는가? 작디작은 확률이다. 역사가 제임스 글릭James Gleick은 이렇게 지적했다. "정보가 너무 많다는 것은 그중 상당 부분을 잃어버렸다는 의미다."[17]

요즘에는 친구들이 모아놓은 컬렉션을 둘러보다가 자기가 좋아하는 음악이나 책을 찾았다는 사람이 많다. 당신이 하늘에 설치된 거대한 주크박스의 룰렛을 돌려서 구름 속에 존재하는 수백만 곡의 노래나 책에서 무작위로 하나를 고른다면 좋아하는 것을 만날 가능성은 그리 높지 않다.

글릭은 자신의 책《정보The Information》에서 이렇게 말했다. "이런 종류의 경고에는 모종의 진한 향수가 배어 있고, 그와 함께 부정할 수 없는 진실이 담겨 있다. 지식을 추구하는 데 있어서는 느린 것이 오히려 더 나을 수 있다는 것이다. 퀴퀴한 냄새가 나는 도서관을 빼곡히 채운 책들 속을 탐험하는 것은 그 자체로 어떤 보람이 있다. 오래된 책들을 들추어보고 읽는 것은 데이터 검색에서는 얻을 수 없는 정신적 자양분을 준다." 글릭의 이 인용문은 여기에 딱 들어맞는 사례다. 나는 어반대학 도서관에서 전혀 다른 책을 찾고 있다가 글릭의 책이 시선을 끄는 바람에 이 글을 접하게 됐다. 과학계에서는 애써 찾은 자료는 너무 지루한 데다 별 쓸모도 없고, 오히려 그 과정에서 우연히 시선을 끈 자료를 통해 얻은 아이디어가 활력을 불어넣는 경우가 많다. 요즘 학생들은 낡은 학술지를 뒤적거리다 만나게 되는 뜻밖의 발견의 즐거움을 모른다. 찾는 자료가 있어서 별 관련 없는 글들을 뒤지다 보면, 자기의 뇌가 어떤 흥미로운 그래프나 제목에 이끌리고 있음을 발견할 때가 있다. 요즘에는 자기가 원하는 학술지 논문 제목을 입력하면 컴퓨터가 정확하게 찾아준다. 이런 방식이 효율적인 것만큼은 사실이다. 하지만 영감을 불어넣고, 잠들어 있던 창조적 잠재력을 일깨워주는 부분에 있어서만큼은 고개를 갸웃거리게 된다.

어떤 컴퓨터공학자들은 이런 점을 파악하고 이를 해결하기 위한 단계를 밟았다. 스텀블어폰StumbleUpon(우연히 마주친다는 의미 – 옮긴이)은 패턴과 흥미, 취향이 비슷한 다른 사용자의 추천을 통해 새로운 웹사이트, 사진, 동영상, 음악 등의 콘텐츠를 발견할 수 있게 해주는 몇몇 웹사이트 중 하나다. 일종의 협력 필터링이다. 위키피디아에는 '랜덤 아티클random-article(무작위 자료)' 버튼이 있고, 무드 로직Mood-Logic 음악 추천 서비스에는 '서프라이즈 미surprise-me' 버튼이 있다. 하지만 이런 것들은 범위가 너무 광범위하고, 지각과 인지를 갖춘 사람이 자료에 도입해놓은 정리 시스템을 따르지도 않는다. 우리가 학술지에서 우연히 흥미로운 논문을 찾아내면, 그것은 보통 자기가 찾고 있던 논문과 가까이 붙어 있던 논문인 경우가 많다. 학술지 편집자가 그 두 논문이 어떤 차원에서는 서로 유사하고, 폭넓은 관련이 있다고 생각해서 함께 묶어놓았기 때문이다. 도서관에서는 듀이 10진 분류 시스템이나 미국의회도서관 시스템에 따라 주제가 겹치는 서적끼리 한 구역에 모아놓는다. 북미 지역의 소규모 도서관 사서들은 현재 '듀이 분류법의 수정판'을 실험하고 있다. 도서관 이용자들이 카드 카탈로그를 뒤지거나 온라인 검색 엔진을 사용하는 대신 도서관의 이곳저곳을 돌아다니며 책을 살펴볼 수 있게 진열하려는 시도다. 지금까지 등장한 전자 시스템의 우연한 발견 버튼serendipity button은 한정되는 부분이 너무 없어서 도움이 되지 않았다. 위키피디아는 당신이 과거에 둘러보았던 주제를 알 수 있고, 또 알아야 한다. 그래야 랜덤 아티클 버튼을 눌렀을 때 적어도 넓은 의미에서는 당신의 관심사

안에 들어 있는 자료가 배달된다. 하지만 위키피디아는 모든 주제를 똑같이 취급한다. 그렇다 보니 당신이 마다가스카르 남부의 작은 강으로 흘러드는 지류에 대한 자료를 받아볼 가능성이나 전전두엽피질과 관련된 자료를 받아볼 가능성은 똑같다.

모든 것이 디지털화되고 정보가 무료화되면서 잃어버린 또 한 가지는 수집품을 감상할 수 있는 기회다. 얼마 전까지만 해도 누군가가 수집한 뮤직 라이브러리는 동경의 대상이자 부러움의 대상이었다. 그리고 그 수집품의 소유자에 대해 무언가를 알 수 있는 방법이기도 했다. 레코드 앨범은 하나씩 사서 모아야 했고, 가격이 비교적 비싼 편인 데다가 공간도 차지했기 때문에 음악 애호가들은 깊이 생각하고 계획을 세워가면서 세심하게 뮤직 라이브러리를 구축했다. 더욱 세심한 소비자가 되기 위해 음악가들에 대해서도 많이 공부했다. 선택의 실수는 곧 지출로 이어지기 때문에 쓸모없는 작품을 사들이는 일이 없도록 꼼꼼하게 챙겼다. 고등학생이나 대학생들은 새로 사귄 친구가 모아놓은 레코드 앨범들을 보면서 친구의 음악적 취향을 엿보고, 그 친구가 이런 음악 작품을 수집하기까지 걸어왔을 음악적 경로를 되새겨볼 수 있었다. 이제 우리는 듣도 보도 못한 노래들을 다운로드 받는다. 그렇게 받은 곡이 어쩌다 무작위 재생에서 흘러나왔을 때 썩 마음에 들지 않는 경우가 많다. 하지만 이런 실수를 해도 그에 따르는 비용은 무시할 수 있을 정도다. 글릭은 이 쟁점을 이런 식으로 개념화했다. 한때는 누군가가 소유하는 것과 소유하지 않는 것 사이에 선이 존재했다. 하지만 이제 이런 구분은 더 이상 존재하지 않는다. 지금까지 녹음된 모든 곡의 모든 버전, 녹음에서 삭제된 모든 부분, 모든 미묘한 변주곡까지 전부 입수 가능한 상황이 되면서 습득의 문제는 그 중요성이 사라지고, 선택은 필수불가결한 문제가 되어버린다. 어떤 곡을 들을지 어떻게 결정할 수 있단 말인가? 물론 이것은 음악에만 국한된 문제가 아니다. 어떤 영화를 볼 것이며, 어떤 책을 읽고, 어떤 뉴스를 받아볼 것인가? 21세기의 정보 문제는 바로 선택의 문제가 됐다.

이런 상황에서 선택 전략은 딱 두 가지가 존재한다. 검색과 걸러내기 filtering다. 좀 더 깐깐하게 생각하면 이 두 가지를 합쳐서 걸러내기라는 하나의 전략으로 생각할 수도 있다. 그리고 여기서 유일한 변수는 누가 걸러내기를 할 것인가 하는 부분이다. 당신이 걸러낼 것인가, 다른 누군가가 걸러낼 것인가. 무언가를 검색할 때는 먼저 자기가 원하는 것이 무엇인지 생각한 다음에 그것을 찾으러 나간다. 인터넷 시대에 '나간다는 것'은 그저 침대에 등을 기대고 앉아 노트북 키보드를 두드리는 것 이상의 의미인지도 모른다. 당신은 실제로 자신이 바라는 것을 찾기 위해 디지털 세계로 나간다(컴퓨터과학자들은 이것을 끌어당겨온다고 표현한다. 인터넷으로부터 정보를 끌어당기고 있기 때문이다. 반대로 인터넷이 자동으로 당신에게 정보를 보내는 것은 밀어낸다고 표현한다). 당신과 당신이 사용하는 검색엔진은 결과를 걸러내고 우선순위에 따라 정렬한다. 그리고 이 과정이 잘 풀리면 당신은 자기가 원하던 것을 즉각적으로 얻는다. 우리는 이런 결과를 가상으로든 실물로든 굳이 복사해서 보관하려고 들지 않는다. 필요하면 언제나 다시 찾아낼 수 있음을 알기 때문이다. 여기에는 정리도, 수집도, 뜻밖의 우연한 발견도 없다.

이것이 디지털 정리의 단점이다. 그리고 그 때문에 백일몽의 기회가 그 어느 때보다 더 중요해진 것인지도 모른다. 아인슈타인은 이렇게 말했다. "위대한 과학자는 위대한 예술가이기도 하다."[18] 아인슈타인 자신의 창의력도 백일몽, 직관, 영감 이후에 찾아온 갑작스러운 통찰이었다. 그는 이렇게 말했다. "나 자신과 내 사고방식을 생각해보면, 절대적 지식을 흡수하는 데 있어서 상상력이라는 재능이 다른 그 어떤 재능보다도 내게 큰 의미가 있다는 결론에 이르게 된다. 과학의 모든 위대한 업적은 분명 직관적 지식에서 시작된다. 나는 직관과 영감을 믿는다. 때때로 나는 이유도 모른 채 내가 옳다는 확신을 느낄 때가 있다." 아인슈타인에게 있어서 창의력의 중요성은 그의 모토 안에 집약되어 있다. "상상력은 지식보다 훨씬 중요하다."

암, 집단학살, 탄압, 가난, 폭력, 자원과 부 분배의 불평등, 기후 변화 등 세계의 수많은 문제들을 해결하려면 위대한 창의력이 필요하다. 비선형적 사고와 백일몽 모드의 가치를 인식한 미국 국립암연구소NCI에서는 2012년 며칠에 걸쳐 콜드 스프링 하버에서 예술가, 과학자 및 기타 창의적인 사람들과 함께하는 브레인스토밍을 후원했다. NCI에서는 수십 년간 수십억 달러의 돈을 투자해 연구를 진행했으나 암 치료법 개발은 아직도 요원하다는 것을 인정했다. 이들은 암 연구에 대한 지식이나 전문성이 없는 사람들을 선별해서 전 세계의 선도적 암 연구자들과 짝을 지어주었다. 브레인스토밍에서는 비전문가들에게 아무리 황당한 것이라도 좋으니 아이디어를 제시해보라고 요청했다. 그렇게 나온 아이디어 중 몇 가지는 전문가들이 보기에도 대단히 탁월했는데, 현재 그 아이디어를 적용하기 위한 협동 작업이 진행 중이다.

아인슈타인의 경우와 마찬가지로 NCI가 보여준 창의력의 핵심은 비선형적이고 창의적인 사고방식을 이성적이고 선형적인 사고방식과 결합해서 가장 활기차면서도 최대한 엄격한 방식으로 실행에 옮겼다는 점이다. 인간의 꿈이 방대한 컴퓨터 자원과 짝을 이룬 것이다. 최근 인텔의 CEO에서 은퇴한 폴 오텔리니Paul Otellini는 이렇게 얘기했다. "내가 인텔에 들어갔을 때만 해도 컴퓨터가 우리 삶의 모든 측면을 뒤바꿔놓으리라는 가능성은 한낱 과학적 공상에 불과했다. 기술이 우리 문제를 해결할 수 있을까? 컴퓨터산업의 가공할 성장을 특징적으로 보여주는 방정식인 무어의 법칙Moore's law(마이크로칩의 밀도가 18개월마다 두 배로 늘어난다는 경험적 법칙 – 옮긴이)이 다른 산업에도 적용된다면 세상이 어떻게 변할지 생각해보라. 자동차산업을 예로 들어보자. 그럼 언젠가는 자동차가 휘발유 1리터로 200km를 달리고, 시속 50만 km로 달리고, 롤스로이스 자동차도 어디 가서 주차비를 내느니 그냥 버리는 것이 더 싼 날이 올 것이다. 얼마 전까지만 해도 공상과학소설처럼 보이던 이런 일들을 기술이 이뤄내는 모습을 우리는 이미 목격하고 있다. UPS 트럭은 기능 장애가 발생하기 전에 미리 감지하는 센서를 장착하고 있다. 한때는 개인의 유전자 서열을 분석하는 데 10만 달러가 들었지만, 이제는 1,000달러도 안 든다. 그리고 머지않아 인간의 두뇌와 맞먹는 1조 개의 뉴런이 하나의 컴퓨터 칩에 들어갈 것이다. 기술이 우리의 문제를 해결할 수 있을까? 기술을 창조하는 매력적이고, 똑똑하고, 호기심 많은 다양한 사람은 아마도 그렇게 생각하는 듯하다.[19]"

예술, 기술, 과학이 혼자 문제를 해결할 수 없을 때는 이 세 가지를 결합하는 것이 아마도 가장 강력할 해결책일 것이다. 적절히 인도된다는 전제만 붙는다면, 범지구적 난제를 해결하는 기술적 능력이 지금처럼 높았던 적은 없다. 내가 이해한 오텔리니의 메시지는 우리가 현재로서는 상상할 수도 없는 보상을 향해 나아가고 있다는 것이다.

나는 몇 년 전에《잡동사니 서랍이 말해주는 당신의 이야기What Your Junk Drawer Says about You》라는 책을 써볼까 하는 생각에 수십 명의 잡동사니 서랍을 열어보았다. 홍보 전문가, 작가, 작곡가, 변호사, 동기부여 연설가, 전업주부, 교사, 기술자, 과학자, 예술가 등이 그 대상이었다. 나는 이들에게 서랍을 연 상태에서 사진을 찍고, 그다음에는 내용물을 모두 꺼내서 비슷한 것들끼리 모아 책상 위에 배열해달라고 부탁했다. 그리고 물건들을 정리하고 재분류해서 다시 한 번 사진을 찍고, 마지막으로 다시 서랍에 집어넣어달라고 했다. 이런 과정을 거쳐 잡동사니 서랍은 훨씬 깔끔하고 잘 정돈된 상태가 됐다.

나는 내 잡동사니 서랍에도 똑같은 일을 해보았다. 잡동사니들을 세심하게 항목별로 구분하다 보니 문득 이런 생각이 들었다. 이 잡동사니 서랍이야말로 우리 삶의 방식을 보여주는 완벽한 비유가 아닐까? 내가 어쩌다가 옛 친구의 쇼핑목록 메모장과 이모할머니 임대아파트의 고장난 문손잡이까지 모으게 됐지? 대체 내가 왜 가위 다섯 개, 망치 세 개, 목걸이 여분 두 개를 비축해야겠다고 생각했을까? 내가 감기약 나이퀼^{NyQuil}을 멍키스패너 옆에 놓아두기로 결정하면서 토마스 괴츠^{Thomas Goetz}의 의사결정 트리^{decisioin tree}를 이용했던가? 아니면 나이퀼(잠자리에 들 시간)과 멍키스패터(밤에 하늘에 뜨는 초승달) 사이에 무의식적으로 기억 연상이 있었던 것일까?

그렇게 생각하지는 않는다. 누군가의 잡동사니 서랍은 그 사람의 인생처럼 자연스럽게 엔트로피 현상이 일어난다. 가끔 우리는 잠시 시간을 내어 자신에게 다음과 같은 질문을 던져볼 필요가 있다.

- 내가 정말 이 물건이나 이 관계를 계속 유지할 필요가 있을까? 이것이 나를 에너지와 행복으로 채워주나? 내게 도움이 되나?
- 나는 애매한 말로 소통하는가, 아니면 직설적인가? 나는 내가 원하고 필요로 하는 것을 직접 요구하는가, 아니면 내 배우자나 친구, 동료가 내 마음을 꿰뚫어봐주길 바라는가?
- 내가 똑같은 물건을 군이 여러 개 모아야 하나? 내 친구, 습관, 생각 등이 너무 똑같지는 않은가? 나는 새로운 사람들의 생각과 경험에 열려 있나?

일전에 잡동사니 서랍을 최대한 정리된 상태로 유지하려다가 그 안에서 무언가를 찾아냈다. SNS 사이트 레딧^{Reddit}에 올라온 글에서 따온 것이었다.[20] 정보 과부하 시대에 대한 일종의 정보와 의견이었다. 그리고 과학의 여왕이자 추상적 정리의 황제인 '수학'에 관한 글이기도 했다.

수학을 하다 보면 진도가 더딘 상태로 수학적 도구나 아이디어를 조심스럽게 배워가는데, 갑자기 그것 덕분에 전에는 할 수 없었던 새로운 일들을 할 수 있게 되는 경우가 가끔씩 있다. 그 자체로는 쓸모없는 것들을 배우고 있다가도 그런 것들이 모두 제2의 천성이 되고 나면 완전히 새로운 가능성의 세계가 열린다. 말하자면 수준이 한 단계 올라간 것이다. 무언가가 분명하게 이해된다. 이제 새로운 도전이 생겼다. 그리고 전에는 생각도 잘 안 나던 것이 이제는 결정적으로 중요한 것이 된다.

이것은 보통 당신보다 한 단계 위에 있는 사람과 얘기를 해보면 명백해진다. 이런 사람들은 당신이 이해하려면 상당한 노력이 필요한 일들도 즉각적으로 이해한다. 이런 사람들에게는 무언가를 배우기 좋다. 이들은 당신이 지금 씨름하고 있는 문제가 어떤 것인지 기억하고, 그런 부분들을 여전히 당신의 관점에서 바라보고 이해한다.

하지만 당신보다 단계가 둘 이상 높은 사람과 얘기해보면 이야기가 달라진다. 이들은 같은 언어를 사용하는 것 같기는 한데 이들이 알고 있는 내용을 과연 이해할 수 있을지는 자신이 없다. 낙심하지만 않는다면 이런 사람들한테도 배울 수 있겠지만, 이 사람들이 당신에게 가르쳐주고 싶어 하는 것은 너무 철학적인 것 같고, 이들이 당신에게 도움이 될 것 같지도 않다. 하지만 이들도 당신에게 분명 도움이 된다.

세 단계 이상 높은 사람은 실제로 다른 언어를 사용한다. 이들은 두 단계 위인 사람보다 덜 인상적으로 보일 수도 있다. 이들이 생각하는 내용은 대부분 당신에게는 보이지도 않기 때문이다. 당신은 이들이 무엇을 생각하고 있는지, 왜 생각하는지 상상하는 것조차 불가능하다. 당신은 그런 내용을 이해할 수 있다고 생각할지 모르지만, 그것은 그저 이들이 재미있게 이야기하는 법을 알기 때문이다. 그리고 이런 이야기 중 하나에는 당신이 다음 단계로 진행하는 데 필요한 지혜가 절반 정도는 담겨 있다. 만약 당신이 충분한 시간을 투자해서 그것에 대해 생각한다면 그런 지혜를 이해할 수 있을 것이다.

정리는 우리 모두를 삶의 다음 단계로 이끌어준다. 인간은 필연적으로 낡은 습관에 얽매일 수밖에 없다. 우리는 우리 삶에서 청소가 필요한 영역들을 의식적으로 자세히 살펴 확인한 후에 체계적이고 주도적으로 청소를 해나가야 한다. 그리고 그 행동을 계속 유지해야 한다.

가끔은 우주가 우리를 대신해서 이런 일을 해주기도 한다. 우리는 뜻하지 않게 친구, 사랑하는 애완동물, 사업상의 거래를 잃기도 하고, 세계 경제가 붕괴되기도 한다. 자연이 우리에게 준 뇌를 향상시키는 가장 좋은 방법은 새로운 상황에 기분 좋게 적응하는 법을 배우는 것이다. 경험에 비추어보면 내가 그 무엇도 대신할 수 없는 무언가를 잃어버렸을 때 보통은 그보다 더 좋은 무언가가 그 자리를 대신해주었다. 낡은 것을 없애면 무언가 훨씬 멋진 것이 그 자리를 채워준다는 신념을 갖는 것, 그것이 바로 변화를 불러일으키는 관건이다.

나만의 사분표 만들기

건강한 의학적 추론에 대해 생각할 때, 우리는 질병 자체가 너무나 드문 까닭에 양성반응이 나왔지만 질병에 걸렸다는 의미가 아닌 경우를 종종 마주한다. 제약제품 중에는 효능을 발휘할 확률이 너무 낮아서 혜택을 볼 확률보다 부작용을 경험할 위험이 몇 배 더 높은 경우도 많다.

사분표를 이용하면 베이즈식 확률 모델을 쉽게 계산할 수 있다. 이를테면 다음과 같은 질문의 답을 구할 때다. "검사에서 양성반응이 나왔을 경우 내가 그 질병에 걸렸을 확률은 얼마나 되는가?" 혹은 "내가 이런 증상을 보이는 경우 이 약이 내게 도움이 될 확률은 얼마나 되는가?"

여기서는 6장에서 다룬 가상의 질병인 눈 침침병의 사례를 이용하겠다. 눈 침침병의 사례에서 주어진 정보를 다시 떠올려보자.

- 혈액검사를 받았는데 눈 침침병에 대해 양성반응이 나왔다.
- 눈 침침병의 기저율은 1만 명당 한 명, 즉 0.0001이다.
- 가상의 약물 클로로하이드록실렌을 사용하면, 원치 않는 부작용을 경험

할 확률이 5%, 즉 0.05다.

- 눈 침침병의 혈액검사가 잘못 나올 확률은 2%, 즉 0.02다.

여기서 문제는 이렇다. 과연 당신은 약을 먹어야 하는가, 먹지 말아야 하는가? 먼저 표를 그리고 가로줄과 세로줄에 이름을 붙인다.

검사 결과

질병 여부		양성	음성
	그렇다		
	아니다		
	총계		

표의 칸들을 이용하면 자료를 서로 배타적인 네 개 범주로 나눌 수 있다.

- 질병이 있고 양성반응이 나온 사람(왼쪽 위 칸). 이들을 '진짜 양성'이라 부르자.
- 질병이 있고 음성반응이 나온 사람(오른쪽 위 칸). 이들을 '거짓 음성'이라 부르자.
- 질병이 없고 양성반응이 나온 사람(왼쪽 아래 칸). 이들은 '거짓 양성'이라 부르자.
- 질병이 없고 음성반응이 나온 사람(오른쪽 아래 칸). 이들을 '진짜 음성'이라 부르자.

검사 결과

		양성	음성	
질병 여부	그렇다	진짜 양성	거짓 음성	
	아니다	거짓 양성	진짜 음성	
	총계			

이제 우리가 알고 있는 내용을 채우기 시작한다. 이 질병의 기저율은 1만 명당 한 명(1만 분의 1)이다. 사분표 바깥쪽의 오른쪽 아래 총합계 1만을 적는다. 이것을 전체 집단 칸이라고 부르겠다. 이 숫자는 우리가 살펴볼 전체 집단에 몇 명이 들어 있는지 말해준다(여기에 미국 전체 인구인 3억 2,000만 명을 적고, 1년에 보고되는 총 임상사례 3만 2,000명으로 계산을 진행할 수도 있다. 하지만 나는 계산하기 쉽게 발생률 분모에 딱 떨어지는 수치를 채우는 편을 더 좋아한다).

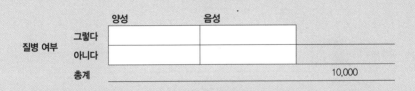

검사 결과

		양성	음성	
질병 여부	그렇다			
	아니다			
	총계			10,000

우리가 사분표의 도움을 받아 계산하려는 것은 사분표 안팎의 다른 칸에 들어갈 숫자들이다. 우리는 전체 집단 1만 명 중 한 명이 눈 침침병이라는 것을 알고 있다. 아직 그 사람의 검사 결과가 어떻게 나왔는지 모르므로 1이라는 숫자를 '질병 여부: 그렇다'에 해당하는 제1사분표 오른쪽 여백 칸에 적는다.

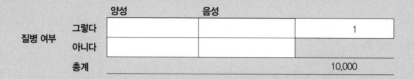

검사 결과

질병 여부		양성	음성	
	그렇다			1
	아니다			
	총계			10,000

사분표의 디자인 방식 때문에 세로로 합한 값과 가로로 합한 값은 해당
줄 제일 오른쪽의 여백 칸(가로줄의 경우)이나 제일 아래 여백 칸(세로줄의 경
우)에 있는 수치와 같아야 한다. 그러면 다음의 논리가 성립한다. 만약 병에
걸린 사람의 숫자가 1이고, 고려 대상인 사람의 수가 모두 1만이라면 이 전
체 집단에서 병에 걸리지 않은 사람은 '10,000 − 1 = 9,999명'이 되어야 한
다. 그 수치를 다음과 같이 표에 입력할 수 있다.

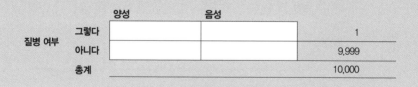

검사 결과

질병 여부		양성	음성	
	그렇다			1
	아니다			9,999
	총계			10,000

의사가 말하기를 검사 결과가 2% 정도는 부정확하다고 했다. 그럼 이 2%
라는 수치를 오른쪽 여백 칸의 수치에 적용한다. 그럼 병에 걸리지 않은 사
람 9,999명 중에서 2%는 잘못된 진단을 받았다는 얘기다. 즉, 병에 걸리지
않았는데도 검사에서는 병에 걸렸다는 결과가 나온다(거짓 양성, 흰색으로 표
시된 안쪽 칸 왼쪽 아래). '2%×9,999 = 199.98'이므로 200으로 반올림한다.

검사 결과

질병 여부	양성	음성	
그렇다			1
아니다	200		9,999
총계			10,000

가로줄과 세로줄의 합이 각각 여백 칸의 수치와 같아야 하므로 이제 병에 걸리지 않고 검사 결과도 음성으로 나온 사람들, 즉 진짜 음성의 숫자를 계산할 수 있다. 이 숫자는 '9,999 − 200 = 9,799'다.

검사 결과

질병 여부	양성	음성	
그렇다			1
아니다	200	9,799	9,999
총계			10,000

이제 다른 오진, 즉 2%의 거짓 음성 값을 사분표에 채울 차례다. 거짓 음성은 병에 걸렸는데 검사에는 그렇지 않다는 결과가 나온 것을 의미한다. 이 값은 흰색으로 표시된 안쪽 칸 오른쪽 위에 들어간다(다음 페이지의 첫 번째 사분표를 참고하라).

이런 가정에 따르면 실제로 병에 걸린 사람은 한 명밖에 없다(제일 오른쪽 여백 칸에 나와 있다). 계산해보면 '2%×1 = 0.02', 반올림해 0이다.

검사 결과

질병 여부	양성	음성	
그렇다		0	1
아니다	200	9,799	9,999
총계			10,000

　그럼 당연히 빈 안쪽 칸에는 1이라는 숫자가 채워진다(제일 오른쪽 여백 칸의 숫자 1에서 오른쪽 위 안쪽 칸의 0을 빼면 왼쪽 위 안쪽 칸에 채울 숫자가 나온다).

검사 결과

질병 여부	양성	음성	
그렇다	1	0	1
아니다	200	9,799	9,999
총계			10,000

　이제 표를 마무리하기 위해 세로줄의 숫자를 더해 아래쪽 여백 칸을 채운다. 양성반응이 나온 사람의 숫자는 간단하게 그 세로줄에 나온 숫자를 더하면 나온다. 즉, ‘1 + 200 = 201’. 그리고 음성반응이 나온 사람의 숫자는 ‘0 + 9,799 = 9,799’.

검사 결과

질병 여부	양성	음성	
그렇다	1	0	1
아니다	200	9,799	9,999
총계	201	9,799	10,000

여기부터는 6장의 설명처럼 문제를 풀어갈 수 있다.

1. 검사 결과가 양성으로 나왔을 때 당신이 병에 걸렸을 확률은 얼마나 되는가?

전통적으로 '나왔을 때'라는 표현은 'ㅣ' 라는 기호로 바꾸고(조건절은 뒤로 보낸다), '확률'이라는 단어는 영문자 'p'로 바꾸어 다음과 같은 일종의 방정식을 구성할 수 있다.

1. 1. p(당신이 병에 걸렸다 | 당신의 검사 결과가 양성이다)

이 양식은 대단히 편리하다. 구절의 첫 번째 부분, 즉 'ㅣ' 기호 앞의 모든 것은 분수의 분자가 되고, 'ㅣ' 기호 뒤의 모든 것은 분모가 된다는 것을 기억하게 해주기 때문이다.

1번 질문에 대답하려면 양성반응이 나온 사람들의 세로줄, 즉 왼쪽 세로줄만 보면 된다. 양성반응이 나온 201명 중 실제로 병에 걸린 사람은 한 명이었다. 따라서 그 답은 201분의 1, 즉 0.49%다.

2. 당신이 병에 걸렸을 경우, 양성반응이 나올 확률은 얼마나 되는가?

2.1 p(당신의 검사 결과가 양성이다 | 당신이 병에 걸렸다)

여기서는 위쪽 가로줄만 보면서 1분의 1이라는 분수를 구성하면 된다. 따라서 정말로 병에 걸렸다면 양성반응이 나올 확률은 100%다.

가상의 치료제인 클로로하이드록실렌은 부작용 발생 확률이 20%임을 기억하자. 눈 침침병에 양성반응이 나온 사람 201명을 모두를 치료한다면 그중 20%, 즉 40명은 부작용을 경험하게 된다. 실제로 병에 걸린 사람은 한 명뿐임을 명심하자. 그럼 이 치료법은 치료 효과를 볼 확률보다 부작용을 경험할 확률이 40배나 더 높다.

6장에서 설명한 두 사례, 눈 침침병과 파란색 얼굴 병을 보면 검사에서 양성반응이 나왔더라도 그 병에 실제로 걸렸을 확률은 높지 않다. 물론 실제로 병에 걸렸다면 올바른 약을 선택해야 한다. 어떻게 해야 할까?

검사를 두 번 해볼 수 있다. 여기서는 검사 결과가 서로 독립적이라는 가정 아래 확률의 곱셈법칙을 적용한다. 독립적이라는 것은 하고많은 사람들 중 하필 당신에게 부정확한 결과가 나오게 만든 오류가 무엇이든 간에 그것은 무작위적이라는 의미다. 즉, 검사실에 있는 누군가가 당신에게 앙심을 품고 한 일이 아니니 한 번 부정확한 결과가 나왔다고 해서 다시 검사했을 때 부정확한 결과가 또 나올 확률은 다른 사람들과 다르지 않다는 의미다. 검사 결과가 잘못 나올 확률이 2%라고 한 것을 생각해보라. 그럼 검사 결과가 두 번이나 잘못 나올 확률은 '2%×2%', 즉 0.0004다. 분수로 계산하는 것이 더 편하다면 한 번 잘못 나올 확률은 50분의 1, 두 번 잘못 나올 확률은 '$1/50 \times 1/50 = 1/2,500$'이다. 하지만 이 통계는 기저율, 즉 질병의 희귀성을 고려하지 않았다. 이것을 고려하는 것이 이 부록의 핵심 포인트다.

물론 여기서 도움이 되는 것은 다음 질문에 답하기 위한 사분표를 작성하는 것이다. "두 번 연속 양성반응이 나왔을 때 내가 병에 걸렸을 확률은 얼마나 되는가?"

눈 침침병에 대해 살펴보았을 때 우리에겐 일련의 수치들이 있었고, 그 수치를 사분표에 채워 넣었다. 이렇게 함으로써 갱신된 확률을 쉽게 계산할 수 있었다. 베이즈식 추론의 특성 중 하나는 갱신된 확률을 새로운 표에 입력해서 다시 갱신할 수 있다는 점이다. 이렇게 정보를 새롭게 갱신할 때마다 새로운 사분표를 구축할 수 있고, 그렇게 함으로써 더욱 정확한 추정치에 근접하게 된다.

처음에 그 값을 채워 넣었을 때 사분표는 다음과 같았다.

검사 결과

질병 여부		양성	음성	
	그렇다	1	0	1
	아니다	200	9,799	9,999
	총계	201	9,799	10,000

그리고 이 표로부터 다음과 같은 내용을 파악할 수 있었다.

양성반응이 나온 사람의 숫자: 201

양성반응이 나오고 실제로 병에 걸린 사람의 숫자: 1

양성반응이 나오고 병에 걸리지 않은 사람은 숫자: 200

우리가 지금 표의 절반, 양성반응이 나온 사람만 보고 있음에 주목하자. 우리가 답을 내놓으려는 질문은 당신이 양성반응이 나왔다고 가정한 것이다. "두 번 연속 양성반응이 나왔을 때 내가 병에 걸렸을 확률은 얼마나 되는가?"

이제 우리는 이 정보를 이용해서 새로운 사분표를 작성한다. 표의 줄에 붙일 이름부터 정하자. 두 번째 검사 결과는 양성, 혹은 음성이 나올 수 있다. 질병 여부는 그럴 수도 있고, 아닐 수도 있다. 그리고 이제 전체 집단의 크기는 1만 명이 아니다. 1만 명의 부분집합인, 처음에 양성이 나왔던 201명이 된다. 따라서 제일 오른쪽 아래 전체 집단 칸에 201을 적는다.

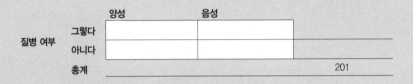

두 번째 검사 결과

질병 여부	양성	음성	
그렇다			
아니다			
총계			201

위의 내용을 통해 추가 정보를 일부 채워 넣을 수 있다. 이 전체 집단에서 병에 걸린 사람과 걸리지 않은 사람의 숫자를 알고 있으니 그 값을 제일 오른쪽 여백 칸에 채워 넣는다.

두 번째 검사 결과

질병 여부	양성	음성	
그렇다			1
아니다			200
총계			201

이제 처음의 정보로 되돌아가자. 검사 결과는 2% 정도 부정확하게 나온다. 실제로 병에 걸린 사람은 한 명이다. 2%는 잘못된 진단이 나오고 98%는 정확한 진단이 나온다. 1의 2%는 0.02니까 반올림하면 0이 나온다. 이것은 거짓 음성이 나오는 사람(병에 걸렸지만 두 번째로 잘못된 진단이 나온 사람)의 숫자다. 그리고 1의 98%는 1에 가깝다.

두 번째 검사 결과

질병 여부		양성	음성	
	그렇다	1	0	1
	아니다			200
	총계			201

다음으로는 병에 걸리지 않은 사람에게도 똑같이 2%의 오류율을 적용한다. 병에 걸리지 않았는데 양성으로 나온 200명의 2%는 네 명이다. 그럼 정확한 진단이 나온 196명은 안쪽 칸 오른쪽 아래 적는다.

두 번째 검사 결과

질병 여부		양성	음성	
	그렇다	1	0	1
	아니다	4	196	200
	총계			201

세로줄의 값을 더하면 아래쪽 여백 칸에 들어갈 총계가 나온다. 이 값이 우리가 새로 갱신된 확률을 계산할 때 필요한 값이다.

두 번째 검사 결과

질병 여부		양성	음성	
	그렇다	1	0	1
	아니다	4	196	200
	총계	5	196	201

앞에서와 마찬가지로 제일 왼쪽 세로줄을 보며 계산한다. 우리는 두 번째
도 양성반응이 나온 사람에게만 관심이 있기 때문이다.

두번째 검사 결과

질병 여부		양성	음성	
	그렇다	1	0	1
	아니다	4	196	200
	총계	5	196	201

　두 번째도 양성반응이 나온 사람 다섯 명 중 실제로 병에 걸린 사람은 한
명이다. 따라서 '1/5 = 0.2'. 달리 표현하면, 이 질병은 대단히 희귀하기 때
문에 연속으로 두 번 양성반응이 나왔다 해도 실제로 병에 걸렸을 확률은
겨우 20%라는 의미다. 따라서 병에 걸리지 않았을 확률은 80%다.

　그럼 부작용은 어떨까? 만약 연속으로 두 번 양성반응이 나온 모든 사람
을 대상으로 5%의 부작용 발생 확률을 가진 가상의 약물 클로로하이드록
실렌을 처방하면 그 다섯 명 중 5%, 즉 0.25명은 부작용을 경험한다. 따라서
질병을 가지고 있을 확률도 낮지만, 머리카락이 다 빠지는 부작용을 경험할
확률도 별로 없다. 다섯 명이 이 치료를 받을 때마다 한 명은 치료가 될 것이
고(이 사람은 실제로 병에 걸렸기 때문에), 0.25명은 부작용을 겪을 것이다. 두
번 검사를 시행하는 이 경우, 당신은 부작용을 경험할 확률보다 치료 효과
를 경험할 가능성이 네 배 더 커졌다. 앞에서 보았던 것이 좋은 쪽으로 반전
됐음을 알 수 있다(0.25명이라는 표현이 복잡하게 느껴지면 위에 나온 수치에 모
두 4를 곱하면 편하게 볼 수 있다).

　베이즈식 통계를 여기서 한 단계 더 발전시킬 수 있다. 여성이 남성보다

564

이 병에 걸릴 확률이 열 배나 높다는 새로운 연구가 발표됐다고 가정해보자. 이 정보를 고려해서 새로운 표를 구성하면 당신이 실제로 병에 걸렸을 확률을 더욱 세밀하게 가다듬을 수 있다. 확률 계산은 의학적 문제를 넘어서 실생활의 다양한 분야에 적용할 수 있다. 카지노를 다섯 개나 소유한 스티브 윈에게 내가 이렇게 물어본 적이 있다.

"고객이 당신 돈을 한 보따리 챙겨서 나가는 것을 보면 조금은 가슴이 쓰리지 않나요?"

"나는 고객이 돈을 따는 모습을 볼 때마다 아주 기쁩니다. 카지노에 커다란 흥분을 불러일으키니까요."

"에이, 솔직하게 말씀해보세요. 당신 돈 아닙니까? 가끔은 수백만 달러씩 챙겨 가는 사람도 있는데……."

"그 이유는 이렇습니다. 우선 우리는 그렇게 나가는 돈보다 훨씬 많은 돈을 벌어들입니다. 둘째, 보통 그렇게 나간 돈은 우리에게 돌아옵니다. 요 몇 년간 지켜본 결과, 큰돈을 딴 사람이 실제로 그렇게 걸어 나가는 모습은 한 번도 본 적 없어요. 십중팔구 카지노로 되돌아와서 딴 돈을 가지고 다시 도박을 합니다. 그럼 대부분 우리 수중으로 다시 돌아오죠. 그 사람들이 카지노에 오는 이유가 바로 그것이거든요. 골프나 고급와인에 흠뻑 빠진 사람들처럼 이 사람들도 돈보다는 도박 그 자체를 좋아합니다. 돈을 따면 수표를 끊지 않고도 도박을 즐길 수 있는 자본이 마련되는 셈이죠. 사람들은 1달러를 걸고 100센트를 잃습니다. 그리고 1달러를 걸고 99센트를 따죠. 그 1%가 바로 우리의 수익입니다."

베팅의 기댓값은 언제나 카지노에 유리하게 되어 있다. 우선, 돈을 딴 사람이 그냥 목돈을 챙겨서 나갈 수도 있지만, 그 사람을 눌러앉혀서 결국 딴 돈을 모두 잃게 만드는 도박 심리가 존재하기 때문이다. 설사 돈을 딴 사람이 돈을 모두 챙겨서 가더라도 장기적인 확률은 여전히 카지노에 유리하다. 레이저프린터, 컴퓨터, 진공청소기 등의 상품 보증기간 연장 문제를 생각해보자. 대형 할인매장에서는 실제로 이런 보증기간 연장을 시행한다. 소비자들은 자기가 방금 구입한 물품 때문에 훗날 큰 수리비용을 내야 하는 것을 꺼리는 경향이 있다. 이는 상당히 합리적인 생각에서 비롯된 것이지만 소매점은 이런 소비자 심리를 이용한다. 소매점에서는 할증된 가격으로 수리 보증기간을 연장해준다. 착각하지 마라. 이것은 소매점의 인심이 넉넉해서 제공하는 서비스가 아니다. 이들은 이윤을 추구하는 기업체일 뿐이다. 제품을 팔아서 남는 이윤보다는 보증기간 연장서를 팔아서 남는 이윤으로 보다 많은 이윤을 남기는 소매점이 무척 많다.

이런 보증서는 거의 항상 당신에게는 불리하고, '카지노'에는 유리한 거래다. 당신이 그 보증서를 사용할 확률은 10%이고, 그렇게 해서 수리비용 300달러를 아끼게 된다면 기댓값은 30달러다. 만약 소매점에서 보증서 비용으로 90달러를 매긴다면, 기댓값을 넘는 60달러는 순전히 소매점의 몫으로 돌아간다. 이들은 다음과 같은 문구로 당신을 현혹한다. "만약 이 제품이 고장나면 수리비용이 적어도 200달러는 나올 겁니다. 하지만 보증서는 90달러밖에 안 해요. 소비자에게 남는 장사죠." 절대로 이런 말에 넘어가서는 안 된다. 당신이 보증서가 필요해지는 10%에 해당될 경우에만 남는 장사다. 나머지 경우에는 그들에게 남는 장사다. 의학적 의사결정 또한 다를 것 없다. 다양한 치료 방법의 비용과 혜택에 기댓값 계산법을 적용할 수 있다.

이런 값을 계산할 수 있는 엄밀한 수학적 방법이 분명 존재한다. 사분표를 사용하는 것은 마법이 아니다. 이 표가 정보의 정돈을 돕는 어림짐작의 역할을 해주고, 수치를 시각적으로 편하게 보여줘서 좋다는 사람이 많다. 이것을 이용하면 중간에 어떤 실수를 범해도 그것을 포착하는 데 도움이 된다. 사실 정돈 상태를 유지하는 것과 관련해서 이 책에 소개된 많은 조언은 결국 우리가 필연적으로 저지를 수밖에 없는 실수를 포착하고, 그 실수를 해결하게 도와줄 시스템을 어떻게 구축할 것인가 하는 문제로 귀결된다.

감사의
글

수천 시간에 걸쳐 소중한 대화를 나누고, 함께한다는 것의 진정한 의미를 일깨워준 내 약혼녀 헤더 보트필드Heather Bortfeld에게 감사의 마음을 전한다.

와일리 에이전시의 모든 분께 감사드린다. 특히 그중에서도 수천 건의 세부 사항을 대신 맡아줘 외부화에 도움을 준 새러 챌펀트Sarah Chalfant와 레베카 나이젤Rebecca Nagel에게 감사를 전한다. 맥길대학 연구실의 도나 콜맨Dawna Coleman과 칼 필립 자모Karle-Philip Zamor도 역시 수천 가지 세부 사항을 검토해주었다. 그중에는 내가 그 사실조차 모르고 있었던 경우가 많았다. 이들은 이 책을 마무리하는 데 있어 없어서는 안 될 사람들이었다. 펭귄출판사의 스티븐 모로Stephen Morrow, 스테파니 히치콕Stephanie Hitchcock, 리앤 펨버튼LeeAnn Pemberton, 크리스틴 볼Christine Ball, 아만다 워커Amanda Walker, 다이앤 터비드Diane Turbide, 에린 켈리Erin Kelly 이들 모두가 이 책에 생명을 불어넣는 데 믿기 힘들 정도로 큰 도움을 주었다.

초안을 논평해주고, 조언해주고, 질문에 대답해준 수많은 사람에게 빚을 졌다. 다음은 내가 빚을 진 사람들이다. 마크 볼드윈Mark Baldwin, 페리 쿡, 짐 퍼거슨, 마이클 가차니가, 리 거스타인Lee Gerstein, 대니얼 길버트, 루 골드버

568

그, 스콧 그래프턴, 다이앤 핼펀Diane Halpern, 마틴 힐버트Martin Hilbert, 대니얼 카너먼, 제프리 킴벌, 스티븐 코슬린, 로이드 레비틴Lloyd Levitin, 섀리 레비틴 Shari Levitin, 소니아 레비틴Sonia Levitin, 린다, 에드 리틀필드, 에드 리틀필드 주니어Ed Littlefield Jr., 비노드 메넌, 제프리 모길, 레지나 누조Regina Nuzzo, 짐 오도넬Jim O'Donnell, 마이클 포스너Michael Posner, 제이슨 렌트프로, 폴 사이먼, 말콤 슬래니, 스티븐 스틸스, 톰 톰브렐로, 스티브 윈. 그 외에도 도움이 될 논평을 해준 사람들이 있다. 데이비드 애거스David Agus MD, 게리 알트먼Gerry Altmann, 스티븐 베런스Stephen Berens MD, 멜라니 더크스Melanie Dirks, 배르벨 나우퍼 Baerbel Knaüper, 데이비드 래빈David Lavin, 이브 마리 퀸탱Eve-Marie Quintin, 톰 레이스Tom Reis, 브래들리 바인스Bradley Vines, 르네 얀Renee Yan. 정리에 대한 생각을 넓은 아량으로 함께 공유해준 분들께도 감사한다. 호세 체르다José Cerda, 알렉산더 에버츠Alexander Eberts, 스탠리 매크리스털, 폴 오텔리니, 스팅. 내 연구실 학생들로 구성된 팀은 주석 내용을 확인하고 양식을 점검하는 데 큰 도움을 주었다. 마이클 첸Michael Chen, 케이틀린 쿠세스네Caitlin Courchesne, 리안 프랜시스Lian Francis, 유양 리Yueyang Li, 타일러 레이크래프트Tyler Raycraft이 그들이다. 편집에 큰 도움을 준 렌 블럼Len Blum에게도 감사한다.

자기 집 뒤뜰에서 이 책의 일부를 쓸 수 있도록 허락해준 조니 미첼에게도 감사한다(그 정원으로 다시 되돌아가고 싶다). 그리고 이 책을 쓰는 동안 격려와 지지를 아끼지 않은 맥길대학과 KGI의 미네르바스쿨에도 감사한다. 특히 생산성을 높이고 지적 자극을 줄 환경을 조성할 수 있게 도움을 준 맥길대학 과학부 학과장 마틴 그랜트Martin Grant와 맥길대학 심리학과 과장 데이비드 주로프David Zuroff에게 감사한다.

과학자는 증거를 평가하는 일로 먹고사는 사람이다. 이들은 증거의 경중을 기반으로 임시 결론에 도달한다. '임시'라고 말하는 이유는 새로운 자료가 등장해서 현재의 가정과 이해가 뒤바뀔 가능성을 인정한다는 의미다. 자료를 평가하고 발표할 때 과학자들은 실험(혹은 실험자)의 질, 연구 작업에 대한 검토 과정의 질, 연구의 설명이 가진 힘 등을 고려한다. 이런 평가를 할 때는 대안 설명에 대해서도 고려하고, 모순되는 발견에 대해서도 고려하며, 존재하는 모든 자료가 말하는 바에 대한 예비 결론을 도출하는 일 등이 이루어진다. 이런 주장들 중 상당수는 제시된 아이디어와 모순되거나 그것을 지지하는 발견 내용이 발표된 연구문헌에서 찾아낼 수 있다. 하나의 연구만으로 전체 이야기가 마무리되는 경우는 없다. 자신의 주장을 정당화하기 위해 유리한 자료만 골라서 뽑아내는 행위는 과학에서 절대로 해서는 안 되는 짓이다.

이 책에 나오는 특정 과학적 주장을 지지하기 위해 인용한 과학논문들은 그 주장을 지지하는 연구의 사례들을 가려낸 것이지, 관련된 모든 연구를 철저하게 나열해놓은 것은 아니다. 어떤 주장을 위한 증거의 경중을 파악하기 위해 관련 주제에 대한 논문들을 힘이 닿는 데까지 폭넓게 연구했지만, 여기에는 그중 대표적인 논문만 포함시켰다. 내가 읽은 모든 논문을 일일이 다 실었다가는 주석의 양이 지금보다 열 배는 늘어났을 것이고, 그것은 독자들에게 결코 도움이 되지 않았을 것이다.

주

서문 정보, 그리고 성실한 정리

1 Goldinger, S. D.(1998). Echoes of echoes? An episodic theory of lexical access. Psychologial Review, 105(2), 251. and, Hintzman, D. L. (1988). Judgments of frequency and recognition memory in a multiple-trace memory model. *Psychological Review*, 95(4), 528. and, Magnussen, S., Greenlee, M. W., Aslaksen, P. M., & Kildebo, O. O. (2003). High-fidelity perceptual long-term memory revisted-and confirmed. (2003). *Psychological Science*, 14(1), 74-76. and, Nadel, L., Samsonovich, A., Ryan, L., & Moscovitch, M. (2000). Multiple trace theory of human memory: computational, neuroimaging, and neuropsychological results. *Hippocampus*, 10(4), 352-368.

2 Goldberg, L. R. (1993). The structure of phenotypic personality traits. *American Psychologist*, 48(1), 26-34, p. 26.

3 Kern, M. L., & Friedman, H. S. (2008). Do conscientious individuals live longer? A quantitative review. *Health Psychology*, 27(5), 505-512, p. 512. and, Terracciano, A., Löckenhoff, C. E., Zonderman, A. B., Ferrucci, L., & Costa, P. T. (2008). Personality predictors of longevity: Activity, emotional stability, and conscientiousness. *Psychosomatic Medicine*, 70(6), 621-627.

4 Hampson, S. E., Goldberg, L. R., Vogt, T. M., & Dubanoski, J. P. (2007). Mechanisms by which childhood personality traits influence adult health status: Educational attainment and healthy behaviors. *Health Psychology*, 26(1), 121-125, p. 121.

5 Barrick, M. R., & Mount, M. K. (1991). The big five personality dimensions and job performance: A meta-analysis. *Personnel Psychology*, 44(1), 1-26. and, Roberts, B. W., Chernyshenko, O. S., Stark, S., & Goldberg, L. R. (2005). The structure of conscientiousness: An empirical investigation based on seven major personality questionnaires. *Personnel Psychology*, 58(1), 103-139.

6 Schmidt, F. L., & Hunter, J. E. (1998). The validity and utility of selection methods in personnel psychology: Practical and theoretical implications of 85 years of research findings. *Psychological Bulletin*, 124(2), 262-274, p. 262.

7 Kamran, F. (2013). Does conscientiousness increase quality of life among renal transplant recipients? *International Journal of Research Studies in Psychology*, 3(2), 3-13.

8 Friedman, H. S., Tucker, J. S., Schwartz, J. E., Martin, L. R., Tomlinson-Keasey, C., Wingard, D. L., & Criqui, M. H. (1995). Childhood conscientiousness and longevity: Health behaviors and cause of death. *Journal of Personality and Social Psychology*, 68(4), 696-703, p. 696. and, Friedman, H. S., Tucker, J. S., Tomlinson-Keasey, C., Schwartz, J. E., Wingard, D. L., & Criqui, M. H. (1993). Does childhood personality predict longevity? *Journal of Personality and Social Psychology*, 65(1), 176-185.

9 루 골드버그Lew Goldberg와의 개인적 대화. 2013년 5월 13일. 2014년 3월 8일. and, Gurven, M., von Rueden, C., Massenkoff, M., Kaplan, H., & Lero Vie, M. (2013). How universal is the Big Five? Testing the five-factor model of personality variation among forager-farmers in the Bolivian Amazon. *Journal of Personality and Social Psychology*, 104(2), 354-370.

제1부
1장 정보는 넘쳐나고 결정할 것은 너무 많다

1　Simon, H. (1957). Part IV in *Models of man*. New York: Wiley, pp. 196-279.

2　Nye, J. (2013, January 21). Billionaire Warren Buffet still lives in modest Omaha home he bought for $31,500 in 1958. *Daily Mail*.

3　Waldman, S. (1992, January 27). The tyranny of choice: Why the consumer revolution is ruining your life. *The New Republic*, pp. 22-25.

4　Trout, J. (2005, December 5). Differentiate or die. *Forbes*.

5　Knolmayer, G. F., Mertens, P., Zeier, A., & Dickersbach, J. T. (2009). Supply chain management case studies. *Supply Chain Management Based on SAP Systems: Architecture and Planning Processes*. Berlin: Springer, pp. 161-188.

6　Vohs, K. D., Baumeister, R. F., Schmeichel, B. J., Twenge, J. M., Nelson, N. M., & Tice, D. M. (2008). Making choices impairs subsequent self-control: A limited-resource account of decision-making, self-regulation, and active initiative. *Journal of Personality and Social Psychology*, 94(5), 883-898.

7　Overbye, D. (2012, June 5). Mystery of big data's parallel universe brings fear, and a thrill. *The New York Times*, p. D3.

8　Alleyne, R. (2011, February 11). Welcome to the information age-174 newspapers a day. *The Telegraph*. and, Lebwohl, B. (2011, February 10). Martin Hilbert: All human information, stored on CD, would reach beyond the moon. *EarthSky*. http://earthsky.org 검색.

9　Bohn, R. E., & Short, J. E. (2010). *How much information? 2009 report on American consumers* (Global Information Industry Center Report). http://hmi.ucsd.edu/ 검색.

10　Lyman, P., Varian, H. R., Swearingen, K., Charles, P., Good, N., Jordan, L. L., & Pal, J. (2003). *How much information? 2003* (University of California at Berkeley School of Information Management Report). http://www2.sims.berkeley.edu 검색. and, Hilbert, M. (2012). How to measure "how much information"? Theoretical, methodological, and statistical challenges for the social sciences. *International Journal of Communication*, 6, 1042-1055.

11　Hardy, Q. (2014, January 8). Today's webcams see all (tortoise, we're watching your back). *The New York Times*, p. A1.

12　Nunberg, G. (2011, March 20). James Gleick's history of information. *The New York Times Sunday Book Review*, p. BR1.

13　이 추정치는 칙센트미하이(2007)와 벨연구소의 공학자 로버트 럭키[Robert Lucky]가 각각 독립적으로 내놓았다. 로버트 러키는 양식[modality]에 상관없이 대뇌피질은 초당 50비트 이상은 받아들일 수 없다고 독립적인 추정치를 내놓았다. 이 추정치는 칙센트미하이의 추정치와 자릿수 단위 안쪽에 들어가 있다. 칙센트미하이는 자신의 추정치를 이렇게 설명했다. "조지 밀러[George Miller]와 다른 이들이 주장했듯이 우리는 한 번의 의식적 지각에서 5~7비트를 처리할 수 있고, 각각의 의식적 지각은 적어도 1/15초가 걸린다. 따라서 7×15=105비트/초다. 너스바움[Nusbaum]은 언어 재료를 이해하는 데는 평균 60비트/초가 걸린다고 계산했다." Csikszentmihalyi, M., & Nakamura, J. (2010). Effortless attention in everyday life: A systematic phenomenology. In B. Bruya (Ed.), *Effortless attention: A new perspective in the cognitive science of attention and action* (pp. 179-189). Cambridge, MA: MIT Press. and, Csikszentmihalyi, M. (2007, May). Music and optimal experience. In G. Turow (Chair), *Music, rhythm and the brain*. Symposium conducted at the meeting of The Stanford Institute for Creativity and the Arts, Center for Arts, Science and Technology, Stanford, CA. and, Csikszentmihalyi, M., personal communication, November 8, 2013. and, Lucky, R. (1989). *Silicon dreams: Information, man, and machine*. New York, NY: St. Martin's Press. and, Rajman, M., & Pallota, V. (2007). *Speech and language engineering* (Computer and Communication Sciences). Lausanne, Switzerland: EPFL Press.

14　Csikszentmihalyi, M. (2007, May). Music and optimal experience. In G. Turow (Chair), *Music, rhythm and the brain*. Symposium conducted at the meeting of The Stanford Institute for Creativity and the Arts, Center for Arts, Science and Technology, Stanford, CA. 우리가 그렇게 의도적으로 음악을 추구하는 것도 놀랄 일은 아니다. 음악은 우리가 동시에 둘 이상의 사람에게 주의를 기울일 수 있는 드문 사례다. 이는 하모니의 구조 덕분이기도 하고, 서로의 이해 가능성에 영향을 주지 않으면서 여러 사람들이 함께 음악을 연주할 수 있다는 점 덕분이기도 하다.

15 Dennett, D. C. (2009). The cultural evolution of words and other thinking tools. In *Cold Spring Harbor Symposia on Quantitative Biology* 74, 435-441. and, MacCready P. (1999). An ambivalent Luddite at a technological feast. http://www.designfax.net/archives/0899/899trl_2.asp 검색.

16 Mack, A., & Rock, I. (1998). *Inattentional blindness*. Cambridge, MA: The MIT Press.

17 Chabris, C. F., & Simons, D. J. (2011). *The invisible gorilla: And other ways our intuitions deceive us*. New York: Penguin Random House.

18 Blair, A. M. (2010). *Too much to know: Managing scholarly information before the modern age*. New Haven, CT: Yale University Press.

19 다음 문헌에서 직접 인용 Rosch, E. (1978). Principles of categorization. In E. Rosch & B. B. Lloyd (Eds.), *Cognition and categorization* (pp. 27-48). Hillsdale, NJ: Lawrence Erlbaum Associates.

20 Bryson, B. (2010). *At home: A short history of private life*. New York, NY: Doubleday, p. 34.

21 Wright, A. (2008). *Glut: Mastering information through the ages. Ithaca*, NY: Cornell University Press, p. 49.

22 Childe, V. G. (1951). *Man makes himself*. New York, NY: New American Library.

23 Wright, A. (2008). *Glut: Mastering information through the ages. Ithaca*, NY: Cornell University Press, p. 49.

24 Bryson, B. (2010). *At home: A short history of private life*. New York, NY: Doubleday, p. 34.

25 Wright, A. (2008). *Glut: Mastering information through the ages. Ithaca*, NY: Cornell University Press, p. 6.

26 Postman, N. (1993). *Technopoly: The surrender of culture to technology*. New York, NY: Vintage, p. 74. 어쩌면 타무스는 정부가 끝없이 바꾸어 발표하는 사실에 순응하기 위해 소급적으로 글이 편집되거나 제거되는 조지 오웰의 소설《1984》의 세계를 내다보았는지도 모른다.

27 Blair, A. M. (2010). *Too much to know: Managing scholarly information before the modern age*. New Haven, CT: Yale University Press, p. 17.

28 Blair (2010), p. 15.

29 상동.

30 상동.

31 Blair, A. M. (2010). *Too much to know: Managing scholarly information before the modern age*. New Haven, CT: Yale University Press. On the topic of too many books, see also, Queenan, J. (2013). *One for the books*. New York, NY: Viking.

32 Greenstein, J. (1954). Effect of television upon elementary school grades. *The Journal of Educational Research*, 48(3), 161-176. and, Maccoby, E. E. (1951). Television: Its impact on school children. *Public Opinion Quarterly*, 15(3), 421-444. and, Scheuer, J. (1992). The sound bite society. *New England Review*, 14(4), 264-267. and, Witty, P. (1950). Children's, parents' and teachers' reactions to television. *Elementary English*, 27(6), 349-355, p. 396. and, Cromie, W. J. (1999, January 21). Computer addiction is coming on-line. Harvard Gazette. and, Shaffer, H. J., Hall, M. N., & Vander Bilt, J. (2000). "Computer addiction": A critical consideration. *American Journal of Orthopsychiatry*, 70(2), 162-168. and, Cockrill, A., Sullivan, M., & Norbury, H. L. (2011). Music consumption: Lifestyle choice or addiction. *Journal of Retailing and Consumer Services*, 18(2), 160-166. and, McFedries, P. (2005). Technically speaking: The iPod people. *IEEE Spectrum*, 42(2), 76. and, Norbury, H. L. (2008). *A study of Apple's iPod: iPod addiction: Does it exist?* (Master's thesis). Swansea University, Wales. and, Aldridge, G. (2013, April 21). Girl aged four is Britain's youngest-known iPad addict. *Daily Mirror*. and, Smith, J. L.

(2013, December 28). Switch off-it's time for your digital detox. *The Telegraph*. and, Lincoln, A. (2011). FYI: TMI: Toward a holistic social theory of information overload. *First Monday* 16(3). and, Taylor, C. (2002, June 3). 12 steps for e-mail addicts. *Time*. and, Hemp, P. (2009). Death by information overload. *Harvard Business Review*, 87(9), 82-89. and, Khang, H., Kim, J. K., & Kim, Y. (2013). Self-traits and motivations as antecedents of digital media flow and addiction: The Internet, mobile phones, and video games. *Computers in Human Behavior*, 29(6), 2416-2424. and, Saaid, S. A., Al-Rashid, n.a. A., & Abdullah, Z. (2014). The impact of addiction to Twitter among university students. In J. J. Park, I. Stojmenovic, M. Choi, & F. Xhafa (Eds.), *Lecture notes in electrical engineering* Vol. 276: Future information technology (pp. 231-236). Springer. and, Pinker, S. (2010, June 11). Mind over mass media. *The New York Times*, p. A31. and, Saenz, A. (2011, December 13). How social media is ruining your mind. http://singularityhub.com 검색.

33 Citing Brian Ogilvie, in Blair, A. M. (2010). *Too much to know: Managing scholarly information before the modern age*. New Haven, CT: Yale University Press, p. 12. and, United States Department of Agriculture. (n.d.). www.usda.gov 검색 and, Fairchild Tropical Botanical Garden, Coral Gables, FL (2011).

34 Jowit, J. (2010, September 19). Scientists prune list of world's plants. *The Guardian*. and, Headrick, D. R. (2000). *When information came of age: Technologies of knowledge in the age of reason and revolution*, 1700-1850. New York, NY: Oxford University Press, p. 20.

35 Nervous system squid. (2012, February 8). Google Scholar. http://scholar.google.com 검색. 글을 쓰는 시점과 책이 출판되는 시점 사이에 그 숫자는 58,600건으로 늘어났다.

36 Lyman, P., Varian, H. R., Swearingen, K., Charles, P., Good, N., Jordan, L. L., & Pal, J. (2003). *How much information?* 2003 (University of California at Berkeley School of Information Management Report). http://www2.sims.berkeley.edu 검색.

37 Wright, A. (2008). *Glut: Mastering information through the ages. Ithaca*, NY: Cornell University Press, p. 6.

38 과학문헌에서는 이것을 종종 현저함 네트워크saliency network 혹은 지향 시스템orienting system이라 부른다.

39 llich, I. (1981). *Shadow work*. London, UK: Marion Boyars. and, Lambert, C. (2011, October 30). Our unpaid, extra shadow work. *The New York Times*, p. SR12.

40 Manjoo, F. (2014, March 13). A wild idea: Making our smartphones last longer. *The New York Times*, p. B1.

41 우리 선조들에게는 이런 일이 일어나지 않았다. 당신의 조부모는 펜과 종이로 글쓰기를 배웠고, 간혹 타자를 배우기도 했다. 펜과 종이라는 매체는 수세기 동안 변하지 않았다. 할아버지는 몇 년마다 새로운 펜을 사용하는 법을 배울 필요도, 새로운 종이에 쓰는 법을 배울 필요도 없었다.

42 Turner, C. (1987). *Organizing information: Principles and practice*. London, UK: Clive Bingley, p. 2.

43 Baillargeon, R., Spelke, E. S., & Wasserman, S. (1985). Object permanence in five-month-old infants. *Cognition*, 20(3), 191-208. and, Munakata, Y., McClelland, J. L., Johnson, M. H., & Siegler, R. S. (1997). Rethinking infant knowledge: Toward an adaptive process account of successes and failures in object permanence tasks. *Psychological Review*, 104(4), 686-713.

44 Levinson, S. C. (2012). Kinship and human thought. *Science*, 336(6084), 988-989.

45 상동.

46 Trautmann, T. R. (2008). *Lewis Henry Morgan and the invention of kinship*. Lincoln, NE: University of Nebraska Press.

47 Wilson, G. D. (1987). *Variant sexuality: Research and theory. Baltimore*, MD: The Johns Hopkins University Press.

48 Atran, S. (1990). *Cognitive foundations of natural history: Towards an anthropology of science*. New York, NY: Cambridge University Press.

49 상동. p. 216.

50 Bryson, B. (2010). *At home: A short history of private life*. New York, NY: Doubleday, p. 37.

2장 제일 먼저 이해해야 할 것

1   Schooler, J. W., Reichle, E. D., & Halpern, D. V. (2004). Zoning out while reading: Evidence for dissociations between experience and metaconsciousness. In D. T. Levin (Ed.), *Thinking and seeing: Visual metacognition in adults and children* (pp. 203-226). Cambridge, MA: MIT Press.

2   특히 뇌섬엽이 그렇다. Menon, V., & Uddin, L. Q. (2010). Saliency, switching, attention and control: A network model of insula function. *Brain Structure and Function*, 214(5-6), 655-667. and, Andrews-Hanna, J. R., Reidler, J. S., Sepulcre, J., Poulin, R., & Buckner, R. L. (2010). Functional-anatomic fractionation of the brain's default network. *Neuron*, 65(4), 550-562. and, D'Argembeau, A., Collette, F., Van der Linden, M., Laureys, S., Del Fiore, G., Degueldre, C., . .. Salmon, E. (2005). Self-referential reflective activity and its relationship with rest: A PET study. *NeuroImage*, 25(2), 616-624. and, Gusnard, D. A., & Raichle, M. E. (2001). Searching for a baseline: Functional imaging and the resting human brain. *Nature Reviews Neuroscience*, 2(10), 685-694. and, Jack, A. I., Dawson, A. J., Begany, K. L., Leckie, R. L., Barry, K. P., Ciccia, A. H., & Snyder, A. Z. (2013). fMRI reveals reciprocal inhibition between social and physical cognitive domains. *NeuroImage*, 66, 385-401. and, Kelley, W. M., Macrae, C. N., Wyland, C. L., Caglar, S., Inati, S., & Heatherton, T. F. (2002). Finding the self? An event-related fMRI study. *Journal of Cognitive Neuroscience*, 14(5), 785-794. and, Raichle, M. E., MacLeod, A. M., Snyder, A. Z., Powers, W. J., Gusnard, D. A., & Shulman, G. L. (2001). A default mode of brain function. *Proceedings of the National Academy of Sciences*, 98(2), 676-682. and, Wicker, B., Ruby, P., Royet, J. P., & Fonlupt, P. (2003). A relation between rest and the self in the brain? *Brain Research Reviews*, 43(2), 224-230.
    주석: 기계적 추론이나 현실세계의 사물이 필요한 과제는 과제집중 네트워크, 즉, 중앙관리자 네트워크를 활성화시킨다.

3   Raichle, M. E., MacLeod, A. M., Snyder, A. Z., Powers, W. J., Gusnard, D. A., & Shulman, G. L. (2001). A default mode of brain function. *Proceedings of the National Academy of Sciences*, 98(2), 676-682.

4   과학문헌에서는 내가 몽상 모드라고 부르는 것을 기본 모드, 혹은 과제 부정적 네트워크라고 부르고, 중앙관리자 모드는 과제 긍정적 네트워크라고 부른다.

5   Raichle, M. E., MacLeod, A. M., Snyder, A. Z., Powers, W. J., Gusnard, D. A., & Shulman, G. L. (2001). A default mode of brain function. *Proceedings of the National Academy of Sciences*, 98(2), 676-682.

6   Binder, J. R., Frost, J. A., Hammeke, T. A., Bellgowan, P. S., Rao, S. M., & Cox, R. W. (1999). Conceptual processing during the conscious resting state: A functional MRI study. *Journal of Cognitive Neuroscience*, 11(1), 80-93. and, Corbetta, M., Patel, G., & Shulman, G. (2008). The reorienting system of the human brain: From environment to theory of mind. *Neuron*, 58(3), 306-324. and, Fox, M. D., Snyder, A. Z., Vincent, J. L., Corbetta, M., Van Essen, D. C., & Raichle, M. E. (2005). The human brain is intrinsically organized into dynamic, anticorrelated functional networks. *Proceedings of the National Academy of Sciences*, 102(27), 9673-9678. and, Mazoyer, B., Zago, L., Mellet, E., Bricogne, S., Etard, O., Houde, O., . . .Tzourio-Mazoyer, N. (2001). Cortical networks for working memory and executive functions sustain the conscious resting state in man. *Brain Research Bulletin*, 54(3), 287-298. and, Shulman, G. L., Fiez, J. A., Corbetta, M., Buckner, R. L., Miezin, F. M., Raichle, M. E., & Petersen, S. E. (1997). Common blood flow changes across visual tasks: II. Decreases in cerebral cortex. *Journal of Cognitive Neuroscience*, 9(5), 648-663.

7   Menon, V., & Uddin, L. Q. (2010). Saliency, switching, attention and control: A network model

of insula function. *Brain Structure and Function*, 214(5-6), 655-667.

8   여기서 나는 명료함과 간결함을 위해 신경과학 문헌에서 세 가지 서로 다른 시스템으로 생각하는 것을 하나로 합쳐 말하고 있다. 이 세 가지는 필터 그 자체, 현저함 감지자saliency detector(지향 시스템 혹은 재지향 시스템으로도 불린다), 그리고 경보 모드 또는 경계 모드라 불리는 것이다. 이런 구별이 신경과학자들에게는 중요하지만 비전문가에게는 그다지 중요하지 않다.

9   Greicius, M. D., Krasnow, B., Reiss, A. L., & Menon, V. (2003). Functional connectivity in the resting brain: A network analysis of the default mode hypothesis. *Proceedings of the National Academy of Sciences*, 100(1), 253-258.

10   Sridharan, D., Levitin, D. J., & Menon, V. (2008). A critical role for the right fronto-insular cortex in switching between central-executive and default-mode networks. *Proceedings of the National Academy of Sciences*, 105(34), 12569-12574. 섬엽은 주의에도 관여한다. 신체적, 정서적 욕구를 조절하는 데도 도움을 주기 때문이다. 욕구는 항상성의 소실을 알리는 신호일 때가 많고, 우리로서는 이런 부분을 자각하는 것이 중요하다. 갈증과 배고픔은 이를 잘 보여주는 사례다. 단백질에 대한 갈망이나 시원한 환경에 대한 욕구도 마찬가지다. 하지만 지속적 주의는 우리가 이런 욕구를 억누를 것을 요구한다. 어떤 사람은 다른 사람들보다 이런 능력이 더 뛰어나다. 일부는 집중력이 승리를 거두기 때문에 우리는 결국 육체적으로 불편한 상태가 된다. 반면 일부는 욕구가 승리를 거두는 까닭에 일을 하고 있어야 할 시간에도 냉장고를 여러 번 여닫게 된다. 섬엽은 이렇게 서로 경쟁하는 요구의 균형을 맞추는 데 도움을 준다. 그리고 섬엽이 맡은 임무 중에는 중요한 욕구가 등장했을 때 이를 의식에 알리는 신호를 보내는 것도 있다. 섬엽에 손상을 입은 사람은 담배를 쉽게 끊는다. 흡연 욕구가 의식으로 전달되지도 않기 때문이다.
Naqvi, N. H., Rudrauf, D., Damasio, H., & Bechara, A. (2007). Damage to the insula disrupts addiction to cigarette smoking. *Science*, 315(5811), 531-534.

11   Corbetta, M., Patel, G., & Shulman, G. L. (2008). The reorienting system of the human brain: From environment to theory of mind. *Neuron*, 58(3), 306-324. and, Shulman, G. L., & Corbetta, M. (2014). Two attentional networks: Identification and function within a larger cognitive architecture. In M. Posner (Ed.), *The cognitive neuroscience of attention* (2nd ed.) (pp. 113-128). New York, NY: Guilford Press. For an alternate view, see Geng, J. J., & Vossel, S. (2013). Re-evaluating the role of TPJ in attentional control: Contextual updating? *Neuroscience & Biobehavioral Reviews*, 37(10), 2608-2620.

12   Meyer, M. L., Spunt, R. P., Berkman, E. T., Taylor, S. E., & Lieberman, M. D. (2012). Evidence for social working memory from a parametric functional MRI study. *Proceedings of the National Academy of Sciences*, 109(6), 1883-1888.

13   Dennett, D. C. (1991). *Consciousness explained*. New York, NY: Little, Brown and Company.

14   1956년에 조지 밀러George Miller는 주의력의 한계가 7±2의 항목으로 제한된다고 발견했고, 이 내용이 수십 년간 교육되었으나, 현재 신경과학에서는 네 가지 항목으로 더욱 제한되었다. Cowan, N. (2009). Capacity limits and consciousness. In T. Baynes, A. Cleeremans, & P. Wilken (Eds.), *Oxford companion to consciousness* (pp. 127-130). New York, NY: Oxford University Press. and, Cowan, N. (2010). The magical mystery four: How is working memory capacity limited, and why? *Current Directions in Psychological Science*, 19(1), 51-57.

15   인지신경과학에서는 다섯 번째 요소인 경계 모드도 인정하고 있다. 이것은 주의 필터와는 개념적으로 다른 것이지만, 이 논의를 위해서는 과제 집중 모드의 특별한 사례로 취급하고 있다. 이 경우는 검색과 경계가 그 과제에 해당한다. 이것은 당신이 경계를 유지하고 있을 때의 상태다. 휴식 상태가 새로운 상태로 대체되면서 예상된 신호를 감지하고 거기에 반응할 준비가 이루어진다. 전화가 울리기를 기다릴 때, 신호등이 파란불로 바뀌기를 기다릴 때 이런 일이 일어난다. 이 상태의 특징은 인식이 강화되고, 감각이 예민해지고, 각성이 일어나는 것이다.

16   Menon, V., & Uddin, L. Q. (2010). Saliency, switching, attention and control: A network model of insula function. *Brain Structure and Function*, 214(5-6), 655-667.

17   Corbetta, M., Patel, G., & Shulman, G. L. (2008). The reorienting system of the human brain: From environment to theory of mind. *Neuron*, 58(3), 306-324.

18   Kapogiannis, D., Reiter, D. A., Willette, A. A., & Mattson, M. P. (2013). Posteromedial cortex

glutamate and GABA predict intrinsic functional connectivity of the default mode network. *NeuroImage*, 64, 112-119.

19 Baldinger, P., Hahn, A., Mitterhauser, M., Kranz, G. S., Friedl, M., Wadsak, W., ... Lanzenberger, R. (2013). Impact of COMT genotype on serotonin-1A receptor binding investigated with PET. *Brain Structure and Function*, 1-12.

20 Bachner-Melman, R., Dina, C., Zohar, A. H., Constantini, N., Lerer, E., Hoch, S., . . . Ebstein, R. P. (2005). AVPR1a and SLC6A4 gene polymorphisms are associated with creative dance performance. *PLoS Genetics*, 1(3), e42. and, Ebstein, R. P., Israel, S., Chew, S. H., Zhong, S., & Knafo, A. (2010). Genetics of human social behavior. *Neuron*, 65(6), 831-844.

21 Posner, M. I., & Fan, J. (2008). Attention as an organ system. In J. R. Pomerantz (Ed.), *Topics in integrative neuroscience: From cells to cognition* (pp. 31-61). New York, NY: Cambridge University Press.

22 Sarter, M., Givens, B., & Bruno, J. P. (2001). The cognitive neuroscience of sustained attention: Where top-down meets bottom-up. *Brain Research Reviews*, 35(2), 146-160.

23 Howe, W. M., Berry, A. S., Francois, J., Gilmour, G., Carp, J. M., Tricklebank, M., . . . Sarter, M. (2013). Prefrontal cholinergic mechanisms instigating shifts from monitoring for cues to cue-guided performance: Converging electrochemical and fMRI evidence from rats and humans. *The Journal of Neuroscience*, 33(20), 8742-8752. and, Sarter, M., Givens, B., & Bruno, J. P. (2001). The cognitive neuroscience of sustained attention: Where top-down meets bottom-up. *Brain Research Reviews*, 35(2), 146-160. and, Sarter, M., & Parikh, V. (2005). Choline transporters, cholinergic transmission and cognition. *Nature Reviews Neuroscience*, 6(1), 48-56.

24 Howe, W. M., Berry, A. S., Francois, J., Gilmour, G., Carp, J. M., Tricklebank, M., . . . Sarter, M. (2013). Prefrontal cholinergic mechanisms instigating shifts from monitoring for cues to cue-guided performance: Converging electrochemical and fMRI evidence from rats and humans. *The Journal of Neuroscience*, 33(20), 8742-8752.

25 Sarter, M., & Bruno, J. P. (1999). Cortical cholinergic inputs mediating arousal, attentional processing and dreaming: Differential afferent regulation of the basal forebrain by telencephalic and brainstem afferents. *Neuroscience*, 95(4), 933-952.

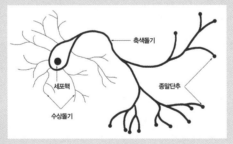

26 M. 사터[M. Sarter]와의 개인적 대화. 2013년 12월 23일.

27 Witte, E. A., Davidson, M. C., & Marrocco, R. T. (1997). Effects of altering brain cholinergic activity on covert orienting of attention: Comparison of monkey and human performance. *Psychopharmacology*, 132(4), 324-334.

28 Menon, V., & Uddin, L. Q. (2010). Saliency, switching, attention and control: A network model of insula function. *Brain Structure and Function*, 214(5-6), 655-667.

29 Called the alerting system in most of the neuroscientific literature, e. g., Posner, M. I. (2012). *Attention in a social world*. New York, NY: Oxford University Press.

30 Marrocco, R. T., & Davidson, M. C. (1998). Neurochemistry of attention. In R. Parasuraman

(Ed.), *The attentive brain* (pp. 35-50). Cambridge, MA: MIT Press. 이와 다른 견해는 다음을 참고하라. Clerkin, S. M., Schulz, K. P., Halperin, J. M., Newcorn, J. H., Ivanov, I., Tang, C. Y., & Fan, J. (2009). Guanfacine potentiates the activation of prefrontal cortex evoked by warning signals. *Biological Psychiatry*, 66(4), 307-312.

31 Hermans, E. J., van Marle, H. J., Ossewaarde, L., Henckens, M. J., Qin, S., van Kesteren, M. T., . . . Fernández, G. (2011). Stress-related noradrenergic activity prompts large-scale neural network reconfiguration. *Science*, 334(6059), 1151-1153. and, Frodl-Bauch, T., Bottlender, R., & Hegerl, U. (1999). Neurochemical substrates and neuroanatomical generators of the event-related P300. *Neuropsychobiology*, 40(2), 86-94.

32 Dang, L. C., O'Neil, J. P., & Jagust, W. J. (2012). Dopamine supports coupling of attention-related networks. *The Journal of Neuroscience*, 32(28), 9582-9587.

33 Corbetta, M., Patel, G., & Shulman, G. L. (2008). The reorienting system of the human brain: From environment to theory of mind. *Neuron*, 58(3), 306-324.

34 Wegner, D. M. (1987). Transactive memory: A contemporary analysis of the group mind. In B. Mullen & G. R. Goethals (Eds.), *Theories of group behavior* (pp. 185-208). New York, NY: Springer-Verlag, p. 187.

35 Harper, J. (Writer). (2011). Like a redheaded stepchild [television series episode]. In B. Heller (Executive producer), *The Mentalist* (Season 3, Episode 21). Los Angeles, CA: CBS Television.

36 Diekelmann, S., Büchel, C., Born, J., & Rasch, B. (2011). Labile or stable: Opposing consequences for memory when reactivated during waking and sleep. *Nature Neuroscience*, 14(3), 381-386. and, Nader, K., Schafe, G. E., & LeDoux, J. E. (2000). Reply-Reconsolidation: The labile nature of consolidation theory. *Nature Reviews Neuroscience*, 1(3), 216-219.

37 Greenberg, D. L. (2004). President Bush's false [flashbulb] memory of 9/11/01. *Applied Cognitive Psychology*, 18(3), 363-370. and, Talarico, J. M., & Rubin, D. C. (2003). Confidence, not consistency, characterizes flashbulb memories. *Psychological Science*, 14(5), 455-461.

38 일부 사례에서는 목록의 첫 번째 항목과 마지막 항목이 똑같이 잘 기억된다. 그리고 경우에 따라서는 마지막 항목이 첫 번째 항목보다 더 잘 기억될 때도 있다. 이런 차이는 주로 두 가지 변수 때문에 일어난다. 첫째, 목록이 얼마나 긴가. 둘째, 항목들을 만날 때 그것을 되뇌고 있는가 여부다. 목록은 긴데 되뇌임이 없을 때는 첫머리 효과가 줄어든다. 목록의 길이가 적당하고 되뇌임이 있을 때는 첫머리 효과가 막바지 효과보다 커질 수 있다. 처음 마주쳤던 항목이 나중에 나온 항목보다 좀 더 많은 되뇌기와 부호화가 이루어지기 때문이다.

39 Loftus, E. F., & Palmer, J. C. (1974). Reconstruction of automobile destruction: An example of the interaction between language and memory. *Journal of Verbal Learning and Verbal Behavior*, 13(5), 585-589.

40 Nader, K., & Hardt, O. (2009). A single standard for memory: The case for reconsolidation. *Nature Reviews Neuroscience*, 10(3), 224-234.

41 Perry, B. D., & Szalavitz, M. (2006). *The boy who was raised as a dog and other stories from a child psychiatrist's notebook: What traumatized children can teach us about loss, love, and healing*. New York, NY: Basic Books, p. 156.

42 Rosch, E. (1978). Principles of categorization. In E. Rosch & B. B. Lloyd (Eds.), *Cognition and categorization* (pp. 27-48). Hillsdale, NJ: Lawrence Erlbaum Associates.

43 Irwin, T. H. (1988). *Aristotle's first principles*. New York, NY: Oxford University Press. and, MacNamara, J. (1999). *Through the rearview mirror: Historical reflections on psychology*. Cambridge, MA: MIT Press, p. 33. and, Vogt, K. (2010). Ancient skepticism. In E. N. Zalta (Ed.), *The Stanford encyclopedia of philosophy* (Winter 2011 ed.). http://plato.stanford.edu/entries/skepticism-ancient/ 검색.

44 Maddox, T. (2013, January). Talk presented at the Seventh Annual Meeting of the Auditory Cognitive Neuroscience Society, Tucson, AZ.

45 Ross, B. H., & Murphy, G. L. (1999). Food for thought: Cross-classification and category organization in a complex real-world domain. *Cognitive Psychology*, 38(4), 495-553.

46 Seung, S. (2012). *Connectome: How the brain's wiring makes us who we are*. New York, NY: Houghton Mifflin Harcourt.

47 정신적 범주의 활성이 일어나는 정확한 부위는 사람마다 다르지만, 한 사람 안에서는 안정적으로 유지되고, 뇌의 특정 영역에 국한되는 경향이 있다.

48 Wittgenstein, L. (2010). *Philosophical investigations*. New York, NY: John Wiley & Sons.

49 놀랄 일도 아니지만, 대부분의 사람이 자신의 이름이 이 책에 실리기를 원치 않았다. 하지만 이 목록에는 몇 몇 노벨상 수상자, 선도적 과학자, 예술가, 저자, 〈포천〉 선정 500대 기업 CEO, 정치인 등이 포함되어 있다.

50 Sandberg, S. (2013, March 17). By the book: Sheryl Sandberg. *The New York Times Sunday Book Review*, p. BR8.

51 Allen, D. (2008). *Making it all work: Winning at the game of work and business of life*. New York, NY: Penguin, p. 35.

52 Allen, D. (2002). *Getting things done: The art of stress-free productivity*. New York, NY: Penguin, p. 15.

53 Allen, D. (2002). *Getting things done: The art of stressfree productivity*. New York, NY: Penguin.

54 Pirsig, R. (1991). *Lila: An inquiry into morals*. New York, NY: Bantam.

55 상동.

56 당신이 오늘 열 명에게 전화해야 한다고 해보자. 당신은 하나의 카드에 각각의 이름과 전화번호를 적고, 그와 함께 당신이 논의해야 할 내용에 대해 메모를 해둔다. 다시 두 번째 전화를 할 때 당신은 시간적으로 급한 문제가 있음을 알게 되었는데, 그와 관련된 사람이 목록에서 열 번째 있는 사람이었다. 그럼 간단하게 그 사람의 카드를 꺼내어 맨 위로 올려놓는다. 식료품 목록은? 언제쯤 식료품 가게에 가게 될지 예측해서 그 순서별로 색인카드 무더기에 넣어두었는데, 운전을 하다가 뜻하지 않게 식료품 가게 앞을 지나다가 때마침 시간이 남았다. 그럼 색인카드 무더기에서 식료품 목록 카드를 꺼내어 맨 위에 올려놓으면 된다.

57 폴 사이먼과의 개인적 대화. 2013년 9월 19일, 뉴욕. 존 피어스와의 개인적 대화. 1999년 1월 3일. 캘리포니아 팔로알토.

58 McKay, B., & McKay, K. (2010, September 13). The pocket notebooks of 20 famous men [Web log message]. http://www.artofmanliness.com/2010/09/13/the-pocket-notebooks-of-20-famous-men/ 검색.

제2부
3장 집안의 정리

1 Bryson, B. (2010). *At home: A short history of private life*. New York, NY: Doubleday, pp. 52-53. and, Steyn, P. (2011). Changing times, changing palates: The dietary impacts of Basuto adaptation to new rulers, crops, and markets, 1830s?k 1966. In C. Folke Ax, N. Brimnes, N. T. Jensen, & K. Oslund (Eds.), *Cultivating the colonies: Colonial states and their environmental legacies* (pp. 214-236). Columbus, OH: Ohio University Press. See also, Hopkins, J. (2004). *Extreme cuisine: The weird & wonderful foods that people eat*. North Clarendon, VT: Tuttle Publishing.

2 Bryson, B. (2010). *At home: A short history of private life*. New York, NY: Doubleday, pp. 56-61.

3 Arnold, J. E., Graesch, A. P., Ragazzini, E., & Ochs, E. (2012). *Life at home in the twenty-first century: 32 families open their doors*. Los Angeles, CA: Cotsen Institute of Archaeology Press at UCLA. and, Segerstrom, S. C., & Miller, G. E. (2004). Psychological stress and the human immune system: a meta-analytic study of 30 years of inquiry. *Psychological Bulletin*, 130(4), 601-630.

4 Kolbert, E. (2012, July 2). Spoiled rotten. *The New Yorker*.

5 Teitell, B. (2012, July 10). Boxed in, wanting out. *The Boston Globe*.

6 Green, P. (2012, June 28). The way we live: Drowning in stuff. *The New York Times*, p. D2.

7 Kirschbaum, C., Wolf, O. T., May, M., Wippich, W., & Hellhammer, D. H. (1996). Stress-and

treatment-induced elevations of cortisol levels associated with impaired declarative memory in healthy adults. *Life Sciences*, 58(17), 1475-1483. and, Lupien, S. J., Nair, N. P. V., Briere, S., Maheu, F., Tu, M. T., Lemay, *M*, . . . Meaney, M. J. (1999). Increased cortisol levels and impaired cognition in human aging: Implication for depression and dementia in later life. *Reviews in the Neurosciences*, 10(2), 117-140. and, Melamed, S., Ugarten, U., Shirom, A., Kahana, L., Lerman, Y., & Froom, P. (1999). Chronic burnout, somatic arousal and elevated salivary cortisol levels. *Journal of Psychosomatic Research*, 46(6), 591-598. and, Maule, A. G., Schreck, C. B., & Kaattari, S. L. (1987). Changes in the immune system of coho salmon (Oncorhynchus kisutch) during the parr-to-smolt transformation and after implantation of cortisol. *Canadian Journal of Fisheries and Aquatic Sciences*, 44(1), 161-166.

8   바지 코너는 벨보텀, 나팔바지, 버튼 플라이, 짚 플라이, 프리워시드, 애시드워시드 등등으로 더 세분할 수 있다. 파일폴더와 마찬가지로 이것 역시 항목의 총숫자에 달려 있다. 물품이 많은 가게에서는 지금 말한 방식으로 나누는 것이 합리적이다. 하지만 작은 가게라면 사이즈별로 여섯 종류의 바지밖에 없을 수도 있다.

9   2013년 12월 30일 샌프란시스코 메이시스 백화점 MAC 화장품 카운터 담당자와의 인터뷰(회사를 대표해 발언할 권한이 없는 사람이기 때문에 이름을 밝히지 않겠다). 이 내용은 상급 매니저와의 인터뷰를 통해 확인했다.

10 Rosch, E. (1978). Principles of categorization. In E. Rosch & B. B. Lloyd (Eds.), *Cognition and categorization* (pp. 27-48). Hillsdale, NJ: Lawrence Erlbaum Associates.

11 Lavenex, P., Steele, M. A., & Jacobs, L. F. (2000). Sex differences, but no seasonal variations in the hippocampus of food-caching squirrels: A stereological study. *The Journal of Comparative Neurology*, 425(1), 152-166.

12 Harrison, L. (2012, August 6). Taxi drivers and the importance of 'he Knowledge' *The Telegraph*. and, No GPS! *Aspiring London taxi drivers memorize a tangle of streets* [Video file]. (2013, April 11). NBC News. www.nbcnews.com 검색.

13 Maguire, E. A., Frackowiak, R. S. J., & Frith, C. D. (1997). Recalling routes around London: Activation of the right hippocampus in taxi drivers. *The Journal of Neuroscience*, 17(18), 7103-7110. and, Maguire, E. A., Gadian, D. G., Johnsrude, I. S., Good, C. D., Ashburner, J., Frackowiak, R. S. J., & Frith, C. D. (2000). Navigation-related structural change in the hippocampi of taxi drivers. *Proceedings of the National Academy of Sciences*, 97(8), 4398-4403. and, Maguire, E. A., Woollett, K., & Spiers, H. J. (2006). London taxi drivers and bus drivers: A structural MRI and neuropsychological analysis. *Hippocampus*, 16(12), 1091-1101.

14 Deng, W., Mayford, M., & Gage, F. H. (2013). Selection of distinct populations of dentate granule cells in response to inputs as a mechanism for pattern separation in mice. *eLife*, 2, e00312.

15 Foer, J. (2011). *Moonwalking with Einstein: The art and science of remembering everything*. New York, NY: Penguin.

16 Kosslyn, S. M., & Miller, G. W. (2013, October 18). A new map of how we think: Top brain/bottom brain. *The Wall Street Journal*.

17 조니 미첼은 이렇게 회상했다. "내가 처음 그 영화를 봤을 때를 기억해요. 그 영화의 예술성, 스토리, 의상까지 모두 좋아했죠. 그런데 줄리 크리스티가 대문을 열고 들어와서 열쇠를 열쇠걸이에다가 걸어놓는 것을 보고, 이 장면에서 내가 써먹을 만한 게 있구나 싶었죠. '줄리 크리스티는 절대 잃어버릴 수 없는 자리에 보관해 놓는구나' 라고요. 조니 미첼과의 개인적 대화 중에서. 2013년 10월 4일.

18 Dominus, S. (2014, January 26). My moves speak for themselves. *The New York Times Sunday Magazine*, p. MM10.

19 스티븐 코슬린과의 개인적 대화. 2013년 9월.

20 이와 마찬가지 이유로 효율성 전문가는 물건들을 자기가 필요해질 장소에 놓아둘 것을 권장한다.

21 저자와의 대화 중에서. 2012년 9월 7일. 브리티시 컬럼비아.

22 저자와의 대화 중에서. 2013년 1월 3일.

23 Logan, L. (Writer). (2013). Michael Jackson's lucrative legacy [television series episode]. In J.

Fagar (Executive producer), *60 Minutes*. New York, NY: CBS News.

24 Ono, Yoko (January 18, 1988). Lost Lennon Tapes Premiere Show. (Interview). Westwood One Radio Network.

25 Cowan, N. (2010). The magical mystery four: How is working memory capacity limited, and why? *Current Directions in Psychological Science*, 19(1), 51-57. and, Cowan, N. (2009). Capacity limits and consciousness. In T. Bayne, A. Cleeremans & P. Wilken (Eds.), *Oxford companion to consciousness* (pp. 127-130). New York, NY: Oxford University Press.

26 Allen, D. (2008). *Making it all work: Winning at the game of work and the business of life*. New York, NY: Penguin, p. 18.

27 Norman, D. (2013). *The design of everyday things: Revised and expanded edition*. New York, NY: Basic Books.

28 선반과 서랍을 정돈하는 네 가지 인지적 지침은 다음과 같다. 자주 사용하는 물건은 눈에 띄는 곳에, 혹은 적어도 손이 닿기 쉬운 곳에. 그리고 잘 사용하지 않는 물건은 정신을 산만하게 하지 않도록 보이지 않는 곳에. 비슷한 물건끼리 한 곳에. 하지만 비슷한 물건이 아니라도 함께 사용되는 물건은 한 곳에. 가능하면 물건을 계층구조에 따라 정돈하라.

29 S. 무코스키S. Mutkoski 코넬 호텔관리 스쿨 교수와의 개인적 대화. 2013년 5월 2일.

30 Farnsworth, P. R. (1934). Examinations in familiar and unfamiliar surroundings. *The Journal of Social Psychology*, 5(1), 128-129. and, Smith, S. M. (1979). Remembering in and out of context. *Journal of Experimental Psychology: Human Learning and Memory*, 5(5), 460-471, p. 460. and, Smith, S. M., & Vela, E. (2001). Environmental context-dependent memory: A review and meta-analysis. *Psychonomic Bulletin & Review*, 8(2), 203-220.

31 여기서는 설계라는 말은 느슨한 의미로 사용됐다. 뇌는 사실 설계된 것이 아니다. 뇌는 특별한 목적을 가진 처리 모듈의 집합으로 '진화'한 것이다.

32 Jonas, F. D. (1942). U. S. Patent No. 2305710 A. East Williston, NY. U. S. Patent and Trademark Office. Related patents by Jonas and Oxford include US2935204, 2312717, 2308077, 2800907, 3667854, 2318077, and many others.

33 Creel, R. (2013). How to set up an effective filing system. *Smead Corporation*. http://www.smead.com/hot-topics/filing-system-1396.asp 검색. United States Environmental Protection Agency. (2012). Records management tools. http://www.epa.gov 검색.

34 반면, 자주 사용하지 않는 문서는 이런 수준의 주의를 기울여도 득이 될 게 없다. 가전제품 구입 영수증은 AS가 필요한 경우를 대비해서 보관하고 싶을 수도 있다. 만약 가전제품이 잘 고장나지 않는 것이라면 각각의 제품별로 라벨을 붙인 폴더를 마련하느니 모든 영수증을 한데 보관하는 폴더를 하나만 마련하는 것이 효율적이다. 3년 후에 행여 세탁기가 고장나서 영수증을 찾아야 할 필요가 생기면, 그 폴더를 2~3분 정도만 뒤져보면 쉽게 찾을 수 있다.

35 Merrill, D. C., & Martin, J. A. (2010). *Getting organized in the Google era: How to get stuff out of your head, find it when you need it, and get it done right*. New York, NY: Crown Business, p. 73.

36 다음 출처에서 재인용. Kastenbaum, S. (2012, May 26). Texting while walking a dangerous experiment in multitasking [audio podcast]. *CNN Radio*.

37 Naish, J. (2009, August 11). Is multi-tasking bad for your brain? Experts reveal the hidden perils of juggling too many jobs. *Daily Mail*.

38 UN보고서에 따르면, 전 세계 70억 인구 중 60억 명은 휴대전화를 갖고 있는 반면, 화장실이 있는 사람은 45억 명에 불과하다. *Forbes*.

39 Naish, J. (2009, August 11). Is multi-tasking bad for your brain? Experts reveal the hidden perils of juggling too many jobs. *Daily Mail*. and, Wilson, G. (2010). Infomania experiment for Hewlett-Packard. www.drglennwilson.com 검색.

40 Foerde, K., Knowlton, B. J., & Poldrack, R. A. (2006). Modulation of competing memory systems by distraction. *Proceedings of the National Academy of Sciences*, 103(31), 11778-11783. and, Cohen, N. J., & Eichenbaum, H. (1993). *Memory, amnesia, and the hippocampal*

system. Cambridge, MA: MIT Press.

41 다음 출처에서 재인용. Naish, J. (2009, August 11). Is multi-tasking bad for your brain? Experts reveal the hidden perils of juggling too many jobs. *Daily Mail*.

42 예컨대 다음을 참고하라. Gazzaniga, M. (2008). *Human: The science behind what makes us unique*. New York, NY: HarperCollins.

43 과제 전환은 전전두엽피질과 전대상회, 그리고 기타 뇌 영역에서 혈류 산소 수준 신호에 큰 변화를 야기한다. 그리고 산소 수치의 이런 변화는 거의 항상 포도당의 대사를 동반한다.

44 과제 전환에서 관찰되는 피로는 전환이 일어나는 과제와도 많은 관련이 있을지 모른다. 우리는 보통 지겨운 과제 사이를 전환하기 때문이다(과제에 빠져들게 되는 경우, 우리는 보통 전환 없이 그 과제에 집중하는 경향이 있다). 마이클 포스너Michael Posner와의 개인적 대화. 2014년 4월 16일.

45 Nash, J. (2009, August 11). Is multi-tasking bad for your brain? Experts reveal the hidden perils of juggling too many jobs. *Daily Mail*.

46 Tang, Y-Y., Rothbart, M. K., & Posner, M. I. (2012). Neural correlates of establishing, maintaining, and switching brain states. *Trends in Cognitive Sciences*, 16(6), 330-337. and, Haier, R. J., Siegel, B. V., MacLachlan, A., Soderling, E., Lottenberg, S., & Buchsbaum, M. S. (1992). Regional glucose metabolic changes after learning a complex visuospatial/motor task: A positron emission tomographic study. *Brain Research*, 570(1-2), 134-143.

47 Kaufman, L. (2014, February 5). In texting era, crisis hotlines put help at youths' fingertips. *The New York Times*, p. A1.

48 Olds, J. (1956). Pleasure centers in the brain. *Scientific American*, 195(4), 105-116. and, Olds, J., & Milner, P. (1954). Positive reinforcement produced by electrical stimulation of septal area and other regions of rat brain. *Journal of Comparative Physiological Psychology*, 47(6), 419-427.

49 *Associated Press* (2007, September 18). Chinese man drops dead after 3-Day gaming binge. and, Demick, B. (2005, August 29). Gamers rack up losses. *The Los Angeles Times*.

50 Dove, J. (2013, October 3). Adobe reports massive security breach. *PCWorld*. and, Thomas, D. (2013, September 12). Hackers steal bank details of 2m Vodafone customers in Germany. *Financial Times*. and, Yadron, D., & Barrett, D. (2013, October 3). Jury indicts 13 cyberattack suspects. *The Wall Street Journal*, p. A2.

51 Manjoo, F. (2009, July 24). Fix your terrible, insecure passwords in five minutes. *Slate*.

52 Nahamoo, D. (2011, December 19). IBM 5 in 5: Biometric data will be key to personal security [Web log message]. *IBM Research*. http://ibmresearchnews.blogspot.com/2011/12/ ibm-5-in-5-biometric-data- will-be-key.html 검색.

53 대니얼 카너먼과의 개인적 대화. 2013년 7월 11일. See also, Klein, G. (2003). *The power of intuition: How to use your gut feelings to make better decisions at work*. New York, NY: Crown, pp. 98-101. and, Kahneman, D. (2011). *Thinking, fast and slow*. New York, NY: Farrar, Straus and Giroux.

54 당신의 진료 기록, 혈액검사 기록, X-레이 등을 스캔해서 PDF 파일로 만든 다음 USB 메모리에 넣자. PDF 파일의 첫 페이지에는 이름, 주소, 생일, 혈액형, 약물 알레르기(무척 중요하다!) 등의 필수적인 정보를 담도록 한다. 이렇게 하면 사고를 당해 응급치료가 필요할 때, 혹은 집에서 멀리 떨어진 곳에서 정기검사 등을 받아야 할 때 담당의사가 당신의 주치의로부터 기록을 받아올 때까지 기다릴 필요가 없다. USB 메모리는 비싸지 않고, PDF 파일은 대부분의 컴퓨터에서 읽을 수 있다. 이런 정보가 준비되어 있는 상태에서는 온갖 종류의 오진과 실수를 미연에 방지할 수 있다. 다른 사람이 이 기록을 놓치는 일이 없도록 지갑이나 주머니에는 모든 의료기록이 당신이 항상 가지고 다니는 USB 메모리에 들어 있다는 쪽지를 지갑이나 주머니에 넣어두자.

55 스티브 윈과의 개인적 대화. 2012년 5월 5일. 네바다 주 라스베이거스.

56 Levitin, D. J. (2008). *The world in six songs: How the musical brain created human nature*. New York, NY: Dutton.

1 Hu, W., & Goodman, J. D. (2013, July 18). Wake-up call for New Yorkers as police seek abducted boy. *The New York Times*, p. A1. and, Shallwani, P. (2013, July 17). Missing-child hunt sets off wake-up call. *The Wall Street Journal*, p. A19.

2 '앰버 경보'는 미국의 아동 유괴 정보 시스템을 지칭하는 용어로, 1996년에 텍사스에서 유괴되어 살해된 9세 아동 앰버 해저먼Amber Hagerman을 기리기 위해 지어진 이름이다.

3 Markoff, J. (2009, December 1). Looking for balloons and insights to online behavior. *The New York Times*, p. D2. and, Leiner, B. M., Cerf, V. G., Clark, D. D., Kahn, R. E., Kleinrock, L., Lynch, D. C., . . . Wolff, S. (2009). A brief history of the Internet. *ACM SIGCOMM Computer Communication Review*, 39(5), 22-31. and, Computer History Museum. (2004). Internet history. http://www.computerhistory.org/internet_history 검색.

4 Markoff, J. (2010, April 13). New force behind agency of wonder. *The New York Times*, p. D2.

5 Buchenroth, T., Garber, F., Gowker, B., & Hartzell, S. (2012, July). Automatic object recognition applied to Where's Waldo? *Aerospace and Electronics Conference* (NAECON), 2012 IEEE National, 117-120. and, Garg, R., Seitz, S. M., Ramanan, D., & Snavely, N. (2011, June). Where's Waldo: Matching people in images of crowds. *Proceedings of the 24th IEEE Conference on Computer Vision and Pattern Recognition*, 1793-1800.

6 Ayers, P., Matthews, C., & Yates, B. (2008). *How Wikipedia works: And how you can be a part of it*. San Francisco, CA: No Starch Press, p. 514.

7 Kickstarter, Inc. (2014). Seven things to know about Kickstarter. http://www.kickstarter.com 검색.

8 Surowiecki, J. (2005). *The wisdom of crowds*. New York, NY: Penguin. and, Treynor, J. L. (1987). Market efficiency and the bean jar experiment. *Financial Analysts Journal*, 43(3), 50-53.

9 Iaconesi, S. (2012). TED (Producer). (2013). *Why I open-sourced cures to my cancer: Salvatore Iaconesi at TEDGlobal 2013* [Video file]. http://blog.ted.com and, TEDMED. (2013, July 17). *Salvatore Iaconesi at TEDMED 2013* [Video file]. http://www.youtube.com 검색. TEDx Talks. (2012, November 4). *My open source cure: Salvatore Iaconesi at TEDx transmedia* [Video file]. http://www.youtube.com 검색.

10 Google. (2014). Digitalizing books one word at a time. http://www.google.com/recaptcha/learnmore 검색. von Ahn, L., Maurer, B., McMillen, C., Abraham, D., & Blum, M. (2008). reCAPTCHA: Human-based character recognition via web security measures. *Science*, 321(5895), 1465-1468.

11 이 리캡차 그림은 구글 북스에서 실제로 사용하는 것과 일치시키고, 기계가 판독을 어려워하는 것을 강조하려고 다시 그려 넣은 것이다.

12 Decety, J., & Lamm, C. (2007). The role of the right temporoparietal junction in social interaction: How low-level computational processes contribute to meta-cognition. *The Neuroscientist*, 13(6), 580-593.

13 Gopnik, A. (2014, February 14). The information: How the internet gets inside us. *The New Yorker*, 123-128.

14 4장의 이 섹션 여기저기에 따로 떨어져 있는 문장들은 다음의 자료에 대한 내 리뷰에서 처음 등장한 것이다. *Mindwise* in *The Wall Street Journal*. Levitin, D. J. (2014, February 22-23). Deceivers and believers: We are surprisingly terrible at divining what's going on in someone else's mind [Review of the book *Mindwise* by N. Epley]. *The Wall Street Journal*, pp. C5, C6.

15 Perry, B. D., & Szalavitz, M. (2006). *The boy who was raised as a dog and other stories from a child psychiatrist's notebook: What traumatized children can teach us about loss, love and healing*. New York, NY: Basic Books.

16 Klinenberg, E. (2012, February 12). America: Single, and loving it. *The New York Times*, p. ST10.

17 Bryson, B. (2010). *At home: A short history of private life*. New York, NY: Doubleday, p. 323.

18 Statistic Brain. (2013, December 11). Walmart company statistics. http://www.statisticbrain.com 검색.

19 로버트 샤피로와의 개인적 대화. 2012년 5월 6일. 네바다 주 라스베이거스.

20 데이비드 골드와의 개인적 대화. 2013년 11월 26일. 퀘벡 주 몬트리올.

21 크레이그 칼만과의 개인적 대화. 2013년 9월 20일. 뉴욕 주 뉴욕.

22 Wegner, D. M. (1987). Transactive memory: A contemporary analysis of the group mind. In B. Mullen & G. R. Goethals (Eds.), *Theories of group behavior* (pp. 185-208). New York, NY: Springer New York, p. 189.

23 Wegner, D. M., Giuliano, T., & Hertel, P. (1985). Cognitive interdependence in close relationships. In W. J. Ickes (Ed.), *Compatible and incompatible relationships* (pp. 253-276). New York, NY: Springer-Verlag.

24 Wegner, D. M. (1987). Transactive memory: A contemporary analysis of the group mind. In B. Mullen & G. R. Goethals (Eds.), *Theories of group behavior* (pp. 185-208). New York, NY: Springer New York, p. 194.

25 Baumeister, R. F., & Leary, M. R. (1995). The need to belong: Desire for interpersonal attachments as a fundamental human motivation. *Psychological Bulletin*, 117(3), 497-529, p. 497.

26 Grassian, S. (1983). Psychopathological effects of solitary confinement. *American Journal of Psychiatry*, 140(11), 1450-1454. and, Posey, T. B., & Losch, M. E. (1983). Auditory hallucinations of hearing voices in 375 normal subjects. *Imagination, Cognition and Personality*, 3(2), 99-113. and, Smith, P. S. (2006). The effects of solitary confinement on prison inmates: A brief history and review of the literature. *Crime and Justice*, 34(1), 441-528. Epley, N., Akalis, S., Waytz, A., & Cacioppo, J. T. (2008). Creating social connection through inferential reproduction: Loneliness and perceived agency in gadgets, gods, and greyhounds. *Psychological Science*, 19(2), 114-120.

27 Klinenberg, E. (2012, February 12). America: Single, and loving it. *The New York Times*, p. ST10. and, Epley, N. (2014). *Mindwise: How we understand what others think, believe, feel, and want.* New York, NY: Alfred A. Knopf, pp. 58-59.

28 편도체는 한때 뇌의 투쟁-도피 두려움 중추라고 불리기도 했다. 하지만 지금은 편도체가 그저 두려움뿐만 아니라 온갖 종류의 두드러진 정서적 사건을 파악하는 중추임을 알고 있다. 뇌의 정서적 학습과 기억 응고 중추이다. Dębiec, J., Doyére, V., Nader, K., & LeDoux, J. E. (2006). Directly reactivated, but not indirectly reactivated, memories undergo reconsolidation in the amygdala. *Proceedings of the National Academy of Sciences*, 103(9), 3428-3433. and, McGaugh, J. L. (2004). The amygdala modulates the consolidation of memories of emotionally arousing experiences. *Annual Review of Neuroscience*, 27(1), 1-28. and, Phelps, E. A. (2006). Emotion and cognition: Insights from studies of the human amygdala. *Annual Review of Psychology*, 57(1), 27-53.

29 Cashmore, P. (2006, July 11). MySpace, America's number one. http://www.mashable.com 검색. Olsen, S. (2006, July 13) Google's antisocial downside. http://news.cnet.com 검색. Kiss, J. (2014, February 4). Facebook's 10th birthday: from college dorm to 1. 23 billion users. *The Guardian*.

30 Marche, S. (2012, May). Is Facebook making us lonely? *The Atlantic*. and, Turkle, S. (2011). *Alone together: Why we expect more from technology and less from each other.* New York, NY: Basic Books. and, Fredrickson, B. (2013, March 23). Your phone vs. your heart. *The New York Times*, p. SR14.

31 Buhrmester, D., & Furman, W. (1987). The development of companionship and intimacy. *Child Development*, 58(4), 1101-1113. and, George, T. P., & Hartmann, D. P. (1996). Friendship networks of unpopular, average, and popular children. *Child Development*, 67(5), 2301-2316. and, Hartup, W. W., & Stevens, N. (1997). Friendships and adaptation in the life course. *Psychological Bulletin*, 121(3), 355-370. and, Berndt, T. J. (2002). Friendship quality and social

development. *Current Directions in Psychological Science*, 11(1), 7-10.

32 Buhrmester, D., & Furman, W. (1987). The development of companionship and intimacy. *Child Development*, 58(4), 1101-1113. and, L'Abate, L. (2013). [Review of the book The science of intimate relationships by Garth Fletcher, Jeffry A. Simpson, Lorne Campbell, and Nikola C. Overall]. *The American Journal of Family Therapy*, 41(5), 456. See also, Brehm, S. S. (1992). *Intimate relationships: The McGraw-Hill series in social psychology* (2nd ed.). New York, NY: McGraw-Hill.

33 Weingarten, K. (1991). The discourses of intimacy: Adding a social constructionist and feminist view. *Family Process*, 30(3), 285-305. and, Wynne, L. C. (1984). The epigenesis of relational systems: A model for understanding family development. *Family Process*, 23(3), 297-318.

34 이것은 H. G. (1989). *The dance of intimacy: A woman's guide to courageous acts of change in key relationships*. New York, NY: Harper Paperbacks, p.3.를 이해를 쉽게 하려고 바꾸어 표현한 것이다. Weingarten, K. (1991). The discourses of intimacy: Adding a social constructionist and feminist view. *Family Process*, 30(3), 285-305. Hatfield, E., & Rapson, R. I. (1993). *Love, sex & intimacy: Their psychology, biology & history*. New York, NY: HarperCollins. and, Hook, M. K., Gerstein, L. H., Detterich, L., & Gridley, B. (2003). How close are we? Measuring intimacy and examining gender differences. *Journal of Counseling & Development*, 81(4), 462-472.

35 Luepnitz, D.A. (1988). *The family interpreted: Feminist theory in clinical practice*. New York, NY: Basic Books. and, Ridley, J. (1993). Gender and couples: Do women and men seek different kinds of intimacy? *Sexual and Marital Therapy* 8(3) 243-253.

36 Acker, M., & Davis, M. H. (1992). Intimacy, passion and commitment in adult romantic relationships: A test of the triangular theory of love. *Journal of Social and Personal Relationships*, 9(1), 21-50. and, Graham, J. M. (2011). Measuring love in romantic relationships: A meta-analysis. *Journal of Social and Personal Relationships*, 28(6), 748-771. and, Sternberg, R. J. (1986). A triangular theory of love. *Psychological Review*, 93(2), 119.

37 Hare, B., Call, J., & Tomasello, M. (2006). Chimpanzees deceive a human competitor by hiding. *Cognition*, 101(3), 495-514. and, McNally, L., & Jackson, A. L. (2013). Cooperation creates selection for tactical deception. *Proceedings of the Royal Society* B: Biological Sciences, 280(1762).

38 Amirmoayed, A. (2012). [Review of the book Intimacy and power: *The dynamics of personal relationships in modern society* by D. Layder]. *Sociology*, 46(3), 566-568. and, Wynne, L. C., & Wynne, A. R. (1986). The quest for intimacy. *Journal of Marital and Family Therapy*, 12(4), 383-394.

39 Bryson, B. (2010). *At home: A short history of private life*. New York, NY: Doubleday, p. 323.

40 Cohen, S., Frank, E., Doyle, W. J., Skoner, D. P., Rabin, B. S., & Gwaltney Jr., J. M., (1998). Types of stressors that increase susceptibility to the common cold in healthy adults. *Health Psychology*, 17(3), 214-223. and, Hampson, S. E., Goldberg, L. R., Vogt, T. M., & Dubanoski, J. P. (2006). Forty years on: Teachers' assessments of children's personality traits predict self-reported health behaviors and outcomes at midlife. *Health Psychology*, 25(1), 57-64. and, Kiecolt-Glaser, J. K., Loving, T. J., Stowell, J. R., Malarkey, W. B., Lemeshow, S., Dickinson, S. L., & Glaser, R. (2005). Hostile marital interactions, proinflammatory cytokine production, and wound healing. *Archives of General Psychiatry*, 62(12), 1377-1384. and, Gallo, L. C., Troxel, W. M., Matthews, K. A., & Kuller, L. H. (2003). Marital status and quality in middle-aged women: Associations with levels and trajectories of cardiovascular risk factors. *Health Psychology*, 22(5), 453-463. and, Holt-Lunstad, J., Smith, T. B., & Layton, J. B. (2010). Social relationships and mortality risk: A meta-analytic review. *PLoS Medicine*, 7(7), e1000316.

41 Diener, E., & Seligman, M. E. P. (2002). Very happy people. *Psychological Science*, 13(1), 81-84. 이 단락에서 나는 다음의 훌륭한 기사를 알기 쉽게 풀어썼다. Finkel, et al. Finkel, E. J., Eastwick, P. W., Karney, B. R., Reis, H. T., & Sprecher, S. (2012). Online dating: A critical analysis from the

586

perspective of psychological science. *Psychological Science in the Public Interest*, 13(1), 3-66.

42 Knack, J. M., Jacquot, C., Jensen-Campbell, L. A., & Malcolm, K. T. (2013). Importance of having agreeable friends in adolescence (especially when you are not). *Journal of Applied Social Psychology*, 43(12), 2401-2413.

43 Hampson, S. E., & Goldberg, L. R. (2006). A first large cohort study of personality trait stability over the 40 years between elementary school and midlife. *Journal of Personality and Social Psychology*, 91(4), 763-779. and, Rothbart, M. K., & Ahadi, S. A. (1994). Temperament and the development of personality. *Journal of Abnormal Psychology*, 103(1), 55-66. and, Shiner, R. L., Masten, A. S., & Roberts, J. M. (2003). Childhood personality foreshadows adult personality and life outcomes two decades later. *Journal of Personality*, 71(6), 1145-1170.

44 Ahadi, S. A., & Rothbart, M. K. (1994). Temperament, development and the Big Five. In C. F. Halverson Jr., G. A. Kohnstamm, & R. P. Martin (Eds.), *The developing structure of temperament and personality from infancy to adulthood* (pp. 189-207). Hillsdale, NJ: Lawrence Erlbaum Associates.

45 Knack, J. M., Jacquot, C., Jensen-Campbell, L. A., & Malcolm, K. T. (2013). Importance of having agreeable friends in adolescence (especially when you are not). *Journal of Applied Social Psychology*, 43(12), 2401-2413.

46 상동.

47 Kohlberg, L. (1971). Stages of moral development. In C. Beck & E. Sullivan (Eds.), *Moral education* (pp. 23-92). Toronto, ON: University of Toronto Press.

48 Boulton, M. J., Trueman, M., Chau, C., Whitehead, C., & Amatya, K. (1999). Concurrent and longitudinal links between friendship and peer victimization: Implications for befriending interventions. *Journal of Adolescence*, 22(4), 461-466.

49 Schmidt, M. E., & Bagwell, C. L. (2007). The protective role of friendships in overtly and relationally victimized boys and girls. *Merrill-Palmer Quarterly*, 53(3), 439-460.

50 Hitsch, G. J., Hortaçsu, A., & Ariely, D. (2010). What makes you click-mate preferences in online dating. *Quantitative Marketing and Economics*, 8(4), 393-427.

51 Cocks, H. G. (2009). *Classified: The secret history of the personal column*. London, UK: Random House. and, Orr, A. (2004). *Meeting, mating, and cheating: Sex, love, and the new world of online dating*. Upper Saddle River, NJ: Reuters Prentice Hall.

52 Orr, A. (2004). *Meeting, mating, and cheating: Sex, love, and the new world of online dating*. Upper Saddle River, NJ: Reuters Prentice Hall.

53 Cacioppo, J. T., Cacioppo, S., Gonzaga, G. C., Ogburn, E. L., & VanderWeele, T. J. (2013). Marital satisfaction and break-ups differ across on-line and off-line meeting venues. *Proceedings of the National Academy of Sciences*, 110(25), 10135-10140.

54 미국 전역 설문조사에 따르면, 1980년대와 1990년대 초에 개인 광고를 통해 낭만적인 파트너를 만난 미국인은 1%도 되지 않았다. Laumann, E. O., Gagnon, J. H., Michael, R. T., & Michaels, S. (1994). *The social organization of sexuality: Sexual practices in the United States*. Chicago, IL: University of Chicago Press. and, Simenauer, J., & Carroll, D. (1982). *Singles: The new Americans*. New York, NY: Simon & Schuster.

55 Cacioppo, J. T., Cacioppo, S., Gonzaga, G. C., Ogburn, E. L., & VanderWeele, T. J. (2013). Marital satisfaction and break-ups differ across on-line and off-line meeting venues. *Proceedings of the National Academy of Sciences*, 110(25), 10135-10140.

56 Randall, D., Hamilton, C., & Kerr, E. (2013, June 9). We just clicked: More and more couples are meeting online and marrying. *The Independent*.

57 Finkel, E. J., Eastwick, P. W., Karney, B. R., Reis, H. T., & Sprecher, S. (2012). Online dating: A critical analysis from the perspective of psychological science. *Psychological Science* in the Public Interest, 13(1), 3-66.

58 1960년대 이전에 태어난 사람들은 일반적으로 성인이 되기 전에는 인터넷을 접해보지 못했고 사이버범죄,

개인정보 도용, 그리고 아직도 존재하는 기타 문제들에 대한 이야기를 바탕으로 인터넷을 회의적인 시각으로 바라보았다. 낯설고 새로운 매체가 등장했을 때 거기에 문제가 따르면 사람들은 보통 그것을 사용하기를 꺼린다. 1990년대 이후에 태어난 사람의 경우 당시 인터넷이 완전히 자리를 잡고 있었기 때문에 이들은 인터넷의 위험을 다른 기성 매체의 위험과 비슷하게 여겼다. 우리는 당좌예금계좌와 신용카드가 개인정보 도용의 위험이 있는 것을 알지만, 오랫동안 사용해왔기 때문에 그 위험을 그냥 받아들인다. 1998년에 등장했던 페이팔PayPal처럼 새로운 대안이 등장했을 때, 그것으로 전환하는 데 드는 비용은 저렴했지만 그것이 적어도 현재의 매체만큼이나 위험하다는 인식 때문에 그 장점이 상쇄되어버린다. 하지만 만약 페이팔이 당신이 처음 인터넷과 상호작용할 때 그 구조 안에 종속되어 있었다면 그것을 도입하는 데 따르는 장벽은 훨씬 낮았을 것이다.

59 Gopnik, A. (2014, February 14). The information: How the internet gets inside us. *The New Yorker*, 123-128. 고프닉은 다음의 문헌을 인용했다. Tukle, S. (2011). *Alone together: Why we expect more from technology and less from each other*. New York, NY: Basic Books.

60 Kraut, R., Patterson, M., Lundmark, V., Kiesler, S., Mukophadhyay, T., & Scherlis, W. (1998). Internet paradox: A social technology that reduces social involvement and psychological well-being? *American Psychologist*, 53(9), 1017-1031. and, Stevens, S. B., & Morris, T. L. (2007). College dating and social anxiety: Using the Internet as a means of connecting to others. *Cyberpsychology & Behavior*, 10(5), 680-688. and, Turkle, S. (2011). *Alone together: Why we expect more from technology and less from each other*. New York, NY: Basic Books.

61 Finkel, E. J., Eastwick, P. W., Karney, B. R., Reis, H. T., & Sprecher, S. (2012). Online dating: A critical analysis from the perspective of psychological science. *Psychological Science in the Public Interest*, 13(1), 3-66.

62 상동.

63 상동.

64 Finkel, E. J., Eastwick, P. W., Karney, B. R., Reis, H. T., & Sprecher, S. (2012). Online dating: A critical analysis from the perspective of psychological science. *Psychological Science in the Public Interest*, 13(1), 3-66. and, Wilson, T. D., & Schooler, J. W. (1991). Thinking too much: Introspection can reduce the quality of preferences and decisions. *Journal of Personality and Social Psychology*, 60(2), 181-192. and, Wu, P-L., & Chiou, W-B. (2009). More options lead to more searching and worse choices in finding partners for romantic relationships online: An experimental study. *CyberPsychology*, 12(3), 315-318.

65 Martin, L. L., Seta, J. J., & Crelia, R. A. (1990). Assimilation and contrast as a function of people's willingness and ability to expend effort in forming an impression. *Journal of Personality and Social Psychology*, 59(1), 27-37. 여기에도 수학적 원리가 작동한다. 더 나은 짝을 찾으리라는 희망에 검색의 유혹이 더 강해진다. 그래서 온라인 데이트 사이트 이용자들은 좋은 짝과는 한참 거리가 먼 프로필을 읽게 되고, 그래서 선별한 집합에 들어 있는 짝이 평균적인 질을 떨어뜨리고 만다. 그럼 결정 과부하가 시작되고, 이용자들은 점점 덜 까다로워지면서 오히려 더 형편없는 선택을 내리고 만다.

66 Lydon, J. E. (2010). How to forego forbidden fruit: The regulation of attractive alternatives as a commitment mechanism. *Social and Personality Psychology Compass*, 4(8), 635-644.

67 Toma, C. L., Hancock, J. T., & Ellison, N. B. (2008). Separating fact from fiction: An examination of deceptive self-presentation in online dating profiles. *Personality and Social Psychology Bulletin*, 34(8), 1023-1036.

68 Rosenbloom, S. (2011, November 12). Love, lies and what they learned. *The New York Times*, p. ST1.

69 Cacioppo, J. T., Cacioppo, S., Gonzaga, G. C., Ogburn, E. L., & VanderWeele, T. J. (2013). Marital satisfaction and break-ups differ across on-line and off-line meeting venues. *Proceedings of the National Academy of Sciences*, 110(25), 10135-10140.

70 Epley, N. (2014). *Mindwise: How we understand what others think, believe, feel, and want*. New York, NY: Alfred A. Knopf. and, Eyal, T., & Epley, N. (2010). How to seem telepathic: Enabling mind reading by matching construal. *Psychological Science*, 21(5), 700-705. and, Kenny, D. A.

(1994). *Interpersonal perception: A social relations analysis*. New York, NY: The Guilford Press, p. 159.

71 Epley, N. (2014). *Mindwise: How we understand what others think, believe, feel, and want*. New York, NY: Alfred A. Knopf, pp. 10-12.

72 상동. 또한 다음을 참고하라. Swann, W. B., Silvera, D. H., & Proske, C. U. (1995). On "Knowing your partner" Dangerous illusions in the age of AIDS? *Personal Relationships*, 2(3), 173-186.

73 Bond Jr., C. F., & DePaulo, B. M. (2006). Accuracy of deception judgments. *Personality and Social Psychology Review*, 10(3), 314-234.

74 Epley, N. (2014). *Mindwise: How we understand what others think, believe, feel, and want*. New York, NY: Alfred A. Knopf.

75 Kachalia, A., Kaufman, S. R., Boothman, R., Anderson, S., Welch, K., Saint, S., & Rogers, M. A. M. (2010). Liability claims and costs before and after implementation of a medical error disclosure program. Annals of *Internal Medicine*, 153(4), 213-221.

76 Epley, N. (2014). *Mindwise: How we understand what others think, believe, feel, and want*. New York, NY: Alfred A. Knopf, p. 185. See also, Chen, P. W. (2010, August 19). When doctors admit their mistakes. *The New York Times*. and, Kachalia, A., Kaufman, S. R., Boothman, R., Anderson, S., Welch, K., Saint, S., & Rogers, M. A. M. (2010). Liability claims and costs before and after implementation of a medical error disclosure program. *Annals of Internal Medicine*, 153(4), 213-221. This is a paraphrase from Epley of a quote from Richard Boothman, Chief Risk Officer for the University of Michigan hospital that participated in the disclosure study. Epley, N. (2014). *Mindwise: How we understand what others think, believe, feel, and want*. New York, NY: Alfred A. Knopf, p. 185.

77 Camden, C., Motley, M. T., & Wilson, A. (1984). White lies in interpersonal communication: A taxonomy and preliminary investigation of social motivations. *Western Journal of Speech Communication*, 48(4), 309-325. and, Erat, S., & Gneezy, U. (2012). White lies. *Management Science*, 58(4), 723-733. and, Scott, G. G. (2006). *The truth about lying: Why and how we all do it and what to do about it*. Lincoln, NE: iUniverse. and, Talwar, V., Murphy, S. M., & Lee, K. (2007). White lie-telling in children for politeness purposes. *International Journal of Behavioral Development*, 31(1), 1-11.

78 Grice, H. P. (1975). Logic and conversation. In P. Cole and J. Morgan (Eds.), *Syntax and semantics* (Vol. 3). New York, NY: Academic Press. also available in, Levitin, D. J. (2010). Foundations of cognitive psychology: Core readings (2nd ed.). Boston, MA: Allyn & Bacon.

79 Searle, J. R. (1991). Indirect speech acts. In S. Davis (Ed.), *Pragmatics: A reader* (pp. 265-277). New York, NY: Oxford University Press.

80 Eisenberger, N. I., & Lieberman, M. D. (2004). Why rejection hurts: A common neural alarm system for physical and social pain. *Trends in Cognitive Sciences*, 8(7), 294-300. and, Eisenberger, N. I., Lieberman, M. D., & Williams, K. D. (2003). Does rejection hurt? An fMRI study of social exclusion. *Science*, 302(5643), 290-292. and, MacDonald, G., & Leary, M. R. (2005). Why does social exclusion hurt? The relationship between social and physical pain. *Psychological Bulletin*, 131(2), 202-223, p. 202. and, DeWall, C. N., MacDonald, G., Webster, G. D., Masten, C. L., Baumeister, R. F., Powell, C., . . . Eisenberger, N. I. (2010). Acetaminophen reduces social pain: Behavioral and neural evidence. *Psychological Science*, 21(7), 931-937.

81 Searle, J. R. (1965). What is a speech act? In R. J Stainton (Ed.), *Perspectives in the philosophy of language: A concise anthology, 2000* (pp. 253-268). Peterborough, ON: Broadview Press. I'm paraphrasing and simplifying the story liberally; Searle's own account is much better and funnier.

82 Turner, C. (1987). *Organizing information: Principles and practice*. London, UK: Clive Bingley.

83 Sesame Street (1970, April 23). Ernie eats cake. [Television series episode]. In Sesame Street (Season 1, Episode 119). New York, NY: Children's Television Workshop.

84 National Aeronautics and Space Administration. (n.d.). Pluto: Overview. https://solarsystem. nasa.gov/planets/profile.cfm?Object=Pluto 검색.

85 Shannon, B. (1987). Cooperativeness and implicature?A reversed perspective. *New Ideas in Psychology*, 5(2), 289-293.

86 Anderson, J. S., Lange, N., Froehlich, A., DuBray, M. B., Druzgal, T. J., Froimowitz, M. P., . . . Lainhart, J. E. (2010). Decreased left posterior insular activity during auditory language in autism. *American Journal of Neuroradiology*, 31(1), 131-139. and, Harris, G. J., Chabris, C. F., Clark, J., Urban, T., Aharon, I., Steele, S., . . . Tager-Flusberg, H. (2006). Brain activation during semantic processing in autism spectrum disorders via functional magnetic resonance imaging. *Brain and Cognition*, 61(1), 54-68. and, Wang, A. T., Lee, S. S., Sigman, M., & Dapretto, M. (2006). Neural basis of irony comprehension in children with autism: The role of prosody and context. *Brain*, 129(4), 932-943.

87 Blaicher, W., Gruber, D., Bieglmayer, C., Blaicher, A. M., Knogler, W., & Huber, J. C. (1999). The role of oxytocin in relation to female sexual arousal. *Gynecologic and Obstetric Investigation*, 47(2), 125-126. and, Carmichael, M. S., Humbert, R., Dixen, J., Palmisano, G., Greenleaf, W., & Davidson, J. M. (1987). Plasma oxytocin increases in the human sexual response. *Journal of Clinical Endocrinology & Metabolism*, 64(1), 27-31. See also, Diamond, L. M. (2004). Emerging perspectives on distinctions between romantic love and sexual desire. *Current Directions in Psychological Science*, 13(3), 116-119. and, Young, L. J., & Wang, Z. (2004). The neurobiology of pair bonding. *Nature Neuroscience*, 7(10), 1048-1054.

88 이 섹션의 대부분은 다음의 자료에 들어 있는 정보를 기반으로 한 것이다. Chanda, M. L., & Levitin, D. J. (2013). The neurochemistry of music. *Trends in Cognitive Sciences*, 17(4), 179-193.

89 Blazer, D. G. (1982). Social support and mortality in an elderly community population. *American Journal of Epidemiology*, 115(5), 684-694. and, Broadhead, W. E., Kaplan, B. H., James, S. A., Wagner, E. H., Schoenbach, V. J., Grimson, R., . . . Gehlbach, S. H. (1983). The epidemiologic evidence for a relationship between social support and health. *American Journal of Epidemiology*,117(5), 521-537. and, Wills, T. A., & Ainette, M. G. (2012). Social networks and social support. In A. Baum, T. A. A. Revenson, & J. Singer (Eds.), *Handbook of Health Psychology* (pp. 465-492). New York, NY: Psychology Press, p. 465.

90 옥시토신이 그 자체로 친사회적인 것은 아니다. 그보다는 스트레스, 불안, 정서적 동기 상태, 그리고 사회적 정보와 관련한 지각적 선택성을 조절한다. Bartz, J. A., & Hollander, E. (2006). The neuroscience of affiliation: Forging links between basic and clinical research on neuropeptides and social behavior. *Hormones and Behavior*, 50(4), 518-528. and, Bartz, J. A., Zaki, J., Bolger, N., & Ochsner, K. N. (2011). Social effects of oxytocin in humans: context and person matter. *Trends in Cognitive Sciences*, 15(7), 301-309. and, Chanda, M. L., & Levitin, D. J. (2013). The neurochemistry of music. *Trends in Cognitive Sciences*, 17(4), 179-193.

91 Grape, C., Sandgren, M., Hansson, L. O., Ericson, M., & Theorell, T. (2003). Does singing promote well-being?: An empirical study of professional and amateur singers during a singing lesson. *Integrative Physiological and Behavioral Science*, 38(1), 65-74. and, Nilsson, U. (2009). Soothing music can increase oxytocin levels during bed rest after open-heart surgery: A randomised control trial. *Journal of Clinical Nursing*, 18(15), 2153-2161.

92 Insel, T. R. (2010). The challenge of translation in social neuroscience: A review of oxytocin, vasopressin, and affiliative behavior. *Neuron*, 65(6), 768-779. and, Young, L. J., Nilsen, R., Waymire, K. G., MacGregor, G. R., & Insel, T. R. (1999). Increased affiliative response to vasopressin in mice expressing the V1a receptor from a monogamous vole. *Nature*, 400(6746), 766-768.

93 Trezza, V., Baarendse, P. J., & Vanderschuren, L. J. (2010). The pleasures of play: Pharmacological insights into social reward mechanisms. Trends in Pharmacological Sciences, 31(10), 463-469. and, Trezza, V., & Vanderschuren, L. J. (2008). Bidirectional cannabinoid

modulation of social behavior in adolescent rats. *Psychopharmacology*, 197(2), 217-227.

94 이 증명과 공식화에 대해서는 제이슨 렌트프로Jason Rentfrow에게 감사한다. 제이슨 렌트프로와의 개인적 대화. 2013년 11월 4일. 또한 다음을 참고하라. Rothbart, M., Dawes, R., & Park, B. (1984). Stereotyping and sampling biases in intergroup perception. In J. R. Eiser (Ed.), *Attitudinal judgment* (pp. 109-134). New York, NY: Springer-Verlag, p. 125. and, Watson, D. (1982). The actor and the observer: How are their perceptions of causality divergent? *Psychological Bulletin*, 92(3), 682-700.

95 Gilbert, D. T. & Malone, P. S. (1995). The correspondence bias. *Psychological Bulletin*, 117(1), 21-38.

96 Darley, J. M., & Batson, C. D. (1973). "From Jersulem to Jericho" A study of situational and dispositional variables in helping behavior. *Journal of Personality and Social Psychology*, 27(1), 100-108.

97 여기서 나는 실제 내용을 단순화했다. 실제 연구에는 세 가지 조건과 40명의 참가자가 동원됐다. 그 세 조건은 아주 급함, 중간 정도로 급함, 살짝 급함이었다. 하지만 이 가설에서 가장 대조적이고 흥미로운 조건은 아주 급함과 살짝 급함이기 때문에 여기서는 이 두 가지만을 들었다.

98 Ross, L. D., Amabile, T. M., & Steinmetz, J. L. (1977). Social roles, social control, and biases in social-perception processes. *Journal of Personality and Social Psychology*, 35(7), 485-494, p. 485.

99 로스의 실험에서 실제로 나온 질문은 문헌에 나와 있지 않지만 이 예제들은 그 설문 조사자가 던진 질문의 종류, 범위, 폭을 잘 나타내고 있다. 오든Auden과 빙하에 관한 질문은 원래의 문헌에 나온 것이다. 리 로스와의 개인적 대화. 1991년 1월.

100 Ross, L. D., Amabile, T. M., & Steinmetz, J. L. (1977). Social roles, social control, and biases in social-perception processes. *Journal of Personality and Social Psychology*, 35(7), 485-494, p. 485.

101 기본적 귀인 오류는 많은 비난을 받고 있다. 그중에는 그저 추론적 과정만이 아닌 사회적 과정이 작용하고 있다는 주장도 있다. 다음을 참고하라. *European Review of Social Psychology*, 15(1), 183-217. and also, it may be unique to Western culture, reflecting an individualist bias: Clarke, S. (2006). Appealing to the fundamental attribution error: Was it all a big mistake? In D. Coady (Ed.), *Conspiracy theories: The philosophical debate* (pp. 130-140). Burlington, VT: Ashgate Publishing. and, Hooghiemstra, R. (2008). East-West differences in attributions for company performance: A content analysis of Japanese and U. S. corporate annual reports. *Journal of Cross-Cultural Psychology*, 39(5), 618-629. and, Langdridge, D., & Butt, T. (2004). The fundamental attribution error: A phenomenological critique. *British Journal of Social Psychology*, 43(3), 357-369. and, Truchot, D., Maure, G., & Patte, S. (2003). Do attributions change over time when the actor's behavior is hedonically relevant to the perceiver? *The Journal of Social Psychology*, 143(2), 202-208.

102 Mackie, D. M., Allison, S. T., Worth, L. T., & Asuncion, A. G. (1992). The generalization of outcome-biased counter-stereotypic inferences. *Journal of Experimental Social Psychology*, 28(1), 43-64.

103 상동.

104 Allison, S. T., & Messick, D. M. (1985). The group attribution error. *Journal of Experimental Social Psychology*, 21(6), 563-579. and, Mackie, D. M., Allison, S. T., Worth, L. T., & Asuncion, A. G. (1992). The generalization of outcome-biased counter-stereotypic inferences. *Journal of Experimental Social Psychology*, 28(1), 43-64. and, Schaller, M. (1992). In-group favoritism and statistical reasoning in social inference: Implications for formation and maintenance of group stereotypes. *Journal of Personality and Social Psychology*, 63(1), 61-74.

105 Kahneman, D. (2011). *Thinking, fast and slow*. New York, NY: Farrar, Straus and Giroux. and, Mackie, D. M., Allison, S. T., Worth, L. T., & Asuncion, A. G. (1992). The generalization of outcome-biased counter-stereotypic inferences. *Journal of Experimental Social Psychology*,

28(1), 43-64.

106 Rachlinski, J. J., Wistrich, A. J., & Guthrie, C. (2005). Can judges ignore inadmissible information? The difficulty of deliberately disregarding. *University of Pennsylvania Law Review* 153(4), 1251-1345.

107 Anderson, C. A., & Kellam, K. L. (1992). Belief perseverance, biased assimilation, and covariation detection: The effects of hypothetical social theories and new data. *Personality and Social Psychology Bulletin*, 18(5), 555-565. and, Bonabeau, E. (2009). Decisions 2.0: The power of collective intelligence. *MIT Sloan Management Review*, 50(2), 45-52. and, Carretta, T. R., & Moreland, R. L. (1982). Nixon and Watergate: A field demonstration of belief perseverance. Personality and Social Psychology Bulletin, 8(3), 446-453. and, Guenther, C. L., & Alicke, M. D. (2008). Self-enhancement and belief perseverance. *Journal of Experimental Social Psychology*, 44(3), 706-712. 증거가 부당함이 입증되었을 때도 그 판단에 대한 정서적 특성은 계속 남아 있다. Sherman, D. K., & Kim, H. S. (2002). Affective perseverance: The resistance of affect to cognitive invalidation. *Personality and Social Psychology Bulletin*, 28(2), 224-237.

108 Nisbett, R. E., & Valins, S. (1972). Perceiving the causes of one's own behavior. In D. E. Kanouse, H. H. Kelley, R. E. Nisbett, S. Valins, & B. Weiner (Eds.), *Attribution: Perceiving the causes of behavior* (pp. 63-78). Morristown, NJ: General Learning Press. and, Valins, S. (2007). Persistent effects of information about internal reactions: Ineffectiveness of debriefing. In H. London & R. E. Nisbett (Eds.), *Thought and feeling: The cognitive alteration of feeling states*. Chicago, IL: Aldine Transaction. 기본적 귀인 오류의 편재성과 그것을 유발하는 상황에 대해 반박하는 흥미로운 관점은 다음 자료를 참고하기 바란다. Malle, B. F. (2006). The actor-observer asymmetry in attribution: A (surprising) meta-analysis. *Psychogical Bulletin*, 132(6), 895-919.

109 이 실험에서는 미리 지정해놓은 시점에 심장박동 소리를 크게 증가시켜 각성이 가능한 최고 수준에 이르렀음을 알렸다. 그리고 이를 통해 해당 여성에게 매력을 느낀다는 암시를 함께 전했다. 그 여성들 중 한 명에게 참가자들이 보편적으로 매력을 느낀 것은 아니다. 이 요소는 순서를 무작위로 설정했기 때문에 이 실험에 참가한 남성들은 서로 다른 사진에서 심장박동수가 올라가는 것처럼 느꼈다.

110 Valins, S. (2005). Persistent effects of information about internal reactions: Ineffectiveness of debriefing. *Integrative Physiological & Behavioral Science*, 40(3), 161-165.

111 Epley, N. (2014). *Mindwise: How we understand what others think, believe, feel, and want*. New York, NY: Alfred A. Knopf.

112 Eckert, P. (1989). *Jocks and burnouts: Social categories and identity in the high school*. New York, NY: Teachers College Press.

113 Rothbart, M., Dawes, R., & Park, B. (1984). Stereotyping and sampling biases in intergroup perception. In J. R. Eiser (Ed.), *Attitudinal judgment* (pp. 109-134). New York, NY: Springer-Verlag.

114 D'Argembeau, A., Ruby, P., Collette, F., Degueldre, C., Balteau, E., Luxen, A., . . . Salmon, E. (2007). Distinct regions of the medial prefrontal cortex are associated with self-referential processing and perspective taking. *Journal of Cognitive Neuroscience*, 19(6), 935-944. and, Mitchell, J. P., Banaji, M. R., & MacRae, C. N. (2005). The link between social cognition and self-referential thought in the medial prefrontal cortex. *Journal of Cognitive Neuroscience*, 17(8), 1306-1315. and, Northoff, G., & Bermpohl, F. (2004). Cortical midline structures and the self. *Trends in Cognitive Sciences*, 8(3), 102-107.

115 D'Argembeau, A., Ruby, P., Collette, F., Degueldre, C., Balteau, E., Luxen, A., . . . Salmon, E. (2007). Distinct regions of the medial prefrontal cortex are associated with self-referential processing and perspective taking. *Journal of Cognitive Neuroscience*, 19(6), 935-944. and, Gusnard, D. A., Akbudak, E., Shulman, G. L., & Raichle, M. E. (2001). Medial prefrontal cortex and self-referential mental activity: Relation to a default mode of brain function. *Proceedings of the National Academy of Sciences*, 98(7), 4259-4264. and, Mitchell, J. P., Banaji, M. R., & MacRae, C. N. (2005). The link between social cognition and self-referential thought in the

medial prefrontal cortex. *Journal of Cognitive Neuroscience*, 17(8), 1306-1315.

116 Rabbie, J. M., & Horwitz, M. (1969). Arousal of ingroup-outgroup bias by a chance win or loss. *Journal of Personality and Social Psychology*, 13(3), 269-277, p. 269.

117 Lewin, K. (1948). *Resolving social conflicts: Selected papers on group dynamics*. Oxford, UK: Harper.

118 이런 것이 너무 억지스러워 보일지 모르지만, 이 밑바탕에서 작동하고 있는 메커니즘은 그저 자부심과 관련된 것인지도 모른다. 오리건대학의 심리학자 믹 로스바트Mick Rothbar의 말처럼 우리는 자기와 비슷한 집단을 격상시키고 자기와 다른 집단은 폄하함으로써 자신의 자부심을 강화하기를 바란다. 로버트 치알디니Robert Cialdini의 발견도 고려할 만하다. 실험자들이 피험자들에게 자신감 상실을 경험하게 했더니 피험자들이 자기가 좋아하는 스포츠팀에 대해 느끼는 방식에 큰 영향을 미쳤다. 이기고 있는 홈팀을 '우리'라고 지칭하고, 지는 홈팀을 '그들'이라고 지칭하는 경우가 많아진 것이다. Cialdini, R. B., Borden, R. J., Thorne, A., Walker, M. R., Freeman, S., & Sloan, L. R. (1976). Basking in reflected glory: Three (football) field studies. *Journal of Personality and Social Psychology*, 34(3), 366-375. and, Rothbart, M., Dawes, R., & Park, B. (1984). In J. R. Eiser (Ed.), *Attitudinal judgment* (pp. 109-134). New York, NY: Springer-Verlag.

119 Rothbart, M., & Hallmark, W. (1988). In-group-out-group differences in the perceived efficacy of coercion and conciliation in resolving social conflict. *Journal of Personality and Social Psychology*, 55(2), 248-257.

120 인종차별에 대한 설명은 내가 여기에 소개한 인지적인 것 말고도 또 있다. 다음을 참고하라. Brown, R. (2010). *Prejudice: Its social psychology*, (2nd ed.). Oxford, UK: John Wiley & Sons. and, Major, B., & O'Brien, L. T. (2005). The social psychology of stigma. *Annual Review of Psychology*, 56, 393-421. and, Smedley, A., & Smedley, B. D. (2005). Race as biology is fiction, racism as a social problem is real: Anthropological and historical perspectives on the social construction of race. *American Psychologist*, 60(1), 16-26, p. 16.

121 Rothbart, M., Dawes, R., & Park, B. (1984). Stereotyping and sampling biases in intergroup perception. In J. R. Eiser (Ed.), *Attitudinal judgment* (pp. 109-134). New York, NY: Springer-Verlag, p. 112.

122 이것을 '집단 간 접촉 이론intergroup contact theory'이라고 한다. Pettigrew, T. F., & Tropp, L. R. (2006). A meta-analytic test of intergroup contact theory. *Journal of Personality and Social Psychology*, 90(5), 751-783.

123 Rothbart, M., Dawes, R., & Park, B. (1984). Stereotyping and sampling biases in intergroup perception. In J. R. Eiser (Ed.), *Attitudinal judgment* (pp. 109-134). New York, NY: Springer-Verlag, p. 113.

124 Rothbart, M., & Lewis, S. (1988). Inferring category attributes from exemplar attributes: Geometric shapes and social categories. *Journal of Personality and Social Psychology*, 55(5), 861-872.

125 Garthoff, R. L. (1988). Cuban missile crisis: The Soviet story. *Foreign Policy*, 72, 61-80.

126 Khrushchev, N. (1962, October 24). 케네디 대통령에게 보낸 편지. Kenney Library, President's Office Files, Cuba. 분류 표시는 없음. 이 '공식 번역본'은 미국 국무부에서 작성한 것이고, 모스크바의 대사관(10월 25일 전보 1070으로 전송)에서 작성한 '비공식 번역본'은 Department of State Bulletin, November 19, 1973, pp. 637-639에 출력되어 있다. Office of the Historian, U. S. Department of State. (n.d.). Kennedy-Krushchev exchanges: Document 63. In *Foreign Relations of the United States*, 1961-1963 (6). http://history.state.gov/historicaldocuments/frus1961-63v06/d63 검색. 소련 대사관이 1962년 10월 26일 저녁 7시에 미국 국무부로 보낸 전보. Kennedy Library, National Security Files, Countries Series, USSR, Khrushchev Correspondence. Secret; Eyes Only; Niact; Verbatim Text. 10월 26일 저녁 9시 15분에 백악관으로 전달됐다. 이 메시지의 다른 복사본이 Department of State, Presidential Correspondence: Lot 66 D 204과 ibid.: Lot 77 D 163에 들어 있다. 러시아어로 된 복사본은 전자에 들어 있다. 미국 국무부가 작성한 이 '비공식 번역본'과 '공식 번역본'은 Department of State Bulletin, November 19, 1973, pp. 640-645에 실려 있다. Office of the

Historian, U. S. Department of State. (n. d.). Kennedy-Krushchev exchanges: Document 65. In *Foreign Relations of the United States*, 1961-1963 (6). http://history.state.gov/ historicaldocuments/frus1961-63v06/d65 검색.

127 이것을 실험으로 재현한 것은 다음 자료의 2번 실험을 참고하라. Rothbart, M., & Hallmark, W. (1988). In-group-out-group differences in the perceived efficacy of coercion and conciliation in resolving social conflict. *Journal of Personality and Social Psychology*, 55(2), 248-257.

128 Kirkpatrick, D. D. (2014, January 25). Prolonged fight feared in Egypt after bombings. *The New York Times*, p. A1.

129 이 문장과 앞에 나온 문단의 상당 부분은 다음의 자료에서 가져왔다. Rothbart, M., & Hallmark, W. (1988). In-group-out-group differences in the perceived efficacy of coercion and conciliation in resolving social conflict. *Journal of Personality and Social Psychology*, 55(2), 248-257.

130 조지 슐츠와의 개인적 대화. 2012년 7월. 캘리포니아 주 소노마 카운티.

131 아르헨티나 형법전 106-108 문항에는 다음과 같은 조항이 있다. "타인을 위험으로 밀어 넣거나 혼자서는 자기의 운명에 대처할 수 없고, 누군가의 도움이 필요한 사람을 방치함으로써 그 사람의 삶이나 건강을 위험에 빠뜨리는 자는(저자의 강조)…… 2년 이상 6개월 이하의 징역에 처한다." Hassel, G. (n.d.). Penal especial [Special penalty]. http://www.monografias.com/trabajos52/penal-especial/penal-especial2.shtml 검색.

132 Darley, J. M., & Latané, B. (1968). Bystander intervention in emergencies: Diffusion of responsibility. *Journal of Personality and Social Psychology*, 8(4), 377-383. and, Milgram, S., & Hollander, P. (1964). The murder they heard. *The Nation*, 198(15), 602-604.

133 Darley, J. M., & Latané, B. (1968). Bystander intervention in emergencies: Diffusion of responsibility. *Journal of Personality and Social Psychology*, 8(4), 377-383, p. 377.

134 *Report: Shoppers unfazed as man dies at Target* [Video file]. (2011, November 26). NBC News. Pocklington, R. (2013, Dec. 29). Shocking surveillance footage shows customers stepping over shooting victim as he lay dying in store doorway. *Daily Mirror*. and, Hall, Jr. R. (2013, Dec. 23). Kalamazoo man convicted of murder in 2012 shooting of Jheryl Wright, 24. *Kalamazoo Gazette*/MLive.com.

135 Studies of independence and conformity: I. A minority of one against a unanimous majority. *Psychological Monographs: General and Applied*, 70(9), 1-70.

136 Festinger, L. (1954). A theory of social comparison processes. *Human Relations*, 7(2), 117-140.

137 Darley, J. M., & Latané, B. (1968). Bystander intervention in emergencies: Diffusion of responsibility. *Journal of Personality and Social Psychology*, 8(4), 377-383.

138 상동.

139 이하 문단. Kristof, n.d. (2008, July 31). A farm boy reflects. *The New York Times*. and, Kristof, n.d. (2013, October 20). Are chicks brighter than babies? *The New York Times*, p. SR13. and, Cheney, D. L., & Seyfarth, R. M. (1990). *How monkeys see the world: Inside the mind of another species*. Chicago, IL: University of Chicago Press. Santema, P., & Clutton-Brock, T. (2013). Meerkat helpers increase sentinel behaviour and bipedal vigilance in the presence of pups. *Animal Behavior*, 85(3), 655-661. Wright, A. (2008).

140 Madden, J. R., & Clutton-Brock, T. H. (2010). Experimental peripheral administration of oxytocin elevates a suite of cooperative behaviors in a wild social mammal. *Proceedings of the Royal Society B: Biological Sciences*, 278(1709), 1189-1194.

5장 시간의 정리

1 이 시나리오는 문헌에서 있는 그대로 가져오지 않은 유일한 시나리오다. 이것은 독자들이 이 기능 이상에 대해 감을 잡을 수 있게 보여줄 목적으로 몇몇 전두엽 손상 환자의 상황을 조합해서 나타냈다. 기본적 세부사

항은 다음의 자료에서 가져왔다. Penfield, W. (1935). The frontal lobe in man: A clinical study of maximum removals. *Brain*, 58(1), 115-133.

2 Eslinger, P. J., & Damasio, A. R. (1985). Severe disturbance of higher cognition after bilateral frontal lobe ablation: Patient EVR. *Neurology*, 35(12), 1731. The names here have been changed for patient privacy.

3 Goel, V., & Grafman, J. (2000). Role of the right prefrontal cortex in ill-structured planning. *Cognitive Neuropsychology*, 17(5), 415-436, p. 423.

4 Newton, I. (1995). *The Principia* (A. Motte, Trans.). New York, NY: Prometheus Books.

5 Lombardi, M. A. (2007, March 5). Why is a minute divided into 60 seconds, an hour into 60 minutes, yet there are only 24 hours in a day? *Scientific American*. and, Masters, K. (2006, April 5). Why is a day divided into 24 hours? *Ask an astronomer*. http://curious.astro.cornell.edu/question.php?number=594 검색. Wright, A. (2008). *Glut: Mastering information through the ages. Ithaca*, NY: Cornell University Press, p. 257. and, North, J. D. (1975). Monasticism and the first mechanical clocks. In J. T. Fraser et al. (Eds.), *The study of time II*. New York, NY: Springer-Verlag.

6 Centers for Disease Control and Prevention. (2014, February 13). Deaths and mortality. http://www.cdc.gov/nchs/fastats/deaths.htm 검색. Central Intelligence Agency (2010). The world factbook. Washington, DC: U. S. Government Printing Office. and, De Grey, A. D. N. J. (2007). Life span extension research and public debate: Societal considerations. *Studies in Ethics, Law, and Technology*, 1(1), 1941-6008.

7 Kirkwood, T. B. L., & Austad, S. N. (2000). Why do we age? *Nature*, 408(6809), 233-238.

8 상동.

9 Shay, J. W., & Wright, W. E. (2000). Hayflick, his limit, and cellular ageing. *Nature Reviews Molecular Cell Biology*, 1(1), 72-76.

10 Laskowski, E. R. (2009, September 29). What's a normal resting heart rate? Mayo Clinic. http://www.mayoclinic.com/health/heart-rate/AN01906 검색.

11 이런 관찰을 해준 데이비드 코스비David Crosby에게 감사한다.

12 Roxin, A., Brunel, N., Hansel, D., Mongillo, G., & van Vreeswijk, C. (2011). On the distribution of firing rates in networks of cortical neurons. *The Journal of Neuroscience*, 31(45), 16217-16226.

13 U. S. HHS (2013). Maturation of the Prefrontal Cortex. United States Department of Health and Human Services, Office of Population Affairs. http://www.hhs.gov/opa/familylife/tech_assistance/etraining/adolescent_brain/Development/prefrontal_cortex/ 검색.

14 Knight, R. T., & Stuss, D. T. (2002). Prefrontal cortex: The present and the future. In D. T. Stuss & R. T. Knight (Eds.), *Principles of frontal lobe function* (pp. 573-598). New York, NY: Oxford University Press.

15 일부 영장류, 그중에서도 침팬지와 원숭이는 만족 지연 능력을 나타낸다. 이것은 이들의 전전두엽피질이 발달하며 진화하고 있다는 사실과도 연관이 있다. Beran, M. J. (2013, May). Delay of gratification in nonhuman animals. *Psychological Science Agenda*. www.apa.org/science/about/psa/2013/05/nonhuman-animals.aspx 검색.

16 Beckman, M. (2004). Crime, culpability, and the adolescent brain. *Science*, 305(5684), 596-599. and, Giedd, J. N., Blumenthal, J., Jeffries, N. O., Castellanos, F. X., Liu, H., Zijdenbos, A., . . . Rapoport, J. L. (1999). Brain development during childhood and adolescence: A longitudinal MRI study. *Nature Neuroscience*, 2(10), 861-863. and, Sowell, E. R., Thompson, P. M., & Toga, A. W. (2004). Mapping changes in the human cortex throughout the span of life. *The Neuroscientist*, 10(4), 372-392. and, Steinberg, L. (2004). Risk taking in adolescence: What changes, and why? *Annals of the New York Academy of Sciences*, 1021(1), 51-58.

17 Baddeley, A. D. (1986). *Working memory*. Oxford, UK: Clarendon Press.

18 Lhermitte, F. (1983). "Utilization behaviour"and its relation to lesions of the frontal lobes. *Brain*,

106(2), 237-255.

19 Knight, R. T., & Grabowecky, M. (2000). Prefrontal cortex, time, and consciousness. In M. Gazzaniga (Ed.), *The new cognitive neurosciences* (pp. 1319-1337). Cambridge, MA: MIT Press.

20 Prigatano, G. P. (1991). Disturbances of self-awareness of deficit after traumatic brain injury. In G. P. Prigatano & D. L. Schacter (Eds.), *Awareness of deficit after brain injury: Clinical and theoretical issues* (pp. 111-126). New York, NY: Oxford University Press. and, Stuss, D. T. (1991). Disturbances of self-awareness after frontal system damage. In G. P. Prigatano & D. L. Schacter (Eds.), *Awareness of deficit after brain injury: Clinical and theoretical issues* (pp. 63-83). New York, NY: Oxford University Press.

21 Knight, R. T., & Stuss, D. T. (2002). Prefrontal cortex: The present and the future. In D. T. Stuss & R. T. Knight (Eds.), *Principles of frontal lobe function*. New York, NY: Oxford University Press.

22 Trantham-Davidson, H., Burnett, E. J., Gass, J. T., Lopez, M. F., Mulholland, P. J., Centanni, S. W., . . . Chandler, L. J. (2014). Chronic alcohol disrupts dopamine receptor activity and the cognitive function of the medial prefrontal cortex. *The Journal of Neuroscience*, 34(10), 3706-3718.

23 Courchesne, E., Mouton, P. R., Calhoun, M. E., Semendeferi, K., Ahrens-Barbeau, C., Hallet, M. J., . . . Pierce, K. (2011). Neuron number and size in prefrontal cortex of children with autism. *JAMA*, 306(18), 2001-2010.

24 Arnsten, A. F. T., & Dudley, A. G. (2005). Methylphenidate improves prefrontal cortical cognitive function through $\alpha 2$ adrenoceptor and dopamine D1 receptor actions: Relevance to therapeutic effects in Attention Deficit Hyperactivity Disorder. *Behavioral and Brain Functions*, 1(1), 2. and, Owen, A. M., Sahakian, B. J., Hodges, J. R., Summers, B. A., Polkey, C. E., & Robbins, T. W. (1995). Dopamine-dependent frontostriatal planning deficits in early Parkinson's disease. *Neuropsychology*, 9(1), 126-140. and, Tucha, L., Tucha, O., Sontag, T. A., Stasik, D., Laufkötter, R., & Lange, K. W. (2011). Differential effects of methylphenidate on problem solving in adults with ADHD. *Journal of Attention Disorders*, 15(2), 161-173.

25 Clarke, D. D., & Sokoloff, L. (1999). Circulation and energy metabolism of the brain: Substrates of cerebral metabolism. In G. J. Siegel, B. W. Agranoff, R. W. Albers, S. K. Fisher, & M. D. Uhler (Eds.), *Basic neurochemistry: Molecular, cellular and medical aspects* (6th ed.) (pp. 637-669). Philadelphia, PA: Lippincott-Raven.

26 Janata, P. (1997). Electrophysiological studies of auditory contexts. Dissertation Abstracts International: Section B: The Sciences and Engineering, University of Oregon.

27 다음 자료에서 직접 인용. Anderson, D. (2011). Your brain is more than a bag of chemicals. [Video] TedX CalTech.

28 Clarke, D. D., & Sokoloff, L. (1999). Circulation and energy metabolism of the brain: Substrates of cerebral metabolism. In G. J. Siegel, B. W. Agranoff, R. W. Albers, S. K. Fisher, & M. D. Uhler (Eds.), *Basic neurochemistry: Molecular, cellular and medical aspects* (6th ed.) (pp. 637-669). Philadelphia, PA: Lippincott-Raven. and, Sokoloff, L., Reivich, M., Kennedy, C., Des Rosiers, M. H., Patlak, C. S., Pettigrew, K. E. A., . . . Shinohara, M. (1977). The [14C]deoxyglucose method for the measurement of local cerebral glucose utilization: Theory, procedure, and normal values in the conscious and anesthetized albino rat. *Journal of Neurochemistry*, 28(5), 897-916.

29 Himwich, H. E., & Nahum, L. H. (1929). The respiratory quotient of testicle. *American Journal of Physiology*, 88(4), 680-685. and, Setchell, B. P., & Waites, G. M. H. (1964). Blood flow and the uptake of glucose and oxygen in the testis and epididymis of the ram. *Journal of Physiology*, 171(3), 411-425.

30 Hoyland, A., Lawton, C. L., Dye, L. (2008). Acute effects of macronutrient manipulations on cognitive test performance in healthy young adults: A systematic research review. *Neuroscience & Biobehavioral Reviews*, 32(1), 72-85. and, Riby, L. M., Law, A. S., McLaughlin, J., & Murray, J.

(2011). Preliminary evidence that glucose ingestion facilitates prospective memory performance. *Nutrition Research*, 31(5), 370-377. and, Scholey, A. B., Harper, S., & Kennedy, D. O. (2001). Cognitive demand and blood glucose. *Physiology & Behavior*, 73(4), 585-592.

31 Harvard Medical School. (2004, July.). Calories burned in thirty minutes for people of three different weights. *Harvard Heart Letter*. The number of calories depends on your weight-this is for a 150-pound person; add or subtract eight calories for each 25 pounds you add to or subtract from this.

32 Harris, J. J., Jolivet, R., & Attwell, D. (2012). Synaptic energy use and supply. *Neuron*, 75(5), 762-777.

33 Kastenbaum, S. (Producer). (2012, May 26). *Texting while walking a dangerous experiment in multitasking* [Audio podcast]. http://news.blogs.cnn.com/2012/05/26/texting-while-walking-a-dangerous-experiment-in-multitasking/ 검색.

34 Quoted in Tuged, A. (2008, October 25). Multitasking can make you lose . . . um . . . focus. *The New York Times*, p. B7.

35 Tucker, D. M. (1987, May). Hemisphere specialization: A mechanism for unifying anterior and posterior brain regions. In D. Ottoson (Chair), *Duality and unity of the brain: Unified functioning and specialization of the hemispheres* (pp. 180-193). Symposium conducted at The Wenner-Gren Center, Stockholm, Sweden. New York, NY: Plenum Press.

36 Gopnik, A. (2011, May 22). The great illusion. [Review of the book Soul Dust by N. Humphrey]. *The New York Times Book Review*, p. 19.

37 디지털 오디오 편집 같은 반복적 과제를 해야 하는 일부 창조적인 음악가들은 편집을 할 때는 도파민을 강화하는 약물을 복용하기도 한다고 말한다. 하지만 곡을 쓰거나 음악을 연주해야 할 때는 그런 약은 입에 댈 생각도 하지 않는다.

38 US National Library of Medicine. (2007, September). Genetics home reference: Genes, COMT. http://ghr.nlm.nih.gov/gene/COMT 검색.

39 Colzato, L. S., Waszak, F., Nieuwenhuis, S., Posthuma, D., Hommel, B. (2010). The flexible mind is associated with the catechol-O-ethyltransferase (COMT) Val158Met polymorphism: Evidence for a role of dopamine in the control of task-switching. *Neuropsychologia*, 48(9), 2764-2768. and, He, Q., Xue, G., Chen, C., Lu, Z. L., Chen, C., Lei, X., . . . Bechara, A. (2012). COMT Val158Met polymorphism interacts with stressful life events and parental warmth to influence decision-making. *Scientific Reports*, 2(677).

40 Eichenbaum, H. (2013). Memory on time. *Trends in Cognitive Sciences*, 17(2), 81-88.

41 Kennard, M. F. (1947, April 11). The Building of Mulberry Harbour. *The war illustrated*, 10 (255), 771-72. London, UK: Amalgamated Press. and, History Learning Site. (n.d.). The Mulberry Harbour. http://www.historylearningsite.co.uk 검색.

42 A standard of English timber equals 165 cubic feet. Urquhart, G. D. (1869). *Dues and charges on shipping in foreign ports: A manual of reference for the use of shipowners, shipbrokers, & shipmasters*. London, UK: George Philip and Son, p. 185. and, Chest of Books. (n.d.). Petersburg standard of timber. http://chestofbooks.com/crafts/mechanics/Cyclopaedia/Petersburg-Standard-of-Timber.html#.UYW9jt2Qc3I 검색.

43 Kennard, M. F. (1947, April 11). The Building of Mulberry Harbour. *The war illustrated*, 10 (255), 771-772. London, UK: Amalgamated Press.

44 Chevignard, M., Pillon, B., Pradat-Diehl, P., Taillefer, C., Rousseau, S., Le Bras, C., & Dubois, B. (2000). An ecological approach to planning dysfunction: Script execution. *Cortex*, 36(5), 649-669.

45 Goldberg, E. (2001). *The executive brain: Frontal lobes and the civilized mind*. New York, NY: Oxford University Press.

46 Knight, R. T., & Stuss, D. T. (2002). Prefrontal cortex: The present and the future. In D. T. Stuss & R. T. Knight (Eds.), *Principles of frontal lobe function*. New York, NY: Oxford University

Press.

47 Buschman, T. J., Denovellis, E. L., Diogo, C., Bullock, D., & Miller, E. K. (2012). Synchronous oscillatory neural ensembles for rules in the prefrontal cortex. *Neuron*, 76(4), 838-846.

48 Fallon, S. J., Williams-Gray, C. H., Barker, R. A., Owen, A. M., & Hampshire, A. (2013). Prefrontal dopamine levels determine the balance between cognitive stability and flexibility. *Cerebral Cortex*, 23(2), 361-369.

49 짐 퍼거슨과의 개인적 대화. 2010년 12월 9일.

50 Gottschall, J. (2012). *The storytelling animal: How stories make us human*. New York, NY: Houghton Mifflin Harcourt Publishing Company. and, Gottschall, J., & Wilson, D. S. (Eds.). (2005). *The literary animal: Evolution and the nature of narrative* (rethinking theory). Evanston, IL: Northwestern University Press.

51 Kurby, C. A., & Zacks, J. M. (2007). Segmentation in the perception and memory of events. *Trends in Cognitive Sciences*, 12(2), 72-79.

52 상동.

53 대니얼 피라로Daniel Piraro와의 개인적 대화.

54 Craik, F. I., & Lockhart, R. S. (1972). Levels of processing: A framework for memory research. *Journal of Verbal Learning and Verbal Behavior*, 11(6), 671-684.

55 Crouch, C. H., & Mazur, E. (2001). Peer instruction: Ten years of experience and results. *American Journal of Physics*, 69(9), 970-977.

56 Kopasz, M., Loessl, B., Hornyak, M., Riemann, D., Nissen, C., Piosczyk, H., & Voderholzer, U. (2010). Sleep and memory in healthy children and adolescents-A critical review. *Sleep Medicine Reviews*, 14(3), 167-177.

57 상동.

58 Diekelmann, S., & Born, J. (2010). The memory function of sleep. *Nature Reviews Neuroscience*, 11(2), 114-126. and, Walker, M. P., & Stickgold, R. (2010). Overnight alchemy: Sleep-dependent memory evolution. *Nature Reviews Neuroscience*, 11(3), 218.

59 McClelland, J. L., McNaughton, B. L., & O'Reilly, R. C. (1995). Why there are complementary learning systems in the hippocampus and neocortex: Insights from the successes and failures of connectionist models of learning and memory. *Psychological Review*, 102(3), 419-457.

60 Walker, M. P., & Stickgold, R. (2010). Overnight alchemy: Sleep-dependent memory evolution. *Nature Reviews Neuroscience*, 11(3), 218. As Walker & Stickgold (2010) write: "overnight unitization has been seen using a sequential finger-tapping motor-skill task in which subjects learn to type numerical sequences, such as 4-1-3-2-1-3-2-1-4. During initial learning, subjects appear to break the sequence into "Chunks"(e. g., 413-1-214), separated by brief pauses. But following a night of sleep, the sequence becomes unitized, and is typed without pauses (i. e., 413213214)." This passage describes the prior work of: Kuriyama, K., Stickgold, R., & Walker, M. P. (2004). Sleep-dependent learning and motor-skill complexity. *Learning & Memory*, 11(6), 705-713.

61 Dworak, M., McCarley, R. W., Kim, T., Kalinchuk, A. V., & Basheer, R. (2010). Sleep and brain energy levels: ATP changes during sleep. *The Journal of Neuroscience*, 30(26), 9007-9016.

62 Barrett, T. R., & Ekstrand, B. R. (1972). Effect of sleep on memory: III. Controlling for time-of-day effects. *Journal of Experimental Psychology*, 96(2), 321-327. and, Fischer, S., Hallschmid, M., Elsner, A. L., & Born, J. (2002). Sleep forms memory for finger skills. *Proceedings of the National Academy of Sciences*, 99(18), 11987-11991. and, Huber, R., Ghilardi, M. F., Massimini, M., & Tononi, G. (2004). Local sleep and learning. *Nature*, 430(6995), 78-81. and, Jenkins, J. G., & Dallenbach, K. M. (1924). Obliviscence during sleep and waking. *American Journal of Psychology*, 35(4), 605-612. and, Plihal, W., & Born, J. (1997). Effects of early and late nocturnal sleep on declarative and procedural memory. *Journal of Cognitive Neuroscience*, 9(4), 534-547. and, Stickgold, R., James, L., & Hobson, J. A. (2000). Visual discrimination

learning requires sleep after training. *Nature Neuroscience*, 3(12), 1237-1238. and, Stickgold, R., Whidbee, D., Schirmer, B., Patel, V., & Hobson, J. A. (2000). Visual discrimination task improvement: A multi-step process occurring during sleep. *Journal of Cognitive Neuroscience*, 12(2), 246-254. and, Walker, M., Brakefield, T., Morgan, A., Hobson, J. A., & Stickgold, R. (2002). Practice with sleep makes perfect: Sleep dependent motor skill learning. *Neuron*, 35(1), 205-211.

63 Allen, S. (2013). Memory stabilization and enhancement following music practice. *Psychology of Music*. Advance online publication. http://pom.sagepub.com 검색.

64 Wagner, U., Gais, S., Haider, H., Verleger, R., & Born, J. (2004). Sleep inspires insight. *Nature*, 427(6972), 352-355.

65 상동.

66 Stickgold, R., Malia, A., Maguire, D., Roddenberry, D., & O'connor, M. (2000). Replaying the game: Hypnagogic images in normals and amnesiacs. *Science*, 290(5490), 350-353.

67 Siegel, J. (2006). The stuff dreams are made of: Anatomical substrates of REM sleep. *Nature Neuroscience*, 9(6), 721-722.

68 Hasselmo, M. E. (1999). Neuromodulation: Acetylcholine and memory consolidation. *Trends in Cognitive Sciences*, 3(9), 351-359.

69 Jones, M. W., & Wilson, M. A. (2005). Theta rhythms coordinate hippocampal-prefrontalinteractions in a spatial memory task. *PLoS Biology*, 3(12), e402.

70 Lu, J., Sherman, D., Devor, M., Saper, C. B. (2006, June 1). A putative flip-flop switch for control of REM sleep. *Nature*, 441, 589-594.

71 Domhoff, G. W. (2002). *The scientific study of dreams: Neural networks, cognitive development, and content analysis*. Washington, DC: APA Press.

72 Stickgold, R. (2005). Sleep-dependent memory consolidation. *Nature*, 437, 1272-1278. and, American Psychological Association. (n.d.). Why sleep is important and what happens when you don't get enough. http://www.apa.org/topics/sleep/why.aspx?item=11 검색.

73 Stickgold, R., James, L., & Hobson, J. A. (2000). Visual discrimination learning requires sleep after training. *Nature Neuroscience*, 3(12), 1237-1238.

74 Domhoff, G. W. (2002). *The scientific study of dreams: Neural networks, cognitive development, and content analysis*. Washington, DC: APA Press. and, Xie, L., Hongyi, K., Qiwu, X., Chen, M. J., Yonghong, L., Meenakshisundaram, T., . . . Nedergaard, M. (2013). Sleep drives metabolite clearance from the adult brain. *Science*, 342(6156), 373-377.

75 Xie, L., Hongyi, K., Qiwu, X., Chen, M. J., Yonghong, L., Meenakshisundaram, T., . . . Nedergaard, M. (2013). Sleep drives metabolite clearance from the adult brain. *Science*, 342(6156), 373-377.

76 Van Dongen, H. P. A., & Dinges, D. P. (2000). Circadian rhythms in fatigue, alertness, and performance. In M. H. Kryger, T. Roth, & W. C. Dement (Eds.), *Principles and practice of sleep medicine* (3rd ed.) (pp. 391-399). Philadelphia, PA: W. B. Saunders. and, Stenberg, D. (2007). Neuroanatomy and neurochemistry of sleep. *Cellular and Molecular Life Sciences*, 64(10), 1187-1204.

77 Krueger, J. M., Rector, D. M., Roy, S., Van Dongen, H. P. A., Belenky, G., & Panksepp, J. (2008). Sleep as a fundamental property of neuronal assemblies. *Nature Reviews Neuroscience*, 9(12), 910-919.

78 Mah, C. D., Mah, K. E., Kezirian, E. J., & Dement, W. C. (2011). The effects of sleep extension on the athletic performance of collegiate basketball players. *Sleep*, 34(7), 943.

79 Ekirch, A. R. (2006). At day's close: Night in times past. New York, NY: W. W. Norton & Company. and, Koslofsky, C. (2011). *Evening's empire: A history of the night in early modern Europe*. Cambridge, UK: Cambridge University Press. and, Wehr (1992). In short photoperiods, human sleep is biphasic. *Journal of Sleep Research*, 1(2), 103-107.

80 Chiang, Y-Y., Tsai, P-Y., Chen, P-C., Yang, M-H., Li, C-Y., Sung, F-C., & Chen, K-B. (2012). Sleep disorders and traffic accidents. *Epidemiology*, 23(4), 643-644. and, United States Census Bureau. (n.d.). Transportation: Motor vehicle accidents and fatalities. http://www.census.gov/ 검색.

81 National Sleep Foundation. (n.d.). How much sleep do we really need? http://www.sleepfoundation.org/article/how-sleep-works/how-much-sleep-do-we-really-need 검색.

82 Hor, H., & Tafti, M. (2009). How much sleep do we need? *Science*, 325(5942), 825-826, p. 825.

83 Van Dongen, H. P. A., & Dinges, D. P. (2000). Circadian rhythms in fatigue, alertness, and performance. In M. H. Kryger, T. Roth, & W. C. Dement (Eds.), *Principles and practice of sleep medicine* (3rd ed.) (pp. 391-399). Philadelphia, PA: W. B. Saunders.

84 Centers for Disease Control and Prevention. (n.d.). Insufficient sleep is a public health epidemic. http://www.cdc.gov/features/dssleep/index.html#References 검색.

85 U. S. Institute of Medicine Committee on Sleep Medicine and Research. (2006). *Sleep disorders and sleep deprivation: An unmet public health problem*. Colton, H. R. & Altevogt, B. M. (Eds.) Washington, DC: The National Academies Press. 다음 사이트를 참고할 수도 있다. http://www.ncbi.nlm.nih.gov/books/NBK19958/ See also, Dinges, D., Rogers, N., & Baynard, M. D. (2005). Chronic sleep deprivation. In M. H. Kryger, T. Roth, & W. C. Dement, (Eds.), *Principles and practice of sleep medicine* (4th ed.) (pp. 67-76), Philadelphia, PA: Elsevier/Saunders. and, *Nightly news: Sleep deprivation costs companies billions* [Video file]. (2013, January 23). *NBC News*. http://www.nbcnews.com/ 검색.

86 Kuruvilla, C. (2013, March 15). Captain of Air France plane that crashed into Atlantic Ocean killing everyone on board was running on one hour of sleep. *New York Daily News*. and, Randall, D. K. (2012, August 3). Decoding the science of sleep. *The Wall Street Journal*. and, U. S. Institute of Medicine Committee on Sleep Medicine and Research. (2006). *Sleep disorders and sleep deprivation: An unmet public health problem*. Colton, H. R. & Altevogt, B. M. (Eds.) Washington, DC: The National Academies Press. Also available at http://www.ncbi.nlm.nih.gov/books/NBK19958/

87 U. S. National Transportation Safety Board. (1997). *Marine accident report: Grounding of the U. S. tankship Exxon Valdez on Bligh Reeff, Prince William Sound, near Valdez, Alaska*. NTSB Number MAR-90/04; PB90-916405. Washington, DC: U. S. Government Printing Office. U. S. National Transportation Safety Board (1997). *Marine accident report: Grounding of the Liberian passenger ship Star Princess on Poundstone Rock, Lynn Canal, Alaska*. NTSB Number MAR-97/02; PB97-916403. Washington, DC: U. S. Government Printing Office. See also, Brown, D. B. (2007). Legal implications of obstructive sleep apnea. In C. A. Kushida (Ed.), *Obstructive sleep apnea: Diagnosis and treatment*. New York, NY: Informa Healthcare USA. and, Presidential Commission on the Space Shuttle Challenger Accident (1986). Washington, DC: U. S. Government Printing Office. and, Harrison, Y., & Horne, J. A. (2000). The impact of sleep deprivation on decision-making: A review. *Journal of Experimental Psychology: Applied*, 6(3), 236-249.

88 CNN Money. (n.d.). Fortune global 500. http://money.cnn.com/ 검색.

89 Randall, D. K. (2012, August 3). Decoding the science of sleep. *The Wall Street Journal*.

90 Randall, D. K. (2012). *Dreamland: Decoding the science of sleep*. New York, NY: W. W. Norton & Company.

91 Jacobs, G. D., Pace-Schott, E. F., Stickgold, R., & Otto, M. W. (2004). Cognitive behavior therapy and pharmacotherapy for insomnia: A randomized controlled trial and direct comparison. *Archives of Internal Medicine*, 164(17), 1888-1896.

92 Randall, D. K. (2012). *Dreamland: Decoding the science of sleep*. New York, NY: W. W. Norton & Company. and, Randall, D. K. (2012, August 3). Decoding the science of sleep. *The Wall*

600

Street Journal.

93 Monti, J., Pandi-Perumal, S. R., Sinton, C. M., & Sinton, C. W. (Eds.). (2008). *Neurochemistry of sleep and wakefulness.* Cambridge, UK: Cambridge University Press. and, Stenberg, D. (2007). Neuroanatomy and neurochemistry of sleep. *Cellular and Molecular Life Sciences,* 64(10), 1187-1204.

94 Mayo Clinic. (n.d.). Napping: Do's and don'ts for healthy adults. http://www.mayoclinic.com/health/napping/MY01383 검색.

95 Nishida, M., Pearsall, J., Buckner, R. L., & Walker, M. P. (2009). REM sleep, prefrontal theta, and the consolidation of human emotional memory. *Cerebral Cortex* 19(5), 1158-1166. and, Tucker, M. A., Hirota, Y., Wamsley, E. J., Lau, H., Chaklader, A., & Fishbein, W. (2006). A daytime nap containing solely non-REM sleep enhances declarative but not procedural memory. *Neurobiology of Learning & Memory,* 86(2), 241-247. and, Wilson, J. K., Baran, B., Pace-Schott, E. F., Ivry, R. B., & Spencer, R. M. C. (2012). Sleep modulates word-pair learning but not motor sequence learning in healthy older adults. *Neurobiology of Aging,* 33(5), 991-1000.

96 Gujar, N., McDonald, S. A., Nishida, M., & Walker, M. P. (2011). A role for REM sleep in recalibrating the sensitivity of the human brain to specific emotions. *Cerebral Cortex,* 21(1), 115-123. and, Mednick, S., Nakayama, K., & Stickgold, R. (2003). Sleep-dependent learning: A nap is as good as a night. *Nature Neuroscience,* 6(7), 697-698.

97 Markowitz, E. (2011, August 12). Should your employees take naps? *Inc.* http://www.inc.com/ 검색. and, Naska, A., Oikonomou, E., Tichopoulou, A., Psaltopoulou, T., & Tichopoulous, D. (2007). Siesta in healthy adults and coronary mortality in the general population. *JAMA Internal Medicine,* 167(3), 296-301. and, Stein, R. (2007, February 13). Midday naps found to fend off heart disease. *The Washington Post.* 이 부분에서는 다소 논란이 있다. 첫째, 그 효과가 남성에게는 통계적으로 의미 있게 나왔지만 여성에게는 그렇지 않다. 이는 아마도 적절한 대조군을 만들어내기에는 심장질환으로 사망하는 여성이 너무 적어서 빚어진 결과일 것이다. 한 독립적인 연구에 의하면 매일 낮잠을 자는 것이 심근경색의 위험 증가와 관련되며, 또 다른 연구에서는 낮잠이 온갖 종류의 사망률 증가 위험과 관련된다고 했다. 물론 이런 부분 역시 문화적 요소와 혼동되고 있다. Campos, H., & Siles, X. (2000). Siesta and the risk of coronary heart disease: Results from a population-based, case-control study in Costa Rica. *International Journal of Epidemiology,* 29(3), 429-437. and, Tanabe, N., Iso, H., Seki, N., Suzuki, H., Yatsuya, H., Toyoshima, H., & Tamakshi, A. (2010) Daytime napping and mortality, with a special reference to cardiovascular disease: The JACC study. *International Journal of Epidemiology,* 39(1), 233-243.

98 Markowitz, E. (2011, August 12). Should your employees take naps? *Inc.* http://www.inc.com/ 검색.

99 Recht, L. D., Lew, R. A., & Schwartz, W. J. (1995). Baseball teams beaten by jet lag. *Nature,* 377(6550), 583. and, Waterhouse, J., Reilly, T., Atkinson, G., & Edwards, B. (2007). Jet lag: Trends and coping strategies. *Lancet,* 369(9567), 1117-1129.

100 Monk, T. (2005). Aging human circadian rhythms: Conventional wisdom may not always be right. *Journal of Biological Rhythms,* 20(4), 366-374. and, Monk, T., Buysse, D., Carrier, J., & Kupfer, D. (2000). Inducing jet-lag in older people: Directional asymmetry. *Journal of Sleep Research,* 9(2), 101-116.

101 Burgess, H. J., Crowley, S. J., Gazda, C. J., Fogg, L. F., & Eastman, C. I. (2003). Preflight adjustment to eastward travel: 3 days of advancing sleep with and without morning bright light. *Journal of Biological Rhythms,* 18(4), 318-328.

102 Suhner, A., Schlagenhauf, P., Johnson, R., Tschopp, A., & Steffen, R. (1998). Comparative study to determine the optimal melatonin dosage form for the alleviation of jet lag. *Chronobiology International,* 15(6), 655-666. and, Waterhouse, J., Reilly, T., Atkinson, G., & Edwards, B. (2007). Jet lag: Trends and coping strategies. *Lancet,* 369(9567), 1117-1129.

103 Sanders, D., Chatuvedi, A., & Hordinsky, J. (1999). Melatonin: Aeromedical, toxicopharmacological, and analytical aspects. *Journal of Applied Toxicology*, 23(3), 159-167.

104 Eastman, C. I., & Burgess, H. J. (2009). How to travel the world without jet lag. *Sleep Medicine Clinics*, 4(2), 241-255.

105 이 섹션의 많은 부분은 다음의 자료에 나온 프레젠테이션과 아이디어의 순서를 따르고 있다. Steel, P., & Ferrari, J. (2013). Sex, education and procrastination: An epidemiological study of procrastinators'characteristics from a global sample. *European Journal of Personality*, 27(1), 51-58.

106 제이크 에버츠와의 개인적 대화. 2008년 5월 5일. 퀘벡 주 매고그.

107 제이크 에버츠와의 개인적 대화. 2013년 11월 26일. 퀘벡 주 몬트리올.

108 상동. "개구리 먹기"는 마크 트웨인의 말 "개구리를 가장 먼저 아침에 먹으면 그날 하루 동안에 그보다 더 나쁜 일은 벌어지지 않는다"를 인용한 것이다.

109 Orellana-Damacela, L. E., Tindale, R. S., & Suárez-Balcázar, Y. (2000). Decisional and behavioral procrastination: How they relate to self-discrepancies. *Journal of Social Behavior & Personality*, 15(5), 225-238.

110 Harlan, L. C., Bernstein, A. B., & Kessler, L. G. (1991). Cervical cancer screening: Who is not screened and why? *American Journal of Public Health*, 81(7), 885-890. and, Jaberi, F. M., Parvizi, J., Haytmanek, C. T., Joshi, A., & Purtill, J. (2008). Procrastination of wound drainage and malnutrition affect the outcome of joint arthroplasty. *Clinical Orthopaedics and Related Research*, 466(6), 1368-1371. and, Saposnik, G. (2009). Acute stroke management: Avoiding procrastination, the best way to optimize care delivery. *European Journal of Neurology*, 16(12), 1251-1252. and, Steel, P., & Ferrari, J. (2013). Sex, education and procrastination: An epidemiological study of procrastinators'characteristics from a global sample. *European Journal of Personality*, 27(1), 51-58. and, Worthley, D. L., Cole, S. R., Esterman, A., Mehaffey, S., Roosa, N. M., Smith, A., . . . Young, G. P. (2006). Screening for colorectal cancer by faecal occult blood test: Why people choose to refuse. *Internal Medicine Journal*, 36(9), 607-610. Byrne, and, Blake, D., Cairns, A., & Dowd, K. (2006). There's no time like the present: The cost of delaying retirement saving. *Financial Services Review*, 15(3), 213-231. and, Venti, S. (2006). Choice, behavior and retirement saving. In G. Clark, A. Munnell & M. Orszag (Eds.), *Oxford handbook of pensions and retirement income* (Vol. 1, pp. 21-30). New York, NY: Oxford University Press.

111 Goldin, C., Katz, L. F., & Kuziemko, I. (2006). The homecoming of American college women: The reversal of the college gender gap. *The Journal of Economic Perspectives*, 20(4), 133-156. and, Heckman, J. J., & LaFontaine, P. A. (2010). The American high school graduation rate: Trends and levels. *The Review of Economics and Statistics*, 92(2), 244-262. and, Janosz, M., Archambault, I., Morizot, J., & Pagani, L. S. (2008). School engagement trajectories and their differential predictive relations to dropout. *Journal of Social Issues*, 64(1), 21-40. 상관관계는 지극히 낮고 통계적 중요성을 갖는다. 왜냐하면 어마어마한 정수 n이 사용되었기 때문이다. 이들 상관관계의 강력성은 오로지 미루는 행동의 다양성에 1%를 고려하게 된다.

112 Kaplan, S., & Berman, M. G. (2010). Directed attention as a common resource for executive functioning and self-regulation. *Perspectives on Psychological Science*, 5(1), 43-57.

113 Rentfrow, P., Gosling, S., & Potter, J. (2008). A theory of the emergence, persistence, and expression of geographic variation in psychological characteristics. *Perspectives on Psychological Science*, 3(5), 339-369.

114 Freeman, W., & Watts, J. W. (1939). An interpretation of the functions of the frontal lobe: Based upon observations in forty-eight cases of prefrontal lobotomy. *The Yale Journal of Biology and Medicine*, 11(5), 527-539, p. 537. and, Strub, R. L. (1989). Frontal lobe syndrome in a patient with bilateral globus pallidus lesions. *Archives of Neurology*, 46(9), 1024-1027.

115 Steel, P. (2007). The nature of procrastination: A meta-analytic and theoretical review of

quintessential self-regulatory failure. *Psychological Bulletin*, 133(1), 65. and, Steel, P. (2010). *The procrastination equation: How to stop putting things off and start getting stuff done.* New York, NY: HarperCollins.

116 스틸은 내가 여기서 설명한 방정식과는 반대로 자신의 방정식을 구성했다. 그는 자신감과 과제 완수의 가치 는 분자에 넣고, 과제 완수 시간과 주의 산만함은 분모에 넣는다. 이렇게 계산하면 과제에 대한 바람직함 지 수desirability quotient가 나온다. 이 값은 미루기의 가능성과 반비례 관계에 있다.

$$바람직함 = \frac{자신감 \times 과제\ 완수의\ 가치}{과제\ 완수\ 시간 \times 주의\ 산만함}$$

그럼 다음의 결과가 나온다.
바람직함의 가능성 = 1/바람직함
명확한 표현을 위해 이 분수 값을 뒤집는 추가적인 단계는 생략했다. 이 부분은 스틸에게 사과한다.

117 This is based on equation 1 from, Steel, P., & König, C. J. (2006). Integrating theories of motivation. *Academy of Management Review*, 31(4), 889-913. Delay is more commonly expressed as T-t, the difference between the value of a reward now at time T, versus the value of that same reward later at time t.

118 Rabin, L. A., Fogel, J., & Nutter-Upham, K. E. (2011). Academic procrastination in college students: The role of self-reported executive function. *Journal of Clinical and Experimental Neuropsychology*, 33(3), 344-357.

119 상동.

120 Schouwenburg, H. C., & Lay, C. H. (1995). Trait procrastination and the Big Five factors of personality. *Personality and Individual Differences*, 18(4), 481-490.

121 Plimpton, G. (1995). *The X factor: A quest for excellence.* New York, NY: W. W. Norton & Company.

122 Beer, J. S., John, O. P., Scabini, D., & Knight, R. T. (2006). Orbitofrontal cortex and social behavior:Integrating self-monitoring and emotion-cognition interactions. *Journal of Cognitive Neuroscience*, 18(6), 871-879. and, Luu, P., Collins, P., & Tucker, D. M. (2000). Mood, personality, and self-monitoring: Negative affect and emotionality in relation to frontal lobe mechanisms of error monitoring. *Journal of Experimental Psychology: General, 129*(1), 43-60, p. 43. and, Passingham, R. E., Bengtsson, S. L., & Lau, H. C. (2010). Medial frontal cortex: From self-generated action to reflection on one's own performance. *Trends in Cognitive Sciences*, 14(1), 16-21.

123 Limb, C. J., & Braun, A. R. (2008). Neural substrates of spontaneous musical performance: An fMRI study of jazz improvisation. *PLoS One*, 3(2), e1679.

124 다음 출처에서 직접 인용. Freeman, W., & Watts, J. W. (1939). An interpretation of the functions of the frontal lobe: Based upon observations in forty-eight cases of prefrontal lobotomy. *The Yale Journal of Biology and Medicine*, 11(5), 527-539, p. 527.

125 Rolling Stone. (n.d.). The many business failures of Donald Trump. http://www.rollingstone. com 검색. Donald Trump's companies filed for bankruptcy 4 times [Video file]. (2011, April 21). *ABC News*. http://abcnews.go.com/Politics/donald-trump-filed-bankruptcy-times/ story?id=13419250

126 Ronningstam, E. F. (2005). *Identifying and understanding the narcissistic personality.* New York, NY: Oxford University Press.

127 Jung-Beeman, M., Bowden, E. M., Haberman, J., Frymiare, J. L., Arambel-Liu, S., Greenblatt, R., . . . Kounios, J. (2004). Neural activity when people solve verbal problems with insight. *PLoS Biology, 2*(4), e97.

128 이 세 단어를 하나로 묶는 단어는 '벌레'다(원문의 질문은 crab, sauce, pine, 이 세 단어를 조합한 합성어를 만드는 것이고, 답은 'apple'이다-옮긴이).

129 Friend, R., Lerner, G., & Foster, D. (Writers). (2012). *House: Holding on*, Season 8, Episode 22.

130 Jung-Beeman, M. (2008). Quoted in J. Lehrer (2008, July 28). The eureka hunt. *The New*

Yorker, 40-45.

131 Fleck, J. I., Green, D. L., Stevenson, J. L., Payne, L., Bowden, E. M., Jung-Beeman, M., & Kounios, J. (2008). The transliminal brain at rest: Baseline EEG, unusual experiences, and access to unconscious mental activity. *Cortex*, 44(10), 1353-1363.

132 긴장을 푸는 단계는 아주 중요하다. 따듯한 물로 샤워를 하다가 통찰이 떠오르는 경우가 많은 것도 이 때문이다. 이 내용은 다음의 자료를 참고했다. Jung-Beeman, M. (2008). Quoted in Lehrer J. (2008, July 28). The eureka hunt. *The New Yorker*, 40-45.

133 Bengtsson, S. L., Csíkszentmihályi, M., & Ullén, F. (2007). Cortical regions involved in the generation of musical structures during improvisation in pianists. *Journal of Cognitive Neuroscience*, 19(5), 830-842. and, Ulrich, M., Keller, J., Hoenig, K., Waller, C., & Grön, G. (2014). Neural correlates of experimentally induced flow experiences. *NeuroImage*, 86, 194-202.

134 이 섹션에서 나는 칙센트미하이와 나눈 대화 내용, 그리고 우리 둘 다 참여했던 심포지엄(2007년 3월 6일 스탠퍼드대학 심리학과에서 주최)에서 나눈 대화와 공개 논의의 내용을 자유롭게 가져다 쓰고 있다.

135 N. E. 오마하N. E. Omaha와의 개인적 대화. 1991년 1월, 2010년 9월 15일. 1991년의 대화 일부는 다음 문헌에 실려 출간됐다. Levitin, D. J. (1991). Rosanne Cash. *Recording-Engineering-Production*, 22(2), 18-19.

136 Boulougouris, V., & Tsaltas, E. (2008). Serotonergic and dopaminergic modulation of attentional processes. *Progress in Brain Research*, 172, 517-542.

137 Seamans, J. K., & Yang, C. R. (2004). The principal features and mechanisms of dopamine modulation in the prefrontal cortex. *Progress in Neurobiology*, 74(1), 1-58. and, Ullén, F., de Manzano, ö., Almeida, R., Magnusson, P. K. E., Pedersen, N. L., Nakamura, J., . . . Madison, G. (2012). Proneness for psychological flow in everyday life: Associations with personality and intelligence. *Personality and Individual Differences*, 52(2), 167-172.

138 Dietrich, A. (2004). Neurocognitive mechanisms underlying the experience of flow. *Consciousness and Cognition*,13(4), 746-761.

139 닐 영과의 개인적 대화. 1981년 6월, 1984년 4월. 캘리포니아 주 우드사이드.

140 스티비 원더와의 개인적 대화. 1995년 4월. Burbank, CA. 이 대화의 일부는 다음 문헌에 출간되었다. Levitin, D. J. (1996). Conversation in the key of life: Stevie Wonder. *Grammy Magazine*, 14(3), 14-25.

141 스팅과의 개인적 대화. 스페인 바로셀로나.

142 Perry, J. (2012). *The art of procrastination: A guide to effective dawdling, lollygagging and postponing*. New York, NY: Workman Publishing Company.

143 Tierney, J. (2013, January 15). This was supposed to be my column for New Year's Day. *The New York Times*, p. D3.

144 Kubey, R., & Csikszentmihalyi, M. (2002, February). Television addiction is no mere metaphor. *Scientific American*, 48-55.

145 Grafman, J. (1989). Plans, actions and mental sets: Managerial knowledge units in the frontal lobes. In E. Perecman (Ed.), *Integrating Theory and Practice in Clinical Neuropsychology* (pp. 93-138). Hillsdale, NJ: Erlbaum.

146 The Freelancers' Show (Producer). (2013, August 8). The Freelancers' Show 073-*Book club: Getting things done with David Allen* [Audio podcast]. http://www.freelancersshow.com/the-freelancers-show-073-book-club-getting-things-done-with-david-allen/ 검색.

147 Warburton, D. E., Nicol, C. W., & Bredin, S. S. (2006). Health benefits of physical activity: The evidence. *Canadian Medical Association Journal*, 174(6), 801-809. Friedenreich, C. M. (2001). Physical activity and cancer prevention from observational to intervention research. *Cancer Epidemiology Biomarkers & Prevention*, 10(4), 287-301. and, Friedenreich, C. M., & Orenstein, M. R. (2002). Physical activity and cancer prevention: Etiologic evidence and biological mechanisms. *The Journal of Nutrition*, 132(11), 3456S-3464S.

148 Bassuk, S. S., Church, T. S., & Manson, J. E. (2013, August). Why exercise works magic. *Scientific American*, 74-79. and, World Health Organization. (n.d.). Global recommendations on physical activity for health. http://www.who.int/dietphysicalactivity/factsheet_ recommendations/en/ 검색. Erickson, K. I., Voss, M. W., Prakash, R. S., Basak, C., Szabo, A., Chaddock, L., . . . Kramer, A. F. (2011). Exercise training increases size of hippocampus and improves memory. *Proceedings of the National Academy of Sciences*, 108(7), 3017-3022.

149 Pereira A. C., Huddleston, D. E., Brickman, A. M., Sosunov, A. A., Hen, R., McKhann, G. M., . . . Small, S. M. (2007). An in vivo correlate of exercise-induced neurogenesis in the adult dentate gyrus. *Proceedings of the National Academy of Sciences*, 104(13), 5638-5643. and, Colcombe, S. J., Erickson, K. I., Scalf, P. E., Kim, J. S., Prakash, R., McAuley, E., . . . Kramer, A. F. (2006). Aerobic exercise training increases brain volume in aging humans. The Journals of Gerontology *Series A: Biological Sciences and Medical Sciences*, 61(11), 1166-1170. and, Hillman, C. H., Erickson, K. I., & Kramer, A. F. (2008). Be smart, exercise your heart: Exercise effects on brain and cognition. *Nature Reviews Neuroscience*, 9(1), 58-65. and, Colcombe S. J., Kramer, A. F., Erickson, K. I., Scalf, P., McAuley, E. Cohen, N. J., . . . Elavsky, S. (2004). Cardiovascular fitness, cortical plasticity, and aging. *Proceedings of the National Academy of Sciences*, 101(9), 3316-3321.

150 데이비드 래빈과의 개인적 대화. 2012년 10월 23일.

151 이 수치는 실질 달러 가치로 환산한 값이다. 이 회사의 수입은 1988년에 100억 달러였다. 미국 노동통계국에 따르면, 이 액수는 통계 입수가 가능한 가장 최근 연도인 2013년의 200억 달러와 동등한 액수다. United States Department of Labor Bureau of Labor Statistics. (n.d.). Databases, tables & calculators by subject, CPI inflation calculator. http://www.bls.gov/data/inflation_calculator.htm 검색.

152 린다와의 개인적 대화. 2009년 11월 16일.

153 Fraisse, P. (1963). *The psychology of time*. New York, NY: Harper & Row. and, Walker, J. L. (1977). Time estimation and total subjective time. *Perceptual and Motor Skills*, 44(2), 527-532.

154 Walker, J. L. (1977). Time estimation and total subjective time. *Perceptual and Motor Skills*, 44(2), 527-532. 공식은 S = (A1/A2)1/2이다. 여기서 S는 주관적 지속시간, A는 해당 인물의 나이다.

155 Block, R. A., Zakay, D., & Hancock, P. A. (1998). Human aging and duration judgments: A meta-analytic review. *Psychology and Aging*, 13(4), 584-596, p. 584. and, McAuley, J. D., Jones, M. R., Holub, S., Johnston, H. M., & Miller, N. S. (2006). The time of our lives: Life span development of timing and event tracking. *Journal of Experimental Psychology: General*, 135(3), 348.

156 '시간에 끝이 없을 것처럼 느껴질 때는……'으로 시작되는 두 문장은 다음의 자료에서 거의 그대로 옮겨온 내용이다. Carstensen, L. L. (2006). The influence of a sense of time on human development. *Science*, 312(5782), 1913-1915.

157 Carstensen, L. L., & Fredrickson, B. L. (1998). Influence of HIV status and age on cognitive representations of others. *Health Psychology*, 17(6), 494-503, p. 494. and, Fung, H. H., & Carstensen, L. L. (2006). Goals change when life's fragility is primed: Lessons learned from older adults, the September 11 attacks and SARS. *Social Cognition*, 24(3), 248-278.

158 Wansink, B., Kniffin, K. M., & Shimizu, M. (2012). Death row nutrition: Curious conclusions of last meals. *Appetite*, 59(3), 837-843.

159 Mather, M., & Carstensen, L. L. (2005). Aging and motivated cognition: The positivity effect in attention and memory. *Trends in Cognitive Sciences, 9*(10), 496-502.

160 Carstensen, L. L. (2006). The influence of a sense of time on human development. *Science, 312*(5782), 1913-1915.

161 Furst, A. J., Rabinovici, G. D., Rostomian, A. H., Steed, T., Alkalay, A., Racine, C., . . . Jagust, W. J. (2012). Cognition, glucose metabolism and amyloid burden in Alzheimer's disease. *Neurobiology of Aging*, 33(2), 215-225. and, Jagust, W. J., & Mormino, E. C. (2011). Lifespan brain activity, β-amyloid, and Alzheimer's disease. *Trends in Cognitive Sciences*, 15(11), 520-526.

162 다음 출처에서 재인용. Grady, D. (2012, March 8). Exercising an aging brain. *The New York Times*, p. F6.

163 Seeman, T. E., Miller-Martinez, D. M., Merkin, S. S., Lachman, M. E., Tun, P. A., & Karlamangla, A. S. (2011). Histories of social engagement and adult cognition: Midlife in the US study. *The Journals of Gerontology Series B: Psychological Sciences and Social Sciences, 66*(Suppl. 1), i141-i152.

164 Campbell, D. T. (1960). Blind variation and selective retentions in creative thought as in other knowledge processes. *Psychological Review, 67*(6), 380-400, p. 380.

6장 어려운 결정을 위한 정보의 정리

1 Lewis, M. (2012, September 5). Barack Obama to Michael Lewis on a presidential loss of freedom: "You don't get used to it-at least, I don't." *Vanity Fair*.

2 스티브 원과의 개인적 대화. 2010년 월 1일.

3 리 거스타인Lee Gerstein과의 개인적 대화. 2013년 4월 9일.

4 남자아이와 여자아이의 정확한 비율은 겉보기처럼 그리 간단한 질문이 아니다. 정상출산만을 따질 것인지, 병원 출산만 따질 것인지, 모든 출산을 다 따질 것인지, 쌍둥이를 계산에 넣을지 말지 등을 모두 구체적으로 정해야 한다. 이런 요소들은 물론이고, 부모의 인종, 고려 대상인 국가 등 다른 많은 요소들에 따라 차이가 생긴다. 비율은 거의 50 대 50에 가깝게 나타나지만 정확히 반반은 아니다.

5 완벽하게 하기 위해 드물기는 하지만 '내가 수전의 파티에 갈 가능성은 90%다'라는 문장이 실제로 계산을 통해 나올 수도 있음을 지적하고 넘어가야겠다. 예를 들어 내 차가 정비소에 있는데 연료분사기를 새로 갈거나, 밸브와 링을 점검해야 할 상황이다. 연료분사기만 문제라면 금요일까지는 준비해줄 수 있다고 한다. 그럼 나도 파티에 갈 수 있다. 하지만 점검이 필요한 경우라면 엔진을 들어내고 조립공장에 가져가야 한다고 한다. 내 정비사가 자동차 제조공장 데이터베이스에 접속해보았더니 내 차의 주행거리면 자동차의 연료분사기가 고장 날 확률이 90%이고, 밸브와 링 점검이 필요한 확률은 10%라고 한다. 이런 경우라면 내가 수전의 파티에 갈 확률에 대해 언급한 것(이것은 보통 엄밀한 의미의 확률이 아니라 자신감의 추정치다)은 연료분사기를 새로 갈아야 한다는 실제 확률과 묶이게 된다. 만약 파티에 대해 완벽하게 정확히 말하려면 이렇게 말할 것이다. "파티에 갈 생각이긴 한데, 정비사 말이 내 차가 준비 안 될 확률이 10%래. 그럼 난 못 가." 이렇게까지 말하기는 귀찮지만 내 확률 관련 진술이 추정치가 아니라 계산된 사건을 바탕으로 하고 있음을 분명하게 나타내고 있다.

6 여기서 말한 10%의 추정치는 상당히 낙관적으로 본 것이다. 2006년에 조지타운대학 외교학과 과장 로버트 갈루치Robert Gallucci는 이렇게 추정했다. "알카에다나 그 연합세력은 아마도 앞으로 5~10년 내 미국에서 핵무기를 폭발시킬 것이다." 여기서 '아마도more often than not'라는 표현은 분명 확률이 50% 이상임을 의미하고 있다. Kittrie, O. F. (2007). Averting catastrophe: Why the nuclear nonproliferation treaty is losing its deterrence capacity and how to restore it. *Michigan Journal of International Law, 28*, 337-430, p. 342.

7 National Weather Service. (n.d.). How dangerous is lightning? http://www.lightningsafety.noaa.gov 검색.

8 (n.a.). (2011, May 2). How lucky can you get! Incredible story of how man survives being hit by lightning TWICE in remarkable CCTV footage. *Daily Mail*. and, Campbell, K. (2000). *Guinness World Records 2001*. New York, NY: Guinness World Records Ltd., p. 36.

9 나는 이 글을 내가 생각해서 직접 썼는데 내가 최근에 접한 해킹Hacking의 책에서 이와 아주 비슷한 글이 있는 것을 발견했다. Hacking, I. (2001). *An introduction to probability and inductive logic*. New York, NY: Cambridge University Press, p. 31.

10 이것은 직관이 작동해서 잘못된 추론을 이끌어내는 사례 중 하나다. 앞면이 연속으로 열 번 나온 다음에 뒷면이 나올 확률은 앞면이 연속으로 열 번 나온 다음에 다시 앞면이 나올 확률과 똑같다. 양쪽 순열 모두 희박한 확률이지만, 이미 앞면이 열 번 연속으로 나온 것이 확인된 상황에서 열한 번째 결과는 확률이 50 대 50이고, 동전 던지기는 양쪽 다 나올 수 있다. 뒷면이 나올 차례는 아닌 것이다. 순열의 균형을 맞추기 위해

뒷면이 나와야 할 필요는 없다.

11 Hacking, I. (2001). *An introduction to probability and inductive logic*. New York, NY: Cambridge University Press, p. 31.

12 Ginsparg, P. (2005). How many coin flips on average does it take to get n consecutive heads? ttps://www.cs.cornell.edu/~ginsparg/physics/INFO295/mh.pdf 검색.

13 N번 던지기에서 세 번 연속 앞면이 나오는 경우가 적어도 한 번 생길 확률은 다음과 같다.

$$1-(1.236839844 / 1.087378025^{(N+1)})$$

100번 던지는 경우 이 값은 약 0.9997382이다.

Weisstein, E. W. (n.d.). Run. http://mathworld.wolfram.com/Run.html 검색.

14 Mosteller, F., Rourke, R. E. K., & Thomas, G. B. (1961). *Probability and statistics*. Reading, MA: Addison-Wesley, p. 17.

15 리 거스타인과의 개인적 대화. 2013년 4월 9일.

16 Young, A., Chaudhry, H. J., Rhyne, J., & Dugan, M. (2011). A census of actively licensed physicians in the United States, 2010. *Journal of Medical Regulation*, 96(4), 10-20. and, The White House. (n.d.). The cabinet. http://www.whitehouse.gov/administration/cabinet 검색. 부통령까지 포함하면 내각각료는 모두 16명이다.

17 Manning, J. E. (2010). Membership of the 111th Congress: A Profile. Washington, DC: Congressional Research Service Publication. https://www.senate.gov/CRSReports/crs-publish. cfm?pid=%260BL%29PL%3B%3D%0A_7-5700 검색.

18 Bishop, Y. M., Fienberg, S. E., & Holland, P. W. (1975). *Discrete multivariate analysis: Theory and practice*. Cambridge, MA: MIT Press. and, Wickens, T. D. (1989). *Multiway contingency tables analysis for the social sciences*. Hillsdale, NJ: Lawrence Erlbaum Associates, Inc.

19 이것은 내가 꾸며서 만든 약이다. 클로로하이드록실렌이라는 약은 없다.

20 우리가 여기서 얘기하고 있는 약물은 눈 침침병에 쓰는 약이다. 등 가려움증에 대한 약에 대해서는 나는 전혀 언급하지 않았다. 손이 닿지 않는 등 부위에 가려움이 생기는 병은 진짜 존재한다. 바로 감각이상성 배통 Notalgia paresthetica이다. 이 병은 치료법이 없다.

21 여기서 집단의 크기는 당신이 원하는 대로 잡아도 좋다. 내가 120을 택한 이유는 이 사례에서 정수를 유지하려면 6으로 나눠떨어지는 숫자여야 함을 알았기 때문이다. 이 숫자가 꼭 정수일 필요는 없다. 집단을 100으로 잡으면 표에 소수가 들어가야 하는데, 아무 상관없다.

22 이것은 고등학교 수준의 대수학을 이용해 풀 수 있다. 덜 흔한 질병(파란색 병)에 걸린 사람의 숫자를 나타내는 어떤 숫자 x가 존재한다. 5x는 더 흔한 질병(초록색 병)에 걸린 사람을 나타낸다. x + 5x는 우리가 이 표를 작성하기 위해 지정한 전체 집단의 수 120과 같아야 한다. 그럼 x + 5x = 120이라는 방정식이 나온다. 좌변의 두 항을 더하면 6x = 120. 양쪽 변을 6으로 나누면 x = 20이 나온다. 따라서 파란색 병에 걸린 사람의 숫자는 20이다.

23 총 기대치에 다른 결과를 덧붙일 수 있다. 지폐로 가득 찬 항아리가 있다고 가정해보자. 당신은 이 항아리에 손을 집어넣어 지폐를 한 장 꺼내 그 지폐를 가질 수 있다. 그 안에는 1달러 지폐 65장, 5달러 지폐 25장, 20달러 지폐 10장이 들어 있다. 이 게임의 기대치는 얼마인가? 지폐의 총 숫자를 합하면 100장이기 때문에 (65 + 25 + 10) 이것을 확률로 변환하기가 쉽다. 1달러를 얻을 확률은 0.65, 5달러를 얻을 확률은 0.25, 20달러를 얻을 확률은 0.1이다. 각각의 확률에 그 액수를 곱해서 이 값을 모두 더한다.

0.65 × 1달러 = 0.65달러
0.25 × 5달러 = 1.25달러
0.1 × 20달러 = 2.00달러
_____
　　합계 = 3.90달러

따라서 기대치는 3.90달러다. 실제로는 이런 액수를 결코 얻을 수 없다. 하지만 이것은 당신이 받으리라 기대할 수 있는 평균 액수이고, 이 게임에 얼마를 지불할 의사가 있는지 계산할 때 도움이 된다. 지폐를 차례차례 꺼내면서 하면 확률이 조금씩 변한다. 항아리에 남는 지폐가 줄어들고, 당신이 이미 어떤 지폐를 꺼내들었는지 알고 있기 때문이다.

당신이 축제에 가서 돈을 내고 야구공으로 병 맞히기 게임을 하거나, 기둥에 링 던지기 게임을 할 때는 아마도 커다란 동물인형이나 다른 구미 당기는 상품에 유혹되었을 것이다. 이런 경우 게임을 하는 데 드는 비용은 보통 상품 가격의 일부밖에 되지 않는다. 하지만 축제란 본디 돈을 버는 사업이고, 축제 주최자나 매장에서는 당연히 '하우스' 쪽이 유리하게 일을 꾸며놓는다. 그래서 이 게임의 기대치는 언제나 게임의 가격보다 낮다. 가끔은 자기가 지불한 돈보다 더 값이 나가는 상품을 타는 사람도 나오지만, 장기적으로 보면 축제 주최자는 많은 돈을 남긴다. 카지노도 마찬가지다.

24 이 부분은 내가 여러 해 동안 의대생들을 가르쳐봐서 안다. 이에 덧붙여서 다음의 자료에 따르면, 대부분의 의대생들은 통계에 대한 학습이 잘 안 되어 있고, 의지도 없기 때문에 정보원에 대한 평가도 제대로 하지 못한다. Thompson, N., Lewis, S., Brennan, P., & Robinson, J. (2010). Information literacy: Are final-year medical radiation science students on the pathway to success? *Journal of Allied Health*, 39(3), e83-e89. 공평하게 말하자면 의학 교육은 믿기 어려울 정도로 세부적이고 강도가 강해서 대부분의 학생은 이미 편성되어 있는 교과목 말고 다른 것을 공부할 시간이 거의 나지 않는다. 비교적 짧은 시간 안에 막대한 양의 정보를 흡수해야 하기 때문이다.

25 Jones, D. S. (2012). *Broken hearts: The tangled history of cardiac care*. Baltimore, MD: The Johns Hopkins University Press.

26 University of Michigan Health System. (2013). Coronary artery bypass grafting (CABG). http://www.med.umich.edu/cardiac-surgery/patient/adult/adultcandt/cabg.shtml 검색.

27 Murphy, M. L., Hultgren, H. N., Detre, K., Thomsen, J., & Takaro, T. (1977). Treatment of chronic stable angina: A preliminary report of survival data of the randomized Veterans Administration Cooperative Study. *New England Journal of Medicine*, 297(12), 621-627.

28 Jones, D. S. (2012). *Broken hearts: The tangled history of cardiac care*. Baltimore, MD: The Johns Hopkins University Press.

29 Park, A. (2013, March-April). A cardiac conundrum: How gaps in medical knowledge affect matters of the heart. *Harvard Magazine*, 25-29.

30 Ellis, S. G., Mooney, M. R., George, B. S., Da Silva, E. E., Talley, J. D., Flanagan, W. H., & Topol, E. J. (1992). Randomized trial of late elective angioplasty versus conservative management for patients with residual stenoses after thrombolytic treatment of myocardial infarction. Treatment of Post-Thrombolytic Stenoses (TOPS) Study Group. *Circulation*, 86(5), 1400-1406. and, Hueb, W., Lopes, N. H., Gersh, B. J., Soares, P., Machado, L. A., Jatene, F. B., . . . Ramires, J. A. (2007). Five-year follow-up of the Medicine, Angioplasty, or Surgery Study (MASS II): A randomized controlled clinical trial of 3 therapeutic strategies for multivessel coronary artery disease. *Circulation*, 115(9), 1082-1089. and, Michels, K. B., & Yusuf, S. (1995). Does PTCA in acute myocardial infarction affect mortality and reinfarction rates? A quantitative overview (meta-analysis) of the randomized clinical trials. *Circulation*, 91(2), 476-485.

31 Jones, D. S. (2012). *Broken hearts: The tangled history of cardiac care*. Baltimore, MD: The Johns Hopkins University Press.

32 Engelmann, J. B., Capra, C. M., Noussair, C., & Berns, G. S. (2009). Expert financial advice neurobiologically "offloads" financial decision-making under risk. *PLoS One*, 4(3), e4957. and, Hertz, N. (2013, October 20). Why we make bad decisions. *The New York Times*, p. SR6.

33 Levitin, D. J. (2011, October 9). Heal thyself. [Review of the book *Your medical mind: How to decide what is right for you* by J. Groopman & P. Hartzband]. *The New York Times Sunday Book Review*, p. BR28.

34 Howlader, N., Noone, A. M., Krapcho, M., Neyman, N., Aminou, R., Waldron, W., . . . Cronin, K. A. (Eds.). SEER Cancer Statistics Review, 1975-2009 (Vintage 2009 Populations). Bethesda, MD: National Cancer Institute, based on November 2011 SEER data submission. http://seer.cancer.gov/archive/csr/1975_2009_pops09/ 검색.

35 American Cancer Society. (2013). What are the key statistics about prostate cancer? http://www.cancer.org 검색.

36 National Cancer Institute. (2013). Prostate cancer treatment (PDQR): Treatment option overview. http://www.cancer.gov 검색. Scholz, M., & Blum, R. (2010). *Invasion of the prostate snatchers: No more unnecessary biopsies, radical treatment or loss of sexual potency*. New York,

NY: Other Press, pp. 20-21.

37 Groopman, J., & Hartzband, P. (2011). *Your medical mind: How to decide what is right for you*. New York, NY: Penguin, pp. 246-247. and, Hessels, D., Verhaegh, G. W., Schalken, J. A., & Witjes, J. A. (2004). Applicability of biomarkers in the early diagnosis of prostate cancer. *Expert Review of Molecular Diagnostics, 4*(4), 513-526.

38 Hugosson, J., Stranne, J., & Carlsson, S. V. (2011). Radical retropubic prostatectomy: A review of outcomes and side-effects. *Acta Oncologica, 50*(Suppl. 1), 92-97. and, National Cancer Institute. (2014). Stage I prostate cancer treatment. http://www.cancer.gov 검색. Prostate Doctor. (2011, June 4). Shortening of the penis after prostatectomy: Yes, it really happens [Web log message]. http://myprostatedoc.blogspot.com 검색. Talcott, J. A., Rieker, P., Clark, J. A., Propert, K. J., Weeks, J. C., Beard, C. J., . . . Kantoff, P. W. (1998). Patient-reported symptoms after primary therapy for early prostate cancer: Results of a prospective cohort study. *Journal of Clinical Oncology*, 16(1), 275-283, p. 275. and, Wilt, T. J., MacDonald R., Rutks, I., Shamliyan, T. A., Taylor, B. C., & Kane, R. L. (2008). Systematic review: Comparative effectiveness and harms of treatments for clinically localized prostate cancer. *Annals of Internal Medicine*, 148(6), 435-448.

39 Schröder, F. H., Hugosson, J., Roobol, M. J., Tammela, T., Ciatto, S., Nelen, V., . . . Auvinen, A. (2009). Screening and prostate cancer mortality in a randomized European study. *New England Journal of Medicine*, 360(13), 1320-1328.

40 Kao, T. C., Cruess, D. F., Garner, D., Foley, J., Seay, T., Friedrichs, P., . . . Moul, J. W. (2000). Multicenter patient self-reporting questionnaire on impotence, incontinence and stricture after radical prostatectomy. *The Journal of Urology*, 163(3), 858-864. and, Bates, T. S., Wright, M. P., & Gillatt, D. A. (1998). Prevalence and impact of incontinence and impotence following total prostatectomy assessed anonymously by the ICS-Male Questionnaire. *European Urology* 33(2), 165-169.

41 Parker-Pope, T. (2008, August 27). Regrets after prostate surgery. *The New York Times*.

42 Pollock, A. (2013, May 8). New test improves assessment of prostate cancer risk, study says. *The New York Times*, p. B3.

43 바니 케넷과의 개인적 대화. 2014년 1월 30일. New York, NY.

44 Science Daily Health Behavior News Service. (2012). Exercise can extend your life by as much as five years. www.sciencedaily.com/releases/2012/12/121211082810.htm 검색.

45 사람들이 일주일간 TV를 시청하는 평균시간에 대한 통계를 생각해보자. 한 작은 아파트에서 네 명은 일주일에 한 시간을 보고, 한 명은 일주일에 열 시간을 본다. 평균을 계산하려면 일주일간의 TV 시청 시간을 모두 더하고(1+1+1+1+10=14) 이 값을 명수로 나누면 (14/5) 2.8이 나온다. 이 아파트에서 일주일에 TV를 2.8시간 보는 사람은 없지만 이것은 평균값이다. 여기서 나는 평균mean이라는 용어를 통계적 개념의 '평균mean'과 혼용해서 썼다. 중심치central tendency, 중앙치median, 최빈값mode의 두 가지 다른 측정치가 있는데 이것 역시 평균이라고 부른다. '중앙치'는 중간에 있는 값이다. 이 숫자를 기준으로 관찰내용의 절반은 그 위에 있고, 나머지 절반은 아래에 있다. 위의 그 아파트에서 사람들의 주당 수입을 관찰해봤더니 각각 500달러, 500달러, 600달러, 700달러, 800달러였다면 중앙치는 600달러다. 이 값을 기준으로 절반은 아래에, 절반은 위에 있다(관례상 주당 TV 시청 시간에서 같은 값이 여러 개 존재하면 그래도 목록에서 중간지점까지 간 다음에 거기에 해당하는 값을 중앙치로 친다. 주당 TV 시청 시간 사례에서 중앙치는 1이다). 평균으로 불리는 또 다른 측정치는 '최빈값'이다. 이 값은 가장 자주 등장하는 값을 말한다. 주당 TV 시청 시간의 예에서 최빈값은 1이다. 그리고 주당 수입의 예에서는 500달러다. 평균값, 중앙치, 최빈값은 서로 다를 수 있다. 이 값들은 서로 다른 기능으로 사용된다. 각각이 유용하게 사용되는 사례는 다음 자료를 참고하기 바란다. Wheelan, C. (2013). *Naked statistics: Stripping the dread from the data*. New York, NY: W. W. Norton & Company.

46 Tuncel, A., Kirilmaz, U., Nalcacioglu, V., Aslan, Y., Polat, F., & Atan, A. (2008). The impact of transrectal prostate needle biopsy on sexuality in men and their female partners. *Urology*, 71(6), 1128-1131.

47 친애하는 독자 여러분께서는 부디 내 말을 믿어주시기 바란다. 의학 통계는 다른 통계와 전혀 다를 것이 없다. 방정식 속에 들어 있는 숫자는 자기가 암을 기술하는 데 사용되는지, 고장난 연료분사기를 기술하는 데 사용되는지 알지 못한다. 부디 이 외과의사의 반응이 이 한 사람만의 반응이었으면 좋으련만, 불행하게도 나는 이와 비슷한 말을 수십 번 들었다. 외과의사들이 의사결정과는 달리 수술에서는 훨씬 뛰어나서 얼마나 다행인지 모른다. 하지만 이것은 주어진 상황에서 우리 모두가 정신 바짝 차리고 과연 수술이 최고의 선택인지 판단해야 한다는 의미다.

48 Edwards, A., Elwyn, G., & Mulley, A. (2002). Explaining risks: Turning numerical data into meaningful pictures. *BMJ*, 324(7341), 827-830.

49 National Immunization Program, CDC. (1999). Achievements in public health, 1900-1999 impact of vaccines universally recommended for children-United States, 1990-1998. Morbidity and Mortality Weekly Report, 48(12), 243-248. http://www.cdc.gov/mmwr/preview/mmwrhtml/00056803.htm#00003753.htm 검색.

50 Global life expectancy 10,000 BCE-2003. (n.d.). http://cdn.singularityhub.com/wp-content/uploads/2013/09/life-expectancy-hockey-stick.png 검색. National Institutes of Health. (n.d.). U. S. life expectancy. http://www.nih.gov/about/impact/life_expectancy_graph.htm 검색.

51 Maternal and Child Health Bureau. (2013). Infant mortality. http://mchb.hrsa.gov/chusa13/perinatal-health-status-indicators/p/infant-mortality.html 검색.

52 Simone, J. V. (2003). Childhood leukemia-successes and challenges for survivors. *New England Journal of Medicine*, 349(7), 627-628.

53 Think yourself better. *The Economist*. (2011, May 19). The New York Times estimates it as a $32 billion business in the US. and, O'Connor, A. (2013, December 21). Spike in harm to liver is tied to dietary aids. *The New York Times*, p. A1.

54 Mayo Clinic Staff. (2011, October 20). Complementary and alternative medicine. http://www.mayoclinic.com/health/alternative-medicine/PN00001 검색.

55 이 공식화에 대해서는 벤 골드애커Ben Goldacre에게 감사한다.

56 Ernst, E. (2002). A systematic review of systematic reviews of homeopathy. *British Journal of Clinical Pharmacology*, 54(6), 577-582. and, Jonas, W. B., Kaptchuk, T. J., & Linde, K. (2003). A critical overview of homeopathy. *Annals of Internal Medicine*, 138(5), 393-399.

57 Dancu, D. (1996). *Homeopathic vibrations: A guide for natural healing*. Longmont, CO: SunShine Press Publications. and, Kratky, K. W. (2004). Homöopathie und Wasserstruktur: Ein physikalisches Modell [Homeopathy and structure of water: A physical model]. *Forschende Komplementärmedizin und Klassische Naturheilkunde [Research in Complementary and Classical Natural Medicine]*, 11(1), 24-32. and, Vithoulkas, G. (1980). *The science of homeopathy*. New York, NY: Grove Press.

58 Goldacre, B. (2011, February 19). In case of overdose, consult a lifeguard. *The Guardian*. and, Randi, J. [Rational Response Squad]. (2006, November 16). James Randiexplains homeopathy [Video file]. http://www.youtube.com 검색.

59 쌀알 한 톨의 크기를 $5 \times 1.4 \times 1.4$mm, 즉 9.8m³라고 가정해보자. 이것을 마일 단위로 환산하면 2.4×10^{-18}이다. 우리 태양계의 반경을 태양부터 오르트구름 끝까지로 잡으면 50AU, 즉, 4.65×10^{12}이고, 부피는 $4/3 \varPi r^3 = 4.21 \times 10^{38}$이다. 따라서 태양계의 구형 부피 안에서 쌀알 한 톨의 크기 비율은 $(2.4 \times 10^{-18}) / (4.21 \times 10^{38}) = 5.70 \times 10^{-57}$이다. 1×10^{1500}배로 희석하려면 1500/57배, 즉 26번 더 희석해야 한다.

60 Solon, O. (2011, February 11). Sceptic offers $1 million for proof that homeopathy works. *Wired UK*.

61 Think yourself better. *The Economist*. (2011, May 19).

62 Ebbing, M., & Vollset, S. E. (2013). Long-term supplementation with multivitamins and minerals did not improve male US physicians' cardiovascular health or prolong their lives. *Evidence-Based Medicine*, 18(6), 218-219. and, Guallar, E., Stranges, S., Mulrow, C., Appel, L. J., & Miller, E. R. (2013). Enough is enough: Stop wasting money on vitamin and mineral supplements. *Annals of Internal Medicine*, 159(12), 850-851. and, Willig, A. (2014, January 19).

Multivitamins are no use? *The Guardian*.

63 Rattue, G. (2012, January 9). Can too much vitamin D harm cardiovascular health? Probably. *Medical News Today*. and, Sheehan, J. (n.d.). Can you take too much vitamin B6 & vitamin B12? http://healthyeating.sfgate.com/can-much-vitamin-b6-vitamin-b12-6060.html 검색.

64 Marshall, C. W. (n.d.). *Vitamin C: Do high doses prevent colds?* http://www.quackwatch.com/01QuackeryRelatedTopics/DSH/colds.html 검색. Bauer, B. A. (n.d.). Will dietary supplements containing echinacea help me get over a cold faster? http://www.mayoclinic.com/health/echinacea/an01982 검색.

65 Kahneman, D. (2011). *Thinking, fast and slow*. New York, NY: Farrar, Straus and Giroux.

66 이 부분에 대해서는 서로 상반되는 통계치가 존재한다. 데오낸던Deonandan과 백웰Backwell (2011)은 사망자 수에서는 차이를 발견하지 못했지만, 부상자는 증가했음을 발견했다. Blalock, Kadiyali, Simon (2009)은 2001년 마지막 세 달 동안에 사망자가 982명 증가했지만, 장기적으로는 무려 2,300명 증가했다고 보고했다. 9·11 테러사건의 영향은 지속되고 있는 듯 보인다. 9월 11일이나 그 전후로 기념일에 테러리스트가 다시 공격할지 모른다는 두려움 때문에 9월만 되면 교통사고 기저율보다 고속도로 사고로 사망하는 사람이 수백 명 더 늘어난다 (Hampson, 2011). 기거렌처Gigerenzer(2006)는 이렇게 적었다. "네 편의 비행기에서 사망한 승객들의 운명을 피하려고 1,500명 정도로 추산되는 미국인이 도로에서 죽고 있다." 채프먼Chapman 과 해리스Harris의 글(2002)은 위험을 제대로 인식하지 못하고, 어떤 형태의 사망에 대해서는 과도하게 반응하고, 어떤 형태의 사망에 대해서는 둔감하게 반응하는 인간의 속성에 대해 잘 다루고 있다. 다음의 자료도 참고하기 바란다. Chapman & Harris (2002) about human failure to properly perceive risk, and to overreact to some forms of death and underreact to others. See also, Kenny (2011), and Sivac & Flannagan (2003). Blalock, G., Kadiyali, V., & Simon, D. H. (2009). Driving fatalities after 9/11: A hidden cost of terrorism. *Applied Economics*, 41(14), 1717-1729. and, Chapman, C. R., & Harris, A. W. (2002). A skeptical look at September 11th. *Skeptical Inquirer*, 26(5). http://www.csicop.org 검색. Deonandan, R., & Backwell, A. (2011). Driving deaths and injuries post-9/11. *International Journal of General Medicine*, 4, 803-807. and, Gigerenzer, G. (2006). Out of the frying pan into the fire: Behavioral reactions to terrorist attacks. Risk Analysis, 26(2), 347-351. and, Hampson, R. (2011, September 5). After 9/11: 50 dates that quietly changed America. *USA Today*. and, Kenny, C. (2011, November 18). Airport security is killing us. *Business Week*. and, Sivak M., & Flannagan, M. (2003). Flying and driving after the September 11 attacks. *American Scientist*, 91(1), 6-8.

67 Snyder, B. (2012, January 9) An incredibly safe year for air travel. *CNN*. http://www.cnn.com 검색.

68 Gaissmaier, W., & Gigerenzer, G. (2012). 9/11, Act II: A fine-grained analysis of regional variations in traffic fatalities in the aftermath of the terrorist attacks. *Psychological Science*, 23(12), 1449-1454.

69 Kahneman, D. (2011). *Thinking, fast and slow*. New York, NY: Farrar, Straus and Giroux.

70 Christakis, n.a. (1999). *Death foretold: Prophecy and prognosis in medical care*. Chicago, IL: The University of Chicago Press.

71 Berner, E. S., & Graber, M. L., (2008). Overconfidence as a cause of diagnostic error in medicine. *American Journal of Medicine*, 121(5 Suppl.), S2-S23.

72 이하 문단. O'Connor, A. (2013, December 21). Spike in harm to liver is tied to dietary aids. *The New York Times*, p. A1.

73 Sechrest, L., & Pitz, D. (1987). Commentary: Measuring the effectiveness of heart transplant programmes. *Journal of Chronic Diseases*, 40(Suppl. 1), 155S-158S.

74 Quora. (n. d). Why did Steve Jobs choose not to effectively treat his cancer? http://www.quora.com/Steve-Jobs/Why-did-Steve-Jobs-choose-not-to-effectively-treat-his-cancer 검색. Walton, A. G. (2011, October 24). Steve Jobs' cancer treatment regrets. *Forbes*.

75 National Center for Complementary and Alternative Medicine (NCCAM). (n.d.). http://nccam.nih.gov/ 검색.

76 예컨대 다음을 참고하라. Garg, S. K., Croft, A. M., & Bager, P. (2014, January 20). Helminth therapy (worms) for induction of remission in inflammatory bowel disease. *Cochrane Database of Systematic Reviews*, (1), Art. No. CD009400. http://summaries.cochrane.org/CD009400/ helminth-therapy-worms-for-induction-of-remission-in-inflammatory-bowel-disease 검색. White, A. R., Rampes, H., Liu, J. P., Stead, L. F., & Campbell, J. (2014, January 23). Acupuncture and related interventions for smoking cessation. *Cochrane Database of Systematic Reviews*, (1), Art. No. CD000009. http://summaries.cochrane.org/CD000009/do-acupuncture-and-related-therapies-help-smokers-who-are-trying-to-quit 검색.

77 Bjelakovic, G., Gluud, L., Nikolova, D., Whitfield, K., Wetterslev, J., Simonetti, R. G., . . .Gluud, C. (2014). Vitamin D supplementation for prevention of mortality in adults. *Cochrane Database of Systematic Reviews*, (1), Art. No. CD007470. http://summaries.cochrane.org/CD007470/ vitamin-d-supplementation-for-prevention-of-mortality-in-adults#sthash.Z6rLxTiS.dpuf 검색.

78 Durup, D., Jorgensen, H. L., Christensen, J., Schwarz, P., Heegaard, A. M., & Lind, B. (2012). A reverse J-shaped association of all-cause mortality with serum 25-hydroxyvitamin D in general practice: The CopD study. *The Journal of Clinical Endocrinology & Metabolism*, 97(8), 2644-2652. and, Groopman, J., & Hartzband, P. (2011). *Your medical mind: How to decide what is right for you*. New York, NY: Penguin.

79 Levitin, D. J. (2011, October 9). Heal thyself. [Review of the book *Your medical mind: How to decide what is right for you* by J. Groopman & P. Hartzband]. *The New York Times Sunday Book Review*, p. BR28.

80 예컨대 다음을 참고하라. Kahneman, D., & Tversky, A. (1979). Prospect theory: An analysis of decision under risk. *Econometrica*, 47(2), 263-292.

81 아모스 트버스키는 결혼해서 두 자녀를 둔 남자의 이야기를 해준 적이 있다. 이 남자는 반군 테러리스트들에게 붙잡혔고, 테러리스트들은 그에게 러시안 룰렛을 변형한 게임을 하도록 강요한다. 이 게임에는 리볼버 권총에 총알의 숫자를 다양하게 집어넣을 수 있다. 이 포로 남자는 돈을 지불하고 총에서 총알 하나를 꺼내는 것이 허락되었다. 여기에서 딜레마는 자기 목숨의 소중함, 그리고 아내와 두 자녀를 무일푼으로 만들 가능성 사이에서 균형을 맞추어야 한다는 점이다(이야기 진행을 위해 테러리스트들의 말은 신뢰할 수 있고, 게임을 시작할 때 권총에 들어 있는 총알의 개수를 정확히 말하며, 그가 게임에서 살아남으면 군말 없이 놓아준다고 가정하자).
   a. 만약 총 안에 총알이 6개 들어 있다면, 죽을 확률을 6/6에서 5/6으로 줄이기 위해 총알 하나를 제거하는 값으로 얼마나 지불할 용의가 있는가?
   b. 만약 총 안에 총알이 4개 들어 있다면 죽을 확률을 4/6에서 3/6으로 줄이기 위해 총알 하나를 제거하는 값으로 얼마나 지불할 용의가 있는가?
   c. 만약 총 안에 총알이 하나 들어 있다면, 죽을 확률을 1/6에서 0으로 줄이기 위해 총알 하나를 제거하는 값으로 얼마나 지불할 용의가 있는가?
   시나리오 C처럼 죽을 확률을 0으로 줄일 수만 있다면 우리 대부분은 얼마의 돈이라도 지불할 용의가 있다. 그리고 시나리오 A에 대해서도 그만한 돈을 지불할 용의가 있을 것이다. 가능성 효과 때문이다. 하지만 시나리오 B는 나머지 둘과 느낌이 좀 다르다. 이 경우는 한 가능성에서 다른 가능성으로만 움직일 뿐, 확실성에서 가능성으로(시나리오 A), 혹은 가능성에서 확실성(시나리오 C)으로 움직이는 것이 아니기 때문이다.

82 Kahneman, D. (2011). *Thinking, fast and slow*. New York, NY: Farrar, Straus and Giroux.

83 Kahneman, D., & Tversky, A. (1984). Choices, values, and frames. *American Psychologist*, 39(4), 341-350, p. 341.

84 핵심적인 요소에 집중하기 위해 내가 이 사례들을 단순화시켰다. 이 내용은 다음의 자료에서 가져온 것이다. Tversky, A., & Kahneman, D. (1986). Rational choice and the framing of decisions. *Journal of Business* 59(4 pt 2), S251-S278.

85 Ferrara, F., Pratt, D., & Robutti, O. (2006). The role and uses of technologies for the teaching of algebra and calculus. In A. Gutiérrez & P. Boero (Eds.), *Handbook of research on the psychology of mathematics education: Past, present and future* (pp. 237-273). Boston, MA: Sense Publishers. and, Tall, D. (1991). Intuition and rigour: The role of visualization in the

calculus. In W. Zimmermann & S. Cunningham (Eds.), *Visualization in teaching and learning mathematics: A project* (pp. 105-119). Washington, DC: Mathematical Association of America.

86 Cates, C. (n.d.). Dr. Chris Cates' EBM website. http://www.nntonline.net/ 검색.

87 R. 크로스화이트R. Corsswhite와의 개인적 대화. 2013년 4월 29일. American Tire Depot, Sherman Oaks, CA. See also, Montoya, R. (2011, November 18). How old-and dangerous-are your tires? http://www.edmunds.com 검색.

7장 비즈니스 세계의 정리

1 Government of Quebec, Transports Quebec. (2007). *Commission of inquiry into the collapse of a portion of the de la Concorde overpass: Report.*. http://www.cevc.gouv.qc.ca/UserFiles/File/Rapport/report_eng.pdf 검색.

2 Tranquillus Suetonius, C. (1997). *Lives of the twelve Caesars* (H. M. Bird, Trans.). Hertfordshire, UK: Wordsworth Classics of World Literature.

3 Yates, J. (1989). *Control through communication: The rise of system in American management*. Baltimore, MD: The Johns Hopkins University Press. In this paragraph, I'm borrowing liberally, including close paraphrases of Yates's excellent discourse on pp. xv-xix. 몇 가지 예외는 있다. 최초의 다국적 기업으로 거론되는 네덜란드 동인도회사는 1602년부터 있었으며 허드슨 베이 회사는 1670년에 창립되어 아직까지도 사업을 벌이고 있다. Damodaran, A. (2009). The octopus: Valuing multi-business, multi-national companies. http://dx.doi.org/10.2139/ssrn.1609795 검색. Lubinsky, P., Romero-Gonzalez, G. A., Heredia, S. M., & Zabel, S. (2011). Origins and patterns of vanilla cultivation in tropical America (1500-1900): No support for an independent domestication of vanilla in South America. In D. Havkin-Frenkel & F. Belanger (Eds.), *Handbook of vanilla science and technology* (p. 117). Oxford, UK: Blackwell Publishing. and, Shorto, R. (2013). *Amsterdam: A history of the world's most liberal city*. New York, NY: Doubleday.

4 Yates, J. (1989). *Control through communication: The rise of system in American management*. Baltimore, MD: The Johns Hopkins University Press, p. 1.

5 Yates (1989) gives a brief account of this and refers the reader to "Report on the collision of trains, near Chester," October 16, 1841, Western RailroadClerk's File #74; in Western Railroad Collection, Case #1, Baker Library, Harvard Business School. Yates, J. (1989). *Control through communication: The rise of system in American management*. Baltimore, MD: The Johns Hopkins University Press.

6 이 충돌사고 보고서의 권고사항을 따르면서 철도회사들은 좀 더 형식화되고 구조화된 소통의 필요성을 깨달았다. 경영진은 효율(따라서 수익도)을 극대화하고 사고 가능성을 최소화하기 위해 기차의 속도, 기차역을 출발한 시간, 기차에 딸린 객차의 개수 등 필요한 정보의 항목이 무엇인지 확인하는 일부터 시작했다.

7 Yates, p. 10, citing Jelinek, M. (1980). Toward systematic management: Alexander Hamilton Church. *Business History Review*, 54(01), 63-79. Yates, J. (1989). *Control through communication: The rise of system in American management*. Baltimore, MD: The Johns Hopkins University Press.

8 다음 문헌을 직접 인용했다. Litterer, J. A. (1963). Systematic management: Design for organizational recoupling in American manufacturing firms. *Business History Review*, 37(4), 369-391, p. 389. See also, Litterer, J. A. (1961). Systematic management: The search for order and integration. *Business History Review*, 35 (4), 461-476.

9 Jelinek, M. (1980). Toward systematic management: Alexander Hamilton Church. *Business History Review*, 54(1), 63-79, p. 69. and, Litterer, J. A. (1961). Systematic management: The search for order and integration. *Business History Review*, 35(4), 461-476.

10 Chandler, Jr., A. D. (1962). *Strategy and structure: Chapters in the history of the American industrial enterprise*. Cambridge, MA: MIT Press. and, Kaliski, B. S. (2001). *Encyclopedia of*

business and finance. New York, NY: Macmillan, p. 669.

11 Moreno, J. L. (1943). Sociometry and the cultural order. *Sociometry* 6(3), 299-344. and, Wasserman, S. (1994). *Social network analysis: Methods and applications* (Vol. 8). New York, NY: Cambridge University Press.

12 Whitenton, K. (2013, November 10). Flat vs. deep web hierarchies. Nielsen Norman Group. http://www.nngroup.com/articles/flat-vs-deep-hierarchy/ 검색.

13 Dodson, J. R. (2006). Man-hunting, nexus topography, dark networks, and small worlds. IO Sphere, 7-10. and, Heger, L., Jung, D., & Wong, W. H. (2012). Organizing for resistance: How group structure impacts the character of violence. *Terrorism and Political Violence*, 24(5), 743-768. and, Matusitz, J. (2011). Social network theory: A comparative analysis of the Jewish revolt in antiquity and the cyber terrorism incident over Kosovo. *Information Security Journal: A Global Perspective*, 20(1), 34-44.

14 Simon, H. A. (1957). *Administrative behavior: A study of decision-making processes in administrative organization*. New York, NY: Macmillan, p. 2-9.

15 CNN Money. (n.d.). Top companies: Biggest employers. http://money.cnn.com/ 검색. Hess, A. E. M. (2013, August 22). The 10 largest employers in America. *USA Today*.

16 Wegner, D. M. (1987). Transactive memory: A contemporary analysis of the group mind. In B. Mullen & F. R. Goethals (Eds.), *Theories of group behavior* (pp. 185-208). New York, NY: Springer-Verlag.

17 Jones, G. R., Mills, A. J., Weatherbee, T. G., & Mills, J. H. (2006). *Organizational theory, design, and change* (Canadian ed.). Toronto, Canada: Prentice Hall, p. 150.

18 상동. p. 144.

19 상동. p. 147.

20 Andersen, J. A., & Jonsson, P. (2006). Does organization structure matter? On the relationship between the structure, functioning and effectiveness. *International Journal of Innovation and Technology Management*, 3(03), 237-263.

21 Blau, P. M. (1974). On the nature of organizations. *American Journal of Sociology*, 82(5). 1130-1132. and, Delmastro, M. (2002). The determinants of the management hierarchy: Evidence from Italian plants. *International Journal of Industrial Organization*, 20(1), 119-137. and, Graubner, M. (2006). *Task, firm size, and organizational structure in management consulting: An empirical analysis from a contingency perspective* (Vol. 63). Frankfurt, Germany: Deutscher Universitäts-Verlag.

22 Jones, G. R., Mills, A. J., Weatherbee, T. G., & Mills, J. H. (2006). *Organizational theory, design, and change* (Canadian ed.). Toronto, Canada: Prentice Hall, p. 146.

23 Hill, C. W. L., & Jones, G. R. (2008). *Strategic management: An integrated approach* (8th ed.). New York, NY: Houghton Mifflin Company.

24 Simon, H. A. (1957). *Administrative behavior: A study of decision-making processes in administrative organization* (2nd ed.). New York, NY: Macmillan, p. 2.

25 Sanfey, A. G., Rilling, J. K., Aronson, J. A., Nystrom, L. E., & Cohen, J. D. (2003). The neural basis of economic decision-making in the ultimatum game. *Science*, 300(5626), 1755-1758.

26 Basten, U., Biele, G., Heekeren, H. R., & Fiebach, C. J. (2010). How the brain integrates costs and benefits during decision-making. *Proceedings of the National Academy of Sciences*, 107(50), 21767-21772.

27 de Waal, F. B. M. (2008). How selfish an animal? The case of primate cooperation. In P. J. Zak (Ed.), *Moral markets: The critical role of values in the economy* (pp. 63-76). Princeton, NJ: Princeton University Press, p. 63.

28 United States Department of the Army. (2011). Unified land operations, ADP3-0. Washington, DC: United States Department of the Army.

29 United States Department of the Army. (1923). Field service regulations United States Army.

Washington, DC: Government Printing Office, p. 7.

30 United States Department of the Army. (2012). The army, ADP 1. Washington, DC: United States Department of the Army, p. 2.

31 상동.

32 United States Department of the Army. (2012). Mission command, ADP 6-0. Washington, DC: United States Department of the Army, p. 8.

33 Simon, H. A. (1957). *Administrative behavior: A study of decision-making processes in administrative organization* (2nd ed.). New York, NY: Macmillan, p. 236-238.

34 스탠리 매크리스털과의 개인적 대화. 2013년 7월 18일.

35 스티브 원과의 개인적 대화. 2012년 5월 5일. 네바다 주 라스베이거스.

36 마이클 블룸버그Michael Bloomberg와의 개인적 대화. 2013년 7월 20일.

37 Mikhail, J. (2007). Universal moral grammar: Theory, evidence and the future. *Trends in Cognitive Science*, 11(4), 143-152. and, Petrinovich, L., O'Neill, P., & Jorgensen, M. (1993). An empirical study of moral intuitions: Toward an evolutionary ethics. *Journal of Personality and Social Psychology*, 64(3), 467-478, p. 467. and, Wright, R. (1995). *The moral animal: Why we are, the way we are: The new science of evolutionary psychology* (First Vintage Books ed.). New York, NY: Random House Vintage Books. LoBue, V., Nishida, T., Chiong, C., DeLoache, J. S., & Haidt, J. (2011). When getting something good is bad: Even three-year-olds react to inequality. *Social Development*, 20(1), 154-170.

38 United States Department of the Army. (2012). The army, ADP 1. Washington, DC: United States Department of the Army, pp. 2-7.

39 Salvador, R., & Folger, R. G. (2009). Business ethics and the brain. *Business Ethics Quarterly*, 19(1), 1-31.

40 Harlow, J. M. (1848). Passage of an iron rod through the head. *Boston Medical and Surgical Journal*, 39(20), 389-393. and, Moll, J., de Oliveira-Souza, R., Eslinger, P. J., Bramati, I. E., Mourao-Miranda, J., Andreiulo, P. A., & Pessoa, L. (2002). The neural correlates of moral sensitivity: A functional magnetic resonance imaging investigation of basic and moral emotions. *The Journal of Neuroscience*, 22(7), 2730-2736. and, Spitzer, M., Fischbacher, U., Herrnberger, B., Grön, G., & Fehr, E. (2007). The neural signature of social norm compliance. *Neuron*, 56(1), 185-196.

41 Salvador, R., & Folger, R. G. (2009). Business ethics and the brain. *Business Ethics Quarterly*, 19(1), 1-31.

42 King, J. A., Blair, R. J., Mitchell, D. G., Dolan, R. J., & Burgess, N. (2006). Doing the right thing: A common neural circuit for appropriate violent or compassionate behavior. *NeuroImage*, 30(3), 1069-1076. and, Englander, Z. A., Haidt, J., & Morris, J. P. (2012). Neural basis of moral elevation demonstrated through inter-subject synchronization of cortical activity during free-viewing. *PloS One*, 7(6), e39384. and, Cavanna, A. E., & Trimble, M. R. (2006). The precuneus: A review of its functional anatomy and behavioural correlates. *Brain*, 129(3), 564-583.

43 Margulies, D. S., Vincent, J. L., Kelly, C., Lohmann, G., Uddin, L. Q., Biswal, B. B., . . .Petrides, M. (2009). Precuneus shares intrinsic functional architecture in humans and monkeys. *Proceedings of the National Academy of Sciences*, 106(47), 20069-20074. and, de Waal, F. B. M., Leimgruber, K., & Greenberg, A. R. (2008). Giving is self-rewarding for monkeys. *Proceedings of the National Academy of Sciences*, 105(36), 13685-13689.

44 van Wolkenten, M., Brosnan, S. F., & de Waal, F. B. M. (2007). Inequity responses of monkeys modified by effort. *Proceedings of the National Academy of Sciences*, 104(47), 18854-18859.

45 잭 웰치는 GE의 CEO였고, 허브 켈러허는 사우스웨스트항공의 CEO였다. 이 두 사람은 서로 아주 다른 기업 문화를 만들어냈다. 잭 웰치는 한동안 '중성자탄 잭Neutron Jack'이라는 별명으로 불렸는데, 직원들을 가차 없이 해고하는 그의 방식 때문이었다(중성자탄처럼 건물 내부는 싹 비워버리지만 건물 자체는 남겨놓는다는 의미에서). 5년간 그는 급여대상자의 25%를 줄였다. 허브 켈러허는 직원들 사이에서 동지애와 즐거움이 넘

치는 분위기를 조성했다. 그리고 사우스웨스트는 〈포천〉 선정 미국 5대 고용주 안에 꾸준히 이름을 올렸다.

46 United States Department of the Army. (2012). Army leadership, ADP 6-22. Washington, DC: United States Department of the Army, p. 1.

47 Gardner, H. (2011). *Leading minds: An anatomy of leadership*. New York, NY: Basic Books.

48 Harung, H. S., & Travis, F. (2012). Higher mind-brain development in successful leaders: Testing a unified theory of performance. *Cognitive Processing*, 13(2), 171-181. and, Harung, H., Travis, F., Blank, W., & Heaton, D. (2009). Higher development, brain integration, and excellence in leadership. *Management Decision*, 47(6), 872-894.

49 Tschampa, D., & Rosemain, M. (2013, January 24). BMW to build sports car with Toyota in deeper partnership. *Bloomberg News*.

50 United States Department of the Army. (2012). Army leadership, ADP 6-22. Washington, DC: United States Department of the Army, p. 3.

51 상동, p. 2.

52 상동, p. 3.

53 United States Department of the Army. (2012). Mission command, ADP 6?0. Washington, DC: United States Department of the Army, p. 4.

54 Weisbord, M. R. (2004). *Productive workplace revisited: Dignity, meaning, and community in the 21st century*. San Francisco, CA: Jossey-Bass, p. xxi.

55 Symphony. (2003). In Randel, D. M. (Ed.), *The Harvard dictionary of music*. Cambridge, MA: The Belknap Press of Harvard University Press.

56 Rotter, J. B. (1954). *Social learning and clinical psychology*. Englewood Cliffs, NJ: Prentice Hall. See also, Roark, M. H. (1978). *The relationship of perception of chance in finding jobs to locus of control and to job search variables on the part of human resource agency personnel* (Doctoral dissertation, Virginia Polytechnic University). Retrieved from Dissertation Abstracts International, 38, 2070A. (University Microfilms No. 78-18558).

57 Whyte, C. B. (1977). High-risk college freshman and locus of control. The Humanist Educator, 16(1), 2-5. and, Whyte, C. B. (1978). Effective counseling methods for high-risk college freshmen. *Measurement and Evaluation in Guidance*, 10(4), 198-200. See also, Altmann, H., & Arambasich, L. (1982). A study of locus of control with adult students. *Canadian Journal of Counselling and Psychotherapy*, 16(2), 97-101.

58 Martin, B. A. S., Veer, E., & Pervan, S. J. (2007). Self-referencing and consumer evaluations of larger-sized female models: A weight locus of control perspective. *Marketing Letters* 18(3), 197-209.

59 Lefcourt, H. M. (1966). Internal versus external control of reinforcement: A review. *Psychological Bulletin*, 65(4), 206-220, p. 206. and, Moore, S. M., & Ohtsuka, K. (1999). Beliefs about control over gambling among young people, and their relation to problem gambling. *Psychology of Addictive Behaviors*, 13(4), 339-347, p. 339. and, Rotter, J. B. (1966). Generalized expectancies for internal versus external control of reinforcement. *Psychological Monographs: General and Applied*, 80(1), 1-28, p. 1.

60 United States National Oceanic and Atmospheric Administration. (n.d.). http://www.noaa.gov/ 검색.

61 Anderson, C. R. (1977). Locus of control, coping behaviors, and performance in a stress setting: A longitudinal study. *Journal of Applied Psychology*, 62(4), 446-451.

62 Spector (1986) advises, "The most widely used instrument to measure locus of control is Rotter's (1966) Internal-External (I-E) scale, which consists of 23 locus of control and six filler items in a forced-choice format." Rotter, J. B. (1966). Generalized expectancies for internal versus external control of reinforcement. *Psychological Monographs: General and Applied*, 80(1), 1-28, p. 1

63 Spector, P. E. (1986). Perceived control by employees: A meta-analysis of studies concerning

autonomy and participation at work. Human Relations, 39(11), 1005-1016. There is a literature on CEO locus of control, which the interested reader may wish to consult: Boone, C., & De Brabander, B. (1993). Generalized vs. specific locus of control expectancies of chief executive officers. *Strategic Management Journal*, 14(8), 619-625. and, Boone, C., De Brabander, B., & Witteloostuijn, A. (1996). CEO locus of control and small firm performance: An integrative framework and empirical test. *Journal of Management Studies*, 33(5), 667-700. and, Miller, D., De Vries, M. F. R. K., & Toulouse, J-M. (1982). Top executive locus of control and its relationship to strategy-making, structure, and environment. *Academy of Management Journal*, 25(2), 237-253. and, Nwachukwu, O. C. (2011). CEO locus of control, strategic planning, differentiation, and small business performance: A test of a path analytic model. *Journal of Applied Business Research* (JABR), 11(4), 9-14.

64 Benassi, V. A., Sweeney, P. D., & Dufour, C. L. (1988). Is there a relation between locus of control orientation and depression? *Journal of Abnormal Psychology*, 97(3), 357.

65 Phares, E. J. (1976). Locus of control in personality. New York, NY: General Learning Press. and, Wolk, S., & DuCette, J. (1974). Intentional performance and incidental learning as a function of personality and task dimensions. *Journal of Personality and Social Psychology*, 29(1), 90-101.

66 Crowne, D. P., & Liverant, S. (1963). Conformity under varying conditions of commitment. *Journal of Abnormal and Social Psychology*, 66(6), 547-555.

67 Hjelle, L. A., & Clouser, R. (1970). Susceptibility to attitude change as a function of internal-external control. *Psychological Record*, 20(3), 305-310.

68 Spector, P. E. (1982). Behavior in organizations as a function of employee's locus of control. *Psychological Bulletin*, 91(3), 482-497. See also, Wang, Q., Bowling, n.a., & Eschleman, K. J. (2010). A meta-analytic examination of work and general locus of control. *Journal of Applied Psychology*, 95(4), 761-768, p. 761.

69 Spector, P. E. (1982). Behavior in organizations as a function of employee's locus of control. *Psychological Bulletin*, 91(3), 482-497.

70 이 문장과 아래 문단은 다음의 문헌을 거의 직접 인용한 것이다. p. 221 of Lonergan, J. M., & Maher, K. J. (2000). The relationship between job characteristics and workplace procrastination as moderated by locus of control. *Journal of Social Behavior & Personality*, 15(5), 213-224.

71 Kelley, T., & Littman, J. (2005). *The ten faces of innovation: IDEO's strategies for defeating the devil's advocate & driving creativity throughout your organization*. New York, NY: Doubleday.

72 Lonergan, J. M., & Maher, K. J. (2000). The relationship between job characteristics and workplace procrastination as moderated by locus of control. *Journal of Social Behavior & Personality*, 15(5), 213-224.

73 Epley, N. (2014). *Mindwise: How we understand what others think, believe, feel, and want*. New York, NY: Alfred A. Knopf.

74 Adler, P. S. (1993, January). Time-and-motion regained. *Harvard Business Review*, 71(1), 97-108. and, Adler, P. S., & Cole, R. E. (1995). Designed for learning: A tale of two auto plants. *MIT Sloan Management Review* 34(3), 157-178. and, Shook, J. (2010). How to change a culture: Lessons from NUMMI. *MIT Sloan Management Review*, 51(2), 42-51.

75 Epley, N. (2014). *Mindwise: How we understand what others think, believe, feel, and want*. New York, NY: Alfred A. Knopf.

76 Currey, M. (2013). *Daily rituals: How great mindsmake time, find inspiration, and get to work*. London, UK: Picador.

77 Cuban, M. (n.d.) Quoted in 15 ways to be more productive. *Inc.*

78 Buffett, W. Quoted in Baer, D. (2013, June 11). Why some of the world's most productive people have empty schedules. Lifehacker. http://lifehacker.com/why-some-of-the-worlds-most-productive-people-have-emp-512473783 검색.

79 *The Economist*. (2012, April 3). Daily chart: I'm a lumberjack.

80 United States Environmental Protection Agency. (n.d.). Frequent questions: How much paper do we use in the United States each year? http://www.epa.gov/osw/conserve/materials/ paper/faqs.htm#sources 검색.

81 *The Economist*. (2012, April 3). Daily chart: I'm a lumberjack.

82 현대적인 사무환경이 모양을 갖추기 시작한 것은 1870년대다. 당시 10년에 걸쳐 젬 컴퍼니에서 철사로 된 페이퍼 클립을 발명했고, 스테이플러가 발명되었다. 그리고 몇 년 후에는 볼펜이 발명되고, 버로즈 계산기, 고무 날짜 도장 등도 발명되었다. Yates, J. (1989). *Control through communication: The rise of system in American management. Baltimore*, MD: The Johns Hopkins University Press, p. 8. Furthermore, Yates notes, "managers of large American railroads during the 1850s and 1860s invented nearly all of the basic techniques of modern accounting, refining financial accounting and inventing capital and cost accounting." and, Chandler, A. D., Jr. (1977). *The visible hand: The managerial revolution in American business*. Cambridge, MA: Belknap Press of Harvard University Press, p. 109.

83 Jacobs, L. F., & Liman, E. R. (1991). Grey squirrels remember the locations of buried nuts. *Animal Behaviour*, 41(1), 103–110.

84 Lenning, M. A. (1920). *Filing methods: A text book on the filing of commercial and governmental records*. Philadelphia, PA: T. C. Davis & Sons.

85 Yates, J. (1989). *Control through communication: The rise of system in American management*. Baltimore, MD: The Johns Hopkins University Press, p. 27.

86 이것은 개폐가 가능한 두 개의 아치 모양 금속 링으로 이루어져 있었고, 보통은 수평서랍 안쪽에 위치해 있었다(이것은 선도적인 제조업체의 이름을 따라 종종 섄년 파일이라고 불렀다).

87 Legacy of leadership: Edwin G. Seibels. (1999). http://www.knowitall.org/legacy/laureates/ Edwin%20G.%20Seibels.html 검색.

88 Gleick, J. (2011). *The Information: A history, a theory, a flood*. New York, NY: Vintage, p. 58.

89 린다와의 개인적 대화. 2009년 11월 16일.

90 This is adapted from the PendaflexSchool Esselte.com.

91 이 정보는 저자가 현직, 전직 백악관 직원들과 인터뷰한 내용에서 가져온 것이다. 이 직원들 중에는 전직 백악관 부대변인도 있다. 이들 모두 백악관을 대변할 권한이 없기 때문에 익명을 요구했다.

92 Kelleher, M. (2009, August 3). Letters to the President [Video file]. http://www.whitehouse. gov/blog/Letters-to-the-President 검색.

93 이 정보는 백악관 직원 세 명과 인터뷰한 내용을 바탕으로 했다. 이들은 기관을 대표해 발언할 권한이 없었기 때문에 익명을 요구했다.

94 로저 셰퍼드와의 개인적 대화. 1998년 2월 18일.

95 대니얼 카너먼과의 개인적 대화. 2012년 11월 12일. 뉴욕 주 뉴욕.

96 Allen, D. (2008). *Making it all work: Winning at the game of work and the business of life*. New York, NY: Penguin Books, p. 131.

97 PBS TV 프로그램 프론트라인Frontline 인터뷰 인용. W. 야들리W. Yardley. 2013년 11월 10일. Clifford Nass, who warned of a data deluge, dies at 55. *The New York Times*.

98 Konnikova, M. (2012, December 16). The power of concentration. *The New York Times*, p. SR8. See also, Konnikova, M. (2013). *Mastermind: How to think like Sherlock Holmes*. New York, NY: Penguin Books.

99 PBS Frontline. (2010, February 2). Interview: Clifford Nass. http://www.pbs.org/wgbh/pages/ frontline/digitalnation/interviews/nass.html 검색.

100 Freierman, S. (2011, December 11). One million mobile apps, and counting at a fast pace. *The New York Times*. and, Readwrite. (2013, January 7). Apple iOS App Store adding 20,000 apps a month, hits 40 billion downloads. http://readwrite.com/2013/01/07/apple-app-store-growing-by 검색.

101 John Kounios, quoted in Lehrer, J., (2008, July 28). The eureka hunt. *The New Yorker*, 40–45. 레

러의 학력에 대해 의문이 제기되고 있기는 하지만 이 글에 나온 내용과 인용문이 부정확하다는 증거는 없다. 이 두 문장은 레러의 글에서 인용한 것이다. 또한 다음을 참고하라. Lametti, D. (2012). Does *the New Yorker* give enough credit to its sources? Brow beat | Slate's culture blog. *Slate*. http://www. slate.com/ 검색.

102 Somerville, H. (2013, May 12). Safeway CEO Steve Burd has legacy as a risk-taker. *San Jose Mercury News*.

103 *The Economist*. (2013, September 24). Working hours: Get a life. and, Stanford University Department of Computer Science. (n.d.). The relationship between hours worked and productivity. http://www-cs-faculty.stanford.edu/~eroberts/cs181/projects/2004-05/crunchmode/econ-hours-productivity.html 검색.

104 Mar, J. (2013, May 3). 60-hour work week decreases productivity: Study. http://www.canada. com/ 검색.

105 Brooks, A., & Lack, L. (2006). A brief afternoon nap following nocturnal sleep restriction: Which nap duration is most recuperative? *Sleep*, 29(6), 831-840. and, Hayashi, M., Motoyoshi, N., & Hori, T. (2005). Recuperative power of a short daytime nap with or without stage 2 sleep. *Sleep*, 28(7), 829-836. and, Smith-Coggins, R., Howard, S. K., Mac, D. T., Wang, C., Kwan, S., Rosekind, M. R., . . . Gaba, D. M. (2006). Improving alertness and performance in emergency department physicians and nurses: The use of planned naps. *Annals of Emergency Medicine*, 48(5), 596-604.

106 Schwartz, T. (2013, February 10). Relax! You'll be more productive. *The New York Times*, p. SR1.

107 Crowley, S. (2013, November 11). Perks of the dot-com culture [Video file]. http://www. myfoxny.com/ 검색.

108 CNN Money. (2013). Fortune: 100 best companies to work for. http://money.cnn.com/ 검색.

109 Streufert, S., Suedfeld, P., & Driver, M. J. (1965). Conceptual structure, information search, and information utilization. *Journal of Personality and Social Psychology*, 2(5), 736. See also, Streufert, S., & Driver, M. J. (1965). Conceptual structure, information load and perceptual complexity. *Psychonomic Science* 3(1), 249-250.

110 Streufert, S., & Schroder, H. M. (1965). Conceptual structure, environmental complexity and task performance. *Journal of Experimental Research in Personality* 1(2), 132-137.

111 Jacoby, J. (1977). Information load and decision quality: Some contested issues. *Journal of Marketing Research*, 14(4), 569-573. and, Jacoby, J., Speller, D. E., & Berning, C. K. (1974). Brand choice behavior as a function of information load: Replication and extension. *Journal of Consumer Research*, 1(1), 33-42. and, Jacoby, J., Speller, D. E., & Kohn, C. A. (1974). Brand choice behavior as a function of information load. *Journal of Marketing Research*, 11(1), 63-69.

112 Malhotra, N. K. (1982). Information load and consumer decision-making. *Journal of Consumer Research*, 8(4), 419-430.

113 Ariely, D. (2000). Controlling the information flow: Effects on consumers' decision-making and preferences. *Journal of Consumer Research*, 27(2), 233-248.

114 Kahneman, D., Slovic, P., & Tversky, A. (Eds.). (1982). *Judgment under uncertainty: Heuristics and biases*. Cambridge, UK: Cambridge University Press.

115 Shannon, C. E. (1948). A mathematical theory of communication. *The Bell System Technical Journal*, 27, 379-423, 623-656. See also, Cover, T. M., & Thomas, J. A. (2006). *Elements of information theory* (2nd ed.). New York, NY: Wiley-Interscience. and, Hartley, R. V. L. (1928). Transmission of information. *The Bell System Technical Journal*, 7(3), 535-563. Pierce, J. R. (1980) *An introduction to information theory: Symbols, signals, and noise*. New York, NY: Dover Publications.

116 Anderson, H., & Yull, S. (2002). *BTEC nationals-IT practioners tutor resource pack*. Oxford, UK: Newnes.

117 비트 계산은 프로그래머가 정보를 한 알고리즘에 어떻게 할당하느냐에 달려 있다. 세 가지 명령은 다음과 같이 나올 수 있다.

모양[정사각형]

크기[8]

색칠[교대로]

혹은 다음처럼도 가능하다

수평 크기

수직 크기[8]

색칠[교대로]

어느 경우든 세 가지 명령이 필요하고, 따라서 2진 산술에서는 2비트가 나온다(이렇게 하면 1비트가 여분으로 남는다. 22는 4조각의 정보를 전달하기 때문이다).

118 어떤 구성은 64개의 정보조각 미만으로 기술할 수 있다. 예컨대 시작할 때의 말 구성이 그렇다. 이 경우는 32개의 조각으로 양쪽의 말 구성을 표상한 다음, 거기에 '나머지 칸은 모두 비었다'라는 33번째 명령을 추가하면 된다.

119 수학(위상기하학의 가치)과 컴퓨터과학에서는 완벽하게 하향식 계층구조를 가진 기업 조직도는 DAG directed acyclic graph(비순환 방향 그래프)의 특별한 경우라고 묘사할 수 있다. 모든 감독이 하향식으로 이루어지는 DAG는 비순환적이다. 이는 조직도에서 아래에 있는 사람은 어떤 경우에도 그보다 위에 있는 사람을 감독할 수 없다는 의미다. 하지만 보고구조가 아닌 소통구조를 표상하도록 그려진 조직도는 자연스럽게 아랫사람이 자신의 상관에게 역으로 보고할 수 있음을 나타내는 고리를 가지게 된다. Bang-Jensen J., & Gutin, G. (2007). *Digraphs: Theory, algorithms and applications*. Berlin, Germany: Springer-Verlag. and, Christofides, N. (1975). *Graph theory: An algorithmic approach*. New York, NY: Academic Press. and, Harary, F. (1994). *Graph theory*. Reading, MA: Addison-Wesley.

120 여기에 나온 조직도는 네 가지 컴퓨터 명령, 혹은 2비트로 전달할 수 있다.

구조[표준 트리]

감독관 한 사람당 피감독자의 수[3]

이런 단계의 수[4]

마지막 단계에서 감독관 한 사람당 피감독자의 수[〉=50, 〈=100]

121 Kolmogorov, A. N. (1968). Three approaches to the quantitative definition of information. *International Journal of Computer Mathematics 2*(1-4), 157-168. and, Kolmogorov, A. (1963). On tables of random numbers. Sankhyāa: *The Indian Journal of Statistics, Series A 25*(4), 369-375.

122 내가 이 개념을 처음 접한 것은 다음의 자료를 통해서다. Hellerman, L. (2006). Representations of living forms. Biology and Philosophy, 21(4), 537-552. Hellerman은 생물학적 존재에서 조직화 정도를 수량화하는 데 이것을 사용했다. 그에게 있어 조직화된 시스템의 가장 중요한 특성은 식별 가능성이었다. 즉 한 유기체의 부분들이 서로 식별 가능하다면, 그 유기체는 더욱 조직화되어 있다고 말할 수 있다. 단세포 유기체는 조직화 정도가 가장 낮다. 그는 다음과 같은 공식을 도입했다.

n_i는 i번째 부분의 사물의 숫자를 지칭한다.

v는 정보이론적 의미에서 구조의 정도 값을 지칭한다.

lg는 2를 밑으로 하는 대수를 말한다.

그럼 다음과 같은 공식이 나온다.

$v(n_1, n_2, \cdots, n_k) = n_1 lg(n/n_1) + n_2 lg(n/n_2) + \cdots + n_k lg(n/n_k)$

부분들끼리 서로 식별되지 않는 납작한 구조는 조직화 값이 0이다. 완전히 수직적인 구조와 완전히 수평적인 구조는 정보의 양이 똑같다. {0,8} = {8,0}이기 때문이다. 따라서 트리의 구조가 잘 잡혀 있을 때는 조직화의 파레토 최적이 존재한다.

123 Work flow chart taken from Cardoso, J. (2006). Approaches to compute workflow complexity. In F. Leymann, W. Reisig, S. R. Thatte, & W. van der Aalst (Eds.), *The role of business processes in service oriented architectures*. IBFI: Schloss Dagstuhl, Germany.

124 Merrill, D. C., & Martin, J. A. (2010). *Getting organized in the Google era: How to get stuff out of your head, find it when you need it, and get it done right*. New York, NY: Crown Business.

125 상동, p. 161.

126 Pinheiro, E., Weber, W-D., & Barroso, L. A. (2007). Failure trends in a large disk drive population. *Proceedings of the 5th USENIX Conference on File and Storage Technologies (FAST)*, Mountain View, CA. http://static.googleusercontent.com/media/research.google.com/en//archive/disk_failures.pdf 검색.

127 Cole, G. (2000). Estimating drive reliability in desktop computers and consumer electronics systems. *Seagate Technology Paper* TP-338, 1.

128 슈로더 & 깁슨에서는 실제 설치된 하드디스크의 오류 발생 확률이 연당 13%임을 알아냈다. 이항정리를 적용해보면 5년 내로 적어도 한 번 오류가 발생할 확률이 50%로 나온다. Schroeder, B., & Gibson, G. A. (2007). Disk failures in the real world: What does an MTTF of 1,000,000 hours mean to you? *Proceedings of the 5th USENIX Conference on File and Storage Technologies (FAST)*, Mountain View, CA. http://www.pdl.cmu.edu/ftp/Failure/failure-fast07.pdf 검색. See also: He, Z., Yang, H., & Xie, M. (2012, October). Statistical modeling and analysis of hard disk drives (HDDs) failure. *Institute of Electrical and Electronics Engineers APMRC*, pp. 1-2.

129 Vishwanath, K. V., & Nagappan, N. (2010). Characterizing cloud computing hardware reliability. In *Proceedings of the 1st ACM symposium on cloud computing*. New York, NY: ACM (pp. 193-204).

130 Boutin, P. (2013, December 12). An app that will never forget a file. *The New York Times*, p. B7.

제3부
8장 아이들에게 무엇을 가르칠 것인가

1 Sanger, L. (2004, December 31). Why Wikipedia must jettison its anti-elitism. *Kuro5hin*. http://www.kuro5hin.org 검색. To Wikipedia's credit, it contains an article titled "Criticism of Wikipedia," although that piece is, perhaps understandably, biased toward Wikipedia. Criticism of Wikipedia. (n.d.). In *Wikipedia*. 다음 사이트에서 2014년 3월 19일 검색. http://en.wikipedia.org/wiki/Criticism_of_Wikipedia

2 User: Jimbo Wales. (n.d.). In *Wikipedia*. 다음 사이트에서 2013년 6월 30일 검색. http://en.wikipedia.org/wiki/User:Jimbo_Wales

3 Jenkins, H. (1992). *Textual poachers: Television fans and participatory culture*. New York, NY: Routledge. and, Schulz, N. (n.d.). Fan fiction-TV viewers have it their way: Year in review 2001. In *Encyclopedia Britannica online*.

4 빌 그레이엄과의 개인적 대화. 1983년 10월. 캘리포니아 주 샌프란시스코.

5 이 모든 문제점에도 불구하고 당신은 누군가가 전문 편집자와 저자들을 활용해 위키피디아와 온라인으로 경쟁하는 사이트를 시작하리라 생각할 것이다. 실제로 누군가가 시작했다. 바로 로렌스 생어가 시티즌디움Citizendium이라 불리는 사이트를 시작한 것이다. 불행하게도 이 사이트는 위키피디아를 따라잡지 못했다. 그리고 슬프게도 갈피를 못 잡고 허둥대고 있는 듯 보인다.

6 Cohen, P. (2013, July 27). Museum welcomes Wikipedia editors. *The New York Times*, p. C1.

7 상동.

8 Friedman, H. S., Tucker, J. S., Schwartz, J. E., Martin, L. R., Tomlinson-Keasey, C., Wingard, D. L., & Criqui, M. H. (1995). Childhood conscientiousness and longevity: Health behaviors and cause of death. *Journal of Personality and Social Psychology*, 68(4), 696-703. and, Friedman, H. S., Tucker, J. S., Tomlinson-Keasey, C., Schwartz, J. E.,Wingard, D. L., & Criqui, M. H. (1993). Does childhood personality predict longevity? *Journal of Personality and Social Psychology*, 65(1), 176-185. 루 골드버그Lew Goldberg와의 개인적 대화. 2013년 5월 13일. Gurven, M., von Rueden, C., Massenkoff, M., Kaplan, H., & Lero Vie, M. (2013). How universal is the Big Five? Testing the five-factor model of personality variation among forager-farmers in the Bolivian Amazon. *Journal of Personality and Social Psychology*, 104(2), 354-370.

9   Beckman, M. (2004). Crime, culpability, and the adolescent brain. *Science*, 305(5684), 596-599. and, Giedd, J. N., Blumenthal, J., Jeffries, N. O., Castellanos, F. X., Liu, H., Zijdenbos, A., . . . Rapoport, J. L. (1999). Brain development during childhood and adolescence: A longitudinal MRI study. *Nature Neuroscience*, 2(10), 861-863. and, Sowell, E. R., Thompson, P. M., & Toga, A. W. (2004). Mapping changes in the human cortex throughout the span of life. *The Neuroscientist*, 10(4), 372-392. and, Steinberg, L. (2004). Risk taking in adolescence: What changes, and why? *Annals of the New York Academy of Sciences*, 1021(1), 51-58.

10 제이크 에버츠와의 개인적 대화. 2013년 11월 26일. 퀘벡 주 몬트리올.

11 Keller, B. (2013, November 4). It's the golden age of news. *The New York Times*, p. A25. I'm sticking here very close to what Keller wrote: "The flood of social media was contaminated by misinformation (some of it deliberate) and filled with contradictions."

12 Keller, B. (2013, November 4). It's the golden age of news. *The New York Times*, p. A25. [Emphasis mine.]

13 Vallone, R. P., Ross, L., & Lepper, M. R. (1985). The hostile media phenomenon: Biased perception and perceptions of media bias in coverage of the Beirut Massacre. *Journal of Personality and Social Psychology*, 49(3), 577-585.

14 Murray, O. (1972). Herodotus and Hellenistic culture. *The Classical Quarterly*, 22(2), 200-213. and, Sparks, K. L. (Ed.). (1998). *Ethnicity and identity in ancient Israel: Prolegomena to the study of ethnic sentiments and their expression in the Hebrew Bible*. Warsaw, IN: Eisenbrauns. Although for an alternative view see Lateiner, D. (1989). *The historical method of Herodotus* (Vol. 23). Toronto, ON: University of Toronto Press.

15 Nelson, R. A. (2003). Tracking propaganda to the source: Tools for analyzing media bias. *Global Media Journal*, 2(3), Article 9.

16 Georgetown University. (2014). Evaluating Internet resources. http://www.library.georgetown. edu/tutorials/research-guides/evaluating-internet-content 검색. University of California, Berkeley. (2012, August 5). Evaluating web pages: Techniques to apply and questions to ask. http://www.lib.berkeley.edu/TeachingLib/Guides/Internet/Evaluate.html 검색.

17 NASA. (n.d.). Evaluating and validating information sources, including web sites. http://wiki. nasa.gov/federal-knowledge-management-working-group-kmwg/wiki/home/z?archives-legacy-content/federal-cio-council-where-technology-meets-human-creativity-2002/ f-information-literacy/f-5-tutorial-evaluating-information/f-5c-tutorial-evaluating-and-validating-information-sources-including-web-sites/ 검색.

18 다음 출처에서 직접 인용. University of California, Berkeley. (2012, August 5). Evaluating web pages: Techniques to apply and questions to ask. http://www.lib.berkeley.edu/TeachingLib/ Guides/Internet/Evaluate.html 검색.

인터넷은 본질적으로 누구든 한 웹사이트에서 글을 복사해 다른 웹사이트에 붙여넣을 수 있다. 이렇게 다시 포스팅한 글은 검색엔진에서 새로운 글로 나타날 수 있다. 세상에 새로 등장한 것은 아니지만 특정 웹사이트 에는 새로 등장한 것이기 때문이다. 따라서 낡고 한물간 정보가 마치 새로운 정보인 것처럼 가면을 쓰고 쉽 게 등장할 수 있다. 그리고 웹사이트마다 날짜가 항상 쉽게 보이게 전시되는 것도 아니라서 낡고 한물간 뉴 스를 우연히 마주치기도 쉽다. 어쩌면 당신이 사용하는 통계는 한물간 것이거나, 철회된 것, 혹은 당신이 흥 미를 가진 연도가 아닌 다른 연도에 적용된 것인지도 모른다. 그리고 글을 새로 포스팅하면서 핵심정보를 사 용자가 고쳐 넣는 경우도 많다. 따라서 그 내용이 변경 없이 고스란히 다시 포스팅되었을 것이라고 가정해서 는 안 된다.

변경된 글을 확인하는 데 도움이 되는 도구 중에 웨이백 머신Wayback Machine이 있다(1950년대와 1960년대 제이 워드Jay Ward의 만화 피바디와 셔먼Peabody and Sherman에서 따온 이름이다). 웨이백에는 월드와이드웹 이 서로 다른 시점에서 찍은 스냅샷이 들어 있다. 이 문헌기록은 연속적으로 이루어지지 않고 불규칙한 간격 으로 이루어진다. 하지만 어떤 웹사이트가 과거에 어땠는지 보고 정보를 검색하고 검증하는 데는 도움이 된 다. www.http://webarchive.org. 웨이백과 관련된 서비스로 http://www.watchthatpage.com/처럼 웹페이지의 내용이 바뀌면 당신에게 경고를 보내주는 서비스도 있다.

웹페이지가 어느 도메인에 들어 있는가? 옛날 서부처럼 마을에는 좋은 면도 있고, 불충분한 면도 있다. 정부 공식 사이트나 정식기관 사이트는 확장자로 지칭되는 특별 도메인을 받을 수 있다. 미국 정부에는 .gov, 캐나다 정부에는 .gc.ca, 영국 정부에는 .gov.uk가 부여된다. 그 외로도 공식확장자에는 .mil(미군) 등이 있다. 미국에서는 .gov 도메인이 그 안에서 다시 나뉜다. 각각의 주는 고유의 서브도메인이 있다. (예컨대, colorado.gov, .nebraska.gov), 그리고 일부 도시(예컨대, nyc.gov, burlingtonvt.gov), 그리고 공립학교 (예컨대, the Westminster, California, School district는 wsd.k12.ca.us; Dallas County public schools는 dallascoutytexas.us) 등도 고유 서브도메인이 있다. 여기에서 한술 더 떠서 일부 공식 정부 사이트는 다른 도메인을 사용한다. 예컨대 플로리다(www.StateOfFlorida.com), 브로워드 카운티(www.broward.org), 시카고의 도시들(www.cityofchicago.org), 매디슨(www.cityofmadison.com) 등이다. 사정이 이렇다 보니 도메인으로 진짜를 가려내기가 더 어려워진다. 도메인 이름만으로 사이트를 검증하기 힘든 이런 경우에는 아래에서 설명하는 것처럼 다른 방법도 있다.

미국에서 중등과정 후 교육기관으로 인정받는 곳(칼리지, 유니버시티 등)은 .edu 도메인을 신청할 수 있다. 이 신청은 미국 상무부의 동의 아래 에듀코스^{Educause}라는 이름의 비영리기관에서 관리한다. 이 시스템은 완벽하지 않기 때문에 몇몇 삼류 대학과 비윤리적인 기관이 교묘하게 이 시스템을 통과했다. 다음을 참고하기 바란다. U. S. Department of Education. (n.d.). Diploma mills and accreditation-diploma mills. 다음에서 검색해보라. http://www2.ed.gov/students/prep/college/diplomamills/diploma-mills.html

아마도 가장 잘 알려진 도메인은 .com(상업용이란 뜻의 commercial 약자)일 것이다. 그리고 미국의 공식 사이트와 일부 국제기업은 일반적으로 .com을 이용한다. 이것은 웹사이트의 정체성을 증명하는 쉬운 방법이다. 만약 당신이 약물에 대한 제조사 정보를 원해서 찾은 Pfizer.com은 그 회사의 공식사이트다. Pfizer.info는 공식사이트일 수도, 아닐 수도 있다. URL을 눈여겨봐야 한다. www.ChaseBank.verify.com과 www.Microsoft.Software.com은 회사명이 들어갔다고 해서 해당 회사의 공식 웹사이트가 아니다. .com 바로 앞에 회사 이름이 들어갔을 경우에만 공식 웹사이트다(이 경우 웹 공급자는 verify.com과 software.com이지 Microsoft와 ChaseBank가 아니다).

국가들은 각자 고유의 도메인을 가지고 있고, 많은 경우 이런 도메인은 공적이든, 사적이든 그 나라에 기원을 둔 어떤 웹사이트에서도 사용될 수 있다. [http://www.domainit.com/domains/country-domains.mhtml]. 여기에는 .ch(스위스), .cn(중국), .de(독일), .fr(프랑스), .jp(일본) 등이 있다. 이것 역시 그 아래로 더 세분화될 수 있다. 학술기관인 경우 .ac.uk와 ac.jp 등이 있고, 도메인 자체가 사이트의 성격을 설명하는 .judiciary.uk, .parliament.uk, .police.uk 등도 있다.

해당 사이트는 어느 도메인에서 왔고, 그것이 적절한 도메인인가? IRS.com과 InternalRevenue.com은 미국 정부의 공식 웹사이트가 아니다. .gov 확장자가 아니기 때문이다(IRS.com이라고 하니 아주 공식적인 사이트처럼 보이겠지만). 사기꾼들이 공식 웹사이트처럼 꾸미기는 무척 쉽다.

networksolutions.com에 가면 웹사이트의 소유주로 등록된 사람에 대한 정보를 쉽게 얻을 수 있다. 예를 들어 Ford.com을 조사해보면 소유주에 대해 다음과 같은 정보가 나올 것이다.

Ford Motor Company
20600 Rotunda Drive ECC Building
Dearborn MI 48121
US
dnsmgr@FORD.COM + 1.3133903476 Fax: + 1. 3133905011

이것은 실제 포드자동차의 사이트인 것으로 보인다(검색엔진을 이용해서 여기 나온 주소를 검증해볼 수도 있다). (혹은 해커가 Ford.com을 장악해서 거짓 정보를 채워넣었을 가능성도 있다. 이럴 때는 상식을 따르면 된다. 사이트의 콘텐츠가 이상하다 싶으면 전통적인 수단을 이용해서 회사와 접촉해보거나, 당신이 관찰한 내용을 소셜 네트워크 사이트에 포스팅하거나, 그냥 기다리면 된다. 보통은 회사 자체의 웹 기술자들이 몇 시간이나 며칠 내로 복구할 수 있다).

이것은 누군가의 개인 페이지인가, 아니면 전문기관의 페이지인가? 만약 웹페이지가 익숙하지 않으면 그 뒤에 있는 사람들에 익숙해지자, 'about us'라고 써진 링크나 웹사이트를 담당하고 있는 기관의 자격증, 철학, 정치적 견해 등을 밝히는 것을 아무것이나 찾아보자. 여기서는 전문성 및 편향과 관련된 문제가 관여한다. 저자는 이 주제에 대해 글을 쓸 수 있는 자격증이나 전문성을 가지고 있는가? 셰일가스 시추에 대해 반대하는 종교단체는 그와 관련된 환경적, 기술적 문제를 논의할 만한 기술적 전문성을 갖추지 않았을 가능성이 높다. 미국 커피수입업자연합은 녹차가 건강에 이로운 부분에 대해 정확한 정보를 제공하지 않으려 할 것이다. 동호인은 열정도 넘치고 글도 유창하게 쓸 수 있지만, 그렇다고 그들이 신용할 만한 전문가라는 뜻은 아니다.

명성 있는 페이지에서 이 페이지를 링크로 걸고 있는가? 이것을 알아보려면 Alexa.com을 이용해서 당신이 흥미를 느끼는 URL을 Alexa의 검색창에 입력해 넣어볼 수 있다. 혹은 그 URL을 검색엔진에 입력해봐도 된다. 그러면 당신이 입력한 URL로 링크가 걸린 페이지가 나올 것이다. .edu, .gov 등으로 특정 도메인을 지정해서 목록의 범위를 제한할 수도 있다. 예를 들어 당신이 정부 사이트에서 미국 펜싱연합(www.usfa.org)으로 연결되는 링크만 보고 싶으면 이렇게 입력하면 된다. link:usfa.org site:.gov

19 Kolata, G. (2013, April 8). Scientific articles accepted (personal checks, too). *The New York Times*, p. A1.

20 Beall, J. (2012). Predatory publishers are corrupting open access. *Nature*, 489(7415), 179. and, Scholarly Open Access. (n.d.). Beall's list: Potential, possible, or probably predatory scholarly open-access publishers. http://scholarlyoa.com/publishers/ 검색.

21 RxList. (2013, November 20). About RxList. http://www.rxlist.com/script/main/art. asp?articlekey=64467 검색.

22 이것은 이 글을 쓰는 당시에만 해당되는 이야기다. 이 책이 출판될 즈음이면 분명 내용이 바뀌어 있을 것이다. Alexa. (n.d.). How popular is rxlist.com? http://www.alexa.com/siteinfo/rxlist. com#trafficstats 검색.

23 rainbow05 (U14629301). (2010, October 26). Morphine/Butrans patches [Online forum comment]. 다음 사이트에서 2014년 3월 30일 검색결과. http://www.bbc.co.uk/ouch/ messageboards/NF2322273?thread=7841114

24 검색 용어는 다음과 같다. link:.rxlist.com site:.gov.

25 Graham, D. (1996, December). Scientific cybernauts: Tips for clinical medicine resources on the Internet. http://www.nih.gov/catalyst/back/96.11/cybernaut.html 검색.

26 FFreeThinker. (2012, May 23). *James Randi and the one million dollar paranormal challenge* [Video file]. http://www.youtube.com/watch?v=4Ja6ronAWsY 검색. James Randi Educational Foundation. (2014). One million dollar paranormal challenge. http://www.randi.org/site/index. php/1m-challenge.html 검색. The Skeptic's Dictionary. (2013, December 29). Randi $1,000,000 paranormal challenge. http://skepdic.com/randi.html 검색.

27 리 로스와의 개인적 대화. 1991년 2월.

28 Thomas, D. R. (2006). Vitamins in aging, health, and longevity. *Clinical Interventions in Aging*, 1(1), 81-91.

29 Ebbing, M., & Vollset, S. E. (2013). Long-term supplementation with multivitamins and minerals did not improve male US physicians' cardiovascular health or prolong their lives. *Evidence Based Medicine*, 18(6), 218-219.

30 Open letter to Kansas school board. Chart: Global average temperature vs. number of pirates. (n.d.). http://www.venganza.org/about/open-letter/ 검색.

31 Centers for Disease Control and Prevention. (2013, November 21). Lung cancer. http://www. cdc.gov/cancer/lung/basic_info/risk_factors.htm 검색.

32 Eysenck, H. J. (1988). Personality, stress and cancer: Prediction and prophylaxis. *British Journal of Medical Psychology*, 61(1), 57-75. and, Eysenck, H. J., Grossarth-Maticek, R., & Everitt, B. (1991). Personality, stress, smoking, and genetic predisposition as synergistic risk factors for cancer and coronary heart disease. *Integrative Physiological and Behavioral Science*, 26(4), 309-322.

33 Fulton, J. P., Cobb, S., Preble, L., Leone, L., & Forman, E. (1980). Electrical wiring configurations and childhood leukemia in Rhode Island. *American Journal of Epidemiology*, 111(3), 292-296. and, Savitz, D. A., Pearce, N. E., & Poole, C. (1989). Methodological issues in the epidemiology of electromagnetic fields and cancer. *Epidemiologic Reviews*, 11(1),59-78. and, Wertheimer, N., & Leeper, E. D. (1982). Adult cancer related to electrical wires near the

home. *International Journal of Epidemiology*, 11(4), 345-355.

34 Kris-Etherton, P. M., Harris, W. S., & Appel, L. J. (2002). AHA scientific statement: Fish consumption, fish oil, omega-3 fatty acids, and cardiovascular disease. *Circulation*, 106(21), 2747-2757.

35 Kromhout, D., Yasuda, S., Geleijnse, J. M., & Shimokawa, H. (2012). Fish oil and omega-3 fatty acids in cardiovascular disease: Do they really work? *European Heart Journal*, 33(4), 436-443.

36 Brasky, T. M., Darke, A. K., Song, X., Tangen, C. M., Goodman, P. J., Thompson, I. M., . . . Kristal, A. R. (2013). Plasma phospholipid fatty acids and prostate cancer risk in the SELECT trial. *Journal of the National Cancer Institute*, 105(15), 1132-1141.

37 Dr. Hyman. (n.d.). Search results: Omega 3. http://store.drhyman.com/Store/Search?Terms=omega+3 검색.

38 Hyman, M. (2013, July 26). Can fish oil cause prostate cancer? *Huffington Post*. http://www.huffingtonpost.com/dr-mark-hyman/omega-3s-prostate-cancer_b_3659735.html 검색.

39 American Heart Association. (n.d.). Fish 101. http://www.heart.org/ 검색.

40 Yan, L., & Spitznagel, E. L. (2009). Soy consumption and prostate cancer risk in men: A revisit of a meta-analysis. *The American Journal of Clinical Nutrition* 89(4), 1155-1163.

41 Bosland, M. C., Kato, I., Zeleniuch-Jacquotte, A., Schmoll, J., Rueter, E. E., Melamed, J., . . . Davies, J. A. (2013). Effect of soy protein isolate supplementation on biochemical recurrence of prostate cancer after radical prostatectomy. *JAMA*, 310(2), 170-178.

42 비판적 사고의 또 다른 측면은 이런 질문을 던진다. 정보가 타당한가?

1984년, 중서부 출신의 무명 아마추어 작곡가 프레드 샌퍼드Fred Sanford가 마이클 잭슨, 폴 매카트니의 히트 곡 〈The Girl Is Mine〉이 자신의 곡을 도용했다고 주장하며 CBS레코드를 고소했다. 우리 시대에 가장 성공적이며 작품도 많이 남긴 두 사람의 작곡가가 다른 사람의 곡을 훔쳤다는 주장이 얼마나 타당할까? 음반 한 장 낸 적 없는 무명의 아마추어 작곡가가 국제적으로 유명한 히트곡을 작곡했다는 주장은 또 얼마나 타당할까? 마이클 잭슨이 프레드 샌퍼드의 곡을 들었을 가능성은 또 얼마나 될까? 이 세 가지 의문 중 어느 하나라도 타당하지 않다면 세 가지 모두 일어났을 가능성은 극히 적다. 이것만으로 〈The Girl Is Mine〉이 표절이 아님이 증명되는 것은 아니지만 사실의 비중을 따져보고, 그 확률을 고려하는 것은 무척 중요하다. 샌퍼드는 결국 소송에서 졌다.

타당성은 맥락에 달려 있다. 만약 고액보험에 가입된 값비싼 보석이 누군가의 집에서 사라졌다면, '누군가가 분명 그것을 훔쳐갔다'라고 말하는 보석 주인의 주장은 타당성이 별로 없어 보인다. 게다가 알고 보니 그 주인이 엄청난 빚에 시달리고 있고, 누군가가 무단으로 집에 침입한 흔적도 없고, 보안카메라에도 침입한 증거가 보이지 않는다면 말이다.

보수적인 의원들은 미혼모가 정부가 지급하는 현금 혜택을 받을 목적으로 아기를 낳고 있음을 염려했다. 한 신문에 그런 혜택을 거부하는 법률이 통과되었고, 그로 인해 6개월 만에 출산율이 크게 떨어졌다는 기사가 나왔다. 주장 자체는 타당성이 있다. 출산율은 다양한 요인으로 인해 항상 오르락내리락한다. 하지만 출산율 저하가 법률 통과 때문이라는 주장은 타당성이 없다. 아이를 임신하고 낳기까지는 9개월이 걸리기 때문이다.

43 NBA. (n.d.). *Shaquille O'Neal*. http://stats.nba.com/playerProfile.html?PlayerID=406 검색. The tallest NBA players in history were Manute Bol and Gheorghe Mureşan at sen feet seven inches. Brown, D. H. (2007). *A basketball handbook*. Bloomington, IN: AuthorHouse, p. 20.

44 Carlson, N. (2009, November 5). Answers to 15 Google interview questions that will make you feel stupid. *Business Insider*. R. 페이트먼R. Fateman 전 캘리포니아대학 버클리캠퍼스 컴퓨터공학과 교수와의 개인적 대화. 2013년 1월 13일.

45 상동.

46 A cubic foot of maple wood actually weighs 44 pounds-well within an order of magnitude of this estimate. Reade Advanced Materials. (2006, January 11). Weight per cubic foot and specific gravity. http://www.reade.com/Particle_Briefings/spec_gra2.html 검색. A cubic foot of steel weighs about 490 pounds. Reade Advanced Materials. (2006, January 11). Weight per cubic foot and specific gravity. http://www.reade.com/Particle_Briefings/spec_gra2.html 검색.

47 esbnyc.com, the official site of the Empire State Building.

48 익명의 인물과의 개인적 대화. 2012년 4월 6일.

49 Ackerman, D. (2012). *One hundred names for love*. New York, NY: W. W. Norton & Company, pp. 82-83.

50 벤자맨 젠더와의 개인적 대화. 2013년 7월 25일.

51 American Library Association, Association of College & Research Librarians. (1989). *Presidential committee on information literacy: Final report*. www.ala.org/ala/mgrps/divs/acrl/publications/whitepapers/presidential.cfm 검색. See also, Mackey, T. P., & Jacobson, T. E. (2011). Reframing information literacy as metaliteracy. *College & Research Libraries*, 72(1), 62-78.

52 대니얼 카너먼과의 개인적 대화. 2013년 7월 10일.

53 *Peer Instruction* Mazur, E. (1996). *Peer instruction: A user's manual*. New York, NY: Pearson.

54 Lillard, A. S., & Peterson, J. (2011). The immediate impact of different types of television on young children's executive function. *Pediatrics*, 128(4), 644-649. http://pediatrics.aappublications.org/content/early/2011/09/08/peds.2010-1919.full.pdf+html 검색.

55 Tanner, L. (2011, December 9). *SpongeBob SquarePants* causes attention problems: Study. *Huffington Post*. http://www.huffingtonpost.com/ 검색.

56 이것은 니켈로디언Nickelodeon 대변인 데이비트 비틀러David Bittler가 지적한 것이다. 다음 출처에서 인용. Tanner, L. (2011, December 9). *SpongeBob SquarePants* causes attention problems: Study. *Huffington Post*. http://www.huffingtonpost.com/ 검색.

9장 그 외 모든 것의 정리

1 Merrill, D. C., & Martin, J. A. (2011). *Getting organized in the Google era: How to stay efficient, productive (and sane) in an information-saturated world*. New York, NY: Random House.

2 Office of Highway Policy Information (2011). *Table HM-20: Public Road Length-2010* (Report). U. S. Department of Transportation, Federal Highway Administration.

3 이것은 미국의 옛날 고속도로 시스템의 규칙과는 반대다. 그래서 많은 사람들이 혼란스러워한다. 인간의 상호작용 설계의 가장 기본이 되는 원칙은 이미 기준이 존재하는 경우에는 그것을 사용해야 한다는 것이다. Norman, D. A. (2013). *The design of everyday things*. New York, NY: Basic Books

4 이 지도는 위키피디아에서 가져왔다. 그 인터넷 주소는 다음과 같다. http://en.wikipedia.org/wiki/Interstate_Highway_System#cite_note-hm20-2 이 지도의 재사용을 위해서는 저작권자인 Stratosphere의 허가가 필요하다. http://en.wikipedia.org/wiki/File:FHWA_Auxiliary_Route_Numbering_Diagram.svg

5 원소 주기율표는 다음을 검색. http://0.tqn.com/d/chemistry/1/0/1/W/periodictable.jpg

6 이 표의 여섯 번째 가로줄과 일곱 번째 가로줄에서 바륨Barium, Ba과 라듐Radium, Ra 바로 오른쪽 칸에서 이 표의 구조가 깨져 있다. 세 번째 세로줄에는 하나의 원소만 들어가는 것이 아니라 각각 15개의 원소가 네 번째 세로줄 하프늄Hafnium, Hf과 러더포듐Rutherfordium, Rf 앞에 끼어들어가 있다. 표 아래로 갈수록 원소가 더 크고 무거워진다. 이것이 어떤 최고 임계 크기와 무게에 도달하면 바륨(원자량=56) 주변에서 전자 오비탈이 채워지는 방식이 덜 안정적으로 변하고, 따라서 전자를 추가하는 새로운 방식, 즉 f 오비탈이 필요해진다. 즉, 주기율표에서 겉으로 나타나는 불연속성은 이 원소의 부분집합에서 전자 오비탈이 채워지는 방식의 함수로 나타난 것이라는 의미다. 이 원소들은 서로 화학적으로 대단히 많은 유사점을 보이기 때문에 이런 식으로 이들을 한데 묶는 것이 더욱 정당화될 수 있다. 여섯 번째 가로줄에 끼워 넣어진 원소들은 란탄 계열(희토류금속)이라 하고, 일곱 번째 가로줄에 끼워 넣어진 원소들은 악티늄 계열(방사성 금속)이라고 부른다. 이 부분을 설명해준 메리 앤 화이트Mary Ann White 박사에게 감사한다. 2013년 11월 16일 화이트 박사와의 개인적 대화에서 발췌.

7 그 가짓수가 비교적 제한돼 있는 이름과 달리 얼굴은 거의 무한할 정도로 종류가 많고, 그 얼굴들을 일일이 다 묘사하고 기억할 뾰족한 방법이 없기 때문에 이름을 외우기가 더 힘들어진다. 얼굴에 대한 기억은 부분적

특성보다는 전체적 특성을 바탕으로 이루어지는 경향이 있다. 특정 얼굴에 대해 묘사해달라고 하면 당신은 이런 식으로 대답할 것이다. "그 여자는 들창코에 빰에는 보조개가 있고, 눈썹이 아주 얇아요." 하지만 당신이 이런 묘사를 기억에서 그냥 뽑아다가 썼을 가능성은 별로 없다. 반대로 당신은 아마 그 여자의 얼굴 전체를 떠올린 다음에 그 부분적 특성들을 말로 표현하려고 노력했을 것이다.

8 Sheff, D. (2000). *All we are saying: The last major interview with John Lennon and Yoko Ono*. New York, NY: St. Martin's Press.

9 James Watson. (2005, February). James Watson: How we discovered DNA [Video file]. http://www.ted.com/talks/james_watson_on_how_he_discovered_dna 검색. Kaempffert, W. (Ed.). (1924). *A popular history of American invention* (Vol. 2). New York, NY: Scribner's Sons.

10 Cybulska, E. M. (2000). The madness of Nietzsche: A misdiagnosis of the millennium? *British Journal of Hospital Medicine*, 61(8), 571-575.

11 Robinson, M. (2013, November 17). The believer. Review of A Prayer Journal by F. O'Connor. *The New York Times Book Review*, p. 11.

12 Hospers, J. (1985). Artistic creativity. *The Journal of Aesthetics and Art Criticism*, 43(3), 243-255.

13 Claxton, G. (1999). *Hare brain, tortoise mind: How intelligence increases when you think less*. New York, NY: Harper Perennial. and, Gediman, P., & Zaleski, J. (1999, January, 11). [Review of the book *Hare brain, tortoise mind: How intelligence increases when you think less* by Guy Claxton]. *Publisher's Weekly*, 246(2), p. 63.

14 내가 이 글을 쓴 후에 제임스 글릭의 책에서 똑같은 문구를 발견했다. Gleick, J. (2011). *The information: A history, a theory, a flood*. New York, NY: Vintage.

15 상동. 글릭은 "정보는 의미와 결별했다"라고 적었다. 그는 1970년의 기술 철학자 루이스 멈포드[Lewis Mumford]의 말을 인용하고 있다. "불행한 일이지만 '정보 검색'이 제 아무리 빠르다 해도 그 존재조차 알지 못했던 지식을 직접 조사해서 발견하고, 자기만의 속도에 맞춰 그와 관련된 문헌을 가지치며 쫓아가는 과정을 대신할 수는 없다."

16 Carr, N. (2010). *The shallows: What the internet is doing to our brains*. New York, NY: W. W. Norton & Company.

17 Gleick, J. (2011). *The information: A history, a theory, a flood*. New York, NY: Vintage.

18 Calaprice, A. (Ed.). (2000). *The expanded quotable Einstein*. Princeton, NJ: Princeton University Press, p. 245. and, Root-Bernstein, M., & Root-Bernstein, R. (2010, March 31). Einstein on creative thinking: Music and the intuitive art of scientific imagination. *Psychology Today*.

19 폴 오텔리니와의 개인적 대화. 2013년 7월.

20 Baez, J. (2013, September 29). Levels of excellence [Weblog]. http://johncarlosbaez.wordpress.com/2013/09/29/levels-of-excellence/ 검색.

찾아보기

ㅇ

ㅈ

기타

옮긴이 _ 김성훈

치과의사의 길을 걷다가 번역의 길로 방향을 튼 엉뚱한 번역가. 중학생 시절부터 과학에 대한 궁금증이
생길 때마다 틈틈이 적어온 과학 노트를 아직도 보물 1호로 간직하고 있다. 학생 시절부터 흥미를 느꼈
던 번역 작업을 통해 이런 관심을 같은 꿈을 꾸는 사람들과 함께 나누기 원한다. 경희대학교 치과대학
을 졸업했고, 현재 출판번역 및 기획그룹 바른번역 회원으로 활동 중이다. 역서로는 《신의 호텔》《편안
함의 배신》《우리 아이를 위한 내몸 사용설명서》《의사들에게는 비밀이 있다》《메이요 클리닉 이야기》
《뇌의 미래》《위대한 수학》《WOW!: 뱁티스트 헬스케어의 탁월한 서비스경영을 배우다》《흥미로운 심
해 탐사여행》《퀀텀맨》《동물학자 시턴의 아주 오래된 북극》《글자로만 생각하는 사람 이미지로 창조
하는 사람》 등이 있다.

정리하는 뇌

초판 1쇄 발행 2015년 6월 22일 | 초판 28쇄 발행 2024년 6월 17일

지은이 대니얼 J. 레비틴
옮긴이 김성훈

펴낸이 신광수
CS본부장 강윤구 | 출판개발실장 위귀영 | 디자인실장 손현지
단행본팀 김혜연, 조문채, 정혜리
출판디자인팀 최진아, 당승근 | 저작권 김마이, 이아람
출판사업팀 이용복, 민현기, 우광일, 김선영, 신지애, 이강원, 정유, 정슬기, 허성배, 정재욱,
        박세화, 김종민, 전지현, 정영묵
영업관리파트 홍주희, 이은비, 정은정
CS지원팀 강승훈, 봉대중, 이주연, 이형배, 전효정, 이우성, 신재윤, 장현우, 정보길

펴낸곳 (주)미래엔 | 등록 1950년 11월 1일(제16-67호)
주소 06532 서울시 서초구 신반포로 321
미래엔 고객센터 1800-8890
팩스 (02)541-8249 | 이메일 bookfolio@mirae-n.com
홈페이지 www.mirae-n.com

ISBN 978-89-378-3765-4 03180